COCINA DÍA A DÍA

COCINA DÍA A DÍA

KARLOS ARGUIÑANO

Planeta

NOTA

SOBRE EL USO DEL HORNO

Siempre que se indique la temperatura a la que se ha de hornear un alimento, el horno habrá de calentarse previamente, hasta alcanzar los grados requeridos, antes de introducirlo

SOBRE EL USO DE LA OLLA RÁPIDA

Todos los tiempos de cocción han de contarse a partir del momento en que suba la válvula

Av. Diagonal, 662-664, 08034 Barcelona
www.editorial.planeta.es
www.planetadelibros.com

Fotografías e ilustraciones del interior: © José Luis López de Zubiría, © Céline Robert, © Laura 10m, © Foxys Forest Manufacture / Shutterstock

Diseño de interior y composición: Burman Comunicación
Estilismo: Enara Roteta

Primera edición: noviembre de 2019
Depósito legal: B. 22.665-2019
ISBN: 978-84-08-21727-5
Preimpresión: Safekat, S. L.
Impresión: Estella
Printed in Spain – Impreso en España

El papel utilizado para la impresión de este libro está calificado como **papel ecológico** y procede de bosques gestionados de manera sostenible

SUMARIO

INTRODUCCIÓN

¡No sé qué poner hoy para comer! Esta frase la escucho a menudo y es, en parte, la que me llevó a la televisión y la idea que ha inspirado este libro.

El recetario de cocina que se maneja en un hogar se mueve en torno a las treinta recetas, así que es fácil repetirse. Mi propósito siempre ha sido echar una mano y ampliar ese recetario. Ofrecer nuevas ideas a la hora de cocinar. Recetas sencillas, pero sabrosas, saludables y vistosas. Y, como siempre, con productos de temporada, que ofrecen la mejor relación calidad-precio.

Para este libro he hecho una selección de las nuevas recetas cocinadas en mi programa de televisión y las he agrupado en 365 menús, tantos como días tiene el año. Así que, si algún día no sabes qué poner, aquí puedes encontrar la inspiración necesaria para preparar una comida con fundamento.

Todos los menús incluyen una ensalada, un plato principal y un postre.

Los expertos en nutrición recomiendan comer todos los días hortalizas y verduras crudas, por lo que desde hace un tiempo, y siguiendo sus consejos, preparo una ensalada de primer plato. Son muy saludables, y no son solo para el verano. Verás el juego que dan en la cocina durante todo el año y lo bien que sientan.

En cuanto al plato principal, está seleccionado teniendo en cuenta la temporada. De esta forma, garantizamos su frescura y que lo podamos encontrar en el mercado a un precio más económico.

Y, por último, el postre. Ahí me ha echado una mano mi hermana Eva. Hemos buscado postres equilibrados y también elaborados con productos de temporada.

Espero que, a partir de ahora, cocinar a diario te resulte más sencillo y que este libro se convierta en tu aliado para encontrar la receta adecuada y renovar tus menús con alimentos variados, frescos y de temporada. Cuanto más variado comas, mejor será tu alimentación.

Karlos Arguiñano
Zarautz, noviembre de 2019

INVIERNO

Buñuelos
suflé
ESTOFADOS
Alcachofas
mollejas
mousses
Guisos
CREPES
lentejas

ALCACHOFAS CON CHALOTAS Y JAMÓN

INGREDIENTES **(4 p.)**

16 alcachofas
12 chalotas
4 lonchas de jamón serrano
2 dientes de ajo
aceite de oliva virgen extra
perejil
sal

ELABORACIÓN

Pela las alcachofas, retirando 3-4 capas de las hojas exteriores. Corta el tallo y la parte superior. Pon agua a calentar en una cazuela. Añade las alcachofas, incorpora unas ramas de perejil, sazona y cuécelas durante 20 minutos. Retíralas y colócalas boca abajo en una fuente con papel absorbente para que escurran bien el agua. Córtalas por la mitad y resérvalas.

Pela las chalotas, ponlas en un cazo pequeño y vierte una buena cantidad de aceite. Sazónalas y confítalas a fuego suave durante 20 minutos. Resérvalas.

Pon a calentar en una tartera un poco del aceite resultante de confitar las chalotas. Pela los ajos, córtalos en daditos y añádelos. Corta el jamón en dados y agrégalo. Rehógalo un poco.

Añade las alcachofas a la tartera y rehógalas un poco. Incorpora también las chalotas. Cocina todo conjuntamente durante 2 minutos a fuego suave. Espolvorea con perejil picado y sirve.

ENSALADA DE COL Y QUESO AZUL

INGREDIENTES **(4 p.)**

400 g de col
100 g de queso azul
30 g de pipas de girasol (peladas)
aceite de oliva virgen extra
vinagre
sal

ELABORACIÓN

Corta la col en juliana fina y ponla en una fuente.

Corta el queso azul en taquitos y espárcelos sobre la col.

Salpica la ensalada con las pipas.

Adereza con aceite, vinagre y sal. Sirve.

CREMA DE LECHE CON SALSA DE FRAMBUESAS

INGREDIENTES **(4 p.)**

1 vaso de leche
400 g de frambuesas
2 cucharadas de harina de maíz refinada
8 cucharadas de azúcar
2 claras de huevo
100 g de almendra cruda
1 rama de canela
hojas de menta

ELABORACIÓN

Prepara una crema mezclando en un bol la harina de maíz refinada, 2 cucharadas de azúcar y parte de la leche sin que quede ningún grumo. Calienta el resto de la leche con la canela, vierte esta leche aromatizada en la mezcla del bol y vuelve a añadir todo a la cazuela. Remueve continuamente hasta que se espese. Retira del fuego y deja que se enfríe.

Pon a calentar en una cazuela un chorro de agua con 4 cucharadas de azúcar para hacer un jarabe espesito. Bate con la batidora de varillas las claras de huevo y añádeles el jarabe mientras sigues batiendo con la batidora hasta que el merengue se enfríe.

Tuesta las almendras en el horno a temperatura suave y pícalas.

Mezcla el merengue (reserva un poco) con las almendras y la crema.

Saltea las frambuesas con 2 cucharadas de azúcar. Tritúralas y cuélalas.

Sirve la mezcla de merengue y crema en el fondo de las copas; encima, la salsa de frambuesas, y termina con 1 cucharada de merengue. Adorna con unas hojas de menta.

ACELGAS CON BACALAO Y HUEVO COCIDO

INGREDIENTES **(4 p.)**

600 g de acelgas
250 g de bacalao seco desalado
2 huevos
1 zanahoria
2 patatas
3 dientes de ajo
aceite de oliva virgen extra
1 cucharadita de pimentón
sal

ELABORACIÓN

Pon los huevos en un cazo, cúbrelos con agua y cuécelos durante 10 minutos, contados desde el momento en que empiece a hervir el agua. Déjalos templar, pélalos, pícalos y resérvalos.

Calienta en una cazuela abundante agua con una pizca de sal. Separa las pencas de las hojas de las acelgas. Retira los hilos de las pencas, córtalas en trozos de bocado y agrégalos a la cazuela. Corta las hojas en juliana e incorpóralas. Pela la zanahoria y las patatas. Corta la zanahoria en rodajas y casca las patatas, incorpóralas a la cazuela y cuece todo junto durante 18-20 minutos.

Corta el bacalao en daditos y añádelos. Cuece todo junto durante 5 minutos.

Pela los dientes de ajo, lamínalos y dóralos en una sartén con un chorrito de aceite. Añade el pimentón y remueve. Incorpora el refrito a la cazuela de las acelgas y mezcla. Sirve y espolvorea con el huevo picadito.

ENSALADA DE ESCAROLA Y KIWI

INGREDIENTES **(4 p.)**

1 escarola
2 kiwis
30 g de avellanas tostadas
aceite de oliva virgen extra
zumo de 1 lima
sal

ELABORACIÓN

Lava las hojas de escarola, sécalas, trocéalas y colócalas en una fuente. Sazónalas.

Pela los kiwis, córtalos en dados y agrégalos a la escarola.

Aplasta las avellanas y salpica con ellas la ensalada.

Mezcla el aceite con el zumo de lima y aliña la ensalada. Sirve.

DIPLOMÁTICO

INGREDIENTES **(4 p.)**

2 cruasanes (del día anterior)
100 g de azúcar
2 huevos
250 ml de leche
50 g de fruta confitada
20 g de pasas remojadas en ron
8 cucharadas de crema inglesa
hojas de menta

ELABORACIÓN

Calienta 65 g de azúcar en una sartén. Cuando se funda, reparte el caramelo en 4 recipientes aptos para el horno.

Bate en un bol los huevos con el resto del azúcar (35 g). Añade la leche y mezcla bien.

Pica las frutas confitadas y colócalas en un bol. Añade las pasas remojadas en ron y mezcla. Resérvalas.

Corta los cruasanes en rodajas. Cubre la base de los recipientes con unos trozos de cruasán, reparte encima la mezcla de frutas confitadas y pasas y, finalmente, cúbrelos con el resto de los trozos de cruasán.

Reparte encima la mezcla de huevo batido con leche y deja que reposen en el frigorífico de un día para otro.

Hornéalos a 180 °C durante 25-30 minutos. Deja que se templen y desmóldalos.

Sirve 2 cucharadas de crema inglesa en la base de cada plato y coloca un diplomático en cada uno. Adorna con unas hojas de menta.

ENSALADA DE LECHUGAS VARIADAS Y SALMÓN

INGREDIENTES **(4 p.)**

300 g de lechugas variadas
100 g de salmón ahumado
4 tomates en aceite
1 cucharada de *tapenade*
aceite de oliva virgen extra
vinagre
sal

ELABORACIÓN

Lava las lechugas, sécalas, trocéalas, ponlas en una fuente y sazónalas.

Corta el salmón y los tomates en daditos y espárcelos por encima. Sazona.

Mezcla aceite, vinagre y un poco de *tapenade* en un bol.

Aliña la ensalada y sirve.

CARDO RELLENO CON ALMEJAS

INGREDIENTES **(4 p.)**

4 pencas de cardo (grandes)
4 lonchas de jamón serrano
500 g de almejas
2 dientes de ajo
3 huevos (para rebozar)
50 ml de vino blanco
harina
aceite de oliva virgen extra
perejil
sal

ELABORACIÓN

Coloca las almejas en un bol, cúbrelas con agua, sazónalas y deja que reposen para que suelten cualquier resto de arena que puedan tener.

Limpia bien las pencas de los cardos y elimínales las hebras. Corta cada penca por la mitad a lo largo y cuécelas en una cazuela con abundante agua durante 35-40 minutos. Sazónalas. Retíralas y escúrrelas sobre papel absorbente.

Corta cada media penca en 4 trozos. Corta cada loncha de jamón en 4 trozos. Extiende la mitad de los trozos de penca sobre una superficie lisa y pon, encima de cada una, un trozo de jamón. Cúbrelas con el resto de los trozos de penca y apriétalas bien.

Pasa las pencas por harina y huevo batido con una pizca de sal y fríelas en una sartén con aceite. Retíralas y escúrrelas sobre un plato cubierto con papel absorbente.

Pela los ajos, córtalos en daditos pequeños y rehógalos brevemente (sin que se doren) en una tartera con aceite. Agrega 1 cucharada de harina y rehógala bien. Añade el vino y dale un hervor. Vierte encima un poco de agua e incorpora las almejas y un poco de perejil picado. Tapa y espera a que se abran. Añade las pencas de cardo a la tartera y dales un hervor. Sirve y decora con unas hojas de perejil.

DULCE DE ZANAHORIA

INGREDIENTES **(4 p.)**

150 g de zanahoria rallada
1 manzana grande
650 ml de leche
25 g de harina de maíz refinada
4 yemas
1 rama de canela
canela en polvo
hojas de menta

Para el caramelo:
50 g de azúcar
1 pizca de agua

ELABORACIÓN

Para hacer el caramelo, pon a calentar en una sartén el azúcar con el agua. Mezcla bien y, cuando empiece a coger un poco de color, repártelo en 4 moldes.

Pela la manzana, córtala en daditos y espárcelos sobre el caramelo.

Mezcla 75 ml de leche con la harina de maíz en un bol. Añade las yemas y mezcla bien.

Calienta en una cazuela el resto de la leche (575 ml), la zanahoria rallada y la rama de canela hasta que empiece a hervir. Cuélalo sobre el bol de las yemas, mezcla bien y pásalo de nuevo a la cazuela. Cocina la mezcla sin dejar de remover hasta que espese.

Vierte la crema en los moldes y deja que se temple. Espolvorea con un poco de canela en polvo y adorna con unas hojas de menta. Sirve.

ENSALADA DE ESCAROLA Y ALCAPARRAS

INGREDIENTES **(4 p.)**

1 escarola
2 cucharadas de alcaparras
16 tomates cherry
4 cucharadas de aceite de oliva virgen extra
zumo de ½ limón
sal

ELABORACIÓN

Lava la escarola, sécala, trocéala, colócala en una fuente y sazónala.

Lava los tomates, córtalos por la mitad y agrégalos. Añade las alcaparras.

Mezcla en un bol pequeño el aceite con el zumo de limón. Adereza la ensalada, mezcla bien y sirve.

SOLOMILLO WELLINGTON

INGREDIENTES **(4 p.)**

600 g de solomillo de ternera
2 láminas de hojaldre
1 chalota
200 g de champiñones
40 ml de *brandy*
50 ml de nata
100 g de jamón serrano en lonchas
40 g de mostaza
100 g de paté de ave
1 huevo
3 manzanas
20 g de mantequilla
aceite de oliva virgen extra
sal
pimienta
canela
perejil

ELABORACIÓN

Salpimienta el solomillo. Dóralo a fuego lento en una sartén con un chorrito de aceite. Deja que se enfríe completamente.

Pela la chalota y córtala en daditos. Ponla a rehogar en la misma sartén donde has dorado el solomillo. Lava los champiñones, pícalos y agrégalos. Rehógalos un poco. Vierte encima el *brandy* y dale un hervor. Añade la nata y cocina todo conjuntamente durante 5 minutos a fuego suave. Tritura la mezcla con la batidora eléctrica.

Coloca las lonchas de jamón (solapando una con otra) sobre un trozo de papel de hornear. Úntalas con la mostaza y extiende encima la mezcla de champiñones y chalota.

Unta el solomillo por todos los lados con el paté. Coloca la pieza de solomillo encima de las lonchas de jamón untadas con mostaza y champiñones. Con ayuda del papel de hornear envuelve las lonchas de jamón alrededor del solomillo. Introdúcelo en el frigorífico y mantenlo dentro durante 1 hora para que se asiente y quede bien compactado.

Pasado este tiempo, retira el papel de hornear y envuelve el solomillo con una lámina de hojaldre, dejando la parte de la junta hacia abajo. Unta el hojaldre con huevo batido y colócalo sobre una placa de horno forrada con papel de hornear. Corta 12 tiras finas de la otra lámina de hojaldre y distribúyelas por encima, de manera que se crucen. Úntalas con huevo batido y hornea el solomillo a 190 °C durante 30 minutos.

Pela y trocea las manzanas y ponlas en una cazuela con un chorrito de agua. Agrega la mantequilla y una pizca de canela. Cocínalas a fuego medio hasta que se deshagan.

Retira el solomillo del horno (si lo vas a cortar, déjalo reposar antes durante 10 minutos). Sirve y acompáñalo con un poco de salsa de manzana. Adorna con unas hojas de perejil.

PASTA FILO RELLENA DE PERA Y NUECES

INGREDIENTES **(4 p.)**

8 hojas de pasta filo
8 peras
100 g de nueces (picaditas)
125 g de mantequilla
100 ml de miel
hojas de menta

ELABORACIÓN

Pela las peras, córtalas en trozos pequeños y resérvalas en un bol. Derrite 50 g de mantequilla en una sartén, agrega las peras y rehógalas durante 12-15 minutos. Pásalas de nuevo al bol, añade las nueces picaditas y mezcla bien.

Derrite el resto de la mantequilla (75 g) en el microondas, colócala en un bol y añádele la miel. Mezcla bien.

Extiende una hoja de pasta filo y úntala con la mezcla de mantequilla y miel. Coloca en la parte central del extremo de la hoja una porción de relleno y dobla la hoja en 3, tapando el relleno de manera que quede un rectángulo largo (del tamaño de la hoja); después, dobla la hoja formando triángulos. Repite la operación con las otras 7 hojas de pasta.

Coloca los triángulos sobre una bandeja de horno forrada con papel de hornear y hornéalos a 200 °C durante 15-20 minutos.

Sirve 2 triángulos en cada plato y adorna con unas hojas de menta.

ENSALADA DE ARROZ, MANZANA Y PASAS

INGREDIENTES **(4 p.)**

200 g de arroz
1 manzana
30 g de pasas
1 lechuga
aceite de oliva virgen extra
vinagre
sal

ELABORACIÓN

Lava la lechuga, sécala, trocéala y ponla en una fuente. Sazónala.

Cuece el arroz en una cazuela con abundante agua y una pizca de sal. Escúrrelo y agrégalo a la lechuga.

Añade las pasas.

Pela la manzana, córtala en daditos e incorpóralos.

Sazona y aliña la ensalada con aceite y vinagre. Sirve.

LOCHA EN SALSA AMERICANA

INGREDIENTES **(4 p.)**

1 locha
1 puerro
4 dientes de ajo
3 chalotas
1 cebolleta
25 g de harina
100 ml de *brandy*
8 tomates en conserva
8 langostinos
aceite de oliva virgen extra
1 cucharada de estragón
perejil
pimienta
sal

ELABORACIÓN

Corta la cabeza y la cola de la locha y ponlas en una cazuela. Separa los lomos de la espina central y resérvalos. Agrega la espina central a la cazuela.

Limpia el puerro, trocéalo y agrégalo a la cazuela. Aplasta 2 dientes de ajo (con piel) e incorpóralos. Añade también unas ramas de perejil. Cuece todo durante 20 minutos. Cuela y reserva el caldo.

Pela los otros 2 dientes de ajo, las chalotas y la cebolleta, pícalos y ponlos a rehogar en una cazuela con un chorrito de aceite. Sazona. Añade la harina y rehógala un poco. Incorpora el *brandy* y flambea. Agrega el estragón y vierte encima el caldo reservado. Añade el tomate troceado y las cáscaras y cabezas de los langostinos. Deja reducir 15-20 minutos a fuego no muy fuerte. Tritura los ingredientes, cuélalos y pon a calentar la salsa americana en una cazuela.

Salpimienta los lomos de pescado y corta cada uno en 2 trozos. Cocínalos con los langostinos (medio minuto por cada lado) en una paella (o tartera) con un chorrito de aceite. Vierte por encima la salsa americana y cocina todo junto durante 2-3 minutos. Decora con unas ramas de perejil y sirve.

TARTA DE CIRUELAS CON CREMA DE PASAS

INGREDIENTES **(6 p.)**

250 g de pasta quebrada
250 g de pasas
½ copa de ron
16 ciruelas pasas
4 huevos
8 cucharadas de azúcar
350 ml de nata líquida
2 cucharadas de mermelada
hojas de menta

ELABORACIÓN

Pon las pasas a remojo la víspera con 1 vaso de agua y el ron. En el momento de cocinar, retira el líquido de las pasas, tritúralas con una batidora eléctrica y pásalas por un colador.

Estira la pasta quebrada y cubre con ella un molde redondo. Pínchalo con un tenedor e introdúcelo en el horno a 180 °C durante 10-15 minutos.

Abre las ciruelas y retírales el hueso. Cubre con ellas el fondo de la tarta. Pon los huevos en un bol, añade el azúcar y bátelos como si fueras a preparar una tortilla.

Agrega la nata y sigue batiendo. Vierte la crema sobre la tarta y hornea a 180 °C durante 40 minutos.

Unta la tarta con la mermelada, acompáñala con la salsa de pasas y decora con hojas de menta.

ENSALADA DE BERROS, NARANJA Y ACEITUNAS

INGREDIENTES **(4 p.)**

100 g de berros
1 naranja
16 aceitunas verdes (sin hueso)
1 lechuga lollo
1 pomelo
aceite de oliva virgen extra
vinagre
sal

ELABORACIÓN

Lava las hojas de lollo y los berros, sécalas, trocéalas y colócalas en una fuente.

Pela el pomelo y la naranja y saca los gajos en vivo. Trocéalos y espárcelos sobre la ensalada.

Añade las aceitunas cortadas por la mitad.

Sazona y aliña con aceite y vinagre. Sirve.

SOPA DE COCIDO

INGREDIENTES **(4 p.)**

100 g de garbanzos
1 hueso de jamón
1 hueso de cañada
200 g de zancarrón
2 trozos de rabo de ternera
1 muslo de gallina
150 g de col
1 zanahoria
1 puerro
1 patata
3 dientes de ajo
2 huevos
125 g de pasta de letras (o fideos)
perejil
sal

ELABORACIÓN

La víspera, pon los garbanzos a remojo en un bol con agua. Escúrrelos.

Pon abundante agua a calentar en la olla rápida. Añade el hueso de jamón, el de cañada, los trozos de zancarrón, el rabo de ternera y el muslo de gallina. Corta la col en juliana y agrégala. Pela la zanahoria, córtala en 2 trozos e incorpórala. Limpia y trocea el puerro y añádelo. Pela la patata, cáscala y agrégala. Pela los dientes de ajo y mételos enteros en la olla. Cuando el agua empiece a hervir, incorpora los garbanzos. Pon a punto de sal, coloca la tapa y cuece todo durante 1 hora.

Pon los huevos a cocer en un cacito con agua. Cuando lleven hirviendo 10 minutos, retíralos, refréscalos y pélalos. Córtalos en daditos y resérvalos.

Cuela el caldo en una cazuela grande y ponlo a calentar. Cuando empiece a hervir, agrega la pasta de letras y cuece todo a fuego suave durante 5-6 minutos. Sirve en una sopera y espolvorea con perejil picado. Pon el huevo picado al lado para que cada uno se sirva lo que quiera.

YEMA EN ALMÍBAR CON MIGAS DULCES

INGREDIENTES **(4 p.)**

4 yemas de huevo
3 claras de huevo
330 g de azúcar
250 ml de agua
80 g de azúcar glas
1 copita de granadina
1 copita de licor de naranja

Para las migas dulces:
50 g de harina
30 g de azúcar
40 g de mantequilla
75 g de nueces peladas picadas

ELABORACIÓN

Para hacer las migas, mezcla en un bol la harina, el azúcar, la mantequilla a temperatura ambiente y en dados y las nueces. Amasa bien hasta que quede como si fueran migas, en grumos. Forra una bandeja de horno con papel de hornear, extiende la mezcla e introdúcela en el horno a 180 °C durante 15 minutos.

Prepara un almíbar calentando en una cazuela, a fuego medio, el agua y 250 g de azúcar hasta que se diluya el azúcar. Retira del fuego y espera que se atempere a unos 55 °C.

Introduce las yemas en el almíbar durante 2 o 3 minutos.

Prepara un merengue francés. Para ello, empieza a montar las claras y, cuando empiecen a blanquear, añade 80 g de azúcar poco a poco. A continuación, incorpora el azúcar glas mientras sigues batiendo hasta que quede un merengue bien firme y brillante.

Pon a reducir la granadina con el licor a fuego suave, hasta conseguir una textura melosa.

Sirve una porción de merengue en cada plato y haz un pequeño hueco en el centro para acomodar la yema, vierte en el hueco un chorrito de la reducción de granadina y licor y coloca encima 1 yema en almíbar. Acompaña con unas migas.

ENSALADA DE LECHUGA, ENDIBIAS Y TOMATES CHERRY

INGREDIENTES **(4 p.)**

1 lechuga
4 endibias
12 tomates cherry
30 g de pipas de calabaza
aceite de oliva virgen extra
zumo de limón
sal

ELABORACIÓN

Lava la lechuga, sécala, trocéala y ponla en una fuente.

Limpia las endibias, córtalas en juliana fina y añádelas.

Lava los tomates, córtalos por la mitad y agrégalos.

Sazona todo.

Mezcla el zumo de limón con un poco de aceite y adereza la ensalada.

Tuesta las pipas de calabaza en una sartén sin aceite y espárcelas por encima. Sirve.

I

CANELONES DE COCIDO

INGREDIENTES **(4 p.)**

16 láminas de canelón
1 muslo de pollo (cocido)
2 trozos de rabo de ternera (cocidos)
150 g de zancarrón (cocido)
1 huevo
70 g de paté de cerdo
40 g de harina
600 ml de leche
50 g de queso rallado
aceite de oliva virgen extra
perejil
nuez moscada
pimienta
sal

ELABORACIÓN

Desmenuza el muslo de pollo, los trozos de rabo y el zancarrón y pica todo un poco con un cuchillo. Coloca la carne (por partes) en el accesorio picador de la batidora y pícala bien. Pasa la carne a un bol, agrega el huevo y el paté, salpimienta y mezcla bien. Reserva el relleno.

Pon agua a calentar en una tartera grande. Sazona y, cuando empiece a hervir, agrega las láminas de canelón. Cuécelas el tiempo que indique el paquete. Retíralas y escúrrelas sobre un trapo limpio de cocina.

Pon a calentar unas 3-4 cucharadas de aceite en una cazuela. Añade la harina y rehógala un poco, removiéndola con una varilla manual. Vierte la leche poco a poco sin dejar de remover. Sazona, ralla encima un poco de nuez moscada y espolvorea con un poco de perejil picado. Cocina la bechamel durante 6-8 minutos.

Rellena los canelones y ponlos en una fuente apta para el horno. Nápalos con la bechamel, espolvorea encima el queso rallado y gratínalos hasta que se doren. Sirve y adorna con unas hojas de perejil.

SOPA DE VINO Y FRUTAS

INGREDIENTES **(4 p.)**

1 rodaja de piña
1 papaya
12 uvas
75 g de mantequilla
1 cucharada sopera de azúcar
hojas de menta

Para la sopa:
500 ml de vino blanco
500 ml de mosto blanco
20 semillas de cilantro
2 vainas de cardamomo
2 anises estrellados

ELABORACIÓN

Vierte el vino blanco y la mitad del mosto en una cazuela. Agrega el cilantro, el cardamomo y los anises. Cocina a fuego suave durante 5 o 6 minutos y reserva.

Trocea la piña y la papaya en taquitos finos y corta las uvas por la mitad. Añade toda la fruta a una sartén con la mantequilla y cocina. Agrega el azúcar y, cuando se haya deshecho, vierte el resto del mosto.

Para emplatar, reparte la sopa en 4 cuencos, coloca encima las frutas y decora con hojas de menta. Sirve.

ENSALADA DE HINOJO, POMELO Y CEBOLLA MORADA

INGREDIENTES **(4 p.)**

1 hinojo
1 pomelo rosa
1 cebolla morada (pequeña)
200 g de hojas de lechugas variadas
aceite de oliva virgen extra
vinagre de Jerez
sal

ELABORACIÓN

Lava las hojas de lechuga, sécalas, trocéalas y ponlas en una fuente grande.

Corta el hinojo y la cebolla en juliana fina y añádelos.

Pela el pomelo y saca los gajos en vivo (sin pieles de ningún tipo), córtalos por la mitad y agrégalos.

Adereza con aceite, vinagre y sal. Sirve.

FLAN DE TURRÓN

INGREDIENTES **(4 p.)**

125 g de turrón blando
350 ml de leche
3 huevos
50 g de azúcar
hojas de menta

ELABORACIÓN

Para hacer el caramelo, pon a calentar una sartén a fuego fuerte con el azúcar. Cuando empiece a tomar color, baja el fuego y mantenlo hasta que se dore un poco (ni muy rubio, ni muy tostado). Cuando se funda, remuévelo y cubre con él el fondo de los moldes.

Calienta la leche en un cazo. Trocea el turrón y colócalo en la jarra batidora. Bate los huevos y añádelos, junto con la leche caliente, a la jarra. Tritura.

Reparte la mezcla en los moldes y hornéalos a 180 °C al baño maría durante 25-30 minutos. Deja templar y desmolda.

Sirve y decóralos con unas hojitas de menta.

ESPÁRRAGOS VERDES CON HUEVO ESCALFADO Y HUEVAS DE SALMÓN

INGREDIENTES **(4 p.)**

32 espárragos verdes
4 huevos
20 g de huevas de salmón
1 aguacate
2 tomates deshidratados en aceite
aceite de oliva virgen extra
½ cucharadita de pimentón
sal

ELABORACIÓN

Coloca el pimentón en un bol, añade un poco de aceite y mezcla. Corta 4 trozos de film transparente y extiéndelos sobre 4 cuencos. Úntalos con unas gotas de la mezcla de aceite y pimentón. Casca un huevo encima de cada uno, sazona y vierte encima unas gotas más de la mezcla de aceite y pimentón. Cierra el film, enrosca los bordes y ciérralos atándolos con una cuerda de cocina. Resérvalos.

Retira la parte inferior de los espárragos. Calienta una plancha con un chorrito de aceite. Coloca encima los espárragos y cocínalos hasta que estén a punto (unos 6-8 minutos). Sazónalos.

Pela el aguacate, trocéalo y colócalo en un vaso batidor. Agrega los tomates deshidratados. Añade un chorrito de aceite y sazona. Tritura y reserva el puré.

Pon abundante agua a calentar en una cazuela. Cuando empiece a hervir, baja un poco el fuego e introduce los huevos. Cuécelos durante 3-4 minutos.

Unta la base de los platos con la mezcla de aguacate y tomate. Coloca, encima de cada uno, 8 espárragos y 1 huevo. Adorna los platos con unas huevas de salmón y sirve.

COSTILLA ASADA AL *TXAKOLI*

INGREDIENTES **(4 p.)**

1.200 g de costilla de ternera
500 ml de *txakoli*
6 dientes de ajo
16 chalotas
8 patatas (pequeñas)
1 cucharadita de harina de maíz refinada
aceite de oliva virgen extra
2 cucharadas de vinagre
perejil
sal

ELABORACIÓN

Pela los dientes de ajo, pícalos y colócalos en el mortero. Añade un poco de perejil picado y maja todo bien. Agrega un poco de aceite y el vinagre, sazona y mezcla. Unta la costilla y deja que macere de un día para otro.

Pela las chalotas y las patatas torneándolas. Calienta dos sartenes con bastante aceite y fríe las patatas y las chalotas por separado y a fuego suave. Retíralas y escúrrelas sobre un plato cubierto con papel absorbente. Monta 8 brochetas colocando en cada una 2 chalotas y 1 patata. Resérvalas.

Coloca la costilla sobre una placa de horno y hornéala a 150 °C durante 1 hora. Pasado este tiempo, riega la costilla con un poco de *txakoli*. Sigue horneándola a 150 °C durante 2 horas más. A medida que se vaya evaporando el líquido, vete regándola con 1 vaso de agua (200 ml) y el resto del *txakoli*.

Corta la costilla en 4 raciones y colócalas de nuevo en la placa de horno. Coloca también las brochetas. Mete todo de nuevo en el horno y hornea a 200 °C durante 10 minutos.

Pon a calentar el líquido resultante del asado en un cacito. Cuando empiece a hervir, desgrásalo y agrega la harina de maíz diluida en agua fría. Espolvorea con perejil picado y remueve bien con una varilla.

Sirve la costilla, salséala y acompáñala con las brochetas.

Decora con unas ramas de perejil.

ENSALADA DE ESCAROLA Y PIÑONES

INGREDIENTES **(4 p.)**

1 escarola
30 g de piñones
25 g de maíz en conserva
aceite de oliva virgen extra
vinagre
sal

ELABORACIÓN

Lava la escarola, sécala, trocéala y ponla en una fuente.

Reparte por encima el maíz.

Tuesta los piñones en una sartén sin aceite y salpica con ellos la ensalada.

Sazona y adereza con aceite y vinagre. Sirve.

VASITOS DE PAPAYA

INGREDIENTES **(4 p.)**

½ papaya
30 g de mantequilla
3 magdalenas
1 lima
2 cucharadas de azúcar glas
2 claras
hojas de menta

ELABORACIÓN

Calienta la mantequilla en una sartén, desmenuza las magdalenas y añádelas a la sartén. Saltéalas brevemente y repártelas en 4 cuencos.

Pela la papaya, trocéala y ponla en el vaso americano. Ralla la cáscara de la lima y añádela. Exprime la lima y vierte el zumo en el vaso. Incorpora 1 cucharada de azúcar glas, tritura y reserva.

Monta las claras con una batidora de varillas eléctrica. Agrega 1 cucharada de azúcar glas y sigue montándolas.

Mezcla las claras montadas con el puré de papaya (poco a poco) y repártelo en los 4 cuencos. Adorna con unas hojas de menta.

CARRILLERAS DE CERDO CON PERAS

INGREDIENTES **(4 p.)**

8 carrilleras de cerdo
3 peras
12 dientes de ajo
250 ml de vino blanco
1 cucharada de harina de maíz refinada
aceite de oliva virgen extra
1 rama de tomillo
1 rama de romero
perejil
pimienta
sal

ELABORACIÓN

Con ayuda de una puntilla, retira la piel que cubre las carrilleras, salpimiéntalas y dóralas en la olla rápida con un chorrito de aceite.

Aplasta los dientes de ajo (con piel) y añádelos. Agrega también una rama de tomillo y una de romero. Vierte encima el vino blanco y 100 ml de agua. Coloca la tapa y cocínalas durante 18-20 minutos.

Pasado este tiempo, abre la olla y coloca las carrilleras en una tartera. Cuela la salsa sobre un cazo y caliéntala. Cuando empiece a hervir, agrega la harina de maíz diluida en agua fría y remueve la salsa hasta que ligue. Espolvoréala con un poco de perejil picado y viértela sobre las carrilleras. Caliéntalas.

Pela las peras, córtalas en gajos y cocínalas en una sartén con 2 cucharadas de aceite.

Sirve en cada plato 2 carrilleras y salséalas. Acompáñalas con unos gajos de pera. Decora los platos con unas hojas de perejil.

ENSALADA DE LECHUGAS VARIADAS, PASAS Y PISTACHOS

INGREDIENTES **(4 p.)**

200 g de lechugas variadas
30 g de pasas
30 g de pistachos
4 tallos de palmito
aceite de oliva virgen extra
vinagre
sal

ELABORACIÓN

Lava las hojas de lechuga, sécalas, trocéalas y colócalas en una fuente. Sazónalas.

Corta los palmitos en rodajas y agrégalas. Añade las pasas.

Pela los pistachos, aplástalos un poco y espárcelos sobre la ensalada.

Sazona y aliña con aceite y vinagre. Sirve.

FLAN DE LECHE CONDENSADA

INGREDIENTES **(4 p.)**

250 g de leche condensada
3 huevos
4 magdalenas
500 ml de leche
caramelo para el molde
frambuesas
hojas de menta

ELABORACIÓN

Bate los huevos, desmiga las magdalenas y agrega las dos clases de leche. Vierte esta mezcla en un molde de flan caramelizado.

Hornea al baño maría durante 40 minutos aproximadamente a 180 °C. Desmolda el flan y sirve decorado con frambuesas y hojas de menta.

ENSALADA DE LECHUGA, BERROS E HIGOS

INGREDIENTES **(4 p.)**

1 lechuga
50 g de berros
4 higos
aceite de oliva virgen extra
vinagre de frambuesa
sal

ELABORACIÓN

Lava las hojas de lechuga, sécalas, trocéalas y ponlas en un bol.
Lava los berros, sécalos y añádelos.
Lava los higos, córtalos en trocitos y espárcelos por encima.
Aliña con aceite, vinagre y sal. Sirve.

BERENJENAS CON *MOUSSE* DE *FOIE*

INGREDIENTES **(4 p.)**

4 berenjenas
200 g de *foie mi-cuit*
25 g de miel
20 ml de salsa de soja
100 ml de nata
15 ml de vino Pedro Ximénez
25 g de avellanas
aceite de oliva virgen extra
perejil

ELABORACIÓN

Lava las berenjenas, déjales el rabo, córtalas por la mitad (a lo largo) y colócalas en una placa de horno. Mezcla en un bol la miel con la salsa de soja y un poco de aceite y unta las berenjenas con la mezcla. Hornéalas a 200 °C durante 40 minutos.
Trocea el *foie mi-cuit*, ponlo en un colador y aplástalo con una cuchara para que las venillas queden en el colador. Pásalo a un bol.
Monta la nata con la batidora de varillas eléctrica, agrega el vino y mezcla bien. Añade el *mi-cuit* colado y mezcla. Introduce la *mousse* en una manga pastelera. Deja enfriar en el frigorífico.
Tuesta las avellanas en una sartén sin aceite. Pícalas un poco y resérvalas.
Corta las berenjenas en tiras dejándolas unidas por la parte superior del tallo (tipo abanico). Sirve 2 berenjenas en cada plato, riégalas con un chorrito de aceite y espolvoréalas con las avellanas picadas. Adorna los platos con unas flores de *mousse* de *foie* y unas hojas de perejil.

ROSCÓN DE REYES

INGREDIENTES **(8 p.)**

400 g de harina de fuerza
20 g de levadura fresca de panadero
100 g de azúcar
2 huevos
3 cucharadas de leche
1 cucharada de ron blanco
100 ml de agua
25 ml de agua de azahar
70 g de mantequilla
aceite de oliva virgen extra
frutas escarchadas
azúcar perlado
1 alubia
sal

ELABORACIÓN

Coloca la harina en un bol. Desmenuza la levadura y añádela. Incorpora una pizca de sal sin que toque la levadura. Añade el azúcar y 1 huevo y mezcla bien.

Mezcla, por otro lado, la leche con el ron, el agua y el agua de azahar. Viértelos en el bol anterior y mezcla. Incorpora la mantequilla a punto de pomada y amasa con la batidora de varillas eléctrica.

Pasa la masa a la encimera y trabájala con ayuda de una espátula de plástico. Colócala en un bol, cúbrela bien para que no le dé el aire y deja que fermente hasta que doble su volumen (aproximadamente, 1 hora y media).

Engrásate las manos, coloca la masa sobre una placa de horno forrada con papel de hornear y dale forma de roscón. Engrasa por fuera un bol pequeño y colócalo en el centro (en la parte del agujero). Cubre la masa para que no le dé el aire y deja que fermente durante otros 40 minutos aproximadamente.

Pasado este tiempo, introduce una alubia en el roscón, úntalo con huevo batido y reparte por encima las frutas escarchadas troceadas. Espolvoréalo con el azúcar perlado y hornéalo a 170 °C durante 5 minutos. A continuación, sube la temperatura a 190 °C y hornéalo durante 15 minutos más.

Retira el roscón del horno y sirve.

CREPES DE *TXANGURRO*

INGREDIENTES **(4 p.)**

1 buey de mar
3 chalotas
50 ml de *brandy*
500 ml de salsa de tomate
aceite de oliva virgen extra
1 cucharada de estragón
perejil
sal

Para la masa de los crepes:
100 g de harina tamizada
250 ml de leche
3 huevos
1 cucharada de aceite de oliva virgen extra
1 pizca de sal
perejil

ELABORACIÓN

Coloca todos los ingredientes de los crepes (excepto el perejil) en el vaso de la batidora y tritúralos con la batidora eléctrica. Añade un poco de perejil picado y deja que la masa repose durante 20-30 minutos.

Calienta una sartén, vierte un cazo de masa y extiéndela bien. Cocina el crepe por los dos lados y retíralo a un plato. Repite el proceso con el resto de la masa (tienen que salir al menos 12 crepes).

Pon abundante agua a calentar en una cazuela grande, agrega 3 cucharadas de sal y, cuando empiece a hervir, introduce el buey de mar. Cuécelo durante 10 minutos. Retíralo y deja que se enfríe. Ábrelo, retírale la carne, ponla en un bol y desmenúzala bien.

Pela las chalotas y córtalas en daditos. Ponlas a rehogar a fuego suave en una sartén con un chorrito de aceite. Incorpora la carne desmigada del buey de mar, vierte el *brandy* y flambea. Incorpora 150 ml de salsa de tomate y un poco de estragón. Cocina todo durante 5-6 minutos a fuego suave. Deja que se temple y rellena los crepes. Puedes hacer pañuelos o cilindros. Hornea los crepes a 200 °C durante 4-5 minutos.

Pon a calentar en un cazo el resto de la salsa de tomate y el resto del estragón.

Sirve los crepes y acompáñalos con la salsa de tomate. Decora con una ramita de perejil.

ENSALADA DE ESCAROLA Y PIÑA

INGREDIENTES **(4 p.)**

1 escarola
1 rodaja de piña
100 g de queso de cabra
30 g de maíz frito
aceite de oliva virgen extra
vinagre
sal

ELABORACIÓN

Lava la escarola, sécala, trocéala y colócala en una fuente. Sazónala.

Pela la rodaja de piña, córtala en taquitos y agrégalos.

Corta el queso en taquitos y espárcelos por encima.

Machaca un poco el maíz frito y salpica con él la ensalada.

Sazona y aliña con un chorrito de aceite y vinagre. Sirve.

TARTA DE QUESO AL LIMÓN

INGREDIENTES **(6 p.)**

200 g de queso cremoso de untar
½ sobre de gelatina de limón
zumo y ralladura de 1 limón
24 galletas tostadas (tipo María)
200 g de mantequilla
200 g de nata
mermelada de fresa

ELABORACIÓN

Tritura las galletas y mézclalas con la mantequilla fundida. Cubre la base de un molde con la mezcla.

Para hacer la gelatina, calienta medio vaso de agua hasta que hierva, agrega la gelatina y dilúyela. Añade ½ vaso de agua fría.

Mezcla el queso con la nata, la gelatina de limón y la ralladura y el zumo de limón.

Una vez que esté todo bien batido, vierte la mezcla poco a poco sobre las galletas y enfría en el frigorífico durante 2-4 horas.

Desmolda la tarta y sírvela bañada con mermelada de fresa.

ENSALADA DE ZANAHORIA Y MANZANA

INGREDIENTES **(4 p.)**

2 zanahorias
1 manzana
1 escarola
20 g de sésamo
aceite de oliva virgen extra
vinagre
sal

ELABORACIÓN

Lava la escarola, sécala y trocéala. Ponla en una fuente grande.

Pela las zanahorias, rállalas y espárcelas sobre la escarola.

Pela la manzana, córtala en daditos y añádelos.

Salpica todo con el sésamo.

Sazona y aliña con aceite y vinagre. Sirve.

TORTITAS DE PIÑA

INGREDIENTES **(4 p.)**

4 rodajas de piña en almíbar
100 g de harina
1 cucharada de azúcar
1 cucharada de levadura
70 g de mantequilla
150 ml de leche
1 huevo
jalea de grosellas
hojas de menta

ELABORACIÓN

Coloca en un bol la harina, el azúcar, la levadura y 50 g de mantequilla fundida. Incorpora la leche poco a poco mezclando bien para que no queden grumos. Añade el huevo y mezcla bien. Reserva la masa.

Calienta un poco de mantequilla en una sartén pequeña (un poco más grande que la rodaja de piña), agrega 1 rodaja de piña y vierte encima un poco de la masa de tortitas. Cocínala a fuego suave durante 1-2 minutos, dale la vuelta y cocínala durante 1-2 minutos más.

Retírala y repite el proceso tres veces más.

Sirve y decora con la jalea de grosellas y unas hojas de menta.

PINTADA ESCABECHADA

INGREDIENTES **(4 p.)**

1 pintada
8 dientes de ajo
2 zanahorias
1 cebolla
250 ml de vino blanco
250 ml de vinagre de Jerez
20 patatitas pequeñas
1 granada
30 g de pipas de girasol
8 huevos de codorniz
300 g de lechugas variadas
aceite de oliva virgen extra
2 hojas de laurel
20 granos de pimienta
pimienta molida
sal

ELABORACIÓN

Corta la pintada en 8 trozos. Salpimiéntalos y dóralos en una tartera con 250 ml de aceite. Retíralos y resérvalos.

Pela los dientes de ajo y agrégalos a la tartera con el aceite. Pela las zanahorias, córtalas en rodajitas y añádelas. Pela la cebolla, córtala en 4 e incorpora los trozos. Rehoga las verduras. Añade las hojas de laurel y 20 granos de pimienta. Vierte encima el vino y el vinagre. Incorpora los trozos de pintada, tapa la cazuela y cocina todo durante 50 minutos. Desmiga la mitad de la pintada y resérvala.

Pon agua en una cazuela, agrega las patatas y cuécelas durante 20 minutos. Resérvalas.

Corta la granada por la mitad. Golpéala con una cuchara por la parte de la piel hasta que salgan todos los granos. Resérvalos.

Tuesta las pipas en una sartén sin aceite. Retíralas y resérvalas.

Corta la parte superior de los huevos de codorniz. Pon agua a calentar en una tartera, agrega los huevos y escálfalos. Sazónalos.

Lava las hojas de lechuga, sécalas, trocéalas y colócalas en un bol. Repártelas en 4 platos grandes y sazónalas. Coloca en el centro unos trozos de carne de pintada y 2 huevos de codorniz. Corta las patatas por la mitad, sazónalas y colócalas alrededor de las hojas de lechuga. Añade los granos de granada y las pipas tostadas. Aliña con el escabeche y sirve.

ENSALADA DE ESCAROLA Y GRANADA

INGREDIENTES **(4 p.)**

1 escarola (300 g)
1 granada
1 diente de ajo
100 g de tomate triturado
aceite de oliva virgen extra
vinagre
sal

ELABORACIÓN

Lava la escarola, sécala, trocéala y ponla en una fuente. Sazónala.

Corta la granada por la mitad y golpéala por la parte de la piel con una cuchara hasta que salgan los granos. Añádelos a la fuente.

Pela el diente de ajo, córtalo en daditos pequeños y agrégalo.

Mezcla en un bol el tomate triturado con un chorrito de aceite y un chorrito de vinagre. Sazona y aliña la ensalada. Sirve.

OLLA DEL SEGADOR

INGREDIENTES **(6 p.)**

500 g de garbanzos (de Navalcarnero)
1 muslo de gallina
150 g de falda de ternera
¼ de morcillo de ternera
2 huesos de jamón
2 huesos de espinazo
50 g de tocino salado
50 g de tocino ibérico
2 patatas
1 morcilla (300 g)
1 chorizo (115 g)
100 g de arroz
½ cucharadita de colorante
3 ramas de hierbabuena
perejil
sal

ELABORACIÓN

Pon los garbanzos a remojo la víspera. Cuando estén hidratados, escúrrelos.

Calienta abundante agua en una cazuela grande. Agrega el muslo de gallina, las carnes (falda y morcillo), los huesos de jamón, los huesos de espinazo y los tocinos. Incorpora los garbanzos. Pela las patatas, cáscalas y añádelas. Pon todo a calentar y, cuando el agua empiece a hervir, retira la espuma, baja el fuego, coloca la tapa y deja cociendo todos los ingredientes durante 2 horas y media. Durante la cocción no hay que remover los ingredientes.

Comprueba que la gallina y los garbanzos estén blandos. Añade la morcilla, el chorizo, el arroz, el colorante y la hierbabuena y pon a punto de sal. Cocina todo junto durante 30 minutos más. Si aparece algo de espuma, retírala con un cacillo. Sirve y decora con unas hojas de perejil.

PUDIN DE KIWI

INGREDIENTES **(4 p.)**

4-5 kiwis (400 g)
1 huevo
1 yema
2 cucharadas de azúcar
2 hojas de gelatina
150 g de nata
arándanos
hojas de menta

ELABORACIÓN

Pon las hojas de gelatina a remojar en un bol con agua fría. Cuando se ablanden, escurre casi toda el agua (deja 2 cucharadas) e introduce el bol en el microondas. Caliéntalas durante 1 minuto y resérvalas.

Pela los kiwis, tritúralos y resérvalos.

Bate el huevo y la yema con el azúcar al baño maría, hasta que monte.

Mezcla los huevos con el puré de kiwi y las hojas de gelatina diluidas en agua hasta conseguir una masa homogénea.

Monta la nata y mézclala con la masa anterior. Vierte la masa en un molde y deja que enfríe en el frigorífico durante 6 horas aproximadamente.

Sirve y decora con unos arándanos y unas hojas de menta.

ALCACHOFAS AL HORNO CON MAYONESA DE JENGIBRE Y AJO

INGREDIENTES **(4 p.)**

8 alcachofas
1 trocito de jengibre (tamaño avellana)
1 diente de ajo pequeño
1 huevo
zumo de ½ lima
aceite de oliva virgen extra
perejil
sal

ELABORACIÓN

Corta la parte inferior de las alcachofas de manera que les quede una base sobre la que apoyarse. Golpéalas por la parte superior para que se abran un poco. Riégalas con un chorrito de aceite y envuélvelas de una en una en un trozo de papel de aluminio. Colócalas en una placa de horno y hornéalas a 180 °C durante 40 minutos. Deja que se templen un poco.

Retira el papel de aluminio de las alcachofas, colócalas en una fuente apta para el horno, sazónalas y hornéalas a 200 °C durante 10 minutos más.

Pela el diente de ajo, pícalo un poco y colócalo en el vaso batidor. Añade el huevo, 200 ml de aceite, el jengibre rallado, el zumo de lima y una pizca de sal. Tritura los ingredientes con la batidora eléctrica hasta que emulsionen.

Sirve en cada plato 2 alcachofas y un poco de mayonesa de ajo y jengibre. Decora con unas hojitas de perejil.

ENSALADA DE ESCAROLA Y MANZANA

INGREDIENTES **(4 p.)**

1 escarola
1 manzana
8 nueces
aceite de oliva virgen extra
vinagre
sal

ELABORACIÓN

Lava la escarola, sécala, trocéala y colócala en un bol.

Pela la manzana, córtala en dados y añádelos.

Casca las nueces, trocéalas y espárcelas sobre la ensalada.

Aliña con aceite, vinagre y sal. Sirve.

PANTXINETA DE ARROZ CON LECHE

INGREDIENTES **(6 p.)**

2 láminas de hojaldre redondas
125 g de almendra laminada
1 huevo
1 yema de huevo
4 cucharadas de azúcar glas
hojas de menta

Para el arroz con leche:
100 g de arroz
1 l de leche
250 ml de nata
100 g de azúcar
2 trozos de corteza de limón
1 rama de canela

ELABORACIÓN

Vierte la leche y la nata (frías) en una cazuela. Añade el arroz, la rama de canela y las cortezas de limón. Pon a cocer a fuego suave, sin dejar de remover, hasta que se calienten los líquidos. Deja cocer a fuego suave durante 40 minutos más, removiendo la mezcla de vez en cuando.

Agrega el azúcar y cuece todo durante 10 minutos más. Retira la canela y las cortezas de limón. Tritura y deja atemperar.

Extiende una lámina de hojaldre sobre una bandeja de horno cubierta con papel de hornear. Unta los bordes con el huevo batido. Coloca la crema de arroz con leche en el centro del hojaldre y cúbrelo con la otra lámina. Presiona los bordes haciéndoles un repulgue (una pestaña o doblez). Pinta la superficie con yema de huevo y espolvorea la tarta con las almendras laminadas. Hornéala a 180 °C durante 35 minutos. Retírala y deja que se temple. Espolvoréala con azúcar glas y sirve. Adorna con unas hojas de menta.

ENSALADA DE RÚCULA, PERA Y PASAS

INGREDIENTES **(4 p.)**

300 g de hojas de rúcula
1 pera
30 g de pasas (sin pepitas)
10 g de sésamo tostado
aceite de oliva virgen extra
vinagre
sal

ELABORACIÓN

Lava las hojas de rúcula, sécalas y colócalas en una fuente.

Lava la pera, pélala, córtala en dados y añádelos.

Agrega las pasas.

Aliña con aceite, vinagre y sal. Espolvorea la ensalada con el sésamo tostado. Sirve.

PLÁTANOS CON GALLETAS

INGREDIENTES **(4 p.)**

3 plátanos (maduros)
8 galletas tostadas
zumo de 1 limón
1 chorrito de leche condensada
1 copita de licor de manzana
4 fresas
hojas de menta

ELABORACIÓN

En un bol o jarra echa las galletas muy troceadas y los plátanos pelados y en rodajas. Mezcla y añade el zumo de limón, la leche condensada y el licor de manzana. Tritúralo todo con una batidora hasta conseguir una masa homogénea.

Sirve el pure en copas y enfríalas hasta el momento de servir. Decora con trocitos de fresa y unas hojas de menta.

KOKOTXAS DE BACALAO

INGREDIENTES **(4 p.)**

32 *kokotxas* de bacalao (frescas)
2 patatas
4 dientes de ajo
12 ajos frescos
aceite de oliva virgen extra
perejil
sal

ELABORACIÓN

Lava las patatas y ponlas a cocer en una cazuela con abundante agua. Retíralas a los 30-35 minutos. Deja que se templen, pélalas, trocéalas y pásalas por el pasapurés. Pon a punto de sal y reserva el puré.

Pela los ajos y córtalos en láminas. Cocínalos a fuego suave (sin que cojan color) en una tartera con bastante aceite. Limpia las *kokotxas*, sazónalas y añádelas. Deja que se confiten durante unos 4 minutos, removiendo la cazuela suavemente. Retira el aceite y resérvalo.

Corta la parte inferior y la parte superior de los ajos frescos. Córtalos en cilindros y rehógalos brevemente en una sartén con aceite. Escúrrelos y añádelos al puré de patatas. Agrega también ¾ partes del aceite resultante de confitar las *kokotxas*. Mezcla bien.

Sirve en la base de los platos una cama de puré de patata. Coloca encima las *kokotxas*, rocíalas con el resto del aceite del confitado y espolvoréalas con un poco de perejil picado.

SOPA DE CEBOLLA

INGREDIENTES **(4 p.)**

4 cebollas dulces (blancas grandes)
250 g de zancarrón
2 puerros
1 zanahoria
4 rebanadas de pan
1 cucharada de harina
35 ml de *brandy*
60 g de queso rallado
aceite de oliva virgen extra
sal

ELABORACIÓN

Pon a calentar abundante agua en la olla rápida. Agrega el zancarrón. Limpia los puerros, córtalos en trozos y añádelos. Pela la zanahoria, córtala en rodajas e incorpóralas. Sazona, coloca la tapa y cuece todo durante 25-30 minutos. Cuela y reserva por un lado la carne (guárdala para otra ocasión) y, por otro, el caldo.

Corta 4 rebanadas de pan y tuéstalas en el horno.

Pela las cebollas, córtalas en juliana fina y ponlas a pochar en una tartera amplia con un chorrito de aceite. Sazónalas y cocínalas durante 25-30 minutos a fuego muy suave (tienen que ablandarse y ponerse transparentes, pero no dorarse).

Agrega la harina y rehógala bien. Vierte encima el *brandy* y flambea para que se evapore el alcohol. Añade el caldo y cuece todo durante 30 minutos a fuego suave, removiendo de vez en cuando.

Reparte la cebolla en 4 recipientes individuales aptos para el horno. Rellénalos con el caldo, coloca una rebanada de pan encima de cada uno y cúbrelos con el queso rallado. Introduce los recipientes en el horno y gratínalos hasta que se funda el queso. Sirve.

ENSALADA DE LECHUGAS VARIADAS, JAMÓN DE PATO Y NUECES

INGREDIENTES **(4 p.)**

300 g de lechugas variadas
100 g de jamón de pato
12 nueces
60 g de membrillo
aceite de oliva virgen extra
vinagre de frambuesa
sal

ELABORACIÓN

Lava las lechugas, sécalas, trocéalas y colócalas en una fuente.

Corta el jamón de pato en tiritas y agrégalas.

Corta el membrillo en taquitos y añádelos.

Casca las nueces, córtalas en trocitos e incorpóralas a la ensalada.

Adereza con aceite, vinagre y sal. Sirve.

TORTILLA DE MANZANA

INGREDIENTES **(4 p.)**

5 huevos
4-5 manzanas
100 g de mantequilla
100 g de azúcar
1 vaso de licor de naranja o aguardiente de cereza
canela en polvo
sal y azúcar

ELABORACIÓN

Pela las manzanas, trocéalas y rehógalas con la mitad de la mantequilla. Agrega el azúcar y cocínalas durante 5 minutos a fuego suave. Escúrrelas y resérvalas.

Bate en un bol los huevos con una pizca de sal y otra de azúcar. Agrega las manzanas y mezcla bien.

Derrite en una sartén el resto de la mantequilla y cuaja los huevos como para hacer una tortilla.

Calienta el licor en una sartén, flambea y riega la tortilla.

Espolvorea con canela en polvo y sirve.

MORROS PICANTES

INGREDIENTES **(4 p.)**

800 g de morros de ternera
2 pimientos choriceros
2 cebollas
3 dientes de ajo
2 alegrías riojanas
100 ml de *txakoli*
300 ml de salsa de tomate
1 cucharada de pimentón
aceite de oliva virgen extra
perejil
sal

ELABORACIÓN

Retira los tallos y las pepitas de los pimientos choriceros y ponlos a remojo en un bol con agua caliente. Deja que se hidraten bien. Retíralos y quítales la pulpa. Resérvala.

Pon a calentar abundante agua en la olla rápida, agrega los morros, unas hojas de perejil y una pizca de sal. Cierra la olla y cuécelos durante 1 hora. Pasado este tiempo, deja que se templen y córtalos en trocitos. Resérvalos.

Pela las cebollas y los ajos, córtalos en daditos y ponlos a rehogar en una tartera con un chorrito de aceite. Agrega las alegrías riojanas picaditas y rehoga todo bien hasta que se doren las verduras.

Incorpora la carne de los pimientos choriceros y mezcla. Añade el pimentón y el *txakoli* y dale un hervor. Incorpora también el tomate y los morros picaditos. Coloca la tapa y cocina todo junto durante 10-15 minutos a fuego suave. Sirve y decora con unas hojitas de perejil.

ENSALADA DE LECHUGA, MANZANA Y PIPAS

INGREDIENTES **(4 p.)**

300 g de lechuga
1 manzana
30 g de pipas de girasol tostadas
½ calabacín
4 cucharadas de aceite de oliva virgen extra
zumo de ½ lima
sal

ELABORACIÓN

Lava la lechuga, sécala, trocéala y colócala en una fuente grande. Sazónala.

Lava el calabacín, rállalo y agrégalo.

Pela la manzana, córtala en daditos e incorpóralos. Sazona.

Salpica la ensalada con las pipas de girasol.

Mezcla el zumo de lima con el aceite en un bol. Adereza la ensalada y sirve.

PASTEL DE QUESO CON PERA Y PLÁTANO

INGREDIENTES **(6 p.)**

300 g de queso fresco (sin sal)
1 pera en almíbar
2 plátanos
100 g de galletas
50 g de mantequilla
3 huevos
1 bote pequeño de leche condensada

ELABORACIÓN

Desmenuza las galletas, ponlas en un bol y agrega la mantequilla fundida. Mezcla bien y pasa la masa a un molde. Presiona bien hasta que la base quede cubierta.

En un bol, mezcla con la batidora el queso troceado, los huevos y la leche condensada. Vierte la mezcla en el molde y hornea a 180 °C durante 20 minutos, hasta que cuaje. Deja enfriar y desmolda.

Cubre el pastel con rodajas de pera y plátano y sirve.

ENSALADA DE PASTA

INGREDIENTES **(4 p.)**

100 g de pasta de colores
200 g de lechugas
100 g de espinacas
100 g de frambuesas
30 g de pipas de calabaza
aceite de oliva virgen extra
vinagre
sal

ELABORACIÓN

Lava la lechuga y las espinacas, sécalas y trocéalas. Ponlas en una fuente grande.

Pon agua a calentar en una cazuela y sazónala. Cuando empiece a hervir, agrega la pasta y cuécela durante el tiempo que indique el paquete. Refréscala y añádela a la ensalada.

Lava las frambuesas y agrégalas.

Tuesta las pipas de calabaza en una sartén sin aceite y añádelas.

Sazona y adereza con aceite y vinagre. Sirve.

COPAS DE GALLETA Y MELOCOTÓN EN ALMÍBAR

INGREDIENTES **(4 p.)**

12 galletas tostadas
400 g de melocotón en almíbar (con su almíbar)
12 frambuesas
250 g de nata
3 cucharadas de azúcar
2 cucharadas de leche condensada
canela molida
4 hojas de menta

ELABORACIÓN

Desmenuza las galletas metiéndolas en una bolsa y aplastándolas con un rodillo.

Corta los melocotones en trocitos y pica las frambuesas. Monta la nata con el azúcar.

Coloca en 4 copas el melocotón en el fondo, y, encima, unos trocitos de frambuesa y unas galletas molidas. Moja todo con un chorro de almíbar y un poquito de leche condensada. Repite la operación hasta llenar las copas (melocotón, frambuesas y galletas) y decora por encima con la nata montada.

Termina espolvoreando las copas con canela en polvo y adornando con unas hojas de menta. Sirve.

POPIETAS DE SALMÓN Y CALABACÍN CON SALSA DE UVAS

INGREDIENTES **(4 p.)**

500 g de salmón
1 calabacín
600 g de uvas blancas (sin pepitas)
2 chalotas
1 cucharada de harina de maíz refinada
aceite de oliva virgen extra
perejil
pimienta
sal

ELABORACIÓN

Lava el calabacín y, con ayuda de una mandolina, corta 12 láminas finas a lo largo. Escáldalas durante 2 minutos en una cazuela con agua hirviendo con una pizca de sal. Retíralas y escúrrelas sobre un plato cubierto con papel absorbente.

Limpia y desgrana los racimos de uvas, reserva 20 y pon el resto en la jarra batidora. Tritúralas, cuela la mezcla con un colador y reserva el zumo.

Pon a calentar una cazuela con agua. Cuando empiece a hervir, agrega las uvas reservadas, escáldalas, pélalas y resérvalas.

Pela las chalotas, pícalas finamente y ponlas a rehogar en una cazuelita con un chorrito de aceite. Antes de que cojan color, añade el zumo de las uvas. Deja reducir a fuego suave durante 5-10 minutos. Incorpora las uvas peladas, salpimienta, agrega la harina de maíz diluida en agua fría y mezcla hasta que ligue la salsa. En el momento de servir, caliéntala.

Corta el salmón (sin piel) en filetes finos y salpimiéntalos. Extiende las láminas de calabacín sobre una superficie plana (encimera o tabla) y sazónalas. Pon, encima de cada una, 1 filete de salmón y enróllalas. Coloca las popietas en una bandeja apta para el horno y hornéalas a 200 °C durante 4-5 minutos.

Sirve las popietas y salséalas con la salsa de uvas. Adorna con unas hojas de perejil.

ENSALADA DE RÚCULA Y FRESAS

INGREDIENTES **(4 p.)**

200 g de rúcula
6 fresas
1 patata
100 g de lechuga
aceite de oliva virgen extra
vinagre
sal

ELABORACIÓN

Cuece la patata en una cazuela con abundante agua durante 35 minutos. Pélala y córtala en dados.

Lava las hojas de rúcula y las hojas de lechuga, sécalas, trocéalas y colócalas en una fuente grande.

Agrega los dados de patata.

Lava las fresas, córtalas en rodajitas y añádelas.

Sazona y aliña con aceite y vinagre. Sirve.

DORADA CON MEJILLONES

INGREDIENTES **(4 p.)**

4 doradas de ración
20 mejillones
75 ml de *txakoli*
2 dientes de ajo
2 cebolletas
2 pimientos verdes
1 tomate
aceite de oliva virgen extra
perejil
pimienta
sal

ELABORACIÓN

Limpia los mejillones, eliminándoles cualquier suciedad que puedan tener adherida a la cáscara. Retírales las barbas.

Pon el *txakoli* a calentar en una cazuela, agrega los mejillones, tápalos y espera a que se abran. Retira las cáscaras y córtalos en trocitos. Resérvalos.

Pela los ajos y las cebolletas. Corta los ajos en láminas y las cebolletas en dados y ponlos a rehogar en una sartén con un chorrito de aceite. Retira el tallo y las pepitas de los pimientos, córtalos en dados y añádelos a la sartén. Sazona y, cuando las verduras hayan cogido un bonito color dorado, ralla el tomate encima. Cocina todo durante 5-6 minutos más. Incorpora los mejillones y mezcla bien. Reserva.

Corta las cabezas de las doradas y saca los lomos limpios.

Extiende la farsa (verduras con mejillones) sobre la placa de horno y coloca encima los lomos de dorada salpimentados. Rocía el pescado con un chorrito de aceite y hornéalo a 210 °C durante 6-8 minutos.

Sirve y decora con unas hojas de perejil.

MIGAS DULCES

INGREDIENTES **(4 p.)**

2 bollos de leche
2 kiwis
2 plátanos
1 manzana
1 pera
1 naranja
aceite de ovila virgen extra
100 g de azúcar integral
2 yogures naturales
3 estrellas de anís
menta en polvo

ELABORACIÓN

Corta los bollos en daditos y fríelos en una sartén con abundante aceite hasta que queden crujientes. Deja escurrir sobre un plato cubierto con papel absorbente.

Para hacer la macedonia, pela la fruta y córtala en daditos. Introdúcela en un bol y añade 1 cucharada de azúcar. Mezcla bien y reserva.

Vierte en una cazuela 1 chorrito de agua, 2 cucharadas de azúcar y las estrellas de anís. Cocina durante unos minutos.

Pon los yogures en un bol y agrégales el jarabe de anís y una pizca de menta.

Para emplatar, pon el yogur en la base de los platos y coloca encima la macedonia y las migas. Sirve.

CONEJO RELLENO AL HORNO

INGREDIENTES **(6 p.)**

1 conejo (1 kg limpio)
250 g de carne picada de ternera
2 cebolletas
1 manzana
4 ciruelas pasas
7 lonchas de panceta ibérica
2 patatas
aceite de oliva virgen extra
perejil
pimienta
sal

ELABORACIÓN

Pela las cebolletas, córtalas en daditos y ponlos a rehogar en una sartén con aceite. Sazona. Pela la manzana (retira el corazón), córtala en trocitos y agrégalos. Retira los huesos de las ciruelas (si tienen), pícalas e incorpóralas. Rehoga brevemente. Añade la carne, salpimiéntala y rehógala.

Salpimienta el conejo, rellénalo y ciérralo por la parte de la falda de la tripa. Cubre la parte central con las lonchas de panceta. Colócalo sobre la bandeja del horno, riégalo con un chorrito de aceite y hornéalo a 190 °C durante 45 minutos.

Pela las patatas y, con ayuda de una mandolina, córtalas en láminas finas. Ponlas en un bol y cúbrelas con agua. Déjalas reposando durante 15 minutos (mínimo).

Retira las patatas y sécalas. Pon a calentar abundante aceite en una sartén, agrega una porción de patatas y fríelas. Retíralas y escúrrelas sobre un plato cubierto con papel absorbente. Repite el proceso con el resto de las patatas. Sazónalas.

Sirve el conejo, riégalo con el jugo que ha soltado durante el asado y acompáñalo con las patatas chips. Adorna con unas hojas de perejil.

ENSALADA DE ESCAROLA, PALMITO Y RABANITOS

INGREDIENTES **(4 p.)**

1 escarola
4 troncos de palmito
4 rabanitos
1 naranja
aceite de oliva virgen extra
vinagre
sal

ELABORACIÓN

Lava la escarola, sécala, trocéala y ponla en una fuente.

Corta los palmitos en rodajas y agrégalas.

Lava los rabanitos, córtalos en rodajas finas y añádelas.

Pela la naranja y saca los gajos en vivo. Córtalos en trocitos y salpica con ellos la ensalada.

Sazona y aliña con aceite y vinagre. Sirve.

COPA DE FRAMBUESAS

INGREDIENTES **(4 p.)**

250 g de frambuesas
2 cucharadas de azúcar
100 g de queso fresco para untar
4 cucharadas de nata
1 cucharadita de agar-agar
hojas de menta

ELABORACIÓN

Para la crema, limpia las frambuesas (reserva 10), córtalas en tres y ponlas en un bol. Agrega 1 cucharada de azúcar y deja macerar durante 30 minutos para que suelten el jugo.

Mezcla el queso con la nata y añade la mezcla a las frambuesas. Remueve bien y reserva.

Para la gelatina, trocea las frambuesas anteriormente reservadas y ponlas a caramelizar a fuego suave en una sartén con 1 chorrito de agua y 1 cucharada de azúcar. Cuando empiece a hervir, retíralas, cuela el jugo y ponlo de nuevo en la sartén al fuego. Añade el agar-agar y remueve bien hasta que se disuelva. Reparte la mezcla en 4 copas e introduce en el frigorífico durante 4-5 minutos, hasta que se haga una gelatina.

Cuando se haya gelatinizado, reparte la crema de frambuesa en las 4 copas. Decora con hojas de menta y sirve.

ENSALADA DE LECHUGAS VARIADAS Y PIÑA

INGREDIENTES **(4 p.)**

300 g de lechugas variadas
200 g de piña
30 g de avellanas peladas
aceite de oliva virgen extra
vinagre
sal

ELABORACIÓN

Lava las lechugas, sécalas, trocéalas y colócalas en una fuente grande.

Pela la piña, córtala en daditos y espárcelos sobre las lechugas.

Aplasta las avellanas y salpica con ellas la ensalada.

Sazona y aliña con aceite y vinagre. Sirve.

COLES DE BRUSELAS CON BECHAMEL

INGREDIENTES **(4 p.)**

800 g de coles de Bruselas
75 g de jamón serrano
40 g de harina
600 ml de leche
2 dientes de ajo
60 g de queso rallado
aceite de oliva virgen extra
perejil
sal

ELABORACIÓN

Pon a calentar un poco de agua en una cazuela grande. Coloca encima el accesorio para cocer verduras al vapor. Elimina la parte inferior de las coles, quítales las hojas exteriores, colócalas sobre el accesorio y sazónalas. Tapa la cazuela y cuece las coles durante 15 minutos.

Corta el jamón en taquitos y rehógalos en una cazuela con un chorrito de aceite. Añade la harina y rehógala un poco. Vierte la leche poco a poco, sazona y cocina la bechamel a fuego suave durante 6-8 minutos sin dejar de remover. Resérvala.

Pela los dientes de ajo, córtalos por la mitad y rehógalos un poco en una sartén con un chorrito de aceite. Cuando se doren los ajos, retíralos y añade las coles. Sazónalas y saltéalas brevemente.

Pasa las coles a un recipiente apto para el horno.

Cubre las coles de Bruselas con la bechamel, esparce por encima el queso rallado y gratínalas en el horno. Sirve y adorna con unas hojas de perejil.

BIZCOCHO DE BONIATO Y PIÑONES

INGREDIENTES **(6 p.)**

1 boniato
50 g de piñones
40 g de pasas
1 copa de ron
4 huevos
150 g de azúcar moreno
200 g de harina
1 sobre de levadura
1 pizca de sal
aceite de oliva virgen extra
harina y mantequilla (o aceite) para el molde
azúcar glas
hojas de menta

ELABORACIÓN

Lava el boniato, riégalo con un chorrito de aceite y envuélvelo en un trozo de papel de aluminio. Colócalo en un recipiente apto para el horno y ásalo a 190 °C durante 30 minutos.

Pon las pasas en un bol con el ron y espera a que se hidraten. Escúrrelas, sécalas y resérvalas.

Pela y trocea el boniato. Colócalo en el vaso batidor. Añade los huevos y el azúcar moreno y tritura con la batidora eléctrica. Pasa todo a un bol grande y reserva.

Mezcla en otro bol la harina con la levadura y la sal. Añade las pasas y remuévelas. Vuelca todo en el bol del boniato y mezcla realizando movimientos envolventes.

Unta un molde con un poco de mantequilla o aceite y espolvoréalo con un poco de harina. Vierte en él la masa y esparce por encima los piñones. Hornea el bizcocho a 180 °C durante 30-35 minutos aproximadamente. Retíralo del horno, deja que se temple y desmóldalo.

Espolvoréalo con azúcar glas y decóralo con unas hojas de menta. Sirve.

ENSALADA DE LANGOSTINOS

INGREDIENTES **(4 p.)**

12 langostinos
300 g de lechugas variadas
1 manzana
30 g de maíz frito
aceite de oliva virgen extra
vinagre
sal

ELABORACIÓN

Lava las hojas de lechuga, sécalas, trocéalas y colócalas en una fuente grande.

Cuece los langostinos en una cazuela con agua y sal durante 2 minutos. Pélalos y córtalos en trocitos. Añádelos a la fuente.

Pela la manzana, córtala en dados y agrégalos.

Aplasta el maíz y salpica con él la ensalada.

Sazona y aliña con aceite y vinagre. Sirve.

MENESTRA DE VERDURAS

INGREDIENTES **(4 p.)**

8 coles de Bruselas
200 g de brócoli
200 g de coliflor
6 alcachofas
2 dientes de ajo
1 cebolleta
1 zanahoria
2 patatas
100 g de jamón serrano
1 huevo
harina
aceite de oliva virgen extra
perejil
sal

ELABORACIÓN

Pela las coles de Bruselas y separa el brócoli y la coliflor en ramilletes. Sazona y cuece todo al vapor durante 10-15 minutos. Resérvalos.

Pela las alcachofas y cuece los corazones en una cazuela con agua y unas ramas de perejil durante 20 minutos. Escúrrelas (boca abajo) sobre un plato cubierto con papel absorbente y resérvalas. Reserva también un poco del caldo resultante de la cocción.

Pela los ajos, la cebolleta y la zanahoria y córtalos en daditos. Ponlos a rehogar en una tartera con un chorrito de aceite.

Añade el brócoli y la coliflor y las alcachofas cortadas en cuartos.

Pela las patatas, córtalas en dados y fríelas en una sartén con aceite. Escúrrelas y sazónalas.

Corta el jamón en trocitos y saltéalos brevemente en una sartén con un poco de aceite, añade 1 cucharada de harina y rehógala un poco. Añade un poco del caldo resultante de cocer las alcachofas y mezcla bien. Vierte la salsa sobre las verduras e incorpora las patatas.

Pasa las coles de Bruselas por harina y huevo batido con una pizca de sal y fríelas en una sartén con aceite (puedes aprovechar el aceite donde has frito las patatas) hasta que se doren. Añádelas a la tartera, pon a punto de sal y cocina todo conjuntamente durante 5 minutos.

Sirve y decora con unas hojas de perejil.

TIMBAL DE PERAS

INGREDIENTES **(4 p.)**

3 placas de bizcocho
4 peras
4 manzanas
6 cucharadas de azúcar
4 ciruelas pasas
1 chorrito de licor
1 rama de canela
frambuesas
hojas de menta
azúcar glas

ELABORACIÓN

Pela las peras y las manzanas y trocea estas últimas.

En una cazuela con 2 dedos de agua, cuece las peras con la canela y la mitad del azúcar durante 15 minutos a fuego lento.

En otra cazuela, cuece las manzanas con otros 2 dedos de agua, el resto del azúcar y las ciruelas, también a fuego lento, durante 10 minutos.

Corta 2 de las placas de bizcocho y retira un círculo central suficiente como para rellenarlos. Colócalas sobre la otra placa de bizcocho, que hará de base. Emborracha ligeramente los bizcochos con el licor y rellena el hueco con las compotas de pera y manzana.

Impregna el timbal con el almíbar de las cocciones.

Decora con frambuesas y hojas de menta y espolvoréalo con azúcar glas. Sirve.

ENSALADA DE PATATAS Y GAMBAS

INGREDIENTES **(4 p.)**

2 patatas
24 gambas
1 lechuga
1 cebolleta
12 aceitunas negras
aceite de oliva virgen extra
vinagre
sal

ELABORACIÓN

Lava las hojas de lechuga, sécalas, córtalas en juliana fina y colócalas en una fuente.

Cuece las patatas en una cazuela con agua hirviendo con una pizca de sal. A los 35 minutos, retíralas y deja que se enfríen. Pélalas, córtalas en dados y ponlas en un bol.

Cuece las gambas brevemente en una cazuela con agua y una pizca de sal. Cuando se templen, pélalas, trocéalas y agrégalas al bol.

Corta la cebolleta en juliana y añádela al bol junto con las aceitunas cortadas en rodajitas.

Aliña con aceite, vinagre y sal y coloca sobre la lechuga cortada en juliana. Sirve.

PUERROS CON SALSA HOLANDESA

INGREDIENTES **(4 p.)**

24 puerros
200 g de mantequilla
20 ml de vino blanco
20 ml de zumo de limón
4 yemas de huevo
huevas de trucha, salmón y arenque
sal

ELABORACIÓN

Retira la parte superior e inferior de los puerros y lávalos. Pon un poco de agua en una cazuela grande, coloca encima el accesorio para cocer al vapor y distribuye encima los puerros. Sazona. Tapa la cazuela y cuécelos durante 12-15 minutos. Retíralos y repártelos en 4 fuentes individuales aptas para el horno.

Funde la mantequilla en un cazo, retira la espuma que aparece en la superficie y deja que se temple.

Pon el vino blanco y el zumo de limón en un bol. Añade las yemas de los huevos, sazónalas y móntalas con la varilla eléctrica. A medida que se vayan montando, incorpora la mantequilla sin dejar de batir, hasta conseguir una salsa bien ligada.

Napa los puerros con la salsa holandesa, introduce las fuentes en el horno y gratina hasta que se doren. Decora con las huevas de pescado. Sirve.

BROCHETAS DE PIÑA, KIWI Y PLÁTANO CON POLENTA

INGREDIENTES **(4 p.)**

½ piña
1 kiwi
1 plátano
½ vaso de polenta (sémola de maíz)
2 vasos de agua
3 cucharadas de pasas de Corinto
2 cucharadas de miel de arroz
1 cucharadita de ralladura de limón
½ vaina de vainilla
1 cucharada de pipas de girasol peladas
hojas de menta

ELABORACIÓN

Para hacer la tortita de polenta y pasas, pon a hervir 1 vaso de agua con las pasas. Añade la vainilla abierta, 1 cucharada de miel de arroz y la ralladura de limón. Vierte otro vaso de agua y agrega la polenta, removiendo constantemente para evitar que se formen grumos. Cocina brevemente.

Forra un plato con film transparente, extiende sobre él la masa (con un grosor de 1 cm) y tápala con film transparente. Deja que repose y se enfríe.

Para servir la torta de polenta, trocéala en tortitas más pequeñas.

Corta la piña en 8 tacos. Pela el kiwi y córtalo en 4. Pela el plátano y córtalo en 4.

Ensarta la fruta en 4 palos de brocheta y sírvelas con la polenta. Riega con otra cucharada de miel y salpica con las pipas. Adorna con unas hojas de menta.

ENSALADA DE LOMBARDA, GARBANZOS Y POLLO

INGREDIENTES **(4 p.)**

300 g de lombarda
150 g de garbanzos cocidos
150 g de pechuga de pollo
30 g de pasas
30 g de piñones (tostados)
aceite de oliva virgen extra
vinagre
sal

ELABORACIÓN

Lava las hojas de lombarda, sécalas y córtalas en juliana fina. Colócalas en una fuente grande.

Esparce por encima los garbanzos y las pasas.

Corta la pechuga en dados, sazónalos y saltéalos en una sartén con un chorrito de aceite. Agrégalos a la ensalada.

Sazona, aliña con aceite y vinagre y salpica todo con los piñones. Sirve.

TIMBAL DE BORRAJA CON HUEVO FLOR TRUFADO

INGREDIENTES **(4 p.)**

1 kg de borraja (700 g limpia)
2 patatas
2 dientes de ajo
50 g de jamón
4 huevos
aceite de oliva virgen extra
aceite de trufa
pimienta blanca
sal

ELABORACIÓN

Pela las patatas, cáscalas y ponlas a cocer en una cazuela con agua y una pizca de sal durante unos 15-20 minutos. Escúrrelas y pásalas por el pasapurés o aplástalas con un tenedor o machacador de patatas.

Retira las hojas de las borrajas y corta los tallos en trozos de 2-3 centímetros. Enjuágalas y ponlas a cocer en una cazuela con abundante agua y una pizca de sal durante 12-15 minutos. Escúrrelas bien y resérvalas.

Pela y lamina los dientes de ajo y ponlos a confitar a fuego suave en una sartén con 3-4 cucharadas de aceite. Retira los ajos a un plato. Corta el jamón en daditos y añádelos a la misma sartén. Sube un poco el fuego y rehógalo un poco.

Pasa el jamón y el aceite de la sartén a un bol y añade el puré de patatas y la borraja. Mezcla bien. Coloca un molde con forma de aro sobre un plato y rellénalo con una porción de borrajas con patatas y jamón. Retira el aro y repite el proceso (tres veces más) con el resto de los ingredientes.

Corta 4 trozos grandes de film transparente y colócalos sobre 4 recipientes (tipo taza), úntalos con el aceite de trufa y casca un huevo encima de cada uno. Salpiméntalos. Junta las puntas, enróscalas y átalas con un trozo de lid de cocina. Cuécelos durante 3-4 minutos en una cazuela con agua hirviendo.

Corta la cuerda de cocina, retira el film transparente y pon 1 huevo encima de cada timbal de borraja, patata y jamón. Rocía los huevos con unas gotas de aceite trufado. Sirve.

LECHE FRITA CON ALMÍBAR DE NARANJA

INGREDIENTES **(4 p.)**

600 ml de leche
1 naranja
1 lima
75 g de azúcar
60 g de harina de maíz refinada
harina y huevo batido (para rebozar)
aceite de oliva virgen extra
1 vaina de vainilla
1 anís estrellado
1 rama de canela
canela en polvo y azúcar en grano
hojas de menta

Para el almíbar:

1 vaso de azúcar
2 vasos de agua
1 naranja
1 cucharada de licor

ELABORACIÓN

Coloca una cazuela al fuego y añade la rama de canela, la vaina de vainilla y el anís estrellado. Agrega 300 ml de leche, un trozo de corteza de naranja y otro de corteza de lima. Calienta la leche a fuego suave sin dejar de remover con la varilla.

En un bol, mezcla el azúcar y la harina de maíz con una varilla. Vierte encima el resto de la leche y el azúcar y remueve bien. Cuela la leche caliente de la cazuela sobre el bol y mezcla bien. Vuelve a colocar todo en la misma cazuela y cocina (sin dejar de remover) hasta que espese.

Pasa la masa a un recipiente y deja que se enfríe. Córtala en trozos. Pásalos por harina y huevo batido y fríelos en una sartén con aceite caliente. Escúrrelos sobre un plato cubierto con papel absorbente.

Para hacer el almíbar, pon a calentar en un cazo el agua con el azúcar. Añade la mitad de la corteza de la naranja y el licor y ponlo a reducir a fuego medio hasta lograr la consistencia deseada. Resérvalo.

Mezcla 1 cucharada de canela en polvo con 4 cucharadas de azúcar en grano y espolvorea una fuente con la mitad de la mezcla. Coloca encima la leche frita y espolvoréala con el resto de la mezcla.

Riega la leche frita con el almíbar y decora los platos con unas hojas de menta.

ENSALADA DE GARBANZOS Y ACEITUNAS

INGREDIENTES **(4 p.)**

150 g de garbanzos cocidos
8 aceitunas verdes (sin hueso)
8 aceitunas negras (sin hueso)
1 lechuga
1 cebolleta
aceite de oliva virgen extra
vinagre
sal

ELABORACIÓN

Lava la lechuga, sécala, trocéala y ponla en una fuente grande.

Corta la cebolleta en juliana y agrégala.

Añade los garbanzos y las aceitunas (cortadas por la mitad).

Adereza con aceite, vinagre y sal. Sirve.

CREMA DE BONIATO, BRÓCOLI Y COLIFLOR

INGREDIENTES **(4 p.)**

1 boniato
250 g de brócoli
250 g de coliflor
2 cebolletas
75 g de pipas de girasol
2 cucharadas soperas de miel
aceite de oliva virgen extra
pimienta blanca
sal

ELABORACIÓN

Pela las cebolletas y córtalas en dados. Ponlas a rehogar en una cazuela con un chorrito de aceite.

Cuando las cebolletas se doren, suelta la coliflor y el brócoli en ramilletes y agrégalos. Pela el boniato, córtalo en dados y añádelo. Rehógalo un poco, cubre con agua, sazona y cuece todo durante 15 minutos. Tritura.

Calienta una sartén, agrega las pipas y cocínalas durante 2 minutos para eliminar cualquier resto de humedad que puedan tener. Agrega la miel, baja el fuego y cocínalas durante 30 segundos. Mezcla bien y extiéndelas sobre un trozo de papel de hornear, cúbrelas con otro trozo de papel de hornear y estira la mezcla de pipas y miel pasándole un rodillo por encima. Deja que se enfríe y pícala un poco.

Sirve la crema, riégala con un chorrito de aceite y aderézala con un poco de pimienta recién molida.

Espolvorea los platos con el crujiente de pipas caramelizadas.

BOLLOS SUIZOS

INGREDIENTES **(10 unidades)**

1 huevo
harina para estirar
hojas de menta

1.ª masa (la esponja):
150 g de harina de fuerza
100 ml de agua
10 g de levadura de panadero

2.ª masa:
10 g de levadura de panadero
2 huevos
ralladura de ¼ de limón
100 g de azúcar
350 g de harina de fuerza
65 ml de agua de azahar
100 g de mantequilla
7,5 g de sal

ELABORACIÓN

Para la esponja, mezcla en un bol la harina con el agua y la levadura. Amasa bien, colócala en un bol, tápala con un paño limpio o con film transparente y deja que repose durante 24 horas.

Pasa a otro bol la masa de la esponja y añade la levadura, los huevos, la ralladura de limón, el azúcar, la harina, el agua de azahar y la mantequilla a punto de pomada. Amasa y añade la sal. Tápala de nuevo con un paño limpio o con film transparente y deja que fermente hasta que doble su volumen.

Espolvorea la encimera con un poco de harina, coloca encima la masa y corta 10 porciones. Dales forma de bollo y colócalos en 2 bandejas (5 en cada una) de horno cubiertas con papel de hornear. Tápalos de nuevo con un paño limpio o con film transparente y deja que fermenten hasta que dupliquen su tamaño.

Con un cuchillo, hazles un corte a lo largo en la parte central. Bate el huevo y píntalos. Hornéalos a 200 °C durante 15 minutos.

Sirve y decora con unas hojitas de menta.

CARDO A LA NAVARRA

INGREDIENTES **(4 p.)**

800 g de tallos de cardo
1 cebolleta
2 dientes de ajo
100 g de jamón serrano
1 cucharada de harina
aceite de oliva virgen extra
perejil
pimienta blanca
sal

ELABORACIÓN

Corta los tallos de los cardos y retírales las hebras (hilos) duras de la parte exterior. Córtalos en trozos de 5 centímetros.

Pon agua a calentar en una cazuela y sazónala. Cuando el agua empiece a hervir, agrega los trozos de cardo y cuécelos a fuego medio durante 30-35 minutos. Resérvalos en la cazuela.

Pela la cebolleta y córtala en daditos. Pela los ajos y córtalos de la misma manera. Pon un poco de aceite a calentar en una tartera, agrega los ajos y la cebolleta y rehógalos a fuego suave durante 10 minutos aproximadamente.

Retira la grasa del jamón, córtalo en trocitos y agrégalos a la tartera. Fríelo brevemente e incorpora la harina. Rehógala un poco y añade los cardos junto con 300 ml (aproximadamente) del caldo resultante de su cocción. Cocina todo conjuntamente durante 3-4 minutos.

Muele encima un poco de pimienta. Sirve y decora con una hojita de perejil.

COGOLLOS CON ATÚN Y VINAGRETA

INGREDIENTES **(4 p.)**

4 cogollos de Tudela
150 g de atún en aceite
1 cebolleta
1 pimiento verde
¼ de pimiento rojo
1 diente de ajo
aceite de oliva virgen extra
vinagre
sal

ELABORACIÓN

Para hacer la vinagreta, corta la cebolleta en daditos y ponla en un bol. Corta los pimientos y el diente de ajo (pelado) de la misma manera y agrégalos al bol. Sazona y adereza con aceite y vinagre.

Suelta las hojas de los cogollos y límpialas bien. Sécalas y extiéndelas sobre una fuente grande. Pon una lasca de atún sobre cada hoja y aderézalas con la vinagreta. Sirve.

POLVORONES DE LA ABUELA

INGREDIENTES **(4 p.)**

200 g de harina
75 g de azúcar glas
ralladura de ¼ de limón
110 g de manteca de cerdo
2 cucharadas de anís
½ cucharadita de canela molida
harina y azúcar glas para espolvorear

ELABORACIÓN

Calienta el horno a 150 °C y coloca la harina sobre la placa del horno. Extiéndela con una espátula, introdúcela en el horno y tuéstala durante 6 minutos. Retírala del horno, remuévela con la espátula y tuéstala otros 6 minutos.

Tamiza la harina (pásala por un colador) y colócala en un bol. Añade la canela, el azúcar, la ralladura de limón, la manteca y el anís y amasa bien.

Espolvorea la encimera con un poco de harina, coloca encima la masa, espolvoréala con otro poco de harina y estírala con un rodillo hasta dejarla en una plancha de 1 centímetro y medio de grosor. Con un cortapastas redondo, corta los polvorones y colócalos sobre una bandeja cubierta con papel de hornear.

Junta los recortes, amásalos de nuevo, estíralos y repite el proceso. Hornea a 170 °C durante 15 minutos. Déjalos enfriar, espolvoréalos con azúcar glas y sirve.

ENSALADA DE ESCAROLA, GRANADA Y SÉSAMO

INGREDIENTES **(4 p.)**

1 escarola
1 granada
25 g de sésamo tostado
aceite de oliva virgen extra
vinagre
sal

ELABORACIÓN

Lava la escarola, sécala, trocéala y colócala en una fuente.

Corta la granada por la mitad y golpéala (por la parte de la piel) con una cuchara hasta que salgan todos los granos. Espárcelos sobre la escarola.

Salpica la ensalada con el sésamo tostado. Aliña con aceite, vinagre y sal. Sirve.

GALLETAS DE CENTENO

INGREDIENTES **(4 p.)**

2 huevos
60 g de miel de romero
25 g de azúcar moreno
150 g de harina integral de centeno
5 g de levadura de repostería
30 g de avellanas tostadas
aceite de oliva virgen extra
1 vaina de vainilla (las semillas de la parte interior)
1 pizca de sal
hojas de menta

ELABORACIÓN

Bate en un bol los huevos con la miel, el azúcar y las semillas de vainilla.

Mezcla en otro bol la harina de centeno con la levadura, la sal y las avellanas.

Agrega el bol de la harina al bol de los huevos y mezcla bien hasta que todos los ingredientes queden perfectamente integrados. Cubre con film transparente y deja que repose por lo menos durante 30 minutos en el frigorífico.

Engrásate las manos con un poco de aceite. Coge porciones de masa de unos 30 g y forma bolitas. Colócalas sobre una bandeja de horno cubierta con papel de hornear. Introduce la bandeja en el horno y hornéalas a 190 ºC (calor arriba y abajo) durante unos 20 minutos.

Retíralas del horno y colócalas en una bandeja. Adorna con unas hojas de menta y sirve.

ARROZ CON HABAS Y MORCILLA

INGREDIENTES **(4 p.)**

300 g de arroz
250 g de habas tiernas (peladas)
1 morcilla de cebolla
1 cebolleta
1 puerro
12 ajos frescos
aceite de oliva virgen extra
perejil
sal

ELABORACIÓN

Pon la morcilla en una cazuela. Cúbrela con agua, sazónala y cuécela a fuego suave durante 25-30 minutos. Mantenla caliente en el agua. En el momento de servir, escúrrela y córtala en 8 trozos.

Pon agua a calentar en una cazuela. Sazónala y, cuando empiece a hervir, añade las habas. Cuécelas durante 5 minutos. Escúrrelas, retíralas y refréscalas.

Pela la cebolleta y el puerro (limpio), córtalos en dados pequeños y ponlos a rehogar en una tartera con un chorrito de aceite. Agrega el arroz, rehógalo un poco y vierte encima el doble de agua y un poco más. Pon a punto de sal y cocínalo durante 18 minutos. Déjalo reposar.

Corta los ajos frescos en cilindros pequeños y rehógalos brevemente en una sartén con aceite. Incorpora las habas, sazónalas y saltéalas. Añade todo a la cazuela del arroz y mezcla bien.

Sirve el arroz con los trozos de morcilla y decora los platos con unas hojas de perejil.

GARBANZOS CON PAPADA Y SETAS

INGREDIENTES **(4 p.)**

300 g de garbanzos
250 g de papada
10 setas (*boletus*)
1 cebolleta
1 zanahoria
1 pimiento
1 diente de ajo
aceite de oliva virgen extra
perejil
sal

ELABORACIÓN

Pon agua a calentar en una olla rápida. Cuando empiece a hervir, agrega los garbanzos (a remojo desde la víspera y escurridos). Corta la papada en 4 trozos y añádelos. Sazona, tapa la olla y cuece durante 40-45 minutos. Escurre los garbanzos y resérvalos. Reserva también la papada y deja que se enfríe.

Pela la cebolleta y córtala en dados grandes. Pela la zanahoria y córtala en cuartos de luna. Corta el pimiento en dados. Pon todo a rehogar en una sartén con un chorrito de aceite. Sazona. Añade los garbanzos escurridos y saltéalos.

Calienta una plancha grande con un chorrito de aceite. Corta las setas en láminas, colócalas a un lado de la plancha y cocínalas durante 6-8 minutos aproximadamente. Sazónalas y espolvoréalas con un poco de perejil picado. Al otro lado, coloca los trozos de papada y cocínalos hasta que se doren por fuera.

Pon el diente de ajo pelado y troceado en un vaso batidor. Agrega unas hojas de perejil y un buen chorro de aceite. Tritura con una batidora eléctrica y cuélalo.

Sirve en 4 platos los garbanzos con la verdura, las setas y la papada (cada trozo cortado en 2). Salpícalos con el aceite de ajo y perejil.

ENSALADA DE BERROS, PERA Y PIPAS

INGREDIENTES **(4 p.)**

300 g de berros
2 peras
30 g de pipas de girasol (peladas y tostadas)
aceite de oliva virgen extra
vinagre
sal

ELABORACIÓN

Lava los berros, sécalos y colócalos en una fuente.

Pela las peras, córtalas en daditos y espárcelas por encima.

Salpica la ensalada con las pipas de girasol.

Sazona y adereza con aceite y vinagre a tu gusto. Sirve.

CUAJADA DE GALLETA Y MIEL

INGREDIENTES **(4 p.)**

600 ml de leche de oveja
100 g de galletas
30 g de miel
cuajo líquido
50 g de azúcar
hojas de menta

ELABORACIÓN

Pon la leche a calentar en una cazuela.

Maja bien las galletas en el mortero y añádelas a la leche. Incorpora también la miel y remueve bien con una varilla hasta que la leche hierva y queden todos los ingredientes perfectamente integrados. Deja templar.

Echa 1 gota de cuajo en cada vaso y reparte encima la leche. Deja enfriar bien.

Espolvorea las cuajadas con un poco de azúcar y caramelízalas con un soplete. Decora con unas hojas de menta y sirve.

MACARRONES CON RABO

INGREDIENTES **(4 p.)**

300 g de macarrones
450 g de rabo de ternera
3 dientes de ajo
2 cebollas
1 zanahoria
1 tomate
200 ml de vino tinto
aceite de oliva virgen extra
orégano
granos de pimienta
sal

ELABORACIÓN

Pela los ajos, las cebollas y la zanahoria. Córtalos en trozos no muy grandes y ponlos a rehogar en la olla rápida con un chorrito de aceite.

Pica el tomate y agrégalo. Rehógalo un poco. Incorpora el rabo y unos granos de pimienta. Vierte encima el vino y dale un hervor. Agrega 1 vaso de agua, pon a punto de sal, cierra la olla y guisa el rabo durante 30 minutos.

Saca los trozos de rabo y desmenuza la carne. Pícala a tu gusto (en trozos pequeños o medianos) y resérvala. Pasa la salsa por el pasapurés y resérvala en un bol.

Pon abundante agua a calentar en una cazuela grande con una pizca de sal. Añade los macarrones y cuécelos durante el tiempo que indique el paquete. Escúrrelos y añádelos al bol de la salsa. Incorpora la carne y mezcla bien.

Coloca todo en una fuente apta para el horno, espolvorea con el orégano picado y hornea a 200 °C durante 6-8 minutos. Sirve.

ENSALADA DE ESCAROLA, PALMITO Y NUECES

INGREDIENTES **(4 p.)**

300 g de escarola
4 tallos de palmito
12 nueces
aceite de oliva virgen extra
vinagre
sal

ELABORACIÓN

Lava la escarola, sécala, trocéala y colócala en una fuente.

Pela las nueces, pícalas un poco y agrégalas.

Corta los tallos de palmito en trozos de 1 cm y añádelos.

Sazona y aliña con aceite y vinagre. Sirve.

BISCUIT DE HIGOS CON SALSA DE NUECES

INGREDIENTES **(4 p.)**

150 g de higos secos
4 cucharadas de azúcar
zumo de ½ limón
3 yemas de huevo
500 ml de nata semimontada
hojas de menta

Para la salsa de nueces:
75 g de nueces peladas
75 g de azúcar
400 ml de leche

ELABORACIÓN

Prepara un puré de higos cociéndolos sin tallo en agua durante 15 minutos. Tritúralos con una batidora.

Haz un jarabe con un poco de agua con azúcar y el zumo de limón. Mézclalo con las yemas y bátelo durante 10 minutos hasta que monte. Agrega el puré de higos y mézclalo con suavidad. Incorpora la nata y mezcla con cuidado. Rellena con la mezcla 4 moldes individuales e introdúcelos en el congelador. Una vez congelados, desmóldalos con agua caliente.

Para la salsa de nueces, mezcla los ingredientes y redúcelos a fuego lento. Deja reposar y cuela la salsa.

Sirve el *biscuit* con la salsa de nueces y decora con hojas de menta.

ROMANESCO CON SALSA DE ALMENDRAS

INGREDIENTES **(4 p.)**

1 romanesco (1 kg)
65 g de almendras laminadas tostadas
15 g de pasas
30 g de pan
500 ml de leche
1 diente de ajo (pequeño)
aceite de oliva virgen extra
sal

ELABORACIÓN

Pon las pasas en un bol y cúbrelas con agua. Déjalas a remojo hasta que se inflen. Escúrrelas y resérvalas.

Trocea el pan, colócalo en la jarra batidora y añade la leche, un chorrito de aceite, 50 g de almendras laminadas (reserva el resto) y el diente de ajo pelado y picado. Sazona y tritura bien. Coloca todo en una cazuela y deja que reduzca durante 3-4 minutos.

Lava el romanesco y sepáralo en ramilletes. Cuécelos al vapor durante 15 minutos. Sazona.

Sirve la salsa en el fondo de la fuente, coloca encima el romanesco escurrido y agrega por encima las pasas hidratadas y las almendras laminadas reservadas anteriormente.

ENSALADA DE BACALAO Y NARANJA

INGREDIENTES **(4 p.)**

150 g de bacalao ahumado
4 naranjas
30 g de piñones
aceite de oliva virgen extra

ELABORACIÓN

Pela las naranjas en vivo (eliminando las membranas blancas exteriores). Córtalas en rodajas y distribúyelas en una fuente grande.

Corta el bacalao en trocitos y espárcelos sobre las naranjas.

Adereza con un buen chorro de aceite de oliva.

Tuesta los piñones y salpica con ellos la ensalada. Sirve.

NATILLAS CON CHURROS

INGREDIENTES **(4 p.)**

600 ml de leche
8 g de harina de maíz refinada
75 g de azúcar
6 yemas de huevo
1 vaina de vainilla
aceite de oliva virgen extra
canela en polvo y azúcar para espolvorear
hojas de menta

Para la masa de los churros (12 u.):

125 ml de agua
½ nuez de mantequilla
60 g de harina
1 pizca de sal

ELABORACIÓN

Para las natillas, pon ¾ partes de la leche en una cazuela. Abre la vaina de vainilla y añádela. Cuece a fuego medio.

Mezcla en un bol la harina de maíz y el azúcar. Añade el resto de la leche junto con las yemas de huevo y remueve hasta conseguir una masa un poco espesa.

Agrega un par de cacillos de la leche caliente a la mezcla de las yemas. Remueve y vierte todo en la cazuela. Cuando consigas la textura deseada, pasa las natillas a un bol.

Para hacer los churros, pon en una cazuela el agua, la mantequilla, la sal y la harina tamizada. Cuece todo hasta que se haga una masa y deja enfriar.

Coloca la masa en una churrera y fríe los churros en una sartén, con abundante aceite muy caliente, 1 minuto y medio por cada lado, formando una espiral, hasta que queden dorados (si no tienes churrera, los puedes hacer con una manga pastelera).

Mezcla el azúcar y la canela, corta los churros y espolvoréalos por encima con la mezcla.

Sirve los churros en una fuente y reparte las natillas en 4 copas. Decora con unas hojas de menta.

ENSALADA DE ESCAROLA, CANÓNIGOS Y PIÑA

INGREDIENTES **(4 p.)**

200 g de escarola
100 g de canónigos
200 g de piña natural
12 tomates cherry
aceite de oliva virgen extra
vinagre
sal

ELABORACIÓN

Lava la escarola y los canónigos. Sécalos, trocéalos y colócalos en una fuente.

Lava los tomates, córtalos por la mitad y agrégalos.

Pela la piña, córtala en taquitos y añádelos.

Sazona y adereza con aceite y vinagre. Sirve.

HOJAS DE COL RELLENAS DE MORCILLA Y MANZANA

INGREDIENTES **(4 p.)**

4 hojas grandes de col
1 morcilla de verdura
2 puerros
2 manzanas
3 chalotas
1 tomate en conserva
100 ml de vino tinto
30 ml de salsa inglesa
aceite de oliva virgen extra
sal

ELABORACIÓN

Pon agua a calentar en una cazuela grande. Cuando empiece a hervir, añade las hojas de col y escáldalas durante 2 minutos, hasta que queden manejables. Escúrrelas bien y nivélalas retirándoles la parte más gruesa de los nervios centrales. Resérvalas.

Limpia los puerros, córtalos en trozos pequeños y ponlos a rehogar en una sartén con un chorrito de aceite. Pela las manzanas y córtalas en daditos. Calienta una sartén con un chorrito de aceite y rehoga los puerros con las manzanas durante 8 minutos. Sazona.

Retira la piel de la morcilla, desmenuza el interior e incorpóralo a la sartén. Mezcla bien. Pon una porción de relleno en la parte central de cada hoja de col y ciérralas formando unos paquetitos.

Coloca los paquetitos en una fuente apta para el horno. Rocíalos con un chorrito de aceite y hornéalos a 180 °C durante 10 minutos.

Pela las chalotas, pícalas y rehógalas en una sartén con un chorrito de aceite. Trocea el tomate y añádelo. Vierte encima el vino, agrega la salsa inglesa y deja reducir. Tritura los ingredientes hasta conseguir una salsa homogénea. Sirve la salsa y coloca encima los paquetitos de col rellena.

VASITO DE CUAJADA CON GUIRLACHE

INGREDIENTES **(4 p.)**

400 ml de leche de oveja
2 gotas de cuajo
100 g de galletas
100 g de mantequilla
30 g de pistachos
70 g de semillas de sésamo
100 g de azúcar
1 cucharada de zumo de limón
1 cucharadita de aceite de oliva virgen extra
4 frambuesas
hojas de menta

ELABORACIÓN

Trocea las galletas y aplástalas en un mortero hasta que queden reducidas a polvo. Calienta la mantequilla en el microondas y mézclala con las galletas pulverizadas.

Reparte la masa en 4 vasitos y enfríalos en el frigorífico.

Pon la leche a calentar. Cuando hierva, apaga el fuego, deja que se temple a unos 37 ºC, añade las gotas de cuajo y reparte la leche en los 4 vasitos. Deja que se solidifique la cuajada.

Para el guirlache, calienta una sartén con el zumo de limón, el aceite, el azúcar, el sésamo y los pistachos picaditos. Cocina hasta que caramelice. Apaga el fuego.

Corta un trozo de papel de hornear, vierte encima el guirlache, cúbrelo con otro trozo de papel de hornear y pasa por encima un rodillo de manera que quede lo más fino posible. Deja que se enfríe y trocéalo.

Sirve los vasitos de cuajada y acompáñalos con el guirlache. Adorna con unas frambuesas y unas hojas de menta.

ENSALADA DE ENDIBIAS, REQUESÓN Y CACAHUETES

INGREDIENTES **(4 p.)**

6 endibias
150 g de requesón
30 g de cacahuetes (pelados)
50 g de berros
aceite de oliva virgen extra
vinagre
sal

ELABORACIÓN

Corta las endibias en juliana fina y ponlas en una fuente.

Lava los berros, sécalos y añádelos.

Desmenuza el requesón y agrégalo.

Trocea un poco los cacahuetes y espárcelos sobre la ensalada.

Sazona y aliña con aceite y vinagre. Sirve.

ESTOFADO DE CARNE

INGREDIENTES **(4 p.)**

600 g de espaldilla de ternera
3 cebolletas
100 ml de vino blanco
500 ml de caldo de carne
4 alcachofas
2 patatas
2 zanahorias
75 g de guisantes
harina
aceite de oliva virgen extra
perejil
pimienta
sal

ELABORACIÓN

Pela las cebolletas, córtalas en dados y rehógalas en una sartén con un chorrito de aceite hasta que se doren. Sazona. Pasa las cebollas a un vaso batidor, añade el vino y tritura. Reserva la salsa.

Corta la carne en trozos de bocado, salpimiéntalos y enharínalos. Dóralos en una tartera con un chorrito de aceite. Cuando la carne esté dorada, agrega la salsa y el caldo de carne. Tapa la tartera y guisa la carne durante 35-40 minutos.

Pela las alcachofas y cuécelas en una cazuela con agua durante 20 minutos. Retíralas y escúrrelas boca abajo sobre una fuente cubierta con papel absorbente. Córtalas en cuartos y resérvalas.

Pela las patatas, córtalas en dados y ponlas a cocer en una cazuela con agua y una pizca de sal. Corta las zanahorias en trozos de 4-5 centímetros y tornéalas. Añádelas a la cazuela de las patatas y cuece todo conjuntamente durante 12-15 minutos.

Añade los guisantes, las alcachofas, las patatas y las zanahorias a la tartera del guiso. Espolvorea con perejil picado y cocina todo junto durante 5 minutos.

Reparte el guiso en 4 platos, adórnalos con unas hojas de perejil y sirve.

BISCUIT DE PLÁTANO CON CHOCOLATE CALIENTE

INGREDIENTES **(4 p.)**

4 plátanos
50 g de chocolate de cobertura
1 hoja de gelatina
250 ml de leche
2 cucharadas de zumo de limón
2 huevos
100 g de azúcar glas
250 ml de nata
1 pizca de nuez moscada
1 pizca de sal
hojas de menta

ELABORACIÓN

Remoja la gelatina en agua fría hasta que se ablande. Pon la mitad de la leche a cocer en una cazuela, agrega la gelatina y mezcla bien.

Pela 3 plátanos y aplástalos con un tenedor hasta conseguir un puré. Riega el puré de plátano con el zumo de limón y añádelo a la cazuela. Agrega el resto de la leche, mezcla bien y espera a que se enfríe.

Separa las claras de las yemas. Pon las yemas y el azúcar glas en un recipiente y móntalas con la batidora de varillas eléctrica. Monta también las claras con la sal y, en otro recipiente, la nata.

Agrega la nuez moscada a las yemas e incorpora las claras, la mezcla de plátano y la nata montada. Únelo con movimientos suaves y envolventes. Pasa el *biscuit* a un molde e introdúcelo en el frigorífico hasta que se endurezca.

Funde en el microondas el chocolate de cobertura.

Desmolda el *biscuit* y decóralo con unos hilos de chocolate. Pela el otro plátano, córtalo en rodajas y colócalas en la parte superior del *biscuit*. Adorna con unas hojas de menta y sirve.

ENSALADA DE CALABACÍN, CANÓNIGOS Y QUESO

INGREDIENTES **(4 p.)**

1 calabacín
100 g de canónigos
100 g de queso
100 g de membrillo
aceite de oliva virgen extra
vinagre
sal

ELABORACIÓN

Lava el calabacín. Con ayuda de un sacapuntas de verduras, córtalo en fideos. Ponlos en una fuente.

Lava los canónigos, sécalos y agrégalos.

Corta el membrillo y el queso en daditos y añádelos.

Sazona y adereza con aceite y vinagre. Sirve.

OLLA ARANESA

INGREDIENTES **(4 p.)**

100 g de gallina
150 g de morcillo de ternera
75 g de tocino vetado fresco
2 huesos de jamón
50 g de morro
½ oreja de cerdo
½ pie de cerdo
75 g de garbanzos
75 g de judías blancas de Bossots
150 g de col
1 zanahoria
1 rama fina de apio
1 puerro
1 patata
75 g de morcilla blanca
30 g de fideos (gruesos)
75 g de morcilla negra de cebolla
mostaza de Dijon
sal

Para la pelota:
200 g de carne picada (cerdo y ternera)
1 huevo
1 diente de ajo
aceite de oliva virgen extra
harina
perejil
pimienta
sal

ELABORACIÓN

Pon a hervir todos los productos cárnicos (gallina, morcillo, tocino, huesos, morro, oreja, pie de cerdo), menos las morcillas, en una cazuela grande con agua. Añade también los garbanzos (remojados desde la víspera y escurridos). Sazona. Cuece todo durante 1 ½ hora.

Pasado este tiempo, incorpora las judías (remojadas desde la víspera y escurridas). Corta la col en juliana fina e incorpórala. Pela la zanahoria, córtala en rodajas y agrégalas. Corta la rama de apio en dados y añádelos. Retira la parte inferior y superior del puerro, lávalo bien, córtalo en medias lunas e incorpóralo. Cuece todo durante 1 hora.

Coloca la carne picada y el huevo en un bol. Pela el ajo. Pica finamente el ajo y el perejil y añádelos al bol. Salpimienta y mezcla todo bien. Forma una bola, enharínala y fríela en una sartén con aceite. Añádela a la cazuela.

Pela la patata, cáscala y e incorpórala junto con la morcilla blanca. Cuece todo a fuego suave durante 20 minutos.

Retira las carnes a una fuente apta para el horno. Introduce la fuente en el horno y calienta las carnes.

Con ayuda de un cacillo, retira la grasa superficial de la cazuela. Agrega los fideos y la morcilla negra y cuécelos conjuntamente durante 10-12 minutos.

Sirve por un lado las carnes con la mostaza y por otro la sopa.

CERDO CON SALSA DE PIÑA

INGREDIENTES **(4 p.)**

800 g de filetes de cerdo
1 piña
2 cucharadas de harina
4 cucharadas de vinagre
4 cucharadas de salsa de soja
1 cucharada de azúcar moreno
aceite de oliva virgen extra
perejil
pimienta negra
sal

ELABORACIÓN

Pela y trocea la mitad de la piña e introdúcela en la licuadora. Pon el zumo resultante en un bol y añádele la harina, el vinagre, la salsa de soja y el azúcar moreno. Bate bien hasta disolver todo.

Corta los filetes de cerdo en tiras, salpimiéntalos e incorpóralos al bol. Deja que la carne macere durante 1 hora y que absorba todos los aromas. Cuela y reserva por un lado la carne y por otro la mezcla de la maceración.

Trocea el resto de la piña y saltéala a fuego vivo en una sartén con un chorrito de aceite. Cocínala hasta que quede dorada.

Pon a calentar la salsa de la maceración en una tartera, agrega la piña dorada y cocina durante 2-3 minutos. Vierte encima un vaso de agua y mezcla bien.

Saltea las tiras de cerdo maceradas en una sartén con un poco de aceite y cocínalas hasta que se doren. Retíralas y añádelas a la tartera. Cocina todo junto durante 4-5 minutos.

Sirve el cerdo con la salsa de piña y espolvoréalo con un poco de perejil picado. Decora los platos con unas hojas de perejil.

ENSALADA DE ESCAROLA, RABANITOS Y AJO

INGREDIENTES **(4 p.)**

1 escarola
6 rabanitos
1 diente de ajo
aceite de oliva virgen extra
vinagre
sal

ELABORACIÓN

Lava la escarola, sécala, trocéala y colócala en una fuente.

Lava los rabanitos, córtalos en láminas finas y agrégalas.

Pela el diente de ajo y córtalo en daditos muy pequeños. Espárcelos sobre la escarola.

Sazona y adereza con aceite y vinagre. Sirve.

TEJAS DE NUECES Y CHOCOLATE

INGREDIENTES **(4 p.)**

100 g de nueces
125 g de chocolate
1 naranja
300 g de azúcar
3 claras de huevo
1 yogur natural
mermelada de frambuesa
hojas de menta

ELABORACIÓN

Para hacer la naranja confitada, lava bien su corteza con un cepillo bajo el grifo. Córtala en rodajas finas y cocínala en una cazuela intercalando capas de azúcar (200 g en total) y rodajas de naranja. Cocina a fuego suave durante unos 20-30 minutos. Deja que se templen y reserva también el jugo.

Tritura con la picadora las nueces por un lado y el chocolate por el otro. Mézclalos. Monta las claras con la batidora de varillas, añade el resto del azúcar (100 g) y sigue batiendo. Incorpora las nueces y el chocolate y mezcla con cuidado para que las claras no se bajen.

Cubre una bandeja de horno con papel de hornear y extiende sobre ella la pasta dándole forma de pequeños discos. Hornea a 180 °C durante 15 minutos.

Sirve las tejas acompañadas de las rodajas de naranja y su jugo y con un poco de yogur y mermelada. Adorna con un poco de menta picada y en rama.

ENSALADA DE LECHUGA, NARANJA Y CORTEZAS DE CERDO

INGREDIENTES **(4 p.)**

1 lechuga
1 naranja
8 cortezas de cerdo
aceite de oliva virgen extra
zumo de limón
sal

ELABORACIÓN

Lava la lechuga, sécala, trocéala y colócala en una fuente.
Pela la naranja, saca los gajos en vivo y añádelos.
Sazona y aliña con aceite y unas gotas de zumo de limón.
Aplasta las cortezas de cerdo y salpica con ellas la ensalada. Sirve.

XATÓ

INGREDIENTES **(4 p.)**

1 escarola
12 boquerones en vinagre
100 g de atún en aceite
100 g de bacalao desalado
4 ñoras
4 rebanadas de miga de pan
100 g de almendras
60 g de avellanas
2 dientes de ajo
100 g de aceitunas arbequinas
aceite de oliva virgen extra
100 ml de vinagre
perejil
sal

ELABORACIÓN

Retira los tallos y las pepitas de las ñoras. Pon agua a calentar en un cazo y, cuando empiece a hervir, añade las ñoras y cuécelas durante 10-15 minutos a fuego suave. Retíralas, sécalas un poco y retírales la pulpa con ayuda de un cuchillo. Resérvala.

Trocea la miga de pan y ponla en un bol. Cúbrela con el vinagre y deja que se empape bien.

Suelta las hojas de la escarola, lávalas bien y escúrrelas. Sécalas, trocéalas y resérvalas en un bol grande.

Pon a calentar una sartén al fuego, agrega las almendras y las avellanas y tuéstalas un poco sin nada de aceite. Colócalas en el mortero y májalas bien. Resérvalas.

Pela y pica los dientes de ajo. Colócalos en el mortero y májalos bien. Cuando estén bien majados, agrega también la pulpa de las ñoras. Mezcla bien. Escurre el vinagre de la miga de pan e incorpórala al mortero. Sazona y sigue majando. Incorpora los frutos secos majados y un buen chorro de aceite de oliva. Mezcla todo bien.

Pon la escarola en un bol grande y sazónala. Agrega un poco de la salsa y mezcla bien para que las hojas de escarola queden impregnadas con la salsa. Colócala en una fuente y reparte encima las aceitunas, los boquerones, el atún desmigado y el bacalao cortado en daditos. Reparte la ensalada en 4 platos y adórnalos con unas hojas de perejil. Sirve el resto de la salsa al lado.

BUÑUELOS DE MANZANA

INGREDIENTES **(4 p.)**

2 manzanas
100 g de pasta *kataifi*
zumo de 1 limón
1 limón
1 naranja
1 mandarina
175 g de pan rallado
2 cucharadas de harina integral
1 yema de huevo
50 g de mantequilla fundida
aceite de oliva virgen extra
1 vaina de vainilla
nuez moscada en polvo
canela molida
1 yogur natural
grosellas
1 cucharada de azúcar

ELABORACIÓN

Pela las manzanas, descorazónalas, córtalas en taquitos y ponlas en un bol. Añade el zumo de limón y deja que macere un poco.

Ralla las cortezas del limón, de la naranja y de la mandarina y ponlas en un bol. Agrega el pan rallado, el interior de la vaina de vainilla, nuez moscada, canela, la harina integral y la yema de huevo.

Mezcla las dos preparaciones, tapa con film transparente y deja que repose durante 30 minutos en el frigorífico.

Forma unas bolas con la pasta de manzana, envuélvelas con la pasta *kataifi* y úntalas con la mantequilla. Fríelas durante 2-3 minutos por cada lado. Escúrrelas sobre un plato con papel absorbente.

Mezcla el yogur con las grosellas. Sirve los buñuelos, espolvoréalos con azúcar y canela y acompáñalos con la salsa de yogur.

PENCAS RELLENAS DE SECRETO IBÉRICO CON SALSA VIZCAÍNA

INGREDIENTES **(4 p.)**

8 hojas de acelga
400 g de secreto ibérico
6 pimientos choriceros
2 cebollas rojas
2 dientes de ajo
1 galleta
harina y huevo (para rebozar)
aceite de oliva virgen extra
perejil
pimienta
sal

ELABORACIÓN

Retira el rabito y las pepitas a los pimientos choriceros, ponlos en una cazuela con agua y hiérvelos durante 15 minutos. Saca la carne y resérvala. Reserva también el agua de la cocción.

Pela y pica las cebollas y los ajos y ponlos a rehogar en una cazuela con un chorrito de aceite. Sazona. Cuando cojan un poco de color, agrega la pulpa de los pimientos choriceros y un poco del agua resultante de la cocción. Cocina la salsa durante 20 minutos. Añade la galleta desmenuzada y tritura todo con la batidora eléctrica. Reserva la salsa.

Retira la parte verde de las hojas de acelga y resérvalas para hacer un puré. Corta las pencas en 4 trozos y retírales los hilos. Cuécelas durante 12 minutos en una cazuela con agua y una pizca de sal. Una vez cocidas, escúrrelas sobre un plato cubierto con papel absorbente.

Salpimienta el secreto y cocínalo brevemente (3 minutos por cada lado) en una sartén con un chorrito de aceite. Retíralo, deja que se temple y córtalo en filetes finos.

Rellena las pencas con los filetes de secreto. Rebózalas con harina y huevo batido y fríelas en una sartén con aceite.

Sirve las pencas rellenas y acompáñalas con un poco de salsa vizcaína. Decora con unas hojas de perejil.

ENSALADA DE RÚCULA Y CANÓNIGOS CON MANDARINA Y GRANADA

INGREDIENTES **(4 p.)**

150 g de hojas de rúcula
150 g de canónigos
2 mandarinas
1 granada
aceite de oliva virgen extra
vinagre
sal

ELABORACIÓN

Lava la rúcula y los canónigos. Sécalos y colócalos en una fuente.

Pela las mandarinas, saca los gajos en vivo y agrégalos a la fuente.

Corta la granada por la mitad y golpéala con una cuchara por la parte de la piel hasta que salgan todos los granos. Incorpóralos a la ensalada.

Sazona y adereza con aceite y vinagre. Sirve.

MAGDALENAS DE DULCE DE LECHE

INGREDIENTES **(4 p.)**

140 g de dulce de leche
3 huevos
6 cucharadas de aceite de oliva virgen extra
ralladura de limón
150 g de harina
1 sobre de levadura en polvo
2 cucharadas de azúcar
1 cucharadita de canela en polvo
hojas de menta

ELABORACIÓN

Casca los huevos y móntalos con una varilla eléctrica o a mano. Añade poco a poco el aceite e incorpora el dulce de leche sin dejar de batir. Agrega un poco de ralladura de limón.

Mezcla la levadura con la harina tamizada y añade a la mezcla anterior. Mezcla bien y coloca en una manga pastelera. Pon moldes de papel para magdalenas sobre una bandeja apta para el horno y rellénalos sin llegar al borde. Hornea las magdalenas a 200 °C durante 15-20 minutos.

Retíralas del horno. Mezcla el azúcar con la canela y espolvorea las magdalenas con la mezcla. Decora con unas hojas de menta.

ENSALADA DE ESCAROLA, PERA Y PISTACHOS

INGREDIENTES **(4 p.)**

1 escarola
2 peras
50 g de pistachos (pelados)
aceite de oliva virgen extra
vinagre
sal

ELABORACIÓN

Lava la escarola, sécala, trocéala y colócala en una fuente grande.

Lava las peras, pélalas, córtalas en daditos y añádelos a la fuente.

Agrega los pistachos picados.

Sazona y aliña con aceite y vinagre. Sirve.

PASTELES DE MANZANA

INGREDIENTES **(4 p.)**

4 manzanas
5 g de gelatina en polvo
6 cucharadas de agua
20 g de mantequilla
1 limón
60 g de azúcar
4 huevos
mantequilla y azúcar glas (para los moldes)
grosellas
hojas de menta

ELABORACIÓN

Unta 4 moldes individuales con un poco de mantequilla, espolvoréalos con azúcar glas y resérvalos.

Pon el agua a calentar en una cazuelita, agrega la gelatina, disuélvela y resérvala.

Pela las manzanas, quítales el corazón y córtalas en dados grandes. Rehógalas 3 minutos en una sartén con la mantequilla. Ralla encima un poco de la cáscara del limón y agrega la mitad del azúcar. Rehógalas durante 3 minutos más.

En un bol grande, bate los huevos con el resto del azúcar. Añade las manzanas y la gelatina diluida en agua. Mezcla bien y reparte entre los 4 moldes.

Coloca los moldes en un recipiente con agua. Introdúcelos en el horno y cocínalos al baño maría a 180 ºC durante 30-40 minutos. Retíralos del horno, deja que se enfríen, desmóldalos y adórnalos con unas grosellas y unas hojas de menta.

MOLLEJAS A LA ZAMORANA

INGREDIENTES **(4 p.)**

600 g de mollejas de ternera
4 dientes de ajo
1 cebolla
1 cucharada de harina
aceite de oliva virgen extra
1 cucharadita de pimentón dulce
½ cucharadita de pimentón picante
½ cucharadita de comino en polvo
1 hoja de laurel
perejil
sal

ELABORACIÓN

Pela 3 dientes de ajo y la cebolla y córtalos en daditos. Ponlos a rehogar en una tartera con un chorrito de aceite, sazona y agrega la hoja de laurel.

Limpia las mollejas retirando bien las telitas que las recubren, córtalas en trozos de bocado, sazónalas y agrégalas a la tartera. Rehógalas un poco.

Agrega la harina y rehógala un poco. Añade los pimentones (dulce y picante) y el comino. Mezcla bien.

Pela el otro diente de ajo, trocéalo y colócalo en el mortero. Sazona y májalo bien. Agrega un poco de perejil y sigue majando. Añade un poco de agua al mortero y vierte todo en la tartera. Coloca la tapa y cocina las mollejas durante 30 minutos a fuego suave.

Sirve y adorna con unas hojitas de perejil.

ENSALADA DE RÚCULA, ESCAROLA Y PAPAYA

INGREDIENTES **(4 p.)**

150 g de rúcula
150 g de escarola
¼ de papaya (pequeña)
aceite de oliva virgen extra
2 cucharadas de zumo de limón
1 cucharada de miel
sal

ELABORACIÓN

Lava la escarola y la rúcula. Sécalas, trocéalas y colócalas en un bol.

Corta la papaya, retírale las pepitas y córtala en daditos. Incorpóralos al bol.

Mezcla, en un bol pequeño, el zumo de limón, una pizca de sal, un chorrito de aceite y la miel. Aliña la ensalada. Sirve.

CARNE CON TOMATE Y PATATAS

INGREDIENTES **(4 p.)**

800 g de espaldilla de ternera
800 g de tomates (maduros)
2 patatas
3 dientes de ajo
1 cebolla
1 pimiento verde
harina
aceite de oliva virgen extra
1 hoja de laurel
perejil
pimienta
sal

ELABORACIÓN

Corta la carne en trozos de bocado, salpimiéntalos y pásalos por harina. Pon un poco de aceite en una tartera y dóralos. Retíralos y resérvalos en una fuente.

Pela los ajos y la cebolla y córtalos en dados. Corta el pimiento de la misma manera y añade todo a la misma tartera donde has dorado la carne. Sazona y rehoga las verduras hasta que cojan un poco de color.

Agrega la hoja de laurel. Lava los tomates, pícalos e incorpóralos. Sazona y cocina durante 30 minutos. Retira la hoja de laurel y pasa el tomate por el pasapurés. Pasa la salsa de tomate a una tartera y resérvala.

Pela las patatas, córtalas en dados y fríelas en una sartén con aceite. Escúrrelas y agrégalas a la tartera. Añade también la carne con su jugo. Calienta todo y espolvoréalo con un poco de perejil picado. Sirve 4 raciones.

CREMA PERUANA DE CHOCOLATE Y CAFÉ

INGREDIENTES **(4 p.)**

120 g de chocolate de cobertura
50 g de café en grano
500 ml de leche
100 g de azúcar
½ vasito de agua
2 yemas de huevo
1 vaina de vainilla
nata montada
1 hoja de menta

ELABORACIÓN

Pon la leche (reserva un poco) a cocer con la vainilla y el café en grano.

En otro cazo, calienta el azúcar con el agua de forma que se vaya haciendo un caramelo. Una vez hecho, retira el cazo del fuego. Añade el chocolate y remueve hasta que se deshaga.

Pon las yemas en un bol, deshazlas y añádeles la leche reservada.

Una vez hervida la leche (leche, café y vainilla), cuélala y viértela sobre las yemas. Mezcla bien.

Mezcla las dos preparaciones y ponlas al fuego hasta que espese.

Reparte la crema en 4 copas, déjala enfriar e introdúcela en el frigorífico para que se endurezca un poco.

Adorna con un poco de nata montada y una hoja de menta.

ENSALADA DE COGOLLOS, LOMBARDA Y QUINOA

INGREDIENTES **(4 p.)**

4 cogollos
100 g de lombarda
150 g de quinoa
30 g de cacahuetes (pelados)
aceite de oliva virgen extra
mostaza
sal

ELABORACIÓN

Pon a calentar 300 ml de agua en una cazuela. Lava bien la quinoa y agrégala. Sazónala y cuécela durante 15-20 minutos (hasta que se evapore el agua). Retírala, refréscala y resérvala.

Suelta las hojas de los cogollos y lávalas. Sécalas, córtalas en juliana, ponlas en una fuente y sazónalas.

Lava las hojas de lombarda, sécalas, córtalas en juliana fina y añádelas a la fuente.

Agrega la quinoa y mezcla bien.

Pica los cacahuetes y salpica con ellos la ensalada.

Mezcla en un bol el aceite y la mostaza y aliña la ensalada. Sazona y sirve.

CORDERO CON PERAS

INGREDIENTES **(4 p.)**

800 g de cordero (pierna y cuello)
800 g de peras (blanquilla)
2 cebollas
100 ml de vino blanco
2 tomates
harina
aceite de oliva virgen extra
perejil
pimienta
sal

ELABORACIÓN

Sazona la carne, pásala por harina y dórala en una tartera con un chorrito de aceite.

Pela las cebollas, córtalas en juliana y agrégalas a la tartera. Cocínalas hasta que empiecen a transparentar. Vierte encima el vino y dale un hervor. Lava los tomates, córtalos por la mitad, rállalos y agrégalos a la tartera. Añade 2 vasos de agua (que cubra la carne), tapa la tartera y cocina todo junto durante 20 minutos.

Corta las peras por la mitad, retírales el corazón y pélalas. Incorpóralas a la tartera y cocina todo conjuntamente durante 20 minutos más. Salpimienta y espolvorea con un poco de perejil picado. Sirve.

TARTA DE QUESO SIN HORNO

INGREDIENTES **(6 p.)**

200 g de queso fresco
150 g de galletas
100 g de mantequilla
2-3 hojas de gelatina
200 ml de nata
3 cucharadas de azúcar glas
mantequilla (para el molde)
mermelada de frambuesa
almendras peladas
hojas de menta

ELABORACIÓN

Tritura las galletas hasta que queden reducidas a polvo y pásalas a un cuenco. Agrega la mantequilla a punto de pomada y amasa con las manos hasta que quede una pasta homogénea. Unta un molde de fondo desmontable con un poco de mantequilla. Cubre el molde con la pasta de galletas y deja que repose durante 15-20 minutos hasta que se endurezca.

Pon la gelatina a remojo en un bol con agua fría. Pon a calentar la nata, agrégale la gelatina y mezcla bien hasta que se disuelva.

Coloca el queso fresco, el azúcar y la nata con la gelatina en el vaso de la batidora y tritura. Vierte la mezcla sobre la base de galletas y mantequilla e introdúcela en el frigorífico hasta que se endurezca totalmente, unas 2 horas.

Cubre la tarta con la mermelada de frambuesa, decórala con unas hojas de menta y almendras peladas y sirve.

ENSALADA DE LECHUGA, ARROZ, HIGOS Y PIÑONES

INGREDIENTES **(4 p.)**

1 lechuga
120 g de arroz basmati
4 higos
30 g de piñones tostados
aceite de oliva virgen extra
1 cucharada de miel
vinagre
sal

ELABORACIÓN

Pon agua a calentar en un cazo y, cuando empiece a hervir, sazónala y agrega el arroz. Cuécelo durante 12 minutos. Escurre el agua y deja que se enfríe.

Lava la lechuga, trocéala y colócala en una fuente. Añade el arroz.

Lava los higos, córtalos en trocitos y agrégalos a la fuente. Agrega también los piñones tostados. Echa un buen chorro de aceite en un bol. Añade un chorrito de vinagre, una pizca de sal y la miel. Mezcla bien y aliña la ensalada. Sirve.

SOPA AROMÁTICA DE RAPE

INGREDIENTES **(4 p.)**

1 rape de 750 g
2 cebollas
1 zanahoria
1 puerro
1 vaso de vino blanco
4 rebanadas de pan
aceite de oliva virgen extra
1 hoja de laurel
1 rama de romero
1 rama de tomillo
8-10 granos de pimienta negra
perejil
sal

Para la mayonesa de ajo:
1 huevo
½ diente de ajo
150-200 ml de aceite de oliva virgen extra
vinagre
sal

ELABORACIÓN

Corta las cebollas, la zanahoria y el puerro en juliana fina y ponlos a cocer en una cazuela con 1.500 ml de agua.

Junta y ata el laurel, el romero, el tomillo y un manojo de perejil con una lid (cuerda) de cocina. Incorpora el atadillo a la cazuela. Añade los granos de pimienta y el vino blanco. Sazona, tapa y deja que hierva durante 20 minutos.

Limpia el rape, retírale la piel y córtalo en dados grandes. Añádelos a la cazuela y cocina todo durante 5 minutos más.

Retira el pescado y deja que se temple. Cuela el caldo y resérvalo.

Pon las rebanadas de pan en una placa de horno y tuéstalas en el horno a 220 °C hasta que se doren bien por los dos lados.

Para la mayonesa de ajo, coloca el huevo, el diente de ajo troceado, una pizca de sal, un chorrito de vinagre y el aceite en un vaso batidor. Introduce la batidora hasta el fondo y empieza a batir (sin mover la batidora). Cuando empiece a emulsionar, mueve el brazo de la batidora hacia arriba y hacia abajo hasta obtener una salsa homogénea. Resérvala.

Para la sopa, pon a hervir el caldo en una cazuela durante 10 minutos. Deja que se temple, añade 3 cucharadas de mayonesa y mezcla bien. Incorpora el rape y un poco de perejil picado.

Sirve la sopa, pon en el centro de cada plato una rebanada de pan tostado y coloca encima de este unos dados de rape.

TARTA DE CABELLO DE ÁNGEL

INGREDIENTES **(6 p.)**

150 g de cabello de ángel
4 yemas
6 huevos
100 g de azúcar
100 g de harina de maíz
mantequilla (para el molde)
azúcar glas
chocolate de cobertura
mermelada al gusto

Para emborrachar el bizcocho:

60 ml de licor de naranja
20 ml de agua
20 g de azúcar

ELABORACIÓN

Bate las yemas y los huevos con el azúcar. Cuando estén bien montadas, añade la harina de maíz, despacito, y mezcla con mucho cuidado.

Forra un molde de tarta con papel de estraza y úntalo bien con mantequilla. Vierte en él la mezcla con delicadeza y ponlo a cocer al baño maría a fuego muy lento durante unos 40 minutos.

Comprueba si está cocido con la ayuda de una aguja de punto o similar. Si se pega, es que aún no está hecho. Si está cocido, retira del fuego y deja enfriar en el mismo baño.

Cuando esté frío, desmolda y corta por la mitad para obetener dos discos. Extiende en el disco de abajo el cabello de ángel, y el de arriba emborráchalo con el licor de naranja rebajado con agua y mezclado con el azúcar.

Coloca nuevamente un disco sobre otro y adorna cubriendo la tarta con azúcar glas y virutas de chocolate.

Puedes servirla acompañada de mermelada al gusto.

ENSALADA DE ESCAROLA, NARANJA Y MAÍZ

INGREDIENTES **(4 p.)**

1 escarola
1 naranja
30 g de maíz frito
aceite de oliva virgen extra
1 cucharada de zumo de limón
sal

ELABORACIÓN

Lava la escarola, sécala, trocéala y ponla en una fuente.

Pela la naranja, sácale los gajos en vivo y córtalos en trocitos. Reparte los trocitos de naranja sobre la escarola.

Aplasta un poco los granos de maíz y salpica con ellos la ensalada. Sazona.

Mezcla un chorrito de aceite con el zumo de limón y aliña la ensalada. Sirve.

PALETILLA DE CORDERO A LA MANDARINA

INGREDIENTES **(4 p.)**

2 paletillas de cordero
4 mandarinas
8 dientes de ajo
100 ml de vino blanco
1 cucharada de harina de maíz refinada
4 patatas
aceite de oliva virgen extra
tomillo
perejil
pimienta negra
sal

ELABORACIÓN

Haz 4 incisiones en cada paletilla e introduce 1 diente de ajo (cortado en 2) en cada una. Sazónalas, colócalas sobre una bandeja de horno, riégalas con aceite y hornéalas a 220 °C durante 10-12 minutos.

Ralla la piel de una de las mandarinas y reserva la ralladura.

Pela todas las mandarinas y licúalas en una licuadora. Mezcla el zumo de mandarina con el vino y una pizca de tomillo picado y riega las paletillas de cordero con parte de esta mezcla después del primer horneado. Vuelve a hornearlas a 180 °C durante 20-25 minutos. Cada 10 minutos, riégalas con la mezcla de zumo y vino.

Corta cada paletilla en 2 y reserva. Cuela el jugo que ha quedado en la bandeja y ponlo a calentar en una sartén. Lígalo añadiendo la harina de maíz diluida en agua fría y dale un hervor hasta que espese. Reserva la salsa.

Pela las patatas, trocéalas y cuécelas en una cazuela con agua y sal durante 20 minutos. Escúrrelas, pásalas por el pasapurés y salpiméntalas. Reserva el puré.

Pon en un cazo un chorrito de aceite, agrega la ralladura de mandarina reservada y cocina a fuego suave durante unos minutos. Cuela el aceite de mandarina y añádelo al puré anterior. Mezcla.

Sirve media paletilla de cordero en cada plato, salséalas y acompáñalas con el puré de patata. Decora los platos con unas hojas de perejil.

TORRIJAS CON NIDO DE CARAMELO

INGREDIENTES **(4 p.)**

4 magdalenas
2 huevos
1 copita de ron
175 ml de leche
75 ml de nata
200 g de azúcar
50 g de mantequilla
20 frambuesas
1 chorrito de extracto de vainilla
hojas de menta

ELABORACIÓN

Mezcla los huevos en un recipiente y aromatízalos con el ron y el extracto de vainilla.

Lleva a ebullición la leche con la nata y 75 g de azúcar. Retira del fuego y vierte la mezcla en el recipiente con el huevo aromatizado.

Elimina la parte superior de las magdalenas y coloca el resto en un recipiente. Vierte la mezcla anterior sobre las magdalenas y deja que se empapen.

Espolvorea la parte cortada de las magdalenas con azúcar. Derrite la mantequilla en una sartén, extiéndela por todo el fondo e introduce las magdalenas escurridas; dora primero por el lado del azúcar y después, brevemente, por el otro lado.

Introduce la mitad de las frambuesas en un recipiente con 1 cucharada de azúcar. Mezcla bien, rompe ligeramente las frambuesas para que suelten jugo y deja que se maceren.

Para hacer el nido de caramelo, derrite 50 g de azúcar en una sartén y prepara un caramelo. Unta la encimera con aceite o coloca un papel de hornear encima. Unta una espátula en el caramelo y deja que caigan hilos de caramelo fino sobre la superficie. Une unos hilos de caramelo, formando una especie de nido. Repite la operación.

Sirve las torrijas y coloca, encima de cada una, un nido de caramelo. Acompaña con el jugo de frambuesa y unas frambuesas frescas. Decora con unas hojitas de menta.

ENSALADA DE LECHUGAS VARIADAS Y CÍTRICOS

INGREDIENTES **(4 p.)**

300 g de lechugas variadas
1 naranja
1 lima
aceite de oliva virgen extra
sal

ELABORACIÓN

Lava las hojas de lechuga, sécalas, trocéalas y colócalas en una fuente grande.

Pela los cítricos retirándoles toda la piel, incluso la fina membrana que envuelve cada gajo del cítrico. Córtalos en trocitos y espárcelos sobre las lechugas.

Sazona y aliña con aceite. Sirve.

CORDON BLEU CON CALABACÍN GRATINADO

INGREDIENTES **(4 p.)**

8 filetes finos de ternera
4 lonchas de jamón
8 lonchas de queso
1 calabacín grande
harina, huevo batido y pan rallado (para rebozar)
aceite de oliva virgen extra
perejil
pimienta negra
sal

ELABORACIÓN

Lava el calabacín y pélalo a tiras dejando franjas sin pelar, de manera que quede de dos colores (blanco y verde). Córtalo en 8 rodajas gruesas, sazónalas y riégalas con un chorrito de aceite. Cocínalas en una plancha durante unos 6-8 minutos (dependerá del tamaño y grosor del calabacín). Deja que se templen un poco.

Con un sacabolas o cucharilla, haz un hueco en el centro de cada rodaja de calabacín y pon, dentro de cada una, ½ loncha de queso cortada en dados. Coloca las rodajas de calabacín sobre una fuente apta para el horno y gratínalas durante 6-8 minutos más.

Salpimienta 4 filetes y pon, encima de cada uno, 1 loncha de jamón y, sobre ella, 1 loncha de queso (cortada por la mitad). Cubre con los otros 4 filetes (salpimentados) y presiona bien.

Pasa los *cordon bleu* por harina, huevo batido y pan rallado y marca los filetes en diagonal (primero hacia la derecha y después hacia la izquierda) con la parte roma (la que no tiene filo) de la hoja del cuchillo. Fríelos en una sartén con aceite bien caliente y escúrrelos sobre una fuente cubierta con papel absorbente.

Sirve los *cordon bleu* y acompáñalos con los calabacines gratinados. Adorna los platos con unas hojas de perejil.

MOUSSE DE YOGUR CON SALSA DE PERA

INGREDIENTES **(4 p.)**

3 yogures naturales
4 hojas de gelatina (8 g)
zumo de 1 limón
3 cucharadas de azúcar
2 claras de huevo
100 g de nata montada
hojas de menta

Para la salsa:

2 peras
2 cucharadas de azúcar
zumo de 1 naranja

ELABORACIÓN

Pon las hojas de gelatina a remojo en agua fría. Calienta el zumo de limón y añade la gelatina remojada y escurrida. Mezcla bien hasta que se disuelva.

Bate los yogures con el azúcar y cuela encima el zumo de limón con la gelatina. Mezcla bien.

Incorpora las claras montadas a punto de nieve y la nata. Mezcla bien. Reparte la mezcla en 4 moldes individuales y mételos en el frigorífico durante 30-60 minutos, hasta que estén cuajados.

Para la salsa de peras, tritura suavemente las peras (peladas) con el zumo de naranja y el azúcar. En el momento de servir, cubre la *mousse* con la salsa de pera. Decora con unas hojas de menta.

ENSALADA DE LECHUGA, GAMBAS Y PISTACHOS

INGREDIENTES **(4 p.)**

1 lechuga
24 gambas
30 g de pistachos (pelados)
12 tomates cherry
aceite de oliva virgen extra
vinagre
sal

ELABORACIÓN

Lava la lechuga, sécala, trocéala y colócala en una fuente.

Cuece las gambas durante 1 minuto en una cazuela con agua hirviendo y una pizca de sal. Pélalas y colócalas sobre la lechuga.

Corta los tomates en cuartos y añádelos

Aplasta los pistachos con la hoja del cuchillo y agrégalos.

Aliña la ensalada con aceite, vinagre y sal. Sirve.

SOPA DE PAN Y CEBOLLA

INGREDIENTES **(4 p.)**

12 rebanadas de pan del día anterior
2 cebollas
1 esqueleto de pollo
1 muslo de pollo
75 g de jamón serrano
75 g de chorizo fresco
4 yemas de huevo
aceite de oliva virgen extra
perejil
15-20 granos de pimienta negra
sal

ELABORACIÓN

Para el caldo, pon 2 litros de agua (aproximadamente) en la olla rápida y añade unas ramas de perejil, el esqueleto y el muslo de pollo (sin piel) y los granos de pimienta. Sazona, cierra la olla y cocina todo durante 6-8 minutos. Cuela el caldo y resérvalo. Desmiga el muslo y reserva la carne.

Pon las rebanadas de pan en una bandeja de horno y hornéalas. Cuando estén bien tostadas, retíralas, pícalas y resérvalas.

Corta las cebollas en juliana fina y ponlas a pochar a fuego medio en una cazuela con un chorrito de aceite. Sazona. Cuando empiecen a dorarse, añade el jamón serrano y el chorizo cortados en dados.

Añade el pan, rehógalo un poco y cúbrelo con el caldo. Cocina la sopa a fuego medio durante 15 minutos. A medida que se vaya cocinando, vete batiendo la sopa con una varilla manual hasta que se deshaga el pan.

Desgrasa la sopa retirando con un cazo la grasa. Agrega el pollo y un poco de perejil picado. Pon a punto de sal.

Pon una yema en el fondo de cada plato sopero y vierte encima la sopa. Decora los platos con unas hojas de perejil.

COMPOTA DE MANZANA Y PERAS CON HELADO DE VAINILLA

INGREDIENTES **(4 p.)**

2 manzanas
2 peras
4 bolas de helado de vainilla
1 naranja
4 orejones de melocotón
4 higos
4 ciruelas pasas
50 g de azúcar
250 ml de agua
250 ml de vino tinto
1 rama de canela
hojas de menta

ELABORACIÓN

Pela las manzanas y las peras, retírales el corazón y córtalas en gajos.

Pon a cocer, en una cazuela, el agua, el vino, las pieles y los corazones de las manzanas y las peras, la corteza de la naranja, los orejones, los higos, las ciruelas, el azúcar y la rama de canela. Deja que reduzca a la mitad. Cuela y reserva el líquido. Reserva también los orejones, los higos y las ciruelas.

Coloca los gajos de manzana y pera en un recipiente apto para el horno. Añade los orejones, los higos y las ciruelas. Vierte encima el líquido reservado y hornea todo a 150 °C durante 1 hora y media.

Sirve la compota y acompáñala con el helado de vainilla. Adorna con unas hojas de menta.

ENSALADA DE LOLLO, PERA Y ALMENDRAS

INGREDIENTES **(4 p.)**

1 lechuga lollo
1 pera
30 g de almendras fileteadas
aceite de oliva virgen extra
vinagre
sal

ELABORACIÓN

Lava la lechuga lollo, sécala, trocéala y colócala en una fuente.

Pela la pera, córtala en daditos y espárcelos sobre la lechuga.

Tuesta las almendras en una sartén sin aceite. Retíralas y deja que se enfríen. Añádelas a la ensalada.

Aliña con aceite, vinagre y sal. Sirve.

FILETES DE CORDERO CON SALSA CAZADORA Y CHIRIVÍAS

INGREDIENTES **(4 p.)**

800 g de pierna de cordero (fileteado)
4 chirivías
aceite de oliva virgen extra
sal
perejil

Para la salsa cazadora:
2 dientes de ajo
2 cebolletas
6 champiñones
2 cucharadas de harina
3-4 cucharadas de salsa de tomate
½ copa de *brandy*
½ vaso de vino tinto
1 vaso de caldo de ave
½ vaso de agua
aceite de oliva virgen extra
2 ramas de tomillo
1 rama de romero
sal

ELABORACIÓN

Retira la grasa a los filetes de cordero y resérvalos.

Para la salsa, lamina los dientes de ajo, pica las cebolletas y ponlos a dorar en una cazuela con un chorrito de aceite. Sazona. Trocea los champiñones y agrégalos, junto con el romero y el tomillo. Incorpora la harina, rehógala un poco y añade la salsa de tomate. Vierte encima el *brandy*, el vino, el caldo y el agua. Cocina la salsa durante 20 minutos aproximadamente. Pasa la salsa por un chino y ponla a reducir un poco en un cazo.

Calienta una tartera con un chorrito de aceite. Pela las chirivías, córtalas a lo largo en 4 trozos y añádelas. Sazónalas, tapa la tartera y cocínalas durante 10-15 minutos.

Para que los filetes de cordero no se encojan, hazles unos cortes en los bordes. Sazónalos y cocínalos a la plancha con un chorrito de aceite.

Sirve los filetes de cordero en un plato, salséalos (sirve la salsa que te sobre en una salsera) y acompáñalos con las chirivías. Decora los platos con unas hojas de perejil.

CREMA DE NARANJA QUEMADA A LA MENTA

INGREDIENTES **(4 p.)**

4-5 naranjas grandes
1 cucharada de harina de maíz refinada
100 g de azúcar
5 yemas de huevo
1 cucharada de aceite de oliva virgen extra
4-6 hojas de menta

ELABORACIÓN

Exprime las naranjas (hay que conseguir 500 ml de zumo) y cuela el zumo.

Mezcla en un bol la harina de maíz con 3 cucharadas de azúcar. Añade $\frac{1}{3}$ del zumo y mezcla bien con una varilla manual. Agrega las yemas y remueve hasta que quede una crema homogénea.

Pon a calentar el resto del zumo en una cazuela, vierte encima la crema anterior y cuécelo (sin dejar de remover) hasta que espese.

Reparte la crema en 4 recipientes y deja que se templen.

Espolvorea la crema con el resto del azúcar y quema la superficie con un soplete especial de cocina.

Pica las hojas de menta finamente, ponlas en un bol pequeño, añade el aceite, mezcla bien y salpica las copas con el aceite de menta.

ENSALADA DE LECHUGAS VARIADAS, PASAS Y QUESO

INGREDIENTES **(4 p.)**

350 g de lechugas variadas
40 g de pasas
100 g de queso fresco
aceite de oliva virgen extra
vinagre
sal

ELABORACIÓN

Lava las hojas de lechuga, sécalas, trocéalas y colócalas en una fuente.

Agrega las pasas.

Corta el queso en daditos y añádelos.

Sazona y aliña con aceite y vinagre. Sirve.

EMPANADILLAS Y CESTITAS DE ROPA VIEJA

INGREDIENTES **(4 p.)**

16 obleas para empanadilla
2 carrilleras de vaca
2 dientes de ajo
1 cebolla
1 pimiento verde
1 pimiento morrón rojo
aceite de oliva virgen extra
perejil
sal

ELABORACIÓN

Pon a cocer las carrilleras en una olla rápida con un poco de agua, sal y un manojo de perejil. Cierra la olla y cocínalas durante 30 minutos. Retira las carrilleras, déjalas templar y desmenúzalas.

Para hacer las cestitas, extiende la mitad de las obleas sobre una superficie lisa y agujeréalas con un tenedor para que no se hinchen durante el horneado. Retira el papel, pon cada oblea sobre un cuenco pequeño colocado boca abajo y dales forma de cestita. Colócalas en dos bandejas de horno forradas con papel de hornear y hornéalas a 200 °C durante 10-15 minutos. Resérvalas.

Pela los dientes de ajo, lamínalos y ponlos a dorar en una sartén grande con un chorrito de aceite. Pela la cebolla, córtala en juliana fina e incorpórala. Corta los pimientos (el rojo, pelado con un pelador de verduras) de la misma manera y agrégalos. Rehoga todo bien.

Pon a punto de sal y añade las carrilleras. Saltea y deja templar.

Extiende el resto de las obleas en una superficie lisa y coloca en el centro de cada una pequeña porción del relleno de carne y verduras. Dóblalas y ciérralas presionando los bordes con un tenedor. Fríelas en una sartén con aceite caliente y escúrrelas sobre un plato cubierto con papel absorbente.

Rellena las cestitas horneadas con el relleno de carne y verduras y colócalas en un plato. Pon a un lado las empanadillas fritas y decora con una hojita de perejil. Sirve.

CUAJADITOS LIGEROS

INGREDIENTES **(4 p.)**

500 ml de leche
12 g de hojas de gelatina
110 g de azúcar
6 yemas
50 g de almendra picada
½ rama de canela
2 anises estrellados
2 vainas de cardamomo
2 clavos de olor
1 kiwi
hojas de menta
pétalos de pensamientos

ELABORACIÓN

Pon en remojo las hojas de gelatina. Aromatiza la leche (reserva un poco) a fuego suave con la canela, el anís, el cardamomo, los clavos y 60 gramos de azúcar (3 cucharadas).

Por otro lado, bate las yemas de huevo y mézclalas con la leche reservada. Añade la leche aromatizada (colada) y vuelve a introducir todo en el cazo. Remueve continuamente con unas varillas, espera a que se espese ligeramente y retira del fuego. Escurre y seca las hojas de gelatina, añádelas y remueve hasta que se disuelvan. Reparte esta crema en moldes individuales, introdúcelos en el frigorífico cubiertos con film transparente y espera a que se enfríen y cuajen.

Para acompañar, prepara unas almendras garrapiñadas. Pon en una sartén unas gotas de agua con 50 g de azúcar. Cuando esté blanquecino, añade las almendras picadas y remueve continuamente hasta que la almendra tome un color dorado. Deja que se enfríen sobre papel de hornear.

Sirve estos cuajaditos desmoldados con la almendra garrapiñada y acompáñalos con unos gajos de kiwi. Adorna con un poco de menta y unos pétalos de pensamientos.

ENSALADA DE LECHUGAS VARIADAS, REMOLACHA Y CACAHUETES

INGREDIENTES **(4 p.)**

300 g de lechugas variadas
1 remolacha cocida
30 g de cacahuetes
30 g de pasas
aceite de oliva virgen extra
vinagre
sal

ELABORACIÓN

Lava las hojas de lechuga, sécalas, trocéalas y colócalas en una fuente.

Corta la remolacha en rodajas finas y espárcelas por encima. Agrega las pasas.

Pica los cacahuetes y espolvorea con ellos la fuente.

Sazona y aliña con aceite y vinagre. Sirve.

SOLOMILLO DE CERDO CON QUESO FRITO

INGREDIENTES **(4 p.)**

2 solomillos de cerdo
4 rodajas de queso (grandes y redondas)
3 patatas
2 cebollas
harina, huevo batido y pan rallado (para rebozar)
aceite de oliva virgen extra
perejil
pimienta negra
sal

ELABORACIÓN

Pela y trocea las patatas y cuécelas durante 15 minutos en una cazuela con abundante agua hirviendo con una pizca de sal. Escúrrelas y pásalas por un pasapurés. Coloca el puré en un bol y condiméntalo con una pizca de sal y un poco de perejil picado. Mezcla y pon el puré en una manga.

Corta las cebollas en juliana fina y ponlas a pochar en una sartén con un chorrito de aceite. Sazónalas y deja que se caramelicen bien. Cuela el exceso de aceite.

Pasa las rodajas de queso por harina, huevo batido y pan rallado y fríelas en una sartén con aceite bien caliente hasta que queden crujientes. Escúrrelas sobre un plato cubierto con papel absorbente.

Corta cada solomillo en 8 trozos, salpimiéntalos y riégalos con un chorrito de aceite. Cocínalos a la plancha durante 4 minutos (2 minutos por cada lado).

Coloca el queso frito en el centro de los platos y pon, encima de cada uno, una pequeña porción de puré de patata, un poco de cebolla caramelizada, 4 trozos de solomillo, otro poco de puré de patata y un poco más de cebolla caramelizada. Decora los platos con unas hojas de perejil y sirve.

FLAN DE NARANJA

INGREDIENTES **(4 p.)**

2 naranjas
4 huevos
9 cucharadas de azúcar
500 ml de leche
hojas de menta

ELABORACIÓN

Para hacer el caramelo, pon a calentar un cazo al fuego. Añade 4 cucharadas de azúcar y deja que vaya haciéndose el caramelo. Viértelo después en la base de 4 moldes.

Casca los huevos en un bol y bate bien. Añade 3 cucharadas de azúcar, la ralladura de la corteza de 1 naranja y la leche. Remueve y rellena los moldes de caramelo con esta mezcla.

Coloca los moldes al baño maría en una fuente amplia con agua y hornea a 180 °C durante 35 minutos, hasta que estén cuajados. Déjalos enfriar.

Corta unos trozos de corteza de naranja y retira las partes blancas. Córtalos en juliana fina y ponlos a cocer en un cazo con agua. Cuando empiece a hervir, aparta del fuego y escurre el agua. Vierte un chorrito de agua en el cazo de las tiras de corteza de naranja, ponlo a calentar al fuego y añade 2 cucharadas de azúcar. Deja cocer a fuego suave durante 8-10 minutos. Cuela.

Desmolda los flanes en platos, acompáñalos con unas tiras de corteza de naranja confitadas y decora con hojas de menta. Sirve.

PRESA DE IBÉRICO CON ALUBIAS BLANCAS

INGREDIENTES **(4 p.)**

2 presas de cerdo ibérico
200 g de alubias blancas
1 pimiento del piquillo
1 pimiento verde
2 lonchas de panceta
aceite de oliva virgen extra
perejil
pimienta negra
sal

ELABORACIÓN

Pon las alubias a remojo la víspera. En el momento de cocinarlas, escúrrelas bien y ponlas en una olla rápida. Cúbrelas con agua, agrega un manojo de perejil y sazona. Cierra la olla y cuécelas durante 5 minutos (aproximadamente). Escurre las alubias y resérvalas.

Trocea el pimiento del piquillo y ponlo en un vaso batidor. Agrega 100 ml de aceite, sazona y tritura. Cuela y reserva el aceite de piquillo.

Pica el pimiento verde y dóralo en una sartén con un chorrito de aceite. Cuando empiece a ablandarse, corta la panceta en dados y añádela. Rehoga un poco, incorpora las alubias y saltéalas brevemente.

Corta cada pieza de presa en 6 filetes (un poco gruesos), riégalos con un chorrito de aceite y salpimiéntalos. Cocina los filetes de presa a la plancha durante 2-3 minutos por cada lado.

Sirve 3 porciones de carne por ración, acompáñalas con las alubias salteadas y salsea todo con el aceite de piquillo. Decora los platos con unas hojas de perejil.

ENSALADA DE ESCAROLA, MANGO Y PIPAS DE CALABAZA

INGREDIENTES **(4 p.)**

1 escarola
1 mango
30 g de pipas de calabaza
aceite de oliva virgen extra
vinagre
sal

ELABORACIÓN

Lava la escarola, sécala, trocéala y colócala en una fuente.

Lava el mango, pélalo, córtalo en daditos y añádelos a la fuente.

Tuesta las pipas de calabaza en una sartén hasta que se inflen un poco. Agrégalas.

Sazona y aliña con aceite y vinagre. Sirve.

CHOCOLAFE

INGREDIENTES **(4 p.)**

200 g de chocolate negro
200 ml de refresco de cola
2 cucharadas de café soluble
1 hoja de gelatina
250 g de nata
2 cucharadas de azúcar
1 pizca de guindilla cayena en polvo
hojas de menta

ELABORACIÓN

Funde el chocolate al baño maría. Cuando se funda, pásalo a una bandeja de horno forrada con papel de hornear. Espolvoréalo con la cayena en polvo, cúbrelo con otro papel y pasa el rodillo por encima hasta que quede una capa fina. Deja que endurezca. Trocéalo a tu gusto y resérvalo.

Calienta 50 ml de refresco de cola en un cazo. Pon la hoja de gelatina a remojo en un bol con agua fría. Cuando se ablande, escúrrela, agrégala a la cola caliente, mezcla bien hasta que se disuelva y añádela al resto de la cola. Mezcla y reparte la gelatina en 4 vasitos. Introdúcelos en el frigorífico y deja que endurezca.

Pon la nata fría en un bol y móntala con una varilla. Agrega el azúcar y sigue montándola. Añade el café soluble y mezcla bien.

Cuando la gelatina endurezca, pon encima un poco de la nata aromatizada con café y unos trocitos de chocolate. Adorna con unas hojas de menta y sirve.

ENSALADA DE ZANAHORIA, NUECES Y QUESO FRESCO

INGREDIENTES (4 p.)

800 g de zanahorias
12 nueces
160 g de queso fresco
aceite de oliva virgen extra
sal

ELABORACIÓN

Pela las zanahorias, rállalas y colócalas en una fuente.

Trocea el queso fresco y agrégalo.

Pica las nueces y salpica con ellas la ensalada.

Sazona y riega con un buen chorro de aceite. Sirve.

NARANJA CONFITADA CON CHOCOLATE

INGREDIENTES (4 p.)

4 naranjas
150 g de chocolate de cobertura
6 cucharadas de azúcar

ELABORACIÓN

Corta dos naranjas sin pelar en rodajas finas y ponlas en una cazuela con agua (que las cubra) y el azúcar. Deja que se confiten a fuego lento. Resérvalas.

Pela las otras 2 naranjas y quítales también la piel blanca. Saca los gajos de las naranjas retirando con cuidado la piel de cada uno. Envuelve cada gajo en una rodaja de naranja confitada y ensártalos en 4 brochetas.

Derrite el chocolate en el microondas.

Sirve las brochetas en un plato y riega con unos hilos de chocolate derretido.

TERNERA CON SALSA DE SETAS

INGREDIENTES (4 p.)

600 g de ternera (cadera)
50 g de setas secas
4 dientes de ajo
2 cebollas
1 pimiento verde
3 rebanadas de pan
1 vaso de vino blanco
2 vasos de caldo de ave
harina (para rebozar)
aceite de oliva virgen extra
perejil
pimienta negra
sal

ELABORACIÓN

Corta en dados 2 dientes de ajo, las cebollas y el pimiento verde y ponlos a dorar en una tartera con un chorrito de aceite. Sazona y cocina hasta que las verduras estén bien pochadas.

Lamina los otros 2 dientes de ajo y rehógalos en una sartén con un chorro de aceite hasta que se doren un poco. Retíralos y escúrrelos. Incorpora a esta sartén las rebanadas de pan y fríelas.

Pon los ajos dorados y el pan frito en un vaso batidor y vierte encima el vino blanco y el caldo. Tritúralos con la batidora eléctrica y agrega el resultado a la tartera con las verduras pochadas. Incorpora las setas y cocínalas durante 10-12 minutos.

Corta la carne (a contraveta) en dados o tacos gruesos, salpimiéntalos, enharínalos y fríelos en una sartén con aceite bien caliente. Retíralos a un plato.

Sirve la salsa de setas en el fondo del plato y cubre con los tacos de carne. Decora con una hojita de perejil.

ENSALADA DE LECHUGAS VARIADAS, PALMITO Y AVELLANAS

INGREDIENTES **(4 p.)**

300 g de lechugas variadas
4 tallos de palmito
24 avellanas peladas
aceite de oliva virgen extra
vinagre
sal

ELABORACIÓN

Lava las hojas de lechuga, sécalas, trocéalas y colócalas en una fuente.

Corta el palmito en cilindros y espárcelos sobre las lechugas.

Aplasta un poco las avellanas y salpica con ellas la ensalada.

Sazona y aliña con aceite y vinagre. Sirve.

LUBINA RELLENA AL CAVA

INGREDIENTES **(4 p.)**

4 lubinas de ración
1 vaso de cava
3 patatas
2 cebolletas
2 lonchas de jamón serrano
200 g de champiñones
aceite de oliva virgen extra
perejil
pimienta negra
sal

ELABORACIÓN

Pela las patatas y, con la ayuda de una cuchara parisién (sacabolas), saca unas bolitas. Cuécelas durante 12 minutos en una cazuela con agua hirviendo con una pizca de sal. Escúrrelas y resérvalas.

Corta 1 cebolleta en dados y ponla a pochar en una sartén con un chorrito de aceite. Cuando empiece a coger color, añade el jamón picado y rehógalo. Agrega los champiñones laminados, sazónalos y cocínalos a fuego fuerte durante 6-8 minutos.

Retira la cabeza y la cola a las lubinas, ábrelas, saca los lomos y salpiméntalos.

Extiende 4 lomos sobre la tabla, reparte el salteado de cebolla, jamón y champiñones encima y cúbrelos con los otros 4 lomos. Ata cada lubina rellena con lid (cuerda) de cocina.

Colócalas sobre una bandeja de horno, riégalas con un chorrito de aceite y viérteles encima el cava. Hornéalas a 200-220 °C durante 15 minutos. Retira la lid de cocina y resérvalas. Reserva también el jugo que hayan soltado.

Pica la otra cebolleta y ponla a dorar en una sartén con un chorrito de aceite. Cuando coja color, añade las bolitas de patata (cocidas) y saltéalas. Agrega el jugo de las lubinas y cocina a fuego vivo para que reduzca un poco el líquido. Espolvorea con un poco de perejil picado.

Sirve en cada plato una lubina rellena y unas bolitas de patata con cebolla. Decora los platos con unas hojas de perejil.

CANUTILLOS RELLENOS DE *MOUSSE* DE CHOCOLATE

INGREDIENTES **(4 p.)**

250 g de hojaldre
1 huevo
30 g de azúcar
50 g de almendras fileteadas
grosellas
frambuesas
hojas de menta

Para la mousse de chocolate:
175 g de chocolate de cobertura
3 huevos
30 g de mantequilla
1 chorrito de *brandy*
80 g de azúcar glas

ELABORACIÓN

Con un rodillo, estira el hojaldre hasta que quede bien fino. Corta 8 tiras de 6 centímetros de ancho, manteniendo el largo de la lámina de hojaldre. Bate el huevo y unta con él las tiras. Enróllalas (dejando la parte untada con huevo hacia fuera) alrededor de unos canutillos de metal (especiales de repostería). Coloca los canutillos sobre una placa cubierta con papel de hornear.

Espolvorea el resto del hojaldre con el azúcar. Pasa el rodillo por encima para que se incruste. Gira en sentido contrario las puntas de las tiras. Colócalas también sobre la placa de hornear.

Introduce los canutillos y las tiras de hojaldre en el horno a 200 °C durante 10-15 minutos. Deja enfriar y desmolda.

Extiende las almendras fileteadas sobre otra placa cubierta con papel de hornear y tuéstalas en el horno a 200 °C durante 3-4 minutos.

Para la *mousse* de chocolate, trocea el chocolate, ponlo al baño maría y retíralo del fuego cuando se haya fundido. Separa las yemas de las claras. Agrega un poco de chocolate fundido sobre las yemas y bate suavemente. Vierte esta mezcla sobre el chocolate y agrega la mantequilla y el *brandy*. Con una batidora eléctrica de varillas, monta las claras a punto de nieve, incorpora el azúcar glas y sigue montando.

Añade las claras montadas a la mezcla anterior suavemente y sin dejar de remover. Introduce la mezcla en una manga pastelera y rellena con ella los canutillos.

Sirve 2 canutillos por ración y adórnalos con las tiras de hojaldre, la almendra tostada, grosellas, frambuesas y hojas de menta.

ENSALADA DE CANÓNIGOS, BERROS Y GRANADA

INGREDIENTES **(4 p.)**

100 g de canónigos
100 g de berros
1 granada
30 g de anacardos
aceite de oliva virgen extra
vinagre
sal

ELABORACIÓN

Lava los canónigos y los berros. Sécalos y colócalos en una fuente grande.

Corta la granada por la mitad y golpéala (por la parte de la piel) con una cuchara hasta que salgan los granos. Añádelos a la ensalada.

Pica los anacardos y agrégalos a la ensalada. Sazona y aliña con aceite, vinagre y sal. Sirve.

CHULETA DE CERDO CON SALSA DE PATÉ Y ESPÁRRAGOS

INGREDIENTES **(4 p.)**

4 chuletas de cerdo (gruesas)
80 g de paté
12 espárragos verdes
200 g de nata
1 vaso de caldo
2 lonchas de jamón cocido
2 dientes de ajo
pan rallado (para empanar)
aceite de oliva virgen extra
pimienta negra
sal
perejil

ELABORACIÓN

Trocea 40 g de paté y ponlo en una cazuela pequeña. Agrega la nata, el caldo y una pizca de sal. Mezcla y cocina todo a fuego suave durante unos 10 minutos.

Corta las chuletas (dejándolas unidas por la parte del hueso) como si fueras a sacar 2 filetes. Ábrelas y úntalas por la parte interior con el resto del paté. Corta a la mitad cada loncha de jamón y coloca ½ loncha dentro de cada chuleta. Ciérralas y presiónalas.

Salpimienta las chuletas y pásalas por pan rallado. Fríelas a fuego suave en una sartén con abundante aceite con los 2 dientes de ajo pelados y aplastados. Retíralas y escúrrelas bien sobre un plato cubierto con papel absorbente.

Pon abundante agua a calentar en una cazuela. Sazona y, cuando empiece a hervir, agrega los espárragos (sin la parte inferior del tallo). Cuécelos durante 6-8 minutos.

Sirve la salsa de paté en el fondo de los platos y coloca, encima de cada uno, 1 chuleta y 3 espárragos. Decora los platos con unas hojas de perejil.

POSTRE DE HIGOS Y GELATINA DE MANDARINA

INGREDIENTES **(4 p.)**

8 higos secos
1 vaso de té
½ l de zumo de mandarina
ralladura de 1 mandarina
4 hojas de gelatina
50 g de azúcar
1 vaso de nata
8 frambuesas
hojas de menta

Para las lenguas de gato:

125 g de mantequilla
125 g de azúcar glas
1 huevo
1 cucharada de leche
180 g de harina

ELABORACIÓN

Pon a hidratar los higos con el té durante unas horas. Cuando hayan doblado su volumen, pon los higos a cocer en una cacerola con agua a fuego lento durante 10 minutos.

Para preparar las lenguas de gato, bate en un bol la mantequilla a punto de pomada junto con el azúcar glas tamizado. Añade el huevo y mezcla con cuidado. Agrega la leche y la harina, también tamizada. Sigue mezclando con cuidado con la varilla hasta obtener una crema uniforme. Introduce esta masa en una manga pastelera y haz bastoncitos alargados sobre una placa de horno cubierta con papel de hornear. Hornea hasta que las lenguas tomen un color dorado (160 ºC durante 6-8 minutos). Déjalas enfriar un poco y despégalas con cuidado.

Pon a calentar el zumo de mandarina con 25 g de azúcar y la ralladura de mandarina. Mezcla bien los ingredientes y añade las gelatinas previamente remojadas en agua. Mezcla bien y cuela el jarabe en un recipiente de base ancha cubierto con film transparente. Deja enfriar en el frigorífico.

Monta la nata con el resto del azúcar (25 g). Abre los higos en forma de cruz (como una flor) y pon, en el interior de cada uno, un montoncito de nata y 1 frambuesa. Coloca en cada plato 2 higos, unos trozos de gelatina de mandarina y unas lenguas de gato. Adorna con hojas de menta.

SUFLÉ DE QUESO CON JAMÓN

INGREDIENTES **(4 p.)**

100 g de queso
4 lonchas de jamón
2 cucharadas de harina
2 cucharadas de harina de maíz refinada
1 vaso de leche
3 yemas
5 claras
mantequilla y harina (para los moldes)
perejil
sal

ELABORACIÓN

Tamiza (con un colador) las harinas sobre un bol.

Añade la leche y mezcla bien con una varilla. Pon a calentar la mezcla en un cazo y sigue batiendo hasta que espese. Incorpora el queso cortado en dados y remueve hasta que se funda. Retira del fuego y deja enfriar. Una vez fría la crema, agrega las yemas, mezcla bien y sazona. Reserva.

Pon las claras en un bol y móntalas con una batidora de varillas eléctrica. Sazona y sigue montándolas un poco más.

Añade la crema de queso y mezcla los ingredientes con una lengua con movimientos suaves y envolventes. Reserva.

Unta 4 moldes con mantequilla y espolvoréalos con un poco de harina. Reparte el preparado anterior en los moldes (rellenando ¾ partes) y hornéalos a 175 °C, durante 20-25 minutos, hasta que se inflen.

Retira toda la grasa al jamón, trocéalo y tuéstalo en una sartén caliente sin aceite.

Sirve un suflé en cada plato y pon, encima de cada uno, unos trozos de jamón. Adorna los platos con unas hojas de perejil.

ENSALADA DE ESCAROLA, MANZANA Y AVELLANAS

INGREDIENTES **(4 p.)**

1 escarola
1 manzana
24 avellanas tostadas (peladas)
aceite de oliva virgen extra
vinagre
sal

ELABORACIÓN

Lava la escarola, sécala, trocéala y colócala en una fuente grande.

Pela la manzana, córtala en medias lunas y espárcelas sobre la escarola.

Pica un poco las avellanas y espolvorea con ellas la ensalada.

Sazona y adereza con aceite y vinagre. Sirve.

PASTEL DE MANZANA A LA DANESA

INGREDIENTES **(4 p.)**

3 manzanas grandes
130 g de mantequilla
80 g de azúcar
60 g de almendras picadas
90 g de azúcar moreno
125 g de pan rallado
10 ml de vino de Jerez
180 ml de nata
frambuesas
hojas de menta

ELABORACIÓN

Pela, descorazona y trocea las manzanas. Ponlas en una cazuela con una nuez de mantequilla y el azúcar. Vierte encima un chorrito de agua y deja cocer durante 10 minutos. Cuela y reserva.

Pon el resto de la mantequilla en una sartén y añade las almendras. Deja que se tuesten durante 10 minutos. Agrega el azúcar moreno y el pan rallado y sigue removiendo durante 15 minutos más.

Coloca en la base de un recipiente las almendras caramelizadas y agrega encima el puré de manzana. Haz varias capas hasta finalizar con una de almendras y moja con el vino.

Semimonta la nata en un bol con la varilla y riega con ella el pastel de manzana.

Decora con menta y frambuesas.

ENSALADA DE ESPÁRRAGOS Y PIPAS DE GIRASOL

INGREDIENTES **(4 p.)**

16 espárragos en conserva
30 g de pipas de girasol
1 lechuga
12 tomates cherry
aceite de oliva virgen extra
vinagre
sal

ELABORACIÓN

Lava la lechuga, sécala, trocéala y colócala en una fuente.

Lava los tomates, córtalos por la mitad y añádelos.

Corta los espárragos en 3 trozos e incorpóralos.

Calienta una sartén, agrega las pipas de girasol y tuéstalas un poco. Salpica con ellas la ensalada.

Sazona y aliña con aceite y vinagre. Sirve.

PICANTONES CON SALSA DE CHOCOLATE

INGREDIENTES **(4 p.)**

2 picantones grandes
1 zanahoria
1 cebolla
3 dientes de ajo
750 ml de vino tinto
50 g de chocolate
harina (para rebozar)
aceite de oliva virgen extra
1 rama de romero
1 rama de tomillo
1 hoja de laurel
perejil
20-25 granos de pimienta negra
sal

ELABORACIÓN

Prepara la marinada la víspera. Para ello, abre los picantones por la mitad, sazónalos y ponlos en un bol grande. Añade la zanahoria, la cebolla y los dientes de ajo cortados en daditos, tres ramitas de perejil, el romero, el tomillo, el laurel y los granos de pimienta. Cubre todo con el vino y deja marinar en el frigorífico durante 12 horas.

En el momento de cocinarlos, escurre los picantones y reserva el marinado. Pasa los picantones por harina y dóralos en una sartén con aceite. Colócalos en una olla rápida y vierte encima el marinado. Tapa y cocina los picantones durante 3-4 minutos.

Saca los picantones de la olla y ponlos en una tartera. Tritura la salsa con la batidora eléctrica y cuélala sobre la tartera. Agrega el chocolate troceado y remueve bien hasta que se funda. Cocina todo a fuego suave durante 5-6 minutos.

Sirve en cada plato medio picantón, salséalos y decóralos con unas hojas de perejil.

QUESADA SIN QUESO

INGREDIENTES **(4 p.)**

- 2 huevos
- 90 g de azúcar
- 50 g de mantequilla
- 1 yogur
- ralladura de 1 limón
- 500 ml de leche
- zumo de ½ limón
- 150 g de harina
- mantequilla y harina (para el molde)
- 1 ½ cucharadas de azúcar y ½ cucharada de canela (para espolvorear)
- frutos rojos (frambuesas y moras)
- hojas de menta

ELABORACIÓN

Coloca en un bol los huevos y bátelos con la varilla. Añade el azúcar y la mantequilla fundida. Bátelos bien con una varilla.

Agrega el yogur, la ralladura de limón, la leche (poco a poco) y el zumo de limón. Sigue removiendo hasta que todos los ingredientes queden perfectamente integrados.

Tamiza la harina y añádela al bol. Sigue removiendo hasta que quede una masa ligera.

Unta un molde (amplio) con un poco de mantequilla fundida y espolvoréalo con un poco de harina. Vierte la mezcla en el molde. Mezcla el azúcar con la canela y espolvorea la crema. Hornéala a 180 °C durante 30-40 minutos.

Retírala del horno, deja que se temple y desmóldala. Sirve y adorna con los frutos rojos y unas hojitas de menta.

ENSALADA DE ESCAROLA Y AGUACATE

INGREDIENTES **(4 p.)**

1 escarola
1 aguacate
16 aceitunas (verdes y negras)
aceite de oliva virgen extra
vinagre
sal

ELABORACIÓN

Lava la escarola, sécala, trocéala y colócala en una fuente grande.

Pela el aguacate, retira el hueso, corta la pulpa en daditos y agrégalos a la ensalada.

Agrega también las aceitunas enteras.

Sazona y adereza con aceite y vinagre. Sirve.

SOPA DE ALBONDIGUILLAS

INGREDIENTES **(4 p.)**

75 g de carne de ternera picada
75 g de carne de cerdo picada
1 cebolla
1 zanahoria
4 espárragos verdes
1 patata
1.500 ml de caldo de ave
30 g de panceta ahumada
1 yema de huevo
1 cucharada de pan rallado
harina (para rebozar)
aceite de oliva virgen extra
perejil
pimienta negra
sal

ELABORACIÓN

Corta la cebolla, la zanahoria y los espárragos verdes en daditos y ponlos a dorar en una cazuela con un chorrito de aceite y una pizca de sal. Cuando empiecen a tomar color, agrega la patata cortada en dados pequeños y rehógala un poco. Cubre con el caldo y cuece todo durante 15 minutos. Desgrasa con un cucharón.

Pon las carnes en un bol. Corta la panceta de daditos y agrégalos. Agrega también la yema de huevo, 1 cucharada de perejil picado, una pizca de sal y otra de pimienta. Amasa bien y vete incorporando el pan rallado poco a poco hasta que la masa quede manejable. Haz unas bolitas pequeñas (de bocado) y pásalas por harina. Fríe las albondiguillas en una sartén con aceite bien caliente y escúrrelas sobre un plato cubierto con papel absorbente.

Introduce las albóndigas en la cazuela de la sopa y cocínalas durante 3 minutos. Rectifica de sal y espolvorea con un poco de perejil picado.

Sirve en platos hondos.

ROSQUILLAS DE ANÍS

INGREDIENTES **(4 p.)**

2 huevos
125 ml de aceite de oliva
125 ml de anís
250 g de azúcar
400 g de harina
2 cucharadas de azúcar y ½ cucharadita de canela (para espolvorear)
hojas de menta

ELABORACIÓN

Cubre una placa de horno con papel de hornear.

Coloca 1 huevo en un bol, agrega el aceite, el anís y el azúcar y mezcla bien. Incorpora la harina poco a poco y amasa a mano hasta tener una masa homogénea.

Da forma a las rosquillas, presiona por la parte de la junta y extiéndelas sobre la placa del horno.

Bate el otro huevo y unta con él la parte superior de las rosquillas. Mezcla el azúcar con la canela y espolvorea la mezcla sobre las rosquillas. Hornea a 180 °C durante 30 minutos aproximadamente.

Sírvelas y adorna con hojas de menta.

ENSALADA DE RÚCULA Y MANGO

INGREDIENTES **(4 p.)**

300 g de rúcula
1 mango
1 cebolleta roja
aceite de oliva virgen extra
zumo de limón
sal

ELABORACIÓN

Lava la rúcula, sécala y ponla en una fuente.

Lava el mango, pélalo y córtalo en daditos. Espárcelos sobre la rúcula.

Corta la cebolla roja en juliana y agrégala.

Sazona la ensalada. Mezcla en un bol el zumo de limón con el aceite y aliña la ensalada. Sirve.

GARBANZOS CON CORDERO AL *CURRY*

INGREDIENTES **(4 p.)**

250 g de garbanzos
1 pierna de cordero pequeña → Heura
1 cebolla
2 zanahorias
2 pimientos verdes
2 dientes de ajo
100 g de arroz basmati
aceite de oliva virgen extra
unas ramitas de tomillo
8-10 granos de pimienta negra
1 cucharada de *curry*
pimienta
sal

ELABORACIÓN

Pon los garbanzos a remojo la víspera.

Calienta agua en una olla rápida y, cuando empiece a hervir, añade los garbanzos, los granos de pimienta y una pizca de sal. Cierra la olla y cuécelos durante 15 minutos (dependiendo de la variedad del garbanzo). Reserva los garbanzos y el caldo.

Corta la cebolla, las zanahorias y los pimientos verdes en dados grandes y rehógalos a fuego suave en una sartén con un chorrito de aceite. Sazónalos y cocínalos durante unos 10 minutos (tienen que quedar al dente). Retira las verduras a un plato y resérvalas.

Retira la grasa de la pierna y deshuésala. Corta la carne en dados, salpimiéntalos y fríelos en la tartera donde se han cocinado las verduras con un chorrito de aceite. Cuando el cordero esté bien dorado, agrega la verdura, el *curry* y los garbanzos cocidos. Mezcla bien y vierte encima un poco del caldo de la cocción de los garbanzos (2-3 cucharones aproximadamente). Cocina todo a fuego suave durante 5-8 minutos.

Aplasta los dientes de ajo (sin pelar) y dóralos en una cazuela pequeña con un chorrito de aceite y una ramita de tomillo. Cuando los ajos se doren, agrega el arroz, cúbrelo con la misma cantidad de agua y sazónalo. Tápalo y cocínalo a fuego suave-medio durante 8-10 minutos.

Para presentar, pon una porción de arroz en un cuenco (untado con un poco de aceite) y desmóldalo sobre un plato. Repite el proceso con el resto del arroz hasta conseguir 4. Reparte alrededor los garbanzos con verduras y cordero. Adorna con unas hojitas de tomillo.

CUAJADO DE YOGUR Y KIWI

INGREDIENTES **(4 p.)**

3 yogures naturales
2 kiwis
75 g de azúcar
2 hojas de gelatina
135 ml de nata
100 ml de miel
50 g de pasas
50 g de nueces
hojas de menta

ELABORACIÓN

Para el caramelo, pon 50 gramos de azúcar y media cucharada de agua a calentar en una sartén. Cuando se funda, déjalo al fuego hasta que coja un bonito color dorado. Viértelo en los moldes con cuidado y espárcelo por toda la superficie.

Pela los kiwis, córtalos en daditos y cocínalos a fuego suave en una sartén hasta que se caramelicen un poco.

Hidrata las hojas de gelatina en un poco de agua.

Coloca la nata en un cazo y ponla a calentar. Añade la gelatina hidratada y, cuando se deshaga, vierte todo en el vaso batidor. Agrega los kiwis, los yogures y el resto del azúcar y tritura. Reparte en los moldes y deja enfriar.

Coloca la miel en una sartén caliente y añade las pasas y las nueces. Adorna los moldes con esta salsa y sirve. Decora con unas hojas de menta.

ENSALADA DE LECHUGA, LOMBARDA Y PATATA

INGREDIENTES **(4 p.)**

1 lechuga
100 g de lombarda
1 patata
aceite de oliva virgen extra
mostaza
sal

ELABORACIÓN

Lava la lechuga, sécala, trocéala y ponla en una fuente.

Lava las hojas de lombarda, sécalas y córtalas en juliana fina.

Lava la patata, colócala en un plato, cúbrela con film transparente y pínchalo. Introduce la patata en el microondas y cocínala 4-6 minutos. Pela la patata y córtala en dados. Añádelos.

Sazona la ensalada. Mezcla la mostaza con un chorrito de aceite y adereza la ensalada. Sirve.

CARRILLERAS DE CERDO CON LENTEJAS

INGREDIENTES **(4 p.)**

8 carrilleras de cerdo ibérico
200 g de lentejas
1 cebolleta
1 zanahoria
1 pimiento verde
50 g de germinados de puerro
aceite de oliva virgen extra
pimienta negra en grano
sal

ELABORACIÓN

Pon las lentejas en una cazuela con abundante agua y una pizca de sal. Tápalas y cocínalas a fuego suave durante 30 minutos.

Limpia las carrilleras retirándoles las grasas externas y ponlas a cocer en una olla rápida con agua, una pizca de sal y unos granos de pimienta negra. Cuécelas durante 15 minutos. Escurre las carrilleras y resérvalas.

Corta la cebolleta, la zanahoria y el pimiento verde en dados y ponlos a rehogar en una sartén con un chorrito de aceite. Cocina las verduras durante unos 5-6 minutos y añade las lentejas escurridas. Saltea el conjunto.

Pon un aro redondo en un plato, rellénalo con las lentejas (presionando un poco) y pon encima los germinados. Retira el molde y repite el emplatado otras tres veces. Coloca 2 carrilleras en cada plato.

EMPANADILLAS DE MANZANA Y SOPA AL VINO TINTO

INGREDIENTES **(4 p.)**

6 manzanas
2 láminas de hojaldre
4 nueces de mantequilla
4 cucharadas de azúcar
1 limón
750 ml de vino tinto
aceite de oliva virgen extra
1 rama de menta
nuez moscada
canela en polvo
60 g de nata montada

ELABORACIÓN

Para hacer el relleno de las empanadillas, funde 3 nueces de mantequilla en una cazuela. Pela y trocea 4 manzanas y añádelas. Espolvorea con una pizca de canela y otra de nuez moscada y agrega dos cucharadas de azúcar y la ralladura del limón (reserva el limón). Remueve y deja a fuego lento hasta que las manzanas se ablanden.

Para la sopa de vino, pela y corta en dados las otras dos manzanas y ponlas en una sartén con 1 nuez de mantequilla. Cocina durante 10 minutos, hasta que las manzanas queden transparentes, y riégalas con zumo de limón. Incorpora la menta, cubre con el vino y cocina durante otros 15 minutos.

Extiende el hojaldre y corta 8 círculos con la ayuda de un cortapastas. Reparte el relleno de manzana en el centro de cada círculo, ciérralos y sella los bordes con un tenedor. Fríe las empanadillas en una sartén con aceite bien caliente. Espolvorea con el resto del azúcar y un poco de canela.

Sirve las empanadillas de manzana en un plato, acompaña con la sopa de vino tinto y decora con un poco de nata por encima.

ENSALADA DE LECHUGA, HINOJO Y POMELO

INGREDIENTES **(4 p.)**

1 lechuga
1 hinojo
1 pomelo
aceite de oliva virgen extra
vinagre
sal

ELABORACIÓN

Limpia la lechuga, sécala, trocéala y colócala en una fuente.

Corta el hinojo en juliana fina y añádelo.

Pela el pomelo y saca los gajos en vivo. Corta cada gajo en 3 trocitos. Espárcelos sobre la lechuga.

Sazona y riega todo con un chorrito de aceite y otro de vinagre. Sirve.

EMPANADILLAS DE ENTRECOT A CUCHILLO

INGREDIENTES **(4 p.)**

16 obleas para empanadillas
400 g de entrecot
1 cebolla
1 pimiento verde
1 diente de ajo
8 aceitunas negras deshuesadas
2 cucharadas de salsa de tomate
1 huevo
½ cucharada de semillas de amapola
½ cucharada de sésamo blanco
aceite de oliva virgen extra
orégano
perejil
1 guindilla cayena molida
pimienta negra
sal

ELABORACIÓN

Corta la cebolla y el pimiento verde en daditos y ponlos a rehogar en una sartén con un chorrito de aceite. Sazónalos y cocínalos a fuego medio hasta que se doren bien y escúrrelos para eliminar el exceso de grasa.

Pica la carne, ponla en un bol y salpimiéntala. Corta el diente de ajo en daditos y las aceitunas en rodajas y agrégalos al bol. Añade también un poco de orégano, la guindilla y la salsa de tomate. Incorpora las verduras pochadas y mezcla bien. Reparte el relleno sobre las obleas y ciérralas a tu gusto.

Bate el huevo en un bol. Pinta las empanadillas con el huevo y espolvorea la mitad con las semillas de amapola y la otra mitad con las semillas de sésamo blanco.

Hornéalas a 200 °C durante 15 minutos.

Sirve las empanadillas y decora los platos con unas hojas de perejil.

BRAZO DE FRESA

INGREDIENTES **(4 p.)**

Para el bizcocho:
2 huevos
50 g de azúcar
50 g de harina

Para el relleno:
125 g de fresas
100 g de azúcar
100 g de puré de frambuesa
200 g de nata montada
1 chorrito de vinagre
chocolate de cobertura
hojas de menta

ELABORACIÓN

Para el bizcocho, monta los huevos con una batidora eléctrica de varillas, añade el azúcar y sigue montando. Agrega la harina tamizada y mezcla con movimientos envolventes. Coloca un papel de hornear sobre la placa, vierte encima la masa del bizcocho e introduce en el horno a 200 °C durante 8-10 minutos.

Para el relleno, lava las fresas y retira los tallos. Corta unas cuantas en láminas finas y deja un par de ellas enteras.

Pon el azúcar en una sartén al fuego hasta que se caramelice. Añade las fresas (enteras y laminadas), mezcla bien y vierte encima el vinagre. Caliéntalas brevemente y pásalas a un plato. Calienta el puré de frambuesa y deja reducir hasta conseguir una salsa espesa.

Cuando el bizcocho esté hecho, retira la bandeja del horno y separa el bizcocho del papel con cuidado para que no se rompa. Rellénalo con la nata montada y las fresas laminadas. Enróllalo y corta los extremos.

Decóralo con las fresas enteras, unos hilos de chocolate de cobertura, la salsa de frambuesas y unas hojas de menta.

VIEIRAS CON DOS SALSAS

INGREDIENTES **(4 p.)**

8 vieiras
80 g de berros
2 dientes de ajo
4 vasos de caldo de pescado
200 g de nata
aceite de oliva virgen extra
perejil
1 cucharadita de azafrán
pimienta negra
sal

ELABORACIÓN

Para la salsa de berros, lamina los dientes de ajo y ponlos a dorar en una cazuela con un chorrito de aceite. Cuando empiecen a coger color, añade los berros (sin los tallos) y vierte encima 2 vasos de caldo. Deja que reduzca durante 10 minutos y tritura todo con la batidora eléctrica. Incorpora la mitad de la nata (2 cucharadas), sazona y cocina la salsa a fuego suave durante 5 minutos.

Para la salsa de azafrán, vierte los otros 2 vasos de caldo en una cazuela y agrega el azafrán. Deja reducir durante 10 minutos. Añade el resto de la nata (2 cucharadas), sazona y cocina la salsa a fuego suave durante 5 minutos.

Limpia las vieiras, salpimiéntalas y fríelas durante 2-3 minutos a fuego moderado en una tartera con un chorrito de aceite. Pasado este tiempo, dales la vuelta y cocínalas durante otros 2-3 minutos más.

Sirve las salsas a tu gusto y coloca 2 vieiras en cada plato. Decora los platos con unas hojas de perejil.

ENSALADA DE REQUESÓN Y PIÑA

INGREDIENTES **(4 p.)**

100 g de requesón fresco
1 rodaja de piña
300 g de lechugas variadas
30 g de anacardos
aceite de oliva virgen extra
zumo de limón
sal

ELABORACIÓN

Lava las lechugas, sécalas y trocéalas. Colócalas en una fuente.

Pela la rodaja de piña, córtala en daditos y añádelos.

Desmenuza el requesón y espárcelo por encima. Sazona.

Agrega los anacardos troceados.

Mezcla en un bol el zumo de limón con un poco de aceite y aliña la ensalada. Sirve.

BIZCOCHO DE NUECES Y ZANAHORIAS

INGREDIENTES **(4 p.)**

30 nueces
5 zanahorias
125 g de mantequilla
150 g de miel
2 huevos
150 g de harina integral
16 g de levadura en polvo
harina y mantequilla para el molde
azúcar glas
frambuesas
grosellas
hojas de menta

ELABORACIÓN

Pela las zanahorias y ponlas a cocer en una cazuela con agua durante 15-20 minutos. Aplástalas con un tenedor y resérvalas.

Bate la mantequilla con una batidora eléctrica de varillas. Agrega la miel y sigue montando. Incorpora los huevos de uno en uno y continúa montando. Finalmente, agrega las zanahorias majadas y mezcla todo bien.

Mezcla en un bol la harina con la levadura. Pela las nueces, pícalas con un cuchillo o con el accesorio para triturar de la batidora eléctrica e incorpóralas. Mezcla todo bien y añádelo a la masa anterior, removiendo suavemente hasta que quede bien ligado.

Unta un molde con un poco de mantequilla, espolvoréalo con un poco de harina y vierte la masa en él. Hornea a 200 °C durante 40-45 minutos y después deja que se temple.

Desmolda y sirve. Adorna el plato con un poco de azúcar glas, frambuesas, grosellas y hojas de menta.

SOLOMILLO DE TERNERA CON *FOIE*

INGREDIENTES **(4 p.)**

600 g de solomillo de ternera
8 láminas de *foie* fresco
3 patatas
½ vaso de leche
100 g de habitas (desgranadas)
aceite de oliva virgen extra
perejil
pimienta negra
sal

ELABORACIÓN

Pela y trocea las patatas y ponlas a cocer en una cazuela con abundante agua y una pizca de sal. Cuécelas a fuego medio durante 15-20 minutos. Escúrrelas y pásalas por el pasapurés. En el momento de servir, pon el puré a calentar en una cazuela, agrega la leche y mezcla bien hasta conseguir que tenga una textura cremosa. Salpimiéntalo.

Pon agua a calentar en una cazuela. Cuando empiece a hervir, añade las habitas y una pizca de sal. Cuécelas durante 3 minutos. Escúrrelas y saltéalas en una sartén con un chorrito de aceite. Resérvalas.

Corta el solomillo en 8 trozos, úntalos con un poco de aceite y cocínalos a la plancha durante 1 minuto por cada lado. Pásalos a una bandeja de horno, salpimiéntalos y pon una lámina de *foie* encima de cada uno. Hornéalos a 220 °C durante 2-3 minutos.

Pon un poco del puré de patata en el fondo de los platos y coloca encima los filetes de solomillo con *foie*. Reparte alrededor las habitas salteadas. Decora los platos con unas hojas de perejil.

ENSALADA DE ESCAROLA CON PIPAS DE GIRASOL

INGREDIENTES **(4 p.)**

1 escarola
30 g de pipas de girasol (peladas y tostadas)
12 tomates desecados en aceite
aceite de oliva virgen extra
vinagre de Jerez
sal

ELABORACIÓN

Lava la escarola, sécala, trocéala y colócala en una fuente.

Corta los tomates en trocitos y espárcelos sobre la escarola.

Agrega las pipas de girasol.

Aliña con aceite, vinagre y sal. Sirve.

PAPAYA CON PASAS

INGREDIENTES **(4 p.)**

1 papaya
50 g de pasas
1 lima
50 g de azúcar moreno
250 g de queso fresco
6 galletas
5 granos de cardamomo

ELABORACIÓN

Ralla la corteza de la lima y resérvala. Pon 500 ml de agua en un cazo. Añade el azúcar, el cardamomo, las pasas y el zumo de la lima. Deja que reduzca hasta conseguir 8 cucharadas soperas de jarabe denso.

Pela la papaya, córtala en tacos y colócalos en un bol. Báñalos con el jarabe caliente. Cuando se temple, tapa el bol con film transparente e introdúcelo en el frigorífico.

Corta el queso en taquitos y maja las galletas hasta que queden reducidas a polvo.

Sirve la compota con el queso y espolvorea con la ralladura de lima y el polvo de galleta.

SOPA DE ALUBIAS CON MEJILLONES Y BERBERECHOS

INGREDIENTES **(4 p.)**

150 g de alubias blancas
16 mejillones
200 g de berberechos
1 zanahoria
1 cebolla
1 vaso de vino blanco
1 pimiento verde
aceite de oliva virgen extra
perejil
sal

ELABORACIÓN

Pon las alubias a remojo la víspera. Escúrrelas.

Pasa las alubias a una olla rápida, cúbrelas con agua y sazónalas. Pela la zanahoria y la cebolla, córtalas en dados y añádelos. Tapa la olla y cuece todo durante 8-10 minutos. Tritura con la batidora eléctrica y cuela. Reserva la sopa.

Limpia los mejillones y los berberechos y ponlos en una cazuela grande. Agrega el vino, tapa la cazuela, ponla al fuego y espera a que se abran. Retira las conchas y reserva la carne. Cuela el caldo y agrégalo a la sopa.

Trocea el pimiento verde, sazónalo y ponlo en un vaso batidor con un chorrito de aceite. Tritúralo con la batidora eléctrica y cuela el resultado. Reserva.

Reparte la sopa en 4 platos hondos y coloca, en el centro de cada uno, 4 mejillones y unos berberechos. Añade unos hilos de aceite de pimiento y decora los platos con unas hojas de perejil.

ENSALADA DE BERROS, POMELO Y CALABACÍN

INGREDIENTES **(4 p.)**

200 g de berros
1 pomelo
1 calabacín pequeño
30 g de pistachos (pelados)
aceite de oliva virgen extra
vinagre
sal

ELABORACIÓN

Lava los berros, sécalos y colócalos en una fuente grande.

Pela el pomelo y saca los gajos en vivo. Trocéalos y agrégalos.

Lava el calabacín, rállalo y espárcelo sobre los berros.

Pica los pistachos y salpica con ellos la ensalada.

Sazona y aliña con aceite y vinagre. Sirve.

BIZCOCHO DE MANGO Y VODKA

INGREDIENTES **(6 p.)**

1 mango
150 ml de vodka
4 huevos
125 g de azúcar
125 g de harina
100 ml de agua
mantequilla y harina (para el molde)
1 vaina de vainilla
6 fisalis
hojas de menta

ELABORACIÓN

Pela el mango y córtalo en trocitos. Unta un molde con mantequilla y harina y coloca encima (de lado a lado) una tira de papel de hornear dejando una pestaña por cada lado (de esta manera será más fácil desmoldarlo). Distribuye encima los trozos de mango.

Casca los huevos y ponlos en un bol grande. Bátelos bien con una batidora de varillas eléctrica. Agrega el interior de la vaina de vainilla y 75 g de azúcar. Sigue batiéndolos hasta que espumen bien. Añade la harina tamizada y mezcla suavemente. Vierte la mezcla sobre el mango y hornea la masa a 190 °C durante 20 minutos.

Para hacer el caramelo de vodka, pon a calentar en una sartén el resto del azúcar hasta que se funda. Vierte el vodka, mezcla bien y añade el agua. No te asustes si el caramelo se cristaliza, y sigue removiendo la mezcla hasta que quede totalmente líquido. Deja reducir hasta que coja un poco de cuerpo.

Desmolda el bizcocho y úntalo con el caramelo de vodka. Decora con los fisalis y unas hojas de menta. Sirve.

ENSALADA DE LECHUGA HOJA DE ROBLE, MANZANA E HINOJO

INGREDIENTES **(4 p.)**

1 lechuga hoja de roble
1 manzana
1 hinojo
aceite de oliva virgen extra
vinagre
sal

ELABORACIÓN

Lava la lechuga, sécala, trocéala y colócala en una fuente grande.

Corta el hinojo en juliana fina y espárcelo sobre la lechuga.

En el último momento, pela la manzana, córtala en daditos y añádelos.

Sazona y adereza con aceite, vinagre y sal. Sirve.

CREMA DE HABAS SECAS CON NACHOS

INGREDIENTES **(4 p.)**

350 g de habas secas
3 tortillas mexicanas
2 dientes de ajo
1 cebolleta
250 g de calabaza
25 g de polenta
aceite de oliva virgen extra
sal
perejil

ELABORACIÓN

Pela y pica los dientes de ajo y ponlos a rehogar en la olla rápida con un chorrito de aceite. Pica la cebolleta y añádela. Rehógala un poco.

Pela la calabaza, córtala en dados y añádelos. Agrega las habas (remojadas desde la víspera) y cúbrelas con abundante agua. Cuando el agua empiece a hervir, sazona, incorpora la polenta y remueve bien.

Tapa la olla y cuece el conjunto durante 25 minutos. Tritura y cuela la mezcla.

Corta cada tortilla en 8 triángulos. Fríelos en una sartén con aceite y escurre los nachos sobre un plato forrado con papel absorbente.

Sirve la crema y acompáñala con los nachos. Espolvorea con un poco de perejil picado.

FLAN DE MANZANA

INGREDIENTES **(4 p.)**

1 manzana
400 ml de leche
4 huevos
200 g de azúcar
20 g de mantequilla
1 rama de canela
hojas de menta

Para la salsa:
6 ciruelas pasas
200 ml de nata
1 cucharada de azúcar

ELABORACIÓN

Pon 75 g de azúcar a calentar en una sartén. Cuando se funda, vierte el caramelo en 4 moldes aptos para el horno.

Pon la leche a calentar con la rama de canela para aromatizarla y deja enfriar.

Bate los huevos en un bol, añade el resto del azúcar y mezcla bien. Vete añadiendo la leche aromatizada poco a poco sin dejar de remover con una varilla.

Pon la mantequilla a fundir en una sartén, pela la manzana, córtala en daditos pequeños y añádelos. Cocínalos y repártelos en los moldes. Añade la mezcla de la leche aromatizada con los huevos. Cocina al baño maría en el horno a 170 °C durante 20 minutos. Deja enfriar y desmolda.

Para la salsa, tritura las ciruelas pasas con la nata y el azúcar. Ponlo a calentar.

Sirve el flan y acompáñalo con la salsa de ciruelas. Decora con unas hojas de menta.

ENSALADA DE LECHUGAS VARIADAS, GRANADA Y ALMENDRAS

INGREDIENTES **(4 p.)**

300 g de lechugas variadas
1 granada
30 g de almendras fileteadas
aceite de oliva virgen extra
vinagre
sal

ELABORACIÓN

Lava las lechugas, sécalas, trocéalas y colócalas en una fuente grande.

Corta la granada por la mitad, golpéala por el lado de la piel con una cuchara hasta que salgan todos los granos. Espárcelos sobre la lechuga.

Tuesta las almendras en una sartén sin aceite. Retíralas, deja que se templen y agrégalas a la ensalada.

Sazona y aliña con aceite y vinagre. Sirve.

RESPIGOS

INGREDIENTES **(4 p.)**

2 kg de respigos (grelos o nabizas)
250 g de panceta
4 dientes de ajo
180 g de chorizo
1 pimiento choricero
aceite de oliva virgen extra
sal

ELABORACIÓN

Pon a calentar abundante agua en una cazuela. Cuando empiece a hervir, agrega los respigos, sazónalos y cuécelos durante 15-20 minutos. Refréscalos en agua fría, escúrrelos y resérvalos.

Retira la corteza de la panceta, córtala en daditos y dóralos bien en una cazuela con un chorrito de aceite. Retíralos a un plato.

Pela los ajos y córtalos en daditos. Corta el chorizo en rodajas. Pon todo a freír en la misma cazuela donde has dorado la panceta. Trocea el pimiento choricero y añádelo.

Pasa todo a una fuente y mantén la grasa en la cazuela.

Introduce los respigos en la cazuela y rehógalos un poco. Añade la panceta, el chorizo y el pimiento choricero. Cocina todo conjuntamente durante 5 minutos. Pon a punto de sal y sirve en una cazuela de barro.

FRITOS RELLENOS DE CREMA DE NARANJA

INGREDIENTES **(4 p.)**

63 ml de agua
37 g de mantequilla
37 g de harina
2 huevos
2 g de sal
2 cucharadas de azúcar
aceite de oliva virgen extra
hojas de menta

Para la crema de naranja:
2 huevos
175 g de azúcar
zumo de 2 naranjas
125 g de mantequilla
ralladura de 1 naranja

ELABORACIÓN

Para la crema de naranja, bate bien en un cazo los huevos y el azúcar. Añade el zumo de las naranjas y pon a calentar sin dejar de remover. Cocínala hasta que cuaje. Retira la crema del fuego y agrega la mantequilla troceada y la ralladura de naranja. Mezcla bien y deja que repose durante 15 minutos. Introduce la crema de naranja en una manga pastelera y resérvala.

Para la masa de los fritos, pon a calentar en un recipiente el agua con la mantequilla y la sal. Una vez que se haya fundido la mantequilla, añade la harina. Remueve bien hasta que la harina quede perfectamente integrada. Incorpora los huevos de uno en uno sin dejar de remover.

Con ayuda de dos cucharas de postre, coge pequeñas porciones de masa y échalas a una cazuela (amplia y baja) con abundante aceite caliente. Fríelas hasta que se doren y escúrrelas sobre un plato cubierto con papel absorbente.

Rellena los fritos con la crema de naranja y pásalos por azúcar. Sirve y adorna la fuente con unas hojas de menta.

ENSALADA DE ENDIBIAS Y MANDARINA

INGREDIENTES **(4 p.)**

4 endibias
2 mandarinas
30 g de almendra fileteada tostada
aceite de oliva virgen extra
vinagre
sal

ELABORACIÓN

Suelta las hojas de endibia, enjuágalas, sécalas, córtalas en juliana y colócalas en una fuente.

Pela las mandarinas, suéltalas en gajos y córtalos en trocitos. Añádelos a las endibias.

Salpica la ensalada con las almendras fileteadas.

Adereza con sal, aceite y vinagre y mezcla bien. Sirve.

ARROZ CON NÉCORAS Y CALAMARES

INGREDIENTES **(4 p.)**

300 g de arroz
4 nécoras
1 calamar
4 dientes de ajo
1 cebolleta
1 zanahoria
1 puerro
1 pimiento verde
aceite de oliva virgen extra
hebras de azafrán
perejil
sal

ELABORACIÓN

Corta las nécoras por la mitad y rehógalas en una paella con una buena cantidad de aceite. Retira las nécoras.

Pela 2 dientes de ajo, la cebolleta y la zanahoria y córtalos en daditos. Limpia el puerro y el pimiento y córtalos del mismo modo. Pon todo a pochar en la misma paella donde has rehogado las nécoras. Sazona y cocina durante unos 10 minutos a fuego suave.

Añade las hebras de azafrán y el arroz. Rehógalo un poco y agrega 750 ml de agua (o caldo de pescado). Sazona y cocínalo durante 14-15 minutos. Incorpora las nécoras y cocina todo junto durante 4-5 minutos más. Deja que repose durante 2 minutos.

Limpia el calamar, retirándole la cabeza, la pluma y las tripas. Enjuaga las aletas, la corbata, el tubo y los tentáculos. Corta todo en tiras y resérvalas.

Pela los otros 2 dientes de ajo, lamínalos y añádelos a una sartén con un chorrito de aceite. Agrega las tiras de calamar y saltéalas brevemente. Coloca las tiras de calamar sobre el arroz. Sirve y adorna los platos con unas hojas de perejil.

TRUFAS DE CHOCOLATE REBOZADAS

INGREDIENTES **(4 p.)**

165 g de chocolate de cobertura
65 ml de nata
15 g de mantequilla
15 ml de ron
8 cucharadas de natillas o crema inglesa
harina, huevo batido y pan rallado
aceite de girasol
canela
hojas de menta

ELABORACIÓN

Pon a calentar en un cazo la nata con la mantequilla. Cuando empiece a hervir, trocea el chocolate e incorpóralo. Mezcla bien con una varilla manual hasta que se funda y todos los ingredientes queden perfectamente integrados. Incorpora el ron y mezcla nuevamente. Pasa la mezcla a un bol y deja atemperar. Cuando esté templada, cubre el bol con film transparente e introdúcelo en la nevera hasta que la masa esté bien fría.

Coge pequeñas pociones, redondéalas y pásalas por harina, huevo batido y pan rallado. Vuelve a pasarlas una o dos veces más por huevo batido y pan rallado.

Fríelas en una cazuela con abundante aceite de girasol bien caliente. Retíralas y escúrrelas sobre un plato cubierto con papel absorbente.

Sirve, en el fondo de cada plato, 2 cucharadas de natillas o de crema inglesa y coloca encima las trufas rebozadas. Espolvorea los platos con un poco de canela en polvo y decóralos con unas hojas de menta.

ENSALADA DE LECHUGA Y RÚCULA CON OREJONES Y PIÑONES

INGREDIENTES **(4 p.)**

200 g de lechuga
100 g de rúcula
8 orejones de albaricoque
30 g de piñones
aceite de oliva virgen extra
vinagre
sal

ELABORACIÓN

Lava la lechuga y la rúcula, sécalas, trocéalas y colócalas en un bol.

Corta los orejones en trocitos y agrégalos.

Tuesta los piñones en una sartén sin aceite. Retíralos a un plato y deja que se enfríen. Espárcelos sobre la ensalada.

Aliña con aceite, vinagre y sal. Sirve.

CREMA DE PUERROS CON PAN AL AJO

INGREDIENTES **(4 p.)**

4 puerros
1 zanahoria
300 g de calabaza
2 patatas
4 rebanadas de pan
1 diente de ajo
aceite de oliva virgen extra
perejil
sal

ELABORACIÓN

Limpia los puerros, córtalos en cilindros y ponlos a rehogar en la olla rápida con un chorrito de aceite. Pela la zanahoria y la calabaza, córtalas en dados y añádelos a la olla. Pela las patatas, cáscalas e incorpóralas. Sazona y rehoga todo un poco.

Cubre las verduras con agua, coloca la tapa y cuece todo durante 5 minutos. Abre la olla y tritura las hortalizas con la batidora eléctrica hasta conseguir una crema fina.

Fríe las rebanadas de pan en una sartén con aceite. Cuando se doren, retíralas y escúrrelas sobre un plato cubierto con papel absorbente. Pela el diente de ajo y unta con él las rebanadas de pan.

Sirve la crema y acompaña los platos con las rebanadas de pan al ajo. Adorna con unas hojas de perejil.

PASTELITOS RELLENOS DE TRUFA

INGREDIENTES **(4 p.)**

125 ml de leche
65 g de mantequilla
5 g de azúcar
1 pizca de sal
65 g de harina
2 huevos
250 ml de nata
100 g de chocolate negro
hojas de menta

ELABORACIÓN

Hierve en una cazuela la leche con la mantequilla, el azúcar y la sal. Mezcla con una varilla. Cuando empiece a hervir, añade la harina de golpe y remueve bien. Retira la cazuela del fuego e incorpora los huevos de uno en uno (no hay que añadir el siguiente hasta que el anterior quede perfectamente integrado). Introduce la masa en una manga pastelera.

Cubre una bandeja de horno con papel de hornear. Distribuye encima pequeñas porciones (rectangulares) de masa. Hornéalas a 170 °C durante 20-25 minutos. Deja que se enfríen.

Para hacer la trufa, calienta la nata en un cazo y, cuando hierva, viértela en un bol. Añade el chocolate troceado y remueve bien hasta que se disuelva. Deja templar e introduce la mezcla en el congelador. Sácala y móntala. Colócala en una manga pastelera.

Abre los pastelitos por la mitad y rellénalos con la trufa. Decora con unas hojas de menta.

ENSALADA DE CANÓNIGOS, *MOZZARELLA* Y PERA

INGREDIENTES **(4 p.)**

300 g de canónigos
125 g de *mozzarella*
1 pera conferencia
8 nueces
aceite de oliva virgen extra
vinagre
sal

ELABORACIÓN

Lava los canónigos, sécalos y colócalos en una fuente.
Corta la *mozzarella* en trocitos y agrégalos.
Lava la pera, pélala, córtala en daditos y añádelos.
Pela las nueces, pícalas y agrégalas.
Sazona y aliña con aceite y vinagre. Sirve.

BACALAO CON PATATAS Y GARBANZOS

INGREDIENTES **(4 p.)**

4 lomos de bacalao desalado
2 patatas
200 g de garbanzos
2 dientes de ajo
1 cebolleta
50 ml de *txakoli*
1 puerro
aceite de oliva virgen extra
perejil
sal

ELABORACIÓN

Pon los garbanzos a remojo la víspera.

Calienta agua en la olla rápida. Pela las patatas, córtalas cascándolas y ponlas en la olla. Agrega los garbanzos escurridos, sazona, tapa la olla y cuece todo durante 25 minutos. Abre la olla y reserva los ingredientes (garbanzos, patata y caldo).

Pela los ajos y la cebolleta y pícalos finamente. Ponlos a pochar en una tartera. Antes de que cojan color, agrega el vino y dale un hervor. Incorpora los garbanzos escurridos y un poco de caldo. Introduce el bacalao y cocínalo (colocando primero la parte de la piel hacia arriba) con la tapa puesta durante 5 minutos de cada lado.

Retira la parte inferior y superior del puerro. Elimínale la primera capa, lávalo bien y córtalo en juliana fina. Fríelo en una sartén con aceite templado. Retíralo y escúrrelo sobre un plato cubierto con papel absorbente. Sazónalo.

Sirve el bacalao con las patatas y los garbanzos. Espolvorea con perejil picado y adorna con unas tiras de puerro frito.

CRUMBLE DE FRAMBUESAS

INGREDIENTES **(4 p.)**

Para el relleno:
400 g de frambuesas
1 lima
1 cucharada de harina integral
2 cucharadas de azúcar moscabado
½ cucharadita de canela

Para la galleta:
100 g de nueces picadas
1 cucharada de aceite de girasol
1 cucharada de aceite de nuez
50 g de harina de trigo integral
40 g de pipas de girasol
3 cucharaditas de levadura
40 g de harina de avena
1 cucharada de azúcar moscabado
sal
hojas de menta

ELABORACIÓN

Para el relleno, coloca el zumo y la ralladura de la lima en un bol y agrega las frambuesas. Incorpora la harina, el azúcar moscabado y la canela. Mezcla bien. Reparte la mezcla en 4 moldecitos aptos para el horno.

Para la galleta, coloca todos los ingredientes en un bol (nueces, aceites, harina de trigo, pipas, sal, levadura, harina de avena y azúcar). Mezcla los ingredientes (nueces, aceites, harinas, pipas, levadura y sal) en un bol, amásalos hasta que se conviertan en una especie de migas y cubre con ellas el relleno de frambuesas.

Hornéalos a 200 °C durante 15 minutos. Sirve y decora con unas hojitas de menta.

ARROZ DE LA TIERRA

INGREDIENTES **(4 p.)**

350 g de trigo molido (precocido)
200 g de carne de costilla de cerdo
100 g de sobrasada
100 g de butifarra negra
2 cebollas
1 cabeza de ajos
1 patata
1 boniato
aceite de oliva virgen extra
1 hoja de laurel
perejil
unas hebras de azafrán
sal

ELABORACIÓN

Pela las cebollas, córtalas por la mitad y luego en daditos. Ponlas a pochar en una sartén con un chorrito de aceite hasta que estén bien doradas. Sazona.

Pon las cebollas pochadas y el trigo en un bol. Mezcla bien y pásalo a una cazuela de barro. Coloca en el centro la cabeza de ajos. Pela y casca la patata y el boniato y distribuye los trozos por encima. Trocea la costilla, la sobrasada y la butifarra negra (sin piel) y distribuye los trozos en la cazuela. Añade la hoja de laurel y unas hebras de azafrán y cubre todos los ingredientes con agua (el doble que de trigo). Pon a punto de sal.

Calienta el horno a 180 °C e introduce la cazuela de barro. Hornea durante 45 minutos (debe quedar seco y con un bonito color dorado). Sirve y decora con una hojita de perejil.

ENSALADA DE ESCAROLA, PERA Y AVELLANA

INGREDIENTES **(4 p.)**

1 escarola
2 peras
12 avellanas
cebollino
aceite de oliva virgen extra
vinagre
sal

ELABORACIÓN

Lava la escarola, sécala, trocéala y ponla en una fuente.

Pela las peras, córtalas en daditos y añádelos.

Aplasta las avellanas y salpica con ellas la escarola.

Pica el cebollino finamente y espolvorea con él la ensalada.

Aliña con aceite, vinagre y sal. Sirve.

CREMA DE CANELA

INGREDIENTES **(4 p.)**

500 ml de leche
50 g de azúcar
25 g de harina de maíz refinada
2 yemas
4 bizcochos de soletilla
100 ml de licor de naranja
20 g de almendras tostadas laminadas
20 g de piñones tostados
20 g de cacao
1 cucharada de canela
hojas de menta

ELABORACIÓN

Pon a calentar 400 ml de leche en una cazuela.

Mezcla el licor de naranja con 70 ml de agua en un bol. Corta los bizcochos por la mitad y úntalos con la mezcla.

Mezcla, en otro bol, la canela, el azúcar y la harina de maíz. Añade el resto de la leche (100 ml) y mezcla todo hasta conseguir una especie de papilla. Incorpora las yemas y mezcla bien. Agrega un poco de la leche caliente, bate un poco con una varilla y vierte todo en la cazuela. Cocina la crema, sin dejar de remover, hasta que espese.

Coloca medio bizcocho en el fondo de un vasito y añade un poco de crema. Pon encima otro medio bizcocho y un poco más de crema. Repite el proceso con otros 3 vasitos. Decora con las almendras y los piñones. Espolvorea con cacao y decora con menta.

ENSALADA DE ESCAROLA, BERROS Y MANZANA

INGREDIENTES **(4 p.)**

1 escarola
50 g de berros
2 manzanas
aceite de oliva virgen extra
vinagre
sal

ELABORACIÓN

Lava la escarola y los berros. Sécalos, trocéalos y colócalos en una fuente.

Pela las manzanas, pícalas y añádelas.

Adereza con aceite, vinagre y sal. Sirve.

CORVINA EN SALSA CON ARROZ BLANCO

INGREDIENTES **(4 p.)**

1 corvina (1 kg)
200 g de arroz basmati
2 dientes de ajo
1 cebolleta
2 pimientos verdes
1 pimiento rojo
1 pimiento amarillo
100 ml de vino blanco
100 ml de nata
2 tomates
aceite de oliva virgen extra
albahaca
perejil
1 guindilla cayena
pimienta
sal

ELABORACIÓN

Pela 2 dientes de ajo, córtalos por la mitad y rehógalos en un cazo con un chorrito de aceite. Retira los ajos. Añade el arroz, rehógalo un poco y vierte encima el doble de agua que de arroz. Sazónalo y cocínalo durante 10-12 minutos, hasta que esté hecho.

Pela la cebolleta, córtala en juliana y ponla a rehogar en una tartera con un chorrito de aceite. Corta los pimientos en rodajas y agrégalos. Sazona y cocina todo junto hasta que esté bien pochado (10 minutos aproximadamente).

Añade el vino y dale un hervor. Agrega la nata y la cayena.

Pela los tomates y retírales las pepitas. Córtalos en daditos e incorpóralos.

Limpia el pescado, saca los lomos y trocéalos. Salpimiéntalos y colócalos encima de las verduras. Tapa la cazuela y cocina todo a fuego suave durante 8 minutos (4 minutos por cada lado).

Sirve el pescado con los pimientos y espolvoréalo con albahaca picada. Acompáñalo con el arroz y decora los platos con unas hojas de perejil.

GALLETAS CON CHISPITAS DE CHOCOLATE

INGREDIENTES **(4 p.)**

250 g de harina
200 g de azúcar
200 ml de nata
60 g de chispitas de chocolate
60 g de chocolate blanco
sal
hojas de menta

ELABORACIÓN

Coloca en un bol 200 g de harina, 150 g de azúcar y una pizca de sal. Mezcla bien, primero con una cuchara y después a mano. Vete echando la nata poco a poco mientras mezclas con la mano. Agrega las chispitas de chocolate y sigue mezclando.

Cuando consigas una masa homogénea, envuélvela con film transparente e introdúcela en el frigorífico. Déjala reposar como mínimo durante 30 minutos.

Espolvorea la encimera con un poco de harina, coloca la masa encima y espolvoréala con otro poco de harina. Estira la masa con un rodillo y corta 8 galletas utilizando un cortapastas.

Coloca las galletas sobre una placa de horno forrada con papel de hornear. Espolvorea las galletas con el resto del azúcar y hornéalas a 200 ºC durante 10-15 minutos. Retíralas del horno y deja que se enfríen.

Elabora un cucurucho con papel de hornear, funde el chocolate blanco e introdúcelo en el cucurucho. Córtale la punta y decora las galletas con el chocolate. Adorna con unas hojas de menta. Sirve.

ENSALADA DE COCO Y ZANAHORIA

INGREDIENTES **(4 p.)**

20 g de coco rallado
2 zanahorias
1 escarola
aceite de oliva virgen extra
vinagre
sal

ELABORACIÓN

Lava la escarola, sécala, trocéala y colócala en una fuente.

Pela las zanahorias, rállalas y espárcelas sobre la escarola.

Espolvorea todo con el coco rallado.

Aliña la ensalada con aceite, vinagre y sal. Sirve.

MANITAS DE CORDERO EN *BRICK* CON SALSA VIZCAÍNA

INGREDIENTES **(4 p.)**

8-12 manitas de cordero (dependiendo del tamaño)
4 obleas de pasta *brick*
1 cabeza de ajos
1 cebolla roja
1 manzana reineta
200 g de carne de pimiento choricero
aceite de oliva virgen extra
1 hoja de laurel
perejil
15 granos de pimienta negra
sal

ELABORACIÓN

Pon agua a calentar en una olla. Cuando empiece a hervir, sazónala y añade las manitas de cordero, la cabeza de ajos, el laurel, unas ramas de perejil y los granos de pimienta. Tapa la olla y cuécelas durante 30 minutos.

Escúrrelas, deja que se templen y deshuésalas. Reserva parte del caldo de la cocción.

Corta la cebolla en dados y ponla a rehogar en una cazuela pequeña con un chorrito de aceite. Cuando empiece a dorarse, agrega la manzana pelada y picada. Cocínala durante unos 6-8 minutos. Añade la carne de pimiento choricero y un poco de caldo de la cocción (hasta cubrir). Remueve, sazona y cocina los ingredientes a fuego medio durante 15 minutos. Tritura y reserva la salsa.

Extiende las obleas de pasta *brick* sobre una superficie lisa.

Pica las manitas deshuesadas y pon una porción sobre cada oblea. Envuelve el relleno como si fueras a hacer un rollito de primavera. Fríe los rollitos en una sartén con aceite bien caliente. Retíralos a un plato y escúrrelos sobre un plato cubierto con papel absorbente.

Sirve un poco de salsa en el fondo de un plato y coloca un rollito en cada uno. Decora los platos con unas hojitas de perejil.

CREPES RELLENOS DE CREMA DE CAFÉ

INGREDIENTES **(4 p.)**

3 huevos
50 g de harina
50 g de mantequilla
½ vaso de leche
aceite de oliva virgen extra

Para la crema de café:

1 cucharada de café soluble
250 ml de leche
3 cucharadas de azúcar
3 yemas de huevo
50 g de mantequilla
1 trozo de corteza de limón

ELABORACIÓN

Para los crepes, bate los huevos y añade la harina, la mantequilla (derretida) y la leche. Mezcla bien con una batidora eléctrica.

Calienta una sartén con unas gotas de aceite, añade una cucharada de la mezcla y extiéndela como si fuera una tortilla; cuanto más delgada, mejor. Cocínala brevemente por los dos lados. Repite el proceso con el resto de la masa.

Para la crema de café, pon la leche (reserva un poco) y la corteza de limón a cocer a fuego muy suave. Aparte, mezcla en un recipiente el azúcar, la leche reservada, el café soluble y las yemas. Mezcla bien y añade la leche cuando haya empezado a hervir, retirando la corteza de limón, sin dejar de mover. Vierte la mezcla en el cazo y remueve continuamente. Aparta del fuego, añade la mantequilla, mezcla hasta que se derrita y deja que se enfríe.

Sirve los crepes con la crema de café.

ENSALADA DE ESCAROLA, MANZANA Y JAMÓN

INGREDIENTES **(4 p.)**

1 escarola
1 manzana
100 g de jamón serrano
30 g de pistachos (pelados)
aceite de oliva virgen extra
vinagre
sal

ELABORACIÓN

Lava la escarola, sécala, trocéala y colócala en una fuente.

Pela la manzana, córtala en dados y agrégalos.

Corta el jamón en daditos y añádelos.

Esparce los pistachos por encima.

Aliña con aceite, vinagre y sal. Sirve.

TARTAS DE KIWI

INGREDIENTES **(4 p.)**

4 kiwis
2 huevos
50 g de azúcar moreno
30 g de mantequilla
100 ml de leche
70 g de harina
8 g de levadura
ralladura de lima
2 cucharadas de miel
azúcar glas
hojas de menta
sal

ELABORACIÓN

Casca los huevos, colócalos en un bol y móntalos con la batidora de varillas eléctrica. Agrega el azúcar y sigue batiendo. Añade 20 g de mantequilla fundida y ralladura de lima y sigue batiendo hasta que los ingredientes queden bien incorporados. Incorpora la leche poco a poco y sigue batiendo durante unos segundos más.

Tamiza la harina con la levadura y una pizca de sal y añádelas a la mezcla anterior.

Pela los kiwis y córtalos en dados. Agrégalos a la masa y mezcla. Unta 4 moldes con el resto de la mantequilla. Vierte en ellos la masa y hornéalos a 180 °C durante 25-30 minutos.

Deja que se enfríen, desmolda las tartas y espolvoréalas con un poco de azúcar glas. Sirve y adórnalas con unos hilos de miel y unas hojas de menta.

PASTEL DE *BOLETUS*

INGREDIENTES **(4 p.)**

400 g de *boletus*
75 g de carne picada
4 patatas
1 cebolla
1 huevo (para pintar)
aceite de oliva virgen extra
perejil
sal

ELABORACIÓN

Pela las patatas, trocéalas y cuécelas en una cazuela con agua hirviendo durante 15-20 minutos. Escúrrelas bien y pásalas por el pasapurés.

Corta la cebolla en dados y ponla a pochar en una sartén con un chorrito de aceite. Limpia bien los *boletus*, córtalos (reserva 2 para decorar) en dados y, cuando la cebolla empiece a dorarse, añádelos a la sartén. Cuando estén bien dorados, agrega la carne picada y condimenta con sal y perejil picado.

Extiende el puré sobre un trozo grande de papel de hornear, hasta conseguir un rectángulo de 1 cm de espesor. Pon el salteado de setas y carne sobre el puré. Con la ayuda del papel de hornear, enrolla los ingredientes como si fuera un brazo de gitano. Coloca el pastel sobre una bandeja de horno, píntalo con huevo batido y gratínalo durante 3-4 minutos.

Corta en láminas los *boletus* reservados y saltéalos en una sartén con un chorrito de aceite.

Sirve el pastel y decóralo con los *boletus* salteados y una hojita de perejil.

CREPES DE PAVO CON SALSA DE PIMIENTA VERDE

INGREDIENTES **(4 p.)**

400 g de pechuga de pavo
2 cebollas grandes
250 ml de caldo de ave
200 g de nata
3 huevos
250 g de harina de maíz refinada
250 ml de leche
8 tomates secos
aceite de oliva virgen extra
perejil
1 cucharada de granos de pimienta verde
pimienta negra
sal

ELABORACIÓN

Corta las cebollas en dados y ponlas a pochar en una sartén con un chorrito de aceite y una pizca de sal. Cuando la cebolla esté bien dorada, pásala por un colador para retirarle el exceso de grasa. Resérvala.

Para la salsa, pon los granos de pimienta verde, el caldo y la nata en un cazo. Sazona y deja que hierva a fuego moderado durante 8-10 minutos.

Para la masa de los crepes, casca los huevos en un vaso batidor. Agrega la harina, la leche, una pizca de sal y ½ cucharada de aceite. Bate los ingredientes con la batidora eléctrica hasta obtener una crema homogénea.

Calienta unas gotas de aceite en una sartén. Vierte un poco de masa de crepes y extiéndela bien. Cocínala por los dos lados (si el primer crepe queda muy aceitoso, elimínalo). Repite el proceso (sin añadir más aceite a la sartén) con el resto de la masa. Reserva los crepes.

Corta la pechuga de pavo y los tomates en daditos. Ponlos en un bol, añade la cebolla pochada, salpimienta y mezcla bien.

Coloca 1 cucharada grande de esta mezcla en la parte central de cada crepe. Ciérralos como si fueras a preparar unos rollitos de primavera y fríelos en una sartén con aceite.

Sirve 2 crepes por persona y salséalos (pon el resto de la salsa en una salsera). Decora los platos con unas hojas de perejil.

ENSALADA DE CANÓNIGOS, NARANJA Y PASAS

INGREDIENTES **(4 p.)**

300 g de canónigos
2 naranjas
30 g de pasas
aceite de oliva virgen extra
vinagre
sal

ELABORACIÓN

Lava los canónigos, sécalos y colócalos en una fuente.

Pela las naranjas y saca los gajos en vivo. Córtalos en trozos y salpica con ellos los canónigos.

Agrega las pasas.

Sazona y aliña con aceite y vinagre. Sirve.

PURÉ DE FRUTAS

INGREDIENTES **(4 p.)**

2 plátanos
1 pera
3 naranjas
1 lima
10 galletas
8 lenguas de gato
frutos rojos
hojas de menta

ELABORACIÓN

Corta las naranjas y la lima por la mitad, extrae el zumo y ponlo en el vaso americano.

Pela los plátanos y la pera, pícalos y añádelos al vaso batidor. Aplasta las galletas en el mortero e incorpóralas. Tritura con la batidora eléctrica.

Reparte el puré en 4 copas de cristal. Acompáñalo con las lenguas de gato y decora con frutos rojos y unas hojas de menta.

ENSALADA DE LECHUGAS VARIADAS Y PERA

INGREDIENTES **(4 p.)**

300 g de lechugas variadas
1 pera
30 g de avellanas
aceite de oliva virgen
vinagre de miel
sal

ELABORACIÓN

Lava las hojas de lechuga, sécalas, trocéalas y colócalas en un bol. Sazónalas.

Pela la pera, córtala en daditos y añádela.

Pica las avellanas un poco y espolvorea con ellas la ensalada.

Mezcla en un bol un buen chorro de aceite de oliva, un chorrito de vinagre y una pizca de sal. Aliña la ensalada y sirve.

ALBÓNDIGAS CON TOMATE EN HOJALDRE

INGREDIENTES **(4 p.)**

400 g de carne de ternera picada
100 g de carne de cerdo picada
2 láminas de hojaldre
2 vasos de salsa de tomate
2 huevos
2-3 rebanadas de miga de pan
½ vaso de leche
1 diente de ajo
1 vaso de caldo
harina
aceite de oliva virgen extra
8 hojas de albahaca
perejil
pimienta negra
sal

ELABORACIÓN

Corta 8 círculos hermosos de hojaldre (4 de cada lámina de hojaldre). De 4 de ellos, saca 4 aros y reserva también los 4 círculos que quedan en el centro de los aros. Pincha los 4 círculos más grandes con un tenedor (para que el hojaldre no suba), coloca 1 aro encima de cada uno de ellos y píntalos con 1 huevo batido (reserva un poco de huevo). Coloca estas bases en una bandeja forrada con papel de hornear y hornéalas a 180 °C durante 15-18 minutos.

Pon la miga de pan en un bol, vierte la leche encima y deja que se empape bien. Escurre el exceso de leche.

Coloca las carnes picadas en un bol, salpimiéntalas y añade 1 huevo y la miga de pan. Corta el diente de ajo en daditos y añádelo. Agrega también un poco de perejil picado. Mezcla bien y forma las albóndigas, pásalas por harina y fríelas en una sartén con aceite. Retíralas y escúrrelas sobre una fuente cubierta con papel absorbente.

Coloca las albóndigas en una tartera. Agrega la salsa de tomate, el caldo y la albahaca bien picada. Cocínalas a fuego suave durante 6-8 minutos.

Vacía el centro de las tartaletas de hojaldre horneadas, manteniendo el borde. Reparte las albóndigas en las tartaletas (reserva la salsa caliente) y unta los bordes con el huevo batido reservado. Estira los 4 círculos de hojaldre reservados, hazles unos cortes para que queden como una rejilla y cubre con ellos los hojaldres. Hornéalos a 180 °C durante 8-10 minutos.

Sirve los hojaldres, salséalos y decora los platos con unas hojas de perejil.

GRANIZADO DE LIMA Y POMELO

INGREDIENTES **(4 p.)**

2 yogures naturales
100 ml de zumo de pomelo
200 ml de zumo de lima
ralladura de 1 lima
30 g de azúcar glas
2 claras de huevo
4 cucharadas de agua
2 cucharadas de gelatina neutra en polvo
8 frambuesas
hojas de menta

ELABORACIÓN

Pon los yogures en un bol grande y añade la ralladura de lima, el azúcar glas, los zumos y las claras montadas.

Pon las 4 cucharadas de agua a calentar, agrega la gelatina y disuélvela. Añádela a la mezcla anterior.

Vierte la mezcla en un molde amplio y congélalo durante 3-4 horas.

Rasca y repártelo en 4 copas. Decora con las frambuesas y unas hojas de menta.

ENSALADA DE ENDIBIAS Y COGOLLOS CON SALMÓN

INGREDIENTES **(4 p.)**

3 endibias
3 cogollos
100 g de salmón ahumado
1 cebolleta
aceite de oliva virgen extra
zumo de ½ limón
sal

ELABORACIÓN

Elimina las hojas externas de las endibias y de los cogollos.

Corta los cogollos y las endibias en juliana y colócalos en una fuente. Sazónalos.

Pon encima el salmón en filetes finos.

Pica la cebolleta finamente y ponla en un bol. Agrega un buen chorro de aceite de oliva y el zumo de medio limón. Mezcla y aliña la ensalada. Sirve.

ALCACHOFAS GRATINADAS CON QUESO

INGREDIENTES **(4 p.)**

12-16 alcachofas
200 g de queso
2 puerros
1 patata
1 zanahoria
aceite de oliva virgen extra
perejil
sal

ELABORACIÓN

Retira el tallo y las primeras hojas de las alcachofas y ponlas a cocer en una cacerola con agua hirviendo, una rama de perejil y una pizca de sal. Tapa la cazuela y cuécelas a fuego medio durante 20-25 minutos. Retíralas y escúrrelas (boca abajo) sobre una fuente cubierta con papel absorbente.

Córtales las bases (resérvalas) para poder apoyarlas bien y, con una cucharilla, presiónalas por la parte central para hacerles el hueco donde se colocará el queso.

Pon agua a calentar en una cazuela. Cuando empiece a hervir, sazónala. Limpia los puerros, pela la patata, pícalos y añádelos a la cazuela. Cuécelos durante 15 minutos. Agrégalos a las bases de las alcachofas y tritura todo bien.

Coloca las alcachofas en una bandeja de horno untada con aceite y rellena cada una con unos tacos de queso. Gratínalas durante 3-4 minutos, hasta que el queso esté fundido y dorado.

Pela la zanahoria y, con un pelador de verduras, córtala en tiras finas.

Cubre el fondo de los platos con la crema de puerro y coloca, encima de cada uno, 3-4 alcachofas. Adorna los platos con las tiras de zanahoria y unas hojas de perejil.

FRITOS DE PLÁTANO CON MERENGUE DE CACAO

INGREDIENTES **(4 p.)**

2-3 plátanos (según tamaño)
2 claras
65 g de azúcar
50 g de azúcar glas
25 g de cacao
150 ml de nata
1 cucharadita de canela en polvo
aceite de oliva virgen extra
hojas de menta

ELABORACIÓN

Coloca las claras a temperatura ambiente en un bol. Móntalas con una batidora de varillas eléctrica. Agrega 50 g de azúcar en grano poco a poco y sigue montando. Incorpora el azúcar glas poco a poco y sigue montando. Añade el cacao y bate hasta que quede bien mezclado.

Pela los plátanos y córtalos en trozos de 3 centímetros. Introdúcelos en el merengue y fríelos. Escúrrelos sobre un plato cubierto con papel absorbente.

Coloca la nata en un cazo. Añade 15 gramos de azúcar en grano y unas hojas de menta cortadas por la mitad. Déjala reducir y cuélala.

Sirve un poco de salsa y coloca encima los plátanos rebozados. Decora con la canela.

ENSALADA DE LECHUGA, AGUACATE Y TOMATES DESHIDRATADOS

INGREDIENTES **(4 p.)**

1 lechuga
1 aguacate
6-8 tomates deshidratados en aceite
aceite de oliva virgen extra
vinagre
sal

ELABORACIÓN

Lava la lechuga, sécala, trocéala y colócala en una fuente grande.

Pela el aguacate, pícalo a tu gusto y añádelo.

Pica los tomates deshidratados y agrégalos.

Sazona y adereza con aceite y vinagre.

FRUTA AL HORNO

INGREDIENTES **(4 p.)**

2 kiwis
2 plátanos
2 huevos
2 cucharadas de azúcar
1 yogur natural
sésamo garrapiñado
hojas de menta

ELABORACIÓN

Casca los huevos y pon las yemas en un bol y las claras en otro. Monta las claras con 1 cucharada de azúcar.

En otro bol, mezcla las yemas con el yogur y el resto del azúcar. Agrégalas al bol de las claras hasta que las dos mezclas queden perfectamente integradas. Reparte la crema en 4 recipientes aptos para el horno.

Pela los kiwis y los plátanos, córtalos a tu gusto y repártelos sobre la crema.

Introduce los recipientes en el horno y hornéalos a 230 °C durante 5 minutos. Retíralos del horno, espolvoréalos con el sésamo y adórnalos con unas hojas de menta.

SOPA DE REPOLLO CON PAN FRITO

INGREDIENTES **(4 p.)**

1 repollo o berza pequeña
1 esqueleto de pollo
2 dientes de ajo
2 patatas pequeñas
4 rebanadas de pan
4 cucharadas de nata
aceite de oliva virgen extra
perejil
sal

ELABORACIÓN

Pon abundante agua a calentar. Cuando empiece a hervir, sazona y agrega el esqueleto de pollo y unas ramas de perejil. Cuece todo durante 10-15 minutos. Cuela y reserva el caldo.

Lamina los ajos y dóralos en una cazuela con un chorrito de aceite. Corta el repollo en juliana, añádelo y rehógalo durante 15 minutos a fuego suave. Pela las patatas, cáscalas y agrégalas. Vierte encima el caldo colado, pon a punto de sal y cuece todo durante 15 minutos. Tritura.

Corta el pan en dados y fríelos en una sartén con aceite. Retíralos a un plato cubierto con papel absorbente.

Sirve la sopa en platos hondos y coloca, en el centro de cada uno, 1 cucharada de nata. Añade unos costrones de pan y decóralos con unas hojas de perejil.

ENSALADA DE LECHUGA HOJA DE ROBLE, PATATA Y ALCAPARRAS

INGREDIENTES **(4 p.)**

1 lechuga hoja de roble
1 patata
20 g de alcaparras
8 rabanitos
aceite de oliva virgen extra
vinagre
sal

ELABORACIÓN

Lava la lechuga, sécala, trocéala y colócala en una fuente.

Lava la patata y ponla a cocer en una cazuela con abundante agua. A los 30 minutos, retírala, refréscala, pélala y córtala en dados (para ahorrar tiempo, también puedes cocinarla en el microondas). Añádelos a la fuente.

Lava los rabanitos, córtalos en rodajas finas y añádelas.

Salpica todo con unas alcaparras.

Sazona y aliña con aceite y unas gotas de vinagre. Sirve.

DORADA A LA SAL CON VINAGRETA DE MAÍZ Y PISTACHOS

INGREDIENTES **(4 p.)**

2 doradas (de unos 800 g)
500 g de sal gruesa marina
1 brócoli
aceite de oliva virgen extra
sal

Para la vinagreta:
1 cucharada de maíz frito
1 cucharada de pistachos
cebollino
150 ml de aceite de oliva virgen extra
vinagre
sal

ELABORACIÓN

Limpia las doradas (retirándoles las cabezas y las colas). Retírales la espina central y saca los lomos.

Corta 4 trozos de papel de aluminio y unta cada uno con un poco de aceite. Coloca un lomo (dejando la parte de la piel hacia arriba) sobre cada trozo de papel de aluminio. Vete doblando el papel de aluminio alrededor del lomo, dejando descubierta la parte de la piel.

Humedece la sal marina con un poco de agua y cubre con ella la piel de los lomos de las doradas. Pon los paquetes en una bandeja de horno y hornéalos a 220 °C durante 10-12 minutos. Retira las costras de sal, los trozos de papel y la piel de los lomos.

Corta el brócoli en ramilletes y cocínalos en una cazuela con agua hirviendo y sal durante 5-6 minutos. Escúrrelos.

Para la vinagreta, maja los maíces y los pistachos en el mortero. Añade aceite, un chorrito de vinagre, cebollino picado y una pizca de sal. Mezcla bien.

Sirve la dorada con el brócoli y salsea con la vinagreta de maíz y pistachos.

PASTAS DE MANTEQUILLA

INGREDIENTES **(4 p.)**

170 g de mantequilla
170 g de azúcar glas
1 huevo
300 g de harina
harina para estirar

ELABORACIÓN

Pon la mantequilla a punto de pomada en un bol. Añade el azúcar glas y mezcla hasta conseguir una masa uniforme. Agrega el huevo y mezcla de nuevo. Incorpora la harina y vuelve a mezclar hasta que empiece a desaparecer la harina.

Dale forma de cilindro, envuélvelo en film transparente y deja que se enfríe en el frigorífico durante un par de horas.

Espolvorea la encimera con un poco de harina y estira la masa con un rodillo. Corta la masa utilizando moldes o cortapastas con formas variadas.

Cubre las bandejas de horno con papel de hornear, extiende encima las pastas y hornéalas a 200 °C durante 8-10 minutos.

DELICIAS DE PATATA Y MORCILLA

INGREDIENTES **(4 p.)**

6 patatas
2 morcillas de arroz
1 cebolla
1 manzana
1 yema de huevo
10 pimientos del piquillo
1 cucharada de harina
aceite de oliva virgen extra
perejil
sal

ELABORACIÓN

Pela las patatas, cáscalas y cuécelas durante 15-20 minutos en una cazuela con agua hirviendo con una pizca de sal.

Escúrrelas y pásalas por el pasapurés. Riega el puré con un poco de aceite.

Para el relleno, corta la cebolla en dados y rehógala a fuego suave durante 8 minutos (aproximadamente) en una sartén con un chorrito de aceite. Pela la manzana, descorazónala, córtala en dados y añádelos a la sartén. Cocínala hasta que se ablande y se dore un poco.

Retira la piel a una de las morcillas, desmenúzala y agrégala a la sartén. Mezcla y fríe todo durante unos 4-5 minutos. Cuela el relleno para quitar el exceso de grasa.

Coloca un poco del puré de patatas en un paño húmedo y estíralo dándole forma de nido. Agrega el relleno y cúbrelo con otra porción de puré de patatas. Tapa bien el relleno y dale forma redondeada. Repite el proceso hasta conseguir 8 pastelitos redondeados.

Coloca los pastelitos en una bandeja cubierta con papel de hornear, úntalos con la yema de huevo batida y hornéalos a 220 °C durante 6-8 minutos.

Calienta un poco de aceite en un cazo, agrega los pimientos del piquillo y cocínalos durante 6-8 minutos. Añade la harina y rehógala un poco. Cubre con agua fría y cocina los pimientos durante 10-12 minutos. Tritúralos con la batidora eléctrica y reserva la salsa.

Retira la piel de la otra morcilla, córtala en rodajas y fríelas en una sartén con un poco de aceite. Escúrrelas sobre un plato cubierto con papel absorbente.

Coloca 2 delicias de patata y morcilla en cada plato y pon, encima de cada una, 1 rodaja de morcilla frita. Salsea con la salsa de pimiento y decora con unas hojas de perejil.

ENDIBIAS CON HIGOS Y QUESO

INGREDIENTES **(4 p.)**

4 endibias
6 higos secos
100 g de queso curado
30 g de almendras fileteadas
aceite de oliva virgen extra
vinagre de manzana
sal

ELABORACIÓN

Suelta las hojas de las endibias, límpialas con un trapito y colócalas en una fuente. Sazónalas.

Corta los higos en dados y agrégalos.

Corta el queso en daditos y añádelos.

Calienta una sartén sin aceite y tuesta en ella las almendras. Incorpóralas a la ensalada.

Mezcla en un bol un chorrito de vinagre de manzana y un buen chorro de aceite de oliva. Aliña la ensalada.

PASTELES DE HOJALDRE, MANZANA Y PASAS

INGREDIENTES **(4 p.)**

1 lámina de hojaldre
2 manzanas
20 g de pasas
50 g de crocanti de almendras garrapiñadas
1 cucharada de azúcar
1 cucharadita de agua de azahar
20 g de mantequilla
hojas de menta

ELABORACIÓN

Extiende la lámina de hojaldre sobre un papel de hornear y espolvoréala con el crocanti de almendra. Cubre con otro papel de hornear y estírala. Corta el hojaldre en 4 trozos y dobla los bordes hacia dentro, de modo que te queden una especie de cestitas.

Pela las manzanas y pon las pieles a cocer en un cazo con 1 vaso de agua, el azahar y el azúcar. Deja que reduzca, cuela la mezcla y resérvala.

Distribuye las pasas sobre los 4 trozos de hojaldre. Corta las manzanas en láminas finas y repártelas por encima. Agrega unos trocitos de mantequilla. Hornea a 180 °C durante 20 minutos.

Saca los hojaldres del horno y úntalos con la reducción reservada. Sirve y adorna con unas hojas de menta.

COLIFLOR CON SÉSAMO Y CALABAZA

INGREDIENTES **(4 p.)**

1 coliflor
200 g de calabaza
2 lonchas de panceta
3 cucharadas de harina
1 l de leche
4 cucharadas de sésamo negro
aceite de oliva virgen extra
perejil
sal

ELABORACIÓN

Calienta agua en una cazuela. Cuando empiece a hervir, sazónala. Separa la coliflor en ramilletes y añádelos. Cuécelos durante 15-18 minutos. Escúrrelos.

Para la bechamel, corta las lonchas de panceta en dados y ponlos a dorar en una cazuela con un chorrito de aceite. Añade la harina y rehógala bien. Incorpora la leche poco a poco sin parar de remover y cocina la bechamel a fuego suave durante 10-15 minutos (hasta que quede ni muy ligera ni muy espesa). Espolvoréala con el sésamo negro, mezcla y retírala del fuego.

Coloca los ramilletes de coliflor cocidos en una bandeja de horno y cúbrelos con la bechamel. Gratina durante 4-6 minutos (hasta que se dore).

Retira la corteza a la calabaza, córtala en dados y saltéala en una sartén con un chorrito de aceite.

Reparte la coliflor en 4 platos y acompáñala con el salteado de calabaza. Decora los platos con unas hojas de perejil.

ENSALADA DE PATATA, AGUACATE Y CEBOLLETA

INGREDIENTES **(4 p.)**

1 patata
1 aguacate
1 cebolleta
1 escarola
aceite de oliva virgen extra
vinagre
sal

ELABORACIÓN

Lava la escarola, sécala, trocéala y colócala sobre una fuente.

Pon la patata en un plato, cúbrela con film transparente y cocínala en el microondas durante 6 minutos. Pélala y córtala en daditos. Incorpórala a la fuente.

Pela el aguacate, córtalo en daditos y añádelos.

Corta la cebolleta en juliana fina y agrégala.

Adereza con sal, aceite y vinagre. Sirve.

PANTXINETA DE CAFÉ

INGREDIENTES **(6 p.)**

2 láminas de hojaldre
150 g de almendras
1 yema de huevo
3 cucharadas de azúcar glas

Para la crema pastelera:
1 l de leche
10 g de mantequilla
150 g de azúcar
2 cucharadas de café soluble
70 g de harina de maíz refinada
5 claras de huevo
unos trozos de corteza de naranja
unos trozos de corteza de limón
1 rama de canela

ELABORACIÓN

Para hacer la crema pastelera, calienta la leche con las cortezas de naranja y de limón, la canela y la mantequilla. Cuela y reserva.

Coloca un poco de la leche infusionada en un bol. Añade el azúcar, el café y la harina de maíz. Remueve bien con la varilla. Incorpora las claras y sigue removiendo.

Vuelca el resto de la leche en el bol, mezcla bien y pasa todo a la cazuela. Remueve enérgicamente y, cuando empiece a hervir, cocina la crema a fuego suave hasta que coja consistencia. Deja que se enfríe en un bol.

Pon una lámina de hojaldre sobre una bandeja de horno cubierta con papel de hornear. Unta los bordes con la yema de huevo mezclada con un poco de agua. Extiende la crema pastelera sobre el hojaldre. Cubre con la otra lámina, cierra bien los bordes y pinta de nuevo la superficie con la yema.

Esparce las almendras laminadas sobre el hojaldre, espolvoréalo con la mitad del azúcar glas y hornea a 160 °C durante 40 minutos.

Espolvorea la *pantxineta* con el resto del azúcar glas. Sírvela templada.

ENSALADA DE LECHUGA LOLLO Y MAÍZ

INGREDIENTES **(4 p.)**

1 lechuga lollo
50 g de maíz en conserva
4 pepinillos en vinagre
aceite de oliva virgen extra
sal

ELABORACIÓN

Lava la lechuga, sécala, trocéala y ponla en un bol.

Corta los pepinillos en daditos y añádelos a la lechuga.

Agrega también el maíz en conserva.

Aliña con aceite y sal. Mezcla bien y sirve.

CHULETITAS DE CORDERO A LA *VILLEROY* CON SALSA DE SOJA

INGREDIENTES **(4 p.)**

20 chuletitas de cordero (de palo)
4 cucharadas de harina
600 ml de leche
200 g de nata fresca
harina, huevo y pan rallado (para rebozar)
½ vaso de salsa de soja
1 cucharada de azúcar
aceite de oliva virgen extra
perejil
pimienta negra
sal

ELABORACIÓN

Limpia las chuletitas retirándoles la carne que tengan adherida a los huesos. Unta una bandeja de horno con aceite, coloca las chuletitas en ella y hornéalas a 200 °C durante 5 minutos. Salpimiéntalas.

Para la bechamel, pon a calentar un chorrito de aceite en una cazuela. Agrega la harina y rehógala bien. Añade la leche, poco a poco y sin dejar de remover con una varilla. Sazona y cocina la bechamel a fuego suave durante 8-10 minutos. Incorpora la nata fresca y un poco de perejil picado.

Introduce las chuletitas (agarrándolas por el hueso) en la bechamel hasta que queden bien envueltas. Unta una fuente con un poco de aceite y distribuye encima las chuletillas. Deja que se enfríen y que la bechamel se endurezca un poco.

Pasa las chuletitas bien frías por harina, huevo batido y pan rallado. Fríelas en un sartén con aceite bien caliente.

Pon la salsa de soja y el azúcar en una sartén y deja que reduzca hasta que ligue y quede como un caramelo ligero.

Sirve 5 chuletitas en cada plato y salséalas con unos hilos de la salsa de soja. Decora los platos con unas hojas de perejil.

MOUSSE DE LIMA

INGREDIENTES **(4 p.)**

2-3 limas (según tamaño)
2 claras de huevo
50 g de azúcar en grano
1 cucharada de azúcar glas
150 ml de agua
40 g de harina de maíz refinada
400 ml de leche
hojas de menta

ELABORACIÓN

Coloca las claras de huevo en un bol. Ralla la corteza de 1 lima, añade un poco a las claras (reserva el resto) y móntalas con la batidora de varillas eléctrica. Agrega la mitad del azúcar en grano y sigue montando. Incorpora el azúcar glas y sigue montando.

Calienta el agua en una cazuela y añade 3 trozos de corteza de lima.

Coloca la harina de maíz en un bol, agrega el resto del azúcar en grano y mezcla un poco. Incorpora la leche poco a poco y mezcla. Vierte todo en la cazuela (donde está el agua con lima) y cocina a fuego suave hasta que espese.

Retira la cazuela del fuego, añade el zumo de las limas, mezcla bien, cuélalo, pásalo a un bol y tápalo con film transparente. Deja enfriar en el frigorífico durante 10 minutos.

Incorpora las claras montadas y mezcla realizando movimientos suaves y envolventes.

Reparte la *mousse* en 4 copas y adorna con la ralladura de lima reservada. Sirve y decora con unas hojas de menta.

CREMA DE LENTEJAS CON CROQUETAS DE QUINOA

INGREDIENTES **(4 p.)**

250 g de lentejas
100 g de quinoa
1 cebolla
2 zanahorias
2 cucharadas de harina
1 vaso de caldo de verduras
1 pimiento verde
1 puerro
harina, huevo y pan rallado (para rebozar)
aceite de oliva virgen extra
perejil
sal

ELABORACIÓN

Lava bien la quinoa bajo el grifo de agua fría. Pon el doble de agua que de quinoa a calentar en una cazuela. Cuando empiece a hervir, agrega la quinoa y una pizca de sal. Tápala y cuécela durante 15 minutos a fuego medio. Si sobra agua, escurre la quinoa. Resérvala.

Corta la cebolla en dados y las zanahorias en juliana fina y pon todo a pochar en una sartén con un chorrito de aceite y una pizca de sal. Añade la harina y rehógala un poco. Vierte encima el caldo de verduras poco a poco y cocina la mezcla, sin dejar de remover, durante 5 minutos. Incorpora la quinoa cocida. Mezcla bien y cocínala durante 2-3 minutos. Pásala a una fuente, deja que se temple y forma con ella unas croquetas. Pasa cada croqueta por harina, huevo batido y pan rallado y fríelas en una sartén con abundante aceite caliente. Escúrrelas sobre un plato cubierto con papel absorbente.

Pon las lentejas en una olla rápida y cúbrelas con abundante agua. Añade el pimiento verde y el puerro bien picados y sazona. Cierra la olla y cocina los ingredientes durante 15-18 minutos. Tritura con la batidora eléctrica y cuela la crema.

Reparte la crema en 4 platos hondos y coloca las croquetas de quinoa en el centro. Decora los platos con unas hojas de perejil.

ENSALADA DE LECHUGA HOJA DE ROBLE, TOMATE Y SARDINAS

INGREDIENTES **(4 p.)**

1 lechuga hoja de roble
12 tomates cherry
12 sardinas en aceite
aceite de oliva virgen extra
vinagre
sal

ELABORACIÓN

Lava la lechuga, sécala, trocéala y colócala en una fuente.

Lava los tomates, córtalos por la mitad y añádelos.

Distribuye por encima las sardinas.

Sazona y aliña con aceite y vinagre.

BIZCOCHO DE PERA Y AVELLANAS

INGREDIENTES **(4 p.)**

2 peras
30 g de avellanas
225 g de harina
9,5 g de levadura
100 g de azúcar
3 huevos
125 g de mantequilla
ralladura de 1 limón
harina y 1 cucharadita de mantequilla (para el molde)
1 cucharadita de canela molida
azúcar glas
hojas de menta

ELABORACIÓN

Unta el molde con la mantequilla y espolvoréalo con un poco de harina. Dale unos golpecitos para eliminar el exceso de harina.

Coloca en un bol la harina, la levadura y el azúcar. Bate un poco con la batidora de varillas y añade los huevos. Sigue batiendo hasta que queden todos los ingredientes perfectamente integrados.

Funde la mantequilla e incorpórala. Añade también las peras (peladas y ralladas), las avellanas picadas, la canela y la ralladura de limón. Mezcla bien.

Vierte la preparación en el molde y hornéalo a 180° C durante 25 minutos. Retíralo y deja que se enfríe antes de desmoldarlo.

Corta el bizcocho en porciones, espolvoréalo con azúcar glas y adórnalo con unas hojas de menta.

ENSALADA DE GARBANZOS, AGUACATE Y CILANTRO

INGREDIENTES **(4 p.)**

120 g de garbanzos cocidos
1 aguacate
200 g de lechugas variadas
8 tomates cherry
aceite de oliva virgen extra
vinagre
cilantro
sal

ELABORACIÓN

Lava las hojas de lechuga, sécalas y ponlas en una fuente.

Lava los tomates, córtalos en cuartos y agrégalos.

Abre el aguacate, retira el hueso y corta la pulpa en daditos. Añádelos.

Salpica la ensalada con los garbanzos y con cilantro bien picadito.

Sazona y adereza con aceite y vinagre. Sirve.

ACELGAS CON PURÉ DE PATATA Y CECINA

INGREDIENTES **(4 p.)**

800 g de acelgas
2 patatas
2 lonchas de cecina
1 cebolla
1 puerro
2 dientes de ajo
aceite de oliva virgen extra
1 cucharada de pimentón dulce
sal

ELABORACIÓN

Corta la cebolla en dados y ponla a rehogar en una cazuela con un chorrito de aceite. Cuando empiece a dorarse, añade las patatas (peladas y troceadas) y el puerro (limpio y picado). Rehoga un poco y cubre todo con agua. Sazona y cuece a fuego medio durante 20 minutos. Si queda muy líquido, retira un poco (resérvalo). Tritura las verduras con la batidora eléctrica.

Lava las acelgas y separa las hojas de las pencas. Retira los hilos de las pencas. Pícalas (pencas y hojas) y ponlas a cocer en una cazuela con agua hirviendo con una pizca de sal. Tápalas y cuécelas durante 20 minutos. Escúrrelas y resérvalas.

Pica los dientes de ajo y dóralos en una sartén con un chorrito de aceite. Cuando empiecen a dorarse, aparta la sartén del fuego, deja que el aceite se temple un poco y espolvoréalo con el pimentón. Agrega las acelgas y saltéalas durante 2-3 minutos.

Corta las lonchas de cecina en juliana y fríelas en una sartén con un chorrito de aceite.

Reparte el puré de patatas en el fondo de 4 platos hondos. Coloca, en cada uno, una porción de acelgas y reparte por encima la juliana de cecina frita. Sirve.

TARTA DE DÁTILES

INGREDIENTES **(6 p.)**

1 lámina de pasta brisa
12 dátiles
150 ml de *brandy*
2 huevos
250 ml de nata
2 cucharadas de azúcar
½ cucharadita de esencia de vainilla
mantequilla y harina (para el molde)
garbanzos (para hornear)
hojas de menta

ELABORACIÓN

La víspera, pon los dátiles a remojar en el *brandy*.

Unta un molde con un poco de mantequilla y espolvoréalo con un poco de harina. Cúbrelo con la pasta brisa, coloca encima papel de hornear y añade unos garbanzos. Hornea a 180 °C durante 15 minutos. Retira el papel y los garbanzos

Escurre los dátiles, deshuésalos y córtalos por la mitad. Cubre con ellos toda la superficie de la tartaleta (sin retirarla del molde).

Bate los huevos en un bol. Agrega la nata, el azúcar y la esencia de vainilla. Mezcla bien y vierte la mezcla sobre los dátiles.

Coloca la tarta sobre una bandeja de horno y hornéala a 180 °C durante unos 30 minutos. Deja que se enfríe y desmóldala.

Sirve y adorna con unas hojas de menta.

ENSALADA DE ZANAHORIA, PEPINO, RABANITOS Y SÉSAMO

INGREDIENTES **(4 p.)**

4 zanahorias
2 pepinos
8 rabanitos
15 g de sésamo tostado
aceite de oliva virgen extra
salsa inglesa
sal

ELABORACIÓN

Lava los pepinos, pélalos y córtalos en daditos. Ponlos en un bol.

Pela las zanahorias y córtalas de la misma manera. Agrégalas al bol.

Lava los rabanitos, córtalos en daditos y añádelos.

Sazona y adereza con aceite y un chorrito de salsa inglesa.

Reparte la ensalada en 4 boles y espolvoréalos con el sésamo tostado. Sirve.

PIERNA DE CERDO ASADA CON PURÉ DE NABOS

INGREDIENTES **(4 p.)**

1.250 g de pierna de cerdo fresco con su piel
2-3 nabos
2 dientes de ajo
1 vaso de vinagre
1 vaso de vino blanco
1 nuez de mantequilla
1 hoja de laurel
perejil
10-15 granos de pimienta negra
pimienta negra
sal

ELABORACIÓN

Para el majado, trocea la hoja de laurel y májala en el mortero. Añade los dientes de ajo picados, los granos de pimienta y una pizca de sal. Sigue majando hasta conseguir una pasta. Agrega el vinagre y el vino y mezcla bien.

Salpimienta la pierna por dentro y por fuera, ponla en una fuente amplia y dórala en el horno durante 10 minutos a 200 °C. Baja la temperatura a 180 °C y hornéala durante 1 hora más. Cada 15 minutos, riega la pierna con el majado.

Corta la pierna asada en lonchas y resérvala caliente. Cuela la salsa que ha quedado en la fuente y desgrásala (retirando con un cazo la grasa que sube a la superficie). Pon a reducir la salsa en una sartén. Resérvala.

Pela y trocea los nabos. Cuécelos durante 15 minutos en una cazuela con agua hirviendo con una pizca de sal. Retíralos y tritúralos con la batidora eléctrica. Calienta el puré de nabos en un cazo, agrega la mantequilla y pon a punto de sal. Mantenlo al fuego hasta que se funda la mantequilla.

Sirve la pierna asada con el puré de nabos. Salsea y decora los platos con unas hojas de perejil.

NARANJAS CON CHOCOLATE BLANCO Y NEGRO

INGREDIENTES **(4 p.)**

4 naranjas
hojas de menta

Para la crema de chocolate negro:
165 g de chocolate negro de cobertura
185 ml de nata
35 g de mantequilla

Para la crema de chocolate blanco:
150 g de chocolate blanco
200 ml de leche
1 hoja de gelatina
15 granos de pimienta rosa

ELABORACIÓN

Lava las naranjas, pélalas y sácales los gajos en vivo. Coloca los gajos sobre una fuente grande y resérvalos.

Para la crema de chocolate negro, trocea el chocolate y colócalo en un bol. Calienta la nata y, cuando empiece a hervir, viértela sobre el chocolate. Mezcla bien hasta que el chocolate se funda. Agrega la mantequilla y remueve hasta que quede una crema homogénea. Déjala enfriar e introdúcela en una manga pastelera.

Para la crema de chocolate blanco, trocea el chocolate, colócalo en un bol y fúndelo en el microondas. Calienta en un cazo la leche con la pimienta rosa. Remoja la gelatina en un poco de agua y, cuando se ablande, escúrrela y añádela al cazo. Vierte la mezcla en el bol del chocolate blanco. Mezcla bien y deja enfriar. Introduce la crema en una manga pastelera.

Decora los gajos de naranja con las cremas de chocolate blanco y chocolate negro. Pica unas hojas de menta, salpica con ellas la fuente y sirve.

CROQUETAS DE CALAMAR

INGREDIENTES **(4 p.)**

1 calamar (300 g)
2 dientes de ajo
1 cebolleta
½ pimiento verde
125 g de salsa de tomate
2 sobres de tinta de calamar
100 g de harina
600 ml de leche
harina, huevo y pan rallado (para rebozar)
aceite de oliva virgen extra
perejil
sal

ELABORACIÓN

Pela los ajos y la cebolleta y córtalos en dados. Corta también el pimiento de la misma manera. Pon las verduras a rehogar en la olla rápida con un chorrito de aceite. Cuando empiecen a dorarse, agrega la salsa de tomate, la tinta y el calamar limpio. Sazona, mezcla y cierra la olla. Cocina durante 8 minutos.

Pasado este tiempo, abre la olla, retira el calamar y córtalo en trocitos muy pequeños (resérvalos). Tritura la salsa con la batidora eléctrica y resérvala (200 ml).

Pon a calentar un chorrito de aceite en una cazuela. Agrega la harina y rehógala bien. Incorpora la leche poco a poco removiendo la mezcla continuamente hasta que los ingredientes queden perfectamente integrados. Sazona y añade a la bechamel la salsa negra y el calamar picado. Mezcla bien y cocina todo durante unos 10 minutos sin dejar de remover con una varilla.

Pasa la masa a una fuente y deja que se enfríe bien.

Coge pequeñas porciones de masa, redondéalas y pásalas por harina, huevo batido y pan rallado. Fríelas en una sartén con abundante aceite y escúrrelas sobre una fuente cubierta con papel absorbente.

Sirve y adorna con unas hojas de perejil.

ENSALADA DE ESCAROLA, HIGOS Y PERA

INGREDIENTES **(4 p.)**

300 g de escarola
4 higos
1 pera
30 g de avellanas
aceite de oliva virgen extra
vinagre
sal

ELABORACIÓN

Lava la escarola, sécala, trocéala y ponla en una fuente.

Lava la pera, pélala y córtala en daditos. Incorpóralos a la fuente.

Pica los higos y las avellanas y agrégalos.

Sazona y aliña con aceite y vinagre. Sirve.

COPA LUISA

INGREDIENTES **(4 p.)**

¼ de piña
1 plátano
6 fresas
1 kiwi
2 claras de huevo
25 g de azúcar blanco
4 magdalenas pequeñas
100 ml de ron
25 g de azúcar moreno
4 bolas de helado de nata
hojas de menta

ELABORACIÓN

Pela la piña, el plátano y el kiwi y pícalos. Lava las fresas, retírales el tallo y pícalas. Pon las frutas en un bol y reserva.

Monta las claras en un bol con la batidora eléctrica de varillas. Cuando monten, añade el azúcar blanco y sigue montándolas hasta que queden bien densas.

Coloca en cada copa 1 magdalena y reparte las frutas encima.

Calienta el ron y el azúcar moreno en un cazo. Flambéalo y viértelo sobre las copas.

Pon en cada copa 1 bola de helado y un poco de merengue y adorna con unas hojas de menta.

COSTILLA DE CERDO CON AROS DE CEBOLLA

INGREDIENTES **(4 p.)**

1 costillar de cerdo (1.100 g)
1 cebolla
2 rodajas de melón
50 ml de vino blanco
1 huevo
1 ½ cucharadas de harina
80 ml de leche
harina y pan rallado (para rebozar)
aceite de oliva virgen extra
1 cucharadita de tomillo
perejil
pimienta
sal

ELABORACIÓN

Corta el costillar en 8 trozos y salpimiéntalos.

Extiende 4 trozos sobre la bandeja del horno. Corta el melón en 4 trozos y cubre con ellos los trozos de costilla. Tápalos con los otros 4 trozos de costilla. Átalos con cuerda de cocina.

Mezcla el tomillo con 50 ml de aceite y el vino y riega las costillas con la mezcla. Hornéalas a 180 °C durante unos 40-45 minutos.

Pela la cebolla y córtala en aros.

Mezcla en un bol, con ayuda de una varilla, el huevo, la harina, la leche y una pizca de sal. Pasa los aros de cebolla por harina, introdúcelos luego en la masa de huevo, harina y leche y, finalmente, pásalos por pan rallado.

Pon a calentar aceite en una sartén. Agrega los aros de cebolla y fríelos (sin amontonar) a fuego medio hasta que se doren. Escúrrelos sobre un plato cubierto con papel absorbente.

Retira las cuerdas de las costillas, sírvelas y acompáñalas con los aros de cebolla crujientes. Salsea las costillas con el jugo que han soltado en el horno y adorna los platos con unas hojas de perejil.

ENSALADA DE LECHUGA Y ENCURTIDOS

INGREDIENTES **(4 p.)**

1 lechuga
16 pepinillos en vinagre
16 guindillas en vinagre
16 ajos en vinagre
1 cucharada de alcaparras
aceite de oliva virgen extra
sal

ELABORACIÓN

Lava la lechuga, sécala, trocéala y colócala en una fuente.

Agrega los pepinillos, las guindillas, los ajos y las alcaparras.

Sazona y adereza con un buen chorro de aceite.

Sirve.

CIRUELAS AL VINO DULCE

INGREDIENTES **(4 p.)**

8 ciruelas
200 ml de vino dulce
50 g de miel
50 g de azúcar
50 g de almendras tostadas
3 yogures naturales
1 rama de canela
hojas de menta

ELABORACIÓN

Coloca en una sartén la miel y el azúcar. Ponla a calentar hasta que los ingredientes queden perfectamente integrados. Añade las almendras y cocínalas hasta que caramelicen.

Forra una placa de horno con un trozo de papel de hornear y extiende encima las almendras. Deja que se enfríen.

Calienta en un cazo el vino con la rama de canela. Cuando hierva, añade las ciruelas peladas y troceadas. Baja el fuego y cocínalas a fuego suave durante 8-10 minutos.

Mezcla los yogures en un bol y repártelos en 4 recipientes. Coloca, en cada uno, una pequeña porción de ciruelas y unas almendras caramelizadas. Adorna con unas hojas de menta y sirve.

ENSALADA DE LECHUGAS VARIADAS Y FRUTOS ROJOS

INGREDIENTES **(4 p.)**

300 g de hojas de lechuga variadas
150 g de frutos rojos (arándanos, frambuesas, grosellas y moras)
1 cucharada de miel
3 cucharadas de aceite de oliva virgen extra
vinagre
sal

ELABORACIÓN

Lava las hojas de las lechugas, sécalas, trocéalas y ponlas en una fuente grande. Sazónalas.

Agrega los frutos rojos.

Mezcla en un bol el aceite, la miel y un chorrito de vinagre. Aliña la ensalada y sirve.

CARRÉ DE TERNERA CON PURÉ DE PATATAS

INGREDIENTES **(8 p.)**

1 *carré* de ternera de leche (1.800 g)
4 patatas
120 g de *mousse* de ave
100 ml de vino blanco
2 cebollas
80 g de *foie*
300 ml de nata
300 ml de caldo
100 ml de leche
1 yema de huevo
cebollino
aceite de oliva virgen extra
orégano
tomillo
perejil
pimienta blanca
sal

ELABORACIÓN

Con un cuchillo bien afilado separa la carne de las costillas sin soltarlas del todo, dejándolas unidas por la parte inferior. Retira la carne que está pegada a los huesos y déjalos prácticamente limpios.

Salpimienta la pieza por dentro y cúbrela con la *mousse* de ave. Enrolla la carne sobre sí misma y átala con una cuerda de cocina. Salpimiéntala también por fuera y colócala en un recipiente apto para el horno. Riégala con un chorrito de aceite y con el vino y hornéala a 180 °C durante 30 minutos. Pasado este tiempo, forra las puntas de los huesos (para que no se quemen) con papel de aluminio. Sube la temperatura a 200 °C y hornéala durante 30 minutos más. En el momento de servir, retira la cuerda y córtala en 8 raciones.

Pela las cebollas y córtalas en dados. Ponlas a rehogar en una cazuela con un chorrito de aceite. Cocínalas hasta que estén bien doradas. Agrega el *foie*, la nata y el caldo y sazona. Deja que reduzca la salsa durante unos 10-12 minutos aproximadamente. Tritura y reserva la salsa. Añade el jugo que ha soltado la carne y mezcla bien.

Coloca las patatas en una cazuela, cúbrelas con abundante agua y ponlas a cocer. En unos 35 minutos estarán a punto. Retíralas, deja que se templen y pélalas. Trocéalas, colócalas en un bol y aplástalas con un prensapatatas. Agrega la leche templada, un chorrito de aceite, orégano, tomillo, la yema de huevo y un poco de cebollino picado. Sazona y mezcla.

Sirve la carne, salséala y acompáñala con el puré de patatas. Decora con unas hojas de perejil.

MOUSSE DE PIÑA

INGREDIENTES **(4 p.)**

3 yogures de piña
ralladura de ½ lima
250 ml de nata
50 g de azúcar
guindas
frambuesas
canela molida
hojas de menta

ELABORACIÓN

Mezcla en un bol los yogures y la ralladura de lima.

Monta la nata con una batidora de varillas eléctrica. Incorpora el azúcar y sigue montándola.

Añade la nata al bol de los yogures y mezcla suavemente.

Reparte la *mousse* en 4 copas. Adorna con canela molida, guindas, frambuesas y hojas de menta.

ENSALADA DE LECHUGA, BONITO, HABAS Y ACEITUNAS

INGREDIENTES **(4 p.)**

1 lechuga
150 g de bonito en escabeche
100 g de habas en aceite
8 aceitunas negras
1 cucharada de *tapenade*
4 cucharadas de aceite de oliva virgen extra
sal

ELABORACIÓN

Lava la lechuga, sécala, trocéala y ponla en una fuente.

Agrega las habas.

Desmenuza el bonito y añádelo.

Añade también las aceitunas troceadas. Sazona.

Mezcla en un bol el aceite con la *tapenade* y aliña la ensalada.

PUDIN DE ALMENDRA

INGREDIENTES **(4 p.)**

70 g de almendra molida
4 huevos
200 g de leche condensada
100 ml de leche
100 ml de nata
4 cucharadas de azúcar
grosellas
hojas de menta

ELABORACIÓN

Pon el azúcar a calentar en una sartén hasta que se funda y coja un poco de color. Baña los moldes individuales con el caramelo y déjalo enfriar.

Bate los huevos en un bol. Añade la leche condensada, la leche y la nata. Cuando esté todo bien batido, incorpora la almendra.

Reparte la mezcla en los moldes y cocínalos en el horno al baño maría a 180 °C durante 25 minutos.

Desmolda los púdines, sírvelos y decóralos con grosellas y unas hojas de menta.

ALMEJAS CON PATATAS LARGAS

INGREDIENTES **(4 p.)**

1 kg de almejas
2-3 patatas
3 dientes de ajo
aceite de oliva virgen extra
perejil
sal

ELABORACIÓN

Pon las almejas en un bol, cúbrelas con agua, sazónalas y déjalas a remojo durante 15 minutos para que suelten cualquier resto de arena que puedan tener.

Pela las patatas, córtalas en bastones largos y fríelas en una sartén con aceite. Retíralas a un plato cubierto con papel absorbente, sazónalas y resérvalas.

Pela los ajos, pícalos finamente (daditos) y ponlos a rehogar en una tartera con un chorrito de aceite. Antes de que empiecen a dorarse, agrega las almejas, tapa la cazuela y espera a que se abran. Retíralas a un plato y deja la salsa en la cazuela.

Agrega las patatas a la tartera y cocínalas durante un par de minutos. Incorpora las almejas y remueve bien.

Sirve las almejas con patatas, salséalas y decora los platos con unas hojas de perejil.

ENSALADA DE RÚCULA, JAMÓN DE PATO Y GARBANZOS

INGREDIENTES **(4 p.)**

200 g de rúcula
100 g de jamón de pato
100 g de garbanzos cocidos
100 g de lechuga
30 g de pistachos
aceite de oliva virgen extra
vinagre
sal

ELABORACIÓN

Lava las hojas de rúcula y de lechuga. Sécalas, trocéalas y ponlas en una fuente.

Corta el jamón en tiritas y espárcelas sobre las hojas de lechuga y rúcula.

Añade los garbanzos.

Pica los pistachos y salpica con ellos la ensalada.

Sazona y adereza con aceite y vinagre. Sirve.

TARTAR DE TERNERA CON PATATAS FRITAS

INGREDIENTES **(4 p.)**

500 g de solomillo de vaca (tierno)
2 patatas
4 tomates (pequeños)
4 pepinillos en vinagre
30 g de queso fresco
10 aceitunas (verdes y negras)
20 g de maíz
1 cebolleta (pequeña)
4 yemas de huevo
1 cucharada de mostaza antigua
3 ml de salsa picante
aceite de oliva virgen extra
perejil
pimienta
sal

ELABORACIÓN

Pela las patatas, córtalas en daditos y colócalas en un bol con agua. Déjalas a remojo hasta el momento de freírlas.

Corta la parte inferior de los tomates (resérvalas) y vacíalos con una cuchara parisién (sacabolas). Escurre la pulpa, pícala y ponla en un bol.

Corta en daditos los pepinillos, el queso fresco y las aceitunas y agrégalos al bol. Añade también los granos de maíz. Sazona, riega todo con un chorrito de aceite y mezcla bien. Rellena los tomates con la mezcla y cúbrelos con el trozo que les has cortado al vaciarlos. Resérvalos.

Corta la carne (a cuchillo) en daditos pequeños y ponlos en un bol. Corta la cebolleta en daditos pequeños y añádelos al bol. Salpimienta y agrega la mostaza, la salsa picante y un chorrito de aceite. Mezcla bien.

Escurre y seca bien las patatas. Fríelas en una sartén con bastante aceite caliente. Retíralas y escúrrelas sobre un plato cubierto con papel absorbente. Sazónalas.

Reparte el tartar en 4 platos y coloca, encima y en el centro, una yema en cada uno. Acompáñalos con las patatas fritas y los tomates rellenos. Decora los platos con unas hojas de perejil.

MANZANAS CON AGUA DE AZAHAR

INGREDIENTES **(4 p.)**

4 manzanas
1 cucharada de agua de azahar
200 ml de zumo de limón
500 ml de agua
75 g de azúcar
1 cucharada de miel
150 g de mermelada de naranja
80 g de pistachos machacados
hojas de menta

ELABORACIÓN

Pon a calentar en una cazuela el zumo de limón con el agua, el azúcar, la miel y el agua de azahar. Cuando empiece a hervir, retira la espuma. Cuece todo durante 5 minutos.

Lava las manzanas, pélalas, córtalas por la mitad y sácales el corazón (dejando bastante hueco).

Introduce las manzanas en la cazuela y cuécelas durante 8 minutos. Sácalas, escúrrelas y deja que se templen.

Con ayuda de un pincel, dales brillo con un poco de mermelada. Mezcla los pistachos con el resto de la mermelada y rellena las manzanas con la mezcla. Adórnalas con unas hojas de menta. Sirve.

ENSALADA DE LECHUGA, ZANAHORIA Y PEPINILLOS

INGREDIENTES **(4 p.)**

1 lechuga
2 zanahorias
8 pepinillos
aceite de oliva virgen extra
vinagre
sal

ELABORACIÓN

Suelta y lava las hojas de la lechuga. Sécalas, trocéalas y ponlas en una fuente grande.

Pela las zanahorias, rállalas y añádelas a la fuente.

Corta los pepinillos en rodajas y agrégalas.

Sazona y aliña con aceite y vinagre. Sirve.

CERDO ASADO CON CHIPS DE YUCA

INGREDIENTES **(4 p.)**

1 kg de cabezada de cerdo
1 yuca
1 cebolla
aceite de oliva virgen extra
1 hoja de laurel
perejil
1 clavo
sal

Para el adobo:
100 ml de aceite de oliva virgen extra
75 ml de vinagre de Jerez
1 guindilla cayena
10 g de hojas de perejil
1 cucharadita de tomillo (polvo)
1 cucharadita sopera de orégano (polvo)
6 dientes de ajo
pimienta
sal

ELABORACIÓN

Elimina las grasas externas de la pieza de carne y colócala en la olla rápida. Cúbrela con agua, sazónala y agrega la cebolla pelada y cortada en 4 trozos, el clavo y la hoja de laurel. Tapa la olla y cuece durante 30 minutos a fuego no muy fuerte.

Para el adobo, coloca en el vaso americano el aceite, el vinagre, el perejil, la guindilla, el tomillo, el orégano y los dientes de ajo pelados y troceados. Salpimienta y tritura. Resérvalo.

Pasa la carne a un bol, vierte sobre ella el adobo y mezcla bien. Tapa el bol con film transparente y deja la carne macerando en el frigorífico de un día para otro.

Coloca la carne sobre la placa del horno y ásala a 180 °C durante 50 minutos.

Pela la yuca, córtala en láminas finas (puedes ayudarte con un pelador) y fríelas en una sartén con abundante aceite. Retíralas y escúrrelas sobre un plato cubierto con papel absorbente. Sazónalas.

Corta la carne en filetes finos y sirve. Acompáñala con los chips de yuca y decora los platos con unas hojas de perejil.

LENGUAS DE GATO RELLENAS DE PLÁTANO Y CHOCOLATE

INGREDIENTES **(4 p.)**

125 g de mantequilla
125 g de azúcar glas
1 cucharada de leche
1 huevo
125 g de harina
1 plátano
1-2 cucharadas de cacao en polvo
300 ml de nata
hojas de menta

ELABORACIÓN

Pon la mantequilla (a punto de pomada) en un bol. Bátela con una varilla eléctrica e incorpora el azúcar glas, la leche y el huevo. Sigue batiendo hasta que quede una masa homogénea. Agrega la harina tamizada y mezcla suavemente.

Coloca en la manga pastelera una boquilla redonda lisa e introduce en ella la masa. Extiende pequeñas porciones (alargadas y anchas) sobre una placa de horno forrada con papel de hornear y hornéalas a 200 °C durante 10-12 minutos (hasta que se doren). Sácalas del horno, retíralas del papel y ponlas en una bandeja.

Pela el plátano, córtalo en rodajas finas y resérvalas.

Pon la nata en un bol y móntala con una batidora de varillas eléctrica. Agrega el cacao en polvo y sigue montándola. Rellena las lenguas de gato (de 2 en 2) con las rodajas de plátano y la nata de cacao como si fueras a hacer un bocadillo.

Sirve y decora con unas hojas de menta.

ENSALADA DE BERROS, CANÓNIGOS Y CHAMPIÑONES

INGREDIENTES **(4 p.)**

150 g de berros
150 g de canónigos
200 g de champiñones
12 tomates cherry (de colores)
1 diente de ajo
aceite de oliva virgen extra
vinagre
sal

ELABORACIÓN

Lava los berros y los canónigos, sécalos y ponlos en una fuente.

Lava los tomates, córtalos en cuartos y agrégalos.

Retira la parte inferior de los tallos de los champiñones, lávalos, sécalos y córtalos en 4-6 trozos.

Pica el diente de ajo en daditos y rehógalo un poco en una sartén con aceite. Añade los champiñones y saltéalos durante 3-4 minutos. Añádelos a la fuente de la ensalada.

Sazona y adereza con aceite y vinagre. Sirve.

RAPE Y CALABACÍN CON SALSA DE PIMIENTO CHORICERO

INGREDIENTES **(4 p.)**

1 cola de rape (500 g)
1 calabacín
5 pimientos choriceros
4 dientes de ajo
2 cebollas rojas
1 manzana
20 g de miga de pan
100 ml de *txakoli*
harina y huevo batido (para rebozar)
aceite de oliva virgen extra
perejil
sal

ELABORACIÓN

Retira los tallos de los pimientos choriceros. Ponlos en una cazuela, cúbrelos con agua y cuécelos durante 20 minutos. Retíralos, sácales la carne y resérvala. Reserva también 400 ml del agua de la cocción.

Pela los dientes de ajo, córtalos en láminas y ponlos a dorar en una cazuela con un poco de aceite. Pela las cebollas rojas, córtalas en dados e incorpóralas. Rehoga las cebollas hasta que estén doradas. Pela la manzana, retírale el corazón, trocéala y agrégala. Añade también la carne de los pimientos choriceros, la miga de pan, el *txakoli*, el agua reservada de la cocción de los pimientos y una pizca de sal. Cocina la salsa a fuego medio durante unos 20 minutos. Pásala por el pasapurés a una cazuela y mantenla caliente.

Lava el calabacín y córtalo (con piel) en rodajas de medio centímetro. Sazónalas, rebózalas con harina y huevo batido y fríelas en una sartén con aceite. Retíralas y escúrrelas sobre un plato cubierto con papel absorbente.

Corta el rape en filetes de medio centímetro de grosor y sazónalos. Rebózalos con harina y huevo batido y fríelos en la misma sartén donde has frito el calabacín. Escúrrelos sobre un plato cubierto con papel absorbente.

Sirve en cada plato un poco de salsa, unos filetes de rape y unas rodajas de calabacín. Decora los platos con unas hojas de perejil.

TORRIJAS AL VINO DULCE

INGREDIENTES **(4 p.)**

4 rebanadas de brioche
250 ml de leche
250 ml de vino dulce
2 trozos de corteza de limón
25 g de mantequilla
1 rama de canela
hojas de menta

ELABORACIÓN

Pon a calentar la leche y el vino en una cazuela. Agrega las cortezas de limón y la rama de canela. Cuece todo a fuego suave durante 10 minutos. Deja enfriar.

Remoja las rebanadas de brioche en la mezcla anterior. Déjalas reposar unos 5 minutos por cada lado. Escúrrelas bien (sin aplastar) y córtalas por la mitad.

Calienta una sartén con mantequilla y dora las torrijas por los dos lados.

Sirve las torrijas en una fuente y decora con unas hojas de menta.

PATATAS RELLENAS

INGREDIENTES **(4 p.)**

4 patatas
12 ajos frescos
1 cebolleta
200 g de champiñones
4 tomates deshidratados en aceite
12 aceitunas verdes (sin hueso)
100 g de queso de Idiazábal rallado
aceite de oliva virgen extra
perejil
sal

ELABORACIÓN

Pon agua a calentar en una cazuela grande con una pizca de sal. Cuando empiece a hervir, añade las patatas y cuécelas durante 35-40 minutos. Retíralas, córtalas por la mitad, vacíalas (teniendo cuidado de no romper la piel) y pica la pulpa. Reserva las patatas vacías y la pulpa por separado.

Pela los ajos frescos y la cebolleta. Corta los ajos en cilindros y la cebolleta en daditos y ponlos a rehogar durante 5 minutos en una sartén con un chorrito de aceite. Sazona.

Lava bien los champiñones, pícalos, agrégalos y saltéalos brevemente. Pica también los tomates y las aceitunas e incorpóralos a la sartén. Pon a punto de sal.

Añade la mitad de la pulpa de las patatas a la sartén y mezcla bien.

Rellena las patatas con la mezcla, colócalas en una fuente apta para el horno, cúbrelas con el queso rallado y gratínalas hasta que se funda el queso. Pásalas a una fuente y decóralas con unas hojas de perejil.

ENSALADA DE LECHUGAS VARIADAS Y ARÁNDANOS

INGREDIENTES **(4 p.)**

300 g de lechugas variadas
100 g de arándanos
1 aguacate
4 rebanadas de pan
aceite de oliva virgen extra
vinagre
sal

ELABORACIÓN

Lava las lechugas, sécalas, trocéalas y ponlas en una fuente grande.

Pela el aguacate, córtalo en láminas y añádelas.

Lava los arándanos, córtalos y agrégalos.

Corta el pan en dados y fríelos en una sartén con aceite. Incorpóralos a la ensalada.

Sazona y aliña con aceite y vinagre. Sirve.

MOUSSE DE YEMA

INGREDIENTES **(4 p.)**

125 g de turrón de yema
8 barquillos de corte
3 huevos
50 ml de leche
1 cucharada de azúcar
frutos rojos
hojas de menta

ELABORACIÓN

Corta el barquillo en triángulos. Resérvalos.

Trocea la tableta de turrón y colócala en un vaso batidor.

Casca los huevos, separa las claras de las yemas y coloca las yemas en un bol y las claras en otro. Añade la leche al bol de las yemas y bátelas bien con una varilla. Pon la mezcla a calentar en un cazo removiéndola constantemente y teniendo cuidado de que no hierva. Incorpórala al vaso batidor y tritura.

Monta las claras de huevo con la batidora de varillas eléctrica. Agrega el azúcar y sigue montándolas un poco más. Incorpora una porción al vaso batidor, mezcla bien y vierte todo en el bol de las claras. Con ayuda de una cuchara de madera, mezcla los ingredientes suavemente hasta que queden perfectamente integrados.

Reparte la *mousse* en 4 copas y adórnalas con los barquillos, los frutos rojos y las hojas de menta.

PRIMAVERA

Pasteles
Ensaladas
fresas
ARROCES
fideos
Batidos
espumas
torrijas
Empanadillas
Salteados

ALBÓNDIGAS EN SALSA

INGREDIENTES **(4 p.)**

500 g de carne picada de ternera
100 g de carne picada de cerdo
15 g de miga de pan
50 ml de leche
1 huevo
1 cebolla
1 zanahoria
1 pimiento verde
1 tomate
3 dientes de ajo
100 ml de vino tinto
aceite de oliva virgen extra
perejil
pimienta
sal

ELABORACIÓN

Pon la miga de pan en un bol. Vierte encima la leche y deja que la miga se empape bien.

Pon las carnes picadas en un bol. Agrega 1 diente de ajo pelado y picadito. Escurre la miga de pan y agrégala. Añade también sal, pimienta, un poco de perejil picado y el huevo. Amasa y forma bolitas. Fríelas en una sartén con aceite. Retíralas a un plato y resérvalas.

Pela y pica la cebolla, los otros 2 dientes de ajo y la zanahoria. Ponlos a pochar en una sartén con un chorrito de aceite. Pica el pimiento y añádelo. Sazona y rehoga las verduras hasta que se doren un poco. Ralla encima el tomate y cocina todo durante 6-8 minutos.

Vierte encima el vino y dale un hervor. Añade un vaso de agua y cocina los ingredientes de la salsa durante 10-12 minutos.

Pasa la salsa por el pasapurés y ponla en una tartera. Introduce las albóndigas y cocínalas durante 2-3 minutos. Sirve y adorna con unas hojas de perejil.

ENSALADA DE MELÓN, JAMÓN Y MAÍZ

INGREDIENTES **(4 p.)**

300 g de hojas variadas de lechugas
1 rodaja de melón
100 g de jamón serrano
30 g de maíz en conserva
aceite de oliva virgen extra
vinagre
sal

ELABORACIÓN

Lava las hojas de lechuga, sécalas, trocéalas y colócalas en una fuente.

Corta el melón en daditos y añádelos.

Corta el jamón serrano en taquitos y agrégalos.

Añade también el maíz.

Sazona y aliña con aceite y vinagre. Sirve.

CARAMELO DE MIEL CON QUESO FRESCO

INGREDIENTES **(4 p.)**

150 g de queso fresco
2 plátanos
120 g de frambuesas

Para el caramelo:
150 g de azúcar
100 g de miel
100 ml de agua
unas gotas de limón

ELABORACIÓN

Haz un caramelo claro con poniendo en un recipiente el azúcar, la miel y el agua con unas gotas de limón. Caliéntalo hasta que caramelice. Aparta del fuego y déjalo reposar para que baje la espuma.

Pon el caramelo entre dos papeles de horno y estíralo con un rodillo lo más fino que puedas. Déjalo enfriar hasta que se endurezca. Después, retira el papel.

Mientras tanto, pela los plátanos y córtalos en rodajas.

Monta el plato alternando capas de plátano y frambuesas con el queso en láminas y trozos de caramelo. Sirve.

ENSALADA DE ESPINACAS Y PATATA

INGREDIENTES **(4 p.)**

300 g de espinacas *baby*
2 patatas
4 tomates en aceite
aceite de oliva virgen extra
vinagre
sal

ELABORACIÓN

Cuece las patatas en una cazuela con agua durante 30 minutos. Retíralas, pélalas y córtalas en daditos.

Lava las espinacas y añádelas. Incorpora los daditos de patata.

Corta los tomates en daditos y agrégalos.

Sazona y adereza con aceite y vinagre. Sirve.

CHULETILLAS DE CORDERO CON BECHAMEL DE AJO FRESCO Y CEBOLLETA

INGREDIENTES **(4 p.)**

16 chuletillas de cordero de palo
24 ajos frescos
1 cebolleta
70 g de harina
600 ml de leche
15 g de mantequilla
20 tomates cherry
harina, huevo y pan rallado para empanar
aceite de oliva virgen extra
orégano
perejil
nuez moscada
pimienta
sal

ELABORACIÓN

Limpia un poco las esquinas de los huesos de las chuletillas. Salpimiéntalas y dóralas brevemente por los dos lados en una sartén con un chorrito de aceite. Retíralas y deja que se enfríen. Resérvalas.

Para hacer la bechamel, corta la cebolleta en daditos y los ajos en cilindros. Pocha las verduras en una cazuela con un chorrito de aceite. Añade la harina y rehógala un poco. Agrega le leche poco a poco, sazona y cocina la bechamel durante 6-8 minutos sin dejar de remover (con varilla manual o cuchara de madera). Ralla encima un poco de nuez moscada y mezcla bien.

Unta una bandeja de horno con un poco de mantequilla (para que no se peguen las chuletillas). Introduce las chuletillas de cordero en la bechamel y déjalas enfriar sobre la placa de horno. Pasa las chuletillas por harina, huevo y pan rallado. Fríelas en una sartén con aceite caliente. Escúrrelas sobre un plato cubierto con papel absorbente.

Escalda los tomates en un cazo con agua durante un par de minutos. Deja que se templen y pélalos. Calienta una cucharada de aceite en una sartén, agrega los tomates y el orégano y saltéalos brevemente.

Sirve las chuletillas con los tomates. Adorna los platos con unas hojas de perejil.

ALBARICOQUES CARAMELIZADOS

INGREDIENTES **(4 p.)**

6 albaricoques
12 fresas
2 cucharadas de granadina
250 g de queso de untar
60 g de azúcar
aceite de oliva virgen extra
hojas de menta

ELABORACIÓN

Limpia 8 fresas, pícalas y colócalas en el vaso batidor. Añade 2 cucharadas de aceite y la granadina. Tritura y reserva.

Pon agua a calentar en una cazuelita, agrega los albaricoques y escáldalos. Pélalos, córtalos por la mitad y retírales el hueso.

Limpia las otras 4 fresas, córtalas en dados pequeños y mézclalos con el queso de untar. Añade 2 cucharadas de azúcar y mezcla bien. Rellena los albaricoques.

Espolvorea los albaricoques con un poco de azúcar y caramelízalos con un soplete. Sirve la salsa de fresa en el fondo y coloca encima los albaricoques rellenos. Adorna con hojas de menta.

ENSALADA DE LECHUGA, GARBANZOS Y PIÑONES

INGREDIENTES **(4 p.)**

1 lechuga
200 g de garbanzos cocidos
25 g de piñones
aceite de oliva virgen extra
vinagre
sal

ELABORACIÓN

Lava la lechuga, sécala, trocéala y ponla en un bol. Agrega los garbanzos.

Calienta una sartén, añade los piñones y saltéalos. Incorpóralos a la ensalada.

Sazona y adereza la ensalada con aceite y vinagre. Sirve.

BISCUIT DE FRAMBUESAS

INGREDIENTES **(4 p.)**

250 g de frambuesas
4 claras
200 g de azúcar glas
300 ml de nata montada
3 plátanos

Para la crema:
200 g de frambuesas
½ copa de licor de naranja
200 ml de nata
azúcar al gusto

ELABORACIÓN

Bate las claras a punto de nieve y añade el azúcar glas. Agrega las frambuesas trituradas y pasadas por el chino o colador. Incorpora la nata montada, mezcla bien y pasa a un molde. Mete el molde en el congelador unas 4 horas.

Para hacer la crema, tritura las frambuesas con el azúcar y el licor de naranja y añade la nata.

Para servir, acompaña el *biscuit* con la crema y adorna con los plátanos cortados en rodajas.

ALBÓNDIGAS DE BRÓTOLA

INGREDIENTES **(4 p.)**

1 brótola (600 g de pescado limpio)
200 g de gambas (con cabeza y cáscaras)
25 g de miga de pan
50 ml de leche
1 clara de huevo
12 ajos frescos
½ hinojo
1 cucharada de harina
aceite de oliva virgen extra
eneldo
perejil
pimienta
sal

ELABORACIÓN

Corta la cabeza del pescado y saca los lomos retirando la espina central. Reserva la cabeza y las espinas. Pela las gambas. Reserva las cabezas y las cáscaras.

Pon 500 ml de agua a calentar en una cazuela. Añade la cabeza, las espinas y las ijadas del pescado. Incorpora también la cabeza de las gambas y las cáscaras. Cuece todo durante 20 minutos. Cuela y reserva el caldo.

Trocea la miga de pan, ponla en un bol, vierte encima la leche y espera a que quede bien empapada.

Pica el pescado y las gambas finamente. Pon todo en un bol. Escurre la miga de pan y agrégala. Salpimienta. Pica la mitad del eneldo e incorpóralo junto con la clara de huevo. Mezcla bien. Forma bolitas y fríelas en una sartén con aceite. Resérvalas.

Pica los ajos frescos y rehógalos un poco en una tartera con un chorrito de aceite. Pica el hinojo y agrégalo. Añade el resto del eneldo picadito. Agrega la harina y rehógala un poco. Vierte encima el caldo, añade un poco de perejil picado y cocina todo durante 10 minutos. Introduce las albóndigas en la salsa y cocínalas brevemente. Sirve.

ENSALADA DE LECHUGAS VARIADAS, GRANADA Y RABANITOS

INGREDIENTES **(4 p.)**

300 g de lechugas variadas
1 granada
4 rabanitos
aceite de oliva virgen extra
vinagre
sal

ELABORACIÓN

Lava las hojas de lechuga, sécalas, trocéalas y colócalas en una fuente.

Corta la granada por la mitad y golpéala con una cuchara por la parte de la cáscara hasta que salgan todos los granos. Espárcelos sobre las lechugas.

Lava los rabanitos, córtalos en láminas finas y colócalas sobre las lechugas.

Sazona y aliña con aceite y vinagre. Sirve.

EMPANADILLAS DE GAMBAS

INGREDIENTES **(4 p.)**

16 obleas de empanadilla
24 gambas
1 diente de ajo
1 cebolleta
25 g de harina
300 ml de leche
aceite de oliva virgen extra
perejil
pimienta
sal

ELABORACIÓN

Pela el diente de ajo y la cebolleta y córtalos en daditos. Ponlos a rehogar en una sartén con un chorrito de aceite.

Pela las gambas, pícalas y agrégalas. Salpimiéntalas y añade un poco de perejil picado. Agrega la harina y rehógala un poco. Vierte encima la leche poco a poco y cocina la bechamel durante unos 6-8 minutos sin dejar de remover. Pasa la masa a una fuente y deja que se enfríe.

Extiende las obleas y rellénalas con pequeñas porciones de masa. Dóblalas y ciérralas presionando los bordes con un tenedor. Fríelas en una sartén con aceite y escúrrelas sobre un plato cubierto con papel absorbente.

CUAJADO DE CIRUELAS

INGREDIENTES **(4 p.)**

12 ciruelas pasas (sin hueso)
50 g de azúcar
50 g de harina
250 ml de leche
1 vaina de vainilla
1 huevo
70 g de frambuesas
mantequilla y harina para los moldes
hojas de menta

ELABORACIÓN

Coloca en un bol las semillas de la vaina de vainilla, 35 g de azúcar (reserva el resto) y la harina. Mezcla, vierte un poco de leche y sigue mezclando. Incorpora el huevo y mezcla bien hasta que quede una masa homogénea. Finalmente, agrega el resto de la leche sin dejar de remover.

Unta los moldes con mantequilla y espolvoréalos con un poco de harina. Coloca 3 ciruelas en cada uno. Reparte la mezcla anterior en los moldes y hornéalos a 160 °C durante 20-25 minutos. Deja que se templen.

Calienta una sartén y agrega las frambuesas y el resto del azúcar. Cocina todo un poco hasta que las frambuesas empiecen a soltar su jugo.

Desmolda (nunca en caliente) los cuajados de ciruela y pon encima de cada uno unas frambuesas. Decora con unas hojitas de menta y sirve.

ENSALADA DE LECHUGAS VARIADAS Y ACEITUNAS

INGREDIENTES **(4 p.)**

300 g de lechugas variadas
12 aceitunas verdes
12 aceitunas negras
100 g de queso
1 pimiento morrón asado
aceite de oliva virgen extra
vinagre
sal

ELABORACIÓN

Lava las lechugas, sécalas y colócalas en una fuente. Sazona.

Corta el queso en daditos y añádelos. Agrega también las aceitunas.

Corta el pimiento en taquitos y añádelo.

Aliña con aceite y vinagre. Sirve.

BRANDADA DE BACALAO

INGREDIENTES **(4 p.)**

600 g de lomos de bacalao
4 dientes de ajo
250 ml de aceite de oliva virgen extra
225 ml de leche
1 barra de pan
nuez moscada
perejil picado

ELABORACIÓN

Enjuaga los trozos de bacalao y colócalos en un bol grande. Cúbrelos con agua y déjalos a remojo en el frigorífico durante 24-48 horas cambiándoles el agua cada 8 horas. El tiempo del desalado dependerá del grosor de los trozos de bacalao. Retira los trozos de bacalao y sécalos con papel absorbente.

Corta el pan en rebanadas y tuéstalas en el horno hasta que se doren. Retíralas y resérvalas.

Pela los dientes de ajo, córtalos en láminas y ponlos a rehogar en una sartén con el aceite sin que se lleguen a quemar. Retíralos a un plato y resérvalos para decorar.

Corta el bacalao en tres trozos y cocínalo en la misma sartén durante 3-5 minutos (dependiendo del grosor) a fuego suave. Apaga el fuego, tápalo y espera a que termine de cocinarse con el calor residual (reserva el aceite).

Saca el bacalao de la sartén y elimínale la piel y las espinas. Desmenúzalo un poco y ponlo en el mortero. Májalo un poco.

Pasa el bacalao a una cazuela y agrega una cucharada del aceite donde has cocinado el bacalao. Calienta la cazuela a fuego mínimo y mezcla sin dejar de remover (puedes utilizar la mano del mortero o una varilla) hasta que lo absorba. Vierte una cucharada de leche (caliente) y sigue trabajando la mezcla hasta que la absorba. Repite el proceso, alternando cucharadas de aceite con cucharadas de leche, hasta conseguir el punto deseado.

Adereza con un poco de nuez moscada rallada y mezcla bien.

Acompaña el bacalao con el pan tostado y las láminas de ajo, espolvorea con perejil picado y sirve.

CREMA DE CHOCOLATE CON NARANJA

INGREDIENTES **(4 p.)**

125 g de chocolate de cobertura
1 naranja
300 ml de nata líquida
300 ml de leche
2 cucharadas de azúcar
25 g de harina de maíz refinada
1 rama de canela
hojas de menta

ELABORACIÓN

Pon a calentar una cazuela con la nata y la mitad de la leche (150 ml). Agrega la rama de canela y, cuando empiece a hervir, retira la cazuela del fuego y saca la rama de canela. Trocea el chocolate y añádelo. Mezcla hasta que el chocolate se disuelva.

Mezcla en un bol el resto de la leche, el azúcar y la harina de maíz. Incorpora la mezcla a la cazuela y ponla de nuevo al fuego. Cocina los ingredientes a fuego suave hasta que espesen.

Distribuye la crema en cuatro cuencos individuales, deja que se templen e introdúcelos en el frigorífico.

Pela la naranja, saca los gajos en vivo (sin ninguna piel blanca) y decora con ellos los cuencos. Adorna con unas hojas de menta y sirve.

ENSALADA DE POLLO

INGREDIENTES **(4 p.)**

300 g de lechugas variadas
250 g de pechuga de pollo
4 rebanadas de pan
40 g de maíz en conserva
aceite de oliva virgen extra
vinagre
sal

ELABORACIÓN

Lava las hojas de lechuga, sécalas, trocéalas y ponlas en una fuente. Sazona.

Sazona la pechuga y cocínala a la plancha. Córtala en daditos y añádelos a la fuente.

Corta el pan en daditos y fríelos en una sartén con aceite. Escúrrelos sobre un plato cubierto con papel absorbente. Agrégalos a la ensalada.

Esparce por encima el maíz en conserva. Sazona y aliña con aceite y vinagre. Sirve.

SOPA DE VERDURAS Y PASTA

INGREDIENTES **(4 p.)**

2 cebolletas
150 g de judías verdes
2 zanahorias
150 g de brócoli
150 g de coliflor
1 puerro
1 carcasa de pollo (esqueleto)
3 dientes de ajo
75 g de coditos de pasta
1 tomate
aceite de oliva virgen extra
albahaca
perejil
sal

ELABORACIÓN

Limpia el puerro, córtalo en 3 trozos y ponlo en una cazuela con abundante agua. Agrega también la carcasa de pollo, la parte verde de las cebolletas y unas ramas de perejil. Golpea los ajos (para que se abra la piel) y añádelos. Sazona y cuece todo durante 20 minutos. Cuela el caldo y resérvalo.

Corta las cebolletas en daditos y ponlos a rehogar en otra cazuela grande con 2 cucharadas de aceite. Rehógalas hasta que se doren.

Lava las judías verdes, retírales las puntas y córtalas en rombos. Pela las zanahorias y córtalas en cuartos de luna. Separa el brócoli y la coliflor en ramilletes muy pequeños. Agrega todo a la cazuela y rehoga durante unos 8-10 minutos.

Añade el caldo, pon a punto de sal y cocina la sopa a fuego lento durante 40 minutos. Incorpora los coditos y cuécelos durante 6-8 minutos.

Pela el tomate, córtalo en daditos y agrégalos. Pica la albahaca finamente y añádela a la sopa. Mezcla bien y sirve.

TARTA DE PLÁTANO

INGREDIENTES **(6 p.)**

2-3 plátanos
1 lámina de pasta brisa o quebrada
250 ml de leche
25 g de azúcar
½ vaina de vainilla
20 g de harina de maíz refinada
2 huevos
canela molida
grosellas
hojas de menta
láminas de chocolate

ELABORACIÓN

Forra un molde redondo con la lámina de pasta quebrada y hornéala a 200 °C durante 8-10 minutos, hasta que esté dorada.

Para preparar la crema pastelera, pon la leche (reserva un poco) a cocer con el azúcar y la vainilla abierta por la mitad hasta que hierva y déjala templar. Mezcla la harina de maíz refinada en un cuenco con la leche reservada. Incorpora 1 huevo y 1 yema de huevo y mezcla todo bien. Vierte encima la leche aromatizada templada y pon este preparado de nuevo en la cazuela. Cuece todo, sin parar de remover, a fuego lento y sin que hierva, hasta que se espese. Deja que se temple.

Extiende sobre la pasta horneada una capa de crema pastelera (retirando la vainilla). Pela los plátanos, córtalos en rodajas, colócalos sobre la crema y espolvorea con canela molida. Introduce en el horno a 200 °C durante otros 10-15 minutos.

Sirve la tarta fría y adornada con grosellas, hojas de menta y unas láminas finitas de chocolate.

PICANTONES EN CAZUELA

INGREDIENTES **(4 p.)**

4 picantones
8 dientes de ajo
4 tomates (pequeños)
2 cebollas
250 g de champiñones
aceite de oliva virgen extra
perejil
pimienta
sal

ELABORACIÓN

Salpimienta los picantones y dóralos en una sartén grande con un chorrito de aceite. Retíralos a una fuente.

Pela los ajos e introduce 2 dentro de cada picantón. Pela los tomates, córtalos por la mitad e introduce uno dentro de cada picantón.

Pela las cebollas, córtalas en juliana y ponlas a rehogar en una cazuela con un chorrito del aceite. Sazona.

Cuando las cebollas se doren, añade los picantones. Vierte encima 500 ml de agua, pon a punto de sal, tapa la cazuela y cocina los picantones a fuego suave durante 30 minutos.

Retira la parte inferior de los champiñones, enjuágalos y córtalos en 4. Saltéalos en una sartén con un chorrito de aceite. Sazónalos y espolvoréalos con un poco de perejil picado.

Agrega los champiñones a la cazuela de los picantones, mezcla y espolvorea todo con un poco más de perejil picado.

Sirve los picantones con los champiñones y decora con unas hojas de perejil.

ENSALADA DE LECHUGA, PIÑA Y AGUACATE

INGREDIENTES **(4 p.)**

1 lechuga
1 trozo de piña
1 aguacate
30 g de pistachos
aceite de oliva virgen extra
zumo de lima
sal

ELABORACIÓN

Lava la lechuga, sécala, trocéala y ponla en una fuente. Sazona.

Corta la piña en daditos y agrégalos.

Pela el aguacate, córtalo de la misma manera que la piña y añádelo.

Pela los pistachos, pícalos un poco y salpica con ellos la ensalada.

Sazona. Mezcla el zumo de lima con aceite y aliña la ensalada. Sirve.

MOUSSE FÁCIL DE LIMÓN

INGREDIENTES **(4 p.)**

2 huevos
200 g de leche condensada
zumo de 3 limones
250 ml de leche
1 yogur natural
hojas de menta

ELABORACIÓN

Separa las yemas y las claras de los huevos. Pon todos los ingredientes excepto las claras en una batidora y bátelos hasta obtener una crema homogénea. Después, añade con cuidado las claras, que habrás montado a punto de nieve. Mete la *mousse* en la nevera y sírvela muy fría en copas individuales. Decora con unas hojas de menta.

RAYA A LA PIMIENTA VERDE

INGREDIENTES **(4 p.)**

800 g de raya
cabeza y espinas de 1 merluza
1 puerro
2 chalotas
75 ml de aguardiente de manzana
200 ml de nata
20 g de mantequilla
aceite de oliva virgen extra
perejil
2 cucharadas de pimienta verde
pimienta
sal

ELABORACIÓN

Limpia el puerro, córtalo en 4 trozos y ponlo en una cazuelita. Agrega la cabeza y las espinas de la merluza. Añade unas ramas de perejil. Cubre con agua, sazona y cuece todo durante 10 minutos. Cuela y reserva el caldo.

Calienta una tartera con un chorrito de aceite. Pela y pica las chalotas finamente. Agrégalas a la tartera, sazónalas y rehógalas a fuego muy suave. Vierte encima el aguardiente y flambéalo. Añade la pimienta verde, la nata y 250 ml del caldo (reserva el resto). Deja reducir durante 5 minutos aproximadamente.

Pon a calentar en una sartén la mantequilla y un chorrito de aceite. Corta el pescado en trozos, salpimiéntalos y añádelos a la sartén. Dora los trozos de raya y pásalos a la cazuela de la salsa. Remueve la cazuela para que se mezclen los ingredientes.

Introduce la tartera en el horno y hornea a 200 °C durante 8-10 minutos. Sirve y decora con una rama de perejil.

ENSALADA DE ESCAROLA, REMOLACHA Y PIPAS DE GIRASOL

INGREDIENTES **(4 p.)**

1 escarola
1 remolacha cocida
30 g de pipas de girasol (peladas y tostadas)
aceite de oliva virgen extra
vinagre
sal

ELABORACIÓN

Lava la escarola, sécala, trocéala y colócala en una fuente.

Corta la remolacha en dados y añádelos.

Salpica la ensalada con las pipas de girasol.

Sazona y aliña con aceite y vinagre. Sirve.

MANGOS GRATINADOS

INGREDIENTES **(4 p.)**

2-3 mangos (según tamaño)
4 yemas de huevo
6 cucharadas de azúcar
20 frambuesas
8 cucharadas de oporto
hojas de menta

ELABORACIÓN

Pela los mangos, córtalos en gajos y extiéndelos en una fuente apta para el horno.

Pon las yemas con 4 cucharadas de azúcar en un bol, introduce el bol en un cazo con agua, ponlo al fuego y monta las yemas al baño maría con una batidora eléctrica.

Añade el oporto poco a poco y sigue montando. Esparce la mezcla sobre los mangos y gratínalos en el horno hasta que estén dorados.

Pon a calentar en una sartén las frambuesas y las otras 2 cucharadas de azúcar. Cuando las frambuesas se deshagan, cuela la mezcla y riega con ella los mangos.

Pica unas hojas de menta, espolvorea con ellas la superficie y sirve.

PASTEL DE CHAMPIÑONES

INGREDIENTES **(4 p.)**

300 g de champiñones
1 diente de ajo
1 cebolleta
3 huevos
250 ml de nata
½ barra de pan
harina (para el molde)
aceite de oliva virgen extra
perejil
pimienta
sal

ELABORACIÓN

Pela el ajo y la cebolleta. Córtalos en dados y ponlos a rehogar en una sartén con un chorrito de aceite. Sazona.

Retira la parte inferior del tallo de los champiñones, enjuágalos y córtalos en cuatro. Añádelos a la sartén y cocínalos durante unos 10-15 minutos.

Coloca los champiñones (con los ajos y las cebolletas) en la jarra batidora y añade los huevos y la nata. Salpimienta, tritura y reserva la mezcla.

Unta un molde rectangular con aceite, coloca una tira de papel de horno (que sobresalga por los extremos) y dale la vuelta para que el trozo de papel quede impregnado con aceite por los dos lados. Enharina el molde y vierte dentro la mezcla del pastel. Ponlo al baño maría y hornéalo a 180 °C durante 35-40 minutos. Pasado este tiempo, deja que se temple y desmóldalo.

Corta el pan en rebanadas finas. Colócalas en la placa del horno y hornéalas hasta que se doren.

Sirve el pastel y acompáñalo con el pan tostado. Decora con unas hojas de perejil.

ENSALADA DE BERROS, FRESAS Y PIÑONES

INGREDIENTES **(4 p.)**

250 g de berros
200 g de fresas
50 g de piñones
aceite de oliva virgen extra
vinagre
sal

ELABORACIÓN

Lava los berros y colócalos en una fuente grande.

Lava las fresas, retírales el pedúnculo y córtalas en 4 trozos.

Tuesta los piñones en una sartén sin aceite, retíralos a un plato y deja que se templen. Agrégalos a la ensalada.

Sazona y aliña con aceite y vinagre. Sirve.

MOUSSE HELADA DE YOGUR Y MORAS

INGREDIENTES **(4 p.)**

3 yogures
150 g de moras
60 g de azúcar
3 claras de huevo
200 ml de nata
8 g de gelatina
chocolate de cobertura
hojas de menta

ELABORACIÓN

Pon la gelatina en un bol, cúbrela con agua y espera a que se hidrate. Calienta 75 ml de agua en una sartén, añade la gelatina y mezcla bien hasta que se disuelva.

Pon a calentar una sartén con las moras y 30 g de azúcar. Cocínalas hasta que se deshagan, añade la gelatina y mezcla. Reserva.

Con ayuda de una varilla eléctrica, monta las claras (a temperatura ambiente) en un bol. Incorpora el resto del azúcar (30 g) y sigue montándolas. Resérvalas.

En otro bol, monta la nata con la varilla manual. Agrega las claras montadas y el yogur. Incorpora las moras con la gelatina y mezcla bien.

Reparte la mezcla en 4 recipientes e introdúcelos en el congelador durante 2 horas. Pasado este tiempo, retíralos del congelador, ralla por encima un poco de chocolate y decóralos con unas hojitas de menta.

ENSALADA DE BERROS, GERMINADOS Y MAÍZ

INGREDIENTES **(4 p.)**

300 g de berros
50 g de germinados
80 g de maíz en conserva
aceite de oliva virgen extra
vinagre
sal

ELABORACIÓN

Lava los berros, sécalos y colócalos en una fuente.

Esparce por encima los germinados.

Salpica la ensalada con el maíz.

Sazona y aliña la ensalada con aceite y vinagre. Sirve.

HUEVOS FRITOS CON PATATAS Y *TXISTORRA*

INGREDIENTES **(4 p.)**

4 huevos
3 patatas
200 g de *txistorra*
1 lechuga
1 cebolleta
aceite de oliva virgen extra
vinagre
perejil
sal

ELABORACIÓN

Pela las patatas, cuádralas y córtalas en 16 rectángulos. Déjalos a remojo en un bol con agua durante 15 minutos. Escúrrelos bien y confítalos a fuego suave en una sartén con abundante aceite. Retíralos y escúrrelos sobre un plato cubierto con papel absorbente. Resérvalos.

Corta 8 trozos de *txistorra* del mismo tamaño que los rectángulos de patata. Con un palillo largo de brocheta, pincha 1 rectángulo de patata, 1 trozo de *txistorra* y otro rectángulo de patata. Repite el proceso con el resto de las patatas y la *txistorra*. Fríelos de nuevo en la misma sartén donde has frito las patatas. Escúrrelos sobre un plato cubierto con papel absorbente y sazona las patatas.

Lava la lechuga, sécala, trocéala y ponla en un bol. Corta la cebolleta en juliana fina y agrégala. En el momento de servir, sazónala y alíñala con aceite y vinagre.

Casca los huevos y fríelos (puedes hacerlos con puntilla o sin ella) en una sartén con bastante aceite. Sazónalos.

Sirve, en cada plato, un huevo, un par de pinchos de *txistorra* con patata y una porción de lechuga. Adorna con unas hojas de perejil.

PASTELITOS DE BELÉN

INGREDIENTES **(4 p.)**

½ lámina de hojaldre rectangular
250 ml de leche
25 g de harina
100 g de azúcar
3 yemas de huevo
1 limón
1 rama de canela
mantequilla para los moldes
hojas de menta

ELABORACIÓN

Unta los moldes (tipo flanera individual) con un poco de mantequilla.

Enrolla la lámina de hojaldre formando un cilindro y córtalo en porciones de 3 centímetros. Forma bolitas con las porciones y coloca un trozo en cada molde. Con la mano, estira las masas desde el centro hacia afuera (dejando los bordes un poco más gruesos) hasta que cojan la forma de los moldes. Deja que reposen durante 20 minutos.

Pon 175 ml de leche a calentar en un cazo y agrega la rama de canela cortada por la mitad y 2 trozos de cáscara de limón (sin la parte blanca). Infusiona la leche a fuego suave durante unos 15 minutos.

Mezcla en un bol la harina y el azúcar, agrega poco a poco el resto de la leche (75 ml de leche fría) y mezcla bien hasta que no quede ningún grumo. Cuela la leche aromatizada en el bol y mezcla. Pasa todo nuevamente al cazo (donde habías infusionado la leche) y pon a calentar a fuego suave. Cuando empiece a hervir, apaga el fuego.

Coloca las yemas en un bol y bátelas con una varilla manual, vierte encima la crema del cazo y remueve bien hasta que los ingredientes queden perfectamente integrados.

Pasa la crema a una jarra y repártela en los recipientes forrados con hojaldre. Hornéalos a 220 °C durante 15-20 minutos. Sirve y decora con unas hojas de menta.

CREMA DE CALABAZA CON JUDÍAS VERDES

INGREDIENTES **(4 p.)**

400 g de calabaza
150 g de judías verdes
1 cebolla
750 g de arroz
50 g de jamón serrano
¼ de barra de pan
1 diente de ajo
aceite de oliva virgen extra
sal

ELABORACIÓN

Pela la cebolla, córtala en dados y ponla a rehogar en la olla rápida con un chorrito de aceite. Sazona. Pela la calabaza, trocéala y agrégala. Rehógala un poco y añade el arroz. Cubre con abundante agua (1.500 ml) y pon a punto de sal. Coloca la tapa y cocina durante 10 minutos. Tritura los ingredientes y reserva la crema.

Retira las puntas de las judías verdes y córtalas en cuadraditos. Cuécelas en un cazo con agua y una pizca de sal durante 6-8 minutos. Escúrrelas y resérvalas.

Corta el jamón en daditos y rehógalos en una sartén con un chorrito de aceite. Agrega las judías y saltéalas.

Corta 8 rebanadas de pan y tuéstalas en el horno. Retíralas y úntalas con el diente de ajo.

Sirve la crema y acompáñala con las judías verdes con jamón y con las rebanadas de pan al ajo.

ENSALADA DE LECHUGA, FRESAS Y BONITO

INGREDIENTES **(4 p.)**

1 lechuga
8 fresas
150 g de bonito en aceite
aceite de oliva virgen extra
vinagre de Módena
sal

ELABORACIÓN

Lava la lechuga, sécala, trocéala y colócala en una fuente grande.

Desmiga el bonito y agrégalo a la fuente.

Lava las fresas, retírales el tallo, córtalas en daditos y añádelas.

Sazona y adereza con aceite y vinagre. Sirve.

BIZCOCHITO CON UVAS

INGREDIENTES **(4 p.)**

20-30 uvas
2 huevos
2 cucharadas de aceite
6 cucharadas soperas de azúcar
6 cucharadas soperas de harina
mantequilla y harina (para el molde)

ELABORACIÓN

Separa las yemas de las claras. En un bol, bate con varilla las yemas y añade poco a poco el aceite, sin parar de remover. Agrega también el azúcar y sigue mezclando.

Monta las claras a punto de nieve y añádelas. Mezcla bien, pero con cuidado para que las claras no se bajen del todo. Por último, incorpora la harina y mézclala también suavemente.

Vierte esta crema en un molde untado con mantequilla y enharinado. Coloca encima las uvas peladas. Hornea a 180 °C durante 15 minutos. Desmolda el bizcocho y sirve.

CORDERO GUISADO CON CUSCÚS

INGREDIENTES **(4 p.)**

600 g de carne de cordero
200 g de cuscús
2 dientes de ajo
1 cebolla
1 zanahoria
1 pimiento verde
1 tomate
100 ml de vino blanco
10 aceitunas verdes
10 aceitunas negras
6 tomates deshidratados en aceite
harina
aceite de oliva virgen extra
perejil
nuez moscada
pimienta
sal

ELABORACIÓN

Salpimienta los trozos de carne, enharínalos y dóralos en una sartén con un chorrito de aceite. Retíralos a una fuente cubierta con papel absorbente.

Pela los ajos, lamínalos y dóralos en una cazuela. Pela la cebolla y la zanahoria, córtalas en dados y agrégalas. Pica también el pimiento verde y añádelo. Rehoga todo un poco. Trocea el tomate e incorpóralo a la cazuela. Cocina las verduras durante unos 5 minutos más.

Añade los trozos de cordero, vierte encima el vino y dale un hervor. Agrega 1 vaso de agua y ralla encima un poco de nuez moscada. Tapa la cazuela y cocina todo durante unos 50 minutos.

Retira la carne a una fuente y pasa la salsa por el pasapurés. Coloca la salsa y la carne de nuevo en la cazuela. Calienta conjuntamente y espolvorea con un poco de perejil picado.

Coloca el cuscús en un bol. Calienta 250 ml de agua con una pizca de sal en una cazuela. Cuando empiece a hervir, viértela sobre el cuscús. Tápalo con film transparente y espera a que se hidrate. Suéltalo con un par de tenedores.

Pica las aceitunas y los tomates en aceite y mézclalos con el cuscús.

Sirve el cordero, salséalo y acompáñalo con el cuscús. Decora los platos con unas hojas de perejil.

ENSALADA DE COL

INGREDIENTES **(4 p.)**

500 g de col
4 dientes de ajo
aceite de oliva virgen extra
pimentón
sal

ELABORACIÓN

Pela los dientes de ajo, lamínalos y rehógalos en una sartén con un chorrito de aceite.

Corta la col en juliana fina y añádela. Sazónala y saltéala.

Sirve y espolvorea con un poco de pimentón.

BATIDO DE FRESA

INGREDIENTES **(4 p.)**

500 g de fresas
1 vaso de leche
200 ml de helado de nata
sésamo tostado dulce

ELABORACIÓN

Lava las fresas, retírales el tallo, trocéalas y colócalas en el vaso americano.

Agrega el vaso de leche y el helado de nata y tritura.

Pasa la mezcla a una jarra y mantenla en el frigorífico hasta el momento de servir.

Sirve el batido en cuatro copas y espolvoréalas con el sésamo.

ENSALADA DE TOMATE RAF

INGREDIENTES **(4 p.)**

600 g de tomate raf
1 cebolleta
8 guindillas en vinagre
8 anchoas en aceite
aceite de oliva virgen extra
vinagre
sal

ELABORACIÓN

Pela los tomates, córtalos en gajos y colócalos en una fuente.

Corta la cebolleta en juliana fina y agrégala.

Corta las guindillas en rodajas y añádelas.

Corta las anchoas en trocitos y agrégalos.

Sazona y adereza con un chorro de aceite y unas gotas de vinagre. Sirve.

CREMA DE BRIÑONES

INGREDIENTES **(4 p.)**

500 g de briñones o nectarinas deshuesados
500 g de azúcar
200 ml de nata líquida
1 copita de licor de naranja
canela molida

ELABORACIÓN

Pon a calentar en un cazo un chorrito de agua con el azúcar junto con los briñones o nectarinas deshuesados y déjalos cocer durante 15 minutos aproximadamente. Aparta del fuego y déjalos enfriar. Retira parte del líquido. Monta la nata y añádela junto con el licor de naranja.

Sirve en unas copas y espolvorea con canela molida.

MERLUZA A LA PAPILLOTE

INGREDIENTES **(4 p.)**

700 g de merluza (2 lomos limpios sin espinas)
1 calabacín
500 g de calabaza
500 g de melón
2 chalotas
100 ml de *txakoli*
aceite de oliva virgen extra
perejil
pimienta blanca
sal

ELABORACIÓN

Con ayuda de una cuchara parisién (sacabolas), saca bolitas del calabacín, de la calabaza y del melón. Reserva las bolitas y los trozos sobrantes.

Pela las chalotas, córtalas en dados y ponlos a rehogar en una cazuelita con un chorrito de aceite. Cuando empiecen a coger un poco de color, agrega los restos de calabacín, de calabaza y de melón. Sazona y rehoga todo un poco. Vierte el *txakoli*, dale un hervor y cocina todo durante 10 minutos. Tritura y pon a punto de sal.

Corta los lomos de merluza en 8 trozos (cada lomo, en 4) y salpimiéntalos. Extiende sobre la encimera 2 trozos grandes de papel de aluminio (que sobre mucho papel para poder tapar los 4 trozos de pescado), coloca 4 trozos de merluza sobre cada uno y riégalos con un chorrito de aceite. Cierra los paquetes, cerrando los bordes muy bien.

Coloca las bolas de calabaza, calabacín y melón sobre otro trozo grande de papel de aluminio, sazónalas, riégalas con un chorrito de aceite y cierra el paquete herméticamente.

Hornea los paquetes a 200 °C entre 8-12 minutos. Introduce primero el de las hortalizas con melón y después los de los pescados. Las hortalizas con melón tardarán 12 minutos, y los de pescado, 8 minutos.

Sirve el pescado, acompáñalo con las verduras y salsea. Decora con una hojita de perejil.

ENSALADA DE LECHUGA Y REMOLACHA

INGREDIENTES **(4 p.)**

1 lechuga
1 remolacha cocida
100 g de queso fresco
25 g de pipas de calabaza (peladas)
aceite de oliva virgen extra
vinagre
sal

ELABORACIÓN

Lava la lechuga, sécala, trocéala y ponla en una fuente.

Pica la remolacha a tu gusto y agrégala.

Corta el queso en daditos y añádelos.

Tuesta las pipas de calabaza y espárcelas por encima.

Sazona y aliña con aceite y vinagre. Sirve.

ROLLITOS DE POLLO CON VERDURAS EN TEMPURA

INGREDIENTES **(4 p.)**

4 muslos de pollo
8 tomates en aceite
4 lonchas de queso
50 ml de *txakoli*
1 pimiento rojo
3 zanahorias
16 judías verdes
60 g de harina de maíz refinada
60 g de harina de trigo
60 ml de agua fría
aceite de oliva virgen extra
perejil
pimienta
sal

ELABORACIÓN

Deshuesa los muslos de pollo. Extiéndelos sobre una superficie lisa y salpimiéntalos.

Rellena cada uno con 2 tomates y 1 loncha de queso. Enróllalos y átalos con cuerda de cocina. Colócalos sobre una bandeja apta para el horno. Riégalos con un chorrito de aceite y otro de *txakoli*. Ásalos a 190 °C durante 40 minutos.

Pela el pimiento rojo y las zanahorias y córtalos en tiras. Retira los hilos y las puntas de las judías y córtalas en tiras.

Pon las harinas en un bol, agrega el agua fría, sazona y mezcla bien con una varilla.

Introduce las verduras en la tempura y fríelas en una sartén con abundante aceite caliente. Cuando se doren, retíralas y escúrrelas sobre un plato cubierto con papel absorbente. Sazónalas.

Retira la cuerda de los rollitos y sirve uno en cada plato. Agrega un poco de perejil al jugo de la bandeja y salsea los muslos. Sirve, al lado de cada muslo, una porción de verduras en tempura. Decora los platos con unas hojas de perejil.

ESPUMA DE FRUTA

INGREDIENTES **(4 p.)**

2 manzanas
3 plátanos
zumo de 1 limón
zumo de 1 naranja
4 cucharadas de azúcar
2 claras de huevo
frutas confitadas

ELABORACIÓN

Ralla las manzanas, trocea los plátanos, pon todo en un bol con el zumo de limón (para evitar que se oscurezca) y tritúralo con una batidora junto con el azúcar y el zumo de naranja hasta conseguir una especie de crema.

Aparte, bate las claras a punto de nieve. Incorpóralas a la preparación anterior y mezcla suavemente.

Sirve esta espuma de fruta muy fría en cuencos individuales adornada con unas frutas confitadas.

ENSALADA DE LECHUGAS VARIADAS Y BONITO

INGREDIENTES **(4 p.)**

300 g de lechugas variadas
150 g de bonito en aceite
2 huevos
2 cucharadas de alcaparras
aceite de oliva virgen extra
vinagre
sal

ELABORACIÓN

Cuece los huevos en una cazuela con agua durante 10 minutos. Retíralos, refréscalos y pélalos. Córtalos en daditos.

Lava las lechugas, sécalas, trocéalas y colócalas en una fuente grande.

Añade los huevos cocidos.

Desmenuza el bonito y agrégalo.

Incorpora también las alcaparras.

Sazona y adereza con aceite y vinagre. Sirve.

LENTEJAS CON BUÑUELOS DE MAÍZ

INGREDIENTES **(4 p.)**

300 g de lentejas negras
1 puerro
2 cebolletas
2 zanahorias
1 tomate
130 g de maíz en conserva
2 huevos
1 cucharada de maíz frito
50 g de harina de maíz precocida
aceite de oliva virgen extra
perejil
½ cucharadita de comino molido
pimienta
sal

ELABORACIÓN

Pela el puerro (limpio), 1 cebolleta y las zanahorias, pícalos finamente y ponlos a rehogar en la olla rápida con un poco de aceite hasta que se doren un poco. Corta el tomate por la mitad, rállalo y añádelo. Sazona y rehoga brevemente.

Agrega las lentejas, cúbrelas con abundante agua y cierra la olla. Cocínalas durante 15 minutos.

Para hacer los buñuelos, bate los huevos en un bol, añade el maíz en conserva y mezcla. Pela y pica la otra cebolleta (con el tallo) e incorpórala. Añade el comino, el maíz frito majado y la harina de maíz y salpimienta. Mezcla bien.

Pon a calentar bastante aceite en una sartén. Con ayuda de un par de cucharas, coge pequeñas porciones de masa y agrégalas a la sartén, teniendo cuidado de que no se junten entre sí. Fríelas, retíralas y escúrrelas sobre un plato cubierto con papel absorbente.

Sirve las lentejas y acompáñalas con los buñuelos. Decora los platos con unas hojas de perejil.

PINCHOS DE FRUTAS

INGREDIENTES **(1 p.)**

2 plátanos
2 manzanas
2 peras
1 trozo de melón
2 naranjas
200 g de chocolate a la taza
1 vaso de nata líquida
grosellas

ELABORACIÓN

Pela las frutas, trocéalas y ensarta los trocitos en los pinchos.

Pon un cazo a fuego suave y derrite el chocolate. Cuando esté derretido, añade un chorro de nata líquida y mezcla bien.

Con el chocolate aún caliente, cubre los pinchos de frutas y adórnalos con unas grosellas. Sirve.

También puedes espolvorearlos con azúcar y gratinarlos. Puedes saborear este postre frío o caliente.

ENSALADA DE LECHUGA Y PAPAYA

INGREDIENTES **(4 p.)**

1 lechuga
300 g de papaya
1 lima
25 g de pipas de girasol peladas
aceite de oliva virgen extra
sal

ELABORACIÓN

Pela la papaya, córtala en dados y ponla en un bol. Exprime el zumo de lima y añádelo. Mezcla bien y deja macerar durante 15 minutos.

Lava la lechuga, sécala, trocéala y colócala en una fuente grande.

Agrega los dados de papaya.

Calienta una sartén sin aceite, añade las pipas y tuéstalas un poco.

Salpica la ensalada con las pipas, sazónala y riégala con un chorrito de aceite. Sirve.

HAMBURGUESAS DE VERDEL CON TOMATES ALIÑADOS

INGREDIENTES **(4 p.)**

4 verdeles
24 tomates cherry
2 dientes de ajo
1 huevo
2 rebanadas de pan de molde
1 cucharada de zumo de limón
1 cucharada de mostaza antigua
aceite de oliva virgen extra
1 cucharada de orégano seco
perejil
pimienta
sal

ELABORACIÓN

Pon agua a calentar en una cazuela. Cuando empiece a hervir, agrega los tomates y escáldalos. Pásalos por agua fría, pélalos y colócalos en un bol. Pela y pica finamente 1 diente de ajo y agrégalo. Añade también el orégano. Sazona, riega con un chorrito de aceite y deja los tomates macerando un rato.

Bate el huevo en un bol grande y agrega las rebanadas de pan bien picadas. Deja que repose un poco.

Retira la cabeza y la cola de los verdeles. Saca los lomos y quítales la piel y las espinas. Pica la carne lo más finamente que puedas y ponla en el bol del pan con huevo. Añade el zumo de limón, la mostaza, el otro diente de ajo (pelado y picado) y un poco de perejil picado y salpimienta. Mezcla bien. Forma 8 hamburguesas y cocínalas a la plancha con un chorrito de aceite.

Sirve las hamburguesas y acompáñalas con los tomates. Decora los platos con unas hojas de perejil.

FLAN EXPRÉS

INGREDIENTES **(4 p.)**

3 huevos
75 g de azúcar
500 ml de leche

Para el caramelo:
50 g de azúcar
½ limón

ELABORACIÓN

Para hacer el caramelo, pon el azúcar, 2 cucharadas de agua y unas gotas de limón en una sartén y deja cocer a fuego lento. Cuando empiece a tomar color castaño, retíralo del fuego y espera a que casi desaparezcan las burbujas. Viértelo en el molde y extiéndelo bien.

Coloca los huevos en un bol y bátelos con una varilla manual. Añade el azúcar y sigue batiendo. Agrega la leche y remueve suavemente. Si queda algún grumo, puedes colar la mezcla.

Pon 2 dedos de agua en la olla a presión, coloca dentro el molde, vierte en él la mezcla del flan y tápalo bien con un trozo de papel de aluminio. Tapa la olla y cuece durante 5 minutos. Apaga el fuego y espera a que la olla pierda toda la presión. Deja que se enfríe y retira el molde de la olla.

Para desmoldar, presiona con la mano separando el flan de las paredes, coloca un plato encima y voltéalo. Sirve.

ENSALADA DE LECHUGAS VARIADAS Y PASTA

INGREDIENTES **(4 p.)**

300 g de lechugas variadas
150 g de pasta
8 tomates en aceite
30 g de alcaparras
aceite de oliva virgen extra
vinagre
sal

ELABORACIÓN

Lava las hojas de lechuga, sécalas, trocéalas y colócalas en una fuente.

Pon agua a calentar en una cazuela. Sazona y, cuando empiece a hervir, agrega la pasta. Cuécela durante el tiempo que indique el paquete. Retírala, refréscala y añádela a la fuente.

Corta en daditos los tomates y agrégalos.

Incorpora también las alcaparras.

Sazona y adereza con aceite y vinagre. Sirve.

RAYA AL HORNO CON HABAS Y ESPÁRRAGOS VERDES

INGREDIENTES **(4 p.)**

800 g de raya
200 g de habitas tiernas (desgranadas)
16 espárragos verdes
30 g de piñones
2 dientes de ajo
100 ml de *txakoli*
1 limón
4 lonchas finas de tocino ibérico
aceite de oliva virgen extra
perejil
pimienta
sal

ELABORACIÓN

Saltea las habas en una sartén con un chorrito de aceite. Retira la parte inferior de los espárragos, córtalos en trozos de 3 centímetros y añádelos. Saltéalos junto con las habas. Sazona.

Pon a calentar una sartén pequeña (sin aceite), agrega los piñones y tuéstalos un poco. Resérvalos.

Pela los dientes de ajo, pícalos y ponlos a rehogar en un cazo con aceite. Vierte el *txakoli*, dale un hervor y añade el zumo del limón. Deja que reduzca a fuego suave. Cuela y espolvorea la salsa con un poco de perejil picado. Resérvala caliente.

Corta la raya en 4 porciones y salpimiéntalas por los dos lados. Riega la bandeja del horno con un chorrito de aceite, coloca encima los 4 trozos de raya y riégalos con otro poco de aceite. Hornéalos a 220 °C durante 12 minutos.

Sirve un trozo de pescado en cada plato, corta las lonchas de tocino ibérico por la mitad y pon 2 trozos encima de cada uno. Sirve, en cada plato, una porción de habas y espárragos. Salsea el pescado y salpica las verduras con los piñones.

CUAJADOS DE REQUESÓN Y DULCE DE MANZANA

INGREDIENTES **(4 p.)**

200 g de requesón
1 yogur natural
25 g de harina de maíz refinada
2 huevos
5 cucharadas de azúcar
50 g de crocanti de almendra
hojas de menta

Para la crema de dulce de manzana:
150 g de dulce de manzana
100 ml de agua
zumo de ½ limón
zumo de 1 naranja

ELABORACIÓN

Calienta bien una sartén y añade 3 cucharadas de azúcar (no remuevas, solo mueve de vez en cuando la sartén). Cuando se disuelva y tome un bonito color dorado, pásalo a las flaneras. Espolvorea el caramelo con el crocanti de almendra y deja que se enfríe.

Coloca en el vaso batidor el requesón, el yogur, la harina de maíz refinada, los huevos y las otras 2 cucharadas de azúcar. Tritura hasta conseguir una masa homogénea.

Reparte la mezcla en las 4 flaneras e introdúcelas en el horno a 150 °C durante unos 15-20 minutos. Deja reposar.

Pon el dulce de manzana troceado, el agua y los zumos en una cazuela. Remueve bien. Cuando se funda el dulce de manzana, dale un hervor y deja que se enfríe. Sirve los cuajados de requesón con la salsa de dulce de manzana y decora con unas hojas de menta.

ENSALADA DE LENTEJAS Y PALMITO

INGREDIENTES **(4 p.)**

1 escarola
150 g de lentejas cocidas
4 tallos de palmito
aceite de oliva virgen extra
vinagre
sal

ELABORACIÓN

Lava la escarola, sécala, trocéala y colócala en una fuente.

Agrega las lentejas cocidas.

Corta los tallos de palmito en cilindros y añádelos.

Sazona y aliña con aceite y vinagre. Sirve.

ALITAS DE POLLO

INGREDIENTES **(4 p.)**

16 alitas de pollo
30 g de mostaza
30 g de miel
aceite de oliva virgen extra
perejil
pimienta
sal

ELABORACIÓN

Corta las alitas en tres trozos y elimínales la punta (la que no tiene carne). Con un cuchillo, retírales las partes sobrantes de piel (lugar en el que se concentra toda la grasa) y colócalas en un bol. Salpimiéntalas.

Mezcla en un bol la mostaza con la miel y un chorrito de aceite. Unta bien las alitas con la mezcla y colócalas sobre la bandeja del horno. Hornéalas a 190 °C durante 20-30 minutos aproximadamente.

Decora con una ramita de perejil y sirve.

BIZCOCHO DE CHOCOLATE RELLENO DE FRESAS Y NATA

INGREDIENTES **(6 p.)**

170 g de chocolate (70 % de cacao)
10 fresas
5 claras
50 g de azúcar
60 g de mantequilla
4 yemas
100 ml de nata montada (en manga pastelera)
azúcar glas
hojas de menta

ELABORACIÓN

Lava las fresas, retírales el tallo verde y córtalas en rodajas gruesas (1,5 cm). Resérvalas.

Con ayuda de una batidora de varillas eléctrica, monta las claras con el azúcar. Resérvalas.

Coloca el chocolate y la mantequilla en un bol de tamaño mediano. Introduce el bol en el microondas y dale calor durante 1 minuto. Abre el microondas, remueve y vuelve a calentar durante un minuto más. Repite el proceso hasta que se fundan. Remueve hasta que queden perfectamente integrados. Añade un poco de esta mezcla a las yemas, rómpelas y mezcla bien. Pasa esta mezcla al bol del chocolate con la mantequilla fundida y remueve nuevamente hasta que quede una mezcla homogénea.

A continuación pasa la tercera parte de las claras montadas al bol del chocolate con mantequilla y yemas, y mezcla bien. Vierte esta mezcla en el bol de las claras y remueve hasta que los ingredientes queden perfectamente integrados.

Vierte la masa en una bandeja de horno cubierta con papel de hornear y extiéndela hasta conseguir una capa fina. Hornéala a 180 °C durante 12 minutos. Retira y deja que se enfríe.

Con ayuda de un cortapastas redondo, corta 12 porciones (de 7-8 cm de diámetro). Coloca una porción de nata montada en el centro de 6 de los círculos de bizcocho, pon encima de cada uno 3 rodajas de fresa y cúbrelos con un poco más de nata. Cubre con los otros 6 círculos de bizcocho. Espolvoréalos con un poco de azúcar glas, adórnalos con unas hojas de menta y sirve.

ENSALADA DE LECHUGAS VARIADAS CON MELÓN

INGREDIENTES **(4 p.)**

300 g de lechugas variadas
150 g de melón
1 zanahoria
16 aceitunas verdes
aceite de oliva virgen extra
vinagre
sal

ELABORACIÓN

Lava las hojas de lechuga, sécalas, trocéalas y ponlas en una fuente.

Corta el melón en taquitos y agrégalos.

Pela la zanahoria y rállala encima.

Añade las aceitunas y aliña con aceite, vinagre y sal.

SANJACOBOS DE BACALAO CON MAYONESA DE SÉSAMO

INGREDIENTES **(4 p.)**

700 g de bacalao fresco (2 lomos)
24 gambas
600 g de judías verdes
huevos batidos y harina (para rebozar)
aceite de oliva virgen extra
perejil
pimienta
sal

Para la mayonesa de sésamo:
1 huevo
150 ml de aceite de oliva virgen extra
10 g de semillas de sésamo tostadas
1 limón
sal

ELABORACIÓN

Pon el huevo en un vaso batidor. Agrega una pizca de sal y un chorrito de limón. Añade el aceite y tritura los ingredientes hasta que liguen. Agrega las semillas de sésamo y mezcla bien. Reserva la mayonesa.

Corta 48 cuadrados (6 cm x 6 cm) de papel de hornear. Pela las gambas, colócalas de una en una entre 2 trozos de papel y aplástalas con la base de un cazo. Resérvalas.

Retira las puntas de las judías. Córtalas en trozos de 5 centímetros y después en juliana fina. Pon a calentar un poco de aceite en una sartén, añade las judías y cocínalas a fuego medio durante unos 6-8 minutos. Sazónalas.

Corta cada lomo de bacalao en 4 trozos. Después, ábrelos por la mitad, córtalos y aplástalos. Extiende la mitad de los trozos (8) sobre la tabla, coloca 3 gambas encima de cada uno, salpimiéntalos y cúbrelos con los otros 8 trozos de bacalao. Salpimiéntalos también por la parte exterior.

Sazona los huevos batidos. Pasa los sanjacobos de bacalao por harina y después por el huevo batido. Fríelos en una sartén con aceite. Retíralos y escúrrelos.

Sirve los sanjacobos con la mayonesa de sésamo y las judías. Adorna los platos con unas hojas de perejil.

SOPA DE MELÓN AVAINILLADA

INGREDIENTES **(4 p.)**

½ melón (grande)
250 ml de helado de limón
1 chorrito de licor de naranja
1 vaina de vainilla
aceite de oliva virgen extra
hojas de menta

ELABORACIÓN

Saca 12 bolitas del melón con una cuchara parisién. Ensarta 3 bolitas en cada palillo (4) y reserva.

Pela el resto del melón, córtalo en trozos y colócalo en el vaso batidor. Añade el helado de limón y el licor y tritura. Enfría la mezcla en el frigorífico.

Abre la vaina de vainilla, sácale las semillas y colócalas en un bol. Añade un chorrito de aceite de oliva y mezcla bien.

Sirve la sopa, salpícala con el aceite de vainilla, acompáñala con las brochetas y decora con unas hojas de menta.

ENSALADA DE ESCAROLA, BONITO Y PEPINO

INGREDIENTES **(4 p.)**

1 escarola
150 g de bonito en aceite
1 pepino
aceite de oliva virgen extra
mostaza
sal

ELABORACIÓN

Lava la escarola, sécala, trocéala y colócala en un bol. Sazónala.

Pela el pepino, córtalo en rodajas y agrégalas.

Desmenuza el bonito y añádelo. Sazona.

Mezcla en un bol el aceite con la mostaza y aliña la ensalada.

ALCACHOFAS CON PIMIENTOS EN SALSA

INGREDIENTES **(4 p.)**

12 alcachofas
1 pimiento rojo
3 dientes de ajo
1 cucharada de harina
aceite de oliva virgen extra
perejil
sal

ELABORACIÓN

Coloca el pimiento en una fuente, rocíalo con un chorrito de aceite y sazónalo. Hornéalo a 200 °C durante 40 minutos. Déjalo templar. Retírale el tallo y las pepitas. Pélalo, córtalo en tiras finas y después corta estas por la mitad. Reserva por un lado el pimiento y, por otro, el caldo resultante.

Pela las alcachofas retirándoles las hojas externas. Cuécelas en una cazuela con agua hirviendo y unas ramas de perejil durante 15-20 minutos (reserva un vaso del agua resultante de la cocción). Escúrrelas sobre una fuente cubierta con papel absorbente y córtalas en 4.

Pela los dientes de ajo, córtalos en daditos y rehógalos (sin que cojan color) en una tartera con un chorrito de aceite. Agrega la harina y rehógala un poco. Vierte el caldo que ha soltado el pimiento durante el asado y el vaso de caldo de las alcachofas. Mezcla bien.

Agrega las alcachofas y las tiras de pimiento, pon a punto de sal, coloca la tapa y cocina todo junto (removiendo la cazuela) a fuego suave durante 3-4 minutos. Sirve.

CREMOSO DE PLÁTANO

INGREDIENTES **(4 p.)**

3-4 plátanos
4 hojas de gelatina
150 g de chocolate de cobertura
zumo de 1 limón
1 vaina de vainilla
100 ml de agua
hojas de menta

ELABORACIÓN

Pon la gelatina en un bol, cúbrela con agua fría y deja que se hidrate. Coloca el chocolate en un bol e introdúcelo en el microondas. Dale marcha y páralo cada 30 segundos. Remueve el chocolate y repite el proceso hasta que se funda. Haz un cucurucho con papel de hornear e introduce en él el chocolate. Córtale la punta y resérvalo.

Coloca el zumo de limón y las semillas de la vaina de vainilla en un cazo. Pela y trocea los plátanos y añádelos. Cocínalos a fuego suave (5 minutos aproximadamente) hasta que se ablanden.

Pasa todo al vaso de la picadora eléctrica, añade la gelatina remojada y tritura un poco. Agrega 100 ml de agua y termina de triturar.

Reparte la mezcla en 4 moldes y deja que se enfríen en el frigorífico por lo menos durante 1 hora.

Para desmoldar, calienta un poco de agua en una sartén. Introduce la parte inferior de los moldes y caliéntalos un poco. Desmolda uno en cada plato y decóralos con el chocolate y unas hojas de menta.

ENSALADA DE ESCAROLA Y QUINOA

INGREDIENTES **(4 p.)**

300 g de escarola
100 g de quinoa
6 tomates en aceite
aceite de oliva virgen extra
vinagre
hojas de albahaca
sal

ELABORACIÓN

Lava la escarola, sécala, trocéala y ponla en una fuente.

Pon a calentar 200 ml de agua en un cazo. Sazona, agrega la quinoa y cuécela durante 15-20 minutos (hasta que se evapore el agua). Retírala, escúrrela y refréscala. Añade a la fuente.

Corta los tomates en daditos y agrégalos.

Sazona y aliña con aceite y vinagre. Pica las hojas de albahaca y espolvorea con ellas la ensalada. Sirve.

VERDEL ASADO CON SALSA DE LIMÓN Y RABANITOS

INGREDIENTES **(4 p.)**

4 verdeles
6 rabanitos
1 puerro
1 cebolla
4 dientes de ajo
1 zanahoria
6 alcachofas
zumo de 1 limón
1 cucharada de harina
aceite de oliva virgen extra
perejil
pimienta
sal

ELABORACIÓN

Pon a calentar agua en una cazuela. Limpia el puerro, córtalo en trozos y añádelo (la parte verde también). Corta la cebolla (con piel) en 4 trozos y agrégalos. Pela los dientes de ajo y añádelos. Pela la zanahoria, trocéala e incorpórala. Pon a punto de sal y cuece todo durante 20-22 minutos. Cuela el caldo y resérvalo.

Corta los rabanitos en rodajas finas y escáldalas brevemente (30 segundos) en una cazuela con agua hirviendo. Retíralos, refréscalos, escúrrelos y resérvalos.

Pon un poco de aceite en un cazo, añade una cucharada de harina y rehógala un poco. Vierte el zumo de limón y 200 ml del caldo de verdura. Espolvorea con perejil picado, pon a punto de sal y deja que reduzca durante unos 6-8 minutos. Añade las rodajas de rabanito y mezcla.

Pela las alcachofas, retírales con un cuchillo la parte superior de las hojas y después córtalas en láminas finas. Fríelas en una sartén con un chorrito de aceite. Sazónalas.

Corta las cabezas de los verdeles y saca los lomos. Rocía la bandeja del horno con un poco de aceite y sazona la base de la bandeja. Coloca los lomos de verdel encima (dejando la parte de la piel hacia abajo) y salpimiéntalos. Rocíalos con otro chorrito de aceite y hornéalos a 220 °C durante 5-6 minutos.

Sirve en cada plato 2 lomos de pescado y rocíalos con la salsa de limón con rabanitos. Acompáñalos con las alcachofas fritas y decora con unas hojas de perejil.

CREMA DE PLÁTANO Y KIWI CON FRAMBUESAS

INGREDIENTES (4 p.)

4 plátanos
4 kiwis
20 frambuesas
12 galletas
azúcar
hojas de menta

ELABORACIÓN

Pela los plátanos y los kiwis, trocéalos y ponlos en el vaso americano.

Tritura, añade las galletas troceadas y sigue triturando.

Reparte la mezcla en 4 recipientes. Reparte las frambuesas por encima, espolvoréalas con azúcar y quema el azúcar con un soplete.

Adorna con unas hojas de menta y sirve.

ENSALADA DE CALABACÍN Y FRESAS

INGREDIENTES **(4 p.)**

2 calabacines
10 fresas
1 limón
aceite de oliva virgen extra
hojas de menta
sal

ELABORACIÓN

Lava los calabacines y, con un sacapuntas especial (para sacar fideos de verduras), corta los calabacines en fideos. Ponlos en un bol.

Lava las fresas, retírales los tallos, córtalas en taquitos y espárcelos sobre los fideos de calabacín.

Exprime el limón, mézclalo con una buena cantidad de aceite y riega los fideos de calabacín. Sazona.

Pica las hojas de menta finamente, espolvorea con ellas la ensalada y sirve.

ARROZ CON CHORIZO Y PÉTALOS DE TOMATE

INGREDIENTES **(4 p.)**

300 g de arroz
150 g de chorizo fresco
10 tomates pera
6 dientes de ajo
500 g de guisantes (con cáscara)
2 cebolletas
1 pimiento verde
aceite de oliva virgen extra
tomillo
perejil
azúcar
sal

ELABORACIÓN

Retira los pedúnculos a 8 tomates y escáldalos en una cazuela con agua hirviendo durante 15 segundos (reserva el agua de la cocción de los tomates en la cazuela). Refréscalos, pélalos, córtalos en cuartos y retírales las pepitas. Coloca los tomates escaldados sobre la placa del horno y aderézalos con sal, azúcar y tomillo. Pela 4 dientes de ajo, aplástalos un poco con la hoja de un cuchillo y añádelos. Riega los tomates con un chorrito de aceite y hornéalos a 130 °C durante 1 hora.

Desgrana los guisantes y resérvalos. Pon las vainas de los guisantes en la cazuela donde has escaldado los tomates. Corta los tallos de las cebolletas y agrégalos. Cuece todos los ingredientes durante 20 minutos. Cuela y reserva el caldo.

Pela los otros 2 dientes de ajo, las cebolletas y el pimiento, córtalos en daditos y ponlos a rehogar en una tartera con un chorrito de aceite. Sazona y rehoga todo bien.

Corta el chorizo en rodajas y agrégalas. Corta los otros 2 tomates por la mitad y rállalos encima de las verduras rehogadas. Incorpora el arroz y dale un par de vueltas. Vierte encima el caldo (el doble y un poco más), sazona y cocina durante 10 minutos.

Añade los guisantes y cocina todo junto durante 8 minutos más. Coloca los pétalos de tomate decorando la superficie.

Adorna con unas hojas de perejil y sirve.

GELATINA DE FRUTAS CON SALSA DE MENTA

INGREDIENTES **(4 p.)**

16 frambuesas
16 arándanos
16 uvas blancas
16 uvas negras
2 cucharadas de agar-agar
3 cucharadas de miel
1 naranja
2 limones
250 ml de nata
1 cucharada de azúcar
1 ramillete de menta fresca
frutas confitadas

ELABORACIÓN

Pon a hervir 250 ml de agua junto con el agar-agar y las cortezas de la naranja y de 1 limón. Una vez que se haya disuelto el agar-agar, apaga el fuego y mezcla con la miel, el zumo del otro limón y unas hojas de menta picadas. Deja reposar durante 5 minutos. Cuela.

Limpia las frutas y colócalas en 4 copas de cristal, alternando colores (las frambuesas, los arándanos y las dos clases de uvas). Reparte la disolución de agar-agar en las 4 copas, cubriendo las frutas, y deja enfriar 1 hora en el frigorífico para que se cuaje.

Cuece durante 5 minutos la nata con las hojas de menta y el azúcar. Cuela y reserva.

Sirve las copas de gelatina y acompaña con la salsa de menta y unas frutas confitadas.

ENSALADA DE ESCAROLA, BONITO Y GUINDILLAS

INGREDIENTES **(4 p.)**

1 escarola
150 g de bonito en aceite
12 guindillas en vinagre
12 aceitunas verdes (sin hueso)
aceite de oliva virgen extra
vinagre
sal

ELABORACIÓN:

Lava la escarola, sécala y trocéala. Colócala en un bol grande.

Desmenuza el bonito y agrégalo.

Corta las guindillas y las aceitunas en aros y añádelas.

Mezcla todo bien y aliña con aceite, vinagre y sal. Sirve.

CREMA DE ACELGAS

INGREDIENTES **(4 p.)**

4 hojas de acelga
200 g de calabaza
2 puerros
1 patata
2 dientes de ajo
50 g de pan
aceite de oliva virgen extra
sal

ELABORACIÓN

Pon a calentar 1 litro de agua (aproximadamente) en una cazuela. Sazónala.

Retira los hilos de las pencas de las acelgas. Pica las pencas y las hojas. Limpia bien el puerro y pícalo. Pela el trozo de calabaza y córtalo en tacos. Pela la patata y cáscala. Cuando el agua empiece a hervir, agrega las hortalizas. Sazona y cuece todo durante 15 minutos.

Pela los ajos, lamínalos y déralos en una sartén con un chorrito de aceite. Riega las hortalizas con ellos y tritura todo bien.

Corta el pan en rebanadas y después en dados. Fríelos en una sartén con aceite. Retíralos y escúrrelos sobre un plato cubierto con papel absorbente.

Sirve la crema y acompáñala con los costrones de pan. Riega cada plato con un chorrito de aceite de oliva.

BRAZO DE GITANO DE CREPES Y FRESAS

INGREDIENTES **(6 p.)**

350 g de fresas
2 cucharadas de miel
aceite de oliva virgen extra
1 yogur natural
cacao
hojas de menta

Para la masa de los crepes (8 aprox.):
2 huevos
125 g de harina tamizada
1 cucharadita de azúcar avainillado
25 g de mantequilla
250 ml de leche
sal

ELABORACIÓN

Pon un poco de sal en el vaso batidor, casca en él los huevos y añade la harina. Incorpora el azúcar, la mantequilla fundida y la leche. Tritura los ingredientes con la batidora eléctrica hasta que consigas una masa homogénea.

Unta una sartén con unas gotas de aceite y ponla a calentar. Vierte un poco de la masa y extiéndela bien. Cuando cuaje, dale la vuelta y cocina brevemente. Retira el crepe a un plato. Repite el proceso con el resto de la masa (tienen que salir aproximadamente 8 crepes). Si el primer crepe no queda bien, deséchalo.

Lava las fresas, córtalas en trocitos pequeños y colócalas en un bol. Rocíalas con la miel.

Corta un trozo grande de papel de hornear y colócalo sobre una superficie lisa (en este caso, la encimera). Extiende los 8 crepes en 2 filas de 4 superponiéndolos entre sí hasta formar una lámina rectangular.

Reparte las fresas por encima dejando la parte superior de uno de los lados largos del rectángulo de crepes sin fresas. Con ayuda del papel de hornear, enróllalos (empezando por el lado cubierto con fresas) como si estuvieras enrollando un brazo de gitano. Córtalo en pociones y sirve 2 trozos en cada plato.

Adorna los platos con el yogur, el cacao y las hojas de menta.

ENSALADA DE LOLLO, KIWI Y ALMENDRAS

INGREDIENTES **(4 p.)**

1 lechuga lollo
2 kiwis
30 g de almendras fileteadas (tostadas)
8 tomates cherry
aceite de oliva virgen extra
vinagre
sal

ELABORACIÓN

Suelta las hojas del lollo, lávalas, sécalas, trocéalas y ponlas en una fuente.

Pela los kiwis, córtalos en medias lunas y agrégalos a la fuente.

Corta los tomates en cuartos e incorpóralos.

Añade las almendras y aliña con aceite, vinagre y sal. Sirve.

CAZUELA DE CALAMAR

INGREDIENTES **(4 p.)**

1 calamar (800 g)
1 cebolla
3 patatas
150 g de guisantes (desgranados)
50 ml de *brandy*
aceite de oliva virgen extra
1 hoja de laurel
sal

ELABORACIÓN

Limpia bien el calamar. Para ello, sepárale la cabeza y elimínale la tripa. Retira la corbata y corta los tentáculos (quítales el pico). Separa las aletas, quítales la piel y córtalas en tiras. Elimina la piel del cuerpo, dale la vuelta y enjuágalo bien. Córtalo en aros.

Pon a calentar un poco de agua en la olla rápida, sazona y añade la hoja de laurel y el calamar. Coloca la tapa y cuece el calamar durante 25 minutos.

Pela la cebolla, córtala en daditos y ponla a rehogar en una cazuela con un chorrito de aceite. Cuando empiece a ablandarse, pela las patatas, cáscalas y agrégalas. Vierte encima el *brandy* y flambea. Cubre con agua, sazona y coloca la tapa. Cuece todo durante 15-20 minutos.

Incorpora los calamares y los guisantes, pon a punto de sal y cuece todo durante 5 minutos. Sirve.

SUFLÉ DE QUESO FRESCO

INGREDIENTES **(4 p.)**

250 g de queso fresco
2 cucharadas de harina de trigo
2 cucharadas de harina de maíz refinada
1 vaso de leche
3 yemas
5 claras
2 cucharadas de azúcar
mantequilla y harina (para los moldes)
azúcar glas

ELABORACIÓN

Tamiza la harina de trigo y la harina de maíz refinada sobre un cuenco con ayuda de un colador. Añade la leche y bate con la varilla hasta que esté bien mezclado. Incorpora el queso cortado en dados y remueve con una varilla hasta obtener una crema homogénea. Añade el azúcar a la crema, pásala a una cacerola y cocínala a fuego suave (sin dejar de batir) hasta que espese. Retírala del fuego y deja atemperar. Cuando esté atemperada, añade las 3 yemas y mezcla bien. Reserva.

Monta las claras a punto de nieve. Añádelas a la crema y mezcla con suaves movimientos envolventes. Reserva.

Unta 4 moldes aptos para horno con mantequilla y espolvoréalos con harina. Rellénalos con ¾ partes de la crema, colócalos en una bandeja apta para el horno y hornea a 175 °C durante 15-20 minutos.

Sirve un molde en cada plato y espolvorea los suflés con azúcar glas.

ENSALADA DE LECHUGA, REMOLACHA Y GERMINADOS DE CEBOLLA

INGREDIENTES **(4 p.)**

1 lechuga
1 remolacha cocida
25 g de germinados de cebolla
30 g de pipas de girasol tostadas
aceite de oliva virgen extra
vinagre
sal

ELABORACIÓN

Lava la lechuga, sécala, trocéala y ponla en una fuente.

Corta la remolacha en medias lunas y colócalas sobre la lechuga.

Agrega los germinados de cebolla.

Aliña con aceite, vinagre y sal y salpica todo con las pipas de girasol tostadas.

SOPA DE HABITAS

INGREDIENTES **(4 p.)**

200 g de habas (desgranadas)
4 lonchas de jamón serrano
1 cebolleta
1-2 puerros (según tamaño)
6 ajos frescos
1 tomate
3 dientes de ajo
aceite de oliva virgen extra
perejil
sal

ELABORACIÓN

Extiende las lonchas de jamón sobre una bandeja de horno cubierta con un trozo de papel de hornear. Tápalas con otro trozo de papel de hornear y hornéalas a 190 °C durante 12-15 minutos aproximadamente.

Pela, retirando la primera capa, la cebolleta, los puerros y los ajos frescos. Córtales la parte superior (la parte verde) e inferior (pelos). Enjuaga los puerros para eliminar cualquier resto de tierra que puedan tener.

Corta la cebolleta y los puerros en daditos y los ajos tiernos en cilindros. Sazona y pon todo a rehogar a fuego suave en una cazuela con un chorrito de aceite.

Incorpora las habas. Corta el tomate por la mitad, rállalo y agrégalo. Cubre con agua y pon a punto de sal. Pela los ajos, májalos en el mortero y añádelos. Tapa la cazuela y cuece todo durante 25-30 minutos. Espolvorea la sopa con un poco de perejil picado.

Sirve la sopa. Pica el jamón crujiente finamente y espolvorea con él los platos.

BIZCOCHO DE CACAHUETE BORRACHO

INGREDIENTES **(6 p.)**

75 g de cacahuetes molidos
3 huevos
150 g de azúcar
45 ml de aceite de oliva virgen extra
150 g de harina de trigo
10 g de levadura
ralladura de lima
1 mango
8 fresas
hojas de menta

Para el almíbar:
150 g de azúcar
125 ml de ron
250 ml de agua

ELABORACIÓN

Para hacer el almíbar, mezcla en un cazo el azúcar con el ron y el agua y ponlo a hervir hasta que se disuelva el azúcar. Pásalo a un recipiente amplio y resérvalo.

Casca los huevos y ponlos en un bol. Agrega el azúcar y bátelos bien con la batidora eléctrica de varillas. Añade 35 ml de aceite (reserva el resto para untar el molde) y sigue batiendo.

Incorpora la ralladura de lima, los cacahuetes, la levadura y la harina. Mezcla con movimientos envolventes.

Forra un molde con papel de hornear, úntalo con un poco de aceite y vierte en él la masa. Hornea el bizcocho a 180 °C durante 25-30 minutos.

Retira el bizcocho, deja que se enfríe y desmóldalo. Córtalo en rebanadas, úntalas en el almíbar y corta cada una por la mitad a lo largo.

Pela el mango y córtalo en daditos. Lava las fresas y córtalas de la misma manera. Mezcla las frutas en un bol.

Para servir, coloca en cada plato 2 trozos de bizcocho dejando un espacio libre entre ellos. Pon en el hueco una porción de fruta y decora con unas hojas de menta.

ENSALADA DE LECHUGAS VARIADAS, ARROZ Y NUECES

INGREDIENTES **(4 p.)**

300 g de lechugas variadas
100 g de arroz basmati
8 nueces
8 fresas
aceite de oliva virgen extra
vinagre
sal

ELABORACIÓN

Lava las hojas de lechuga, sécalas, trocéalas y colócalas en una fuente.

Pon agua a calentar y, cuando empiece a hervir, sazona y agrega el arroz. Cuécelo durante 12 minutos. Retíralo, refréscalo y añádelo a la fuente.

Lava las fresas, córtalas en trocitos e incorpóralas a la ensalada.

Casca las nueces, trocéalas y espárcelas por encima.

Sazona y adereza con aceite y vinagre. Sirve.

ANCHOAS CON *CARPACCIO* DE REMOLACHA

INGREDIENTES **(4 p.)**

800 g de anchoas frescas (boquerones)
3 remolachas
50 g de cacahuetes (con cáscara)
2 dientes de ajo
1 cucharada de miel de acacia
1 guindilla
50 ml de vinagre de sidra
aceite de oliva virgen extra
½ cucharada de mostaza en grano
pimienta
perejil
sal

ELABORACIÓN

Retira la cabeza y las tripas de las anchoas. Con unas tijeras, recórtales las espinitas de la tripa. Resérvalas.

Pon abundante agua a calentar en la olla. Lava las remolachas e introdúcelas dentro. Sazona. Cierra la tapa y cuécelas durante 5 minutos. Deja que la presión baje y abre la olla. Deja templar, pela las remolachas, córtalas por la mitad y después en rodajas finas. Extiéndelas sobre una fuente. Resérvalas.

Pela los cacahuetes y tritúralos en la batidora picadora. Pasa el polvo a un bol y añade 100 ml de aceite, el vinagre, la mostaza, la miel, una pizca de sal y otra de pimienta. Mezcla bien hasta que todos los ingredientes queden bien emulsionados. Adereza con la mezcla el *carpaccio* de remolacha.

Calienta una sartén con abundante aceite, aplasta los dientes de ajo (con piel) y añádelos. Corta la guindilla en aros y agrégalos. Sazona las anchoas e incorpora la tercera parte a la sartén. Fríelas brevemente (1-2 minutos) y pásalas a una fuente. Repite el proceso con el resto de las anchoas.

Sirve las anchoas, alíñalas con su aceite y acompáñalas con el *carpaccio* de remolacha. Adorna con unas hojas de perejil.

COPA TRES CUAJADAS AL CARAMELO

INGREDIENTES **(4 p.)**

200 ml de leche de arroz
200 ml de leche de vaca
300 ml de leche de avena
3 cucharadas de azúcar
45 g de harina de maíz refinada
25 g de cacao
hojas de menta

Para el caramelo:
100 g de azúcar
zumo de ½ limón

ELABORACIÓN

Para hacer el caramelo, echa el zumo de limón en una sartén, añade el azúcar y caliéntalo hasta conseguir un caramelo dorado. Coloca una hoja de papel de hornear sobre la mesa y cúbrelo con un poco de caramelo líquido. Tápalo con otra hoja de papel de hornear y aplasta el caramelo con un rodillo hasta que quede una capa fina. Reserva las tejas de caramelo.

Para la primera cuajada, pon en un bol 1 cucharada de azúcar y 15 g de harina de maíz refinada. Mézclalo con la leche de arroz y vierte la mezcla en una cazuela. Remueve con la varilla hasta que espese. Una vez que haya ligado la mezcla, retírala y ponla en una fuente de cristal.

Para la segunda, mezcla en un bol otros 15 g de harina de maíz refinada, 1 cucharada de azúcar, el cacao y la leche de vaca. Viértelo en una cazuela y muévelo hasta que espese. Retira y vierte en la fuente.

Para la tercera, repite el mismo proceso, pero esta vez sin añadir el cacao y utilizando leche de avena.

Sirve la cuajada con unas tejas de caramelo y decora con unas hojas de menta.

ENSALADA DE LECHUGA HOJA DE ROBLE, AGUACATE Y MAÍZ

INGREDIENTES **(4 p.)**

1 lechuga hoja de roble
1 aguacate
100 g de maíz en conserva
aceite de oliva virgen extra
vinagre
sal

ELABORACIÓN

Lava la lechuga hoja de roble, sécala, trocéala y colócala en una fuente grande.

Corta el aguacate por la mitad, retírale la semilla, sácale la pulpa y córtala en dados. Agrégalos a la fuente.

Esparce el maíz por encima y aliña con aceite, vinagre y sal.

ESPÁRRAGOS Y GUISANTES DE PRIMAVERA

INGREDIENTES **(4 p.)**

16 espárragos blancos
200 g de guisantes (desgranados)
16 patatas mini
12 cebolletas de verdeo
1 cucharada de harina
aceite de oliva virgen extra
perejil
sal

ELABORACIÓN

Pon agua a calentar, agrega las patatas, sazónalas y cuécelas durante 12 minutos. Pélalas y resérvalas.

Retira la parte inferior de los espárragos y pélalos con un pelador de verduras. Pon agua a calentar en una cazuela, sazona y añade los espárragos. Cuécelos durante 12-14 minutos. Resérvalos dentro de la cazuela.

Corta la parte inferior (barbas) y superior (tallos verdes) de las cebolletas de verdeo (dejando solo la parte blanca) y retírales la primera capa. Ponlas a rehogar a fuego suave en una tartera con un chorrito de aceite durante unos 6-8 minutos.

Añade los guisantes y sazónalos. Agrega la cucharada de harina y rehógala un poco. Vierte un poco del agua resultante de cocer los espárragos y remueve bien. Cocina las cebolletas de verdeo con los guisantes durante 6-8 minutos.

Incorpora los espárragos y las patatas a la tartera y cocina a fuego suave todo junto durante 3-4 minutos más. Decora con unas hojas de perejil y sirve.

CANUTILLOS DE PLÁTANO

INGREDIENTES **(4 p.)**

2 plátanos
½ lámina de hojaldre
15 g de mantequilla
15 g de azúcar
1 huevo
15 g de almendra laminada (cruda)
harina (para estirar)
canela en polvo
azúcar glas
hojas de menta

Para la salsa de chocolate:

75 g de chocolate negro
150 ml de nata

ELABORACIÓN

Calienta una sartén con un poco de mantequilla, pela los plátanos y agrégalos. Cocínalos un poco a fuego vivo para que se caramelicen ligeramente. Añade el azúcar y dóralos durante 1 minuto. Retíralos y deja que se enfríen. Espolvoréalos con un poco de canela y córtalos por la mitad.

Espolvorea una superficie plana (encimera) con un poco de harina y extiende encima la lámina de hojaldre. Espolvoréala con un poco más de harina y estírala con un rodillo. Córtala en 4 trozos.

Coloca un trozo de plátano encima de cada trozo de hojaldre, unta uno de los lados de los hojaldres (esta parte será la que sirva para que el cilindro quede pegado) con un poco de huevo batido y enróllalos alrededor de los trozos de plátano.

Cubre una bandeja de horno con un trozo de papel de hornear y coloca los canutillos encima dejando la parte de la junta hacia abajo (en contacto con la bandeja). Píntalos con huevo batido y espolvoréalos con la almendra laminada. Hornéalos a 200 °C durante 15 minutos.

Para hacer la salsa, pon a calentar la nata y el chocolate en una cazuelita y caliéntalos hasta que se funda el chocolate. Remueve hasta que quede una salsa homogénea.

Sirve un poco de salsa de chocolate en cada plato y coloca un canutillo encima de cada uno. Espolvoréalos con azúcar glas y adorna los platos con unas hojas de menta.

EMPANADILLAS DE BONITO, TOMATE Y HUEVO

INGREDIENTES **(4 p.)**

20 obleas para empanadillas
150 g de bonito en aceite
850 g de tomate en conserva
2 huevos
2 pimientos morrones
3 dientes de ajo
1 cebolleta
1 pimiento verde
8 aceitunas verdes
aceite de oliva virgen extra
perejil
azúcar
sal

ELABORACIÓN

Coloca los pimientos morrones en una fuente apta para el horno. Riégalos con un chorrito de aceite y sazónalos. Hornéalos a 190 °C durante 35-40 minutos. Déjalos templar, pélalos, córtalos en tiras y colócalos en una fuente. Sazónalos y riégalos con un chorrito de aceite. Pela 1 diente de ajo, córtalo en daditos y añádelo. Resérvalos.

Pela la cebolleta y los otros 2 dientes de ajo. Córtalos en dados y ponlos a rehogar en una cazuela con un chorrito de aceite. Retira el tallo y las semillas del pimiento verde. Córtalo en dados y agrégalo. Rehoga las verduras. Añade los tomates en conserva, una pizca de sal y otra de azúcar.

Cocina el tomate durante 25-30 minutos. Pásalo por el pasapurés y resérvalo.

Pon agua a calentar en una cazuela. Agrega 1 huevo (reserva el otro) y cuécelo durante 10 minutos (contados desde el momento en que el agua empiece a hervir). Retíralo, refréscalo, pélalo, pícalo y ponlo en un bol.

Desmenuza el bonito y añádelo al bol. Agrega también las aceitunas verdes picadas y unas 8 cucharadas de salsa de tomate. Mezcla todo bien. En el momento de servir, calienta el resto de la salsa.

Extiende las obleas sobre una superficie lisa y rellénalas con la farsa. Ciérralas dándoles forma de media luna y séllalas (para que el relleno no se salga) presionando los bordes con un tenedor.

Cubre una bandeja de horno con papel de hornear y coloca encima las empanadillas. Casca el otro huevo, bátelo y unta con él las empanadillas. Hornéalas a 190 °C durante 10-12 minutos.

Sirve las empanadillas y acompáñalas con los pimientos y el tomate. Adorna los platos con unas hojas de perejil.

ENSALADA DE LECHUGAS VARIADAS, JAMÓN Y TOMATES CHERRY

INGREDIENTES **(4 p.)**

300 g de lechugas variadas
150 g de jamón cocido (lonchas un poco gruesas)
16 tomates cherry
30 g de avellanas
aceite de oliva virgen extra
vinagre
sal

ELABORACIÓN

Lava las lechugas, sécalas, trocéalas y colócalas en una fuente.

Lava los tomates, córtalos por la mitad y agrégalos.

Corta las lonchas de jamón en tacos e incorpóralos.

Pica un poco las avellanas y espárcelas por encima.

Sazona y aliña con aceite y vinagre. Sirve.

CREMA DE AGUACATE

INGREDIENTES **(4 p.)**

2 aguacates maduros
200 g de leche condensada
4-6 cubitos de hielo
canela molida
grosellas
hojas de menta

ELABORACIÓN

Pela los aguacates, retírales el hueso y trocéalos.

Ponlos en un bol con la leche condensada, un poco de agua y una pizca de canela. Bate todo y pasa la crema a una jarra. Añade 4-6 hielos, remueve y mantenla en el frigorífico hasta el momento de consumirla.

Reparte la crema en 4 copas y decora con unas grosellas y unas hojas de menta. Sirve.

ACEDÍAS CON ALIOLI DE LIMA

INGREDIENTES **(4 p.)**

24 acedías (limpias)
4 patatas (medianas)
2 dientes de ajo
1 aguacate
harina de garbanzo
aceite de oliva virgen extra
perejil
sal

Para el alioli de lima:
1 huevo
1 diente de ajo
150-200 ml de aceite de oliva virgen extra
zumo de ½ lima
sal

ELABORACIÓN

Lava las patatas, colócalas en un plato y cúbrelas con film transparente. Pincha el film con un palillo, introduce el plato en el microondas y cocina las patatas durante 8 minutos. Deja que se templen, pélalas, córtalas en trozos irregulares y colócalas en un bol. Resérvalas.

Pela 1 diente de ajo, córtalo en trocitos y colócalo en el vaso de la batidora. Agrega el huevo, una pizca de sal, el zumo de lima y el aceite. Tritura todo con la batidora eléctrica hasta que emulsionen los ingredientes. Reserva el alioli.

Pon a calentar una sartén con abundante aceite. Aplasta 1 diente de ajo (déjalo con piel) y añádelo a la sartén. Sazona las acedías, pásalas por la harina de garbanzo y añádelas a la sartén. Fríelas durante 1 minuto por cada lado. Escúrrelas sobre una fuente cubierta con papel absorbente.

Pela el aguacate, córtalo en trozos irregulares y agrégalos al bol de las patatas. Pela el otro diente de ajo, córtalo finamente (daditos) y añádelo. Mezcla bien. Sazona y adereza con un chorrito de aceite.

Sirve el pescado y acompáñalo con las patatas con aguacate y el alioli de lima. Decora con unas hojas de perejil.

ENSALADA DE CANÓNIGOS, REMOLACHA Y QUESO FRESCO

INGREDIENTES **(4 p.)**

300 g de canónigos
1 remolacha cocida
100 g de queso fresco
aceite de oliva virgen extra
vinagre
pimienta
sal

ELABORACIÓN

Lava los canónigos, sécalos y colócalos en una fuente.

Corta la remolacha a tu gusto y espárcela por encima.

Corta el queso en daditos y añádelos.

Salpimienta y adereza con aceite de oliva y unas gotas de vinagre. Sirve.

TORRIJAS DE SEMANA SANTA

INGREDIENTES **(4 p.)**

½ barra de pan (Viena)
500 ml de leche
3 cucharadas de azúcar
1 limón
1 naranja
15 ml de agua de azahar
huevos
aceite de oliva virgen extra
1 cucharada de canela
hojas de menta

ELABORACIÓN

Pon la leche a calentar en una cazuela y añade una cucharadita de azúcar. Agrega 2 trozos de cáscara de limón (sin llegar a la zona blanca) y otros 2 de naranja. Incorpora el agua de azahar y pon todo a calentar (para que se aromatice) a fuego suave durante 5-10 minutos. Deja templar.

Corta el pan en rebanadas de 2 centímetros, colócalas en una fuente y riégalas con la leche aromatizada. Deja que se empapen bien.

Calienta una sartén con abundante aceite. Escurre el pan. Bate los huevos, introduce en ellos las rebanadas de pan y fríelas. Escúrrelas sobre un plato cubierto con papel absorbente.

Mezcla el resto del azúcar con la canela en polvo y espolvorea con él las torrijas. Adorna con unas hojas de menta y sirve.

ENSALADA DE REMOLACHA

INGREDIENTES **(4 p.)**

2 remolachas cocidas
300 g de hojas variadas (berros, canónigos, rúcula, lollo)
8 tomates cherry
30 g de alcaparras
1 yogur natural
1 cucharada de mostaza
aceite de oliva virgen extra
sal

ELABORACIÓN

Lava las hojas, sécalas, trocéalas y ponlas en una fuente. Sazónalas.

Lava los tomates, córtalos en 4 y espárcelos sobre la ensalada.

Corta la remolacha en trocitos irregulares y agrégalos.

Salpica la ensalada con las alcaparras.

Mezcla el yogur con el aceite y la mostaza y adereza la ensalada. Sirve.

EMPANADA DE BACALAO Y ESPINACAS

INGREDIENTES **(6 p.)**

500 g de bacalao desmigado desalado
300 g de espinacas
4 dientes de ajo
2 cebollas
1 pimiento rojo
1 huevo
aceite de oliva virgen extra
perejil
pimentón
sal

Para la masa:

300 g de harina de centeno
200 g de harina de trigo + 50 g para estirar
10 g de levadura de panadero
225 ml de agua templada
6 cucharadas de aceite de oliva virgen extra
1 cucharadita de pimentón
sal

ELABORACIÓN

Coloca los ingredientes de la masa (harinas, levadura, agua, aceite, una pizca de sal y el pimentón) en un bol. Mézclalos y amásalos bien hasta conseguir una masa homogénea. Tápala con un paño limpio y deja que fermente durante 1 hora. Sepárala en dos. Enharina una superficie lisa y estira las masas (una masa un poco más grande que la otra) y recórtalas de manera que queden rectangulares. Coloca la masa más pequeña en una bandeja de horno cubierta con papel de hornear y reserva la otra.

Pela y lamina los dientes de ajo y rehógalos en una sartén con aceite. Pela las cebollas y el pimiento rojo, córtalos en dados grandes e incorpóralos. Sazona y deja pochar bien todo. Lava las espinacas, trocéalas y añádelas. Cocina conjuntamente durante 3-4 minutos.

Cocina un poco el bacalao en una sartén con un chorrito de aceite. Escúrrelo y añádelo a la sartén de las verduras. Agrega también el pimentón. Mezcla bien, retira todo a una fuente y deja templar.

Una vez que esté el relleno templado, extiéndelo sobre la masa que has colocado en la placa de horno (dejando los bordes libres). Pinta los bordes con huevo batido y cubre el relleno con la otra masa. Cierra bien los bordes (haciendo una especie de repulgo), pinta la superficie con huevo batido, hazle unos cortes con unas tijeras y hornéala a 200 °C durante 25-30 minutos. Sirve y adorna con unas ramitas de perejil.

HELADO DE NARANJA

INGREDIENTES **(4 p.)**

250 ml de zumo de naranja
ralladura de 2 naranjas
200 g de azúcar
250 g de nata semimontada
1 chorro de licor de naranja
8 hojas de menta picadas
cucuruchos o galletas de corte

ELABORACIÓN

Prepara en una sartén un jarabe espeso calentando el azúcar con la ralladura de naranja y 4 cucharadas de agua. Una vez hecho, déjalo templar y añade el zumo de naranja.

Mezcla en un bol la nata semimontada con el jarabe ya frío, el licor y las hojas de menta bien picadas.

Echa este preparado en un molde y congélalo de 4 a 6 horas. Remuévelo de vez en cuando.

Sirve el helado de naranja en cucuruchos o galletas de corte.

ENSALADA DE ESPINACAS, TOMATES CHERRY Y FRESAS

INGREDIENTES **(4 p.)**

300 g de espinacas
16 tomates cherry
8 fresas
aceite de oliva virgen extra
vinagre de Módena
sal

ELABORACIÓN

Lava las hojas de espinaca, sécalas y colócalas en una fuente grande.

Lava los tomates, córtalos por la mitad y agrégalos.

Lava las fresas, córtalas en daditos y añádelas.

Sazona y aliña con aceite y vinagre. Sirve.

HUEVOS Y SETAS DE PRIMAVERA

INGREDIENTES **(4 p.)**

8 huevos
400 g de setas de primavera
12 lonchas de beicon
2 dientes de ajo
aceite de oliva virgen extra
perejil
sal

ELABORACIÓN

Calienta una sartén con una gotita de aceite, agrega las lonchas de beicon y cocínalas brevemente por los dos lados. Retíralas y resérvalas.

Limpia las setas y trocéalas a mano (es importante trocearlas a mano). Pela los dientes de ajo, lamínalos y rehógalos en una sartén con aceite. Agrega las setas y saltéalas brevemente. Sazona.

Prepara 4 recipientes individuales aptos para el horno. Coloca tres tiras de beicon alrededor del perímetro de los recipientes y reparte en ellos las setas. Espolvoréalas con un poco de perejil picado. Añade dos claras de huevo en cada recipiente (reserva las yemas) y sazona.

Introduce los recipientes en el horno y hornéalos a 200 °C hasta que las claras cuajen.

Retira los recipientes del horno y coloca 2 yemas en cada uno. Sazónalas y decora con unas hojas de perejil. Sirve.

KATAIFI CON PIÑA Y SALSA DE FRESAS

INGREDIENTES **(4 p.)**

150 g de pasta *kataifi*
½ piña
400 g de fresas
75 g de mantequilla
30 g de azúcar
50 ml de vinagre de Módena
aceite de oliva virgen extra
hojas de menta

ELABORACIÓN

Pela y corta la piña en 4 gajos grandes (retírales la parte dura central) y después córtalos por la mitad a lo ancho de manera que te queden 8 trozos. Pon a calentar una sartén con 15 g de mantequilla y un poco de aceite. Cuando se funda la mantequilla, añade los trozos de piña y una tercera parte del azúcar (10 g). Cocínalos a fuego medio hasta que se doren un poco.

Limpia las fresas, trocéalas y colócalas en una sartén. Agrega otra tercera parte del azúcar (10 g) y cocínalas a fuego medio. Cuando estén blanditas, vierte encima el vinagre y deja que reduzca durante unos 6-8 minutos a fuego suave. Reserva la salsa.

Reparte la pasta *kataifi* en 8 porciones, abre los hilos de la pasta y envuelve cada trozo de piña con un manojo de pasta *kataifi*.

Coloca los rollitos en una bandeja de horno forrada con papel de hornear y úntalos con el resto (60 g) de la mantequilla fundida. Espolvoréalos con el resto del azúcar (10 g) y hornéalos a 200 °C durante 12-15 minutos.

Sirve los rollitos y acompáñalos con la salsa de fresa. Decora con unas hojas de menta.

COGOLLOS CON CEBOLLETA Y ANCHOAS

INGREDIENTES **(4 p.)**

6 cogollos
2 cebolletas
4 anchoas en aceite
aceite de oliva virgen extra
vinagre

ELABORACIÓN

Maja las anchoas en el mortero. Pasa la mezcla a un bol. Agrega aceite y vinagre y mezcla bien.

Corta la base de los cogollos. Suelta las hojas y colócalas en una fuente.

Corta las cebolletas en daditos y pon una pequeña porción sobre cada hoja.

Aliña con la vinagreta de anchoas. Sirve.

ENSALADA DE ESPINACAS, PAVO Y PERA

INGREDIENTES **(4 p.)**

400 g de espinacas *baby*
300 g de pechuga de pavo
2 peras
12 huevos de codorniz
2 remolachas licuadas
20 g de pipas de girasol
20 g de pipas de calabaza
12 nueces (enteras)
150 g de queso
12 tomates cherry
aceite de oliva virgen extra
pimienta
sal

Para la vinagreta de frambuesa:
8 frambuesas
2 chorritos de aceite de oliva virgen extra
1 cucharada de vinagre
1 cucharada de miel
sal

ELABORACIÓN

Limpia bien las espinacas, sécalas y resérvalas en un bol.

Cuece los huevos de codorniz en un cazo con agua y una pizca de sal. Déjalos templar y pélalos. Colócalos en un bol y añádeles el jugo de remolacha. Déjalos macerar.

Tuesta las pipas (de girasol y de calabaza) en una sartén sin nada de aceite. Resérvalas.

Pela las nueces, trocéalas y resérvalas.

Para hacer la vinagreta de frambuesa, cocina las frambuesas en otra sartén con un chorrito de aceite, el vinagre y la miel. Cuando se vayan ablandando, aplástalas un poco. Pasa la salsa a un bol. Añade otro chorrito de aceite, sazona, mezcla y reserva.

Corta el pavo en dados y salpimiéntalos. Saltéalos en una sartén a fuego fuerte con un chorrito de aceite. Resérvalos.

Pela las peras y córtalas en daditos.

Corta el queso, primero en láminas y después por la mitad.

Reparte las espinacas en 4 platos y sazónalas. Coloca encima, a tu gusto, el queso, las nueces, los dados de pera, los huevos de codorniz (enteros o cortados por la mitad), las pipas tostadas, los tomates (enteros o cortados por la mitad) y los dados de pavo. Aliña con la vinagreta de frambuesa y sirve.

NATILLAS DE AVELLANA CON BARQUILLOS

INGREDIENTES **(4 p.)**

500 ml de leche
6 yemas de huevo
75 g de azúcar
100 g de avellanas tostadas en polvo
1 rama de canela
hojas de menta

Para los barquillos

50 g de harina
50 g de azúcar glas
50 g de mantequilla fundida

ELABORACIÓN

Bate en un bol un chorrito de leche con las yemas. Pon al fuego en una cazuela el resto de la leche, el azúcar y una rama de canela. Cuando la leche esté caliente, añade un poco a las yemas, mezcla bien y vuelca en la cazuela. Incorpora las avellanas en polvo y cocina brevemente sin que hierva. Reparte las natillas en cuatro copas.

Para preparar los barquillos, mezcla los ingredientes en un bol hasta conseguir una masa homogénea. Coloca pequeñas porciones de masa sobre una bandeja de horno forrada con papel de hornear y extiéndelas con una cuchara. Hornea a 200 °C durante unos 7 minutos. Repite el proceso hasta terminar la masa. Retira la bandeja del horno y, en caliente, dales la forma que más te apetezca.

Sirve las natillas con los barquillos y decora con unas hojas de menta.

ENSALADA DE ESPINACAS, TOMATE Y FRESAS

INGREDIENTES **(4 p.)**

200 g de espinacas *baby*
1 tomate
100 g de fresas
aceite de oliva virgen extra
zumo de limón
sal

ELABORACIÓN

Lava las espinacas, sécalas y colócalas en una fuente grande.

Pela el tomate, córtalo en dados y espárcelos sobre las espinacas. Sazona.

Lava las fresas, retírales el tallo y córtalas en daditos.

Mezcla el zumo de limón con el aceite de oliva. Aliña la ensalada. Sirve.

HORCHATA DE CHUFAS

INGREDIENTES **(4 p.)**

300 g de chufas
200 g de azúcar
1 trozo de corteza de limón
1.500 ml de agua
canela molida
hojas de menta

ELABORACIÓN

Limpia bien las chufas y ponlas en remojo durante 12 horas, cambiando el agua varias veces. Enjuágalas.

Pon las chufas, el agua, el azúcar y la corteza de limón en el vaso americano.

Tritura todo bien e introduce la mezcla en el frigorífico durante dos o tres horas. Pásala por un chino.

Sirve la horchata muy fría, casi helada, con una pizca de canela y unas hojas de menta.

ALUBIAS PINTAS CON ACELGAS E HINOJO

INGREDIENTES **(4 p.)**

300 g de alubias pintas
4 hojas de acelga
1 hoja de hinojo
2 dientes de ajo
1 tomate
1 zanahoria
1 pimiento verde
aceite de oliva virgen extra
1 hoja de laurel
sal

ELABORACIÓN

Pela los ajos, lamínalos y rehógalos en la olla rápida con un chorrito de aceite. Agrega el tomate rallado y rehógalo un poco. Añade las alubias (remojadas desde la víspera y escurridas) y la hoja de laurel. Cúbrelas con abundante agua y sazona.

Pela la zanahoria y córtala en rodajas. Retira el tallo y las pepitas del pimiento y córtalo en trozos. Pon la zanahoria y el pimiento en una red (de las de cocer legumbres) y añádelos a la olla. Coloca la tapa y cuece todo durante 20 minutos. Retira la zanahoria y el pimiento de la red y tritúralos. Vierte el puré en la olla.

Separa las hojas de las acelgas (resérvalas) de las pencas. Retira los hilos de las pencas, córtalas en trozos de 2-3 centímetros y ponlas a cocer en una cazuela con agua hirviendo con una pizca de sal. Corta la hoja de hinojo en juliana y agrégala a la cazuela. Cuécelas durante 20 minutos.

Escurre las pencas de acelga y el hinojo y agrégalos a las alubias (si quedan secas, añade un poco de agua). Pica las hojas de acelgas finamente e incorpóralas. Cuece todo junto durante 5 minutos y sirve.

ENSALADA DE ESCAROLA, AGUACATE Y NUECES

INGREDIENTES **(4 p.)**

300 g de escarola
1 aguacate
12 nueces
aceite de oliva virgen extra
vinagre
sal

ELABORACIÓN

Lava la escarola, sécala, trocéala y colócala en una fuente.

Pela las nueces, pícalas un poco y agrégalas.

Pela el aguacate, córtalo a tu gusto y añádelo.

Sazona y aliña con aceite y vinagre. Sirve.

RABO GUISADO CON ARROZ

INGREDIENTES **(4 p.)**

1 kg de rabo de ternera
200 g de arroz basmati
8 dientes de ajo
10 judías verdes
1 zanahoria
2 alcachofas
1 vaso de *txakoli*
1 vaso de vino tinto
1 cucharada de harina de maíz refinada
harina
aceite de oliva virgen extra
1 cucharadita de tomillo seco
perejil
pimienta
sal

ELABORACIÓN

Salpimienta los trozos de rabo, enharínalos y dóralos en la olla rápida con un chorrito de aceite. Pela 6 ajos y añádelos enteros. Agrega también el *txakoli*, el vino tinto, 1 vaso de agua, el tomillo y una pizca de sal. Coloca la tapa y cuécelo durante 30 minutos. Pasado este tiempo, abre la olla, saca el rabo y tritura la salsa. Lígala agregando la harina de maíz disuelta en agua fría, remuévela e introduce de nuevo el rabo en la olla. Reserva caliente.

Retira las puntas de las judías y córtalas en dados. Pela la zanahoria y córtala en cuartos de luna. Pela las alcachofas y córtalas en gajos. Saltea las verduras en una sartén con un chorrito de aceite. Sazónalas y resérvalas.

Pela los otros 2 dientes de ajo, córtalos por la mitad y rehógalos en una cazuela con un chorrito de aceite. Agrega el arroz y rehógalo brevemente. Vierte el agua (la misma cantidad que de arroz), sazónalo y cocínalo durante 10-12 minutos. Añádelo a la sartén de las verduras y mezcla.

Sirve el rabo, salséalo y acompáñalo con el arroz. Adorna los platos con unas hojas de perejil.

CREMA DE LIMA CARAMELIZADA

INGREDIENTES **(4 p.)**

6 limas (250 ml de zumo)
3 huevos
180 g de azúcar
150 g de mantequilla
grosellas
hojas de menta

ELABORACIÓN

Lava las limas, córtalas por la mitad y exprímelas.

Casca los huevos en un bol, añade 150 g de azúcar (reserva el resto para caramelizar) y bátelos con la varilla manual. Agrega el zumo y sigue batiendo.

Pasa la mezcla a una cazuelita y ponla a calentar a fuego suave. Espera a que cuaje sin dejar de remover.

Cuando cuaje, pasa la mezcla a un bol, añade la mantequilla poco a poco (a trozos) y remueve bien hasta que se funda.

Reparte la mezcla en 4 recipientes y coloca, encima de cada uno, unas cuantas grosellas. Deja que se enfríen.

Reparte encima de los recipientes el resto del azúcar. Quémalos con un soplete hasta que la superficie quede caramelizada. Decóralos con unas hojas de menta.

ENSALADA DE CANÓNIGOS, QUESO DE CABRA Y NUECES

INGREDIENTES **(4 p.)**

300 g de canónigos
200 g de queso de cabra
12 nueces
aceite de oliva virgen extra
vinagre
sal

ELABORACIÓN

Lava los canónigos, sécalos y colócalos en una fuente.
Corta el queso en taquitos y espárcelos por encima.
Casca las nueces, pélalas y pícalas un poco. Incorpóralas a la ensalada.
Sazona y adereza con aceite y vinagre. Sirve.

CREMA DE CHAMPIÑONES Y POLLO AL ROMERO

INGREDIENTES **(4 p.)**

500 g de champiñones
1 muslo de pollo
1 zanahoria
3 dientes de ajo
2 cebolletas
1 pastilla de caldo de pollo
30 g de maíz para hacer palomitas
aceite de oliva virgen extra
2 ramas de romero
perejil
sal

ELABORACIÓN

Para hacer el caldo, pon abundante agua a calentar en una cazuela. Pela la zanahoria, córtala en medias lunas y agrégala a la cazuela. Retira la piel del pollo y resérvala. Añade a la cazuela el muslo de pollo (sin piel), las ramas de romero, unas ramas de perejil y la pastilla de caldo. Cuece todo durante 20 minutos. Cuela el caldo y reserva el muslo.

Pela y trocea los dientes de ajo y las cebolletas. Pon todo a pochar en una cazuela grande con un chorrito de aceite.

Retira la parte inferior del tallo de los champiñones. Córtalos en 4 y enjuágalos en un bol con agua. Escúrrelos y agrégalos a la cazuela donde están los ajos y las cebolletas. Sazónalos, rehógalos brevemente y cuela encima el caldo de pollo. Cocina todo durante 20-25 minutos a fuego no muy fuerte.

Pasa los ingredientes de la crema (reserva parte del caldo) y el muslo de pollo (picado) al vaso americano. Agrega un poco de perejil picado y tritura. Pasa la crema a una cazuela. Si quedara muy espesa, puedes aligerarla agregándole un poco del caldo reservado anteriormente.

Pon a calentar un poco de aceite en una sartén, agrega los granos de maíz, tapa y fríelos hasta que exploten. Retira las palomitas y escúrrelas sobre un plato cubierto con papel absorbente.

Dora la piel del muslo de pollo (a fuego suave) en una sartén pequeña hasta que quede crujiente. Pícala con un cuchillo.

Reparte la crema en los platos, añade por encima las palomitas y la piel de pollo crujiente. Rocía con unas gotas de aceite, decora con unas hojas de perejil y sirve.

HERRADURA DE MELOCOTÓN

INGREDIENTES **(4 p.)**

1 melocotón
25 g de pasas
150 g de harina
1 huevo
100 ml de agua tibia
2 cucharadas de aceite de oliva virgen extra
1 pizca de sal
mantequilla fundida
pan rallado
canela en polvo
hojas de menta
grosellas

Para la salsa:

100 g de azúcar moreno
1 yogur natural
1 cáscara de naranja
2 hojas de menta

ELABORACIÓN

Pon la harina, la sal, el huevo y el aceite en un bol. Añade el agua tibia poco a poco amasando con las manos. Amasa hasta conseguir una masa blanda y uniforme. Deja reposar durante 15 minutos.

Unta una superficie lisa con mantequilla, pasa a ella la masa, úntala por encima con un poco más de mantequilla y extiéndela con las manos. Espolvorea la superficie con un poco de pan rallado y canela en polvo. Coloca encima las pasas hidratadas (remojadas en agua) y los melocotones cortados en bastoncitos.

Enrolla como si fuera un brazo de gitano. Pon sobre una placa de horno, dale forma de herradura y úntala con el resto de la mantequilla. Cocina en el horno a 200 °C durante unos 20-25 minutos, hasta que se dore.

Para la salsa, pon a cocer el azúcar con un poco de agua y la cáscara de naranja. Cuando se deshaga el azúcar, déjalo templar y mézclalo con el yogur y unas hojas de menta picadas.

Retira la herradura del horno y decora con unas hojas de menta, un poco de canela en polvo y unas grosellas. Acompaña con la salsa y sirve.

ENSALADA DE ENDIBIAS Y REMOLACHA

INGREDIENTES **(4 p.)**

6 endibias
1 remolacha cocida
30 g de cacahuetes
15 g de brotes de cebolla
aceite de oliva virgen
extra
vinagre
sal

ELABORACIÓN

Suelta las hojas de endibia, lávalas, sécalas, trocéalas y colócalas en una fuente.

Corta la remolacha en daditos y agrégala por encima.

Añade los cacahuetes cortados por la mitad y esparce por encima los brotes.

Sazona y adereza con aceite y vinagre. Sirve.

MIGAS CON JAMÓN, PIMIENTOS Y HUEVOS FLOR

INGREDIENTES **(4 p.)**

225 g de migas de pan
100 g de jamón serrano
1 pimiento verde
1 pimiento rojo
1 pimiento amarillo
4 huevos
4 dientes de ajo
aceite de oliva virgen extra
perejil
pimentón
sal

ELABORACIÓN

Pela los dientes de ajo, aplástalos un poco con la hoja del cuchillo y fríelos en una paella (tartera) con un chorrito de aceite.

Pela los pimientos, córtalos en dados medianos y añádelos. Sazónalos y rehógalos bien.

Corta el jamón en dados, agrégalos y rehógalos brevemente. Retira todo a una fuente.

Incorpora las migas a la paella y fríelas, poco a poco, a fuego suave y removiéndolas bien durante 8-10 minutos, hasta que queden bien tostaditas. Cuando estén bien tostadas, añade los pimientos con los ajos y el jamón. Mezcla bien.

Corta 4 trozos grandes de film transparente y extiende cada trozo sobre una taza. Mezcla en un bol un poco de aceite con un poco de pimentón y unta los trozos de film con la mezcla. Casca un huevo en cada uno, sazónalos y úntalos de nuevo con un poco de aceite y pimentón.

Coge las 4 puntas del film y enróllalos. Átalos con cuerda de cocina o con un cierre de alambre plastificado (de los que se utilizan para cerrar las bolsas de congelación).

Cuécelos en una cazuela con agua hirviendo durante 3-4 minutos. Retira y quítales el film.

Reparte las migas en 4 platos y coloca un huevo flor en el centro de cada uno. Decora con una hojita de perejil y sirve.

HELADO RELLENO

INGREDIENTES **(4 p.)**

500 ml de helado de pistacho
75 g de bizcocho
3 mitades de melocotón en almíbar
75 g de guindas en almíbar
20 g de azúcar glas
1 copita de licor
200 ml de nata montada
frambuesas
pistachos
hojas de menta

ELABORACIÓN

Corta en daditos el bizcocho, el melocotón y las guindas y pon todo en un bol. Incorpora el azúcar y el licor. Mezcla bien y deja macerar durante 30 minutos. Una vez macerado, añade la nata montada y mezcla.

Cubre con film transparente un molde tipo flanera. Forra todo el interior con una capa gruesa de helado de pistacho e introdúcelo en el congelador el tiempo suficiente para que se quede duro. Pasado este tiempo, sácalo del congelador y rellena el molde con la mezcla macerada. Vuelve a congelarlo durante 4 o 5 horas y desmolda (para desmoldar, puedes sumergir el molde durante unos instantes en agua caliente).

Decora con unas frambuesas, unos pistachos pelados y unas hojas de menta y sirve.

ESPÁRRAGOS BLANCOS CON ANCHOAS EN ESCABECHE

INGREDIENTES **(4 p.)**

24 espárragos blancos
700 g de anchoas frescas (boquerones)
2 dientes de ajo
250 ml de aceite de oliva virgen extra
100 ml de vinagre
10 granos de pimienta
1 hoja de laurel
1 rama de tomillo (fresca)
1 rama de romero (fresca)
perejil
sal

ELABORACIÓN

Pela los espárragos y retírales la parte inferior de los tallos. Pon agua a calentar en una cazuela y, cuando empiece a hervir, sazona y agrega los espárragos. Cuécelos (con la tapa puesta) durante 10-15 minutos (según te guste el punto). Resérvalos.

Limpia las anchoas, retirándoles la cabeza, las tripas y la espina central. Sazónalas y colócalas (formando un círculo) en la base de una tartera.

Pela los dientes de ajo, pícalos y colócalos en el mortero. Añade los granos de pimienta y maja todo bien. Coloca el majado en un cazo y agrega el aceite y el vinagre. Pica el tomillo y el romero y añádelos. Incorpora la hoja de laurel. Hierve los ingredientes durante 2-3 minutos. Vierte el escabeche en la cazuela de las anchoas y cocínalas durante 4-5 minutos.

Reparte los espárragos y las anchoas en 4 platos, decóralos con unas hojas de perejil y sirve.

ENSALADA DE CANÓNIGOS Y PASTA

INGREDIENTES **(4 p.)**

150 g de canónigos
200 g de pasta
16 tomates cherry
aceite de oliva virgen extra
vinagre
sal

ELABORACIÓN

Lava los canónigos, sécalos y colócalos en una fuente.

Pon agua a calentar. Cuando empiece a hervir, sazona y agrega la pasta. Cuécela durante el tiempo que indique el paquete. Refréscala y agrégala a la fuente.

Lava los tomates, córtalos por la mitad y añádelos.

Sazona y aliña con aceite y vinagre. Sirve.

PASTEL DE ALBARICOQUES

INGREDIENTES **(6 p.)**

1 plancha de hojaldre
500 g de albaricoques
2 cucharadas de harina de maíz refinada
1 vaso de leche
2 cucharadas de azúcar
2 huevos
1 copita de ron
1 yogur de plátano
gelatina de limón

ELABORACIÓN

Forra un molde con el hojaldre y hornéalo, cubierto con garbanzos para que no suba, a 180 °C durante 15 minutos.

Disuelve la harina en un poco de leche. Añade el azúcar, los huevos y el resto de la leche. Calienta, removiendo con una varilla, hasta que se espese. Añade el ron y el yogur de plátano. Mezcla bien.

Cubre el hojaldre, ya frío, con la crema, coloca sobre ella los albaricoques cortados en gajos y hornea a 175 °C durante 10 minutos.

Prepara una gelatina siguiendo las instrucciones del envase y unta con ella el pastel de albaricoques. Sirve.

ENSALADA DE LECHUGAS VARIADAS, AGUACATE Y FRESAS

INGREDIENTES **(4 p.)**

300 g de lechugas variadas
1 aguacate
100 g de fresas
4 rodajas de pan
aceite de oliva virgen extra
vinagre
sal

ELABORACIÓN

Lava las lechugas, sécalas, trocéalas y ponlas en una fuente grande.

Pela el aguacate, córtalo en láminas y añádelas.

Lava las fresas, retírales el tallo y córtalas en daditos. Agrégalos.

Corta el pan en dados y fríelos en una sartén con aceite. Añádelos a la ensalada.

Sazona y aliña con aceite y vinagre. Sirve.

YOGUR SUFLÉ

INGREDIENTES **(4 p.)**

2 yogures naturales
4 kiwis
12 fresas
2 plátano
4 cucharadas de azúcar
3 claras de huevo
zumo de 1 limón
mermelada de frambuesa

ELABORACIÓN

Limpia la fruta, trocéala y mézclala en un bol con el zumo de limón y 2 cucharadas de azúcar. Reserva a temperatura ambiente.

Pon las claras en un bol, añade las otras 2 cucharadas de azúcar y bate con la batidora de montar hasta obtener un merengue. Mezcla con el yogur suavemente y deja enfriar en el frigorífico.

Coloca un poco de mermelada en el fondo de cada copa y reparte encima la mezcla de yogur y merengue.

En el último momento, añade la macedonia de frutas y sirve.

ALBÓNDIGAS CON GUISANTES

INGREDIENTES **(4 p.)**

500 g de carne picada de ternera
250 g de carne picada de cerdo
30 g de miga de pan
1 l de caldo de pollo
125 g de guisantes frescos (desgranados)
4 dientes de ajo
2 cebollas
1 cebolleta
1 huevo
harina
aceite de oliva virgen extra
perejil
pimienta
sal

ELABORACIÓN

Trocea la miga de pan y colócala en un bol. Vierte encima un poco del caldo de pollo y espera a que la miga quede bien empapada. Escúrrela y resérvala.

Pon agua a calentar en una cazuela. Cuando empiece a hervir, sazona y añade los guisantes. Cuécelos durante 10-15 minutos (según el tamaño). Escúrrelos y resérvalos.

Pela 2 dientes de ajo, trocéalos y rehógalos en una cazuela con un chorrito de aceite. Pela las cebollas, córtalas en dados y añádelos. Rehógalas bien a fuego suave hasta que estén bien doradas. Agrega 2 cucharadas de harina y rehógalas bien. Vierte encima el resto del caldo de pollo y cocina la salsa durante unos 15 minutos. Pasa la salsa por el pasapurés y colócala en una tartera.

Pela 2 dientes de ajo y córtalos en daditos. Pela y corta la cebolleta de la misma manera. Calienta una sartén con un chorrito de aceite. Agrega la cebolleta y los ajos y rehógalos a fuego suave. Pásalos a un bol y añade la carne de ternera, la carne de cerdo, el huevo, la miga de pan escurrida, un poco de perejil picado y una pizca de sal y otra de pimienta. Mezcla bien y forma las albóndigas. Enharínalas y fríelas en una sartén con aceite caliente. Retíralas y escúrrelas sobre una fuente cubierta con papel absorbente.

Añade las albóndigas y los guisantes (escurridos) a la salsa. Espolvorea la tartera con un poco de perejil picado y cocina todo a fuego suave durante 5-8 minutos.

Sirve las albóndigas, salsea y decora los platos con unas hojas de perejil.

ENSALADA DE RÚCULA Y REMOLACHA

INGREDIENTES **(4 p.)**

300 g de rúcula
1 remolacha
30 g de pipas de girasol (peladas)
aceite de oliva virgen extra
vinagre
sal

ELABORACIÓN

Lava las hojas de rúcula, sécalas y colócalas en una fuente.

Lava la remolacha, pélala y rállala. Espárcela sobre las hojas de rúcula.

Tuesta las pipas en una sartén sin aceite y añádelas a la ensalada.

Sazona y adereza con aceite y vinagre. Sirve.

CONGRIO ENCEBOLLADO

INGREDIENTES **(4 p.)**

600 g de congrio (limpio sin espinas)
4 cebolletas
2 huevos
2 dientes de ajo
16 pimientos verdes pequeños
harina
aceite de oliva virgen extra
1 cucharada rasa de pimentón
sal

ELABORACIÓN

Corta 4 cebolletas por la mitad y luego en juliana fina y rehógalas en una sartén con un chorrito de aceite durante unos 15 minutos. Sazónalas y resérvalas.

Coloca los huevos en un bol, sazónalos y añádeles el pimentón. Bátelos bien.

Corta el pescado en 16 filetes, sazónalos y enharínalos. Introdúcelos en el bol de los huevos, escúrrelos y fríelos en una sartén con aceite con los dientes de ajo (con piel). Retira y escurre los trozos de pescado sobre un plato cubierto con papel absorbente.

Pon a calentar otra sartén con un poco de aceite, añade los pimientos y fríelos hasta que estén a tu gusto. Retíralos a un plato y sazónalos.

Sirve en cada plato 4 trozos de pescado con 4 pimientos y una porción de cebolleta pochada.

FLORES DE PASTA FILO Y FLAN

INGREDIENTES **(4 p.)**

6 láminas de pasta filo
2 huevos
50 g de azúcar
250 ml de leche
100 g de mantequilla (fundida)
8 caramelos de tofe
hojas de menta

ELABORACIÓN

Para la crema de flan, mezcla en un bol los huevos con el azúcar. Incorpora la leche y bate todo bien.

Extiende una lámina de pasta filo sobre una superficie lisa. Unta la mitad con la mantequilla fundida y dóblala. Vuelve a untarla con mantequilla y dóblala de nuevo, repite el proceso hasta conseguir una tira de unos 4 centímetros. Introdúcela en un recipiente apto para el horno (tipo vaso bajo) formando una rosca con ella, dejando un hueco en la parte central. Haz lo mismo con otras 3 láminas de pasta filo hasta conseguir 4 recipientes con una rosca en cada uno.

Repite el proceso con las otras 2 láminas de pasta filo y, cuando tengas las tiras, córtalas por la mitad y rellena el interior de cada vaso con un trozo.

Hornéalas a 180 °C durante 10-15 minutos, hasta que queden crujientes. Retíralas del horno y deja que se templen. Vierte la crema de flan sobre las flores de pasta y hornéalas de nuevo a la misma temperatura (180 °C) durante 15 minutos más. Deja que se enfríen y desmóldalas. Resérvalas.

Coloca los caramelos de 2 en 2 sobre una bandeja de horno forrada con papel de hornear. Cúbrelos con otro trozo de papel de hornear e introdúcelos en el horno. Cuando se calienten (unos 3 minutos), estíralos con ayuda de un rodillo y deja que se enfríen.

Sirve las flores e inserta la lámina de caramelo en la parte central de las flores. Decora los platos con unas hojas de menta.

ENSALADA DE LECHUGA HOJA DE ROBLE, NARANJA Y QUESO

INGREDIENTES **(4 p.)**

1 lechuga hoja de roble
1 naranja
100 g de queso de cabra
30 g de piñones tostados
aceite de oliva virgen extra
vinagre
sal

ELABORACIÓN

Lava la lechuga, sécala, trocéala y colócala en una fuente. Sazona.

Pela la naranja, saca los gajos en vivo, córtalos en trocitos y añádelos.

Corta el queso en rodajas y agrégalas.

Tuesta los piñones en una sartén sin aceite. Retira y deja que se enfríen. Incorpóralos a la ensalada.

Sazona y aliña con aceite y vinagre. Sirve.

ARROZ CON VERDURAS Y CIGALITAS

INGREDIENTES **(4 p.)**

300 g de arroz
12 cigalitas
1 cebolleta
2 puerros
2 zanahorias
8 hojas de espinacas
200 g de judías verdes
aceite de oliva virgen extra
sal

ELABORACIÓN

Pon abundante agua a calentar en una cazuela grande. Corta la parte verde de la cebolleta y agrégala. Corta la parte verde de los puerros, enjuágalos bajo el grifo, trocéalos y añádelos a la cazuela. Incorpora también las cabezas de las cigalitas. Sazona y cuece todo durante 20 minutos. Pon las colas de las cigalitas en un colador e introdúcelo en la cazuela durante 1 minuto. Pela las cigalitas. Cuela el caldo y resérvalo.

Pon un poco de aceite en una cazuela, agrega el arroz y rehógalo brevemente. Vierte encima el caldo (el doble y un poco más de caldo que de arroz) y cocínalo durante 18-20 minutos, removiéndolo de vez en cuando.

Calienta a fuego suave unas 8 cucharadas de aceite en una sartén. Agrega 4 hojas de espinaca (que no se toquen entre sí) y fríelas a fuego suave hasta que pierdan la humedad. Escúrrelas sobre un plato cubierto con papel absorbente. Haz lo mismo con las otras 4 hojas. Resérvalas.

Corta la cebolleta en daditos y ponlos a rehogar en una sartén grande con un chorrito de aceite. Retira las puntas de las judías, córtalas en daditos y añádelas. Retira la hoja externa de los puerros, córtalos en daditos e incorpóralos. Pela las zanahorias, córtalas en daditos y añádelos. Sazona y rehoga todo bien.

Agrega el arroz a las verduras y mezcla bien.

Reparte el arroz en 4 platos y coloca en cada uno 3 cigalitas y 2 hojas de espinaca. Sirve.

PERFECTO DE PICOTAS

INGREDIENTES **(4 p.)**

150 g de picotas o cerezas en licor
200 g de azúcar
3 yemas de huevo
200 g de nata montada
zumo de limón
hojas de menta

ELABORACIÓN

Prepara un jarabe calentando en un cazo el azúcar con 4 cucharadas de agua y un poco de zumo de limón.

Monta en un bol, con una batidora de varillas, las yemas, a la vez que añades el jarabe caliente. Bate la mezcla 4-5 minutos hasta que se espese, claree y aumente el volumen.

Añade las picotas en licor deshuesadas (reserva unas pocas) y la nata montada. Mezcla con cuidado y viértelo en moldes de ración.

Congélalo durante 3-4 horas. Desmolda y sirve decorado con picotas enteras, un poco de licor y hojas de menta.

HUEVOS A LA FLAMENCA

INGREDIENTES **(4 p.)**

8 huevos
150 g de guisantes (desgranados)
2 patatas
1 puerro
2 dientes de ajo
1 cayena
100 g de chorizo ibérico
2 lonchas gruesas de jamón serrano (100 g)
350 ml de salsa de tomate
aceite de oliva virgen extra
perejil
pimienta
sal

ELABORACIÓN

Pon agua a calentar en una cazuela, sazona y, cuando empiece a hervir, agrega los guisantes. Cuécelos durante 10-15 minutos. Escúrrelos y resérvalos.

Pela las patatas y córtalas en daditos. Retira la primera capa del puerro, retírale la parte inferior y superior, lávalo bien y córtalo en medias lunas.

Aplasta los dientes de ajo (déjalos con piel) y rehógalos en una sartén con aceite. Añade las patatas y fríelas un poco. Incorpora el puerro y la cayena, sazona y confita todo (a fuego más suave). Escurre y reserva.

Pela el chorizo. Corta el chorizo y el jamón en taquitos. Rehoga la mitad del chorizo y la mitad del jamón en una sartén con aceite. Añade las patatas con los puerros y los guisantes. Cocina todo a fuego suave durante 4-5 minutos y repártelo en 4 cazuelitas de barro. Cúbrelas con la salsa de tomate caliente y casca un par de huevos encima de cada cazuelita. Salpimienta los huevos, coloca alrededor el resto del jamón y del chorizo e introduce las cazuelitas en el horno. Hornéalas hasta que los huevos cuajen (a tu gusto). Retira, sirve y decora con unas hojas de perejil.

ENSALADA DE TOMATE Y PEPINO

INGREDIENTES **(4 p.)**

1 tomate
1 pepino
1 diente de ajo
aceite de oliva virgen extra
vinagre
sal

ELABORACIÓN

Pela el pepino, córtalo en trozos irregulares y colócalos en una fuente.

Pela el tomate, córtalo de la misma manera y agrégalo.

Pela un diente de ajo, pícalo finamente y añádelo.

Sazona y aliña con aceite y vinagre. Sirve.

KIWIS GRATINADOS

INGREDIENTES **(4 p.)**

3 kiwis
1 mango
3 yemas de huevo
4 cucharadas de azúcar
1 copita de *brandy*
1 vaso de nata

ELABORACIÓN

Pela los kiwis y el mango y córtalos en rodajas. Colócalo todo en una fuente de horno.

En un bol, mezcla las yemas, el azúcar, el *brandy* y la nata. Rocía con esta crema la fruta, gratina durante 3 o 4 minutos y sirve.

POLLO CON SALSA DE PIMIENTA ROSA

INGREDIENTES **(4 p.)**

4 medias pechugas de pollo (sin piel)
4 lonchas de jamón cocido
8 espárragos verdes
½ vaso de vino blanco
16 chalotas
¼ l de caldo de ave
200 g de nata fresca
aceite de oliva virgen extra
perejil
1 cucharada de pimienta rosa
pimienta negra
sal

ELABORACIÓN

Abre las pechugas de pollo como si fueran un libro y salpiméntalas. Pon una loncha de jamón cocido y 2 espárragos verdes sobre cada una.

Enróllalas y átalas con una lid (cuerda) de cocina. Dora los rollitos de pollo en una tartera (apta para el horno) con un chorrito de aceite y, cuando tomen color, vierte encima el vino blanco, dale un hervor y hornea las pechugas a 200 °C durante 12-15 minutos. Retírales la lid de cocina.

Confita las chalotas en una sartén con un chorrito de aceite durante 10-12 minutos a fuego suave.

Para la salsa rosa, maja en un mortero la pimienta rosa y ponla en un cazo. Añade el caldo de ave y la nata y sazona. Deja reducir a fuego medio durante 10-12 minutos.

Sirve un rollito en cada plato y acompáñalos con las chalotas. Salsea con la salsa rosa y decora los platos con unas hojas de perejil.

ENSALADA DE PEPINO, POMELO Y RABANITOS

INGREDIENTES **(4 p.)**

2 pepinos
1 pomelo
4 rabanitos
aceite de oliva virgen extra
zumo de limón
sal

ELABORACIÓN

Pela los pepinos, córtalos en rodajas finas y extiéndelas en una fuente.

Pela el pomelo y saca los gajos en vivo. Corta cada gajo por la mitad y espárcelos sobre el pepino.

Corta los rabanitos en dados y añádelos a la fuente. Sazona.

Mezcla en un bol aceite y zumo de limón y aliña la ensalada. Sirve.

COPA DE BRIOCHE CON FRUTAS Y MERENGUE DE LIMA

INGREDIENTES **(4 p.)**

1 rodaja gruesa de brioche
1 manzana
1 kiwi
1 pera
300 ml de leche (1 vaso)
50 g de mantequilla
2 huevos
hojas de menta

Para el merengue de lima:

1-2 claras
½ lima
50 g de azúcar

ELABORACIÓN

Retira la corteza del brioche y córtalo en dados grandes. Pon la leche en un plato hondo e introduce en él los trozos de brioche.

Calienta la mantequilla en una sartén con cuidado de que no se queme.

Bate los huevos en un bol, introduce en él los trozos de brioche remojados en leche y dóralos en la sartén. Retíralos a un plato.

Corta la manzana, el kiwi y la pera en dados y resérvalos.

Para el merengue de lima, pon 1 clara en un bol limpio y seco. Agrega la ralladura de ½ lima y bate con batidora de varillas eléctricas. Cuando empiece a montar, añade el azúcar poco a poco y sigue batiendo hasta que esté bien montado.

Sirve en copas, alternando dados de fruta y de brioche. Pon, encima de cada una, una buena porción de merengue de lima. Adorna con unas hojas de menta.

ENSALADA DE ESCAROLA, AGUACATE Y SÉSAMO

INGREDIENTES **(4 p.)**

1 escarola
1 aguacate
30 g de semillas de sésamo tostadas
aceite de oliva virgen extra
vinagre
sal

ELABORACIÓN

Lava la escarola, sécala, trocéala y colócala en un bol.

Corta el aguacate en daditos y añádelos.

Sazona y aliña con vinagre y aceite.

Salpica la ensalada con las semillas de sésamo. Sirve.

ROLLITOS DE POLLO Y SOJA

INGREDIENTES **(4 p.)**

8 láminas de pasta *brick*
2 pechugas de pollo
100 g de germinados de soja
1 cebolla
2 pimientos verdes
zumo de 1 naranja
4 cucharadas de salsa de soja
3 cucharadas de salsa de tomate
1 cucharadita de miel
aceite de oliva virgen extra
perejil
pimienta negra
sal

ELABORACIÓN

Corta la cebolla y los pimientos verdes en juliana y ponlos a pochar en una sartén con un chorrito de aceite. Sazona. Cuando tomen color, retíralos y resérvalos.

Corta las pechugas de pollo en tiras finas, salpimiéntalas y saltéalas en una sartén con un chorrito de aceite.

Cuando el pollo tome un poco de color, añade los germinados de soja, saltea y agrega las verduras pochadas. Cocina conjuntamente durante un par de minutos y deja templar.

Para la salsa, pon a calentar en un cazo el zumo de naranja, la salsa de soja, la salsa de tomate y la miel. Sazona y deja que reduzca un poco.

Extiende 1 lámina de pasta *brick*, coloca en el centro el salteado de pollo con verduras y soja y enróllala hasta la mitad. Dobla las esquinas hacia el interior y sigue enrollándola (tienen que quedar como unos rollitos de primavera). Repite el proceso con el resto de las láminas de pasta *brick*.

Fríe los rollitos en una sartén con aceite bien caliente y, cuando estén dorados y crujientes, retíralos a una fuente cubierta con papel absorbente.

Sirve 2 rollitos en cada plato, salséalos y adorna los platos con unas hojas de perejil.

CREMA DE PLÁTANOS

INGREDIENTES **(4 p.)**

3 plátanos
500 ml de leche
2 huevos
4 cucharadas de azúcar
2 cucharadas de harina de maíz refinada
1 ramita de vainilla
frambuesas

ELABORACIÓN

Separa las claras de las yemas y resérvalas en 2 boles. Deshaz las yemas con un chorrito de leche. Añade 2 cucharadas de azúcar y la harina de maíz diluida en un poco de leche. Mézclalo todo bien. Hierve el resto de la leche con la vainilla.

Añade la mezcla de las yemas poco a poco a la leche y sigue calentando a fuego suave sin parar de remover.

Agrega 2 plátanos aplastados y mezcla bien. Sigue calentando y removiendo durante 5 minutos hasta que espese.

Monta las claras reservadas a punto de nieve con 2 cucharadas de azúcar. Sirve en una fuente la crema de plátanos y decora con 1 plátano en rodajas, unas frambuesas y montoncitos de merengue.

ENSALADA DE LECHUGA, PATATA Y RABANITOS

INGREDIENTES **(4 p.)**

1 lechuga
1 patata
8 rabanitos
12 aceitunas verdes
aceite de oliva virgen extra
vinagre
sal

ELABORACIÓN

Lava la lechuga, sécala, trocéala y colócala en una fuente.

Pon la patata a cocer en una cazuela con abundante agua. Cuécela durante 30 minutos. Pélala y córtala en dados.

Lava los rabanitos, lamínalos y añádelos.

Agrega también las aceitunas (enteras o cortadas a tu gusto).

Sazona y aliña con aceite y vinagre. Sirve.

SALMONETES CON SALTEADO DE CEBADA

INGREDIENTES **(4 p.)**

4-8 salmonetes (según tamaño)
100 g de cebada
1 cebolleta
1 zanahoria
1 pimiento verde
aceite de oliva virgen extra
cebollino
perejil
pimienta negra
sal

ELABORACIÓN

Limpia los salmonetes retirándoles las cabezas, las colas y las espinas. Reserva los lomos.

Pon a calentar una cazuela con agua. Cuando empiece a hervir, agrega las cabezas, colas y espinas de los salmonetes. Añade un manojo de perejil. Cuece todo durante 10-15 minutos y vete retirando (con un cazo) la espuma que se forme.

Lava la cebada (para eliminar las impurezas) y ponla en una olla rápida con el caldo de los salmonetes. Sazona, cierra la olla y cuécela durante 15 minutos. Escúrrela y resérvala.

Corta la cebolleta, la zanahoria y el pimiento verde en juliana fina y ponlos a dorar en una sartén con un chorrito de aceite. Sazona y cocina hasta que se pochen bien todas las verduras. Añade la cebada y saltéala brevemente.

Salpimienta los salmonetes y colócalos (dejando la parte de la piel hacia arriba) en una placa de horno untada con un poco de aceite. Úntalos con otro poco de aceite y hornéalos a 200 °C durante 5 minutos.

Sirve una porción de cebada en la base de los platos y coloca encima los lomos de los salmonetes. Decora los platos con unas hojas de perejil.

COPA DE FRUTAS CON CREMA DE AVENA

INGREDIENTES **(4 p.)**

2 kiwis
2 naranjas
80 g de copos de avena
600 ml de leche
1 cucharada de azúcar moreno
2 cucharadas de pasas
6 ciruelas secas
½ vaso de vino dulce
aceite de oliva virgen extra

ELABORACIÓN

Para hacer la crema de avena, pon en una cazuela los copos de avena, la leche y el azúcar. Cocina a fuego lento hasta conseguir una consistencia un poco espesa. Coloca la crema de avena en un bol y reserva.

Pon las pasas y las ciruelas (picadas) en una cazuela con un chorrito de aceite y el vino dulce y cocina a fuego suave hasta que se reduzca. Reserva.

Pela los kiwis y córtalos en rodajas.

Pela las naranjas y retírales con cuidado toda la piel blanca. Sácales los gajos en vivo.

Sirve en copas. Pon, en la base de cada copa, 1 cucharada de crema de avena, 1 rodaja de kiwi y 3 gajos de naranja. Vuelve a añadir crema de avena y esparce por encima la mitad de las pasas y de las ciruelas. Coloca encima el resto de la fruta y termina con crema de avena y el resto de las frutas secas.

ENSALADA DE BERROS, RABANITOS Y MAÍZ

INGREDIENTES **(4 p.)**

300 g de berros
8 rabanitos
30 g de maíz en conserva
30 g de pistachos (pelados)
aceite de oliva virgen extra
vinagre
sal

ELABORACIÓN

Lava los berros, sécalos y colócalos en una fuente.

Lava los rabanitos, córtalos en láminas finas y añádelos.

Esparce por encima el maíz en conserva.

Agrega también los pistachos troceados.

Sazona y adereza con aceite y vinagre. Sirve.

MILHOJAS DE ENSALADILLA DE PESCADO

INGREDIENTES **(4 p.)**

8 obleas para empanadillas
200 g de merluza
8 mejillones
12 gambas
8-10 hojas de lechuga
4 cucharaditas de huevas de trucha
aceite de oliva virgen extra
perejil
sal

Para la salsa rosa:

150 ml de aceite de oliva virgen extra
75 ml de leche
1 cucharada de *whisky*
2 cucharadas de tomate frito
zumo de ½ naranja
vinagre
sal

ELABORACIÓN

Limpia los mejillones retirándoles las barbas. Pon un vaso de agua a calentar y, cuando empiece a hervir, agrega los mejillones, tapa la cazuela y espera a que se abran. Sácalos, deja que se templen y retírales las conchas. Corta 2 mejillones por la mitad y resérvalos. Corta el resto en daditos.

Pon a calentar agua en una sartén y añade un manojo de perejil y una pizca de sal. Cuando empiece a hervir, agrega la merluza cortada en dados y cuécelos durante 1 minuto y medio. Retira el pescado y resérvalo.

Pon a cocer las gambas en la misma sartén durante 2 minutos. Déjalas templar, pela y corta 8 gambas en daditos. Reserva las otras 4 dejándoles la parte final de la cola sin pelar.

Fríe las obleas en una sartén con aceite. Cuando se tuesten bien por los dos lados, retíralas y escúrrelas sobre un plato cubierto con papel absorbente.

Para la salsa rosa, pon en un vaso batidor un chorrito de vinagre, la leche, el aceite y una pizca de sal. Introduce la batidora hasta el fondo y empieza a batir. Cuando empiece a emulsionar, mueve el brazo de la batidora hacia arriba y hacia abajo hasta que quede una salsa homogénea. Añade el *whisky*, el tomate frito y el zumo de naranja y mezcla bien.

Corta la lechuga en juliana fina y ponla en un bol. Sazónala y añade las gambas (picadas), los mejillones (picados) y la salsa rosa (reserva 4 cucharadas para montar los milhojas). Mezcla bien. Incorpora los dados de merluza y remueve todo con cuidado.

Pon una oblea frita en el centro de un plato, cúbrela con un poco de ensaladilla de pescado y tápala con otra oblea frita. Cúbrela con otra pequeña porción de ensaladilla y una cucharada de salsa rosa. Finalmente, coloca encima la gamba, el medio mejillón (reservados anteriormente) y 1 cucharadita de huevas de trucha. Repite el proceso con el resto de las obleas, ensaladilla, salsa rosa, gamba y mejillón hasta conseguir 4 milhojas. Sirve.

CASSATA DE VAINILLA CON MACEDONIA

INGREDIENTES **(4 p.)**

2 melocotones
2 kiwis
20 frambuesas
3 cucharadas de azúcar
1 chorrito de *kirsch* (licor de cereza)
150 ml de vino dulce
500 ml de helado de vainilla
hojas de menta

ELABORACIÓN

Pela los melocotones y los kiwis, haz taquitos con ellos y ponlos en un bol. Agrega las frambuesas y mezcla todo con 1 cucharada de azúcar y el *kirsch*.

Para hacer el caramelo, pon a calentar el vino en una cazuela y agrega 2 cucharadas de azúcar. Deja reducir.

Toma 4 cuencos e introduce 1 cucharada de helado en cada uno. Reparte por encima la macedonia de frutas y cubre con otra capa de helado. Tapa los cuencos con film transparente e introdúcelos en el congelador durante 10-15 minutos.

Salsea la *cassata* con el caramelo, decora con unas hojas de menta y sirve.

ENSALADA DE ENDIBIAS, ROQUEFORT Y ALMENDRAS

INGREDIENTES **(4 p.)**

8 endibias
100 g de queso roquefort
30 g de almendras laminadas
aceite de oliva virgen extra
vinagre
sal

ELABORACIÓN

Corta las endibias en juliana y colócalas en una fuente grande.

Desmenuza el queso y espárcelo sobre las endibias.

Tuesta las almendras en una sartén sin aceite. Retíralas, deja que se enfríen y espárcelas sobre la ensalada.

Sazona y aliña con aceite y vinagre. Sirve.

SEPIA CON GUISANTES Y CHAMPIÑONES

INGREDIENTES **(4 p.)**

2 sepias
300 g de guisantes (desgranados)
200 g de champiñones
2 cebolletas
2 dientes de ajo
1 vaso de vino blanco
1 cucharada de harina
aceite de oliva virgen extra
1 cucharadita de azafrán
perejil
sal

ELABORACIÓN

Limpia las sepias, separa los tentáculos del cuerpo y corta los cuerpos en cuadrados. Reserva.

Pica las cebolletas y ponlas a pochar en una olla rápida con un chorrito de aceite. Sazona. Cuando cojan color, añade la harina, rehógala un poco y agrega la sepia (tentáculos y cuerpos). Añade el azafrán y vierte encima el vino. Cierra la olla y cocina todo durante 8 minutos.

Abre la olla, añade los guisantes y cocina todo junto durante 5 minutos más. Si los guisantes son muy grandes, puedes volver a poner la tapa y cocinarlos durante otro minuto.

Corta los dientes de ajo en láminas y dóralos en una sartén con un chorrito de aceite. Agrega los champiñones (limpios y fileteados), sazónalos y saltéalos. Cuando estén a punto, incorpóralos a la olla y mezcla bien.

Sirve la sepia con guisantes y champiñones en platos soperos. Decóralos con unas hojas de perejil.

BOMBONES EN TEMPURA CON SOPA DE MELÓN Y FRESAS

INGREDIENTES **(4 p.)**

12 bombones (fríos del congelador)
4 rodajas de melón
8 fresas
1 cucharada de azúcar
aceite de oliva virgen extra
azúcar glas
canela en polvo
hojas de menta

Para la masa de tempura:
150 g de harina
200 ml de agua

ELABORACIÓN

Pela las rodajas de melón y colócalas en el vaso de la batidora. Lava las fresas, pícalas y añádelas. Agrega la cucharada de azúcar y tritura bien. Reserva la sopa en el frigorífico hasta el momento de servirla.

Para la masa de tempura, mezcla la harina con el agua fría.

Calienta abundante aceite en un cazo. Pasa los bombones por la masa de tempura y fríelos hasta que la masa se dore un poco. Escúrrelos sobre un plato forrado con papel absorbente.

Sirve la sopa en el fondo de los platos. Coloca encima los bombones en tempura y espolvoréalos con un poco de canela y azúcar glas. Adorna los platos con unas hojas de menta.

ENSALADA DE COL, PEPINO Y RABANITO

INGREDIENTES **(4 p.)**

12 hojas de col
1 pepino
8 rabanitos
aceite de oliva virgen extra
vinagre
tomillo
sal

ELABORACIÓN

Lava las hojas de col, sécalas, córtalas en juliana fina y ponlas en un bol.

Corta el pepino en juliana y añádelo.

Pica los rabanitos en rodajas finas y agrégalos.

Mezcla en un bote el aceite, el vinagre, el tomillo y la sal. Aliña la ensalada y sirve.

CABALLA ASADA CON SALSA ROMESCO

INGREDIENTES **(4 p.)**

4 caballas
4 cebolletas
aceite de oliva virgen extra
perejil
pimienta negra
sal

Para la salsa romesco:
12 ñoras secas
1 tomate
2 dientes de ajo
1 puñado de almendras tostadas
1 puñado de avellanas tostadas
1 trozo de guindilla
1 rebanada de pan
aceite de oliva virgen extra
vinagre
sal

ELABORACIÓN

Coloca las cebolletas en una bandeja de horno. Añade el tomate entero (hazle una cruz con un cuchillo en la parte inferior para que no reviente), agrega los dientes de ajo (sin pelar) y riega todo con un chorrito de aceite. Ásalos en el horno durante 18-20 minutos a 200 °C. Reserva.

Quita las pepitas y el rabo a las ñoras y ponlas a cocer en un cazo con agua hirviendo durante 10-12 minutos. Retira la carne, pícala y resérvala.

Para preparar la salsa, introduce la carne de las ñoras en un vaso batidor. Añade las almendras y las avellanas picadas, el trozo de guindilla y el tomate pelado y troceado. Agrega un chorrito de aceite y los dientes de ajo pelados. Tuesta el pan en una sartén con un chorrito de aceite e incorpóralo (ya frito) al vaso batidor. Tritura con la batidora eléctrica y añade un chorrito de vinagre, un buen chorro de aceite y una pizca de sal. Remueve.

Limpia las caballas, saca los lomos retirando la espina central y corta cada lomo en dos (eliminando las espinas centrales) y a lo largo, de forma que te queden 16 tiras de pescado. Enrolla cada tira (dejando la piel hacia fuera) a modo de caracola y ensarta 2 caracolas en cada palito de brocheta. Monta 8 brochetas. Salpiméntalas, ponlas en una bandeja de horno y riégalas con un chorrito de aceite. Hornéalas a 200-220 °C durante 8 minutos.

Retira las brochetas del horno y pon en el centro de cada una pequeña porción de salsa romesco.

Sirve en cada plato 2 brochetas y 1 cebolleta asada. Sirve el resto de la salsa romesco en una salsera. Decora los platos con unas hojas de perejil.

TARTALETA CON FRUTAS

INGREDIENTES **(4 p.)**

250 g de pasta quebrada
½ kiwi
½ plátano
1 fresa
1 lata de melocotón en almíbar
15 frambuesas
1 cucharada de azúcar moscabado
2 hojas de gelatina
100 ml de nata
ralladura de naranja
harina para amasar
mantequilla para los moldes
hojas de menta

ELABORACIÓN

Para hacer las tartaletas, enharina una superficie limpia, estira la pasta quebrada con un rodillo y córtala en 4 trozos. Unta 4 moldes con un poco de mantequilla y cúbrelos con los trozos de pasta quebrada. Aprieta bien las paredes y la base de los moldes y retira lo que sobresalga. Coloca las tartaletas en una fuente apta para el horno y hornea a 160 180 °C durante 10 minutos. Deja enfriar y desmolda.

Para hacer el almíbar gelatinizado, mezcla en un cazo el almíbar de la lata de melocotón con un chorro de agua. Cuando empiece a hervir, agrega las hojas de gelatina previamente hidratadas en agua fría y remueve hasta que se deshagan. Deja enfriar.

Para el relleno, pela el kiwi y el plátano, retira el rabo a la fresa, pica todas las frutas y ponlas en un bol. Trocea el melocotón en almíbar, incorpóralo, y agrega 5 frambuesas. Espolvorea con el azúcar moscabado y mezcla.

Pon la nata en un bol, añade la ralladura de naranja y bate con la varilla hasta que se monte.

Emplata las tartaletas con el relleno de frutas. Agrega la gelatina e incorpora la nata montada. Coloca una frambuesa encima de cada tartaleta y decora con menta. Esparce el resto de las frambuesas por el plato y sirve.

ENSALADA DE LECHUGA, REMOLACHA Y TOMATE

INGREDIENTES **(4 p.)**

1 lechuga
1 remolacha cocida
12 tomates cherry
2 cucharadas de aceite de oliva virgen extra
zumo de ½ limón
sal

ELABORACIÓN

Lava la lechuga, sécala, trocéala y ponla en una fuente.

Corta la remolacha en medias lunas y agrégalas.

Lava los tomates, córtalos por la mitad y añádelos.

Mezcla en un bol el aceite con el zumo de limón y una pizca de sal. Bate bien y aliña la ensalada.

CROQUETAS DE ARROZ CON GAMBAS

INGREDIENTES **(4 p.)**

200 g de arroz
24 gambas
1 diente de ajo
1 pimiento verde
2 cebolletas
harina y huevo batido (para rebozar)
semillas de amapola
aceite de oliva virgen extra
perejil
sal

ELABORACIÓN

Retira las cabezas y las cáscaras a todas las gambas y quita solo a la mitad (12) la punta de la cola. Pon las cáscaras de las gambas en una cazuela con abundante agua, un par de ramas de perejil y una pizca de sal. Deja que hierva durante 8 minutos y vete retirando la espuma que se forma en la superficie.

Cuela el caldo y ponlo a calentar. Agrega el arroz y deja que hierva durante 15-18 minutos. Escúrrelo, refréscalo y extiéndelo en una fuente amplia.

Corta el diente de ajo en daditos. Corta el pimiento verde y las cebolletas en dados. Pon a calentar una sartén con un chorrito de aceite, añade el diente de ajo y, antes de que coja color, agrega el pimiento verde y las cebolletas. Sazona y deja que se pochen bien.

Incorpora las gambas (sin cola) troceadas y saltéalas. Cuela para quitar el exceso de grasa y añade las verduras y las gambas a la fuente donde está el arroz cocido. Mezcla y deja templar.

Fríe las gambas con cola en una sartén con un chorrito de aceite. Retíralas a un plato y deja que se templen.

Extiende en la palma de la mano un poco del arroz con verduras y gambas. Añade una gamba con la punta de la cola sin pelar y cubre con otra capa de arroz, dejando la cola de la gamba fuera de la croqueta. Dale forma de croqueta presionando bien (para que no se desparrame al freír) y repite la operación hasta hacer 12 croquetas. Pasa las croquetas por harina y huevo batido y fríelas en una sartén con aceite bien caliente. Escúrrelas sobre un plato cubierto con papel absorbente.

Para el aceite de perejil, pon un buen manojo de perejil en un vaso batidor, agrega un chorrito de aceite y tritura con la batidora eléctrica. Cuela y añade media cucharada de semillas de amapola. Mezcla.

Sirve las croquetas en un plato y salséalas con el aceite de perejil. Espolvoréalas con más semillas de amapola y decora los platos con unas hojas de perejil.

ESPUMA DE PERAS CON CEREZAS

INGREDIENTES **(4 p.)**

1 pera conferencia
250 g de cerezas
1 fruta de la pasión
1 yogur natural cremoso
zumo de ½ limón
1 cucharada de azúcar
3 cucharadas de miel
½ cucharada de canela
nuez moscada
hojas de menta

ELABORACIÓN

Pela la pera, córtala en dados y ponlos en un vaso de batidora. Agrega el zumo de limón y un poco de ralladura de nuez moscada. Añade la canela, el azúcar y la miel. Mezcla y tapa con un trozo de film transparente. Deja macerar durante 30 minutos. Transcurrido ese tiempo, incorpora el yogur natural y tritura.

Parte por la mitad la fruta de la pasión, retira la pulpa y ponla en un colador. Machaca y reserva el zumo por un lado y las pepitas por otro.

Corta las cerezas por la mitad y repártelas en 4 copas. Vierte por encima la espuma de pera. Añade el jugo de la fruta de la pasión y una pizca de pepitas. Decora con hojas de menta y sirve.

CREMA DE ESPÁRRAGOS VERDES CON BACALAO

INGREDIENTES **(4 p.)**

2 manojos de espárragos verdes
1 lomo de bacalao en salazón
1 cebolleta
2-3 cucharadas de arroz
3-4 dientes de ajo
1 trozo de guindilla
aceite de oliva virgen extra
sal

ELABORACIÓN

Para desalar el bacalao, pasa el lomo por el chorro del agua fría y frótalo bien para retirarle el exceso de sal. Ponlo en un bol con agua fría e introdúcelo en el frigorífico durante 48 horas cambiándole el agua cada 12 horas. Pasado ese tiempo, escúrrelo, sécalo y resérvalo.

Corta la cebolleta en dados y ponla a dorar en una olla rápida con un chorrito de aceite. Cuando empiece a tomar color, agrega los espárragos cortados en rodajas (reserva las puntas) y rehógalos un poco. Añade el arroz, cubre con agua fría y sazona. Cierra la olla y cuece los ingredientes durante 3 minutos. Tritura, cuela y reserva.

Pon agua a calentar en una cazuela pequeña. Cuando empiece a hervir, sazona y agrega las puntas de los espárragos. Cuécelas durante 3 minutos aproximadamente.

Corta los dientes de ajo en láminas y la guindilla en aros. Dóralos en una sartén con bastante aceite. Retíralos a un plato y resérvalos.

Retira la piel al bacalao, corta el lomo en dados y fríelos junto con las pieles durante 2-3 minutos en la sartén donde has dorado los ajos. Retira los dados de bacalao a un plato, aparta la sartén del fuego y deja templar el aceite con las pieles. Una vez que temple, pasa el aceite a un vaso y vete añadiéndolo poco a poco a la sartén mientras lo vas removiendo con un colador hasta que espese y consigas un pilpil. Cuando la salsa esté bien ligada, añade los dados de bacalao fritos y calienta todo en la sartén.

Sirve la crema de espárragos en plato hondo, agrega unos trozos de bacalao al pilpil, las puntas de los espárragos, unos ajitos y unos trocitos de guindilla.

ENSALADA DE ENDIBIAS, BONITO Y ACEITUNAS

INGREDIENTES **(4 p.)**

8 endibias
100 g de hojas de lechuga variadas
150 g de bonito en aceite
12 aceitunas negras (sin hueso)
aceite de oliva virgen extra
vinagre
sal

ELABORACIÓN

Corta las endibias en 4 trozos a lo largo y pícalas finamente.

Lava las hojas de lechugas, sécalas, trocéalas y añádelas a las endibias.

Desmenuza el bonito y espárcelo por encima.

Corta las aceitunas en rodajas y añádelas.

Sazona y aliña con aceite y vinagre. Sirve.

BIZCOCHO DE NATA

INGREDIENTES **(6 p.)**

150 g de nata
2 huevos
100 g de azúcar
250 g de harina
1 sobre de levadura
ralladura de limón
harina y mantequilla para el molde
azúcar glas

ELABORACIÓN

Unta un molde con mantequilla y espolvoréalo con un poco de harina.

Bate todos los ingredientes poco a poco con ayuda de una batidora.

Vierte la mezcla en el molde y hornéalo a 180 °C durante 45-50 minutos.

Deja que se temple, desmóldalo, espolvoréalo con azúcar glas y sirve.

ENSALADA DE LECHUGA Y GERMINADOS DE CEBOLLA

INGREDIENTES **(4 p.)**

1 lechuga
25 g de germinados de cebolla
1 remolacha (cruda)
aceite de oliva virgen extra
vinagre
perejil picado
sal

ELABORACIÓN

Lava la lechuga, sécala, trocéala y extiéndela en una fuente. Sazona.

Pela la remolacha, rállala y espárcela sobre la lechuga.

Añade también los germinados de cebolla.

Adereza con aceite y vinagre, espolvorea con un poco de perejil picado y sirve.

SOPA MARINERA CON CREMA DE NATA Y HUEVO

INGREDIENTES **(4 p.)**

1 pescadilla pequeña
8 langostinos
8 mejillones
½ vaso de vermut blanco
1 zanahoria
1 puerro
1 cebolla
1 rama pequeña de apio
60 g de guisantes (desgranados)
1 yema de huevo
1 cucharada de nata fresca
aceite de oliva virgen extra
perejil
pimienta negra
sal

ELABORACIÓN

Retira la cabeza de la pescadilla y sácale los lomos (reserva la espina central). Retira la piel de los lomos de la pescadilla y reserva por un lado los lomos y por otro la piel.

Pela los langostinos y reserva por un lado la carne y por otro las cabezas y las cáscaras.

Para el caldo, pon a calentar abundante agua en una cazuela. Agrega la cabeza, la espina y la piel de la pescadilla y las cabezas y las cáscaras de los langostinos. Añade un manojo de perejil y sazona. Tapa y cuece todo durante 15 minutos. Con un cucharón, vete retirando la espuma que vaya subiendo a la superficie. Cuela y reserva el caldo.

Limpia los mejillones, raspándoles cualquier adherencia que puedan tener pegada a las conchas, y retírales las barbas. Ponlos en una cazuela, vierte encima el vermut, tapa y espera a que se abran. Cuela el jugo de los mejillones y saca la carne de las conchas. Reserva.

Corta la zanahoria, el puerro y la cebolla en dados y el apio en daditos y ponlos a rehogar en una cazuela con un chorrito de aceite. Incorpora los guisantes. Rehoga un poco sin que lleguen a dorarse y añade el caldo y el jugo de los mejillones. Tapa y deja que hierva a fuego medio durante 15 minutos.

Corta la pescadilla en dados y los langostinos y los mejillones por la mitad. Salpimiéntalos y agrégalos a la cazuela del caldo con verduras. Cocina todo durante 3 minutos a fuego suave.

Bate la yema en un bol y añade la nata. Mezcla y vierte la mezcla sobre la sopa. Remueve hasta que se incorpore bien y retírala del fuego.

Reparte la sopa en platos hondos y espolvoréalos con un poco de perejil picado. Sirve.

CANASTILLA DE FRUTAS

INGREDIENTES **(4 p.)**

1 melón cantaloup grande
10 fresas
4 dátiles
2 kiwis
150 g de pasas de Corinto
1 copa de licor de naranja
10 almendras fileteadas
1 chorrito de vinagre
sal
hojas de menta

ELABORACIÓN

Pon las pasas a remojo en un bol con agua.

Para que el melón quede apoyado, corta un poco la parte inferior. Corta la tapa del melón en zigzag, retira las pepitas y vacíalo con un sacabolas.

Pasa las bolas de melón a un bol grande. Pica las fresas (limpias), los dátiles y los kiwis (pelados) y añádelos. Agrega las pasas escurridas, una pizca de sal, el vinagre y el licor.

Tuesta las almendras en una sartén sin aceite.

Rellena el melón con las frutas, espolvoréalo con las almendras tostadas y adórnalo con unas hojas de menta. Sirve.

ENSALADA DE MANGO

INGREDIENTES **(4 p.)**

1 escarola
1 mango
100 g de salmón ahumado
cebollino
aceite de oliva virgen extra
vinagre
sal

ELABORACIÓN

Lava la escarola, sécala y trocéala. Ponla en una fuente y sazónala.

Pela el mango, córtalo en daditos y añádelos.

Pica el salmón y agrégalo.

Pica el cebollino finamente y espolvorea con él la ensalada. Aliña con aceite y vinagre. Sirve.

DELICIA DE YEMA CON ERIZO

INGREDIENTES **(4 p.)**

8 yemas de huevo
250 g de huevas de erizo de mar
4 cebollas
aceite de oliva virgen extra
sal
perejil

ELABORACIÓN

Corta las cebollas en juliana y ponlas a pochar en una sartén con aceite. Sazónalas y cocínalas a fuego moderado durante 15-18 minutos, hasta que se doren bien. Cuando estén en su punto, pásalas a un vaso batidor y tritúralas con la batidora eléctrica. Reserva.

Pon las yemas en un bol y bátelas bien. Añade las huevas de erizo, el puré de cebolla y un poco de perejil picado. Mezcla bien.

Corta cuatro trozos de film transparente, colócalos sobre cuatro cuencos, pegándolos bien a las paredes y a las bases, y unta cada uno con un poco de aceite. Reparte la mezcla de yemas y erizo en los cuencos y cierra los plásticos con un nudo a modo de bolsita (ata bien para que no quede aire).

Calienta agua en una cazuela y, cuando empiece a hervir, introduce las bolsitas y cuécelas a fuego suave durante 6-8 minutos. Retira el film transparente.

Sirve una yema con erizo en cada plato y decora con unas hojas de perejil.

FRITOS DULCES

INGREDIENTES **(4 p.)**

150 g de dulce de membrillo
200 g de queso cremoso (lonchas)
harina
huevo batido
pan rallado
azúcar
aceite de oliva virgen extra
puré de manzana

ELABORACIÓN

Corta el membrillo en lonchas anchas del mismo tamaño que las del queso.

Coloca sobre un trozo de queso uno de membrillo y, sobre este, otro trozo de queso. Córtalos en rectángulos de igual tamaño. Reboza estos trozos con harina, huevo batido y pan rallado y fríelos en aceite bien caliente. Una vez dorados, escúrrelos y pásalos por el azúcar.

Coloca los fritos dulces en una fuente o en un plato y acompáñalos con puré de manzana. Sirve.

ENSALADA DE ESCAROLA, BONITO Y CEBOLLETA

INGREDIENTES **(4 p.)**

1 escarola
150 g de bonito en aceite
1 cebolleta
aceitunas negras (sin hueso)
aceite de oliva virgen extra
vinagre
sal

ELABORACIÓN

Lava la escarola, sécala y córtala en trozos de 3 centímetros. Coloca en un bol grande.

Desmenuza el bonito y agrégalo.

Corta las aceitunas en aros finos y añádelos.

Corta la cebolleta en daditos e incorpóralos.

Mezcla todo bien y aliña con aceite, vinagre y sal. Sirve.

SALTEADO DE PASTA CON MENESTRA

INGREDIENTES **(4 p.)**

250 g de pasta corta
2 zanahorias
1 calabacín
75 g de habitas (desgranadas)
150 g de guisantes (desgranados)
3 alcachofas
2 cebolletas
2 lonchas de jamón
aceite de oliva virgen extra
perejil
sal

ELABORACIÓN

Pela las zanahorias y lava el calabacín. Córtalos en dados y ponlos a cocer en una cazuela con agua hirviendo con una pizca de sal. Añade también las habitas y los guisantes. Cuece todo a fuego medio durante 12 minutos aproximadamente. Escurre y reserva.

Pela las alcachofas dejándoles solo el corazón. Córtalas en 8 gajos, sazónalas y fríelas en una sartén con un chorrito de aceite durante 6-8 minutos. Retíralas a un plato.

Pon a calentar abundante agua en una cazuela y sazónala. Cuando el agua empiece a hervir, agrega la pasta y cuécela el tiempo que indique el paquete. Retírala, escúrrela, refréscala y resérvala.

Corta las cebolletas en dados y ponlas a rehogar en una tartera con un chorrito de aceite. Sazona. Cuando empiecen a coger color, añade el jamón cortado en dados y rehógalo. Agrega la pasta, saltéala e incorpora las verduras cocidas. Mezcla bien y añade las alcachofas. Cocina todo junto durante unos minutos para que se integren bien todos los ingredientes.

Sirve y decora los platos con unas hojas de perejil.

BOLSITAS DE ALBARICOQUE

INGREDIENTES **(4 p.)**

6 albaricoques
6 láminas de pasta filo
50 g de almendra en polvo
50 g de azúcar glas
1 yema de huevo
2 nueces de mantequilla
50 g de mermelada de albaricoque
1 yogur natural
canela en polvo
hojas de menta

ELABORACIÓN

Mezcla en un bol las almendras, el azúcar glas, la yema y 1 nuez de mantequilla a punto de pomada.

Parte los albaricoques por la mitad y retírales el hueso. Rellena 6 mitades con la pasta anterior y únelos a sus respectivas mitades.

Funde la otra nuez de mantequilla en el microondas durante 25 segundos a máxima potencia y pinta las láminas de pasta filo con ayuda de un pincel. Dobla las esquinas de cada lámina hacia el centro y pon en el centro de cada una 1 albaricoque. Baña cada albaricoque con un poco de mermelada y une todas las puntas de cada lámina haciendo una especie de bolsita. Coloca las bolsitas de albaricoque en una fuente apta para el horno y hornéalas a 180 ºC durante 15 minutos.

Pon un poco de yogur en cada plato y coloca encima las bolsitas de albaricoque. Espolvorea con una pizca de canela y decora con menta. Sirve.

ENSALADA DE ANCHOAS (ANCHOAS DE PRIMAVERA)

INGREDIENTES **(4 p.)**

12 anchoas frescas (boquerones)
2 patatas
1 lechuga
2 tomates
1 aguacate
aceite de oliva virgen extra
vinagre
sal

ELABORACIÓN

Pon a calentar abundante agua en una cazuela. Sazona y agrega las patatas con piel. Cuécelas durante 30-35 minutos. Pélalas, córtalas en rodajas y resérvalas.

Limpia las anchoas retirándoles las cabezas, las tripas y las espinas centrales. Coloca los filetes (limpios) en una fuente amplia, cúbrelos con vinagre y déjalos marinando durante 30 minutos (mínimo). Escurre los filetes, sécalos bien con papel absorbente y ponlos en otra fuente. Cúbrelos con aceite y mantenlos durante 15-20 minutos.

Lava la lechuga, sécala y córtala en juliana. Resérvala.

Pela los tomates y el aguacate y córtalos en rodajas. Resérvalos.

Para montar la ensalada, coloca un aro o molde en el centro de un plato, rellena la base con la lechuga, pon encima las patatas y sazónalas, añade las rodajas de aguacate y de tomate y sazona de nuevo. Finalmente, cubre todo con 6 filetes de anchoa y adereza con el aceite de la maceración de las anchoas.

Repite el proceso hasta montar las 4 ensaladas.

PAQUETES DE CALABACÍN Y PATATAS PANADERA

INGREDIENTES **(4 p.)**

2 calabacines
2 patatas
1 cebolleta
1 pimiento verde
aceite de oliva virgen extra
perejil
sal

ELABORACIÓN

Pela y pica la cebolleta y ponla a dorar en una sartén con aceite. Corta el pimiento verde en dados y añádelos. Pela las patatas, córtalas en cuartos de luna y agrégalas. Sazona y fríe todo bien.

Con ayuda de una mandolina, saca 24 láminas largas de los calabacines. Escáldalas durante 1 minuto en una cazuela con agua hirviendo y una pizca de sal. Retíralas y escúrrelas sobre un plato cubierto con papel absorbente.

Coloca las láminas de calabacín en cruz de 2 en 2. Pon en el centro de cada cruz una porción de patatas panadera y cierra los extremos formando paquetes. Colócalos en una bandeja apta para horno y rocíalos con un chorrito de aceite. Hornéalos a 200 °C durante 8-10 minutos. Sirve tres por ración y espolvoréalos con un poco de perejil picado.

CEREZAS AL HORNO

INGREDIENTES **(4 p.)**

500 g de cerezas
150 g de mantequilla
½ taza de azúcar
2 huevos
2 yemas de huevo
½ taza de leche
1 taza de harina
levadura en polvo
mantequilla y harina para el molde
azúcar glas
hojas de menta
sal

ELABORACIÓN

Unta un molde con un poco de mantequilla y espolvoréalo con harina.

Pon el resto de la mantequilla en un bol y bátela con una batidora eléctrica de varillas.

Agrega el azúcar y sigue batiendo. Añade los huevos de uno en uno y las yemas sin dejar de batir. Incorpora la leche y la harina mezclada con una pizca de levadura y otra de sal. Bate bien y pasa la mezcla al molde.

Deshuesa las cerezas y colócalas en la masa. Dale unos golpecitos al molde sobre una superficie lisa para que se asienten las cerezas.

Introduce en el horno a 200 °C durante 30-40 minutos.

Desmolda y espolvorea con un poco de azúcar glas.

Decora con unas hojas de menta.

ENSALADA DE CALABACÍN Y CEBOLLA ROJA

INGREDIENTES **(4 p.)**

1 calabacín
1 cebolla roja
50 g de pistachos
aceite de oliva virgen extra
1 cucharada de zumo de limón
perejil picado
sal

ELABORACIÓN

Lava el calabacín, pélalo y, con el pelador, córtalo en láminas finas. Colócalas en una fuente.

Pela la cebolla, córtala en juliana fina y repártela sobre las láminas de calabacín. Sazona.

Pela los pistachos, aplástalos un poco y espárcelos por encima.

Mezcla en un bol el aceite y el zumo de limón y una pizca de perejil picado y adereza la ensalada. Sirve.

CONGRIO A LA SIDRA CON ALMEJAS

INGREDIENTES **(4 p.)**

4 lomos de congrio (800 g)
12 almejas
3 patatas
2 dientes de ajo
2 cebollas
1 cucharada de harina
2 cucharadas de carne de pimiento choricero
250 ml de salsa de tomate
250 ml de sidra
aceite de oliva virgen extra
perejil
sal

ELABORACIÓN

Pela las patatas, córtalas en rodajas gruesas y fríelas en una sartén con abundante aceite. Cuando estén bien doradas, retíralas, escúrrelas y resérvalas.

Lamina los dientes de ajo y ponlos a dorar en una tartera con un chorrito de aceite. Cuando tomen un poco de color, añade las cebollas cortadas en dados, sazona y deja que se pochen bien. Incorpora la harina, rehógala un poco y agrega las patatas. Añade la carne de pimiento choricero, la salsa de tomate y la sidra. Mezcla y cocina durante 8-10 minutos.

Incorpora las almejas y el congrio sazonado. Tapa la cazuela y cocina todo conjuntamente durante 2 minutos. Dale la vuelta al pescado, rectifica de sal y cocínalo durante 2 minutos más.

Sirve y decora los platos con unas hojas de perejil.

MELOCOTONES CON CREMA

INGREDIENTES **(4 p.)**

8 mitades de melocotón en almíbar
8 bizcochos de soletilla
500 ml de leche
1 cucharada de harina de maíz refinada
2 yemas de huevo
100 g de azúcar
1 ramita de vainilla
canela en polvo
2 ramitas de hierbabuena

ELABORACIÓN

Haz la crema poniendo la leche al fuego con la vainilla. Reserva un poquito de leche fría. En un bol, mezcla la harina de maíz con las yemas, el azúcar y la leche fría que has reservado.

Cuando la leche haya cocido, ve incorporándola poco a poco a la mezcla. Ponlo todo al baño maría o a fuego muy suave, moviéndolo para que espese. Déjala enfriar y, si queda muy espesa, aligérala con un poco de almíbar del melocotón.

Coloca los bizcochos troceados como base en un molde y, encima, los melocotones en lonchas (reserva medio melocotón). Cubre con la crema.

Espolvorea con canela, adorna con medio melocotón y las ramitas de hierbabuena y sirve.

ANDRAJOS CON POLLO

INGREDIENTES **(4 p.)**

2 muslos de pollo
150 g de harina
75 ml de agua
1 cebolleta
1 zanahoria
1 pimiento verde
1 patata
50 g de guisantes (desgranados)
1 tomate
aceite de oliva virgen extra
perejil
1 cucharadita de azafrán
sal

ELABORACIÓN

Pon a cocer los muslos de pollo en una olla rápida con abundante agua, una pizca de sal y unas ramas de perejil. Tapa y cuécelos durante 5 minutos. Retira la piel de los muslos, pica la carne y resérvala. Cuela el caldo y resérvalo.

Para hacer los andrajos, pon la harina en un cuenco y agrega el agua y una pizca de sal. Mezcla todo bien con las manos y amasa hasta conseguir una masa manejable. Deja reposar durante 5-10 minutos y córtala en 4 trozos. Con ayuda de un rodillo, estira cada trozo hasta conseguir una lámina bien fina. Córtala en rectángulos pequeños y resérvalos.

Pica la cebolleta, la zanahoria y el pimiento verde y sofríelos en una cazuela grande con un chorrito de aceite. Sazona. Pela y pica la patata y añádela. Agrega también los guisantes. Cuando esté todo bien rehogado, añade el azafrán y el tomate rallado (rállalo con el rallador). Vierte encima el caldo del pollo y cuece todo durante 10 minutos. Añade los andrajos y cuécelos a fuego medio durante 15 minutos. Agrega el pollo, mezcla y prueba el punto de sal.

Sirve los andrajos con pollo en platos hondos y decóralos con unas hojas de perejil.

ENSALADA DE LECHUGA Y MAÍZ FRITO

INGREDIENTES **(4 p.)**

1 lechuga
1 patata
30 g de maíz frito
aceite de oliva virgen extra
vinagre
sal

ELABORACIÓN

Lava la lechuga, sécala, trocéala y colócala en una fuente. Sazónala.

Pon la patata en un plato, tápala con film transparente y cocínala en el microondas durante 6 minutos. Deja que se temple, pélala, córtala en daditos y añádela.

Maja el maíz frito y espolvorea con él la ensalada.

Aliña con aceite y vinagre. Sirve.

HELADO DE PLÁTANO

INGREDIENTES **(4 p.)**

3-4 plátanos
50 g de azúcar
zumo de ½ limón
250 ml de nata
chocolate fundido

ELABORACIÓN

Con ayuda de una batidora, haz un puré con los plátanos pelados y troceados, el azúcar y el zumo de limón.

Añade poco a poco este batido sobre la nata semimontada y mezcla cuidadosamente hasta obtener una pasta cremosa.

Repártela en unas copas y ponlas en la parte más fría de la nevera durante 3 o 4 horas.

A la hora de servir, adorna el helado de plátano con un buen chorro de chocolate fundido.

ENSALADA DE COGOLLOS

INGREDIENTES **(4 p.)**

6 cogollos
2 patatas
16 tomates cherry
100 g de salmón ahumado
aceite de oliva virgen extra
zumo de limón
sal

ELABORACIÓN

Pon las patatas a cocer en una cazuela con abundante agua. Cuécelas durante unos 30 minutos. Pélalas y córtalas en dados.

Elimina las hojas exteriores de los cogollos, córtalos en trozos (a tu gusto) y colócalos en una ensaladera.

Lava los tomates, córtalos en cuartos y agrégalos.

Corta el salmón en daditos y añádelos.

Agrega también los dados de patata.

Sazona y aliña con aceite y zumo de limón. Sirve.

P

PIMIENTOS RELLENOS DE SETAS DE PRIMAVERA

INGREDIENTES **(4 p.)**

12 pimientos del piquillo
300 g de setas de primavera
12 espárragos verdes
1 cucharada de arroz
1 cebolleta
1 cucharada de harina
½ vaso de leche
azúcar
aceite de oliva virgen extra
perejil
pimienta negra
sal

ELABORACIÓN

Para la crema de espárragos, calienta una cazuela con 2 vasos de agua y agrega el arroz y los espárragos cortados en dados. Salpimienta y cocina todo a fuego medio durante 18 minutos. Tritura con la batidora eléctrica y cuela la mezcla. Resérvala.

Pon a calentar una sartén con un chorrito de aceite, agrega los pimientos del piquillo y condiméntalos con una pizca de sal y otra de azúcar. Cocínalos a fuego moderado durante 10-12 minutos. Retíralos y deja que se templen.

Corta la cebolleta en dados y ponla a pochar en una sartén con un chorrito de aceite. Cuando empiece a dorarse, agrega las setas, sazónalas y saltéalas. Añade la harina, rehógala bien e incorpora la leche poco a poco sin dejar de remover. Espolvorea con un poco de perejil picado y mezcla bien. Pasa a una fuente y espera a que se temple.

Rellena los pimientos del piquillo con las setas y colócalos en una bandeja de horno. Hornéalos a 180-200 °C durante 4-5 minutos.

Sirve la crema de espárragos en el fondo de los platos y coloca encima los pimientos rellenos. Si quieres que brillen, con ayuda de un pincel, úntalos con un poco de aceite. Decora los platos con unas hojas de perejil.

MERENGUES DE NARANJA CON CHOCOLATE

INGREDIENTES **(4 p.)**

2 claras de huevo
125 g de azúcar
ralladura de 1 naranja
1 onza de chocolate negro
hojas de menta

ELABORACIÓN

Coloca las claras en un bol y bátelas con una batidora de varillas eléctrica hasta que espumen un poco.

Añade el azúcar poco a poco y sigue montándolas (hay que añadir el azúcar poco a poco para dar tiempo a que los cristales se disuelvan). Cuando las claras estén muy bien montadas (densas), agrega la ralladura de naranja y mezcla bien.

Introduce el merengue en una manga pastelera con boquilla rizada y forma los merengues sobre una bandeja de horno cubierta con papel de hornear. Hornéalos a 90 °C durante 2-3 horas (no se tienen que dorar, solo secarse). Retíralos y deja que se enfríen.

Ralla el chocolate por encima y decora con unas hojas de menta. Sirve.

ENSALADA DE REMOLACHA Y BERROS

INGREDIENTES **(4 p.)**

1 remolacha
300 g de berros
1 yogur natural
aceite de oliva virgen extra
perejil
sal

ELABORACIÓN

Lava los berros, sécalos, colócalos en una fuente y sazónalos.

Lava la remolacha y cuécela en la olla rápida durante 5-6 minutos. Pélala y córtala en trozos irregulares. Espárcelos sobre los berros.

Mezcla el yogur con un poco de aceite, una pizca de sal y unas hojas de perejil picadas. Adereza la ensalada. Sirve.

PUERROS CON BECHAMEL DE JAMÓN Y QUESO

INGREDIENTES **(4 p.)**

8 puerros
100 g de jamón serrano
2 cucharadas de harina
500 ml de leche
100 g de queso
4 rebanadas de pan de molde
12 hojas de espinaca
aceite de oliva virgen extra
nuez moscada
sal

ELABORACIÓN

Retira la parte verde de los puerros (puedes guardarla para hacer un caldo). Pon abundante agua a calentar en una cazuela, sazónala y agrega los puerros. Cuécelos a fuego medio durante 16-18 minutos. Escúrrelos, córtalos por la mitad a lo ancho y resérvalos.

Aplasta las rebanadas de pan con un rodillo y colócalas en una bandeja de horno. Hornéalas a 220 °C hasta que se doren bien por los dos lados. Resérvalas.

Corta el jamón en dados pequeños y dóralos en una cazuela con un chorrito de aceite. Cuando estén bien dorados, añade la harina y rehógala bien. Incorpora la leche poco a poco sin dejar de remover con la varilla. Trabaja la masa durante 8-10 minutos, hasta conseguir una buena bechamel. Ralla encima un poco de nuez moscada y mezcla bien.

Coloca las rebanadas de pan sobre 4 platos (aptos para el horno), pon encima de cada una 4 mitades de puerro y cúbrelos con la bechamel de jamón. Corta el queso en dados y espárcelos sobre la bechamel. Introduce los platos en el horno y gratínalos hasta que los ingredientes queden bien dorados.

Fríe las espinacas en una sartén con un chorrito de aceite. Escúrrelas sobre un plato cubierto con papel absorbente. Decora los platos con las espinacas y sirve.

MARINADO DE FRUTAS CON LICOR

INGREDIENTES **(4 p.)**

1 kiwi
½ mango
4 fresones
1 rodaja de piña
1 naranja
3 cucharadas de azúcar glas
2 cucharadas de *kirsch* (licor de cereza)
2 cucharadas de ron negro
1 cucharada de agar-agar
1 cucharada de azúcar
2 yogures
200 g de nata fresca (*crème fraîche*)
1 rama de menta picada

ELABORACIÓN

Pela el kiwi y el mango, quita el rabo a los fresones y retira la cáscara y el corazón a la rodaja de piña. Corta toda la fruta en trozos regulares y ponla en un bol. Limpia la naranja, ralla la corteza y añade la ralladura al bol. Agrega el azúcar glas, el *kirsch* y el ron. Cubre el bol con film transparente y deja macerar las frutas durante 1 hora para que suelten su jugo. Cuela el jugo y reserva la fruta.

Mezcla en un bol el agar-agar con la cucharada de azúcar y un poco del jugo reservado de las frutas. Pon a calentar en un cazo el resto del jugo. Cuando esté bien disuelto el agar-agar, añádelo al jugo calentado en el cazo y deja reducir.

Pon los yogures en un colador con un recipiente debajo para que suelten el suero. Añade la nata fresca y mezcla hasta conseguir una crema espesa y homogénea.

Monta cuatro copas colocando en la base una porción de yogur con nata fresca. Reparte sobre él las frutas, vierte por encima un poco de gelatina y añade el resto del yogur con nata fresca.

Adorna con una pizca de menta picada por encima y sirve.

ENSALADA DE PATATA, ACEITUNAS Y CEBOLLETA

INGREDIENTES **(4 p.)**

2 patatas
6 aceitunas verdes (sin hueso)
6 aceitunas negras (sin hueso)
1 cebolleta
aceite de oliva virgen extra
vinagre
polvo de tomate
sal

ELABORACIÓN

Cuece las patatas en una cazuela con agua durante 30 minutos. Refréscalas, pélalas y córtalas en dados. Ponlos en un bol.

Corta la cebolleta en daditos y añádelos.

Pica las aceitunas y agrégalas.

Aliña la ensalada con aceite y vinagre.

Mezcla la sal con el polvo de tomate y adereza la ensalada. Sirve.

ALBÓNDIGAS DE PAVO EN SALSA CON GUISANTES Y AJETES

INGREDIENTES **(4 p.)**

600 g de carne de pavo picada
100 g de guisantes (desgranados)
8 ajos frescos
2 cebollas
1 vaso de salsa de tomate
1 vaso de vino blanco
1 vaso de agua
75 g de miga de pan
150 ml de leche
4 tomates secos en aceite
2 dientes de ajo
1 huevo
harina (para rebozar)
aceite de oliva virgen extra
1 cucharadita de orégano
pimienta negra
sal

ELABORACIÓN

Para hacer la salsa, corta las cebollas en juliana y ponlas a pochar en una cazuela con un chorrito de aceite y una pizca de sal. Cuando cojan color, agrega la salsa de tomate, el vino blanco y el agua. Cocina a fuego medio durante 18-20 minutos. Tritúrala con la batidora eléctrica, cuélala y resérvala en una tartera.

Trocea la miga de pan, ponla en un bol y vierte encima la leche. Deja que la miga se empape bien. Aplástala con un tenedor y escurre la leche sobrante.

Pon la carne de pavo en otro bol, corta los tomates y los dientes de ajo en daditos e incorpóralos. Añade también el orégano y el huevo, salpimienta y mezcla bien. Incorpora la miga de pan empapada en leche y vuelve a mezclar hasta conseguir una masa homogénea. Forma las albóndigas, enharínalas y fríelas en un sartén con un chorrito de aceite.

Añade las albóndigas a la salsa y agrega también los guisantes. Cocina todo junto durante 6-8 minutos. Prueba y pon a punto de sal.

Corta los ajos frescos en trozos de unos 3 centímetros y saltéalos en una sartén con un chorrito de aceite.

Sirve las albóndigas con su salsa y salpica los platos con los ajos frescos salteados.

CORTES DE HELADO DE LIMÓN CON FRESAS

INGREDIENTES **(4 p.)**

500 ml de helado de limón
250 g de fresas
1 cucharada de azúcar
1 cucharada de vinagre
galletas de barquillo para corte

ELABORACIÓN

Lava las fresas, retírales el tallo y córtalas en 4 trozos.

Calienta el azúcar en una sartén, incorpora las fresas y saltéalas.

Añade el vinagre y cocínalas durante 3-4 minutos. Deja que se enfríen.

Mezcla el helado de limón (a temperatura ambiente) con las fresas y pasa la mezcla a un molde rectangular. Introdúcelo en el frigorífico hasta que endurezca bien.

En el momento de servir, saca el helado del molde, corta porciones de 1-2 cm y sírvelas entre dos galletas de barquillo.

ENSALADA DE ESPINACAS, TOMATES CHERRY Y GAMBAS

INGREDIENTES **(4 p.)**

125 g de espinacas *baby*
24 tomates cherry
20 gambas
1 diente de ajo
aceite de oliva virgen extra
vinagre
sal

ELABORACIÓN

Lava las espinacas, sécalas y colócalas en una fuente.

Escalda los tomates, refréscalos y pélalos. Espárcelos sobre las espinacas.

Pela el diente de ajo y córtalo en daditos.

Pela las gambas y sazónalas.

Pon a calentar un chorrito de aceite en una sartén, agrega el diente de ajo picado y las gambas. Saltéalas brevemente. Agrégalas a la ensalada.

Sazona y aliña con vinagre y aceite. Sirve.

FIDEOS CALDOSOS

INGREDIENTES **(4 p.)**

300 g de fideos
½ pechuga de pollo
100 g de lomo de cerdo
1 cebolleta
1 zanahoria
1 pimiento verde
300 g de habas con calzón (con vaina)
1 l de caldo de ave
4-6 cucharadas de salsa de soja
aceite de oliva virgen extra
perejil
pimienta negra
sal

ELABORACIÓN

Dora los fideos en una sartén grande con un chorrito de aceite hasta que se tuesten bien. Resérvalos.

Corta la cebolleta, la zanahoria y el pimiento verde en juliana fina, trocea las habas (con vaina) y pon todo a rehogar en una sartén con un chorrito de aceite. Sazona. Cuando las verduras estén bien pochadas, retíralas y resérvalas.

Pon a calentar el caldo en una tartera, añade las verduras pochadas, los fideos tostados y la salsa de soja. Cocina todo durante unos 4-5 minutos.

Corta las carnes en tiras, salpimiéntalas y saltéalas en una sartén con un chorrito de aceite. Cuando la carne esté a punto, espolvoréala con un poco de perejil picado y agrégala a la tartera de los fideos caldosos. Mezcla bien, reparte los fideos en 4 platos y decóralos con unas hojas de perejil. Sirve.

FRUTAS ESCONDIDAS

INGREDIENTES **(4 p.)**

1-2 manzanas
1 mango
1 plátano
10 frambuesas

Para la pasta quebrada (sobrará):
125 g de mantequilla
1 huevo
1 ½ cucharadas de agua
250 g de harina

ELABORACIÓN

Para preparar la pasta quebrada, trabaja la mantequilla hasta dejarla a punto de pomada. Después, añade el huevo y el agua y mezcla hasta conseguir una masa uniforme. Por último, incorpora la harina y amasa hasta que esta sea totalmente absorbida.

Haz una especie de rollo y envuélvelo en film transparente. Déjalo reposar en el frigorífico durante 24 horas, antes de su utilización.

Pela las manzanas y el mango, pártelos por la mitad y córtalos en láminas. Colócalos intercalados en un molde de repostería y cúbrelos con un círculo de pasta quebrada, lo más estirada posible. Hornea durante 20 minutos aproximadamente a 180 °C.

Tritura el plátano con las frambuesas y un poco de agua y pasa esta crema por un colador o un chino.

Desmolda en un plato o fuente y acompaña con la crema de plátano y frambuesas. Sirve.

ENSALADA DE RÚCULA, PERA Y NUECES

INGREDIENTES **(4 p.)**

300 g de rúcula
12 tomates cherry
1 pera
8 nueces con cáscara
aceite de oliva virgen extra
vinagre
sal

ELABORACIÓN

Lava las hojas de rúcula, sécalas y colócalas en una fuente.

Lava los tomates, córtalos por la mitad y agrégalos.

Pela la pera, córtala en dados y añádelos.

Casca las nueces, pícalas un poco y espárcelas por la ensalada.

Aliña con aceite, vinagre y sal. Sirve.

BACALAO FRITO CON GUISANTES

INGREDIENTES **(4 p.)**

4 lomos de bacalao en salazón (desalado)
500 g de guisantes (desgranados)
8 rabanitos
1 cebolleta
8 patatas nuevas pequeñas
harina (para rebozar)
aceite de oliva virgen extra
sal

Para la mayonesa de ajo:

1 huevo
½ diente de ajo
150 ml de aceite de oliva virgen extra
1 cucharada de vinagre
sal

ELABORACIÓN

Con un cuchillo, realiza 4 cortes en la piel de los rabanitos dándoles forma de flor. Ponlos en un bol con agua muy fría (con hielos) durante unos 15 minutos, hasta que se abran bien.

Para la mayonesa, pica el diente de ajo y ponlo en un vaso batidor. Añade el huevo, el vinagre, una pizca de sal y el aceite. Introduce el brazo de la batidora hasta el fondo y empieza a batir sin mover el brazo. Cuando empiece a emulsionar, mueve la batidora hacia arriba y hacia abajo hasta obtener una salsa homogénea.

Corta la cebolleta en daditos y ponla a pochar en una sartén con un chorrito de aceite. Sazona. Cuando empiece a coger color, añade los guisantes, agrega 2 cucharadas de agua y sazona. Tapa y cocina a fuego medio durante 6-8 minutos. Reserva.

Lava las patatas y ponlas a cocer con piel en una olla rápida con un vaso de agua y una pizca de sal. Cierra la olla y cuécelas durante 4 minutos. Escúrrelas, deja que se templen y córtalas por la mitad.

Seca bien los lomos de bacalao, córtalos por la mitad y enharínalos. Fríelos en una sartén con aceite caliente (a fuego no muy fuerte) durante 3-4 minutos. Dales la vuelta y cocina durante otros 3-4 minutos. Resérvalos.

Sirve los guisantes en la base de los platos y pon encima los trozos de bacalao. Acompáñalos con las patatas, la mayonesa de ajo y los rabanitos (escurridos) sazonados.

PASTEL BLANCO CON FRUTAS

INGREDIENTES **(4 p.)**

50 g de arroz
500 ml de leche
50 g de azúcar
1 trozo de corteza de limón
3 cucharadas de coco rallado
8 nueces picadas
30 g de frutas confitadas picadas
3 huevos
caramelo para untar el molde
hojas de menta

ELABORACIÓN

Cuece el arroz con la leche y una corteza de limón a fuego lento durante 35-45 minutos. Agrega el azúcar, cocina durante 5 minutos más y retíralo del fuego. Deja enfriar y retira el limón. Añade el coco, las nueces y las frutas confitadas picadas. Mezcla bien.

Incorpora los huevos de uno en uno y sigue mezclando. Vierte este preparado en un molde de flan caramelizado. Hornéalo a 175 grados al baño maría durante 30-40 minutos.

Desmolda cuando esté frío. Decora con hojas de menta.

ENSALADA DE CANÓNIGOS, ACHICORIA ROJA Y FRAMBUESAS

INGREDIENTES **(4 p.)**

200 g de canónigos
100 g de achicoria roja
16 frambuesas
aceite de oliva virgen extra
vinagre de frambuesa
sal

ELABORACIÓN

Lava las hojas de canónigo y las de achicoria, sécalas, trocéalas y colócalas en una fuente.

Agrega las frambuesas.

Sazona y aliña con aceite y vinagre. Sirve.

MERLUZA EN SALSA CON SETAS

INGREDIENTES **(4 p.)**

4 lomos de merluza (200 g cada uno)
300 g de setas de primavera
2 dientes de ajo
2 cebolletas
1 cucharada de harina
½ vaso de vino blanco
1 vaso de caldo de pescado
aceite de oliva virgen extra
perejil
pimienta negra
sal

ELABORACIÓN

Pela los ajos y las cebolletas. Corta los ajos en láminas y las cebolletas en dados. Ponlos a rehogar en una sartén grande con un chorrito de aceite. Sazona y espera a que empiecen a dorarse.

Salpimienta los lomos de merluza y añádelos a la sartén. Cocínalos durante 1 minuto por cada lado. Retira el pescado a un plato.

Agrega la harina a la sartén y rehógala bien. Vierte encima el vino, dale un hervor e incorpora el caldo. Deja que hierva durante 2-3 minutos e introduce de nuevo los lomos de merluza en la salsa. Cocínalos durante 2 minutos por cada lado. Retira el pescado y mantén caliente la salsa.

Para el jugo de perejil, pon un manojo de perejil picado en un vaso batidor y agrega un poco de agua. Tritura con la batidora eléctrica y cuélalo. Incorpora el jugo a la salsa (2-3 cucharadas), remueve la cazuela y pon a punto de sal.

Saltea las setas en una sartén con un poco de aceite durante 2-3 minutos. Sazónalas.

Sirve la salsa en el fondo de los platos y pon encima la merluza caliente y las setas salteadas. Decora los platos con unas hojas de perejil.

ARCOS

HELADO DE LECHE MERENGADA

INGREDIENTES **(4 p.)**

1 limón
400 ml de nata
2 cucharadas de azúcar
2 cucharadas de miel
2 claras de huevo
4 cucuruchos de barquillo
1 rama de canela

Para servir y decorar:
azúcar
canela en polvo
hojas de menta

ELABORACIÓN

Pela el limón con cuidado de no coger nada de la parte blanca, porque amarga.

Calienta en un cazo 150 ml de nata con la rama de canela, la piel del limón y 1 cucharada de azúcar. Cuando empiece a hervir, retira el cazo y deja que infusione hasta que se temple (por lo menos 15 minutos).

Pon el resto de la nata en un bol, agrega la miel y móntala con una varilla manual.

Coloca las claras en un bol y móntalas un poco. Cuando estén blancas, agrega la otra cucharada de azúcar y sigue montándolas.

Cuela la nata infusionada sobre las claras montadas, mezcla bien e incorpóralas a la nata montada. Mezcla con movimientos suaves y envolventes. Tapa la mezcla con film transparente e introdúcela en el congelador hasta que endurezca.

Para servir, ponuna buena cantidad de azúcar en un recipiente hondo, espolvoréala con un poco de canela en polvo y decora con unas hojas de menta. Rellena los cucuruchos con el helado y pínchalos en el recipiente.

ENSALADA DE PASTA Y POLLO

INGREDIENTES **(4 p.)**

200 g de pasta (espirales)
1 pechuga de pollo
1 aguacate
1 tomate
aceite de oliva virgen extra
vinagre
sal

ELABORACIÓN

Pon agua a calentar en una cazuela grande. Cuando empiece a hervir, añade la pasta y cuécela el tiempo que indique el paquete. Retírala, refréscala y resérvala.

Sazona la pechuga y cocínala a la plancha. Retírala y córtala en dados.

Corta el aguacate por la mitad, retira la semilla, saca la pulpa y córtala en daditos. Incorpóralos a la ensalada.

Pela el tomate, córtalo en dados y añádelo.

Mezcla todos los ingredientes en un bol y aliña con sal, aceite y vinagre. Sirve.

CREMA DE ACELGAS CON PENCAS DE CECINA

INGREDIENTES **(4 p.)**

6 hojas de acelga
4 lonchas de cecina
2 zanahorias (grandes)
1 cebolla
1 patata
2 cucharadas de nata fresca
harina y huevo batido (para rebozar)
aceite de oliva virgen extra
perejil
sal

ELABORACIÓN

Pela las zanahorias y, con ayuda de un sacabolas, saca unas bolitas. Reserva las bolitas por un lado y el resto de la zanahoria por otro.

Pon abundante agua a calentar en una cazuela grande. Limpia las acelgas y separa las pencas de las hojas. Reserva las pencas. Trocea las hojas y añádelas a la cazuela.

Pela la cebolla, córtala en dados y agrégalos a la cazuela. Pela las patatas, cáscalas e incorpóralas. Añade también los trozos de zanahoria sobrantes después de haber sacado las bolitas.

Sazona y cocina todo durante 18 minutos. Si tiene mucho caldo, retira un poco. Tritura las verduras con la batidora eléctrica hasta conseguir una crema homogénea. Incorpora la nata fresca, mezcla bien y prueba el punto de sal. En el momento de servir, caliéntala.

Pon abundante agua a calentar en una cazuela. Cuando empiece a hervir, sazónala y agrega las bolitas de zanahoria. Retira los hilos de las pencas, corta cada una por la mitad y añádelas. Cuece todo durante 10 minutos. Escurre y reserva por un lado las pencas y por otro las bolitas de zanahoria.

Corta cada loncha de cecina en dos y coloca 1 trozo entre 2 trozos de penca. Monta en total ocho pencas rellenas de cecina. Pásalas por harina y huevo batido y fríelas a fuego no muy fuerte en una sartén con aceite caliente hasta que se doren por los dos lados. Escúrrelas sobre un plato cubierto con papel absorbente.

Saltea las bolitas de zanahoria en una sartén con un chorrito de aceite.

Reparte la crema de acelgas en 4 platos hondos y agrega las bolitas de zanahoria y las pencas rellenas de cecina. Decora los platos con unas hojas de perejil y sirve

FLAN DE MELOCOTÓN

INGREDIENTES **(4 p.)**

400 g de melocotón en almíbar o natural
1 vaso grande de leche
4 huevos
4 cucharadas de azúcar
caramelo para el molde
nata montada
gelatina de sabores
frambuesas
hojas de menta

ELABORACIÓN

Pon en una jarra el melocotón, la leche, los huevos y el azúcar y tritúralo todo con una batidora hasta tener una mezcla uniforme. Reparte en 4 moldes individuales previamente caramelizados.

Hornea los flanes al baño maría a 175 °C de 15 a 20 minutos, hasta que estén cuajados.

Sirve los flanes decorados con nata, trocitos de gelatina, frambuesas y hojas de menta.

REVUELTO DE ANCHOAS CON SALSA DE PIQUILLOS

INGREDIENTES **(4 p.)**

500 g de anchoas frescas (boquerones)
8 pimientos del piquillo
8 huevos
2 cebolletas
2 dientes de ajo
½ guindilla
½ cucharada de harina
aceite de oliva virgen extra
perejil
azúcar
sal

ELABORACIÓN

Para la salsa de piquillos, corta los pimientos en juliana y dóralos en una cazuela con un chorrito de aceite. Condimenta con sal y azúcar. Cuando empiecen a coger color, añade la harina y un vaso de agua y cocínalos durante 8-10 minutos. Tritúralos con la batidora eléctrica. Reserva.

Limpia las anchoas retirándoles las cabezas, las tripas y las espinas centrales. Resérvalas.

Pica las cebolletas, lamina los dientes de ajo y dora todo en una sartén con un chorrito de aceite. Agrega la media guindilla. Cuando la verdura esté pochada, retira la guindilla, añade las anchoas y sazona. Saltea todo conjuntamente durante 2-3 minutos.

Bate los huevos en un bol, sazónalos y agrégales un poco de perejil picado. Incorpóralos a la sartén donde están las anchoas con las cebolletas y los ajos y cuaja el revuelto removiéndolo suavemente con una cuchara de madera (teniendo cuidado de que las anchoas no se rompan).

Sirve el revuelto de anchoas con la salsa de piquillos.

ENSALADA DE CANÓNIGOS, TOMATE Y REQUESÓN

INGREDIENTES **(4 p.)**

50 g de canónigos
2 tomates
100 g de requesón
aceite de oliva virgen extra
vinagre
sal negra

ELABORACIÓN

Pela los tomates, córtalos en rodajas finas y extiéndelas sobre una fuente amplia.

Lava los canónigos, sécalos y espárcelos sobre los tomates.

Desmenuza el requesón y salpica con él la ensalada.

Adereza con aceite, vinagre y sal negra. Sirve.

GALLETITAS DE MIEL

INGREDIENTES **(4 p.)**

2 yemas de huevo
130 g de miel
1 copita de licor
2 cucharadas de leche
35 g de azúcar
60 g de nueces (tostadas y molidas)
35 g de cacao amargo en polvo
215 g de harina
1 clavo molido
ralladura de limón
azúcar glas

ELABORACIÓN

En un bol, mezcla con suavidad las yemas con la miel, el licor, la leche, la ralladura de limón, el azúcar, el clavo, las nueces, el cacao y la harina tamizada.

Una vez que tengas una masa uniforme, coloca montoncitos en una placa de horno cubierta con papel de hornear. Hornea a 175 ºC durante 8-10 minutos.

Sirve las galletitas espolvoreadas con azúcar glas.

ENSALADA DE ESCAROLA Y LANGOSTINOS

INGREDIENTES **(4 p.)**

1 escarola
16 langostinos
1 aguacate
20 g de sésamo tostado
aceite de oliva virgen extra
vinagre
sal

ELABORACIÓN

Lava la escarola, sécala, trocéala y colócala en una fuente.

Pela el aguacate, córtalo en dados y añádelos a la fuente.

Cuece los langostinos brevemente en una cazuela con agua y una pizca de sal. Cuando se templen, pélalos, trocéalos y agrégalos a la fuente.

Aliña con aceite, vinagre y sal. Espolvorea la ensalada con el sésamo y sirve.

GUISANTES CON HUEVO TRUFADO Y TORTITAS

INGREDIENTES **(4 p.)**

600 g de guisantes (desgranados)
4 huevos
2 trufas pequeñas
2 cebolletas
harina
aceite de oliva virgen extra
hebras de cártamo (azafrán silvestre)
sal de trufa
sal

ELABORACIÓN

Pon agua a calentar en una cazuela. Sazona y agrega los guisantes. Tapa y cuécelos durante 12-15 minutos. Reserva los guisantes y el caldo.

Pica las cebolletas y póchalas en una sartén con un chorrito de aceite. Cuando estén doradas, añade un poco de harina, rehógala un poco y agrega los guisantes y un poco del caldo de la cocción (unos 2 cazos). Cocina todo junto durante 5 minutos.

Pica una de las trufas. Extiende un trozo de film transparente en la parte interior de un bol pequeño, procurando que quede en contacto con la base y los lados internos del recipiente. Úntalo con un poco de aceite, añade un poco de trufa picada, 1 huevo, otro poco de trufa picada y una pizca de sal de trufa. Junta las puntas del film, enróscalas y átalas con lid de cocina. Monta otros 3 huevos de la misma manera.

Pon agua a calentar en una cazuela. Cuando empiece a hervir, agrega los huevos y cuécelos durante 3-4 minutos. En el momento de servir, córtales el film y saca los huevos.

Mezcla en un bol 40 g de harina con 80 ml de agua bien fría. Corta 16 círculos de papel de horno (tomando el diámetro de un vaso como plantilla) y extiende sobre la mitad de los círculos la crema de harina y agua. Espolvorea la crema con unas hebras de cártamo y una pizca de la otra trufa picada finamente. Cubre la masa con otro círculo de papel de horno. Presiona bien y fríe las tortitas (a tandas) a fuego medio en una sartén con aceite caliente. Cuando se doren, retíralas, deja que se templen y quítales los papeles.

Reparte los guisantes en 4 platos hondos, coloca un huevo en el centro de cada uno y acompáñalos con las tortitas. Sirve.

MELOCOTONES ASADOS CON CEREZAS

INGREDIENTES **(4 p.)**

4 melocotones maduros
400 g de cerezas
4 cucharadas de azúcar
nata montada

ELABORACIÓN

Lava bien los melocotones y las cerezas y ponlos en un bol apto para el horno. Añade el azúcar y una taza de agua (la cantidad dependerá del tipo de melocotón).

Hornea a 175 °C durante 20-30 minutos. Déjalo enfriar y refrigéralo en el frigorífico.

Sirve los melocotones asados con cerezas bien fríos con su jugo y decóralos con nata montada.

ENSALADA VERDE CON FRESAS Y PIÑONES

INGREDIENTES **(4 p.)**

150 g de espinacas *baby*
150 g de escarola
8 fresas
30 g de piñones
aceite de oliva virgen extra
vinagre
sal

ELABORACIÓN

Lava las hojas de espinaca, sécalas y colócalas en una fuente. Lava la escarola, sécala, trocéala y añádela. Sazona.

Lava las fresas, retírales el tallo y córtalas en daditos. Espárcelas por encima.

Tuesta los piñones en una sartén sin aceite y añádelos a la ensalada.

Aliña con aceite y vinagre. Sirve.

TALO CON PAVO Y VERDURAS

INGREDIENTES **(4 p.)**

300 g de harina de maíz
250 ml de agua
500 g de pechugas de pavo
2 cebolletas
2 pimientos verdes
1 pimiento rojo
1 aguacate
150 g de queso
aderezo de soja
aceite de oliva virgen extra
perejil
pimienta
sal

ELABORACIÓN

Pon la harina de maíz en un recipiente amplio. Haz un hueco en el centro y añade una pizca de sal. Calienta el agua y agrégala al recipiente de la harina. Amasa hasta que quede una masa compacta y homogénea. Haz una bola con la masa, métela en un bol y tápala con un paño limpio. Deja que repose durante 30 minutos.

Corta la masa en 8, forma 8 bolitas y aplástalas con la mano hasta conseguir unas tortas finas. Calienta una sartén y cocina los talos por los dos lados hasta que se doren un poco. Resérvalos.

Corta las cebolletas y los pimientos verdes en juliana fina. Pela el pimiento rojo y córtalo en juliana fina. Rehoga las verduras en una sartén con aceite durante unos 10-12 minutos. Sazona.

Corta la carne en juliana y salpimiéntala. Calienta otra sartén con un chorrito de aceite y cocina la carne. Mezcla en la misma sartén las verduras con la carne y agrega un chorrito de aderezo de soja. Mezcla bien.

Abre el aguacate y pon la pulpa en un plato. Aplástala con un tenedor y unta los talos con el aguacate. Reparte encima las verduras con la carne y el queso cortado en lascas.

Sirve y adorna con unas hojas de perejil.

BATIDO DE PLÁTANO Y FRAMBUESA

INGREDIENTES **(4 p.)**

500 ml de leche
3 plátanos
120 g de frambuesas
2 cucharadas de azúcar
ralladura de naranja

ELABORACIÓN

Pela los plátanos, córtalos en rodajas y colócalos en un vaso batidor. Añade las frambuesas, el azúcar y la leche. Tritura con la batidora eléctrica y cuela (para eliminar las pepitas de las frambuesas).

Sirve el batido en copas y espolvorea con un poco de ralladura de naranja por encima.

REVUELTO DE HABAS Y ESPÁRRAGOS VERDES

INGREDIENTES **(4 p.)**

6-8 huevos
200 g de habitas tiernas (desgranadas)
16 espárragos verdes
4 rebanadas de pan
30 g de piñones
aceite de oliva virgen extra
perejil
pimienta
sal

ELABORACIÓN

Coloca las rebanadas de pan sobre una bandeja de horno, introdúcelas en el horno y tuéstalas.

Saltea las habas en una sartén con un chorrito de aceite. Retira la parte inferior de los espárragos, córtalos en trozos de 3 centímetros y añádelos. Saltéalos junto con las habas. Sazona.

Pon a calentar una sartén pequeña, agrega los piñones y tuéstalos un poco. Resérvalos.

Bate los huevos con un poco de perejil picado en un bol, salpiméntalos y agrega las verduras y los piñones. Mezcla y cuaja el revuelto.

Reparte el revuelto en 4 platos y coloca, en cada uno, una rebanada de pan tostado. Adorna los platos con unas hojas de perejil y sirve.

REMOJÓN GRANADINO

INGREDIENTES **(4 p.)**

350 g de bacalao desalado (4 trozos)
4 huevos
8 tomates deshidratados en aceite
4 naranjas
1 cebolleta
16 aceitunas negras
aceite de oliva virgen extra
vinagre
perejil
sal

ELABORACIÓN

Pon los huevos a cocer en un cazo con agua. Cuando lleven hirviendo 10 minutos, refréscalos y pélalos. Corta cada uno en 8 gajos y resérvalos.

Corta los tomates en daditos y resérvalos.

Pela las naranjas y saca los gajos en vivo.

Pon unas gotas de aceite en una plancha, agrega los trozos de bacalao y cocínalos a fuego fuerte durante 4 minutos (2 por cada lado).

Corta la cebolleta en juliana fina.

Corta las aceitunas por la mitad.

Monta la ensalada y alíñala con aceite, vinagre y sal. Adórnala con unas hojas de perejil. Sirve.

TARTA DE ZANAHORIAS

INGREDIENTES **(6 p.)**

200 g de zanahorias ralladas
180 g de mantequilla
100 g de azúcar
4 huevos
100 g de nueces picadas
150 g de harina
½ sobre de levadura
mantequilla y harina para el molde
azúcar glas
hojas de menta

ELABORACIÓN

Mezcla, con una batidora eléctrica de varillas, la mantequilla (a temperatura ambiente) con el azúcar. Agrega los huevos de uno en uno y sin dejar de batir.

Añade las nueces picadas y la zanahoria rallada y mezcla con una varilla de mano.

Incorpora poco a poco la harina y la levadura. Mezcla con la varilla hasta que quede una masa homogénea.

Unta un molde con mantequilla y espolvoréalo con harina. Vierte la mezcla en su interior y hornea a 175 °C durante 30 minutos. Deja templar y desmóldalo.

Espolvorea la tarta con azúcar glas y decórala con hojas de menta. Sirve.

ROLLITOS DE JAMÓN Y TORTILLA

INGREDIENTES **(4 p.)**

8 lonchas finas de jamón serrano
8 huevos
1 cebolleta
1 pimiento verde
2 tomates
2 dientes de ajo
aceite de oliva virgen extra
sal

ELABORACIÓN

Corta la cebolleta y el pimiento verde en daditos y ponlos a rehogar en una sartén con un chorrito de aceite. Sazónalos y cocínalos durante unos 10 minutos.

Pela los tomates y córtalos en daditos. Pela los ajos y pícalos finamente (daditos). Pon a calentar un poco de aceite en otra sartén y agrega los ajos y el tomate. Sazona y cocínalos durante unos 10 minutos. Escúrrelos bien.

Bate en 4 boles los huevos de dos en dos. Reparte la cebolleta y el pimiento verde en 2 de los boles y el tomate y el ajo en los otros 2. Calienta un poco de aceite en una sartén y cuaja las tortillas como si fueran crepes. Córtalas por la mitad.

Envuelve las tortillas con el jamón formando unos rollitos, dejando en 4 las lonchas de jamón por fuera y, en las otras 4, por dentro.

Sirve 2 rollitos (1 de cebolla y pimiento y 1 de tomate y ajo) por persona.

ENSALADA DE ENDIBIAS, REMOLACHA Y CACAHUETES

INGREDIENTES **(4 p.)**

4 endibias
1 remolacha cruda
30 g de cacahuetes (pelados)
aceite de oliva virgen extra
zumo de limón
sal

ELABORACIÓN

Suelta las hojas de las endibias, enjuágalas y colócalas en una fuente.

Pela la remolacha, rállala y agrégala.

Aplasta los cacahuetes y espolvorea con ellos la ensalada.

Adereza con aceite, zumo de limón y una pizca de sal. Sirve.

CUAJADO DE CHOCOLATE BLANCO CON FRESAS

INGREDIENTES **(4 p.)**

180 g de chocolate blanco
4 fresas
50 g de azúcar
50 ml de ron
4 hojas de gelatina (8 g)
400 ml de leche
80 g de mantequilla
4 cigarrillos de barquillo
hojas de menta

ELABORACIÓN

Lava las fresas, retírales los tallos y pícalas en daditos pequeños (del tamaño de un garbanzo). Ponlas en un bol y agrégales el ron y 25 g de azúcar. Mezcla bien y deja que maceren un ratito.

Introduce las hojas de gelatina en un bol con agua fría y espera a que se hidraten.

Vierte la leche en una cazuela y añade los otros 25 g de azúcar y la mantequilla. Pon la cazuela al fuego y caliéntala sin dejar de remover los ingredientes hasta que empiece a hervir y queden bien integrados. Apaga el fuego.

Escurre la gelatina y agrégala a la mezcla de leche, azúcar y mantequilla. Disuélvela bien.

Pica el chocolate y colócalo en un bol. Vierte la mezcla anterior sobre el chocolate y remueve bien con una varilla manual hasta que el chocolate se disuelva. Déjalo templar.

Reparte la mezcla en 4 vasitos y deja que reposen en el frigorífico hasta que se solidifiquen (2-3 horas aproximadamente). Retira los vasitos del frigorífico y reparte los daditos de fresa por encima. Coloca en cada uno un cigarrillo de barquillo y decóralos con unas hojas de menta. Sirve.

ENSALADA DE LECHUGA, HUEVO Y BONITO

INGREDIENTES **(4 p.)**

1 lechuga
8 huevos de codorniz
150 g de bonito en escabeche
1 cebolleta
aceite de oliva virgen extra
vinagre
sal

ELABORACIÓN

Lava la lechuga, sécala, trocéala y colócala en una fuente.

Cuece los huevos de codorniz durante 2 minutos y medio. Pélalos, córtalos por la mitad y agrégalos.

Desmenuza el bonito en escabeche y espárcelo sobre la ensalada.

Corta la cebolleta en juliana fina y agrégala.

Sazona y aliña con un chorrito de vinagre y un buen chorro de aceite de oliva. Sirve.

CREMA DE ZANAHORIA CON CHAMPIÑONES Y SÉSAMO

INGREDIENTES **(4 p.)**

6 zanahorias
200 g de champiñones
1 diente de ajo
1 puerro
1 calabacín
100 ml de salsa de soja
aceite de oliva virgen extra
perejil
1 semilla de cardamomo
semillas de sésamo
pimienta
sal

ELABORACIÓN

Limpia los champiñones, retira el tallo (reserva los tallos para la crema) de 8 y córtalos en 8 trozos. Ponlos en un bol y vierte encima la salsa de soja y un buen chorro de aceite de oliva. Pela y pica el diente de ajo finamente y añádelo. Deja que maceren durante 30 minutos.

Lava y pica el puerro y ponlo a pochar en una cazuela con un chorrito de aceite. Pela y pica el calabacín y añádelo. Pela las zanahorias, trocéalas y agrégalas.

Trocea los tallos reservados anteriormente y el resto de los champiñones y agrégalos a la cazuela de las verduras. Añade la semilla de cardamomo, salpimienta y rehoga todo un poco. Cubre con agua y cuece las verduras durante 20 minutos.

Pásalas al vaso americano y tritúralas bien. Coloca la crema en una cazuela y mantenla caliente.

Escurre bien los champiñones macerados y saltéalos en una sartén con un chorrito de aceite. Añádelos a la cazuela de la crema. Sirve la crema y espolvoréala con el sésamo y un poco de perejil picado.

TARTA DE CEREZAS

INGREDIENTES **(6 p.)**

200 g de pasta quebrada u hojaldre
600 g de cerezas
3 huevos
1 vaso de leche
¼ de vaso de nata
3 cucharadas de azúcar
1 vaina de vainilla
mermelada de cereza

ELABORACIÓN

Forra un molde con pasta quebrada u hojaldre y hornéalo a 180 °C durante 15 minutos. Deja enfriar.

Bate los huevos con las semillas de vainilla y añade la leche, la nata y el azúcar. Sigue batiendo con una varilla.

Coloca las cerezas deshuesadas cubriendo la pasta quebrada.

Mete el molde en el horno y vierte sobre las cerezas la crema anterior. Hornea a 175 °C durante 25-35 minutos.

Desmolda y unta la tarta con mermelada de cereza para darle brillo. Sirve.

ENSALADA DE LECHUGA, REMOLACHA Y PASAS

INGREDIENTES **(4 p.)**

1 lechuga
1 remolacha
20 g de pasas
10 g de semillas de sésamo
aceite de oliva virgen extra
vinagre
sal

ELABORACIÓN

Lava la lechuga, sécala, trocéala y colócala en una fuente.

Cuece la remolacha durante 5 minutos en la olla a presión. Pélala, córtala en trocitos y añádelos a la lechuga.

Agrega las pasas y las semillas de sésamo.

Sazona y aliña con aceite y vinagre. Sirve.

TORTILLA DE PATATAS, CALABACÍN Y CHORIZO CON PIMIENTOS

INGREDIENTES **(4 p.)**

8 huevos
2 patatas
1 calabacín
100 g de chorizo
3 pimientos verdes
1 pimiento rojo
1 cebolla
1 diente de ajo
aceite de oliva virgen extra
sal

ELABORACIÓN

Pela el pimiento rojo y córtalo en dados grandes. Corta los pimientos verdes en cilindros. Saltéalos en una sartén con aceite y sazónalos. Resérvalos.

Pela el diente de ajo y la cebolla y córtalos en daditos. Ponlos a rehogar en una sartén con abundante aceite. Pela las patatas, córtalas en cuartos de luna y agrégalos. Lava el calabacín, córtalo de la misma manera que las patatas y añádelo. Sazona y rehoga todo hasta que estén a punto.

Retira la piel del chorizo, córtalo en cuartos de luna y agrégalos a la sartén. Rehoga brevemente. Retira todo y escurre bien.

Bate los huevos de 2 en 2 con una pizca de sal. Reparte sobre ellos las verduras con chorizo y mezcla bien. Calienta una sartén con un poco de aceite y cuaja 4 tortillas individuales. Sirve y acompáñalas con los pimientos.

MELÓN RELLENO

INGREDIENTES **(4 p.)**

1 melón
2 cucharadas de azúcar
licor de cereza
grosellas
canela molida
hojas de menta

ELABORACIÓN

Corta el melón por la mitad. Retira las pepitas y forma bolitas con un sacabolas.

Pon las bolitas en un bol y agrega el azúcar, el licor y las grosellas. Deja reposar unas 2 horas en el frigorífico.

Rellena el melón. Espolvoréalo con canela y decora con unas hojas de menta. Sirve.

ENSALADA DE LECHUGAS VARIADAS, CEBOLLETA Y PIPAS DE CALABAZA

INGREDIENTES **(4 p.)**

200 g de lechugas variadas
1 cebolleta
30 g de pipas de calabaza (peladas)
aceite de oliva virgen extra
vinagre
sal

ELABORACIÓN

Lava las lechugas, sécalas, trocéalas y colócalas en una fuente grande.

Pela la cebolleta y córtala en juliana fina. Salpica con ella las lechugas.

Tuesta las pipas de calabaza en una sartén sin aceite y espárcelas sobre la ensalada.

Sazona y aliña con aceite y vinagre. Sirve.

BRICKS DE JAMÓN, ALCACHOFAS Y HUEVOS

INGREDIENTES **(4 p.)**

4 láminas de pasta *brick*
4 lonchas finas de jamón serrano
8 alcachofas
4 huevos
2 patatas
12 ajos frescos
aceite de oliva virgen extra
perejil
sal

ELABORACIÓN

Extiende las láminas de pasta *brick* sobre una superficie lisa y úntalas con aceite. Coloca, encima de cada una, 1 loncha de jamón y envuelve esta con la pasta *brick* de manera que quede una tira (aproximadamente de 8 centímetros). Junta los extremos dándoles forma de cilindro y coloca cada uno dentro de un aro (cortapastas). Introdúcelas en el horno y hornéalas a 200 °C durante 10-12 minutos. Retira y reserva.

Pela las patatas y córtalas en tiras finas, tipo patatas paja. Ponlas en un bol con agua y déjalas reposando durante 15 minutos. Escúrrelas, sécalas y fríelas en una sartén con aceite. Escúrrelas sobre un plato cubierto con papel absorbente. Sazónalas.

Retira los extremos de los ajos frescos y córtalos en cilindros. Pela las alcachofas, retírales los tallos y un trozo de la parte superior. Córtalas en 8 gajos.

Pon a calentar un poco de aceite en una sartén grande, agrega los ajos y las alcachofas y saltea todo bien (aproximadamente 5-8 minutos).

Pon agua a calentar en una tartera y, cuando empiece a hervir, baja el fuego, casca los huevos y añádelos. Escálfalos durante 3-4 minutos. Sirve el salteado de ajos frescos y alcachofas dentro de los 4 cilindros de pasta *brick* y jamón. Coloca 1 huevo encima de cada uno y sazona. Finalmente, coloca encima las patatas fritas y espolvorea con un poco de perejil picado. Sirve.

TARTA DE QUESO Y MELOCOTÓN

INGREDIENTES **(6 p.)**

500 g de requesón
2 melocotones
3 hojas de gelatina
zumo de 2 limones
125 g de harina
75 g de mantequilla
180 g de azúcar
4 yemas de huevo
500 ml de nata para montar
hojas de menta

Para la salsa:
1 melocotón
2 cucharadas de azúcar moreno
100 ml de nata
licor de naranja

ELABORACIÓN

Remoja las hojas de gelatina en un bol con agua fría. Cuando se ablanden, dilúyelas en el zumo de limón caliente.

Pon la harina, la mantequilla a punto de pomada, 30 g de azúcar y 1 yema de huevo en un bol. Amasa hasta que te quede una masa homogénea. Extiéndela en un molde circular de fondo desmontable. Hornea a 180 °C durante 10 minutos y deja enfriar.

Monta la nata con una batidora de varillas eléctrica.

Pon el requesón, 150 g de azúcar y 3 yemas de huevo en una jarra y tritura. Añade el zumo de limón con gelatina y sigue batiendo hasta que quede una crema homogénea.

Incorpora la nata con movimientos suaves y envolventes y rellena la tartaleta. Introduce en el frigorífico durante 1-2 horas hasta que se endurezca.

Pela los 2 melocotones, córtalos en láminas finas y cubre con ellos la superficie de la tarta.

Para la salsa, pon el otro melocotón (troceado) en una jarra, agrega el azúcar, un chorrito de licor y la nata y tritura.

Decora con hojas de menta y acompaña con la salsa. Sirve.

ENSALADA DE LECHUGAS VARIADAS, RABANITOS Y PISTACHOS

INGREDIENTES **(4 p.)**

300 g de lechugas variadas
8 rabanitos
50 g de pistachos
aceite de oliva virgen extra
vinagre
sal

ELABORACIÓN

Lava las hojas de lechuga, sécalas, trocéalas y ponlas en un bol.

Lava los rabanitos, córtalos en gajos y añádelos.

Pela los pistachos, aplástalos un poco e incorpóralos.

Adereza con aceite, vinagre y sal. Sirve.

HOJALDRES DE VERDURAS CON BECHAMEL

INGREDIENTES **(4 p.)**

1 lámina de hojaldre
1 huevo
2 dientes de ajo
1 cebolleta
300 g de setas
12 espárragos verdes
100 ml de leche
harina
aceite de oliva virgen extra
nuez moscada
pimienta
sal

ELABORACIÓN

Espolvorea la encimera con un poco de harina, extiende encima el hojaldre, espolvoréalo con otro poco de harina y estíralo con un rodillo. Córtalo en tiras de unos 2 dedos de ancho y enróllalas alrededor de 14 moldes con forma de cono. Bate el huevo y, con ayuda de una brocha, pinta con él los canutillos. Colócalos sobre una placa de horno cubierta con papel de hornear y hornéalos a 190 °C durante 15 minutos aproximadamente. Deja que se templen y desmóldalos.

Corta los ajos, la cebolleta, las setas y los espárragos (reserva las puntas) en daditos. Pon las verduras a rehogar en una sartén con un chorrito de aceite y sazónalas.

Cuando las verduras estén pochadas, agrega 15 g de harina y rehógala un poco. Vierte encima la leche poco a poco y cocínala a fuego suave durante 5 minutos. Salpimienta y ralla encima un poco de nuez moscada. Deja que se temple y colócala en una manga pastelera. Rellena los canutillos y hornéalos de nuevo hasta que se calienten.

Saltea las puntas de espárragos en una sartén con un chorrito de aceite. Sazónalas.

Sirve los canutillos de verduras y acompáñalos con las puntas de los espárragos.

BATIDO DE MANZANA

INGREDIENTES **(4 p.)**

3 manzanas
1 vaso de leche
250 ml de helado de vainilla
4 cucharadas de crocanti de almendra

ELABORACIÓN

Pela las manzanas, pícalas y colócalas en el vaso americano.

Agrega el vaso de leche y el helado de vainilla y tritura.

Pasa la mezcla a una jarra y mantenla en el frigorífico hasta el momento de servir.

Sirve el batido en 4 copas y agrega el crocanti de almendra.

REVUELTO DE SETAS DE PRIMAVERA Y ALCACHOFAS

INGREDIENTES **(4 p.)**

250 g de setas de primavera
2 alcachofas
8 huevos
½ barra de pan
1 diente de ajo
2 lonchas finas de jamón ibérico
aceite de oliva virgen extra
perejil
sal

ELABORACIÓN

Corta el pan en 8 rebanadas, extiéndelas en una placa de horno y tuéstalas en el horno hasta que se doren. Resérvalas.

Pela las alcachofas, eliminando una buena cantidad de hojas externas, retírales los tallos y un buen trozo de la parte superior. Córtalas en gajos y saltéalas en una sartén con un chorrito de aceite. Sazónalas.

Pela y lamina el diente de ajo y dóralo en una sartén con un chorrito de aceite. Limpia las setas con un trapo y trocéalas con las manos. Añádelas a la sartén y saltéalas. Agrega perejil picado.

Bate los huevos, sazónalos y añádeles las alcachofas y las setas. Cuaja el revuelto en una sartén con un chorrito de aceite.

Corta el jamón en tiritas finas y espárcelas sobre el revuelto.

Sirve el revuelto y acompáñalo con el pan tostado. Adorna con unas hojas de perejil.

ENSALADA DE BERROS, MANZANA Y REMOLACHA

INGREDIENTES **(4 p.)**

300 g de berros
1 manzana
1 remolacha cocida
30 g de piñones (pelados)
aceite de oliva virgen extra
vinagre
sal

ELABORACIÓN

Lava los berros, sécalos y colócalos en una fuente grande.

Corta la remolacha en daditos y añádelos.

Pela la manzana, córtala en daditos y agrégalos.

Tuesta los piñones en una sartén sin aceite. Retíralos y deja que se templen. Salpica con ellos la ensalada.

Sazona y aliña con aceite y vinagre. Sirve.

CESTITAS DE CIRUELAS CON CREMA DE QUESO

INGREDIENTES **(4 p.)**

1 lámina de hojaldre
8 ciruelas pasas remojadas
100 g de queso fresco
8 almendras
4 cucharadas de piñones
1 huevo
1-2 cucharadas de miel de caña
harina
azúcar

ELABORACIÓN

Deshuesa las ciruelas con cuidado de que no se rompan e introduce en el interior de cada una unos pocos piñones y una almendra.

Estira el hojaldre con el rodillo y un poco de harina para que no se pegue. Corta 8 rectángulos, rellénalos con las ciruelas y cierra cada porción juntando las cuatro puntas envolviendo la ciruela. Coloca estas cestitas en una placa con papel de hornear y unta con huevo batido. Hornea a 200 °C durante 18-20 minutos. Tuesta el resto de los piñones también en el horno a 200 °C durante 8-10 minutos.

Calienta brevemente la miel para que esté más blanda y mézclala con el queso aplastado. Agrega unos piñones tostados y picados (reserva el resto).

Sirve las cestitas de ciruelas espolvoreadas con azúcar y acompañadas de la crema de queso con unos piñones tostados y enteros.

ENSALADA DE LECHUGA, PEPINO Y ZANAHORIA

INGREDIENTES **(4 p.)**

1 lechuga
1 pepino
1 zanahoria
aceite de oliva virgen extra
vinagre
sal

ELABORACIÓN

Lava la lechuga, sécala, trocéala y colócala en una fuente.

Pela el pepino, córtalo en rodajitas y añádelas a la fuente.

Pela la zanahoria, rállala y espárcela por encima.

Sazona y aliña con aceite y vinagre. Sirve.

ESCALOPES DE PAVO CON CHAMPIÑONES A LA PLANCHA

INGREDIENTES **(4 p.)**

1 pechuga de pavo (400 g)
20 champiñones
3 dientes de ajo
harina
huevo
pan rallado
aceite de oliva virgen extra
perejil
pimienta
sal

ELABORACIÓN

Retira la parte inferior de los champiñones, colócalos en un bol con agua y enjuágalos. Retíralos, sécalos con un trapo limpio de cocina y resérvalos.

Pela 1 diente de ajo, pícalo finamente, ponlo en un bol, agrega un poco de perejil picado y vierte encima un buen chorro de aceite de oliva. Mezcla bien y deja macerar durante 20 minutos como mínimo.

Corta la pechuga en filetes finos, aplástalos y salpimiéntalos. Pásalos por harina, huevo batido y pan rallado. Aplástalos de nuevo con la hoja del cuchillo cebollero y márcalos (rombos) con la parte roma (la que no tiene filo) del cuchillo.

Pon a calentar una sartén, coloca los champiñones en ella (primero cabeza abajo), riégalos con la mitad del líquido de la maceración y cocínalos durante 2-3 minutos; dales la vuelta y riégalos con el resto del líquido de la maceración. Cocínalos durante 3 minutos más. Resérvalos calientes.

Pon a calentar bastante aceite en otra sartén y añade los otros 2dientes de ajo con piel. Cuando el aceite esté caliente, agrega los escalopes y fríelos brevemente por los dos lados. Sirve los escalopes y acompáñalos con los champiñones. Decora con una hojita de perejil.

POSTRE DE QUESO, LIMA Y DULCE DE LECHE

INGREDIENTES **(4 p.)**

250 g de queso crema
2 limas
400 ml de dulce de leche
grosellas
hojas de menta

Para la base:

40 g de galletas de chocolate
30 g de mantequilla

ELABORACIÓN

Para la base, aplasta las galletas hasta que queden reducidas a polvo. Agrega la mantequilla fundida y mezcla bien. Cubre el fondo de 4 copas de cristal y deja que la base se enfríe y endurezca en el frigorífico.

Coloca en un bol el queso a temperatura ambiente. Ralla la cáscara de 1 lima y añádela. Exprime las limas y vierte encima el zumo. Mezcla e incorpora el dulce de leche sin dejar de remover.

Reparte la mezcla en las copas, decora con las grosellas y las hojas de menta y sirve.

FIDEOS A LA CAZUELA CON CONEJO

INGREDIENTES **(4 p.)**

4 muslos de conejo
300 g de fideos (número 4)
1 cebolleta
1 pimiento verde
12 ajos frescos
200 g de judías verdes
1 tomate
50 ml de vino blanco
aceite de oliva virgen extra
perejil
1 cucharadita de pimentón
pimienta
sal

Para el alioli:
1 huevo
1 diente de ajo
150 ml de aceite de oliva virgen extra
zumo de ½ limón
sal

ELABORACIÓN

Deshuesa el conejo y córtalo en trozos de bocado. Salpimiéntalos y fríelos en una sartén con aceite hasta que queden bien dorados. Retíralos a un plato y resérvalos.

Pela la cebolleta y córtala en daditos. Corta el pimiento en daditos. Pela los ajos frescos y córtalos en cilindros. Corta las judías en trozos de 2-3 centímetros. Rehoga bien las verduras en una tartera con un chorrito de aceite. Sazona.

Corta el tomate por la mitad, rállalo e incorpóralo. Añade el vino y dale un hervor. Agrega el pimentón. Incorpora el conejo y los fideos. Vierte encima el doble de agua que de fideos y cocínalos durante 11-13 minutos.

Para el alioli, pon el huevo, el diente de ajo (pelado y picado), el zumo de limón, una pizca de sal y el aceite en un vaso batidor. Introduce la batidora, bate y liga la mezcla.

Sirve los fideos con el alioli y adorna los platos con unas hojas de perejil.

ENSALADA DE CANÓNIGOS, MAÍZ Y PIPAS

INGREDIENTES **(4 p.)**

300 g de canónigos
30 g de maíz en conserva
20 g de pipas de girasol
8 tomates deshidratados en aceite
aceite de oliva virgen extra
vinagre
sal

ELABORACIÓN

Lava los canónigos, sécalos y colócalos en una fuente amplia.

Corta los tomates en dados y espárcelos por encima.

Añade el maíz y las pipas de girasol.

Sazona y adereza con aceite y vinagre. Sirve.

SOPA DE ALMENDRAS

INGREDIENTES **(4 p.)**

250 g de almendra molida
150 g de azúcar
1 l de agua
6 fresas
canela molida
hojas de menta

ELABORACIÓN

Pon a calentar las almendras molidas con el agua y el azúcar hasta que se espese la mezcla, unos 20 minutos hirviendo. Pasa la mezcla por un chino.

Sirve la sopa en una fuente honda y decora con rodajitas de fresa, hojas de menta y canela molida. Puedes tomarla caliente o fría.

ENSALADA DE LECHUGA, CALABACÍN Y ALMENDRAS

INGREDIENTES **(4 p.)**

1 lechuga
1 calabacín
40 g de almendras fileteadas tostadas
aceite de oliva virgen extra
vinagre
sal

ELABORACIÓN

Lava las hojas de lechuga, sécalas y trocéalas. Extiéndelas en una fuente.

Saca tiras finas del calabacín (puedes utilizar el sacapuntas especial para ello) y agrégalas.

Salpica la ensalada con las almendras fileteadas.

Aliña con aceite, vinagre y sal. Sirve.

SALMÓN CON PALETILLA Y SALSA DE ESPÁRRAGOS

INGREDIENTES **(4 p.)**

800 g de salmón
4 lonchas de paletilla curada
12 espárragos verdes
4 chalotas
1 cucharada de arroz
aceite de oliva virgen extra
perejil
pimienta negra
sal

ELABORACIÓN

Corta las chalotas en dados y ponlas a rehogar en una cazuela pequeña con un chorrito de aceite. Corta la punta de los espárragos y resérvalas; pica los tallos y agrégalos a la cazuela. Rehoga bien y añade el arroz. Cubre con agua, sazona y cocina los ingredientes a fuego medio durante 15-18 minutos. Retira parte del caldo (para que la crema no quede muy ligera), tritura, pon a punto de sal y reserva.

Retira la piel y las espinas del salmón. Córtalo en 4 tiras largas y extiende una loncha de paletilla encima de cada tira de salmón. Enróscalas formando 4 caracolas. Salpiméntalas. Sujétalas con un palillo de brocheta, riégalas con un chorrito de aceite y cocínalas a la plancha durante 3 minutos por cada lado.

Saltea las puntas de espárrago en una sartén con un chorrito de aceite. Sazona.

Sirve la salsa de espárragos en el fondo de los platos, coloca encima las caracolas de salmón y acompáñalas con las puntas de espárrago. Decora los platos con unas hojas de perejil.

CUAJADA CON MEMBRILLO

INGREDIENTES **(4 p.)**

600 ml de leche de oveja
100 g de membrillo
cuajo
hojas de menta

ELABORACIÓN

Para la cuajada, calienta la leche a fuego suave. Cuando empiece a hervir, apaga el fuego y espera a que se temple (aproximadamente a 38-40 °C).

Prepara 4 recipientes y echa una gota de cuajo en cada uno.

Reparte la leche en los recipientes y deja reposar hasta que cuajen.

Sirve las cuajadas con unos trocitos de membrillo y decóralas con unas hojas de menta.

ENSALADA DE LECHUGAS VARIADAS Y AGUACATE

INGREDIENTES **(4 p.)**

250 g de lechugas variadas
1 aguacate
4 rabanitos
50 g de piñones
aceite de oliva virgen extra
vinagre
sal

ELABORACIÓN

Lava las hojas de lechuga, sécalas y colócalas en una fuente grande.

Pela el aguacate, quítale el hueso y corta la pulpa en dados. Agrégalos a la fuente.

Lava los rabanitos, córtalos en rodajas finas y añádelas.

Tuesta los piñones en una sartén sin aceite, retíralos a un plato y deja que se templen. Espárcelos sobre la ensalada.

Sazona y aliña con aceite y vinagre. Sirve.

BACALAO GRATINADO CON MAYONESA DE AJO FRESCO

INGREDIENTES **(4 p.)**

800 g de bacalao fresco
24 ajos frescos
4 rebanadas de pan
1 huevo
4 cucharadas de harina
aceite de oliva virgen extra
vinagre
perejil
pimentón
sal

ELABORACIÓN

Mezcla en un cuenco 2 vasos de agua y 1 cucharada de pimentón. Coloca las rebanadas de pan en una fuente, mójalas con la mezcla de agua y pimentón y deja que se empapen bien. Una vez que hayan absorbido todo el líquido, coloca cada rebanada (de una en una) entre dos platos y aplástalas hasta escurran toda el agua. Coloca las rebanadas sobre una bandeja cubierta con papel de hornear, cúbrelas con otra hoja de papel de hornear, aplástalas bien y pon encima algo de peso (otra bandeja de horno). Hornéalas a 180ºC durante 25-30 minutos.

Corta 8 ajos frescos en rodajas y ponlos a rehogar en una sartén con un chorrito de aceite. Cocínalos a fuego suave hasta que estén blanditos, pásalos a un mortero y májalos bien hasta obtener una crema de ajo.

Para hacer la mayonesa, casca el huevo en un vaso batidor, agrega un chorrito de vinagre, sal y 200 ml de aceite. Introduce el brazo de la batidora hasta el fondo y empieza a batir sin mover el brazo. Cuando empiece a emulsionar, muévelo suavemente (hacia arriba y hacia abajo). Agrega la crema de ajo fresco con su aceite y tritura un poco más hasta obtener una salsa homogénea.

Corta el lomo de bacalao en 8 trozos, aplástalos con un cuchillo (dándoles unos golpes), sazónalos y fríelos (durante 1 minuto por cada lado) en una sartén con aceite caliente. Pasa los trozos de bacalao a una bandeja de horno. Cubre cada porción con la mayonesa de ajo y gratínalos durante 2-3 minutos (hasta que se doren).

Limpia el resto de los ajetes, córtalos en 2 y hazles 2 cortes longitudinales sin llegar hasta la base (como se hace para limpiar los puerros). Prepara la masa de tempura mezclando la harina con una pizca de sal y agua bien fría, de manera que quede una crema ligera. Empapa bien los ajetes en esta mezcla y fríelos en una sartén con aceite bien caliente. Escúrrelos sobre un plato con papel absorbente.

Sirve en cada plato 2 porciones de bacalao, una tostada de pan de pimentón y unos ajos frescos en tempura. Decora los platos con unas hojas de perejil.

GAZPACHO DE FRESAS CON BARRITAS DE PAN DULCE FRITO

INGREDIENTES **(4 p.)**

500g de fresas
5 rebanadas de pan de molde integral
5 cucharadas de azúcar
½ vaso de leche
zumo de 1 limón
1 cucharada de vinagre
5 cubitos de hielo
aceite de oliva virgen extra
2 clavos de olor
canela molida
hojas de menta
sal

ELABORACIÓN

Lava las fresas y córtalas en trozos pequeños. Espolvoréalas con 2 cucharadas de azúcar y el zumo de limón y déjalas que maceren durante 1 hora aproximadamente.

Pasado este tiempo, introdúcelas en el vaso de la batidora americana con el vinagre, una pizca de sal, 2 rebanadas de pan troceadas sin corteza, 1 cucharada de azúcar y un chorrito de aceite. Tritura, añade los cubitos de hielo y sigue triturando hasta que quede un puré ligero.

Calienta en un cazo la leche con 2 cucharadas de azúcar, los clavos y una pizca de canela. Retira las cortezas de 3 rebanadas de pan y córtalas en rectángulos (barritas). Empapa ligeramente estas barritas en la leche y escúrrelas bien. Fríelas en abundante aceite caliente y ponlas sobre un plato con papel de cocina.

Sirve el gazpacho con las barritas de pan dulce y espolvoréalo con menta picada.

ENSALADA DE LECHUGA, MANGO Y AVELLANAS

INGREDIENTES **(4 p.)**

1 lechuga
1 mango
16 avellanas tostadas
aceite de oliva virgen extra
vinagre de frambuesa
sal

ELABORACIÓN

Lava la lechuga, sécala, trocéala y ponla en una fuente.

Pela el mango, córtalo en trocitos y añádelos.

Aplasta las avellanas con un cuchillo y espárcelas por encima.

Sazona y adereza con aceite y vinagre. Sirve.

TORTAS DE VERDURA CON HUEVO Y HOLANDESA

INGREDIENTES **(4 p.)**

1 cebolleta
2 zanahorias
1 pimiento verde
1 puerro
1 patata
4 huevos
4 lonchas de jamón serrano
aceite de oliva virgen extra
vinagre
perejil
sal

Para la holandesa:

300 g de mantequilla
3 yemas de huevo
zumo de ½ limón
sal

ELABORACIÓN

Corta la cebolleta, las zanahorias (peladas), el pimiento, el puerro (limpio) y la patata (pelada) en juliana fina. Mezcla todo en un bol y sazona. Divide las verduras en cuatro porciones.

Calienta una sartén pequeña con un chorrito de aceite, agrega una porción de verduras, extiéndelas bien y cocínalas a fuego suave sin removerlas (para que se vayan pegando entre sí) hasta conseguir una torta. Repite el proceso con el resto de las porciones de verduras.

Una vez hechas las tortas, colócalas en una placa de horno. Corta el jamón serrano en dados (reserva unos pocos para servir) y pon unos cuantos sobre cada torta de hortalizas. Introdúcelas en el horno para que se mantengan calientes.

Para hacer la salsa holandesa, funde la mantequilla en un cazo y deja que temple. Pon las yemas de huevo en un bol grande y bátelas con una batidora de varillas eléctrica. Cuando empiecen a montar, agrega el zumo de ½ limón y una pizca de sal. Bátelas un poco más. Ve añadiendo poco a poco la mantequilla fundida sin dejar de batir hasta conseguir una crema fina. Resérvala.

Pon agua a calentar en una cazuela amplia. Cuando empiece a hervir, agrega un chorrito de vinagre, casca los huevos y añádelos. Escálfalos durante 3-4 minutos. Retíralos y escúrrelos bien.

Pon un huevo escalfado encima de cada torta, agrega el resto del jamón picado y cubre los huevos con la salsa holandesa. Introdúcelos en el horno y gratínalos durante 3-4 minutos (hasta que se doren).

Sirve una torta con huevo en cada plato y decora con unas hojas de perejil.

PLÁTANOS CON CREMA DE CAFÉ

INGREDIENTES **(4 p.)**

4 plátanos
harina y huevo batido
½ sobre de levadura
aceite de oliva virgen extra
frambuesas
hojas de menta

Para la crema de café:
1 sobre de café soluble
2 cucharaditas de harina de maíz refinada
250 ml de leche
2 cucharadas de leche condensada

ELABORACIÓN

Trocea los plátanos y rebózalos con harina, a la que habrás añadido la levadura, y huevo batido. Fríelos en aceite bien caliente.

Pon la harina de maíz y ½ vaso de leche fría en un cazo. Agrega la leche condensada y el café. Mezcla bien. Vierte encima el resto de la leche y calienta removiendo hasta que se espese la crema.

Pon los plátanos rebozados sobre una fuente o un plato con la crema de café.

Decora con unas frambuesas y unas hojas de menta y sirve.

ANCHOAS CON MORRONES

INGREDIENTES **(4 p.)**

24 anchoas frescas (boquerones)
2 pimientos morrones
2 dientes de ajo
2 cucharadas de pan rallado
aceite de oliva virgen extra
perejil
azúcar
sal

ELABORACIÓN

Pela los pimientos con un pelador y trocéalos. Cocínalos a fuego moderado en una sartén con aceite, sal y azúcar.

Limpia las anchoas, retirándoles las cabezas, las tripas y las espinas centrales. Déjalas abiertas como para rebozar.

Pica finamente los dientes de ajo y mézclalos en un cuenco con el pan rallado y un poco de perejil picado.

Extiende 4 porciones de pimiento sobre la bandeja del horno. Pon 6 anchoas (abiertas) sobre cada porción de pimiento. Sazónalas y espolvoréalas con la mezcla de ajo, pan rallado y perejil. Gratínalas durante 4-5 minutos. Sirve.

ENSALADA DE TOMATE

INGREDIENTES **(4 p.)**

2-3 tomates
1 cebolleta
1 diente de ajo
aceite de oliva virgen extra
vinagre
sal

ELABORACIÓN

Pela los tomates, córtalos en trozos irregulares y colócalos en una fuente.

Corta el diente de ajo en daditos pequeños y añádelos.

Pela la cebolleta, córtala en juliana fina y agrégala.

Sazona y adereza con aceite y vinagre. Sirve.

TARTA DE ALBARICOQUES

INGREDIENTES **(6 p.)**

8 albaricoques
2 huevos
50 g de azúcar moreno
70 g de azúcar
100 g de margarina de maíz
100 g de harina
1 cucharadita de levadura en polvo
4 cerezas

Para el helado de queso:

2 yogures naturales
1 tarrina de queso fresco cremoso (200 g)
100 g de azúcar

ELABORACIÓN

Para hacer el helado, mezcla los yogures con el queso y el azúcar. Vierte esta mezcla en un molde, tápala con film transparente e introdúcela en el congelador.

Bate con la batidora de varillas los huevos con el azúcar moreno y 50 g de azúcar hasta que los huevos estén montados. Incorpora la margarina, tamiza la harina con la levadura y añádela a la masa mezclando con una cuchara de madera.

Limpia los albaricoques, deshuésalos (reserva 3 para saltear) y colócalos en el centro de un molde rectangular (úntalo con mantequilla y harina si fuera necesario). Vierte en el molde la masa preparada anteriormente. Limpia y deshuesa también las cerezas y colócalas sobre la masa. Introduce en el horno y hornea a 180 °C durante 30 minutos.

Saltea los albaricoques reservados deshuesados y troceados en una sartén con 20 g de azúcar.

Sirve la tarta acompañada del helado de queso y con los albaricoques salteados.

ENSALADA DE LECHUGA, AGUACATE Y CEBOLLETA

INGREDIENTES **(4 p.)**

1 lechuga
1 aguacate
1 cebolleta
aceite de oliva virgen extra
vinagre
sal

ELABORACIÓN

Lava la lechuga, sécala, trocéala y colócala en una fuente.

Corta el aguacate por la mitad, retira la pulpa con una cuchara y córtala en trocitos. Espárcelos sobre la lechuga.

Corta la cebolleta por la mitad, retira la primera capa y córtala en juliana fina. Salpica con ella la ensalada.

Sazona y adereza con aceite y vinagre. Sirve.

POLENTA CON CHAMPIÑONES, JAMÓN Y QUESO

INGREDIENTES **(4 p.)**

125 g de polenta precocida (sémola de maíz)
600 ml de agua
100 g de champiñones
100 g de jamón serrano
100 g de queso
pan rallado (para rebozar)
aceite de oliva virgen extra
sal

ELABORACIÓN

Retira la parte inferior de los champiñones, enjuágalos y córtalos en daditos. Ponlos a rehogar en una sartén con un chorrito de aceite. Sazónalos y cocínalos hasta que se doren un poco. Agrega el jamón cortado en dados y saltea todo brevemente.

Pon el agua a calentar y, cuando empiece a hervir, sazónala y agrega la polenta espolvoreándola sobre la cazuela. Cocínala (el tiempo que indique el paquete) sin dejar de remover. Incorpora los champiñones y el jamón y mezcla bien.

Unta una fuente con un poco de aceite. Extiende encima la mitad de la polenta y reparte el queso cortado en dados por toda la superficie. Cúbrelos con el resto de la polenta. Deja que se enfríe.

Desmolda, corta la masa de polenta en cuadrados y pásalos por el pan rallado. Fríelos en una sartén con aceite. Retíralos y escúrrelos sobre un plato cubierto con papel absorbente. Sirve.

MACEDONIA CON YOGUR GRIEGO

INGREDIENTES **(4 p.)**

250 g de fresas
2 kiwis
2 plátanos
50 g de azúcar
2 yogures griegos
50 ml de licor de almendra
1 vaina de vainilla
hojas de menta

ELABORACIÓN

Limpia las fresas, pícalas en trozos pequeños y colócalos en un bol. Agrega el azúcar y mezcla bien. Pela los kiwis y los plátanos, córtalos en daditos e incorpóralos al bol.

Deja macerar durante 15 minutos.

Pon los yogures en otro bol. Abre la vaina de vainilla, raspa su interior y añádelo al bol. Incorpora el licor y mezcla bien con una varilla manual.

Mezcla las dos preparaciones y reparte en 4 copas.

Adorna con unas hojas de menta y sirve.

ENSALADA DE LECHUGA, QUESO Y PIPAS DE CALABAZA

INGREDIENTES **(4 p.)**

1 lechuga
100 g de queso fresco
30 g de pipas de calabaza
4 tallos de palmito
aceite de oliva virgen extra
vinagre
sal

ELABORACIÓN

Lava la lechuga, sécala, trocéala y ponla en una fuente.

Corta el queso en daditos y añádelos.

Corta los tallos de palmito en rodajas y agrégalas.

Tuesta las pipas de calabaza en una sartén sin aceite, retíralas a un plato y deja que se templen. Añádelas a la fuente.

Sazona y aliña con aceite y vinagre. Sirve.

FIDEOS CON SETAS Y CREMA DE AGUACATE Y ALBAHACA

INGREDIENTES **(4 p.)**

300 g de fideos gruesos
200 g de setas de primavera
2 aguacates
3 puerros
1 pimiento verde
1 tomate
50 ml de *txakoli*
1 diente de ajo
zumo de ½ lima
10 hojas de albahaca
perejil
aceite de oliva virgen extra
sal

ELABORACIÓN

Retira la primera hoja de los puerros y córtales la parte inferior (la de los pelos) y la parte superior (la verde). Hazles unos cortes por la parte superior y enjuágalos bien bajo el grifo de agua fría. Corta los puerros en daditos y ponlos a rehogar en una tartera grande con un chorrito de aceite. Retira el tallo y las semillas del pimiento, córtalo en dados, añádelos, sazónalos y rehógalos brevemente (4-5 minutos). Pela el tomate, córtalo en dados, incorpóralos y rehógalos durante 2-3 minutos. Trocea (a mano) la mitad de las setas, agrégalas, sazónalas y cocínalas durante un par de minutos.

Tuesta los fideos en una sartén con un poco de aceite hasta que se doren un poco (4-5 minutos).

Agrega los fideos a la tartera de las verduras. Vierte encima el *txakoli* y dale un breve hervor. Agrega ½ litro de agua y sazona. Cocina los fideos con las hortalizas durante 3-4 minutos a fuego medio. Introduce la tartera en el horno a 200 °C y hornéalos durante 10-12 minutos.

Pela los aguacates y colócalos en un vaso batidor. Pela el diente de ajo, pícalo y añádelo. Agrega también las hojas de albahaca, el zumo de lima y un chorrito de aceite. Sazona, tritura y reserva la crema.

Pon a calentar un poco de aceite en una sartén, agrega el resto de las setas y saltéalas durante 2 minutos.

Sirve los fideos y acompáñalos con la crema de aguacate y las setas salteadas. Decora los platos con unas hojas de perejil.

MELÓN AL VODKA

INGREDIENTES **(4 p.)**

½ melón
150 ml de vodka
500 ml de sorbete de limón
2 naranjas
hojas de menta

ELABORACIÓN

Corta el melón en rodajas, retírales la cáscara y córtalas en trozos de bocado. Colócalos en un bol grande.

Exprime las naranjas y pasa el zumo a una jarra grande. Agrega el helado y el vodka y tritura. Vierte el contenido sobre el melón.

Sirve en copas y espolvoréalas con menta picada.

ENSALADA DE COGOLLOS, PIMIENTO Y ATÚN

INGREDIENTES **(4 p.)**

4 cogollos
1 pimiento rojo asado
150 g de atún en escabeche
aceite de oliva virgen extra
sal

ELABORACIÓN

Suelta las hojas de los cogollos y extiéndelas en una fuente. Sazónalas.

Corta el pimiento asado en dados y mézclalo con el atún en escabeche. Sazona y adereza con un buen chorro de aceite. Mezcla bien.

Salpica las hojas de los cogollos con la mezcla de atún y pimiento. Sirve.

ESPÁRRAGOS A LA GABARDINA

INGREDIENTES **(4 p.)**

16 espárragos
12 hojas de lechuga (hoja de roble) limpias
2 huevos
200 g de harina
250 ml de cerveza
zumo de ½ limón
aceite de oliva virgen extra
perejil
pimentón
sal

ELABORACIÓN

Retira la parte inferior del tallo de los espárragos y pélalos.

Pon agua a calentar en una cazuela. Sazona y añade los espárragos. Cuécelos durante 8 minutos. Retíralos, escúrrelos y sécalos bien.

Para hacer la mayonesa, pon 1 huevo en el vaso de la batidora. Agrega una pizca de sal, el zumo de limón y 150 ml de aceite. Tritura los ingredientes con la batidora eléctrica hasta que liguen. Reserva la mayonesa.

Para hacer la pasta *orly*, mezcla en un bol 1 huevo con la harina, la cerveza y una pizca de sal. Deja que repose un poco.

Introduce los espárragos en la masa y fríelos en una sartén con aceite. Escúrrelos sobre una fuente cubierta con papel absorbente.

Sirve 4 espárragos en cada plato. Coloca 2 hojas de lechuga en cada uno, ponles encima una pequeña porción de mayonesa y espolvoréala con un poco de pimentón. Decora cada plato con unas hojas de perejil.

COQUITOS CON AVELLANAS

INGREDIENTES **(4 p.)**

100 g de coco rallado
25 g de avellana molida
1 huevo
50 g de azúcar
1 oblea de pan de ángel
hojas de menta

ELABORACIÓN

Coloca el coco rallado con la avellana molida en un bol. Mezcla bien hasta que los ingredientes queden bien integrados. Reserva.

Casca el huevo, separa la yema de la clara y ponlas en 2 boles diferentes. Por un lado, monta la clara con la batidora de varillas eléctrica, añade la mitad del azúcar (25 g) y sigue montándola. Por otro, agrega el resto del azúcar (25 g) al bol de la yema y móntala con la batidora de varillas eléctrica hasta que empiece a blanquear.

Incorpora la yema montada al bol del coco con avellana y remueve hasta que quede bien integrada. Agrega después la clara montada e incorpórala a la masa con movimientos suaves y envolventes.

Corta el pan de ángel en cuadraditos (3 cm) y colócalos sobre una placa de horno forrada con papel de hornear. Forma con las manos una especie de bolitas y colócalas sobre los cuadraditos. Calienta el horno a 180 °C, introduce la bandeja en el horno y cocínalos durante unos 10-12 minutos. Retira y deja que se enfríen.

Sirve y decora con unas hojitas de menta.

GUISANTES CON PATATAS Y JAMÓN CRUJIENTE

INGREDIENTES **(4 p.)**

1.200 g de guisantes (con vainas)
2 patatas
4 lonchas finas de jamón serrano
2 cebolletas
aceite de oliva virgen extra
sal

ELABORACIÓN

Cubre una placa de horno con un trozo de papel de hornear, extiende encima las lonchas de jamón y cúbrelas con otro trozo de papel de hornear. Hornéalas a 190 °C durante 10-12 minutos.

Pela los guisantes y resérvalos. Enjuaga las vainas y ponlas a cocer en una cazuela grande con un poco de agua. Sazónalas y cuécelas durante unos 10 minutos. Cuela el caldo y resérvalo.

Corta las cebolletas por la mitad, retírales la primera capa y pícalas finamente. Ponlas a rehogar en una tartera con un chorrito de aceite. Pela las patatas, córtalas en lascas y agrégalas. Sazona y rehoga todo durante 6-8 minutos.

Añade los guisantes y el caldo. Pon a punto de sal y cocínalos durante unos 15-20 minutos (dependiendo del tamaño). Sirve y adorna los platos con los crujientes de jamón.

ENSALADA DE PEPINO Y CEBOLLETA

INGREDIENTES **(4 p.)**

2 pepinos
2 cebolletas
1 tomate
aceite de oliva virgen extra
vinagre
tomillo seco
sal

ELABORACIÓN

Pela los pepinos, córtalos en dados grandes y ponlos en un bol.

Pela la cebolleta, córtala en daditos y añádelos.

Corta el tomate por la mitad y rállalo. Agrégalo al bol.

Sazona y adereza con un poco de tomillo, un chorretón de aceite y unas gotas de vinagre. Mezcla bien y sirve.

TARTA DE QUESO CON FRESAS

INGREDIENTES **(6 p.)**

140 g de queso de untar
250 g de fresas
40 g de mantequilla
8 galletas
25 g de azúcar
60 g de nata
zumo de ½ limón
hojas de menta

ELABORACIÓN

Pon la mantequilla en un bol, introdúcela en el microondas y fúndela.

Trocea las galletas, colócalas en el mortero y machácalas hasta que queden reducidas a polvo. Añádelas al bol de la mantequilla fundida y mezcla bien. Reparte la mezcla en 4 recipientes de cristal. Presiona con la mano (cubierta con un trozo de film transparente) hasta que la mezcla quede compacta e introduce los recipientes en el frigorífico hasta que endurezca.

Lava las fresas y quítales los tallos. Reserva 2 fresas enteras y corta el resto en trocitos. Ponlas en una sartén, agrega el azúcar y el zumo de limón, cocínalas durante 5 minutos y pásalas a un bol.

Ablanda el queso durante 20 segundos en el microondas y añádelo al bol de las fresas. Mezcla bien.

Semimonta la nata y agrégala al bol con movimientos suaves y envolventes. Reparte esta mezcla (sobre las galletas) en los recipientes de cristal.

Corta las fresas reservadas anteriormente en láminas. Decora los recipientes con unas láminas de fresa y unas hojas de menta y sirve.

ENSALADA DE CALABACÍN, TOMATES CHERRY Y PANCETA

INGREDIENTES **(4 p.)**

1 calabacín
12 tomates cherry
6 lonchas de panceta
100 g de hojas de canónigos
aceite de oliva virgen extra
vinagre
sal

ELABORACIÓN

Lava las hojas de canónigo, sécalas y colócalas en una fuente.

Lava el calabacín y, con ayuda de un utensilio especial, córtalo en fideos. Agrégalos a la fuente.

Corta los tomates por la mitad y añádelos.

Corta la panceta en daditos. Saltéalos en una sartén con unas gotas de aceite y agrégalos.

Sazona y aliña con aceite y vinagre.

PIRULETAS DE TRUCHA CON GUACAMOLE

INGREDIENTES **(4 p.)**

1 trucha asalmonada (de 1 kg)
2 aguacates
4 tortillas mexicanas
1 tomate pequeño
1 cebolleta (pequeña)
zumo de ½ lima
150 ml de zumo de limón
150 ml de salsa de soja
panko
aceite de oliva virgen extra
cilantro
perejil
sal

ELABORACIÓN

Corta la cabeza y la cola de la trucha. Saca los lomos y retírales la piel. Corta cada uno en 4 tiras (recorta las espinas que puedan tener). Enrosca cada tira de pescado (dejando hacia adentro la parte que estaba en contacto con la piel) formando una espiral (caracol) y pínchalas (en forma de cruz) con un par de palillos largos. Colócalas en un recipiente amplio. Mezcla la salsa de soja con el zumo de limón y riégalas. Deja que el pescado marine en la salsa durante unos 15 minutos.

Corta cada tortilla en 8 triángulos. Fríelos por los dos lados en una sartén con aceite. Cuando se doren, retíralos y escúrrelos sobre un plato cubierto con papel absorbente. Resérvalos.

Para hacer el guacamole, pela los aguacates, trocéalos y colócalos en un bol. Aplástalos con un tenedor hasta que queden convertidos en una pasta. Pela y pica finamente el tomate y la cebolleta y añádelos. Pica también el cilantro e incorpóralo. Sazona y adereza con el zumo de lima. Mezcla y reserva el guacamole.

Retira las espirales de pescado del líquido de la maceración y escúrrelas. Introdúcelas en el *panko* y fríelas en una sartén con aceite. Escúrrelas sobre un plato cubierto con papel absorbente. Retírales los palillos y pincha cada espiral con un palillo especial para brochetas de manera que queden como unas piruletas.

Sirve, en cada plato, 2 piruletas con una porción de guacamole y unos triángulos de tortilla. Decora los platos con unas hojas de perejil.

EMPANADILLAS DE CREMA PASTELERA

INGREDIENTES **(4 p.)**

8 obleas para empanadillas
25 g de azúcar glas
aceite de oliva virgen extra
hojas de menta

Para la crema pastelera:

250 ml de leche
20 g de harina de maíz refinada
35 g de azúcar
1 huevo
1 yema de huevo
1 rama de canela

ELABORACIÓN

Para hacer la crema pastelera, pon la leche (reserva un poco) y la rama de canela a calentar en una cazuela.

Pon la harina de maíz refinada con el azúcar en un cuenco y mezcla bien. Vierte encima la leche reservada anteriormente y remueve bien. Añade la yema y el huevo y mezcla. Agrega un poco de la leche caliente de la cazuela, remueve y vierte todo nuevamente en la cazuela. Mantén al fuego sin dejar de remover hasta que se espese. Pasa a un molde y deja enfriar.

Extiende las obleas sobre la encimera y rellénalas con la crema. Ciérralas presionando los bordes con un tenedor. Fríelas en una sartén con aceite. Escúrrelas sobre un plato cubierto con papel absorbente.

Espolvorea las empanadillas con el azúcar glas y adorna con unas hojas de menta. Sirve.

ENSALADA DE TOMATE Y PASTA

INGREDIENTES **(4 p.)**

2 tomates (600 g)
150 g de pasta
50 g de maíz en conserva
30 g de pistachos
aceite de oliva virgen extra
mostaza
sal

ELABORACIÓN

Pon a calentar abundante agua en una cazuela. Cuando empiece a hervir, sazona y agrega la pasta. Cuécela durante el tiempo que indique el paquete. Retírala, escúrrela, refréscala y ponla en una fuente grande.

Lava y pela los tomates. Córtalos en gajos y añádelos a la fuente.

Agrega el maíz.

Sazona y adereza con aceite y mostaza.

Salpica la ensalada con los pistachos picaditos y sirve.

CREMA DE ESPÁRRAGOS CON ESPIRALES DE TORTILLA, QUESO Y SALMÓN

INGREDIENTES **(4 p.)**

20 espárragos blancos
2 puerros
1 patata
2 huevos
50 g de queso de untar
90 g de salmón
100 g de guisantes frescos (desgranados)
aceite de oliva virgen extra
sal

ELABORACIÓN

Retira la parte inferior de los tallos de los espárragos. Pélalos, córtalos en trozos y ponlos a rehogar en la olla rápida.

Corta la parte inferior y superior de los puerros (dejando solo la parte blanca), retírales la primera capa y enjuágalos bien. Córtalos en cilindros y agrégalos.

Pela la patata, cáscala e incorpórala. Cubre con agua, sazona, tapa la olla y cuece todo durante 5-6 minutos. Tritura con la batidora eléctrica hasta conseguir una crema homogénea. Resérvala.

Pon a cocer los guisantes en un cazo con agua y sal durante 15 minutos.

Bate los huevos en un bol. Sazónalos y cuaja la tortilla (como si fuera un crepe) en una sartén con un chorrito de aceite. Extiéndela sobre la tabla, úntala con el queso fresco y cúbrela con las lonchas finas de salmón. Enróllala como si fuera un brazo de gitano. Córtala en rodajas.

Reparte la crema en 4 platos, salpícalos con los guisantes y pon una espiral de tortilla en el centro de cada uno.

TORTITAS DE MANGO

INGREDIENTES **(4 p.)**

1 mango maduro
2 huevos
30 g de mantequilla
150 ml de leche
50 g de azúcar moreno
100 g de harina
3 g de levadura en polvo
150 g de nata montada
hojas de menta

Para la mermelada de mango:
1 mango maduro
75 g de azúcar
zumo de 1 limón

ELABORACIÓN

Para la mermelada, pela el mango, córtalo en daditos y ponlos en una cazuela. Agrega el azúcar y el zumo de limón y deja reducir a fuego lento hasta conseguir la textura deseada.

Para las tortitas, introduce en un vaso batidor los huevos, 20 g de mantequilla, la leche, el azúcar moreno, el mango cortado en dados y la levadura y la harina previamente tamizadas. Bate todo hasta conseguir una masa homogénea.

Pon a calentar un poco de mantequilla en una sartén. Vierte 2 cucharadas soperas de la masa, extiéndela y cocínala brevemente por los dos lados. Repite la operación con el resto de la masa.

Sirve las tortitas y decóralas con la nata montada y las hojas de menta.

P

ENSALADA DE CUSCÚS Y PEPINO

INGREDIENTES **(4 p.)**

200 g de cuscús
1 pepino
1 aguacate
1 tomate
aceite de oliva virgen extra
1 cucharada de zumo de limón
sal

ELABORACIÓN

Pon el cuscús en un bol. Calienta 300 ml de agua. Cuando hierva, sazónala y viértela sobre el cuscús. Tapa el bol y espera a que el cuscús absorba el agua. Deja que se enfríe y colócalo en otro bol.

Pela el aguacate, córtalo en daditos y agrégalos al cuscús.

Pela el tomate, córtalo en daditos y añádelos.

Pela el pepino, córtalo en daditos e incorpóralos al bol.

Sazona y añade el zumo de limón y un buen chorro de aceite de oliva. Mezcla bien y sirve.

REVUELTO DE CALABACÍN, SETAS Y MOLLEJAS DE PATO

INGREDIENTES **(4 p.)**

8 huevos
1 calabacín
200 g de setas de temporada
4 mollejas de pato
1 cebolleta
1 diente de ajo
aceite de oliva virgen extra
sal

ELABORACIÓN

Pela la cebolleta, córtala en dados y ponla a rehogar a fuego suave en una sartén con un chorrito de aceite. Corta el calabacín en cuartos de luna (con piel) y añádelos. Sazona y cocina todo durante 8-10 minutos. Lamina las mollejas, añádelas a la sartén y cocínalas brevemente.

Pela el diente de ajo, lamínalo y ponlo a rehogar en una sartén con un chorrito de aceite. Añade las setas troceadas, sazónalas y saltéalas brevemente. Incorpora las setas a la sartén de las mollejas y mezcla bien.

Bate los huevos y viértelos en la sartén. Cuaja el revuelto y colócalo en una fuente. Sirve.

VASITOS DE MASCARPONE Y ALBARICOQUE

INGREDIENTES **(4 p.)**

200 g de queso mascarpone
4 albaricoques
40 g de azúcar
55 g de bizcocho
40 g de pepitas de chocolate
25 g de mantequilla
1 lima
1 vaina de vainilla
hojas de menta

ELABORACIÓN

Coloca el queso en un bol y agrega el azúcar. Abre la vaina de vainilla, retírale las semillas y añádelas al bol. Mezcla todo bien.

Corta el bizcocho en daditos y ponlos en un bol. Agrega las pepitas de chocolate y mezcla bien.

Lava los albaricoques, ábrelos, retírales los huesos y córtalos en daditos. Derrite la mantequilla en una sartén y saltea los albaricoques. Ralla por encima la corteza de lima.

Reparte en 4 vasitos unos dados de bizcocho con pepitas de chocolate, el queso mascarpone y los albaricoques salteados.

Adorna los vasitos con unas hojas de menta. Sirve.

ENSALADA DE PULPO

INGREDIENTES **(4 p.)**

1 pulpo (4-6 patas)
2 patatas
12 obleas de pan de gamba
12 tomates cherry de colores
400 g de hojas de lechuga variadas
12 guindillas en vinagre
10 g de maíz frito
aceite de oliva virgen extra
sal

Para la vinagreta:
½ cebolleta
1 trozo de pimiento verde
125 ml de aceite de oliva virgen extra
zumo de ½ limón
sal

ELABORACIÓN

Lava las patatas y cuécelas en una cazuela con agua hirviendo durante 35 minutos. Pélalas, córtalas en dados, sazónalos y resérvalos.

Pon el pulpo en la olla rápida. Ciérrala y cuece el pulpo (sin añadir agua ni sal) durante 20 minutos. Retíralo y córtale 4-6 patas. En el momento de servir, corta las patas en trozos de 2 cm.

Para hacer la vinagreta, pica la cebolleta y el pimiento y colócalos en el vaso batidor. Añade el zumo de limón, una pizca de sal y el aceite.

Pon aceite a calentar en una sartén, agrega las obleas de pan de gamba y fríelas. Escúrrelas sobre un plato cubierto con papel absorbente. Resérvalas.

Calienta abundante agua en una cazuela. Cuando empiece a hervir, agrega los tomates cherry y escáldalos. Pélalos y resérvalos.

Lava las hojas de lechuga, sécalas, trocéalas y ponlas en una fuente grande. Sazónalas.

Corta las guindillas en trocitos y resérvalos.

Pon los granos de maíz en el mortero y aplástalos un poco.

Monta la ensalada a tu gusto. Aderézala con la vinagreta y salpícala con el maíz.

TOSTA DE ESPÁRRAGOS VERDES Y TOCINO IBÉRICO

INGREDIENTES **(4 p.)**

20 espárragos verdes
20 lonchas finas de tocino ibérico
1 pan de pueblo
1 diente de ajo
perejil
sal

ELABORACIÓN

Corta la parte inferior de los espárragos (un trozo bastante grande) y envuelve cada uno con una loncha fina de tocino. Calienta una plancha (sin nada de aceite), agrega los espárragos y cocínalos a fuego suave hasta que el tocino se vaya fundiendo.

Con ayuda de un cuchillo de sierra, corta 10 rebanadas de pan. Tuéstalas en el horno. Retíralas y úntalas con el diente de ajo (pelado).

Coloca sobre cada rebanada de pan un par de espárragos verdes. Adorna con unas hojas de perejil.

PASTEL DE QUESO CON KIWI Y PLÁTANO

INGREDIENTES **(6 p.)**

500 g de requesón
2 kiwis
2 plátanos
1 vaso de leche
1 cucharada de harina de maíz refinada
250 g de azúcar
3 huevos
pasas de Corinto en licor
mantequilla y harina para el molde

ELABORACIÓN

Echa en un recipiente el requesón, la leche, la harina de maíz refinada, el azúcar y los huevos. Bate todo con la batidora.

Unta el molde con la mantequilla y la harina y echa en él la mezcla con las pasas. Mételo al horno a 170 °C durante 30 minutos.

Desmolda el pastel y déjalo enfriar. Decóralo con rodajas de kiwi y plátano y sirve.

ENSALADA DE JUDÍAS VERDES Y RAPE

INGREDIENTES **(4 p.)**

600 g de judías verdes
1 rape (500 g limpio)
2 huevos
1 lechuga hoja de roble
1 boniato
2 zanahorias
30 g de maíz frito
aceite de oliva virgen extra
vinagre
pimienta
sal

ELABORACIÓN

Retira los hilos y las puntas de las judías y córtalas en 3-4 trozos. Pásalas a un cestillo para cocer al vapor. Pon un poco de agua en una cazuela y coloca dentro el cestillo con las judías. Sazona, tapa y cuece durante 12-15 minutos (contados desde el momento en el que el agua empiece a hervir).

Cuece los huevos en un cazo con agua durante 10 minutos. Refréscalos, pélalos y resérvalos.

Suelta las hojas de la lechuga y lávalas bien. Sécalas, trocéalas y colócalas en una fuente grande.

Pela el boniato y, con ayuda de un pelador o mandolina, saca láminas finitas (como patatas chips). Fríelas en una sartén con aceite caliente. Escúrrelas sobre un plato cubierto con papel absorbente. Sazona y reserva.

Pela las zanahorias y rállalas. Resérvalas en un bol.

Retira la espina central del rape y saca dos lomos. Córtalos en rodajas, salpiméntalas y cocínalas en una sartén a la plancha con una gotita de aceite. Reserva.

Para hacer la vinagreta, maja el maíz y ponlo en un bol. Agrega aceite, vinagre y sal. Mezcla bien.

Coloca la lechuga en el fondo de los platos y distribuye encima las judías, los huevos cortados en cuartos, el rape, la zanahoria rallada y los chips de boniato. Adereza con la vinagreta de maíz. Sirve.

VERDURAS REBOZADAS CON SALSA AGRIDULCE

INGREDIENTES **(4 p.)**

2 zanahorias
1 pimiento rojo
1 calabacín
12 espárragos verdes
12 pimientos de Gernika
1 huevo
400 ml de agua fría
250 g de harina
aceite de oliva virgen extra
sal

Para la salsa agridulce:
150 ml de vinagre de manzana
150 ml de vino blanco dulce
150 ml de salsa de soja
2 cucharadas de azúcar moreno

ELABORACIÓN

Pon el vinagre, el vino, la salsa de soja y el azúcar moreno en un cazo al fuego. Deja que los ingredientes reduzcan durante unos 15 minutos a fuego medio.

Pela las zanahorias y el pimiento rojo. Córtalos en bastones grandes. Lava el calabacín y córtalo de la misma manera. Corta la parte inferior de los espárragos y deja los pimientos de Gernika enteros.

Bate el huevo, sazónalo, agrega el agua muy fría y sigue batiendo. Tamiza la harina y añádela. Mezcla bien hasta que los ingredientes queden perfectamente integrados.

Introduce las verduras en la masa y fríelas en una sartén con abundante aceite. Escurre las verduras sobre una fuente cubierta con papel absorbente.

Sirve las verduras, sazónalas y acompáñalas con la salsa.

TARTA DE FRESAS Y NUECES

INGREDIENTES **(6 p.)**

200 g de pasta quebrada
4 cucharadas de crema pastelera
½ kg de fresas
10-15 nueces
2 cucharadas de harina
2 cucharadas de mermelada de arándano
hojas de menta

ELABORACIÓN

Espolvorea una superficie limpia con un poco de harina y estira la pasta quebrada con un rodillo hasta que quede una lámina fina. Colócala sobre una placa de horno (puedes rizar los bordes de la pasta con un cuchillo). Hornea a 175 °C durante 10 minutos.

Deja enfriar y extiende encima la crema pastelera. La capa de crema pastelera debe ser muy fina.

Casca las nueces de forma que queden en mitades. Lava las fresas y córtalas por la mitad, colócalas sobre otra placa de horno y hornéalas durante 2 minutos.

Distribuye las nueces y las fresas sobre la crema pastelera formando filas.

Con un pincel, unta la tarta con la mermelada para darle brillo. Adórnala con hojas de menta y sirve.

ENSALADA DE LECHUGA, ESPINACAS Y GARBANZOS

INGREDIENTES **(4 p.)**

1 lechuga
100 g de espinacas *baby*
100 g de garbanzos cocidos
8 guindillas en vinagre
40 g de germinados de ajo
aceite de oliva virgen extra
vinagre
sal

ELABORACIÓN

Lava las hojas de lechuga, sécalas, trocéalas y ponlas en una fuente.

Lava las hojas de espinaca, sécalas y agrégalas.

Añade los garbanzos cocidos.

Corta las guindillas en cilindros y agrégalos.

Añade también los germinados de ajo.

Sazona y aliña con aceite y vinagre. Sirve.

POLLO A LA PARRILLA CON PISTO

INGREDIENTES **(4 p.)**

1 pollo
2 cebolletas
1 pimiento verde
1 pimiento rojo
1 berenjena
1 calabacín
250 ml de salsa de tomate
1 guindilla cayena
1 bollo de pan de cereales
aceite de oliva virgen extra
1 cucharada de mostaza
1 cucharada de ajedrea
perejil
pimienta
sal

ELABORACIÓN

Mezcla en un bol 1 chorrito de aceite, la mostaza, 30 ml de agua, la ajedrea, sal y pimienta (a tu gusto). Deja que macere un poco.

Corta el pollo por la mitad y córtale las puntas de las alas. Con un cuchillo bien afilado, separa la carne de los huesos (por la parte de la pechuga y de los muslos) y elimínalos.

Coloca la rejilla del horno sobre una bandeja de horno. Salpimienta el pollo, extiéndelo sobre la rejilla y úntalo con el aderezo. Introduce el pollo (con la rejilla y la bandeja) en el horno y ásalo a 225 °C durante 25-30 minutos (durante el asado, úntalo con el aderezo y dale la vuelta a mitad de la cocción).

Pela la cebolleta y el pimiento verde, córtalos en dados y ponlos a rehogar en una tartera con un chorrito de aceite. Pela el pimiento rojo, córtalo en dados y añádelos. Corta la berenjena y el calabacín (sin pelarlos) de la misma manera y agrégalos. Rehoga todo durante unos 15 minutos. Vierte encima la salsa de tomate, añade la cayena, sazona y cocina todo conjuntamente durante 5-6 minutos.

Sirve el pollo y acompáñalo con el pisto y el pan. Adorna con unas hojas de perejil.

SUFLÉ DE CEREZAS

INGREDIENTES **(4 p.)**

140 g de cerezas
4 huevos
100 g de azúcar moreno
140 g de harina integral
140 g de mantequilla
hojas de menta

ELABORACIÓN

Para hacer la masa del suflé, casca los huevos en un bol y móntalos con la batidora. Añade el azúcar moreno y continúa batiendo. Incorpora la harina (reserva 2 cucharadas) y mezcla todo bien con una lengüeta hasta que esté toda la harina bien integrada (sin llegar a batir). Reserva.

Pon la mantequilla en una sartén al fuego. Parte las cerezas (reserva 4 para decorar) por la mitad y saltéalas en la sartén durante unos 4-5 minutos, hasta que estén blanditas. Escurre las cerezas con la ayuda de un colador para quitarles bien la grasa de la mantequilla. Reserva.

Para hacer el suflé, unta dos moldes aptos para el horno con una pizca de mantequilla y espolvoréalos con la harina que habías reservado. Reparte la masa en los moldes y distribuye las cerezas sobre la masa. Hornea el suflé a 180 ºC durante unos 20 minutos.

Para emplatar, coloca cada molde de suflé sobre un plato y decora con hojas de menta y las cerezas que habías reservado. Sirve.

ENSALADA DE LECHUGAS VARIADAS CON QUESO Y ZANAHORIA

INGREDIENTES **(4 p.)**

300 g de lechugas variadas
100 g de queso fresco
1 zanahoria
30 g de cacahuetes pelados
1 tomate pera
aceite de oliva virgen extra
vinagre
sal

ELABORACIÓN

Lava las hojas de lechuga, sécalas, trocéalas y colócalas en una fuente. Sazona.

Pela la zanahoria y rállala. Espárcela sobre las hojas de lechuga. Sazona.

Corta el queso en dados e incorpóralos.

Agrega los cacahuetes aplastados.

Corta el tomate por la mitad y rállalo en un bol. Añade aceite y vinagre y aliña la ensalada.

Sirve.

CHICHARRO A LA PARRILLA

INGREDIENTES **(4 p.)**

1-2 chicharros o jureles (según tamaño)
3 dientes de ajo
16 cebolletas de verdeo
16 espárragos verdes
16 ajos frescos
16 pimientos de Gernika
1 guindilla
zumo de ½ limón
50 ml de *txakoli*
aceite de oliva virgen extra
vinagre
perejil
sal

ELABORACIÓN

Pon a calentar el *txakoli* en una sartén, dale un hervor e introdúcelo en una botella. Añade el zumo de limón. Pela 1 diente de ajo, córtalo en daditos e incorpóralos. Deja macerar durante 15 minutos. Agrega 50 ml de aceite, mezcla y deja macerar durante 15 minutos más. Reserva la salsa.

Coloca las cebolletas de verdeo en una parrilla y los espárragos verdes y los ajos frescos en otra. Sazona y asa las verduras sobre la barbacoa. Resérvalas y, en el momento de servir, caliéntalas sobre la barbacoa.

Calienta abundante aceite en una sartén, agrega los pimientos y fríelos a fuego suave durante 8-10 minutos. Retíralos y sazónalos.

Abre cada chicharro como si fuera un libro (para que después resulte más fácil abrirlos y servirlos). Sazónalos, colócalos en dos parrillas (tipo besuguera) especiales para asar pescado y ásalos en la barbacoa. Retíralos, ábrelos (dejando la parte interior de los pescados hacia arriba) y ponlos en dos fuentes grandes.

Pon a calentar aceite en una sartén. Pela los otros 2 dientes de ajo, lamínalos y añádelos. Corta un trozo de guindilla en aros y añádelos. Rehoga brevemente. Separa la sartén del fuego, vierte en ella el vinagre y agrega un poco de perejil picado. Riega los pescados con el refrito. Calienta la salsa reservada y viértela sobre los chicharros.

Sirve el pescado con los pimientos y las verduras sazonadas y aderezadas con un chorrito de aceite.

POSTRE HELADO

INGREDIENTES **(4 p.)**

600 ml de leche
60 g de pasas
3 cucharadas de azúcar
1 yema de huevo
80 g de frutas confitadas
30 g de almendras tostadas y fileteadas
350 ml de nata montada
1 rama de canela
chocolate de cobertura fundido
hojas de menta

ELABORACIÓN

Calienta la leche (reserva un poco) con las pasas y el azúcar durante 15-20 minutos y a fuego suave hasta que se reduzca casi a la mitad. Diluye la yema en la leche reservada y añádela junto con la canela. Sigue calentando sin que hierva, removiendo constantemente hasta que espese. Deja enfriar, retira la canela y agrega las frutas confitadas picadas y las almendras. Añade la nata montada y mezcla con cuidado.

Vierte este preparado en un molde (puedes cubrirlo con film transparente para facilitar el desmolde) e introdúcelo en el congelador.

Una vez que el postre esté helado, desmóldalo, córtalo en porciones y decora con unos hilos de chocolate fundido y unas hojas de menta.

ENSALADA DE TOMATE Y ENCURTIDOS

INGREDIENTES **(4 p.)**

2 tomates grandes
200 g de encurtidos (pepinillos, cebolletas, alcaparrones, pepinillos, coliflor)
aceite de oliva virgen extra
sal

ELABORACIÓN

Lava y pela los tomates. Córtalos en rodajas finas y extiéndelos sobre una fuente grande. Sazona.

Añade los encurtidos.

Riega con un buen chorro de aceite de oliva. Sazona y sirve.

CARPACCIO DE PERA CON HELADO DE CARAMELO

INGREDIENTES **(4 p.)**

4 peras
4 bolas de helado de caramelo
4 cucharadas de azúcar
25 g de almendras picadas
hojas de menta

ELABORACIÓN

Pela las peras y córtalas en láminas finas. Distribúyelas en una fuente.

Pon el azúcar en un colador y espolvorea las láminas de pera.

Con ayuda de un soplete, quémalas por la parte superior hasta conseguir una lámina fina de caramelo.

Espolvorea todo con las almendras.

Reparte las peras en cuatro platos y coloca una bolita de helado en cada uno.

Decora con unas hojas de menta y sirve.

CONEJO ASADO CON TORTITAS DE BONIATO

INGREDIENTES **(4 p.)**

1 conejo
2 boniatos
6 tomates deshidratados en aceite
1 diente de ajo
30 g de harina
1 huevo
2 cebollas rojas
aceite de oliva virgen extra
pimienta
sal

ELABORACIÓN

Pica los tomates y colócalos en el vaso batidor. Agrega el diente de ajo pelado y picado. Cubre con aceite y tritúralos.

Corta el conejo en 4 trozos, salpimiéntalo y colócalo en un bol. Vierte encima la mezcla de tomate, ajo y aceite, mezcla bien y deja que macere durante 15 minutos. Coloca el conejo en una placa de horno y hornéalo a 200 °C durante 15 minutos por cada lado.

Pela los boniatos, rállalos y colócalos en un bol. Incorpora la harina, el huevo y una pizca de sal. Mezcla todo bien. Cubre una bandeja de horno con papel de hornear. Coloca encima (con ayuda de dos cucharas) 8 porciones de la mezcla e introdúcelas en el horno a 200 °C durante 20 minutos.

Pela las cebollas, córtalas en 3-4 rodajas gruesas y suéltalas en aros. Cocínalas a la plancha con un chorrito de aceite y sazónalas.

Sirve el conejo y acompáñalo con las tortitas de boniato y los aros de cebolla.

ARROZ CON LANGOSTINOS

INGREDIENTES **(4 p.)**

300 g de arroz
20 langostinos
3 dientes de ajo
1 cebolleta
1 tomate
16 ajos frescos
1 l de caldo para paella
aceite de oliva virgen extra
sal

ELABORACIÓN

Pela los dientes de ajo y la cebolleta y córtalos en daditos. Ponlos a rehogar durante 5-6 minutos en una tartera con un chorrito de aceite. Corta el tomate por la mitad, rállalo encima y rehógalo bien.

Añade el arroz, rehógalo un poco y vierte encima el caldo para paella. Cocínalo durante unos 18 minutos.

Corta la parte inferior y superior de los ajos frescos y elimínales la primera capa. Córtalos en trozos de 1 centímetro y ponlos a rehogar en una sartén con un chorrito de aceite. Pela los langostinos y córtalos en 3 trozos. Sazónalos y añádelos. Saltea todo brevemente y ponlo sobre el arroz. Sirve.

ENSALADA DE LECHUGAS Y ARÁNDANOS

INGREDIENTES **(4 p.)**

1 lechuga
30 g de arándanos deshidratados
30 g de almendra laminada
30 g de germinados de cebolla
aceite de oliva virgen extra
vinagre
sal

ELABORACIÓN

Lava la lechuga, sécala, trocéala y colócala en un bol.

Agrega los arándanos deshidratados.

Tuesta las almendras y añádelas.

Salpica todo con los germinados de cebolla.

Adereza con aceite, vinagre y sal. Sirve.

TARTA HELADA DE FRUTAS

INGREDIENTES **(4 p.)**

1 plancha de bizcocho
1 plátano
1 melocotón
2 maracuyás
300 ml de nata (para montar)
25 g de azúcar
100 ml de *whisky*
hojas de menta

ELABORACIÓN

Pela el plátano y el melocotón, córtalos en daditos y resérvalos. Abre los maracuyás, sácales la pulpa, ponla en un colador y cuélala presionando un poco. Elimina las pepitas y reserva el jugo.

Coloca la nata y el azúcar en un bol y semimóntala con una batidora de varillas eléctrica. Pasa 4 cucharadas a un bol pequeño y sigue montándola. Colócala en una manga pastelera.

Añade las frutas picadas y el jugo de maracuyá al bol de la nata semimontada. Mezcla bien.

Corta 8 trozos de bizcocho del tamaño de los cortapastas elegidos para el postre y úntalos (utilizando una brocha) con *whisky*. Coloca 4 trozos de bizcocho en el fondo de los cortapastas. Rellénalos con la mezcla de frutas y nata y cubre con otro trozo de bizcocho. Decóralos con la nata de la manga pastelera e introdúcelos en el congelador.

Para desmoldar, pasa un cuchillo por el borde interior de las tartas heladas.

Sirve y adorna los platos con unas hojas de menta.

VERANO

Sardinas
granizados
Pintxos
Helados
salmorejo
Sandía
gazpacho
remas
CEVICHE
higos

ENSALADA DE CANÓNIGOS Y ESPÁRRAGOS

INGREDIENTES **(4 p.)**

200 g de canónigos
16 puntas de espárragos (en conserva)
4 rabanitos
25 g de maíz frito
aceite de oliva virgen extra
vinagre
sal

ELABORACIÓN

Lava los canónigos, sécalos y colócalos en una fuente.

Lava los rabanitos y córtalos en rodajas finas. Agrégalas a la fuente.

Coloca encima las puntas de espárragos.

Aplasta el maíz en el mortero y salpica con él la ensalada.

Sazona y adereza con aceite y vinagre. Sirve.

CORVINA REBOZADA CON SALSA TÁRTARA Y PIMIENTOS

INGREDIENTES **(4 p.)**

1 corvina
2 pimientos morrones
2 huevos
2 dientes de ajo
harina
aceite de oliva virgen extra
perejil
pimienta
sal

Para la salsa tártara:
2 huevos
200 ml de aceite de oliva virgen extra
15 g de alcaparras
3 pepinillos en vinagre
½ cebolleta
1 cucharadita de mostaza de Dijon
cebollino
vinagre
sal

ELABORACIÓN

Pon agua a calentar en una cazuela. Agrega 1 huevo y ponlo a cocer. Cuando lleve 10 minutos hirviendo, apaga el fuego. Refréscalo, pélalo y resérvalo.

Para la salsa tártara, pon otro huevo en un vaso de batidora, agrega un chorrito de vinagre y una pizca de sal. Añade el aceite y tritura los ingredientes hasta que liguen. Pasa la mayonesa a un bol. Pica las alcaparras finamente y los pepinillos en daditos y agrégalos a la mayonesa. Pica el huevo cocido, la cebolleta y el cebollino y añádelos. Agrega la mostaza, mezcla todos los ingredientes y reserva la salsa.

Pela los pimientos morrones, córtalos en tiras y fríelos en una sartén con aceite. Sazona.

Retira la cabeza de la corvina, saca los lomos, retírales la piel y corta cada lomo en 2 trozos. Salpimiéntalos y pásalos por harina y huevo batido.

Pon a calentar una sartén con abundante aceite. Aplasta los dientes de ajo (con piel) y agrégalos. Introduce también el pescado y fríelo por los dos lados. Retira los trozos de pescado y escúrrelos sobre un plato cubierto con papel absorbente.

Sirve el pescado con la salsa tártara y los pimientos. Adorna con unas hojas de perejil.

FRUTAS GRATINADAS

INGREDIENTES **(4 p.)**

2 kiwis
1 mango
¼ de piña
1 naranja
2 plátanos
frambuesas
arándanos
4 cucharadas de azúcar
4 yemas de huevo
8 cucharadas de vino blanco
hojas de menta

ELABORACIÓN

Pela los kiwis y córtalos en gajos. Pela el mango y la piña y córtalos en bastones finos. Pela la naranja, retirando la corteza y la piel blanca, y saca los gajos. Pela los plátanos y córtalos en rodajas. Coloca todo en un plato o fuente que sea apto para el horno. Añade unas frambuesas y unos arándanos.

Pon las yemas con el azúcar en un cazo al baño maría y móntalas con una batidora de varillas. Añade poco a poco el vino blanco y sigue montando. Esparce la mezcla sobre las frutas y gratínalas brevemente en el horno, hasta que estén doradas.

Pica unas hojas de menta y espolvorea con ellas la superficie. Adorna con unas hojitas de menta enteras y sirve.

TORTILLA DE BERENJENA CON BERENJENAS CRUJIENTES

INGREDIENTES **(4 p.)**

8 huevos
3 berenjenas
2 cebolletas
harina
aceite de oliva virgen extra
perejil
sal

ELABORACIÓN

Mezcla en un bol grande abundante agua con una cucharada de sal. Corta 1 berenjena (con piel) en rodajas finas y añádelas. Deja que reposen durante 30 minutos.

Escurre las berenjenas y sécalas entre hojas de papel absorbente. Espolvoréalas con harina por los dos lados y fríelas en una sartén con abundante aceite caliente. Retíralas y escúrrelas sobre un plato cubierto con papel absorbente. Resérvalas.

Pela y pica las cebolletas y ponlas a rehogar en una sartén con un chorrito de aceite. Corta las otras 2 berenjenas (con piel) en cuartos de luna y añádelas a la sartén. Sazónalas y cocínalas a fuego medio hasta que estén bien hechas (que suden bien). Escúrrelas y resérvalas.

Casca y bate los huevos en un bol con un poco de perejil picado y una pizca de sal. Agrega la cebolleta y las berenjenas y mezcla bien.

Calienta una sartén con un chorrito de aceite y cuaja la tortilla. Sirve la tortilla y acompáñala con las berenjenas crujientes. Adorna los platos con unas hojas de perejil.

ENSALADA DE TOMATE, CEBOLLETA Y AJO

INGREDIENTES **(4 p.)**

2 tomates
1 cebolleta
1 diente de ajo
aceite de oliva virgen extra
sal

ELABORACIÓN

Lava y pela los tomates, córtalos en rodajas y extiéndelas en una fuente.

Pela la cebolleta, córtala en juliana y agrégala.

Pela el diente de ajo, córtalo en daditos y añádelos a los tomates.

Sazona y riega con un buen chorro de aceite de oliva. Sirve.

MOUSSE DE BRIÑÓN

INGREDIENTES **(4 p.)**

3 briñones
2 hojas de gelatina
1 lima
2 cucharadas de azúcar
2 claras de huevo
20 g de piñones
hojas de menta

ELABORACIÓN

Pon la gelatina en un bol con agua fría para que se ablande. Pon a calentar un chorrito de agua en un cazo e introduce la gelatina (remojada y escurrida). Remueve hasta que se disuelva.

Pela los briñones, trocéalos y colócalos en la jarra batidora. Tritúralos. Añade un poco de ralladura de lima, el zumo de la lima, el azúcar y la gelatina diluida en agua. Vuelve a triturar hasta que todos los ingredientes queden bien integrados.

Coloca las claras en un bol. Móntalas con una batidora de varillas eléctrica. Añade el puré de briñón y mezcla con movimientos suaves y envolventes. Reparte la *mousse* en 4 copas (o vasos) e introdúcelas en el frigorífico durante 1 hora como mínimo.

Tuesta los piñones en una sartén sin aceite y repártelos sobre las copas. Adorna con unas hojas de menta. Sirve.

ENSALADA DE CANÓNIGOS Y REMOLACHA

INGREDIENTES **(4 p.)**

200 g de canónigos
1 remolacha cocida
100 g de requesón
30 g de pipas de calabaza
aceite de oliva virgen extra
vinagre
sal

ELABORACIÓN

Lava los canónigos, sécalos y ponlos en una fuente.

Corta la remolacha en dados y añádelos.

Desmenuza el requesón y espárcelo por encima.

Tuesta las pipas de calabaza en una sartén (sin aceite) y salpica con ellas la ensalada.

Sazona y aliña con aceite y vinagre. Sirve.

LUBINA CON PATATAS PANADERA

INGREDIENTES **(4 p.)**

2 lubinas
3 patatas
4 dientes de ajo
2 pimientos verdes
2 cebolletas
zumo de 1 lima
100 ml de licor de naranja
harina de maíz refinada
aceite de oliva virgen extra
cebollino
perejil
pimienta
sal

ELABORACIÓN

Corta la cabeza de las lubinas, saca los lomos y resérvalos.

Coloca las espinas y las cabezas de las lubinas en una cazuela con un poco de agua (para hacer un caldo corto). Sazona y cuece todo durante 6-8 minutos. Aplasta los ajos (con piel) y añádelos al caldo junto con unas ramitas de perejil. Incorpora también el zumo de lima y el licor de naranja y deja que reduzca durante unos 10 minutos a fuego fuerte.

Cuela la salsa en un cacito y ponla a calentar. Cuando empiece a hervir, agrega un poco de harina de maíz refinada diluida en agua fría y liga la salsa sin dejar de remover hasta conseguir el punto de espesor deseado.

Corta los pimientos en dados grandes y las cebolletas en juliana y ponlos a pochar en una sartén con abundante aceite. Pela las patatas, córtalas en medias lunas y añádelas. Sazona y fríe todo conjuntamente. Escurre bien el aceite y pasa todo (las patatas, los pimientos y las cebolletas) a una placa de horno.

Salpimienta los lomos de pescado y colócalos encima. Riégalos con un chorrito del aceite resultante de freír las patatas y hornéalos a 200 ºC durante 8-10 minutos.

Sirve 4 raciones, espolvoréalas con un poco de perejil picado y riega el pescado con un poco de la salsa de naranja y lima. Decora con el cebollino.

SORBETE DE MELÓN CON *COULIS* DE MORAS

INGREDIENTES **(4 p.)**

500 g de melón
120 g de moras
1 hoja de gelatina
120 g de azúcar
160 ml de agua
2 claras de huevo
1 limón
hojas de menta

ELABORACIÓN

Pon la gelatina en un bol. Cúbrela con agua fría y espera a que se ablande.

Pon las moras en una sartén junto a 60 ml de agua y 60 g de azúcar. Cocínalas durante 5-6 minutos. Cuela la salsa en un bol y resérvala.

Para hacer el jarabe, calienta 100 ml de agua en un cazo con 60 g de azúcar. Añade la gelatina escurrida y dilúyela en el jarabe.

Coloca las claras en un bol y añade un poco de ralladura de limón. Móntalas con la batidora de varillas eléctrica. Resérvalas.

Pela el melón, trocéalo y colócalo en el vaso batidor, añade el jarabe y el zumo del limón. Tritura con la batidora eléctrica y mezcla el resultado con las claras montadas.

Pasa todo a una fuente, tápalo con film transparente y congélalo hasta que tenga consistencia de agua nieve (semicongelada). Cada media hora, remuévelo con un tenedor.

Reparte el sorbete en 4 copas y salséalas con el *coulis* de moras. Decora cada copa con unas hojitas de menta y sirve.

ENSALADA DE AGUACATE, RÚCULA Y ZANAHORIA

INGREDIENTES **(4 p.)**

1 aguacate
150 g de rúcula
1 zanahoria
50 g de canónigos
100 g de dulce de membrillo
aceite de oliva virgen extra
vinagre
sal

ELABORACIÓN

Lava las hojas de rúcula y los canónigos. Sécalos y colócalos en una fuente grande.

Pela el aguacate, córtalo en láminas finas y añádelas a la fuente.

Pela y ralla la zanahoria y agrégala.

Corta el dulce de membrillo en daditos y añádelos.

Sazona y adereza con aceite y vinagre. Sirve.

CONEJO AL HORNO

INGREDIENTES **(4 p.)**

1 conejo
2 pimientos morrones
2 dientes de ajo
1 trozo pequeño de jengibre
100 g de mermelada de pimiento
150 ml de *txakoli*
aceite de oliva virgen extra
romero
orégano
tomillo
perejil
sal

ELABORACIÓN

Lava los pimientos y colócalos en una fuente apta para el horno. Riégalos con un chorrito de aceite y sazónalos. Introdúcelos en el horno y ásalos a 190 °C durante 40 minutos aproximadamente. Déjalos templar, pélalos y córtalos en tiras. Resérvalos y reserva también el caldo resultante de asar los pimientos.

Pela y lamina los dientes de ajo y ponlos en el mortero. Pela el jengibre, lamínalo y añádelo al mortero. Maja todo bien y resérvalo.

Corta el conejo en 4 trozos, colócalos en un bol y sazónalos. Úntalos con la mermelada de pimiento y agrega el romero, el orégano, el tomillo, el *txakoli* y 150 ml de agua.

Déjalo macerar (removiéndolo de vez en cuando) durante 30 minutos.

Añade 100 ml del caldo resultante de asar los pimientos y mezcla todo bien. Vierte el caldo donde maceró el conejo en una bandeja de horno. Coloca encima los trozos de conejo y úntalos con el majado de ajo y jengibre. Hornéalo a 200 °C durante 40 minutos, dándole la vuelta cada 10 minutos.

Sirve el conejo en 4 platos y salséalo. Sazona los pimientos, riégalos con un chorrito de aceite y pon una porción en cada plato. Adorna con unas hojas de perejil.

VASITOS DE GALLETA, QUESO Y LIMA

INGREDIENTES **(4 p.)**

200 g de galletas
250 g de queso de untar
4 limas
40 g de mantequilla fundida
2 hojas de gelatina
100 g de azúcar
200 ml de nata
hojas de menta

ELABORACIÓN

Machaca las galletas en el mortero y añade la mantequilla fundida. Mezcla bien y reparte la masa de galleta en 4 vasos de cristal.

Pon las hojas de gelatina en un bol con agua. Espera a que se hidrate y se ablande.

Pon a calentar en un cazo 75 ml de agua y 25 g de azúcar. Cuando se caliente, escurre la gelatina y agrégala. Cuando se disuelva la gelatina, retira el cazo del fuego y añade el zumo de 2 limas y 3-4 hojas de menta picaditas. Deja reposar hasta que se temple.

Pon en un bol el queso, la nata y el resto del azúcar. Móntalos con la batidora de varillas eléctrica. Añade el zumo de las otras 2 limas y la ralladura de 2 limas y mezcla suavemente. Rellena los vasos con la mezcla y vierte encima la gelatina de lima y menta.

Introduce los moldes en el frigorífico hasta que la gelatina se solidifique. Sirve y decora con unas hojas de menta.

ENSALADA DE CHAMPIÑONES

INGREDIENTES (4 p.)

250 g de champiñones
1 lechuga
1 zanahoria
1 cucharada de miel
aceite de oliva virgen extra
vinagre
sal

ELABORACIÓN

Lava las hojas de lechuga, sécalas, trocéalas, ponlas en una fuente y sazónalas.

Pela la zanahoria, rállala y añádela a la fuente.

Retira la parte inferior de los champiñones, córtalos en 4 y saltéalos en una sartén con un chorrito de aceite. Agrégalos a la fuente con el jugo que hayan soltado. Sazona.

Prepara una vinagreta mezclando aceite, vinagre y la miel. Adereza la ensalada y sirve.

SORBETE FÁCIL DE SANDÍA

INGREDIENTES (4 p.)

750 g de sandía
100 g de nata
250 ml de helado de limón
ramitas de menta

ELABORACIÓN

Pela la sandía, córtala en trozos y ponla en un vaso americano.

Añade la nata y el helado de limón y vuelve a triturar. Sirve el sorbete en 4 copas y decora con unas ramitas de menta.

CALDERETA DE CORDERO

INGREDIENTES (4 p.)

600 g de carne de cordero
4 dientes de ajo
1 pimiento rojo
1 pimiento verde
2 cebollas
4 tomates rama
1 cucharada de harina
2 patatas
600 ml de vino blanco (manchego)
aceite de oliva virgen extra
2 ramas de romero
2 ramas de tomillo
2 hojas de laurel
perejil
½ cucharada de canela en polvo
½ cucharada de nuez moscada
pimienta
sal

ELABORACIÓN

Salpimienta la carne y colócala en un bol. Corta en daditos 1 diente de ajo y añádelo. Añade también el vino, el tomillo, el romero, las hojas de laurel, la canela y la nuez moscada. Cubre el bol con film transparente y deja el cordero macerando de un día para otro (24 horas). Escurre la carne y resérvala. Reserva también el líquido.

Pela y pica el resto de los ajos y ponlos a dorar en una tartera con un chorrito de aceite. Pela el pimiento rojo, córtalo en dados y agrégalo a la tartera. Corta el pimiento verde de la misma manera y añádelo. Pela las cebollas, córtalas en dados e incorpóralas. Sazona y pocha todo bien.

Pela y trocea los tomates, añádelos y sigue cocinando las verduras durante unos 10 minutos más. Agrega la harina y rehógala un poco.

Dora los trozos de cordero en una sartén con aceite.

Cuando estén dorados, añádelos a la tartera.

Vierte encima el líquido del marinado con las hierbas aromáticas (reservado anteriormente). Tapa la cazuela y guisa el cordero durante 15 minutos. Añade 250 ml de agua, tápalo de nuevo y guísalo durante 15 minutos más.

Pela las patatas y córtalas en dados grandes. Fríelas en una sartén con aceite. Retíralas, escúrrelas bien e introdúcelas en la tartera.

Mezcla suavemente, espolvorea con un poco de perejil picado y cocina todo junto durante 5 minutos más. Sirve.

TOLDOTXO

INGREDIENTES **(4 p.)**

2 lomos de merluza (700 g)
3 patatas
2 pimientos verdes
100 g de pan
50 g de jamón ibérico (en lonchas)
3 dientes de ajo
100 g de alioli
harina y huevo (para rebozar)
aceite de oliva virgen extra
sal

ELABORACIÓN

Pela las patatas, córtalas en rodajas de medio centímetro y confítalas a fuego suave en una sartén con abundante aceite. Retíralas, sazónalas y resérvalas. Reserva la sartén con el aceite para freír en ella el pescado.

Lava los pimientos, retírales los tallos y las pepitas, córtalos en tiras y confítalos en otra sartén con aceite. Sazónalos y resérvalos.

Corta el pan en rodajas finas y tuéstalas en el horno. Retíralas, trocéalas y ponlas en el accesorio picador de la batidora. Tritúralas hasta que queden con la misma textura que la arena. Reserva en un bol.

Coloca las lonchas de jamón sobre la bandeja de horno cubierta con papel de hornear. Cúbrelas con otro papel de hornear y hornéalas a 180 °C durante unos 10-12 minutos. Retíralas, deja que se enfríen, quítales la grasa y pícalas finamente con un cuchillo. Añade el jamón picado al bol del pan triturado y mezcla bien.

Retira la piel del pescado, córtalo en porciones, sazónalo y pásalo por harina y huevo batido.

Pon a calentar la sartén donde has confitado las patatas, aplasta los ajos (con piel) y agrégalos. Añade los trozos de merluza y fríelos durante 1-2 minutos por cada lado. Retíralos y escúrrelos sobre una fuente cubierta con papel absorbente.

Coloca una capa de patatas en el centro de los platos. Pon encima 2 trozos de merluza rebozada y las tiras de pimiento cruzadas. Sirve alrededor del *toldotxo* un poco de la mezcla de pan y jamón y pon un poco de alioli en la intersección de los pimientos.

ENSALADA DE PEPINO Y ACEITUNAS NEGRAS

INGREDIENTES **(4 p.)**

2 pepinos
16 aceitunas negras
1 diente de ajo
aceite de oliva virgen extra
vinagre
sal

ELABORACIÓN

Pela los pepinos, córtalos en rodajas finas y extiéndelas en una fuente.

Corta las aceitunas en rodajas y espárcelas por encima.

Pela el diente de ajo, pícalo finamente y salpica con él el pepino.

Sazona y adereza con unas gotas de vinagre y un buen chorro de aceite.

FRUTA CON SABAYÓN DE *TXAKOLI*

INGREDIENTES **(4 p.)**

1 mango
1 melocotón
1 plátano
2 albaricoques
125 ml de *txakoli*
3 yemas de huevo
2 cucharadas de azúcar
1 lima
hojas de menta

ELABORACIÓN

Pela la fruta, córtala en láminas finas (lo más largas que se pueda) y repártela en 4 recipientes. Reserva.

Coloca las yemas en un bol al baño maría. Agrega el azúcar y un poco de ralladura de lima. Monta las yemas con una batidora de varillas eléctrica. Cuando adquieran consistencia, añade el *txakoli* poco a poco y sigue montando hasta que quede una especie de crema.

Napa las frutas con el sabayón de *txakoli* y gratínalas en el horno durante dos minutos. Sirve y adorna con menta picada.

ENSALADA DE LECHUGAS VARIADAS CON HIGOS, MORAS Y AVELLANAS

INGREDIENTES **(4 p.)**

300 g de lechugas variadas
4 higos secos
12 moras
30 g de avellanas
1 cucharada de miel
aceite de oliva virgen extra
vinagre
sal

ELABORACIÓN

Lava las hojas de lechuga, sécalas, trocéalas y ponlas en una fuente.

Lava las moras y agrégalas. Corta los higos en daditos y añádelos.

Aplasta las avellanas y espárcelas sobre la ensalada. Sazona.

Mezcla en un bol la miel y un chorrito de vinagre. Añade una buena cantidad de aceite y mezcla bien. Aliña la ensalada. Sirve.

GARBANZOS CON CALABACÍN Y HUEVO ESCALFADO

INGREDIENTES **(4 p.)**

250 g de garbanzos
1 calabacín
4 huevos
2 l de caldo de verduras
1 cebolla
1 zanahoria
1 puerro
16 ajos frescos
aceite de oliva virgen extra
orégano
perejil
sal

ELABORACIÓN

Calienta el caldo en la olla rápida. Coloca los garbanzos (remojados desde la víspera y escurridos) en la red especial para cocer las legumbres, ciérrala e introdúcelos en la olla. Pela la cebolla, córtala en 4 y añádela. Pela la zanahoria, trocéala y agrégala. Limpia el puerro, trocéalo, incorpóralo, sazona y tapa la olla. Cuece todo durante 30 minutos. Retira los garbanzos y resérvalos. Tritura las verduras con el caldo y resérvalo para otra ocasión.

Retira la parte inferior y superior y la primera capa de los ajos frescos y córtalos en rodajas. Calienta aceite en una sartén y añádelos. Lava el calabacín, córtalo en dados y agrégalos. Sazona. Saltea las verduras de manera que queden al dente. Incorpora los garbanzos, pon a punto de sal, espolvoréalos con el orégano y saltéalos brevemente.

Pon agua a calentar en una cazuela amplia. Casca los huevos y agrégalos. Escálfalos durante 3 minutos aproximadamente.

Reparte los garbanzos en 4 platos y pon un huevo en cada uno. Sazónalos. Decora los platos con unas hojas de perejil y sirve.

NATILLAS DE FRESA CON VIRUTAS DE CHOCOLATE

INGREDIENTES **(4 p.)**

250 g de fresas
70 g de chocolate
6 yemas de huevo
500 ml de leche
75 g de azúcar
hojas de menta

ELABORACIÓN

Limpia las fresas, corta 2 en daditos y resérvalas. Pon el resto en un vaso batidor y tritúralas con la batidora eléctrica. Cuela el puré resultante y resérvalo.

Coloca las yemas en un bol grande, agrega un chorrito de leche y mézclalas bien con una varilla. Añade el azúcar y el resto de la leche y sigue batiéndolas con la varilla.

Vierte todo en una cazuela y cocínalo a fuego suave hasta que espese. Es importante que la mezcla no hierva. Cuando las natillas espesen, retira la cazuela del fuego y mezcla bien. Pasa todo a una jarra y espera a que se enfríen.

Reparte las natillas en 4 copas. Ralla encima de cada una un poco de chocolate y adorna con los trocitos de fresa y unas hojas de menta. Sirve.

ENSALADA DE LECHUGAS VARIADAS, FRAMBUESAS Y QUESO

INGREDIENTES **(4 p.)**

300 g de lechugas variadas
24 frambuesas
150 g de queso fresco
1 cucharada de miel
zumo de ½ lima
aceite de oliva virgen extra
sal

ELABORACIÓN

Lava las hojas de lechuga, sécalas, trocéalas y ponlas en una fuente.

Corta el queso en dados y agrégalos. Añade las frambuesas.

Mezcla la miel con el zumo de lima y un chorrito de aceite y sazona. Aliña la ensalada y sirve.

PASTEL DE PESCADO

INGREDIENTES **(4 p.)**

250 g de merluza (limpia y sin piel)
½ lámina de hojaldre
1 cebolla grande dulce
75 ml de *brandy*
125 ml de salsa de tomate
3 huevos pequeños
25 ml de leche
1 huevo batido
mantequilla
semillas de sésamo
semillas de amapola
aceite de oliva virgen extra
perejil
pimienta
sal

ELABORACIÓN

Extiende el hojaldre y, con unos cortapastas de formas variadas, corta la masa. Coloca los trozos de hojaldre sobre una bandeja de horno cubierta con papel de hornear, úntalos con el huevo batido y espolvoréalos indistintamente con semillas de sésamo y con semillas de amapola. Hornéalos a 190 °C durante 15 minutos. Retira y reserva los hojaldres.

Pela la cebolla, córtala en dados y ponla a pochar en una sartén grande con un chorrito de aceite. Sazónala.

Corta el pescado en dados y salpiméntalos.

Cuando la cebolla esté bien dorada, incorpora el pescado, mezcla bien y cocínalo un poco.

Vierte encima el *brandy* y flambéalo. Espera a que se apague. Añade también la salsa de tomate y cocina todo junto durante 2-3 minutos. Pasa todo a una fuente y deja que se temple.

Bate los 3 huevos con la leche y una pizca de sal. Añade el pescado, espolvorea con un poco de perejil picado y mezcla bien.

Unta un molde rectangular (tipo *cake*) con un poco de mantequilla, corta una tira larga de papel de hornear y extiéndela a lo largo del molde de manera que sobresalga por los dos lados. Úntalo de nuevo con mantequilla y vierte la mezcla del pastel de pescado. Hornéalo a 180 °C durante 40 minutos.

Deja enfriar, desmolda y sirve. Acompáñalo con los hojaldres y decora los platos con unas hojas de perejil.

SOPA DE FRUTAS AL *TXAKOLI* CON BARQUILLO

INGREDIENTES **(4 p.)**

1 rodaja de piña
1 mango
1 kiwi
12 moras
12 frambuesas
helado de mango
menta

Para el barquillo:
25 g de mantequilla (derretida)
25 g de azúcar glas
1 clara
25 g de harina

Para la sopa de txakoli:
500 ml de *txakoli*
1 copa de zumo de naranja
100 g de azúcar
2 trozos de corteza de naranja y limón
1 anís estrellado
1 rama de canela
harina de maíz refinada

ELABORACIÓN

Para la sopa, pon el *txakoli* en una cazuela con la canela, el anís, el zumo de naranja, las cortezas y el azúcar. Remueve hasta que esté todo bien mezclado y pon la cazuela a fuego medio para que la mezcla reduzca a la mitad. Después, liga la sopa con un poco de harina de maíz diluida en agua.

Para la masa de barquillo, mezcla la mantequilla derretida con el azúcar glas y la clara y vete añadiendo la harina hasta dejar una masa lisa. Cubre una bandeja de horno con papel sulfurizado. Pon encima cuatro cucharadas de la masa y extiéndelas de manera que no se toquen entre sí. Hornéalas a 180 °C durante 7 minutos. Saca los barquillos y, en caliente, dales la forma que te apetezca (teja, cilindro…).

Pela la piña, el mango y el kiwi, córtalos en daditos y mézclalos con la sopa de *txakoli*.

Sirve la sopa en 4 platos con las frutas picadas, el barquillo y el helado. Adorna cada plato con 3 moras, 3 frambuesas y unas hojas de menta.

ENSALADA DE LECHUGA, PAPAYA Y ALMENDRAS

INGREDIENTES **(4 p.)**

1 lechuga (300 g)
250 g de papaya
30 g de almendras laminadas
aceite de oliva virgen extra
vinagre
sal

ELABORACIÓN

Lava las hojas de lechuga, sécalas, trocéalas y colócalas en una fuente.

Pela el trozo de papaya, córtala en dados y añádelos.

Tuesta las almendras laminadas en una sartén. Retíralas a un plato y espera a que se enfríen. Agrégalas a la ensalada.

Adereza con sal, aceite y vinagre. Sirve.

POCHAS CON MANITAS DE CORDERO

INGREDIENTES **(4 p.)**

500 g de pochas blancas
8 manitas de cordero
1 hueso pequeño de jamón
1 cebolla
1 puerro
1 tomate
50 ml de vino blanco
1 cucharada de pimentón dulce
aceite de oliva virgen extra
1 hoja de laurel
perejil
sal

ELABORACIÓN

Pon las pochas en una cazuela, agrega el hueso de jamón y cúbrelas con agua. Coloca la tapa y cuécelas durante 30 minutos (a los 5 minutos, retira el hueso de jamón). Reserva las pochas y el caldo de la cocción.

Pon las manitas en la olla rápida, cúbrelas con agua y añade la hoja de laurel. Sazona, cierra la olla y cuécelas durante 40 minutos. Retíralas y resérvalas.

Pela la cebolla, limpia el puerro, pícalos y ponlos a rehogar en una sartén con un chorrito de aceite. Pela el tomate, trocéalo y añádelo. Deja que se cocine todo junto durante unos 10 minutos.

Pasa las verduras a un vaso batidor y añade el vino, el pimentón y un poco del caldo de las pochas. Tritura con la batidora eléctrica.

Coloca las manitas en una tartera y añade las pochas y el triturado de las verduras. Cocina todo conjuntamente durante 10 minutos y espolvorea con un poco de perejil picado. Sirve y decora con unas hojas de perejil.

CREMA DE VAINILLA CON SALSA DE KIWI

INGREDIENTES **(4 p.)**

Para la crema de vainilla:
150 ml de leche
150 ml de nata
½ vaina de vainilla
30 g de azúcar
2 yemas de huevo
2 g de gelatina

Para la salsa de kiwi:
2 kiwis
60 g de azúcar
1 vaso de agua
1 vaso de zumo de naranja

Para decorar y acompañar:
1 trozo de bizcocho
grosellas
arándanos
hojas de menta

ELABORACIÓN

Pon la gelatina a remojar en un bol con agua fría.

Para la salsa de kiwi, pon a calentar en un cazo el azúcar con el agua y el zumo de naranja. Remueve bien y deja que reduzca a fuego lento durante 10 minutos. Pela los kiwis, rállalos y añádelos. Mezcla y deja reposar.

Para la crema de vainilla, pon en un cazo 100 ml de leche, la nata y la vainilla y deja infusionar la mezcla a fuego lento durante 5 minutos.

En un bol, mezcla el azúcar y las yemas con 50 ml de leche fría. Agrega la infusión al bol, remueve bien y pasa todo de nuevo al cazo. Cocina la mezcla a fuego suave hasta que alcance 85 °C. Después, añade la hoja de gelatina, remueve hasta que se disuelva y vierte la crema en 4 copas. Dejar enfriar.

Reparte la salsa de kiwi en las copas y decora con unas grosellas, unos arándanos y unas hojas de menta. Acompaña con unos bastones de bizcocho.

ENSALADA DE RÚCULA, POLLO Y RABANITOS

INGREDIENTES **(4 p.)**

300 g de hojas de rúcula
200 g de pechuga de pollo
4 rabanitos
1 patata
aceite de oliva virgen extra
vinagre
sal

ELABORACIÓN

Cuece la patata durante 35 minutos en una cazuela con agua hirviendo. Pélala y córtala en daditos.

Corta la pechuga en dados, sazónala y saltéala en una sartén con un chorrito de aceite.

Lava los rabanitos y córtalos en daditos.

Lava las hojas de rúcula, sécalas y colócalas en una fuente.

Agrega los dados de patata y los daditos de pollo y de rabanito. Sazona y adereza con aceite y vinagre.

MAGDALENAS DE FRESAS

INGREDIENTES **(4 p.)**

100 g de fresas
1 huevo pequeño
60 g de azúcar
100 ml de leche
125 g de harina
8 g de levadura
1 cucharada de cacao en polvo
aceite de oliva virgen extra
sal

ELABORACIÓN

Pon el huevo en un bol junto con una cucharada de aceite. Bate con la batidora de varillas mientras añades el azúcar y la leche.

En otro bol, mezcla la harina con la levadura y una pizca de sal y agrega todo al bol anterior.

Lava las fresas, córtalas en dados muy pequeños e incorpóralos al bol. Coloca los moldes sobre una bandeja de horno y rellénalos con la mezcla.

Hornea a 180 °C durante 15-20 minutos.

Deja enfriar, espolvorea las magdalenas con cacao y sirve.

GAZPACHO CON SU GUARNICIÓN

INGREDIENTES **(4 p.)**

1200 g de tomates
1 pepino
2 dientes de ajo
1 cebolleta
1 cogollo de Tudela
4 obleas de papel de arroz
2 lonchas de jamón
aceite de oliva virgen extra
vinagre
hojas de menta
sal

ELABORACIÓN

Cubre la placa del horno con papel de hornear, extiende encima las lonchas de jamón y cúbrelas con otro trozo de papel. Hornéalas a 190 °C durante 12 minutos. Retíralas, deja que se enfríen y resérvalas.

Lava los tomates (reserva 1), trocéalos y colócalos en un bol grande. Pela el pepino (reserva ¼), trocéalo y añádelo al bol. Pela los ajos, pícalos e incorpóralos. Corta la cebolleta por la mitad (reserva ½), córtala en dados grandes y agrégalos. Sazona y adereza con 4 cucharadas de aceite y 1 de vinagre. Deja macerar durante 15 minutos y pasa las verduras al vaso americano. Tritura todo y cuélalo. Reserva el gazpacho en el frigorífico hasta el momento de consumirlo.

Para la guarnición, corta la cebolleta y el pepino reservados anteriormente en daditos y colócalos en un bol pequeño. Pela el tomate reservado, córtalo en daditos y añádelo al bol. Pica las hojas de menta y las del cogollo y agrégalas. Mezcla todo bien y sazona.

Humedece 1 oblea de arroz durante 1 minuto en un plato hondo con agua. Extiéndela sobre un plato y rellénala con una porción de la guarnición. Cierra la oblea de arroz formando un paquetito. Repite el proceso con el resto de las obleas. Sazónalas.

Reparte el gazpacho en 4 platos hondos y pon, en el centro de cada uno, un paquetito de verdura. Rocía los platos con unas gotas de aceite y salpícalos con unos trocitos de jamón crujiente. Sirve.

BONITO ENCEBOLLADO CON GUINDILLAS FRITAS

INGREDIENTES **(4 p.)**

1 lomo de bonito (500 g)
200 g de guindillas frescas
1 pimiento choricero
4 dientes de ajo
3 cebollas
100 ml de *txakoli*
aceite de oliva virgen extra
perejil
pimienta
sal

ELABORACIÓN

Retira el tallo y las pepitas del pimiento choricero. Ponlo en una cazuela y cuécelo durante 10 minutos. Retíralo y, con ayuda de una puntilla, quítale la pulpa y pícala finamente. Resérvala.

Pela los ajos, córtalos en láminas y ponlos a rehogar en una sartén con aceite. Pela las cebollas, córtalas en juliana fina y agrégalas a la sartén. Sazona y cocina hasta que se dore. En ese momento, agrega la carne del pimiento choricero y vierte encima el *txakoli*. Deja reducir durante 10 minutos a fuego suave.

Pon a calentar aceite en una sartén y agrega las guindillas. Fríelas a tu gusto. Retíralas y sazónalas.

Corta el lomo de bonito en 8 filetes, salpimiéntalos y fríelos (vuelta y vuelta) en la misma sartén (retirándole parte del aceite) donde has frito las guindillas.

Reparte la cebolla con el pimiento choricero en la base de los platos y coloca, encima de cada uno, un par de filetes de bonito. Pon en cada plato una porción de guindillas y adorna con unas hojas de perejil. Sirve.

ENSALADA DE PEPINO Y MANZANA

INGREDIENTES **(4 p.)**

2 pepinos (según tamaño)
2 manzanas rojas
1 cucharadita de miel
1 cucharadita de mostaza
3 cucharadas de aceite de oliva virgen extra
sal

ELABORACIÓN

Lava el pepino y córtalo en rodajas finas. Córtalas por la mitad.

Lava las manzanas y, con ayuda de un descorazonador, retírales los corazones. Córtalas por la mitad y después en rodajas finas.

Coloca las rodajas de pepino alternando con las de manzana y sazónalas.

Mezcla en un bol la miel con la mostaza y el aceite. Aliña la ensalada y sirve.

GALLETAS DE AVENA Y PLÁTANO

INGREDIENTES **(4 p.)**

30 g de copos de avena
2 plátanos
150 g de harina
40 g de azúcar moreno
25 g de almendra molida
75 g de mantequilla
1 huevo
1 pizca de sal
hojas de menta

ELABORACIÓN

Coloca la harina en un bol y añade la avena, el azúcar, la almendra y la sal. Mezcla e incorpora la mantequilla a punto de pomada y el huevo. Pela los plátanos, aplástalos con un tenedor y añádelos. Amasa con la mano y forma bolitas.

Coloca las bolitas sobre papel de hornear. Aplástalas un poco y hornéalas a 170 ºC durante 15 o 20 minutos.

Retira las galletas del horno y deja que se enfríen.

Decora con unas hojitas de menta y sirve.

ENSALADA DE JUDÍAS VERDES Y LANGOSTINOS

INGREDIENTES **(4 p.)**

600 g de judías verdes
16 langostinos
1 patata grande
1 zanahoria grande
2 rebanadas de pan
4 dientes de ajo
1 huevo
aceite de oliva virgen extra
vinagre
perejil
sal

ELABORACIÓN

Retira las puntas de las judías y córtalas en trozos de 2 centímetros. Pela la patata y córtala en daditos. Coloca todo en un accesorio para cocer al vapor, introdúcelo en la olla rápida con un poco de agua y sazona. Tapa y cuece todo durante 5 minutos. Reserva.

Pon a calentar una cazuela con agua sazonada con 1 cucharada de sal. Cuando empiece a hervir, agrega los langostinos y cuécelos durante 2 minutos. Retíralos, pélalos y resérvalos.

Pela la zanahoria, rállala y resérvala.

Corta el pan en daditos y fríelos en una sartén con aceite. Escúrrelos sobre un plato cubierto con papel absorbente.

Pon a calentar 175 ml de aceite en una sartén. Aplasta los ajos (con piel) y agrégalos. Cocínalos a fuego suave hasta que el aceite se impregne del aroma de los ajos. Retira los ajos y espera a que el aceite se enfríe. Pásalo a un vaso batidor y añade el huevo, un chorrito de vinagre y una pizca de sal. Introduce la batidora y liga los ingredientes hasta conseguir una buena mayonesa.

Reparte las judías con la patata en 4 platos. Encima de cada uno, reparte los langostinos, la zanahoria rallada y unos costrones de pan. Añade también un poco de mayonesa. Adorna los platos con unas hojas de perejil y sirve.

ARROZ VERDE

INGREDIENTES **(4 p.)**

300 g de arroz
150 g de hojas de espinaca
2 dientes de ajo
2 zanahorias
aceite de oliva virgen extra
pimienta
sal

ELABORACIÓN

Pon 500 ml de agua a calentar. Cuando empiece a hervir, agrega las hojas de espinaca. Escáldalas brevemente. Pasa todo a la jarra batidora, tritúralo y cuélalo.

Aplasta un poco los ajos (sin pelar) y rehógalos en una cazuela con aceite. Añade el arroz y rehógalo brevemente. Vierte encima el jugo de espinaca, salpimienta y cocina a fuego medio durante 18 minutos.

Pela las zanahorias, rállalas y fríelas brevemente en una sartén con abundante aceite caliente. Retíralas y escúrrelas sobre un plato cubierto con papel absorbente.

Reparte el arroz en 4 platos y espolvorea con un poco de zanahoria rallada y frita. Sirve.

PASTELITOS DE MORA

INGREDIENTES **(4 p.)**

20 moras
150 g de harina
20 g de copos de avena
40 g de azúcar moreno
25 g de avellana molida
75 g de mantequilla
1 huevo
1 pizca de sal
150 g de mermelada de frutos rojos
hojas de menta

ELABORACIÓN

Coloca la harina en un bol y añade la avena, el azúcar, la avellana y la sal. Mezcla e incorpora la mantequilla a punto de pomada y el huevo. Amasa con la mano.

Extiende un papel de hornear, pon encima la masa, cúbrela con otro papel de hornear y estírala con un rodillo. Coloca la masa (con los papeles de horno) en una placa de horno y hornéala a 170 °C durante 15 minutos.

Retira la masa del horno y, con ayuda de un cortapastas, corta (en caliente) 4 galletas.

Coloca las 4 galletas en una fuente, úntalas con un poco de mermelada y pon 5 moras encima de cada una.

Decora con unas hojitas de menta y sirve.

ENSALADA DE COGOLLOS Y TOMATE

INGREDIENTES **(4 p.)**

6 cogollos de Tudela
2 tomates
20 g de piñones
aceite de oliva virgen extra
vinagre
sal

ELABORACIÓN

Corta los cogollos en juliana fina y ponlos en una fuente.

Pela los tomates, córtalos en daditos y espárcelos encima.

Agrega los piñones.

Aliña con aceite, vinagre y sal. Sirve.

SARDINAS ASADAS CON PATATAS AL PIMENTÓN

INGREDIENTES **(4 p.)**

32 sardinas
4 patatas (de 150 g cada una)
1 pan gallego
1 diente de ajo
aceite de oliva virgen extra
perejil
pimentón
sal

ELABORACIÓN

Pon las patatas con piel en una cazuela, cúbrelas con agua y cuécelas durante unos 20-25 minutos. Pélalas y córtalas en rodajas.

Riega una fuente con un chorrito de aceite, sazona y espolvorea con un poco de pimentón. Coloca encima las patatas. Sazónalas, espolvoréalas con otro poco de pimentón y riégalas con otro chorrito de aceite.

Corta el pan en rebanadas y tuéstalas (tostador, horno o parrilla). Pela el diente de ajo y unta con él las rebanadas de pan.

Coloca las sardinas en un bol con agua y sal durante 40 minutos. Sécalas bien con papel absorbente, sazónalas y ásalas a la parrilla durante 2 minutos por cada lado. Si no tienes parrilla, se pueden hacer perfectamente en el horno a 220 °C durante 3-4 minutos.

Sirve las sardinas y acompáñalas con las patatas al pimentón y el pan aromatizado con ajo. Decora con unas hojas de perejil.

BIZCOCHO BORRACHO A LA PLANCHA CON ESPUMA DE CAFÉ

INGREDIENTES **(4 p.)**

1 huevo
1 yogur natural
100 g de azúcar
100 g de harina
½ sobre de levadura
1 pizca de sal
1 naranja
aceite de oliva virgen extra
hojas de menta

Para el jarabe para emborrachar:
1 naranja
350 ml de agua
350 g de azúcar
2 anises estrellados
1 chorrito de ron

Para la espuma de café:
10 g de café descafeinado soluble
500 ml de agua
25 g de azúcar
15 g de lecitina de soja

ELABORACIÓN

Para el jarabe, pon en una cazuela el agua y el azúcar junto con los anises estrellados, la corteza de la naranja, el zumo de la naranja (50 ml) y el ron. Cuece hasta que coja consistencia y deja enfriar 15 minutos.

Pon el huevo y el yogur en un bol y ralla un poco de corteza de naranja encima. Bate con unas varillas y añade el azúcar y la pizca de sal. Mezcla la harina con la levadura y tamízalas sobre la mezcla anterior. Añade el aceite. Mezcla enérgicamente hasta conseguir una masa homogénea.

Calienta una plancha con unas gotas de aceite, coloca encima 4 aros de 6 cm de diámetro y rellénalos de masa hasta la mitad. Tápalos y fríelos durante 10-12 minutos, hasta que se doren. Dales la vuelta y tenlos unos 5 minutos más. Retíralos y quítales el molde.

Coloca los bizcochos en 4 platos soperos y baña el fondo de los platos con el jarabe para que lo vayan absorbiéndolo.

Para la espuma, pon el agua en una cazuela y, cuando hierva, añade el azúcar, el café soluble y la lecitina. Bate todo hasta conseguir la textura deseada.

Sirve los bizcochitos junto con la espuma de café y adórnalos con un poco de menta.

ENSALADA DE LECHUGAS VARIADAS, CEBOLLETA Y *TAPENADE*

INGREDIENTES **(4 p.)**

300 g de hojas de lechuga variadas
1 cebolleta
2 cucharadas de *tapenade*
aceite de oliva virgen extra
vinagre
sal

ELABORACIÓN

Lava las hojas de lechuga, sécalas, trocéalas y colócalas en una fuente.

Corta la cebolleta en juliana fina y agrégala.

Pon en un bol la *tapenade* con un buen chorro de aceite, un poco de vinagre y una pizca de sal. Mezcla bien y aliña la ensalada. Sirve.

GAZPACHO DE MELÓN Y FRESAS

INGREDIENTES **(4 p.)**

½ melón
24 fresas
2 bollos de pan de leche
1 lima
aceite de oliva virgen extra
hojas de menta

ELABORACIÓN

Retira la corteza de los bollos y corta la miga en dados. Fríelos en una sartén con aceite hasta que se doren ligeramente. Escúrrelos sobre papel absorbente y resérvalos.

Tritura el melón junto con las fresas (reserva dos para el final) y la corteza de los bollos.

Sirve el gazpacho en 4 copas, agrega los dados de bollo frito y espolvorea por encima la corteza de lima rallada. Decora cada copa con media fresa y unas hojitas de menta.

PIMIENTOS RELLENOS DE BACALAO

INGREDIENTES **(4 p.)**

16 pimientos del piquillo
200 g de bacalao desmigado desalado
4 dientes de ajo
1 cebolleta
60 g de harina
600 ml de leche
harina y huevo (para rebozar)
250 ml de salsa de tomate
aceite de oliva virgen extra
perejil
sal

ELABORACIÓN

Pela 2 dientes de ajo y la cebolleta. Córtalos en daditos y pon todo a pochar en una cazuela con un chorrito de aceite. Cuando la cebolleta empiece a quedarse transparente, agrega el bacalao y rehógalo un poco. Añade la harina y cocínala un poco. Vierte encima la leche, poco a poco, sin dejar de remover. Pon a punto de sal. Espolvorea con un poco de perejil picado y cocina la bechamel durante 6-8 minutos. Pasa la bechamel a un bol y deja que se enfríe. Reserva el relleno.

Calienta un poco de aceite en una sartén. Aplasta los otros 2 dientes de ajo y agrégalos. Añade los pimientos y cocínalos a fuego suave durante 2 minutos por cada lado. Sazona, retira los pimientos y deja que se enfríen.

Rellena los pimientos, pásalos por harina y huevo batido y fríelos en una sartén con aceite. Escúrrelos sobre un plato cubierto con papel absorbente.

Calienta la salsa de tomate y cubre con ella el fondo de los platos. Pon encima de cada uno 4 pimientos y adórnalos con unas hojas de perejil. Sirve.

ENSALADA DE PATATA Y ACEITUNAS

INGREDIENTES **(4 p.)**

1 patata grande
12 aceitunas verdes
8 aceitunas negras
200 g de lechugas variadas
½ calabacín
aceite de oliva virgen extra
vinagre
sal

ELABORACIÓN

Lava las hojas de lechuga, sécalas, trocéalas y colócalas en una fuente.

Lava la patata, colócala en un plato, tápala con film transparente y cocínala durante 5-6 minutos en el microondas. Retírala, deja que se enfríe y córtala en rodajas finas. Agrégalas a la fuente.

Lava el calabacín, rállalo y espárcelo por encima. Añade también las aceitunas.

Sazona y aliña con aceite y vinagre. Sirve.

TOSTAS DE BONITO Y PIMIENTOS

INGREDIENTES **(4 p.)**

1 lomo de bonito (400 g)
4 rebanadas grandes de pan
1 diente de ajo
1 pimiento rojo
1 pimiento verde
2 pimientos amarillos
2 cebolletas
4 cucharadas de salsa de tomate
aceite de oliva virgen extra
perejil
sal

ELABORACIÓN

Pon a calentar una cazuela con agua y 1 cucharadita de sal. Cuando empiece a hervir, introduce el bonito y cuécelo durante 5 minutos. Retíralo y resérvalo.

Vierte un poco de aceite en una fuente, pela y pica el ajo y repártelo sobre la fuente. Corta el lomo de bonito en 8 rodajas, colócalas en la fuente, rocíalas con un chorrito de aceite y deja que se impregnen bien (dándoles la vuelta de vez en cuando) en el aceite de ajo.

Coloca los pimientos en la placa del horno, riégalos con aceite y sazónalos. Hornéalos a 200 °C durante 30-40 minutos. Deja que se templen, pélalos y córtalos en tiras. Ponlos en un bol, sazónalos y riégalos con un chorrito de aceite.

Pela las cebolletas, córtalas en juliana fina y ponlas a rehogar en una sartén con 2 cucharadas de aceite. Sazónalas y cocínalas hasta que se doren.

Tuesta las rebanadas de pan en el horno. Úntalas con la salsa de tomate, reparte encima la cebolleta pochada y los pimientos (reserva unas tiras) y coloca sobre cada una 2 trozos de bonito y unas tiras de pimiento. Decora con unas hojas de perejil y sirve.

CREMOSO DE NARANJA

INGREDIENTES **(4 p.)**

2 naranjas
100 g de queso cremoso
200 ml de nata
50 ml de leche
40 g de azúcar
3 g de gelatina
16 tartaletas de pasta quebrada
16 frambuesas
hojas de menta

ELABORACIÓN

Pon la gelatina en un bol, cúbrela con agua fría y deja que se hidrate.

Lava las naranjas y rállalas. Córtalas por la mitad y exprímelas. Reserva la ralladura y el zumo por separado.

Coloca el queso en un bol (sácalo media hora antes del frigorífico).

Pon la nata, la leche, el azúcar y la ralladura de las naranjas en un cazo y calienta la mezcla hasta que hierva. Escurre la gelatina y añádela. Remueve bien hasta que se disuelva y vierte todo en el bol del queso.

Mezcla con una varilla hasta que el queso se funda. Vierte encima el zumo de las naranjas y remueve bien hasta que todos los ingredientes queden perfectamente integrados. Tapa el bol con film transparente y deja enfriar en el frigorífico hasta que esté bien frío (3 horas aproximadamente).

Pasa el cremoso a una manga pastelera y rellena con él las tartaletas. Coloca una frambuesa encima de cada una. Sirve 4 tartaletas por ración y adorna con unas hojas de menta.

ENSALADA DE TRUCHA AHUMADA

INGREDIENTES **(4 p.)**

80 g de trucha ahumada
300 g de hojas de lechugas variadas
8 rabanitos
aceite de oliva virgen extra
vinagre
sal

ELABORACIÓN

Lava las hojas de lechuga, sécalas y colócalas en una fuente.

Corta los rabanitos en daditos y salpica con ellos la ensalada.

Corta la trucha en tiritas y espárcelas por encima.

Sazona y aliña con aceite y vinagre.

COPA DE HIGOS

INGREDIENTES **(4 p.)**

6 higos
100 ml de vinagre de Módena
25 g de azúcar
30 g de pasas
15 g de mantequilla
150 ml de nata montada
2 yogures naturales
30 g de almendra fileteada tostada
hojas de menta

ELABORACIÓN

Pon a calentar el vinagre de Módena en una sartén. Agrega el azúcar y las pasas y deja que reduzca a fuego suave hasta que espese. Reserva y deja que se enfríe.

Pela y pica los higos. Derrite la mantequilla en una sartén y saltea en ella los higos.

Mezcla en un bol la nata montada con los yogures.

Reparte la reducción en 4 copas, rellénalas con la mezcla de yogur y nata y reparte encima los higos salteados.

Decora las copas con la almendra tostada y unas hojas de menta. Sirve.

PASTA CON AGUACATE Y TOMATES CHERRY

INGREDIENTES **(4 p.)**

400 g de tallarines
2 aguacates
24 tomates cherry
1 diente de ajo
1 limón
75 g de queso parmesano
4 cucharadas de aceite de oliva virgen extra
20 hojas de albahaca
perejil
sal

ELABORACIÓN

Escalda los tomates en un cazo con agua hirviendo durante 1 minuto. Retíralos, introdúcelos en un bol con agua fría y pélalos.

Pon abundante agua a calentar en una cazuela. Sazónala. Cuando empiece a hervir, añade los tallarines y cuécelos durante el tiempo que indique el paquete. Escúrrelos y pásalos a un bol.

Pela los aguacates, saca la pulpa, trocéala y ponla en un vaso batidor. Pela el diente de ajo, pícalo y añádelo. Agrega también las hojas de albahaca. Vierte encima el zumo del limón y el aceite. Tritura y agrega la mezcla al bol de los tallarines. Mezcla bien.

Sirve los tallarines en una fuente grande, ralla el queso por encima y agrega los tomates cherry (pelados). Decora la fuente con una ramita de perejil.

ENSALADA DE RÚCULA Y CHAMPIÑONES

INGREDIENTES **(4 p.)**

250 g de rúcula
200 g de champiñones
1 diente de ajo
30 g de germinados de cebolla
aceite de oliva virgen extra
vinagre de sidra
sal

ELABORACIÓN

Lava las hojas de rúcula, sécalas y colócalas en una fuente.

Pela el diente de ajo y córtalo en daditos.

Limpia los champiñones y lamínalos.

Saltea los champiñones y el ajo picado en una sartén con un chorrito de aceite.

Espárcelos sobre las hojas de rúcula.

Añade los germinados de cebolla.

Adereza con aceite, vinagre y sal. Sirve.

BROCHETAS DE CORDERO CON SALSA DE MELOCOTÓN

INGREDIENTES **(4 p.)**

500 g de carne de cordero
3 melocotones
4 patatas
2 dientes de ajo
1 cebolleta
1 guindilla cayena
100 ml de vino blanco
aceite de oliva virgen extra
tomillo
perejil
pimienta
sal

ELABORACIÓN

Coloca las patatas en una cazuela con agua y una pizca de sal. Cuécelas durante 30-35 minutos. Resérvalas en la cazuela hasta el momento de servir.

Corta la carne en tacos grandes, sazónalos y ponlos en un bol. Agrega el tomillo y un chorrito de aceite. Mezcla bien y déjalos macerando durante 30 minutos.

Pela los ajos y la cebolleta, pícalos y ponlos a rehogar en una cazuela con un chorrito de aceite. Añade la guindilla (entera). Pela 1 melocotón, pícalo e incorpóralo. Rehoga brevemente, añade el vino y la misma cantidad de agua. Cocina todo a fuego suave y deja que reduzca durante 15 minutos aproximadamente. Retira la guindilla y tritura la salsa con la batidora eléctrica. Cuélala y resérvala.

Pela los otros 2 melocotones y córtalos en gajos. Inserta en cada palillo de brocheta, alternando, 4 trozos de carne y 3 gajos de melocotón.

Salpimienta las brochetas y ásalas a la plancha dándoles la vuelta de vez en cuando. Estarán a punto en unos 8 minutos.

Coloca las brochetas en una fuente y rocíalas con un poco de la salsa reservada. Pon el resto de la salsa en una salsera.

Corta las patatas por la mitad, sazónalas y riégalas con un chorrito de aceite.

Sirve las brochetas con las patatas y espolvorea todo con un poco de perejil picado.

MOUSSE DE NATA Y NATILLAS

INGREDIENTES **(4 p.)**

400 ml de nata
1 cucharada de azúcar glas
2 cucharadas de caramelo líquido

Para las natillas:
500 ml de leche
6 yemas de huevo
75 g de azúcar
1 rama de canela
1 hoja de gelatina

ELABORACIÓN

Para las natillas, bate en un bol un chorrito de leche con las yemas. Pon al fuego en una cazuela el resto de la leche, el azúcar y la canela. Cuando la leche esté caliente, añade un poco a las yemas, mézclalas bien y vuélcalas en la cazuela. Cocina brevemente sin que hierva. Agrega una hoja de gelatina (remojada en agua) y remueve bien. Cuela la mezcla y déjala enfriar.

Monta la nata con el azúcar glas y mézclala suavemente con las natillas.

Vierte la mezcla en un molde cuadrado e introdúcelo en el congelador hasta que endurezca.

Desmolda la *mousse* (para que sea más fácil desmoldarla, puedes introducir el molde en un recipiente con agua caliente) y báñala con el caramelo líquido.

MAGRAS CON TOMATE

INGREDIENTES **(4 p.)**

400 g de jamón serrano tierno (12 lonchas)
1 kg de tomate pera
4 dientes de ajo
1 cebolla
2 patatas
1 cucharada de azúcar
aceite de oliva virgen extra
perejil
sal

ELABORACIÓN

Pela los dientes de ajo, córtalos por la mitad y rehógalos en una tartera grande con unas 6 cucharadas de aceite. Agrega las lonchas de jamón y fríelas (vuelta y vuelta). Retíralas a un plato y resérvalas. Reserva también el jugo que irán soltando.

Corta la cebolla en dados y añádelos a la tartera donde están los ajos. Rehógala un poco. Lava los tomates, pícalos a tu gusto e incorpóralos. Sazona y añade el azúcar. Cocina todo durante 30 minutos aproximadamente y pásalo por el pasapurés. Coloca la salsa de tomate en una cazuela y caliéntala. Añade el jugo de las magras y mezcla bien.

Pela las patatas, córtalas en daditos y fríelos en una sartén con aceite. Escúrrelos sobre un plato cubierto con papel absorbente. Sazona y espolvorea con perejil picado.

Sirve las magras en una fuente, cúbrelas con la salsa de tomate y acompáñalas con las patatas.

COGOLLOS CON VINAGRETA

INGREDIENTES **(4 p.)**

4 cogollos
½ pimiento verde
⅛ de pimento rojo
½ cebolleta
1 diente de ajo
aceite de oliva virgen extra
vinagre
sal

ELABORACIÓN

Corta el pimiento verde en daditos.

Pela el pimiento rojo y córtalo de la misma manera.

Pela la cebolleta y el diente de ajo y córtalos en daditos.

Coloca todo en un bol. Agrega aceite, vinagre y sal y mezcla bien.

Corta los cogollos por la mitad y sazónalos. Riégalos con la vinagreta y sirve.

BATIDO DE FRUTAS

INGREDIENTES **(4 p.)**

½ melón
2 plátanos
1 yogur
1 cucharada de azúcar
4 barquillos
hojas de menta

ELABORACIÓN

Pela los plátanos, trocéalos y colócalos en el vaso batidor. Pela el melón, trocéalo y añádelo. Agrega el yogur y el azúcar. Tritura con la batidora eléctrica y reparte el batido en 4 copas.

Decora con los barquillos y unas hojitas de menta. Sirve.

POLLO CON SETAS Y AJOS FRESCOS

INGREDIENTES **(4 p.)**

600 g de pechuga de pollo
250 g de setas
12 ajos frescos
2 pimientos verdes
1 calabacín
30 g de anacardos
150 ml de vino de Oporto
aceite de oliva virgen extra
pimienta
sal

ELABORACIÓN

Corta las pechugas en tiras y colócalas en un bol. Salpiméntalas. Vierte encima el vino, remueve y déjalas macerando durante 20 minutos.

Elimina la parte superior e inferior de los ajos frescos y córtalos en trozos de unos 3 centímetros. Corta las setas y los pimientos del mismo tamaño que los trozos de pollo. Lava el calabacín y córtalo de la misma manera.

Pon un poco de aceite en una sartén, añade los pimientos y los ajos frescos y saltéalos brevemente. Sazona. Retíralos a un plato. Pon a calentar otro chorrito de aceite en otra sartén, agrega las setas y el calabacín y saltéalos. Sazona. Retíralos a otro plato.

Calienta un poco de aceite en una sartén pequeña, agrega los anacardos y saltéalos brevemente. Cuando se tuesten un poco, retíralos a un plato.

Escurre el pollo y sécalo un poco con papel absorbente. Pon un poco de aceite en otra sartén, añade el pollo y saltéalo a fuego fuerte. Agrega las verduras y cocina todo junto durante 3-4 minutos a fuego fuerte. Sirve.

ENSALADA DE TOMATES CHERRY Y *MOZZARELLA*

INGREDIENTES **(4 p.)**

500 g de tomates cherry
150 g de *mozzarella*
24 hojas de espinacas *baby*
20 g de alcaparras
aceite de oliva virgen extra
sal

ELABORACIÓN

Lava los tomates, córtalos por la mitad y colócalos en una fuente.

Corta la *mozzarella* en trocitos y agrégalos.

Añade las hojas de espinacas picaditas.

Salpica todo con las alcaparras.

Adereza con sal y aceite. Sirve.

SEMIFRÍO DE PARAGUAYO

INGREDIENTES **(4 p.)**

6 paraguayos
2 hojas de gelatina
2 cucharadas de azúcar
250 ml de nata
20 g de crocanti de almendra
hojas de menta

ELABORACIÓN

Pon las hojas de gelatina a remojo en un bol con agua fría.

Pela y trocea los paraguayos, colócalos en un vaso americano junto con el azúcar y tritúralos. Pasa ¼ parte a un cacito y ponlo a calentar. Agrega las hojas de gelatina escurridas al cacito y espera a que se deshagan. Vierte la mezcla en la jarra de los paraguayos triturados.

Monta la nata en un bol con la batidora de varillas eléctrica. Añade la mezcla anterior y repártela en 4 recipientes. Deja que cuajen en el frigorífico.

Espolvoréalos con el crocanti de almendra y decóralos con unas hojas de menta. Sirve.

ENSALADA DE LECHUGA, PASAS Y HUEVOS DE CODORNIZ

INGREDIENTES **(4 p.)**

1 lechuga
25 g de pasas
8 huevos de codorniz
1 tomate
aceite de oliva virgen extra
vinagre de Módena
sal

ELABORACIÓN

Lava la lechuga, sécala, trocéala y colócala en una fuente. Sazónala.

Cuece los huevos de codorniz durante 5 minutos. Refréscalos, pélalos y córtalos por la mitad. Colócalos encima de la lechuga.

Salpica todo con las pasas.

Ralla el tomate, ponlo en un bol y agrega aceite, vinagre y sal. Bate bien y adereza la ensalada. Sirve.

JUDÍAS VERDES CON CABEZA DE JABALÍ Y QUESO

INGREDIENTES **(4 p.)**

600 g de judías verdes
200 g de cabeza de jabalí
80 g de queso de oveja
2 tomates
10 ramas de cebollino
1 manzana
30 g de almendra laminada
aceite de oliva virgen extra
vinagre de manzana
sal

ELABORACIÓN

Lava las judías, retírales las puntas y los hilos, y córtalas en bastones finos. Pon agua a calentar en una cazuela. Coloca las judías en el accesorio para cocer al vapor e introdúcelo en la cazuela. Sazona, tápalas y cuécelas durante 10 minutos.

Pica el cebollino finamente y ponlo en un bol. Pela la manzana, córtala en daditos y añádelos al bol. Agrega 1 cucharada de vinagre y 4 cucharadas de aceite. Mezcla bien y deja macerar.

Pon a calentar una sartén sin nada de aceite. Agrega las almendras y tuéstalas un poco. Retíralas y resérvalas.

Pela los tomates y córtalos en daditos. Colócalos en un bol grande. Añade las judías verdes y el cebollino con la manzana. Corta en dados la cabeza de jabalí y el queso e incorpóralos. Mezcla y sirve.

Espolvorea los platos con un poco de almendra laminada.

HELADO DE YOGUR CON SOPA DE FRESAS

INGREDIENTES **(4 p.)**

200 ml de nata
3 yogures naturales
3 cucharadas de leche condensada
grosellas
hojas de menta

Para la sopa de fresas:
200 g de fresas
2 cucharadas de mermelada de fresas
1 vaso de leche

ELABORACIÓN

Pon la nata en un bol y móntala con una batidora de varillas eléctrica.

Pon los yogures en un bol, añade la leche condensada y mezcla bien. Incorpora la nata montada y mezcla. Vierte todo en un molde de cristal, tápalo con film transparente e introdúcelo en el congelador durante 4 horas.

Para la sopa de fresas, limpia las fresas, trocéalas y colócalas en el vaso americano, agrega la mermelada de fresas y la leche y tritura. Cuela la mezcla.

Sirve en recipientes individuales. En el fondo, coloca un poco de sopa de fresa; encima, 2 bolas de helado, y decora con unas grosellas y unas hojas de menta.

ENSALADA DE LECHUGA, MELÓN Y JAMÓN

INGREDIENTES **(4 p.)**

1 lechuga
1 rodaja de melón
60 g de jamón serrano
aceite de oliva virgen extra
vinagre
sal

ELABORACIÓN

Lava la lechuga, sécala, trocéala y colócala en un bol.

Corta el melón en taquitos y espárcelos sobre la lechuga.

Corta el jamón en daditos muy pequeños y salpica con ellos la lechuga y el melón.

Sazona y aliña con aceite y vinagre. Mezcla bien y sirve.

CEVICHE DE CORVINA

INGREDIENTES **(4 p.)**

600 g de corvina
2 limas
1 tomate
1 cebolla morada
½ cucharadita de salsa picante
½ barra de pan
cilantro
perejil
pimienta
sal

ELABORACIÓN

Congela la corvina por lo menos durante 48 horas para evitar el contagio por anisakis. Descongélala en el frigorífico.

Corta el pescado en dados y colócalos en un bol. Agrega el zumo de las limas. Mezcla bien.

Pela el tomate, córtalo en dados e incorpóralos al bol. Pela la cebolla, córtala en juliana fina y añádela. Pica el cilantro finamente e incorpóralo. Añade la salsa picante, salpimienta y mezcla bien todo. Cubre con film transparente y deja macerar en el frigorífico por lo menos durante 15 minutos.

Corta el pan en rebanadas finas, colócalas en una bandeja de horno y hornéalas hasta que se tuesten.

Sirve 4 porciones de ceviche y acompáñalas con las rebanadas de pan tostado. Decora con unas hojas de perejil.

MOUSSE DE MELOCOTÓN

INGREDIENTES **(4 p.)**

2-3 melocotones
2 hojas de gelatina
1 lima
2 cucharadas de azúcar
2 claras de huevo
almendras fileteadas
hojas de menta

ELABORACIÓN

Pon la gelatina en un bol con agua fría para que se ablande. Pon a calentar un chorrito de agua en un cazo e introduce en él la gelatina (remojada y escurrida). Remueve hasta que se disuelva.

Pela los melocotones, trocéalos y colócalos en la jarra batidora. Tritúralos. Añade un poco de ralladura de lima, el zumo de la lima, el azúcar y la gelatina diluida en agua. Vuelve a triturar hasta que todos los ingredientes queden bien integrados.

Coloca las claras en un bol. Móntalas con una batidora de varillas eléctrica. Añade el puré de melocotón y mezcla con movimientos suaves y envolventes. Reparte la *mousse* en 4 copas (o vasos) e introdúcelas en el frigorífico durante 1 hora como mínimo.

Tuesta las almendras y repártelas sobre las copas. Adorna con unas hojas de menta. Sirve.

ENSALADA DE LECHUGA Y CEBOLLETA

INGREDIENTES **(4 p.)**

1 lechuga
1 cebolleta
aceite de oliva virgen extra
vinagre
sal

ELABORACIÓN

Lava la lechuga, sécala, trocéala y colócala en una fuente. Sazónala.

Corta la cebolleta en juliana fina y añádela a la fuente.

Aliña con aceite y vinagre.

CREMA FRÍA DE FRESAS

INGREDIENTES **(4 p.)**

350 g de fresas
3 huevos
50 g de azúcar
300 ml de leche
1 vaina de vainilla
2 cucharadas de almendra laminada
4 lazos de hojaldre
hojas de menta

ELABORACIÓN

Lava las fresas, pícalas y colócalas en el vaso de la batidora. Añade los huevos, el azúcar y el interior de la vaina de vainilla. Tritura bien.

Pon la leche a calentar y añade el puré de fresas.

Cuece a fuego medio sin dejar de remover con la varilla hasta que empiece a espesar. Repártela en 4 copas y deja que se enfríe.

Tuesta las almendras en una sartén sin aceite. Salpica con ellas las copas y decora con los lazos de hojaldre y unas hojas de menta.

TORTILLA DE LA HUERTA

INGREDIENTES **(4 p.)**

8 huevos
2 patatas
1 cebolleta
3 dientes de ajo
6 espárragos verdes
1 calabacín
2 tomates
aceite de oliva virgen extra
sal

ELABORACIÓN

Pela las patatas y córtalas en cuartos de luna. Ponlas a freír en una sartén grande con abundante aceite. Pela la cebolleta y 2 dientes de ajo, córtalos en daditos y añádelos. Elimina la parte inferior de los espárragos. Corta los espárragos en cilindros y agrégalos. Lava el calabacín, córtalo en cuartos de luna (con piel) e incorpóralo. Sazona y rehoga bien. Escurre bien todo.

Bate los huevos en un bol grande. Añade las verduras, mezcla bien y cuaja la tortilla.

Pela los tomates, córtalos en rodajas finas y extiéndelas en una fuente. Pela el otro diente de ajo, córtalo en daditos y añádelo al tomate. Sazona y aliña con un buen chorro de aceite de oliva.

Sirve la tortilla y acompáñala con el tomate.

CALABACINES RELLENOS

INGREDIENTES **(4 p.)**

2 calabacines
2 dientes de ajo
2 cebolletas
½ pimiento rojo
150 g de carne picada de ternera
3 huevos
75 g de queso rallado
harina
pan rallado
aceite de oliva virgen extra
orégano
perejil
pimienta
sal

ELABORACIÓN

Retira las puntas de los calabacines, córtalos por la mitad a lo largo y después por la mitad a lo ancho, de manera que de cada calabacín salgan 4 trozos. Vacíalos con ayuda de una cuchara sacabolas, dejándolos como si fueran unas barcas. Pica la pulpa de los calabacines y resérvala. Reserva también las barcas.

Pela los ajos y las cebolletas, córtalos en daditos y ponlos a rehogar en una sartén con aceite. Pela el pimiento, córtalo de la misma manera y agrégalo a la sartén. Sazona. Añade también la carne del calabacín. Rehoga todo bien.

Salpimienta la carne picada y añádela a la sartén, cocínala un poco y espolvoréala con el orégano. Mezcla bien todo. Reserva el relleno.

Coloca los calabacines en un bol grande. Añade la harina y remueve el bol de manera que los calabacines queden bien impregnados con la harina. Retírales el exceso de harina.

En otro bol, bate los huevos con una pizca de sal. Introduce los calabacines y empápalos bien. Retíralos, escúrrelos y pásalos por el pan rallado. Fríelos en una sartén con aceite y escúrrelos sobre un plato cubierto con papel absorbente.

Rellena los calabacines con la farsa de verduras y carne y colócalos en una fuente apta para horno. Cúbrelos con el queso rallado y gratínalos en el horno.

Sirve 2 trozos por ración y decóralos con unas hojas de perejil.

ENSALADA DE PEPINO Y ZANAHORIA

INGREDIENTES **(4 p.)**

1 pepino
1 zanahoria
1 cebolleta
aceite de oliva virgen extra
vinagre
sal

ELABORACIÓN

Pela el pepino, córtalo en rodajas finas y extiéndelas en una fuente.

Pela la zanahoria, rállala y espárcela por encima.

Pela la cebolleta, córtala en juliana y añádela.

Sazona y adereza con aceite y vinagre. Sirve.

GAZPACHO DE FRUTAS

INGREDIENTES **(4 p.)**

½ melón
1 kiwi
1 plátano
1 melocotón
200 ml de leche
zumo de 1 lima
2 cucharadas de azúcar glas
1 vaina de vainilla
1 fruta de la pasión
2 cucharadas de aceite de oliva virgen extra
hojas de menta

ELABORACIÓN

Pela el melón, el kiwi, el plátano y el melocotón. Trocéalos y ponlos en el vaso americano. Añade la leche, el zumo de lima y el azúcar y tritura. Introduce la jarra en el frigorífico hasta que se enfríe bien.

Abre la vaina de vainilla, saca las semillas y ponlas en un bol. Agrega la pulpa de la fruta de la pasión y el aceite y mezcla bien.

Reparte el gazpacho en 4 platos soperos y salpícalos con el aceite de fruta de la pasión y vainilla. Decora con unas hojas de menta.

ENSALADA DE ENDIBIAS, PERA Y PISTACHOS

INGREDIENTES **(4 p.)**

6 endibias
2 peras
30 g de pistachos
aceite de oliva virgen extra
1-2 cucharadas de zumo de limón
sal

ELABORACIÓN

Lava las endibias y córtalas en juliana fina. Ponlas en una fuente.

Pela las peras, córtalas en dados y añádelas. Sazona.

Mezcla el zumo de limón con un chorrito de aceite de oliva y aliña.

Pela los pistachos, aplástalos un poco y salpica con ellos la ensalada. Sirve.

PANACOTA DE CHOCOLATE

INGREDIENTES **(4 p.)**

250 ml de nata
250 ml de leche
1 vaina de vainilla
2 hojas de gelatina
150 g de chocolate con leche
hojas de menta

ELABORACIÓN

Vierte la nata y la leche en un cazo. Agrega la vaina de vainilla abierta y deja calentar.

Remoja la gelatina en agua fría, escúrrela y añádela al cazo. Mezcla bien hasta que se disuelva. Incorpora el chocolate y deja que se funda. Una vez fundido, reparte en las copas y deja enfriar en el frigorífico.

Sirve la panacota y decora con unas hojitas de menta.

FILETES DE PAVO EMPANADOS CON SETAS AL ROQUEFORT

INGREDIENTES **(4 p.)**

500 g de pechuga de pavo
400 g de setas de cultivo
60 g de queso roquefort
3 huevos
150 ml de leche
harina
pan rallado
aceite de oliva virgen extra
orégano
perejil
pimienta
sal

ELABORACIÓN

Corta la pechuga de pavo en filetes y aplástalos un poco con la hoja del cuchillo cebollero. Salpimienta los filetes. Bate los huevos en un bol, sazónalos y añade un poco de perejil picado. Pasa los filetes por harina, huevo batido y pan rallado. Aplástalos un poco y hazles (sobre uno de los lados) unas marcas cruzadas con el contrafilo del cuchillo. Resérvalos.

Limpia las setas, córtalas por la mitad y cocínalas brevemente en una sartén con un chorrito de aceite. Sazónalas y añádeles el orégano. Resérvalas.

Pon la leche y el queso a calentar en un cazo. Cocínalos hasta que la leche espese un poco. Pon a punto de sal y reserva la salsa caliente.

Calienta abundante aceite en una sartén. Agrega los filetes y fríelos por los dos lados. Retíralos y escúrrelos sobre un plato cubierto con papel absorbente.

Sirve los filetes con las setas salseadas con la salsa de queso. Decora con unas hojas de perejil.

ENSALADA DE CANÓNIGOS, PEPINO Y ALCAPARRAS

INGREDIENTES **(4 p.)**

100 g de canónigos y rúcula
1 pepino
2 cucharadas de alcaparras
1 zanahoria
aceite de oliva virgen extra
sal

ELABORACIÓN

Pela el pepino y córtalo en rodajas finas. Colócalas en una fuente y sazónalas.

Lava las hojas de canónigo y de rúcula, sécalas y espárcelas sobre el pepino. Sazónalas.

Pela la zanahoria y rállala encima.

Agrega las alcaparras y riega la ensalada con un chorrito de aceite. Sirve.

MEJILLONES EN TEMPURA CON MAYONESA DE AZAFRÁN

INGREDIENTES **(4 p.)**

1 kg de mejillones
100 ml de *txakoli*
100 g de harina
200 ml de agua fría
100 g de rúcula
aceite de oliva virgen extra
sal

Para la mayonesa de azafrán:
10 hebras de azafrán
200 ml de aceite de oliva virgen extra
1 huevo
vinagre
sal

ELABORACIÓN

Limpia los mejillones retirándoles las impurezas adheridas a las cáscaras y las barbas. Pon a calentar el *txakoli* en una tartera. Agrega los mejillones y tápalos. Cuando se abran, retíralos y elimínales las cáscaras. Escúrrelos bien y sécalos si fuera necesario. Resérvalos.

Para la mayonesa, tuesta las hebras de azafrán en una sartén sin nada de aceite y pásalas al mortero. Machácalas hasta que queden reducidas a polvo. Colócalas en el vaso batidor, añade el huevo, una pizca de sal, un chorrito de vinagre y el aceite. Tritura los ingredientes hasta que liguen. Reserva la mayonesa de azafrán.

Mezcla bien en un bol la harina con el agua fría y una pizca de sal. Introduce los mejillones en el bol. Retíralos y escúrrelos. Fríelos en una sartén con abundante aceite. Escúrrelos sobre un plato cubierto con papel absorbente.

Sirve los mejillones y decora los platos con unas hojas de rúcula. Pon en cada plato pequeñas porciones de la mayonesa de azafrán.

HOJALDRE CON PERAS AL *TXAKOLI*

INGREDIENTES **(4 p.)**

½ lámina de hojaldre
2-3 peras (según tamaño)
2 cucharadas de azúcar glas
300 ml de *txakoli*
75 g de azúcar en grano
crocanti de almendras
hojas de menta

ELABORACIÓN

Corta el hojaldre en 4 trozos, espolvoréalos con el azúcar glas y colócalos sobre una bandeja de horno con papel de hornear. Hornéalos a 180 °C durante 20 minutos (hasta que se doren).

Calienta en una cazuela el *txakoli* con el azúcar en grano hasta que el azúcar se disuelva.

Pela las peras, córtalas por la mitad y quítales las semillas. Córtalas en gajos y colócalas en la cazuela del *txakoli* con azúcar. Cuécelas durante 10 minutos y deja que se enfríen.

Sirve en cada plato un trozo de hojaldre y reparte encima los gajos de pera. Decora con el crocanti de almendra y adorna con unas hojas de menta.

ENSALADA DE PEPINO Y PEPINILLOS

INGREDIENTES **(4 p.)**

- 2 pepinos
- 8 pepinillos
- 1 calabacín
- 30 g de huevas de trucha
- aceite de oliva virgen extra
- sal

ELABORACIÓN

Lava el calabacín, córtalo en dados y colócalos en un plato. Cubre el plato con film transparente e introdúcelos en el microondas durante 3 minutos. Retíralos y deja que se enfríen.

Pela los pepinos, córtalos en daditos y ponlos en una fuente.

Agrega los dados de calabacín.

Corta los pepinillos en rodajas finas e incorpóralas. Añade las huevas.

Sazona y riega con un poco de aceite. Sirve.

LENGUADO ASADO CON PURÉ DE PATATAS

INGREDIENTES **(4 p.)**

1 lenguado (1 kg)
2 patatas
100 ml de leche
2 pimientos morrones
5 dientes de ajo
50 ml de *txakoli*
1 limón
1 cucharada de vinagre
aceite de oliva virgen extra
perejil
pimienta
sal

ELABORACIÓN

Pon las patatas a cocer en una cazuela con abundante agua y una pizca de sal. Cuécelas durante 30 minutos. Déjalas templar. Pélalas y pásalas por el pasapurés. Coloca el puré en un bol, salpimiéntalo y vierte encima la leche y un chorrito de aceite. Mezcla y resérvalo. En el momento de servir, caliéntalo en el microondas.

Lava los pimientos y colócalos en una bandeja apta para horno. Riégalos con un chorrito de aceite y sazónalos. Hornéalos a 200 °C durante 35-40 minutos. Retíralos y deja que se templen un poco. Pélalos y córtalos en tiras. Pela 3 dientes de ajo, lamínalos y rehógalos en una sartén con un chorro de aceite. Agrega las tiras de pimiento y confítalas a fuego suave durante 15 minutos.

Rocía la placa del horno con un poco de aceite, sazona el pescado por los dos lados, colócalo en la placa y riégalo con un chorrito de aceite y el *txakoli*. Ásalo a 220 °C durante 15 minutos.

Cuando falten 5 minutos, prepara el refrito.

Pon a calentar en una sartén 5 cucharadas de aceite. Pela los otros 2 dientes de ajo, lamínalos y añádelos. Cuando empiecen a dorarse, agrega el zumo de limón, un chorrito de vinagre y un poco de perejil picado. Dale un hervor durante 1 minuto.

Retira el pescado del horno y riégalo con el refrito. Sirve también el puré de patatas y los pimientos confitados. Decora con unas hojas de perejil.

ESPUMA DE SANDÍA

INGREDIENTES **(4 p.)**

2-3 rodajas de sandía
6 g de hojas de gelatina
100 ml de agua
100 g de azúcar
1 limón
3 claras de huevo
1 kiwi
regaliz en polvo
canela en polvo
hojas de menta
sal

ELABORACIÓN

Pon a remojo las hojas de gelatina en un bol con agua fría.

Prepara un jarabe calentando en un cazo el agua, el azúcar, la corteza del limón rallada, una pizca de regaliz y otra de canela en polvo.

Pon en un bol las claras de huevo y empieza a montarlas con una batidora de varillas, añadiendo poco a poco el jarabe, hasta obtener un merengue esponjoso.

Pela 2 rodajas de sandía, trocéalas, añádeles una pizca de sal y tritúralas con la batidora.

Mezcla el jugo resultante con el merengue, con movimientos suaves. Introduce en el frigorífico y espera a que se enfríe.

Saca unas bolitas del resto de la sandía con la ayuda de un sacabolas o cucharilla y ensártalas en unos palos de brocheta. Pela y trocea el kiwi.

Sirve la espuma de sandía con las brochetas de sandía y el kiwi troceado. Espolvorea por encima un poco de menta picada, canela y regaliz en polvo.

LECHUGAS VARIADAS CON CEBOLLETA Y GUINDILLAS

INGREDIENTES **(4 p.)**

350 g de lechugas variadas
1 cebolleta
12 guindillas en vinagre
aceite de oliva virgen extra
sal

ELABORACIÓN

Lava las lechugas, sécalas, trocéalas y colócalas en una fuente grande.

Corta la cebolleta en juliana fina y añádela.

Corta las guindillas en cilindros y agrégalos.

Sazona y adereza todo con un buen chorro de aceite. Sirve.

FIDEOS CON BOCADITOS DE CHICHARRO

INGREDIENTES **(4 p.)**

1 chicharro o jurel de 1 kg
6 chalotas
1 pimiento verde
200 g de fideos finos
2 dientes de ajo
1 guindilla cayena
aceite de oliva virgen extra
perejil
pimienta negra
sal

ELABORACIÓN

Corta la cabeza y la cola del chicharro. Saca también los lomos (retirándole la espina central y la piel). Corta los lomos en dados, salpiméntalos y resérvalos.

Pon la cabeza, la espina, la piel y la cola en un cazo. Cúbrelos con agua, añade unas ramas de perejil, sazona y cuece todo durante 10 minutos hasta conseguir un caldo. Cuela y reserva.

Corta las chalotas en daditos y ponlas a dorar en una tartera con un chorrito de aceite. Cuando empiecen a coger color, agrega el pimiento verde picado, sazona y deja que se poche bien.

Mientras tanto, tuesta los fideos en una tartera (sin aceite), mójalos con el caldo y cocínalos durante un par de minutos. Introduce la tartera en el horno a 220 °C durante 4-5 minutos.

Lamina los dientes de ajo, corta la guindilla por la mitad y pon todo a dorar en una sartén con un chorrito de aceite. Cuando los ajos empiecen a dorarse, agrega el chicharro y saltéalo durante 1-2 minutos. Espolvorea con un poco de perejil picado y retira la guindilla. Reserva.

Reparte los fideos en 4 platos y coloca encima los trozos de chicharro. Decora con unas hojas de perejil y sirve.

BROCHETA DE FRUTA A LA PLANCHA CON BIZCOCHO

INGREDIENTES **(4 p.)**

Para los bizcochos de soletilla:
1 huevo
50 g de azúcar
30 g de harina

Para las brochetas:
4 trozos de piña
2 kiwis
2 fresas
1 pera
1 copa de licor de naranja
1 cucharada de azúcar
aceite de oliva
hojas de menta

ELABORACIÓN

Para hacer los bizcochos, pon el huevo y el azúcar en un bol y monta con la ayuda de una batidora de varillas. Añade la harina tamizada y mezcla con movimientos envolventes. Introduce la masa en una manga pastelera.

Cubre la bandeja del horno con papel de hornear, pon encima 4 porciones de masa estirada y hornea a 200 °C durante unos 10 minutos, hasta que los bizcochos estén hechos.

Pela las frutas y córtalas en trozos de bocado. Ensarta los trozos de fruta en los palillos de brocheta en este orden: piña, kiwi, pera y fresa. Úntalas con unas gotas de aceite y una pizca de azúcar. Márcalas en una sartén bien caliente hasta que caramelicen. Añade entonces la copa de licor de naranja y flambea con cuidado.

Coloca en cada plato 1 bizcocho de soletilla y 1 brocheta. Riégalos con el jugo que habrá quedado en la sartén. Decora con unas hojas de menta y sirve.

ENSALADILLA DE PATATA Y GAMBAS

INGREDIENTES **(4 p.)**

2 patatas
200 g de gambas peladas
2 zanahorias
3 huevos
20 aceitunas verdes rellenas
4 pepinillos
3 guindillas en vinagre
picos de pan
aceite de oliva virgen extra
perejil
sal

Para la mayonesa:
200 ml de aceite de oliva virgen extra
1 huevo
zumo de ½ limón
sal

ELABORACIÓN

Pon a calentar una cazuela con agua y agrega las patatas, las zanahorias (peladas) y los huevos. Después de que empiece a hervir, retira los huevos a los 10 minutos, las zanahorias a los 20 y las patatas a los 30. Pela las patatas y los huevos y córtalos en daditos. Corta las zanahorias de la misma manera. Pon todo en un bol y sazona.

Corta las aceitunas, los pepinillos y las guindillas en laminitas. Añádelas al bol.

Pica las gambas y sazónalas. Saltéalas en una sartén con un chorrito de aceite y agrégalas al bol.

Para la mayonesa, pon el huevo en un vaso batidor, agrega el zumo de limón, una pizca de sal y el aceite. Tritura los ingredientes con la batidora eléctrica hasta que liguen (si la mayonesa quedara muy espesa, puedes aligerarla agregándole un poco de agua). Añade la mayonesa al bol y mezcla bien todos los ingredientes.

Sirve la ensaladilla y acompáñala con unos picos de pan. Decora con una hojita de perejil.

OREJA DE CERDO CON VERDURAS

INGREDIENTES **(4 p.)**

1 oreja de cerdo
1 barra de pan
1 cabeza de ajos
2 zanahorias
1 cebolleta
1 pimiento verde
1 puerro
aceite de oliva virgen extra
perejil
sal

ELABORACIÓN

Con ayuda de un cuchillo de sierra, corta 12 rebanadas de pan. Colócalas sobre la placa del horno y tuéstalas a 200 °C durante 5-6 minutos. Resérvalas.

Pon a calentar agua en la olla rápida, añade la oreja, la cabeza de ajos, una rama de perejil y una pizca de sal. Cuece la oreja durante 30 minutos aproximadamente. Retira la oreja y córtala en trocitos.

Pela las zanahorias y la cebolleta y pícalas finamente. Pica también el pimiento verde y el puerro (limpio). Pon todo a pochar en una sartén con aceite. Cuando la verdura coja un poco de color, añade la oreja picada, mezcla bien y saltea el conjunto.

Reparte el salteado de verduras y oreja sobre las rebanadas de pan tostado y sirve.

HELADO DE MIEL

INGREDIENTES **(4 p.)**

225 g de miel (de romero, azahar…)
800 ml de leche
6 yemas de huevo
150 g de nata montada
miel
frambuesas
moras
grosellas
barquillos

ELABORACIÓN

Calienta la leche hasta que hierva y añade la miel poco a poco, revolviendo hasta que se disuelva.

Retira la mezcla del fuego y agrega las yemas de huevo batidas. Cuece todo a fuego suave, sin parar de remover, hasta que se espese.

Coloca el recipiente con la crema dentro de otro con agua, removiendo hasta que se enfríe.

Añade la nata montada mezclando con cuidado.

Vierte la mezcla en un molde bien frío y congela durante 3 horas. Desmolda y decora con miel, frambuesas, moras, grosellas y barquillos. Sirve.

ROLLITOS DE PEPINO, QUESO Y ALCAPARRAS

INGREDIENTES **(4 p.)**

2 pepinos
100 g de queso fresco
100 g de queso de untar
30 g de alcaparras
1 lechuga
aceite de oliva virgen extra
sal

ELABORACIÓN

Lava las hojas de lechuga, sécalas y córtalas en juliana fina. Colócalas en una fuente.

Corta los pepinos en láminas largas y finas.

Mezcla las alcaparras con el queso fresco y el queso de untar.

Reparte la mezcla sobre las láminas de pepino, enróllalas y colócalas sobre la lechuga. Sazónalas y aderézalas con un chorrito de aceite. Sirve.

CREMA DE *MARMITAKO*

INGREDIENTES **(4 p.)**

400 g de atún
600 g de patatas
1 pimiento rojo
2 dientes de ajo
2 cebolletas
1 pimiento verde
aceite de oliva virgen extra
perejil
sal

ELABORACIÓN

Lava el pimiento rojo y colócalo en una fuente apta para el horno. Riégalo con un chorrito de aceite y sazónalo. Hornéalo a 190 °C durante 40 minutos. Pela el pimiento, colócalo en un vaso batidor, sazónalo y tritúralo. Reserva el puré de pimiento rojo.

Trocea el pescado y márcalo (vuelta y vuelta) en una tartera con un chorrito de aceite. Resérvalo en una fuente.

Pela los dientes de ajo y las cebolletas, pícalos y ponlos a pochar en la tartera donde has dorado el pescado. Pica también el pimiento verde y añádelo. Sazona y rehoga las verduras durante 10 minutos.

Pela las patatas, cáscalas y añádelas. Cúbrelas con agua y cocínalas junto con las verduras durante 25-30 minutos.

Incorpora el atún y cocínalo durante un par de minutos más. Cuela el resultado y reserva el líquido. Tritura el resto de los ingredientes en la jarra batidora, vertiendo la cantidad de líquido necesario hasta conseguir la textura deseada.

Reparte la crema de *marmitako* en 4 cuencos y pon, encima de cada uno, una porción de puré de pimiento rojo. Sirve y decora con una ramita de perejil.

SORBETE DE LIMÓN AL CAVA

INGREDIENTES **(4 p.)**

500 ml de helado de limón
1 botella de cava
2 hojas de gelatina
3 limas
4 cucharadas de nata
1 cucharada de vodka
½ copa de granadina
azúcar
hojas de menta

ELABORACIÓN

Pon a remojo las hojas de gelatina. Exprime el zumo de las limas, ralla un poco de la corteza y pon todo, junto con una copa de cava, a calentar en una cazuela. Agrega las hojas de gelatina y mezcla bien. Pasa a un recipiente y deja que se enfríe y endurezca.

Coloca el resto del cava, el helado, la nata y el vodka en el vaso americano y tritura bien.

A la hora de servir, moja los bordes de las copas con granadina y después pásalos por un poco de azúcar. Vierte el sorbete en las copas y adorna con la gelatina de zumo de lima picada y unas hojas de menta.

LOMOS DE LUBINA EN HOJALDRE CON SALSA TÁRTARA

INGREDIENTES **(4 p.)**

1 lubina (de 1 kg aprox.)
2 láminas de hojaldre
1 huevo
pimienta
sal

Para la salsa tártara:
1 huevo
200 ml de aceite de oliva virgen extra
½ cebolleta
2 pepinillos en vinagre
20 g de alcaparras
vinagre
sal

ELABORACIÓN

Limpia la lubina, saca los lomos, corta cada uno por la mitad y salpimiéntalos.

Estira 1 lámina de hojaldre, recorta una tira larga y resérvala para decorar. Corta el resto del hojaldre en 4 trozos y extiéndelos sobre la placa de horno cubierta con papel de hornear. Coloca un trozo de pescado encima de cada trozo de hojaldre. Corta la otra lámina en 4 y cubre cada trozo de pescado con un trozo de hojaldre.

Cierra los hojaldres aplastando los bordes con un tenedor. Decora cada paquete con la tira de hojaldre reservada anteriormente. Bate el huevo y pinta con él los hojaldres. Hornéalos a 200 °C durante 18-20 minutos.

Para la salsa tártara, pon el huevo en un vaso batidor, sazona y añade un chorrito de vinagre y el aceite. Introduce el brazo de la batidora y tritura hasta que emulsionen los ingredientes. Corta en daditos la cebolleta, los pepinillos y las alcaparras, agrégalos a la mayonesa y mezcla bien.

Sirve los hojaldres de lubina acompañados de la salsa tártara.

ENSALADA DE POLLO Y AGUACATE

INGREDIENTES **(4 p.)**

1 pechuga de pollo
1 aguacate
1 lechuga hoja de roble
aceite de oliva virgen extra
vinagre
sal

ELABORACIÓN

Lava las hojas de lechuga, sécalas, trocéalas y colócalas en una fuente.

Pela el aguacate, córtalo en láminas finas y ponlas encima.

Cuece la pechuga de pollo, córtala en daditos y añádelos.

Aliña con aceite, vinagre y sal. Sirve.

CANUTILLOS RELLENOS DE QUESO Y PIÑA

INGREDIENTES **(4 p.)**

1 lámina de hojaldre
1 tarrina de queso mascarpone o de untar
1 rodaja de piña natural
1 huevo
200 ml de nata
2 cucharadas de azúcar
8 fresas
hojas de menta

ELABORACIÓN

Corta el hojaldre en 8 rectángulos, envuélvelos alrededor de los moldes de canutillos y píntalos con huevo batido. Hornéalos a 180 °C durante 30 minutos en una bandeja de horno forrada con papel de hornear. Deja que se templen y resérvalos.

Pela la piña y córtala en daditos.

Pon la nata fría en un bol y móntala con una batidora eléctrica de varillas. Cuando casi esté montada, añade 1 cucharada de azúcar y sigue montando. Reserva.

Mezcla el queso (a temperatura ambiente) con la nata y la piña. Introduce la mezcla en una manga pastelera y rellena los canutillos de hojaldre.

Calienta las fresas en una sartén con la otra cucharada de azúcar. Sirve los canutillos con las fresas salteadas y adorna con unas hojas de menta.

JUDÍAS VERDES CON RAPE

INGREDIENTES **(4 p.)**

600 g de judías verdes
1 cola de rape (600 g)
2 huevos
1 lechuga hoja de roble
1 boniato
2 zanahorias
30 g de maíz frito
aceite de oliva virgen extra
vinagre
pimienta
sal

ELABORACIÓN

Retira los hilos y las puntas de las judías. Córtalas en 3-4 trozos, sazónalas, tápalas y cuécelas al vapor durante 12-15 minutos.

Cuece los huevos en un cazo con agua durante 10 minutos. Refréscalos, pélalos y resérvalos.

Suelta las hojas de la lechuga y lávalas bien. Sécalas, trocéalas y resérvalas.

Pela el boniato, saca láminas finas con un pelador de verduras y fríelas en una sartén con aceite caliente. Escúrrelas sobre un plato cubierto con papel absorbente. Sazónalas y resérvalas.

Pela las zanahorias, rállalas y resérvalas.

Para hacer la vinagreta, maja el maíz y ponlo en un bol. Agrega aceite, vinagre y sal. Mezcla bien.

Retira la espina central del rape y saca los 2 lomos. Córtalos en rodajas, salpimiéntalas y cocínalas en una sartén a la plancha con unas gotas de aceite.

Coloca la lechuga en el fondo de los platos y distribuye encima las judías, los huevos cortados en cuartos, el rape, la zanahoria rallada y las tiras de boniato. Adereza con la vinagreta de maíz y sirve.

ENSALADA DE PASTA, TOMATE Y QUESO

INGREDIENTES **(4 p.)**

250 g de pasta
1 tomate
150 g de queso fresco
aceite de oliva virgen extra
vinagre
perejil picado
sal

ELABORACIÓN

Pon abundante agua a calentar. Cuando empiece a hervir, sazona y añade la pasta. Cuécela durante el tiempo que indique el paquete. Retírala, refréscala y colócala en una fuente.

Ralla los tomates y mézclalos con la pasta. Corta el queso fresco en dados e incorpóralo.

Aliña con aceite, vinagre y sal. Espolvorea con perejil picado y sirve.

MELOCOTONES A LO CARDENAL

INGREDIENTES **(4 p.)**

4 melocotones
135 g de azúcar
1 vaina de vainilla
250 g de fresas maduras
100 g de azúcar glas
15 almendras
2 cucharadas de licor de cereza
unas gotas de zumo de limón
hojas de menta

ELABORACIÓN

Prepara un almíbar con los 135 g de azúcar, 150 ml de agua y la vainilla dejándolo a fuego suave. Reserva.

Escalda los melocotones en una cazuela con agua hirviendo durante 2 minutos. Pela los melocotones y confítalos en el almíbar, bien cubiertos, sin que llegue a hervir, durante unos 10 minutos. Escúrrelos y deja que se enfríen. Mezcla el jarabe con 1 cucharada de licor y resérvalo.

Retira los tallos de las fresas, lávalas y riégalas con el zumo de limón. Tritúralas con la batidora y cuélalas. Mézclalas con el azúcar glas, removiendo bien la crema, y añade la otra cucharada de licor de cereza.

Por otro lado, tuesta las almendras en una sartén y pícalas con un cuchillo.

Reparte el jarabe en 4 copas, coloca 1 melocotón en cada una de ellas, cúbrelos con un poco de puré de fresas y reparte por encima las almendras. Adorna con unas hojas de menta.

CARPACCIO DE MELÓN CON JAMÓN

INGREDIENTES **(4 p.)**

400 g de melón
4 lonchas de jamón serrano
100 g de lechugas variadas
aceite de oliva virgen extra
zumo de ½ lima
sal

ELABORACIÓN

Coloca las lonchas de jamón en una placa de horno forrada con papel de hornear. Hornéalas a 180 °C durante 12 minutos. Pícalas (finamente) a cuchillo y reserva.

Lava las hojas de lechuga, sécalas, trocéalas, colócalas en la base de una fuente y sazónalas.

Pela el melón, córtalo en láminas finas y extiéndelas sobre las lechugas. Espolvoréalo con el crujiente de jamón.

Mezcla en un bol 6 cucharadas de aceite con el zumo de lima. Aliña la ensalada. Sirve.

PATÉ DE BERENJENA CON BASTONES DE ZANAHORIA

INGREDIENTES **(4 p.)**

2 berenjenas (grandes)
4 zanahorias
1 diente de ajo
zumo de ½ limón
1 cucharada de pasta de sésamo (*tahini*)
4 bollos de pan de pita
1 cucharada de aceite de sésamo
aceite de oliva virgen extra
perejil
½ cucharadita de comino
sal

ELABORACIÓN

Lava las berenjenas, córtalas por la mitad (a lo largo) y hazles unos cortes por la parte interior sin llegar a la piel. Colócalas en una bandeja de horno dejando la parte del interior hacia arriba, rocíalas con aceite y sazónalas. Ásalas a 190 °C durante 40 minutos.

Saca la carne de las berenjenas, pícala y colócala en la batidora-picadora. Agrega el diente de ajo pelado y picado, el zumo de limón, la pasta de sésamo, el comino, una pizca de sal, el aceite de sésamo y 1 cucharada de aceite de oliva. Tritura (sin triturar del todo, dejando algún trocito) y resérvalo.

Coloca los panes de pita sobre la rejilla del horno, úntalos con agua y hornéalos a 220 °C durante 5 minutos.

Pela las zanahorias, córtalas en bastones y ponlas en un vasito.

Coloca el paté de berenjena en unos cuencos y adórnalos con unas hojas de perejil. Acompáñalo con el pan de pita y los bastones de zanahoria. Sirve.

TARTA FRÍA DE YOGUR Y GRANADA

INGREDIENTES **(4 p.)**

2 yogures naturales
1 granada
4 hojas de gelatina
4 rebanadas de pan de molde sin corteza
150 g de requesón
3 cucharadas de azúcar
zumo de ½ naranja
hojas de menta

ELABORACIÓN

Pon la gelatina a remojar en un bol con agua fría.

Cubre el fondo de un molde con las rebanadas de pan (es importante que no queden huecos, porque es la base de la tarta).

Mezcla en un bol 1 cucharada de azúcar, el requesón y el yogur.

Calienta el zumo de naranja en un cazo, escurre 2 hojas de gelatina e incorpóralas.

Cuando se derrita la gelatina, retira la cazuela del fuego, déjala templar y añádela al bol del requesón. Agrega un poco de menta picada y mezcla todo bien. Vierte la mezcla en el molde e introdúcelo en el frigorífico hasta que cuaje.

Corta la granada, saca los granos, reserva unos cuantos enteros y machaca el resto para sacar su jugo. Cuélalo y ponlo a calentar en una cazuela. Añade 1 cucharada sopera de azúcar y las otras 2 hojas de gelatina. Cuando se disuelva, cuélalo y resérvalo.

Saca el molde del frigorífico y coloca encima los granos enteros y un poco de menta. Vierte el jugo de gelatina de granada por encima e introdúcelo de nuevo en el frigorífico hasta que cuaje.

Desmolda la tarta y colócala en una fuente. Decora con una hoja de menta y el resto del azúcar.

ENSALADA DE LECHUGA Y ALCAPARRONES

INGREDIENTES **(4 p.)**

1 lechuga
32 alcaparrones
16 tomates cherry
aceite de oliva virgen extra
sal

ELABORACIÓN

Lava la lechuga, sécala, trocéala y colócala en una fuente.

Corta los tomates por la mitad y añádelos.

Sazona y adereza con un buen chorro de aceite de oliva.

Coloca por encima los alcaparrones y sirve.

CREMA DE CALABACÍN CON TEJAS DE TOMATE Y QUESO

INGREDIENTES **(4 p.)**

1 calabacín grande
2 puerros
20 g de arroz
50 g de lentejas negras
1 zanahoria
1 nabo (pequeño)
100 g de brócoli
4 tomates deshidratados en aceite
80 g de queso rallado
aceite de oliva virgen extra
pimienta
sal

ELABORACIÓN

Limpia los puerros, pícalos y ponlos a rehogar en una cazuela con un chorrito de aceite. Pela el calabacín, pícalo y añádelo a la cazuela. Sazona y rehoga la verdura.

Añade el arroz y agua suficiente para cubrir las verduras y cuece todo conjuntamente durante 20 minutos. Salpimienta y tritura todo (si hiciera falta, cuélalo). En el momento de servir, calienta la crema.

Pon las lentejas en un cazo, cúbrelas con agua, sazónalas y cuécelas durante 30-35 minutos. Escúrrelas y resérvalas.

Pela la zanahoria y el nabo y córtalos en daditos. Suelta el brócoli en ramilletes. Cocina toda la verdura al vapor durante 10-12 minutos. Sazona.

Ralla el queso, corta los tomates en daditos y mézclalos en un bol. Cubre una bandeja de horno con papel de hornear y extiende encima la mezcla. Cúbrela con otro papel de hornear y otra bandeja de horno. Introduce en el horno a 160 °C durante 25 minutos. Retira, deja que se enfríe y, con ayuda de unas tijeras, corta la teja en porciones.

Sirve la crema en 4 platos hondos y agrega las verduras al vapor, las lentejas y las tejas de queso y tomate.

HELADO DE ARROZ CON LECHE CON BARQUILLO Y CHOCOLATE

INGREDIENTES **(4 p.)**

75 g de arroz
600 ml de leche
225 ml de nata
75 g de azúcar
3 ramas de canela
chocolate de cobertura
grosellas
hojas de menta

Para el barquillo:
60 g de mantequilla
2 claras
60 g de harina
60 g de azúcar glas

ELABORACIÓN

Para el arroz con leche, pon 500 ml de leche, 150 ml de nata, el arroz y las ramas de canela a cocer (removiendo de vez en cuando) en una cazuela a fuego suave. A los 30 minutos, añade el azúcar y deja cocer durante 10-15 minutos más. Retira las ramas de canela, deja templar, agrega el resto de la leche y la nata y tritura con una batidora eléctrica. Pasa la mezcla por un colador, viértela en 4 moldes e introdúcela en el congelador hasta que endurezca.

Para el barquillo, calienta la mantequilla en el microondas. Pon las claras en una jarra y añade la mantequilla, la harina y el azúcar glas tamizados. Tritura con una batidora eléctrica hasta conseguir una masa homogénea.

Introdúcela en una manga pastelera y extiende pequeñas porciones (dándoles la forma que más te guste) sobre una placa forrada con papel de hornear. Introduce en el horno a 180 °C durante 4-5 minutos. Moldea los barquillos en caliente.

Funde el chocolate en el microondas o al baño maría.

Sirve un helado en cada plato y decóralo con hilos de chocolate, unas hojas de menta y unas grosellas.

ENSALADA DE SALMÓN, PEPINO Y BERROS

INGREDIENTES **(4 p.)**

200 g de salmón fresco
1 pepino
200 g de berros
aceite de oliva virgen extra
vinagre
sal

ELABORACIÓN

Cuece el salmón al vapor, córtalo en dados y ponlos en un bol. Sazónalos y riégalos con un poco de aceite.

Lava los berros, sécalos y extiéndelos en una fuente grande.

Corta el pepino en rodajas finas y colócalas encima.

Salpica la fuente con los dados de salmón.

Sazona y adereza con aceite y vinagre. Sirve.

SOPA DE SANDÍA CON BOLITAS DE MELÓN

INGREDIENTES **(4 p.)**

800 g de sandía
½ melón
8 uvas pasas grandes
16 cerezas deshuesadas
1 copa de licor de naranja
regaliz en polvo
sal

ELABORACIÓN

Saca bolitas del melón con ayuda de un sacabolas o una cucharilla, colócalas en un recipiente, rocíalas con el licor de naranja y déjalas macerar durante 15 minutos.

Pon las pasas a remojo hasta que queden bien hidratadas.

Ensarta en cada palito de brocheta 2 cerezas deshuesadas, 1 pasa y 1 bolita de melón.

Retira las pepitas de la sandía, sazónala, espolvoréala con una pizca de regaliz en polvo y tritúrala. Introduce la sopa de sandía en el frigorífico para que se enfríe bien.

Sirve la sopa en copas y acompáñala con las brochetas.

ROLLITOS DE VERDURAS Y QUESO

INGREDIENTES **(4 p.)**

8 láminas de pasta *brick*
½ pimiento rojo
1 cebolleta
1 pimiento verde
1 calabacín
160 g de queso
aceite de oliva virgen extra
vinagre de Módena
perejil
sal

ELABORACIÓN

Pela el pimiento rojo (con pelaverduras) y retira la primera capa de la cebolleta. Corta la cebolleta, el pimiento verde y el pimiento rojo en dados pequeños. Pon un poco de aceite en una sartén, agrega las verduras, sazónalas y rehógalas durante 5-6 minutos. Corta el calabacín en dados y añádelos. Rehoga conjuntamente durante unos 10 minutos más. Escurre todo bien y deja que se templen.

Corta el queso en 8 bastones.

Extiende las láminas de pasta *brick* y coloca, en el centro de cada una, 2 cucharadas de verduras y 1 bastón de queso. Ciérralas como si fueran rollitos de primavera y colócalos sobre una placa de horno cubierta con papel de hornear. Hornéalos a 200 °C durante 15 minutos.

Pon el vinagre a calentar en una cazuelita. Mantenlo al fuego hasta que reduzca.

Sirve los rollitos y salpícalos con la reducción de vinagre de Módena. Decora con unas hojas de perejil.

ENSALADA DE TOMATE Y CHAMPIÑONES

INGREDIENTES **(4 p.)**

2 tomates
16 champiñones laminados
1 diente de ajo
aceite de oliva virgen extra
vinagre de Módena
perejil
sal

ELABORACIÓN

Pela los tomates, córtalos en rodajas finas y extiéndelas sobre una fuente grande. Sazona.

Pela el diente de ajo y pícalo finamente. Calienta una sartén con un chorrito de aceite y saltea el ajo con los champiñones laminados. Colócalos sobre los tomates.

Espolvorea con perejil picado y adereza la ensalada con aceite, vinagre y sal. Sirve.

CARRILLERAS DE CERDO CON PATATAS Y PIMIENTOS

INGREDIENTES **(4 p.)**

8 carrilleras de cerdo
2 patatas
24 pimientos verdes pequeños
1 lechuga
1 cebolleta
aceite de oliva virgen extra
vinagre
perejil
pimienta
sal

ELABORACIÓN

Pela las patatas, córtalas en tiritas finas (con un pelador) y ponlas en un bol con agua. Deja que reposen un poco, escúrrelas y sécalas bien. Fríelas en una sartén con abundante aceite. Escúrrelas sobre una fuente cubierta con papel absorbente y sazónalas.

Fríe en la misma sartén los pimientos verdes. Retíralos a un plato y sazónalos con sal gorda.

Retira las telillas de las carrilleras. Salpimiéntalas y cocínalas a la plancha (a fuego fuerte) en un sartén con un chorrito de aceite.

Suelta las hojas de la lechuga, lávalas, sécalas, trocéalas y colócalas en una fuente. Corta la cebolleta en juliana y espárcela por encima. En el momento de servir, sazona y alíñala con aceite y vinagre.

Sirve las carrilleras y acompáñalas con los pimientos, las patatas y la ensalada. Decora con unas hojas de perejil.

BATIDO DE FRUTAS CON POLEN DE ABEJA

INGREDIENTES **(4 p.)**

500 g de fresas
3 melocotones en almíbar
2 plátanos
2 cucharadas de polen de abeja
ralladura de 1 naranja
1 vaso del almíbar de los melocotones
1 vaso de zumo de manzana
azúcar
jarabe de rosas
hojas de menta

ELABORACIÓN

Limpia las fresas, retírales el rabo y ponlas en un vaso batidor. Agrega los melocotones, los plátanos pelados y troceados, el polen, 2 cucharadas de azúcar, el almíbar, el zumo de manzana y la ralladura de naranja. Tritura bien.

Para adornar las copas, unta los bordes con el jarabe de rosas y después con un poco de azúcar.

Vierte el batido de frutas en las copas y decora con hojas de menta. Sirve.

ALUBIA ARROCINA CON ALMEJAS Y LANGOSTINOS

INGREDIENTES **(4 p.)**

300 g de alubia arrocina
500 g de almejas
12 langostinos
1 puerro
1 zanahoria
3 dientes de ajo
1 cebolleta
1 tomate
50 ml de vino blanco
aceite de oliva virgen extra
perejil
sal

ELABORACIÓN

Pon las alubias a remojo la víspera. Escúrrelas.

Pon agua limpia en la olla rápida y agrega las alubias. Limpia el puerro, trocéalo y colócalo en una red de cocer legumbres. Pela la zanahoria, trocéala y añádela a la red. Cierra la red e introdúcela en la olla. Sazona, tapa y cuece las alubias durante 15 minutos. Pasado este tiempo, saca la red y reserva las alubias.

Pela los dientes de ajo y la cebolleta y córtalos en daditos pequeños. Ponlos a rehogar a la vez en una tartera grande con un chorrito de aceite durante 5 minutos. Corta el tomate por la mitad y rállalo encima. Rehógalo un poco y sazona.

Vierte el vino en la tartera y dale un hervor fuerte para que se evapore el alcohol. Enjuaga las almejas y añádelas. Tapa la tartera y espera a que se abran.

Cuando se abran, agrega las alubias.

Pela los langostinos dejándoles la cabeza. Sazónalos y saltéalos en una sartén con un chorrito de aceite. Añádelos a la tartera. Mezcla y cocina todo junto durante un par de minutos. Espolvorea con perejil picado y sirve.

ENSALADA DE TOMATE, ZANAHORIA Y PEPINO

INGREDIENTES **(4 p.)**

2 tomates
1 pepino
1 zanahoria
8 nueces
aceite de oliva virgen extra
vinagre
hojas de menta
sal

ELABORACIÓN

Pela los tomates, córtalos en dados y colócalos en un bol.

Pela el pepino, córtalo en dados e incorpóralos.

Pela la zanahoria, rállala y añádela.

Casca, pela y trocea las nueces. Salpica con ellas la ensalada.

Pica finamente unas hojas de menta y agrégalas.

Sazona y aliña con aceite y vinagre. Sirve.

BATIDO DE VAINILLA

INGREDIENTES **(4 p.)**

800 ml de leche
1 vaina de vainilla
2 cucharadas de azúcar
2 yogures naturales
grosellas
hojas de menta

ELABORACIÓN

Calienta la leche en un cazo con la vaina de vainilla abierta y el azúcar. Una vez que rompa el hervor, retira y deja en infusión hasta que se enfríe. Cuela la leche y reserva.

Pon los yogures en un bol, añade la leche y bate con la batidora. Deja enfriar.

Sirve los batidos en copas y adorna con unas grosellas y unas hojas de menta.

ENSALADA DE TOMATE Y PATATA

INGREDIENTES **(4 p.)**

2 tomates
2 patatas
8 guindillas en vinagre
aceite de oliva virgen extra
sal

ELABORACIÓN

Lava las patatas, colócalas en un plato, tápalas con film transparente, introdúcelas en el microondas y cocínalas durante 8-10 minutos (4-5 minutos por patata). Pélalas y córtalas en dados.

Lava los tomates, pélalos, córtalos en gajos y colócalos en una fuente. Agrega los dados de patata.

Corta las guindillas en cilindros y agrégalas. Sazona y aliña con un buen chorro de aceite. Sirve.

BRICKS DE SALMÓN Y REMOLACHA

INGREDIENTES **(4 p.)**

1 filete de salmón fresco de 600 g
4 láminas de pasta *brick*
1 remolacha cocida
500 g de sal gruesa
500 g de azúcar
125 g de queso de cabra
aceite de oliva virgen extra
1 cucharada de granos de pimienta blanca
1 cucharada de granos de pimienta negra
1 cucharada de eneldo en polvo
perejil

Para la salsa tártara:

2 huevos
200 ml de aceite de oliva virgen extra
zumo de ½ limón
¼ de pimiento verde
3 pepinillos en vinagre
1 cucharada de alcaparras
sal

ELABORACIÓN

Coloca la sal gruesa y el azúcar en un bol. Añade el eneldo. Maja en el mortero los granos de pimienta y agrega el polvo al bol. Mezcla bien.

Extiende la mitad de esta mezcla en un recipiente amplio y hondo, coloca encima el salmón y cúbrelo con el resto de la mezcla. Introdúcelo en el frigorífico y deja que macere durante 12 horas. Sácalo del frigorífico y enjuágalo bajo el grifo de agua fría hasta eliminar cualquier resto de sal y azúcar. Sécalo bien con papel absorbente. Córtalo en 4 trozos y resérvalo.

Corta 16 rodajas de remolacha y resérvalas.

Para hacer la salsa tártara, cuece 1 huevo en un cazo con un poco de sal durante 10 minutos. Refréscalo, pélalo, pícalo finamente y resérvalo.

Coloca en el vaso batidor el zumo de limón, el otro huevo, una pizca de sal y el aceite. Tritura con la batidora eléctrica hasta que ligue la mayonesa. Corta el pimiento, los pepinillos y las alcaparras en daditos y agrégalos a la mayonesa. Incorpora también el huevo cocido (picado) y mezcla bien.

Extiende las láminas de pasta *brick* y coloca, encima de cada una, 4 rodajas de remolacha. Pon encima un trozo de salmón y 2 rodajas de queso de cabra. Envuelve los ingredientes con la lámina de pasta *brick* formando 4 paquetes rectangulares.

Fríe los paquetes por los dos lados y escúrrelos sobre un plato cubierto con papel absorbente.

Sirve los *bricks* de salmón y acompáñalos con la salsa tártara. Adorna los platos con unas hojas de perejil.

MELOCOTONES BORRACHOS

INGREDIENTES **(4 p.)**

6 medios melocotones en almíbar
600 ml de leche
250 g de azúcar
70 g de harina de maíz refinada
4 huevos
8 bizcochos de soletilla
el almíbar de los melocotones
1 taza de licor
100 g de chocolate de cobertura
1 vaina de vainilla
1 rama de canela
hojas de menta

ELABORACIÓN

Para la crema pastelera, pon a calentar en un cazo la mitad de la leche con la canela y la vainilla. Añade la mitad del azúcar. Pon en un bol el resto de la leche con la harina de maíz y el resto del azúcar, agrega los huevos y mezcla bien. Incorpora la leche caliente con la canela y la vainilla. Vierte todo en el cazo y cuece a fuego lento, sin dejar de remover, hasta que empiece a espesar. Retira y reserva.

Filetea los melocotones y colócalos en un plato junto con los bizcochos. Riega con el almíbar de los melocotones y el licor. Deja reposar.

Derrite el chocolate. Si queda muy espeso, añádele un poquito de agua.

Sirve el postre en copas. Pon 1 bizcocho en el fondo y, encima, un poco de crema pastelera, láminas de melocotón y el chocolate. Repite el proceso y coloca 1 bizcocho al final. Espolvorea con una pizca de azúcar y quémalo con un quemador. Decora con hojas de menta y sirve.

ENSALADA DE LOLLO Y CANÓNIGOS

INGREDIENTES **(4 p.)**

1 lechuga lollo
100 g de canónigos
1 pepino (pequeño)
½ pimiento verde
16 aceitunas verdes
aceite de oliva virgen extra
vinagre
sal

ELABORACIÓN

Lava la lechuga y los canónigos. Sécalos, trocéalos y colócalos en una fuente.

Pela el pepino, córtalo en cuartos de luna y añádelos.

Pica finamente el pimiento verde y espárcelo sobre la ensalada.

Agrega las aceitunas.

Aliña con aceite, vinagre y sal. Sirve.

HUEVOS RELLENOS DE SALMÓN Y AGUACATE

INGREDIENTES **(4 p.)**

6 huevos
100 g de salmón ahumado
1 aguacate
1 lechuga
20 g de alcaparras
aceite de oliva virgen extra
vinagre
sal

Para la mayonesa:

1 huevo
150-200 ml de aceite de oliva virgen extra
vinagre
sal

ELABORACIÓN

Lava la lechuga, sécala y resérvala. En el último momento, córtala en juliana fina y alíñala con aceite, vinagre y sal.

Pon agua a calentar en una cazuela. Cuando empiece a hervir, agrega los huevos y cuécelos durante 10 minutos. Refréscalos, pélalos y córtalos por la mitad. Separa las yemas de las claras, teniendo cuidado de que estas no se rompan. Reserva las yemas y las claras por separado.

Pica el salmón finamente y ponlo en un bol. Pela el aguacate, saca la pulpa, aplástala con un tenedor y agrégala al bol. Añade las yemas, mezcla bien y reserva.

Para la mayonesa, casca el otro huevo y ponlo en el vaso de la batidora. Añade una pizca de sal, un chorrito de vinagre y el aceite. Introduce el brazo de la batidora, dale marcha y mantenla quieta, sin moverla, hasta que coja un poco de consistencia. Cuando veas que empieza a ligar, sigue triturando (realizando con la batidora movimientos ascendentes y descendentes) hasta conseguir una buena mayonesa.

Añade 2-3 cucharadas de mayonesa al bol del relleno y mezcla bien. Rellena las claras.

Introduce el resto de la mayonesa en una manga pastelera.

Extiende la lechuga aliñada en una fuente y coloca los huevos rellenos encima. Decóralos con un poco más de mayonesa y con unas alcaparras. Sirve.

GELATINA DE SANDÍA CON SORBETE DE LIMÓN AL CAVA

INGREDIENTES **(4 p.)**

600 g de sandía
400 ml de sorbete de limón
200 ml de cava
8 hojas de gelatina de 1 g
250 g de frambuesas
200 g de nata
hojas de menta

ELABORACIÓN

Pon las hojas de gelatina una a una en un bol, separándolas bien. Cúbrelas con agua fría y espera a que se ablanden.

Corta la sandía en pequeños trocitos, échalos en una jarra y tritúralos junto con las frambuesas. Cuela el puré y resérvalo.

Pon un poco de puré de sandía a calentar y añade la gelatina. Cuando se disuelva, júntalo con el resto del puré.

Vierte la mezcla en moldes de hacer cubitos de hielo de diferentes formas y déjalos durante 1 hora en el congelador (hora y media en frigorífico).

Para hacer el sorbete al cava, pon en un vaso batidor el sorbete de limón, la nata y el cava y bate. Resérvalo.

Desmolda la gelatina con agua caliente, reparte los cubitos (reserva algunos) en 4 boles y báñalos con el sorbete de cava. Añade unas gelatinas más por encima.

Sirve y decora con unas hojitas de menta.

ENSALADA DE LECHUGA CON PEPINILLOS Y GUINDILLAS

INGREDIENTES **(4 p.)**

1 lechuga
4 pepinillos
4 guindillas en vinagre
4 ajos en vinagre
aceite de oliva virgen extra
sal

ELABORACIÓN

Lava la lechuga, sécala, trocéala y colócala en una fuente grande.

Pica finamente los pepinillos, las guindillas y los ajos. Espárcelos sobre la lechuga.

Sazona y riega con un buen chorro de aceite. Sirve.

CREMA DE TOMATE CON CORTEZAS DE CERDO

INGREDIENTES **(4 p.)**

2 kg de tomate pera
12 cortezas de cerdo
150 g de queso de cabra
50 g de queso de untar
aceite de oliva virgen extra
1 cucharadita de hierbas provenzales
perejil
sal

ELABORACIÓN

Lava los tomates, córtalos por la mitad y colócalos en la bandeja del horno. Sazónalos y riégalos con un chorrito de aceite. Ásalos a 190 °C durante 30 minutos. Pasa los tomates a un vaso batidor junto con el jugo que hayan soltado. Tritura bien con la batidora eléctrica, cuela la crema y caliéntala durante 5 minutos.

Retira la corteza del queso de cabra y desmenúzalo en un bol. Agrega el queso de untar y las hierbas provenzales. Mezcla bien con la batidora de varillas. Tapa el bol con film transparente e introdúcelo en el frigorífico para que se enfríe. Retira el queso del frigorífico y forma bolitas.

Pon aceite a calentar en una sartén. Cuando esté bien caliente, agrega las cortezas de cerdo. Fríelas hasta que se inflen y escúrrelas sobre un plato cubierto con papel absorbente.

Sirve la crema, coloca encima unas bolitas de queso y unas cortezas de cerdo crujientes. Adorna con perejil picado.

CANUTILLOS CON CREMA DE MELÓN

INGREDIENTES **(4 p.)**

1 lámina de hojaldre
½ melón
2 huevos
40 g de harina de maíz refinada
100 g de azúcar
4 yemas de huevo
canela
azúcar glas
hojas de menta

ELABORACIÓN

Corta el hojaldre en tiras largas. Bate 1 huevo y pinta con él las láminas de hojaldre. Enrolla las láminas de hojaldre en moldes pequeños con forma cónica (con la parte pintada hacia fuera) y hornéalas a 180 °C durante 20-25 minutos. Desmolda y reserva.

Para la crema, pela el melón, tritúralo y ponlo en un cazo. Añade la harina, el azúcar, las yemas y 1 huevo entero. Mezcla bien, coloca el cazo en el fuego y remueve sin parar hasta que espese. Pasa la crema a un bol, tápala y déjala enfriar.

Introduce la crema en una manga pastelera y rellena con ella los canutillos. Espolvorea con azúcar glas y sirve en un plato llano. Decora el plato con canela y hojas de menta.

ENSALADA DE PEPINO Y ALCAPARRAS

INGREDIENTES **(4 p.)**

1 pepino
20 g de alcaparras
1 lechuga
15 g de semillas de sésamo tostadas
aceite de oliva virgen extra
vinagre
sal

ELABORACIÓN

Lava la lechuga, sécala, trocéala y colócala en un bol.

Pela el pepino, córtalo en medias lunas y añádelas.

Esparce las alcaparras sobre la ensalada. Salpica todo con las semillas de sésamo.

Adereza con aceite, vinagre y sal. Sirve.

SANDÍA RELLENA

INGREDIENTES **(4 p.)**

1 sandía pequeña
2 melocotones
1 naranja
12 fresas
12 cerezas
1 pera
50 g de azúcar
125 ml de ron
zumo de 2 naranjas

ELABORACIÓN

Corta la sandía por la mitad y vacíala. Retírale las pepitas y haz bolitas con el relleno. Pon las bolas de sandía en un cuenco.

Pela los melocotones, la naranja y la pera y trocéalos. Lava y trocea las fresas y las cerezas.

Pon toda la fruta en el cuenco de la sandía. Agrega el ron, el azúcar y el zumo de naranja. Mezcla y deja que macere durante 1 hora. Pásalo todo a la sandía vaciada y sirve.

EMPANADILLAS DE AJOARRIERO

INGREDIENTES **(4 p.)**

16 obleas para empanadillas
250 g de bacalao desmigado desalado
1 pimiento choricero
2 dientes de ajo
1 cebolleta
1 pimiento verde
2 pimientos del piquillo
4 tomates pera
aceite de oliva virgen extra
perejil
sal

ELABORACIÓN

Pon agua a calentar en un cazo. Retira el tallo y las pepitas del pimiento choricero y añádelo al cazo. Cuécelo durante 10 minutos. Retíralo, escúrrelo y sácale la pulpa (carne). Resérvala.

Pela los ajos y la cebolleta. Córtalos en daditos pequeños y ponlos a pochar en una sartén con un buen chorro de aceite. Pica el pimiento verde y añádelo. Sazona y rehoga todo bien. Corta los piquillos en dados e incorpóralos. Pela los tomates, pícalos y añádelos. Cocina todo durante 10 minutos más.

Agrega el bacalao desmigado y rehógalo un poco. Incorpora la carne del pimiento choricero. Cocina el conjunto durante 5-6 minutos y escurre bien.

Extiende las obleas, pon una porción de relleno en cada una y ciérralas presionando los bordes con un tenedor. Fríelas en una sartén con abundante aceite y escúrrelas sobre papel absorbente.

Sirve y decora con unas hojas de perejil.

ENSALADA DE TOMATE CON VINAGRETA DE FRESAS

INGREDIENTES **(4 p.)**

3 tomates
8 fresas
cebollino
aceite de oliva virgen extra
vinagre
sal

ELABORACIÓN

Pela los tomates, córtalos en rodajas finas, extiéndelas sobre una fuente y sazónalas.

Limpia las fresas, trocéalas y colócalas en un bol. Agrégales un chorrito de vinagre, un poco de cebollino picadito y un buen chorro de aceite de oliva. Mezcla bien y aliña el tomate con la vinagreta de fresas. Sirve.

PATATAS, PIMIENTOS Y HUEVOS

INGREDIENTES **(4 p.)**

3 patatas
½ pimiento rojo
4 huevos
1 cebolleta
2 dientes de ajo
150 g de jamón serrano
aceite de oliva virgen extra
perejil
sal

ELABORACIÓN

Pela las patatas, córtalas en medias lunas finas y ponlas a freír en una sartén con bastante aceite. Pela la cebolleta, córtala en juliana y añádela. Pela y lamina los ajos y agrégalos. Pela el pimiento, córtalo en daditos e incorpóralos. Sazona y rehoga todo bien durante 12-15 minutos. Retira el exceso de aceite.

Corta el jamón en tacos y agrégalos. Cocínalos brevemente.

Casca encima los huevos, sazona y cubre la sartén con una tapa. Cocina los huevos durante 2-3 minutos.

Retira la tapa, espolvorea todo con un poco de perejil picado y sirve. Decora con unas hojas de perejil.

TIMBAL DE MELÓN

INGREDIENTES **(4 p.)**

1 melón
4 cucharadas de mermelada de fresa
12 galletas
4 yogures de soja
4 cucharadas de azúcar moreno

ELABORACIÓN

Pela el melón y corta unas láminas finas y largas.

Para preparar el timbal, unta un plato con la mermelada, coloca encima un molde y fórralo con las tiras de melón, haciendo una especie de cesta.

Tritura las galletas en un mortero y mézclalas con los yogures y el azúcar. Rellena los timbales con esta mezcla. Retira el molde y sirve.

ENSALADA DE TOMATE Y PIMIENTO ASADO

INGREDIENTES **(4 p.)**

2 tomates
1 pimiento morrón
100 g de berros
aceite de oliva virgen extra
sal

ELABORACIÓN

Lava el pimiento, colócalo en una placa de horno, rocíalo con unas gotas de aceite y ásalo a 180 °C durante unos 35 minutos. Pélalo y córtalo en tiras.

Lava y pela los tomates. Córtalos en gajos.

Mezcla los tomates con los pimientos.

Lava los berros, sécalos y espárcelos por encima.

Adereza con sal y aceite. Sirve.

ENSALADILLA A CAPAS

INGREDIENTES **(4 p.)**

2 patatas
4 huevos
20 aceitunas
3 zanahorias
250 g de judías verdes
1 cebolleta
200 g de bonito en aceite
perejil
sal

Para la mayonesa:

1 huevo
200 ml de aceite de oliva virgen extra
vinagre
sal

ELABORACIÓN

Coloca las patatas y los huevos en una cazuela. Cubre con agua, sazona y ponlos a cocer. A los 10 minutos, retira los huevos, refréscalos, pélalos y córtalos en daditos. Deja las patatas durante 25 minutos más. Retira las patatas, deja que se templen, pélalas y córtalas en daditos. Pon los huevos y las patatas en un bol. Pica las aceitunas y agrégalas.

Pela las zanahorias y córtalas en daditos. Limpia las judías (retirándoles los hilos y las puntas) y córtalas en daditos. Coloca las zanahorias y las judías en el accesorio para cocer al vapor, introduce el accesorio en una cazuela con un poco de agua, tápala y cuece las zanahorias y las judías durante 10 minutos. Pásalas a un bol y sazónalas.

Pica la cebolleta finamente y colócala en un bol. Desmiga el bonito y añádelo. Mezcla bien y reserva.

Para la mayonesa, pon el huevo en un vaso batidor, agrega un chorrito de vinagre, una pizca de sal y el aceite. Con ayuda de la batidora eléctrica, monta los ingredientes hasta conseguir una mayonesa.

Añade un poco de mayonesa a cada uno de los boles (al de las patatas, al de las judías y al del bonito) y mezcla los ingredientes con su mayonesa correspondiente.

Con ayuda de un molde tipo cortapastas, sirve 3 capas: la primera, de patata, huevo y aceitunas; la segunda, de zanahoria y judías verdes, y la última, de bonito y cebolleta.

Decóralos con un poco más de mayonesa y unas hojitas de perejil. Desmolda y sirve.

BATIDO DE FRUTAS CON GERMEN DE TRIGO

INGREDIENTES **(4 p.)**

2 plátanos
2 rodajas de piña fresca
zumo de 1 limón
3 cucharadas de miel
2 yogures naturales
2 vasos de zumo de naranja
4 cucharadas de germen de trigo
grosellas
hojas de menta

ELABORACIÓN

Pela y trocea el plátano y la piña (retírale la parte central). Coloca todo en el vaso de la batidora, añade el zumo de limón, la miel y los yogures y bate. Cuela y reserva.

Pon en un bol el zumo de naranja y el germen de trigo y bate.

Mezcla todo.

Sirve el batido en un vaso alto y decora con grosellas y hojas de menta.

ENSALADA DE FIDEOS DE ARROZ CON JAMÓN

INGREDIENTES **(4 p.)**

200 g de fideos de arroz
100 g de jamón cocido
1 lechuga
20 g de semillas de sésamo tostadas
cebollino picado
aceite de oliva virgen extra
salsa de soja

ELABORACIÓN

Lava las hojas de lechuga, sécalas y córtalas en juliana fina. Colócalas en una fuente.

Cuece los fideos, refréscalos y escúrrelos. Añádelos a la fuente.

Corta el jamón en daditos y agrégalos.

Espolvorea todo con las semillas de sésamo y un poco de cebollino.

Adereza con salsa de soja y un chorrito de aceite de oliva. Sirve.

SALMOREJO CON *CRUDITÉS*

INGREDIENTES **(4 p.)**

1.500 g de tomate pera
40 g de miga de pan
1 diente de ajo
100 g de brócoli
100 g de coliflor
4 espárragos verdes
100 g de calabacín
4 rabanitos
aceite de oliva virgen extra
sal

ELABORACIÓN

Lava los tomates, trocéalos y colócalos en el vaso americano. Tritúralos y cuela el puré.

Vuelve a colocar el puré en la jarra, añádele la miga de pan y deja que se empape bien.

Agrégale el diente de ajo pelado y troceado, una pizca de sal y un buen chorro de aceite. Tritura de nuevo. Vuelca todo en una jarra e introdúcela en el frigorífico para que se enfríe bien.

Separa los ramilletes de brócoli y de coliflor en flores. Retira la parte inferior de los espárragos y córtalos en trozos de 1 centímetro. Pon agua a calentar en una cazuelita. Cuando empiece a hervir, agrega el brócoli, la coliflor y los espárragos. Escáldalos durante 3-4 minutos. Retíralos, escúrrelos y resérvalos.

Lava el calabacín y córtalo en daditos. Ponlos en un bol, agrega un chorrito de aceite y una pizca de sal y deja que macere.

Corta los rabanitos en rodajas finas y resérvalas.

Sirve el salmorejo en platos hondos y agrega las verduritas (escaldadas y crudas).

BOMBA HELADA CON SALSA DE FRAMBUESA

INGREDIENTES **(4 p.)**

250 g de queso de untar
6 cucharadas de azúcar
2 yogures
200 ml de nata
40 g de mantequilla
150 g de chocolate de cobertura
hojas de menta

Para la salsa de frambuesa:
100 g de frambuesas
2 cucharadas de azúcar
½ hoja de gelatina

ELABORACIÓN

Para la salsa de frambuesa, pon a cocer las frambuesas con el azúcar. Cuando se deshagan, agrega la gelatina (previamente remojada en agua fría) y mezcla bien. Cuela la salsa con un colador para retirarle las pepitas y déjala enfriar. Introdúcela en una manga pastelera y resérvala.

Forma pequeños cilindros con una lámina de acetato y ciérralos con celo. Con una varilla manual, bate el queso con 4 cucharadas de azúcar y los yogures hasta conseguir una crema homogénea. Introdúcela en una manga pastelera.

Prepara 4 moldes individuales, sirve dentro de cada uno un poco de crema, coloca el cilindro de acetato en el centro y sigue rellenando la parte exterior del cilindro. Rellena el interior de los cilindros con un poco de salsa de frambuesa y retíralos. Cubre con un poco más de crema e introduce en el congelador durante 2-3 horas hasta que se congelen.

Trocea el chocolate y resérvalo en un bol. Pon una cazuela al fuego con la nata, 2 cucharadas de azúcar y la mantequilla. Cuando se disuelva todo y empiece a hervir, viértelo sobre el chocolate. Mezcla bien hasta que se funda el chocolate.

Retira los moldes del congelador, desmolda las bombas y nápalas con el chocolate. Adorna cada plato con un poco de salsa de frambuesa y unas hojas de menta. Sirve.

PINCHOS ANDALUCES CON GUINDILLAS FRITAS Y ENSALADA DEL BARCO

INGREDIENTES **(4 p.)**

12 pinchos de cerdo estilo andaluz
200 g de guindillas verdes
2 patatas
2 huevos
2 tomates
1 cebolleta
2 dientes de ajo
aceite de oliva virgen extra
perejil
sal

ELABORACIÓN

Pon a calentar una cazuela con agua. Agrega las patatas y los huevos y cuécelos. A los 10 minutos, retira los huevos, y a los 30, las patatas. Refréscalos.

Pela los huevos y córtalos en cuartos.

Pela las patatas y córtalas en medias lunas.

Pela los tomates y córtalos en medias lunas.

Pela la cebolleta y córtala en juliana fina.

Mezcla todo y adereza en el último momento con sal y aceite.

Aplasta los dientes de ajo y ponlos a freír con piel en una sartén con un chorrito de aceite. Agrega las guindillas y fríelas. Pásalas a una fuente y sazona.

Coloca el carbón en la barbacoa. Préndelo y espera a que se forme una buena brasa. Coloca los pinchos sobre la parrilla y cocínalos durante 4 minutos por cada lado. Sirve los pinchos con la ensalada y las guindillas fritas. Adorna con unas hojas de perejil.

ENSALADA DE BERROS, SANDÍA Y PISTACHOS

INGREDIENTES **(4 p.)**

300 g de berros
2 rodajas de sandía
30 g de pistachos pelados
aceite de oliva virgen extra
vinagre de manzana
sal

ELABORACIÓN

Lava los berros, sécalos y colócalos en una fuente. Sazónalos.

Pela la sandía y córtala en trozos de bocado. Añádelos a la fuente.

Agrega los pistachos y aliña con aceite y vinagre. Sirve.

GRANIZADO DE MOJITO

INGREDIENTES **(4 p.)**

20 hojas de menta fresca
3 cucharadas de azúcar
1 vaso de soda
1 copa de ron
zumo de limón
fresas
licor de menta o granadina
azúcar (para las copas)

Para acompañar:
100 g de almendras
100 g de azúcar
zumo de limón

ELABORACIÓN

Retira los tallos a las hojas de menta y colócalas en el mortero. Añade el azúcar y maja bien. Vierte un poco de zumo de limón, agrega la mitad de la soda y remueve. Introduce la mezcla en una bolsa con cierre hermético y añade el resto de la soda, un vaso grande de agua y el ron. Cierra la bolsa y reserva en el congelador (hasta que se congele).

Pon el azúcar en una sartén con un chorrito de agua y otro de zumo de limón. Cuando se funda, agrega las almendras. Cocina a fuego suave sin dejar de remover durante 8 minutos, hasta que queden bien garrapiñadas.

Unta el borde de las copas con la granadina o con el licor de menta y pásalas después por azúcar. Agita el mojito congelado, abre la bolsa y sírvelo en las copas. Adórnalas con unas rodajas de fresas y acompaña con las almendras. Sirve.

ENSALADA DE TOMATE, CHAMPIÑONES Y CEBOLLA CRUJIENTE

INGREDIENTES **(4 p.)**

2-3 tomates
200 g de champiñones laminados
20 g de cebolla crujiente
aceite de oliva virgen extra
vinagre
sal

ELABORACIÓN

Lava los tomates y córtalos en rodajas finas. Extiéndelas sobre una fuente amplia y sazónalas.

Saltea los champiñones en una sartén con un chorrito de aceite. Sazónalos y ponlos sobre el tomate.

Aliña con aceite y vinagre y espolvorea todo con la cebolla crujiente. Sirve.

SARDINAS CON ESCABECHE DE VERDURAS

INGREDIENTES **(4 p.)**

40 sardinas
2 zanahorias
1 patata
2 pimientos verdes
1 cebolla
6 dientes de ajo
150 ml de vino blanco
150 ml de vinagre
aceite de oliva virgen extra
1 hoja de laurel
tomillo
perejil
pimienta en grano
sal

ELABORACIÓN

Pela las zanahorias, córtalas en medias lunas y ponlas a freír a fuego suave en una tartera con aceite. Pela la patata, córtala en daditos y añádelos a la tartera. Trocea los pimientos e incorpóralos. Pela y trocea la cebolla y añádela. Pela los dientes de ajo y agrégalos (enteros). Vierte encima el vino blanco y el vinagre. Añade la hoja de laurel, el tomillo y unos granos de pimienta. Agrega 150 ml de aceite y sazona. Cocina las verduras durante 15 minutos.

Coloca las sardinas en la parrilla, sazónalas y ásalas en la barbacoa durante 2 minutos por cada lado.

Sirve el escabeche en el fondo de los platos y coloca encima las sardinas. Adorna con unas hojas de perejil.

SOPA DE CHOCOLATE NEGRO CON MELÓN

INGREDIENTES **(4 p.)**

200 g de chocolate negro
2 rodajas de melón
1 copa de licor de naranja
5 cucharadas de azúcar
2 trozos de corteza de limón
2 vasos de agua
1 rama de canela
6-8 granos de pimienta rosa
1 pizca de nuez moscada
3 clavos de olor

ELABORACIÓN

Mezcla el licor de naranja con 4 cucharadas de azúcar y bate con una varilla hasta que se disuelva bien el azúcar. Pela y trocea el melón e introdúcelo en el bol. Deja macerar un rato para que absorba los aromas y los sabores.

Pon en un cazo la rama de canela, la pimienta rosa, la nuez moscada rallada, los clavos de olor, la corteza de limón (sin nada blanco), 1 cucharada de azúcar y el agua. Cocina a fuego suave durante 5-10 minutos. Cuela y reserva.

Para hacer la sopa de chocolate, trocea el chocolate, colócalo en un cazo y derrítelo al baño maría (introduce el cazo en uno más grande que contenga un poco de agua hirviendo). Añade poco a poco el agua aromatizada que tenías reservada. Deja enfriar.

Haz 4 brochetas pequeñas con el melón y coloca cada una en el fondo de cuatro platos hondos. Sirve la sopa de chocolate por encima.

ENSALADA DE TOMATE Y ATÚN

INGREDIENTES **(4 p.)**

3 tomates
150 g de atún en conserva
1 diente de ajo
aceite de oliva virgen extra
vinagre
sal

ELABORACIÓN

Pela los tomates, córtalos a tu gusto y colócalos en una fuente.

Pela el diente de ajo, pícalo y añádelo.

Desmenuza el atún en lascas y añádelas a la ensalada.

Adereza con aceite, vinagre y sal. Sirve.

BATIDO DE CHOCOLATE

INGREDIENTES **(4 p.)**

500 ml de helado de chocolate
200 ml de leche
2 cucharadas de cacao molido
6 cucharadas de nata
4 onzas de chocolate blanco
canela molida
grosellas
hojas de menta

ELABORACIÓN

Pon el helado en un vaso batidor y agrega el cacao, la leche, la nata y una pizca de canela. Tritura con la batidora eléctrica hasta conseguir una crema homogénea.

Vierte el batido en copas y espolvorea por encima con el chocolate blanco rallado. Decora el postre con unas grosellas y unas hojas de menta. Sirve.

PAN CON PAVO Y QUESO

INGREDIENTES **(4 p.)**

100 g de lonchas finas de pechuga de pavo cocida
150 g de queso de Idiazábal
12 tomates cherry
10 aceitunas verdes
aceite de oliva virgen extra
orégano
perejil
sal gruesa

Para la masa:

300 g de harina de fuerza (y un poco más para estirar)
½ cucharadita de sal fina
6 g de levadura seca de panadero
130 ml de agua

ELABORACIÓN

Pon en un bol la harina con la sal y la levadura. Mezcla y agrega el agua poco a poco. Amasa hasta conseguir una masa elástica que no quede pegajosa. Cúbrela con un paño limpio y déjala reposar durante 30 minutos.

Espolvorea una superficie lisa con un poco de harina y estira la masa con un rodillo. Coloca la masa sobre una placa de horno forrada con papel de hornear y úntala con aceite de oliva.

Corta los tomates y las aceitunas por la mitad y colócalos sobre la masa alternando tomate y aceituna. Espolvorea con orégano y sal gruesa, cubre con un paño limpio y deja que fermente durante 1 hora.

Hornea la masa a 200 °C durante 15 minutos.

Sirve el pan y acompáñalo con el queso cortado en lonchas finas y el pavo. Decora con unas hojas de perejil.

COGOLLOS CON TOMATE Y ANCHOAS

INGREDIENTES **(4 p.)**

24 hojas de cogollos
3 tomates
16 anchoas
1 diente de ajo
aceite de oliva virgen extra

ELABORACIÓN

Suelta las hojas de los cogollos, lávalas, sécalas y extiéndelas sobre una fuente.

Corta los tomates por la mitad y rállalos. Pon la pulpa en un bol. Ralla el diente de ajo y añádelo. Adereza con un buen chorro de aceite y mezcla bien.

Pon una porción de tomate sobre cada hoja de cogollo y coloca 1 anchoa encima de cada uno. Sirve.

CHULETILLAS DE CORDERO CON SALSA PICANTE DE CEREZAS

INGREDIENTES **(4 p.)**

24 chuletillas de cordero
200 g de cerezas
1 chile chipotle (adobado)
1 cucharada de miel
1 cucharada de vinagre de Jerez
aceite de oliva virgen extra
1 cucharadita de orégano
1 cucharadita de romero
1 cucharadita de comino
perejil
pimienta
sal

ELABORACIÓN

Deshuesa las cerezas, trocéalas y cocínalas en una sartén con un chorrito de aceite, el vinagre y la miel. Sazónalas, cocínalas durante 4 minutos y pásalas a un vaso batidor. Añade el chile y tritura con la batidora eléctrica.

Salpimienta las chuletillas de cordero y colócalas en un bol.

Mezcla, en otro bol, el orégano, el romero, el comino y un buen chorro de aceite de oliva y viértelo sobre las chuletillas. Déjalas macerando durante 30 minutos como mínimo.

Escurre las chuletillas y colócalas en la parrilla. Ásalas a la barbacoa.

Sirve las chuletillas y acompáñalas con la salsa de cerezas. Decora con una ramita de perejil.

COPA DE MELÓN

INGREDIENTES **(4 p.)**

½ melón
250 ml de nata para montar
1 cucharada de azúcar
8 frambuesas
almendra fileteada y tostada
2 fresas

Para los hielos de menta:

15 hojas de menta
1 cucharada de azúcar
zumo de 1 limón

ELABORACIÓN

Para los hielos de menta, retira los nervios de las hojas de menta, colócalas en el mortero, añade el azúcar y 1 vaso de agua y maja todo bien. Vierte encima el zumo de limón y sigue mezclando. Cuélalo e introdúcelo en una bolsa de cocina de plástico duro (la idea es que quede una capa muy fina). Cierra bien la bolsa con unos clips e introdúcela en el congelador hasta que se endurezca.

Retira las pepitas del melón y vacíalo. Pon la carne dentro de una jarra y tritúrala con una batidora eléctrica. Cuela con el chino.

Añade el azúcar a la nata, móntala con una batidora de varillas eléctrica e introdúcela en una manga pastelera. Corta unas frambuesas y colócalas dentro de 4 copas, vierte encima el batido de melón y decora la superficie con la nata montada. Pon encima unos trozos de hielos de menta y espolvorea con un poco de almendra tostada. Adorna con las fresas cortadas en cuartos y sirve.

TOSTA DE TOMATE, AGUACATE Y BONITO

INGREDIENTES **(4 p.)**

1 tomate
1 aguacate
200 g de bonito en aceite
4 rebanadas de pan de hogaza
cebollino
aceite de oliva virgen extra
sal

ELABORACIÓN

Extiende las rebanadas de pan sobre una fuente.

Corta 4 rodajas de tomate, coloca una encima de cada rebanada de pan y sazónalas.

Abre los aguacates, córtalos en láminas, sazónalas y extiéndelas sobre el tomate.

Desmiga el bonito y ponlo sobre el aguacate.

Riega todo con un chorrito de aceite.

Pica el cebollino y salpica con él las tostas. Sirve.

AJO BLANCO CON HOJALDRES DE ACEITUNA

INGREDIENTES **(4 p.)**

200 g de almendras crudas
1 diente de ajo
1.250 ml de agua
150 g de miga de pan
20 uvas moscatel
aceite de oliva virgen extra
vinagre
sal

Para los hojaldres:
1 lámina de hojaldre (rectangular)
25 g de aceitunas verdes (sin hueso)
25 g de aceitunas negras (sin hueso)
1 yema de huevo

ELABORACIÓN

Coloca el agua en un bol y añade las almendras. Pela y trocea el diente de ajo y agrégalo. Añade la miga de pan troceada, un chorrito de vinagre y una pizca de sal. Deja que se empape bien la miga de pan, pásalo a la jarra batidora y tritura. Refréscalo en el frigorífico.

Pon a calentar agua en un cazo. Agrega las uvas y escáldalas brevemente. Retíralas, refréscalas y pélalas. Resérvalas.

Extiende la lámina de hojaldre sobre una superficie plana cubierta con papel de hornear. Esparce las aceitunas picaditas en una de las mitades del hojaldre y cúbrelas con la otra mitad. Estira la masa con el rodillo y córtala en 16 rectángulos.

Cubre una placa de horno con un trozo de papel de hornear, coloca encima los rectángulos de hojaldre y aceitunas y píntalos por la parte superior con la yema batida. Introduce la placa en el horno y hornéalos a 200 °C durante 15 minutos.

Reparte el ajo blanco en 4 platos, salpícalos con unas gotas de aceite y acompáñalo con las uvas y los hojaldres de aceitunas.

MELOCOTONES RELLENOS

INGREDIENTES **(4 p.)**

8 mitades de melocotón en almíbar
100 g de queso fresco de untar
1 cucharada de azúcar
1 cucharadita del almíbar de los melocotones
1 copa de licor de melocotón
8 grosellas
canela molida
hojas de menta

ELABORACIÓN

Pon el queso en un bol, añade el azúcar y mezcla. Agrega una pizca de canela y el almíbar y remueve todo hasta que quede una crema homogénea.

Rellena medio melocotón con un poco de la crema y cúbrelo con otro medio. Atraviésalo con un palito de brocheta para colocarlo en la copa. Adorna con hojas de menta y grosellas. Repite la operación con el resto de los melocotones.

Riega cada copa con un poco de licor, introdúcelas en el frigorífico y sirve bien frío.

CONCHAS RELLENAS DE CORDERO, CALABACÍN Y TOMATE

INGREDIENTES **(4 p.)**

20 conchas grandes de pasta
400 g de carne de cordero picada
1 calabacín
1 tomate
4 dientes de ajo
1 cebolleta
25 g de pasas
aceite de oliva virgen extra
albahaca
pimienta
sal

ELABORACIÓN

Salpimienta la carne y dórala en una sartén con un chorrito de aceite.

Pela 2 dientes de ajo y la cebolleta y pícalos finamente (daditos). Pon todo a pochar en una sartén con un poco de aceite. Corta el calabacín en daditos, añádelo y pocha todo bien. Ralla el tomate y agrégalo a la sartén junto con las pasas. Sazona, mezcla bien e incorpora la carne. Cocina el conjunto durante 5 minutos.

Pon abundante agua a calentar. Cuando empiece a hervir, añade una pizca de sal y las conchas. Cuécelas durante 8-10 minutos. Escúrrelas sobre una fuente cubierta con papel absorbente y colócalas en otra fuente apta para el horno. Rellénalas con la farsa y mantenlas calientes en el horno.

Pica las hojas de albahaca finamente y ponlas en el vaso batidor. Pela los otros 2 dientes de ajo, lamínalos y fríelos brevemente, sin que cojan color, en una sartén con 4-5 cucharadas de aceite. Cuela el aceite en el vaso batidor y tritúralo con la batidora eléctrica. Sirve las caracolas y salpícalas con el aceite de albahaca.

ENSALADA DE LECHUGA, CEBOLLETA Y PEPINO

INGREDIENTES **(4 p.)**

1 lechuga
1 cebolleta
1 pepino
aceite de oliva virgen extra
vinagre de miel
sal

ELABORACIÓN

Lava la lechuga, sécala, trocéala y colócala en un bol.

Pela el pepino, córtalo en rodajas finas y añádelas.

Corta la cebolleta en juliana y agrégala.

Adereza con aceite, vinagre y sal. Sirve.

BATIDO TROPICAL

INGREDIENTES **(4 p.)**

4 kiwis
1 aguacate
2 rodajas de piña
3 cucharadas de azúcar
1 vaso de zumo de piña
1 lámina de hojaldre
1 rama de menta
canela molida
granadina y azúcar (para las copas)

ELABORACIÓN

Pela los kiwis, el aguacate y la piña. Corta toda la fruta en taquitos y ponla en un bol. Añade 1 cucharada de azúcar, el zumo de piña, una pizca de canela y la rama de menta. Tritura con la batidora eléctrica. Cuela sobre un bol y cúbrelo con film transparente. Introduce el batido en el frigorífico y deja enfriar.

Para los palitos de hojaldre, forra una bandeja de horno con papel de hornear y espolvorea 1 cucharada de azúcar por encima. Estira la lámina de hojaldre en una superficie lisa, córtala en tiras y colócalas sobre la bandeja. Añade otra cucharada de azúcar por encima y cubre con otro trozo de papel de hornear. Hornea a 200 °C durante unos 10 minutos.

Unta el borde de 4 copas primero en granadina y después en azúcar. Reparte el batido en las copas y acompaña con los palitos de hojaldre. Sirve.

ENSALADA DE QUINOA Y TOMATE

INGREDIENTES **(4 p.)**

200 g de quinoa
1 tomate
2 zanahorias
cebollino
aceite de oliva virgen extra
vinagre
sal

ELABORACIÓN

Enjuaga la quinoa. Pon agua a calentar en una cazuela y, cuando empiece a hervir, sazónala. Cuece la quinoa durante 15 minutos. Retírala, escúrrela, refréscala y colócala en una fuente.

Pela el tomate, córtalo en dados y agrégalos.

Pela las zanahorias, rállalas y añádelas a la fuente.

Pica el cebollino finamente y añádelo.

Aliña con aceite, vinagre y sal. Sirve.

PESCADO MARINADO CON VINAGRETA DE PEPINO

INGREDIENTES **(4 p.)**

4 verdeles
1 pepino
1 cebolleta
1 tomate
1 limón
150 g de azúcar
500 g de sal
aceite de oliva virgen extra
tomillo
sal

ELABORACIÓN

Retira las cabezas de los verdeles. Saca los lomos y déjalos con la piel. Sécalos bien y congélalos durante 48 horas. Retíralos y deja que se descongelen.

Mezcla en un bol el azúcar, la sal y el tomillo. Pon la mitad de la mezcla en la base de una fuente. Coloca encima los trozos de pescado (dejando la parte de la piel hacia abajo) y cúbrelos con el resto de la mezcla. Déjalos marinando durante 2 horas.

Retira los lomos de la marinada, enjuágalos con agua y sécalos bien con papel absorbente. Con ayuda de una puntilla, retira las espinas de la parte central de los lomos. Extiende los filetes en un recipiente amplio y resérvalos.

Para hacer la vinagreta, pela el tomate, el pepino y la cebolleta y córtalos en daditos. Coloca todo en un bol, sazona y adereza con el zumo del limón y una buena cantidad de aceite. Vuelca todo en el bol del verdel y deja reposar (durante 15 minutos mínimo).

Sirve el pescado con la vinagreta.

GRANIZADO DE VERANO

INGREDIENTES **(4 p.)**

½ melón
½ sandía
2 cucharadas de azúcar moreno
2 cucharadas de azúcar
ralladura de limón
hielo picado
canela molida
hojas de menta
azúcar y granadina o licor de kiwi (para las copas)

ELABORACIÓN

Retira las pepitas del melón y, con un sacabolas, saca 12 bolitas y resérvalas.

Vacía el melón, trocea la pulpa y ponla en un bol. Añade el azúcar moreno, una pizca de canela y un poco de ralladura de corteza de limón. Tritura con la batidora eléctrica y cuela.

Haz lo mismo con la sandía, pero, en este caso, agregando azúcar blanco.

Unta las copas con la granadina o con el licor de kiwi y pásalas después por azúcar.

Reparte el hielo picado y las bolitas de melón y sandía en cuatro copas.

Vierte los zumos de fruta a tu gusto. Decora con unas hojas de menta y sirve.

ENSALADA DE TOMATE Y VENTRESCA DE BONITO

INGREDIENTES **(4 p.)**

2 tomates
120 g de ventresca de bonito
1 cebolla roja
20 g de alcaparras
aceite de oliva virgen extra
vinagre
sal

ELABORACIÓN

Lava los tomates, pélalos, córtalos en rodajas finas y extiéndelas en una fuente. Sazona.

Corta la cebolla en juliana fina y añádela.

Desmenuza un poco la ventresca y agrégala.

Salpica la ensalada con las alcaparras.

Aliña con aceite, vinagre y sal. Sirve.

HAMBURGUESA DE SALMÓN CON ENSALADILLA DE PATATA

INGREDIENTES **(4 p.)**

600 g de salmón
2 patatas
cebollino
perejil
pimienta
sal

Para la salsa tártara:

2 huevos
150-200 ml de aceite de oliva virgen extra
25 g de alcaparras
25 g de pepinillos
1 cebolleta
1 cucharada de mostaza
vinagre
sal

ELABORACIÓN

Pon las patatas y 1 huevo a cocer en una cazuela con agua. Sazona. A los 10 minutos, saca el huevo, pélalo y resérvalo. A los 30 minutos, retira las patatas, pélalas y pícalas en dados. Resérvalas.

Para hacer la salsa tártara, pon el otro huevo en un vaso batidor. Agrega un chorrito de vinagre y una pizca de sal. Añade el aceite y monta los ingredientes hasta que liguen. Pasa la mayonesa a un bol. Pica el huevo cocido, las alcaparras, los pepinillos y la cebolleta y añádelos al bol. Agrega también la mostaza y mezcla bien. Reserva la salsa tártara.

Retira la piel del salmón, pícalo finamente y colócalo en un bol. Salpimiéntalo y agrega 2 cucharadas soperas de salsa tártara. Mezcla bien y forma 4 hamburguesas. Colócalas entre dos trozos de papel de hornear y cocínalas a la plancha (sin quitarles el papel) durante 3 minutos por cada lado.

Coloca los dados de patata en un bol, agrega el resto de la salsa tártara y mezcla bien.

Sirve las hamburguesas y acompáñalas con la ensalada de patata. Adorna con unas hojas de perejil y cebollino.

MELÓN AL CAVA

INGREDIENTES **(4 p.)**

4 rodajas de melón
2 plátanos
2 cucharadas de azúcar
zumo de ½ limón
1 cucharada de vermut
1 botella de cava
1 vaso de hielo picado
canela molida

ELABORACIÓN

Pela las rodajas de melón y haz 12 bolitas con un sacabolas (reserva el resto de la carne). Coloca las bolas en un plato y mételas en el congelador durante 30 minutos.

Para la crema, pon la carne del melón reservada en un vaso de batidora. Añade los plátanos, el vermut, el zumo de limón, el azúcar y una pizca de canela. Tritura con la batidora eléctrica y cuela.

Distribuye el hielo picado en 4 copas y vierte el cava y un poco de crema en cada una.

Ensarta 3 bolas de melón en cada palito de brocheta y pon una en cada copa.

Espolvorea con un poco de canela molida y sirve.

ENSALADA DE MANZANA Y ZANAHORIA

INGREDIENTES **(4 p.)**

1 lechuga
1 zanahoria
1 manzana
30 g de pipas de calabaza (peladas)
cebollino picado
aceite de oliva virgen extra
vinagre
sal

ELABORACIÓN

Lava las hojas de lechuga, sécalas, trocéalas y colócalas en una fuente.

Pela la manzana, córtala en dados y agrégalos.

Pela la zanahoria, rállala y añádela.

Tuesta las pipas de calabaza en una sartén sin aceite y espárcelas sobre la ensalada.

Pica el cebollino y espolvorea con él la ensalada.

Aliña con aceite, vinagre y sal. Sirve.

BOMBONES DE JAMÓN Y QUESO CON MERMELADA DE TOMATE

INGREDIENTES **(4 p.)**

10 g de lonchas finas de jamón serrano
130 g de queso cabrales
200 g de queso de untar
1 kg de tomate
125 g de azúcar moreno
125 g de azúcar blanco
zumo de ½ limón
70 g de almendras garrapiñadas
1 barra de pan
aceite de oliva virgen extra
perejil
sal

ELABORACIÓN

Lava y retira el pedúnculo a los tomates. Trocéalos y colócalos en una cazuela. Agrega el azúcar (moreno y blanco), una pizca de sal y el zumo de limón. Mezcla y cocina durante hora y media.

Corta las lonchas de jamón por la mitad y extiende 4 trozos sobre una bandeja de horno cubierta con papel de hornear. Cúbrelas con otro trozo de papel de hornear, introdúcelas en el horno y hornéalas a 200 °C durante 10 minutos. Retíralas y deja que se enfríen. Pícalas finamente.

Pon los quesos en un bol y agrega el jamón crujiente y las almendras garrapiñadas bien picaditas. Mezcla bien.

Pon unas gotas de aceite en un molde de hielos (redondeados), cubre cada hueco con media loncha de jamón, pon dentro una porción de relleno y ciérralas redondeándolas un poco. Desmolda.

Sirve los bombones y acompáñalos de la mermelada de tomate y unas rebanadas de pan. Adorna con unas hojas de perejil.

CREMA *BAVAROISE* CON MELOCOTONES

INGREDIENTES **(4 p.)**

2 melocotones
4 cucharadas de azúcar
300 ml de leche
175 g de azúcar glas
6 yemas de huevo
1 vaina de vainilla
2 hojas de gelatina (cola de pescado)
300 ml de nata
mermelada de melocotón
licor de cereza
frutas del bosque
hojas de menta

ELABORACIÓN

Pela los melocotones y ponlos a cocer en la olla a presión con 1 vaso de agua y 2 cucharadas de azúcar. Cuécelos durante 3 minutos. Déjalos templar, escúrrelos y córtalos en gajos.

Pon la leche (reserva un poco) a cocer con la mitad del azúcar glas y la vaina de vainilla (abierta). Mezcla en un bol el resto del azúcar glas y la leche reservada anteriormente. Agrega las yemas de huevo y sigue mezclando. Vierte en el bol un poco de la leche caliente y bate un poco. Pasa la mezcla del bol a la cazuela y cuece durante un par de minutos, sin dejar de revolver. Es importante que no hierva. Retira del fuego y agrega las láminas de gelatina (previamente remojadas en agua) y mezcla hasta que queden diluidas. Deja enfriar.

Con una batidora de varillas, monta la nata con las otras 2 cucharadas de azúcar. Agrega la nata a la crema anterior y mezcla suavemente con movimientos envolventes. Vierte la mezcla en moldes individuales e introduce en el frigorífico durante 2-3 horas.

Desmolda, introduciendo los moldes en un recipiente con agua hirviendo. Sirve en cada plato la crema *bavaroise* y unos gajos de melocotón y decora a tu gusto utilizando mermelada de melocotón, licor, frutas del bosque y hojas de menta.

ENSALADA DE RÚCULA Y TOMATES CHERRY

INGREDIENTES **(4 p.)**

300 g de rúcula
16 tomates cherry
12 aceitunas negras (sin hueso)
4 rabanitos
aceite de oliva virgen extra
vinagre
sal

ELABORACIÓN

Lava las hojas de rúcula, sécalas y colócalas en una fuente. Lava los tomates, córtalos por la mitad y añádelos. Agrega también las aceitunas negras cortadas por la mitad. Lava los rabanitos, córtalos en rodajas finas y agrégalas. Adereza con aceite, vinagre y sal. Sirve.

TARTALETAS VARIADAS

INGREDIENTES **(4 p.)**

Para las tartaletas de pollo:
8 tartaletas saladas pequeñas
1 filete de pechuga de pollo de 100 g
1 huevo
1 cucharada de pistachos picados
aceite de oliva virgen extra
vinagre
perejil
pimienta
pimentón
sal

Para las tartaletas de queso:
8 tartaletas saladas pequeñas
100 g de queso de untar
60 g de salmón ahumado
1 cucharada de huevas de lumpo (negras)
cebollino picado

Para las tartaletas de foie:
8 tartaletas saladas pequeñas
60 g de *bloc* de *foie mi-cuit*
1 cebolleta
aceite de oliva virgen extra
reducción de Módena
perejil
pimienta
sal

ELABORACIÓN

Para las tartaletas de pollo:
Pon el huevo en el vaso de la batidora, agrega un chorrito de vinagre, una pizca de sal y 150-200 ml de aceite. Tritura los ingredientes hasta que liguen y consigas una buena mayonesa.

Salpimienta el filete de pollo y cocínalo a la plancha. Pícalo finamente y colócalo en un bol. Agrega la mayonesa y un poco de perejil picado. Mezcla bien. Rellena 8 tartaletas. Espolvoréalas con los pistachos picados y un poco de pimentón y sirve.

Para las tartaletas de queso:
Pon el queso de untar en un bol. Pica el cebollino finamente y añádelo al bol. Pica el salmón finamente e incorpóralo. Mezcla todo muy bien y rellena 8 tartaletas. Adórnalas con las huevas negras y sirve.

Para las tartaletas de foie:
Pica la cebolleta en daditos, sazónala y ponla a pochar en una sartén con aceite. Reserva.

Corta el *bloc* de *foie* en cuadraditos y colócalos en un bol. Agrega la cebolleta pochada y remueve suavemente. Rellena 8 tartaletas. Muele encima un poco de pimienta negra y salséalas con la reducción de Módena. Adórnalas con unas hojitas de perejil y sirve.

MELOCOTONES MELBA

INGREDIENTES **(4 p.)**

2 melocotones
150 g de frambuesas
2 cucharadas de azúcar
3 cucharadas de licor de cereza
500 ml de helado de vainilla
250 ml de nata montada
8 barquillos
almendras tostadas picadas
hojas de menta

ELABORACIÓN

Pela los melocotones y córtalos en trozos irregulares. Colócalos en un plato y mételos en el frigorífico hasta que estén bien fríos.

Pon en un bol las frambuesas, el azúcar y el licor de cereza. Mezcla bien y deja macerar un poco. Pasa las frambuesas (aplastándolas) por un colador para que queden sin ninguna pepita.

Sirve el helado en 4 recipientes individuales. Distribuye alrededor de cada uno unos trozos de melocotón. Decora con la nata montada y espolvorea con almendra picada.

Salsea cada recipiente con la salsa de frambuesa. Coloca en cada uno un par de barquillos y adorna con hojas de menta. Sirve.

ENSALADA DE LECHUGA, CHAMPIÑONES Y TOMATES CHERRY

INGREDIENTES **(4 p.)**

1 lechuga
150 g de champiñones
16 tomates cherry
aceite de oliva virgen extra
vinagre
sal

ELABORACIÓN

Lava la lechuga, sécala, trocéala y colócala en una fuente.

Pon agua a calentar en una cazuelita. Cuando empiece a hervir, agrega los tomates y escáldalos durante 2-3 minutos. Pélalos y deja que se enfríen.

Retira la parte inferior de los champiñones, lamínalos y saltéalos en una sartén con un chorrito de aceite. Sazónalos.

Coloca los tomates sobre la lechuga y esparce los champiñones por encima.

Sazona y aliña con aceite y vinagre. Sirve.

ATÚN CON ARROZ Y PEPINO ALIÑADO

INGREDIENTES **(4 p.)**

600 g de atún
200 g de arroz
1 pepino
4 dientes de ajo
1 cebolleta
1 zanahoria
½ pimiento morrón
100 g de guisantes
1 l de caldo de verduras
aceite de oliva virgen extra
vinagre
perejil
unas hebras de azafrán
pimienta negra
sal

ELABORACIÓN

Pica 2 dientes de ajo, la cebolleta, la zanahoria y el pimiento morrón (pelado) y ponlos a rehogar en una tartera (apta para el horno) con un chorrito de aceite y una pizca de sal. A los 5-6 minutos, incorpora los guisantes y el azafrán. Cuando las verduras empiecen a dorarse, añade el arroz y rehógalo un poco. Vierte encima el caldo hirviendo y cocínalo durante 3 minutos. Pon a punto de sal.

Pasado este tiempo, introduce la tartera en el horno y hornéalo a 200 °C durante 18 minutos. Retira y cubre la tartera con un paño limpio. Deja que repose durante 5 minutos.

Corta el atún en dados y salpimiéntalos. Pela los otros 2 dientes de ajo y lamínalos.

Calienta una sartén grande con un chorrito de aceite. Agrega los ajos laminados y, antes de que empiecen a dorarse, incorpora los dados de atún. Saltéalos a fuego fuerte durante 1-2 minutos.

Pela el pepino con un pelador y córtalo en láminas largas. Ponlo en un bol y alíñalo con aceite, vinagre y sal. Mezcla y reserva.

Pon un aro (cortapastas) en el centro de un plato, rellénalo con una porción de arroz y cúbrelo con unos dados de atún. Repite el proceso otras tres veces más. Acompaña los platos con un poco de pepino aliñado y decóralos con unas hojas de perejil.

SOPA DE MELÓN CON BOLITAS DE YOGUR

INGREDIENTES **(4 p.)**

2 rodajas de melón
2 yogures naturales
2 l de agua mineral
5 g de alginato
10 fresas
3 cucharadas de azúcar
canela en polvo
hojas de menta
sal

ELABORACIÓN

Mezcla 1 litro de agua mineral con el alginato en una jarra y tritura con la batidora. Viértelo en una fuente y deja reposar durante 1 hora aproximadamente. Para hacer las esferificaciones de yogur, saca pequeñas porciones de yogur con una cucharilla, introdúcelas en la fuente del agua con alginato y dales forma de círculo. Deja que las bolitas reposen durante 2 o 3 minutos hasta que se endurezcan y pásalas a otra fuente con el otro litro de agua mineral.

Para la salsa de fresas, trocea las fresas y ponlas a caramelizar en un cazo con 2 cucharadas de azúcar. Deja reducir a fuego suave y, cuando suelten su jugo, cuélalas y reserva la salsa.

Para la sopa de melón, pela y trocea el melón. Pon los trozos en un vaso de batidora y tritúralos. Añade 1 cucharada de azúcar, una pizca de canela y una pizca de sal. Mezcla y vierte la sopa en un recipiente. Tapa con film transparente y deja enfriar en el frigorífico.

Sirve la sopa de melón con las bolitas de yogur. Riega con la salsa de fresas y espolvorea con una pizca de canela. Decora con menta.

ENSALADA DE LECHUGAS VARIADAS Y GUINDILLAS

INGREDIENTES **(4 p.)**

300 g de lechugas variadas
8 guindillas en vinagre
1 patata
1 cebolleta
aceite de oliva virgen extra
vinagre
sal

ELABORACIÓN

Lava la patata y cuécela en un cazo con agua durante unos 30 minutos. Pélala y córtala en daditos.

Lava las hojas de lechuga, sécalas, trocéalas y colócalas en una fuente.

Corta las guindillas en cilindros y agrégalos a la fuente.

Añade también los dados de patata.

Corta la cebolleta en juliana fina y agrégala.

Sazona y aliña con aceite y vinagre. Sirve.

ZANCARRÓN A LA ROMANA CON BERENJENA Y TOMATITOS

INGREDIENTES **(4 p.)**

750 g de zancarrón o morcillo
1 berenjena
30 tomates cherry
1 cebolla
1 zanahoria
1 diente de ajo
harina y huevo batido (para rebozar)
aceite de oliva virgen extra
orégano
albahaca
perejil
10 granos de pimienta negra
sal

ELABORACIÓN

Pon el zancarrón en una olla rápida. Cúbrelo con agua y sazónala. Pela la cebolla y la zanahoria, trocéalas y agrégalas. Añade también unas ramas de perejil y los granos de pimienta. Cierra la olla y cocínalo durante 20 minutos. Retira la carne, deja que se temple y córtala en rodajas.

Corta la berenjena en rodajas y extiéndelas en una fuente. Sazónalas y déjalas reposando durante 1 hora. Escúrrelas y sécalas bien con papel absorbente. Riégalas con un chorrito de aceite y cocínalas a la plancha.

Pasa las rodajas de carne por harina y después por los huevos batidos mezclados con una pizca de sal y un poco de orégano picado. Fríelas en una sartén con aceite caliente. Retíralas a una fuente cubierta con papel absorbente.

Corta el diente de ajo en daditos y rehógalo brevemente en una sartén con un chorrito de aceite. Agrega los tomates cortados por la mitad, sazónalos y espolvoréalos con unas hojas de albahaca picadas. Saltéalos brevemente.

Reparte el zancarrón en 4 platos y sirve al lado los tomates cherry y las rodajas de berenjena. Decora los platos con unas hojas de perejil.

MOUSSE DE FRUTAS DEL BOSQUE

INGREDIENTES **(4 p.)**

75 g de grosellas
200 g de frambuesas
3 cucharadas de azúcar
200 ml de nata montada
300 g de queso para untar
ralladura de 1 limón
hojas de menta

ELABORACIÓN

Limpia las grosellas y las frambuesas (reserva 8 frambuesas para decorar) y colócalas en una sartén con 1 cucharada de azúcar. Tapa y cocina a fuego suave hasta que queden blanditas y suelten su jugo. Cuela y reserva las frutas.

Pon la nata en un bol, añade la ralladura de limón y 2 cucharadas de azúcar y monta con la batidora de varillas hasta que adquiera una consistencia dura. Reserva.

Pon el queso en un bol, agrega las frutas y remueve. Incorpora la nata montada y mezcla con suaves movimientos envolventes.

Sirve la crema en las copas y cubre con film transparente. Deja enfriar en el frigorífico. Después, retira el film.

Decora las copas con las frambuesas reservadas y unas hojas de menta. Sirve la *mousse* fría.

ENSALADA DE PEPINO, CEBOLLETA Y ALCAPARRAS

INGREDIENTES **(4 p.)**

2 pepinos
1 cebolleta
30 g de alcaparras
aceite de oliva virgen extra
sal

ELABORACIÓN

Pela los pepinos, córtalos en rodajas finas y extiéndelas en una fuente.
Corta la cebolleta en daditos y espárcelos sobre las rodajas de pepino.
Distribuye por encima las alcaparras.
Sazona la ensalada y aderézala con un buen chorro de aceite.

PAVO AGRIDULCE CON MELÓN

INGREDIENTES **(4 p.)**

700 g de pechuga de pavo
300 g de melón
3 dientes de ajo
1 pimiento morrón rojo
1 puerro
1 vaso de salsa de tomate
1 vaso de caldo de ave
4 cucharadas de salsa de soja
1 cucharada de vinagre
1 cucharada de azúcar
200 g de judías verdes (redondas)
harina de maíz refinada
aceite de oliva virgen extra
perejil
pimienta negra
sal

ELABORACIÓN

Con ayuda de una cuchara parisién (sacabolas), saca unas bolitas del melón. Trocea el resto del melón (retirándole la piel), ponlo en un vaso batidor y tritúralo con la batidora eléctrica. Reserva el resultado.

Corta el pavo en tiras gruesas y salpimiéntalas.

Pela los ajos, córtalos en láminas y dóralos en una tartera con un chorrito de aceite. Cuando empiecen a dorarse, agrega el pavo cortado en tiras y dóralas bien a fuego fuerte. Retíralas y resérvalas.

Corta el pimiento morrón en juliana gruesa y el puerro en rodajas. Rehógalos en la misma tartera donde has salteado el pavo. Cuando las verduras empiecen a ablandarse, añade el zumo de melón, la salsa de tomate, el caldo, el vinagre, la soja, el azúcar y una pizca de sal. Cocina todo a fuego medio durante 10-15 minutos (aproximadamente), hasta que reduzca.

Para que la salsa espese un poco, agrega un poco de harina de maíz diluida en agua fría. Remuévela bien e incorpora el pavo y las bolitas de melón. Cocina todo junto a fuego medio durante 4-5 minutos.

Corta las judías por la mitad y ponlas a cocer en una cazuela con agua hirviendo y una pizca de sal. Cuécelas durante 6-8 minutos. Escurre y reserva.

Reparte el pavo con melón en 4 platos y añade las judías cocidas. Decora los platos con unas hojas de perejil y sirve.

PETIT CHOUX DE VERANO

INGREDIENTES **(4 p.)**

250 ml de agua
80 g de mantequilla
1 pizca de sal
1 pizca de azúcar
125 g de harina
4 huevos
2 albaricoques
4 frambuesas
4 cerezas
200 g de nata montada
azúcar glas
hojas de menta

ELABORACIÓN

Pon a calentar el agua en un cazo. Añade la mantequilla troceada, la sal y el azúcar. Mezcla con una cuchara de palo. Agrega la harina tamizada y bate con una varilla de mano hasta que no quede ningún grumo.

Retira la cazuela del fuego, pasa la masa a otra cazuela y deja templar un poco. Incorpora los huevos de uno en uno, removiendo enérgicamente.

Introduce la masa en una manga pastelera con boquilla redonda. Sobre una bandeja de horno forrada con papel de hornear, vierte pequeñas porciones de masa. Hornea los *petit choux* a 200 °C durante 20 minutos.

Pica las frutas, ponlas en un bol y mézclalas con la nata montada.

Con un cuchillo de sierra, corta los *petit choux* por la mitad y rellénalos con la mezcla de frutas y nata montada.

Espolvorea con azúcar glas y adorna con unas hojas de menta. Sirve.

ENSALADA DE ARROZ Y ATÚN

INGREDIENTES **(4 p.)**

250 g de arroz
200 g de atún en aceite
30 g de maíz en conserva
12 aceitunas verdes (sin hueso)
12 aceitunas negras (sin hueso)
aceite de oliva virgen extra
vinagre
sal

ELABORACIÓN

Pon agua a calentar. Cuando empiece a hervir, sazona y agrega el arroz. Cuécelo durante 20 minutos. Escúrrelo y refréscalo. Pásalo a una fuente.

Desmenuza el atún y agrégalo.

Añade también el maíz. Pica las aceitunas e incorpóralas.

Sazona y aliña con aceite y vinagre. Sirve.

SOPA FRÍA DE PUERRO CON MANZANA Y HUEVAS

INGREDIENTES **(4 p.)**

6 puerros
2 manzanas
4 cucharadas de huevas de trucha
½ limón
2 hojas de gelatina
2 esqueletos de pollo
1 cebolla
1 patata
200 ml de leche evaporada
aceite de oliva virgen extra
perejil
sal

ELABORACIÓN

Exprime los gajos de limón y las manzanas en una licuadora. Retira la espuma.

Coloca las hojas de gelatina en un bol, cúbrelas con agua fría y espera a que se hidraten. Retira las hojas de gelatina, ponlas en otro bol y agrega 1 cucharada de agua bien caliente. Disuelve la gelatina e incorpórala al zumo.

Mezcla bien, pasa todo a un molde o cubitera de silicona y deja enfriar hasta que cuaje. Desmolda la gelatina y córtala en dados.

Para el caldo, limpia los puerros y separa la parte verde de la blanca. Pon en una olla rápida los esqueletos de pollo, la parte verde de los puerros, un manojo de perejil y una pizca de sal. Cubre con agua, cierra la olla y cuece todo durante 5-6 minutos. Cuela el caldo y resérvalo.

Para la sopa, corta la parte blanca de los puerros en rodajas. Pela la cebolla y córtala en dados. Pon todo a rehogar en una cazuela con un chorrito de aceite. Sazona. Cuando las verduras estén empezando a coger color, añade la patata (pelada y cascada) y el caldo. Cocina todo a fuego suave durante unos 15-20 minutos. Tritura bien con la batidora eléctrica y cuélalo. Deja que se enfríe.

Añade la leche evaporada, mezcla y prueba el punto de sal.

Coloca en cada plato unos daditos de gelatina de manzana y sirve encima la sopa. Adorna los platos con unas huevas de trucha y unas hojas de perejil.

TARTA DE PERA

INGREDIENTES **(4 p.)**

4 peras
20 galletas
125 g de queso mascarpone
1 cucharada de azúcar moreno
50 ml de ron
4 bolas de helado de avellana
aceite de oliva virgen extra
½ cucharadita de canela molida
hojas de menta

ELABORACIÓN

Trocea las galletas, colócalas en el mortero y machácalas hasta que queden reducidas a polvo. Pásalas a un bol y mézclalas con el queso y la canela.

Extiende la mezcla en la base de 4 recipientes aptos para el horno. Introdúcelos en el horno y gratínalos durante 3 minutos.

Pela las peras y córtalas en gajos. Pon un poco de aceite en una sartén y agrega los gajos de pera y el azúcar moreno. Saltea brevemente.

Vierte encima el ron y flambea. Escurre los gajos de pera y distribúyelos sobre las bases de galleta. Coloca en el centro de cada tartita una bola de helado de avellana y adorna con hojas de menta. Sirve.

ENSALADA DE RÚCULA Y SANDÍA

INGREDIENTES **(4 p.)**

300 g de rúcula
1 rodaja de sandía
aceite de oliva virgen extra
vinagre
sal

ELABORACIÓN

Lava las hojas de rúcula y sécalas. Colócalas en una fuente

Pela la sandía, córtala en daditos y espárcelos sobre las hojas de rúcula.

Aliña con aceite, vinagre y sal. Sirve.

MELOCOTÓN, FRESAS Y PLÁTANO CON GELATINA

INGREDIENTES **(4 p.)**

1 melocotón
4 fresas
1 plátano
8 g de gelatina (en hojas)
300 ml de agua
40 g de azúcar
ralladura de ½ lima
hojas de menta

ELABORACIÓN

Limpia las fresas y córtalas en trozos. Pela el melocotón y córtalo en dados grandes. Pela el plátano y córtalo en daditos.

Reparte las frutas en 4 copas.

Remoja las hojas de gelatina hasta que se ablanden. Pon el agua a calentar con el azúcar. Añade las hojas de gelatina escurridas y remueve hasta que se disuelvan. Incorpora la ralladura de lima, mezcla y reparte el contenido en las 4 copas.

Pica un poco de menta y repártela en las copas.

Deja que reposen en el frigorífico durante 1 hora (hasta que se endurezca). Sirve y decora con unas hojitas de menta.

CHICHARRO CON BOCADOS DE PIMIENTO Y SOJA

INGREDIENTES **(4 p.)**

2 chicharros o jureles (de unos 800 g)
16 pimientos verdes pequeños
½ vaso de salsa de soja
3 patatas
1 yema de huevo
1 cucharada de azúcar
aceite de oliva virgen extra
perejil
pimienta negra
sal

ELABORACIÓN

Pela y trocea las patatas y colócalas en una cazuela. Cúbrelas con agua y sazónalas. Cuécelas durante unos 15-20 minutos. Escúrrelas y pásalas por el pasapurés. Agrega la yema de huevo y una pizca de pimienta, mezcla bien y ponlo en una manga pastelera. Resérvalo.

Pincha los pimientos verdes con un palillo y fríelos a fuego suave en una sartén con un poco de aceite. Retírales el rabo y las pepitas y rellénalos con el puré de patata. Coloca los pimientos en una fuente de horno y caliéntalos (en el último momento) en el horno a 180 °C durante 3-4 minutos. Sazónalos.

Pon la salsa de soja en una sartén, agrega el azúcar y deja que reduzca hasta que espese.

Limpia los chicharros, saca los filetes y corta cada uno por la mitad. Salpimiéntalos y fríelos en una sartén con un chorrito de aceite.

Sirve medio chicharro en cada plato y acompáñalos con los pimientos rellenos de patata. Salsea con la reducción de soja. Decora los platos con unas hojas de perejil.

MUSLOS CRUJIENTES CON SALSA DE ALBARICOQUE

INGREDIENTES **(4 p.)**

4 muslos de pollo
2 huevos
2 cucharadas de semillas de sésamo
3 cucharadas de miga rallada
aceite de oliva virgen extra
2 cucharaditas de pimentón
pimienta negra
perejil
sal

Para la salsa de albaricoque:
500 g de albaricoques
2 dientes de ajo
2 cebollas
1 vaso de caldo de ave
200 g de nata fresca
1 cucharadita de *curry*
aceite de oliva virgen extra
1 hoja de laurel
sal

ELABORACIÓN

Para la salsa, corta los ajos en láminas y las cebollas en dados. Calienta una cazuela con un chorrito de aceite y agrega las verduras. Sazona y añade la hoja de laurel.

Cuando empiecen a coger color, incorpora los albaricoques cortados por la mitad y sin hueso (reserva 4), el *curry*, el caldo y la nata. Cocina los ingredientes durante 8-10 minutos a fuego medio.

Retira el laurel, tritura los ingredientes con la batidora eléctrica y cuela la salsa. Caliéntala en el momento de servir.

Mezcla en un bol la miga de pan con las semillas de sésamo y el pimentón.

Bate los huevos en otro bol.

Corta los muslos de pollo en dos, separando los muslos de los contramuslos. Salpimiéntalos, pásalos por el huevo batido y después rebózalos con la mezcla de miga de pan y sésamo.

Unta una bandeja de horno con un poco de aceite y coloca encima los trozos de pollo. Hornéalos a 200 °C durante 30 minutos (dependiendo del tamaño de los muslos).

Abre por la mitad los 4 albaricoques reservados anteriormente, retírales el hueso, córtalos en medias lunas y saltéalos en una sartén con un chorrito de aceite.

Sirve la salsa de albaricoque en el fondo de los platos, pon, encima de cada uno, 2 piezas de pollo (muslo y contramuslo) y acompáñalos con los albaricoques salteados. Decora los platos con unas hojas de perejil.

ENSALADA DE LECHUGA, CALABACÍN Y PEPINILLOS

INGREDIENTES **(4 p.)**

1 lechuga
1 calabacín
12 pepinillos (pequeños)
aceite de oliva virgen extra
vinagre
sal

ELABORACIÓN

Lava la lechuga, sécala, trocéala y colócala en una fuente.

Lava el calabacín y, con un pelador, saca tiras finas. Espárcelas sobre la lechuga.

Corta los pepinillos a tu gusto y añádelos.

Sazona y aliña con aceite y vinagre. Sirve.

HELADO DE LECHE

INGREDIENTES (4 p.)

250 ml de leche
250 ml de nata líquida
2 hojas de gelatina
40 g de azúcar
2 claras de huevo
30 g de azúcar glas
1 trozo de corteza de limón
1 rama de canela
frambuesas
hojas de menta

ELABORACIÓN

Pon a remojo las hojas de gelatina en un bol con agua fría. Deja que se ablanden.

Pon a calentar la leche y la nata en una cazuela. Añade el azúcar, la rama de canela y la corteza de limón y deja que se aromatice. Aparta del fuego e incorpora la gelatina. Deja templar la leche y retira la canela y la corteza de limón.

Monta las claras a punto de nieve con la batidora de varillas. Cuando suban un poco, agrega el azúcar glas y sigue batiendo durante unos cinco minutos, hasta que tengan una consistencia dura. Incorpóralas a la leche templada y mezcla bien.

Vierte la mezcla en moldes individuales y tapa con film transparente (es importante que el film esté en contacto con la crema). Introduce en el congelador durante unas 2 horas, hasta que se endurezca. Retira el film y desmolda.

Sirve el helado en un plato y decora con unas frambuesas y unas hojas de menta.

ENSALADA WALDORF CON ESPÁRRAGOS VERDES

INGREDIENTES **(4 p.)**

8 espárragos verdes
1 lechuga
1 penca de apio
2 manzanas
8 uvas rojas
8 nueces (peladas)
1 yogur natural
½ vaso de mayonesa
zumo de ½ limón
½ barra de pan integral
pimienta negra
sal

ELABORACIÓN

Calienta agua en una cazuela. Cuando empiece a hervir, sazona el agua y agrega los espárragos (córtales la parte inferior del tallo). Cuécelos durante 8 minutos. Escúrrelos y resérvalos.

Para la ensalada, suelta las hojas de lechuga, lávalas, sécalas y córtalas en juliana fina. Ponlas en un bol grande.

Lava el apio, pela las manzanas y corta todo en daditos. Agrégalos al bol.

Mezcla el yogur con la mayonesa, el zumo de limón, una pizca de sal y otra de pimienta. Agrega la mezcla al bol.

Corta el pan en 16 rebanadas finas, colócalas en una bandeja de horno y tuéstalas hasta que se doren bien por los dos lados. Retíralas y deja que se templen.

Lava las uvas y córtalas por la mitad.

Coloca un aro o cortapastas en el centro de cada plato, rellénalos con la ensalada y retira los moldes. Pon, encima de cada ensalada, 2 uvas (cortadas por la mitad) y 2 nueces. Acompaña las ensaladas con el pan tostado y los espárragos verdes cocidos.

ARROZ CON COSTILLA Y SECRETO IBÉRICO

INGREDIENTES **(4 p.)**

350 g de arroz
12 costillas de cerdo (cortadas por la mitad)
300 g de secreto ibérico
1 cebolleta
1 zanahoria
1 pimiento verde
1 l de caldo (de verduras o carne)
aceite de oliva virgen extra
perejil
pimienta
sal

Para el alioli:
1 huevo
1 diente de ajo pequeño
150 ml de aceite de oliva virgen extra
vinagre
sal

ELABORACIÓN

Corta las costillas siguiendo los huesos. Salpimiéntalas y ponlas a rehogar en una paella con un chorrito de aceite hasta que se doren.

Pela la cebolleta, córtala por la mitad y luego en daditos. Pela la zanahoria y córtala en cuartos de luna. Retira el tallo y las semillas del pimiento y córtalo en daditos. Agrega todas las verduras a la paella y rehógalas bien.

Añade el arroz y rehógalo un poco. Vierte encima el caldo, sazona y cocina durante 18-20 minutos. Deja que repose durante 3-4 minutos.

Para el alioli, pela el diente de ajo, pícalo y ponlo en un vaso batidor. Agrega una pizca de sal, el huevo, un chorrito de vinagre y el aceite. Tritura los ingredientes con la batidora eléctrica hasta que liguen. Reserva.

Corta el secreto en dados, salpimiéntalos, saltéalos en una sartén con un chorrito de aceite y espolvoréalos con un poco de perejil picado. Reparte el secreto sobre el arroz.

Sirve, acompáñalo con el alioli y adorna con unas hojas de perejil.

PLÁTANOS Y MELOCOTONES AL PAPILLOTE

INGREDIENTES **(4 p.)**

4 plátanos
2 melocotones
2 cucharadas de azúcar blanco
1 cucharada de azúcar moreno
4 cucharadas de nueces picadas
20 g de mantequilla
1 ramita de menta

ELABORACIÓN

Mezcla el azúcar blanco, el azúcar moreno y las nueces picadas en un bol. Calienta la mantequilla en el microondas hasta que se derrita y añádela al bol. Remueve.

Pela los melocotones, retírales el hueso y córtalos en rodajas gruesas. Pela los plátanos y córtalos primero por la mitad y después a lo largo.

Extiende un trozo grande de papel de aluminio sobre una superficie lisa y coloca en un lado del papel los melocotones, los plátanos y las nueces.

Cierra el papel de aluminio sobre las frutas hasta conseguir un paquete bien sellado.

Hornea a 180 °C, durante 10 minutos.

Sirve los plátanos y melocotones al papillote y decora con la ramita de menta.

ENSALADA DE LECHUGA, TOMATE Y COMINO

INGREDIENTES **(4 p.)**

1 lechuga
2 tomates
1 diente de ajo
aceite de oliva virgen extra
comino en polvo
sal

ELABORACIÓN

Lava las hojas de lechuga, sécalas, trocéalas y colócalas en un bol.

Pela los tomates, córtalos en gajos y añádelos.

Pela el diente de ajo, pícalo finamente y espárcelo sobre el tomate.

Sazona la ensalada, riégala con un buen chorro de aceite de oliva y espolvoréala con el comino.

LASAÑA DE BERENJENAS CON CORDERO

INGREDIENTES **(4 p.)**

2 berenjenas
400 g de carne de cordero (picada en daditos)
1 cebolla
2 dientes de ajo
1 tomate
1 vaso de caldo de carne
2 cucharadas de harina
1 vaso de leche
2 yemas de huevo
100 g de queso rallado
10 g de hojas de canónigos
aceite de oliva virgen extra
romero
tomillo
perejil
pimienta negra
sal

ELABORACIÓN

Corta cada berenjena a lo largo en 6 láminas (retirando la primera y la última) y ponlas en una bandeja con sal para que suelten el agua. Deja que reposen durante 1 hora. Seca bien las láminas y dóralas ligeramente en una sartén con un chorrito de aceite. Retíralas a una bandeja cubierta con papel absorbente.

Corta la cebolla y los dientes de ajo en daditos y ponlos a pochar en una sartén con un chorrito de aceite. Cuando empiecen a coger color, agrega el cordero picado y salpimentado y cocínalo durante unos 5 minutos. Añade el tomate (pelado y picado), el vaso de caldo y un poco de tomillo, romero y perejil (bien picados). Cocina todo a fuego fuerte durante unos 10 minutos (hasta que se evapore el líquido).

Para la bechamel, cocina la harina en una cazuela con un chorrito de aceite. Cuando esté bien rehogada, vete añadiendo la leche poco a poco sin dejar de remover (reserva un poco de leche). Salpimienta. Bate las yemas de huevo en un bol, agrega un poco de la leche reservada, mezcla bien e incorpóralas a la bechamel. Resérvala.

Pon 4 láminas de berenjena sobre una bandeja de horno. Añade un poco de carne sobre cada una y pon encima una porción de bechamel y un poco de queso rallado. Repite el proceso otra vez y finalmente cúbrelas con una lámina de berenjena. Agrega un poco de queso rallado y hornéalas a 220 °C hasta que se calienten y se dore el queso.

Sirve la lasaña en el centro de los platos y coloca encima unas hojas de canónigos.

ROLLITOS DE SANDÍA

INGREDIENTES **(4 p.)**

3 ½ rodajas de sandía
2 cucharadas de agar-agar
2 cucharadas de mermelada de albaricoque
6 cucharadas de leche condensada
10 galletas picadas
4 hojas de menta

ELABORACIÓN

Pela la sandía y córtala en daditos. Introdúcelos en un vaso batidor y tritura. Cuela con un colador. Pasa el caldo de sandía a una cazuela y, cuando esté templado, añade el agar-agar y mezcla bien. Vierte el caldo en la base de una bandeja de cristal y deja enfriar la gelatina.

Esparce la mermelada y la leche condensada sobre la gelatina. Espolvorea con una pizca de galleta picada. Enrolla la gelatina sobre sí misma. Córtala en rollitos y colócalos en 4 platos. Decora con hojas de menta y sirve.

ENSALADA DE AGUACATE Y RÚCULA

INGREDIENTES **(4 p.)**

2 aguacates
200 g de rúcula
12 tomates deshidratados en aceite
aceite de oliva virgen extra
vinagre
sal

ELABORACIÓN

Pela los aguacates, córtalos en láminas y extiéndelas en una fuente.

Lava las hojas de rúcula, sécalas y colócalas encima.

Pica los tomates y salpica con ellos la ensalada.

Sazona y aliña con aceite y vinagre. Sirve.

SALMONETES CON ARROZ FRITO

INGREDIENTES **(4 p.)**

6 salmonetes
100 g de arroz salvaje
aceite de oliva virgen extra
perejil
sal

Para la mayonesa:
1 huevo
½ diente de ajo
150-200 ml de aceite de oliva virgen extra
vinagre
sal

ELABORACIÓN

Limpia los salmonetes retirándoles las cabezas, las colas y las espinas. Reserva los lomos.

Pon a calentar una cazuela con agua. Cuando empiece a hervir, agrega las cabezas, colas y espinas de los salmonetes. Añade un manojo de perejil. Cuece todo durante 8-10 minutos y vete retirando (con un cazo) la espuma que se forme. Deja que se enfríe.

Para la mayonesa, lamina el diente de ajo y ponlo en un vaso batidor. Añade el huevo, una pizca de sal, un chorrito de vinagre y el aceite. Introduce la batidora hasta el fondo y empieza a batir los ingredientes sin mover el brazo de la batidora. Cuando empiece a emulsionar, mueve la batidora hacia arriba y hacia abajo hasta conseguir una salsa homogénea. Añade un poco del caldo de pescado hasta que quede una mayonesa un poco más ligera.

Unta una bandeja de horno con un poco de aceite y pon encima los lomos de los salmonetes. Sazónalos y riégalos por encima con un chorrito de aceite. Hornéalos a 200 ºC durante 8 minutos.

Calienta una sartén con abundante aceite. Añade un puñado de arroz (25 g) y fríelo. Cuando se infle, retíralo y escúrrelo sobre un plato cubierto con papel absorbente. Repite el proceso (a tandas) con el resto del arroz.

Coloca un molde (tipo cortapastas) cuadrado sobre un plato y rellénalo con el arroz salvaje frito. Coloca encima 3 lomos de salmonete y desmolda. Dales brillo con el jugo que ha quedado en la bandeja tras el asado y salséalos con la mayonesa ligera. Repite el proceso con el resto de los ingredientes y decora los platos con unas hojas de perejil.

SORBETE DE MANGO CON SIROPE DE GRANADA

INGREDIENTES **(4 p.)**

2 mangos
2 granadas
100 g de azúcar
100 ml de agua
500 ml de cava
hojas de menta

ELABORACIÓN

Corta las granadas por la mitad y exprímelas en un exprimidor eléctrico.

Para hacer el sirope, pon el zumo de granada en un cazo, agrega 50 g de azúcar y ponlo al fuego hasta que reduzca. Resérvalo en un cuenco pequeño.

Para hacer el jarabe, pon el agua y el resto del azúcar en un cazo. Caliéntalo hasta que se disuelva el azúcar. Deja que se enfríe.

Pela los mangos, trocéalos y colócalos en la jarra batidora. Agrega el jarabe y tritura. Pasa el puré a un recipiente amplio y profundo, cúbrelo con film transparente y mételo en el congelador. A los 30 minutos, retíralo del congelador y remuévelo con un par de cucharas. Repite el mismo proceso cada 30 minutos hasta que se congele.

Ráscalo y repártelo en las copas. Vierte encima el cava y agrega una cucharadita del sirope de granada. Decora con una ramita de menta y sirve.

ENSALADA DE LECHUGAS VARIADAS, TOMATES CHERRY Y QUESO

INGREDIENTES **(4 p.)**

300 g de lechugas variadas
12 tomates cherry
100 g de queso fresco
30 g de pipas de calabaza (peladas)
aceite de oliva virgen extra
vinagre
sal

ELABORACIÓN

Lava las hojas de lechuga, sécalas, trocéalas y colócalas en una fuente.

Corta los tomates en cuartos y añádelos.

Corta el queso fresco en daditos e incorpóralos.

Tuesta las pipas de calabaza en una sartén, sin añadir nada de aceite, y espárcelas por encima.

Sazona y adereza con aceite y vinagre. Sirve.

FLAN DE PESCADO Y PIMIENTOS

INGREDIENTES **(4 p.)**

400 g de pescadilla limpia (sin piel ni espinas)
4 pimientos del piquillo
4 obleas para empanadilla
3 huevos
1 vaso de leche
16 gambas cocidas y peladas
mantequilla y pan rallado (para el molde)
perejil
pimienta
sal

ELABORACIÓN

Pon agua a calentar en una cazuela. Cuando empiece a hervir, sazónala y añade el pescado. Cuécelo 3 minutos. Escúrrelo bien y desmígalo.

Pincha las obleas con un tenedor y úntalas con 1 huevo batido. Corta las obleas a tu gusto (en triángulos, en tiras…) y coloca los trozos sobre una bandeja de horno cubierta con papel de hornear. Hornéalas a 200 °C durante 10-12 minutos.

Bate los otros 2 huevos en un bol, salpimiéntalos y añade la leche. Remueve y reserva.

Unta 4 moldes con mantequilla y pan rallado y pon 4 gambas cocidas en el fondo de cada molde. Agrega la pescadilla desmigada y cúbrelos con la crema de huevo y leche. Pon en cada molde 1 pimiento del piquillo cortado en juliana.

Coloca los moldes en una fuente apta para el horno con un poco de agua. Hornea los flanes a 160 °C durante 30 minutos. Deja que se enfríen y desmóldalos.

Sirve el flan de pescado en un plato y acompáñalos con las obleas tostadas. Decora los platos con unas hojas de perejil.

TEJAS CON MACEDONIA

INGREDIENTES **(4 p.)**

1 rodaja de piña
2 kiwis
1 plátano
25 g de azúcar
zumo de 2 naranjas
1 vaina de vainilla
hojas de menta

Para las tejas:
50 g de almendra molida
25 g de almendra picada
15 g de harina de trigo
60 g de azúcar glas
15 g de mantequilla
1 clara de huevo
sal

ELABORACIÓN

Para hacer las tejas, mezcla en un cuenco la harina, el azúcar, las almendras molidas, las almendras picadas y una pizca de sal. Añade la mantequilla a punto de pomada y la clara de huevo. Mezcla bien hasta conseguir una masa homogénea. Coge porciones de masa y colócalas (sin que se toquen) sobre una placa de horno forrada con papel de hornear. Humedécete las manos y extiende la masa. Hornea a 200 °C durante unos 10 minutos.

Pela la piña, los kiwis y el plátano, trocéalos y colócalos en un bol.

Abre la vaina de vainilla, saca las semillitas y añádelas al bol. Agrega el azúcar y el zumo de naranja.

Reparte la macedonia en 4 copas y decora con las tejas y unas hojas de menta.

ENSALADA DE POLLO Y QUESO

INGREDIENTES **(4 p.)**

2 pechugas de pollo enteras (4 mitades)
100 g de queso
1 lechuga
12 nueces
2 endibias
2 fresas
½ cucharada de semillas de sésamo
aceite de oliva virgen extra
vinagre
2 cucharadas de orégano
pimienta negra
sal

ELABORACIÓN

Salpimienta las 4 mitades de pollo y condiméntalas con el orégano. Envuelve cada pechuga con film transparente y átalas con una cuerda de cocina formando un cilindro prensado. Cuece el pollo en una cazuela (tapada) con agua hirviendo durante 15 minutos. Retira el film a las pechugas, deja que se templen y córtalas en rodajas. Resérvalas.

Limpia la lechuga, sécala, córtala en juliana y resérvala en un bol.

Corta el queso en triángulos y resérvalos en un plato.

Casca las nueces, trocéalas y resérvalas en un bol.

Prepara una vinagreta mezclando en un bol las fresas picadas, una pizca de sal, un chorrito de aceite y un chorrito de vinagre. Agrega las semillas de sésamo y mezcla bien hasta que emulsione.

Coloca una porción de lechuga en el centro de un plato y, alrededor, 4 hojas de endibia (puedes utilizar hojas de endibia blancas y rojas para dar más color) y 4 triángulos de queso. Pon una rodaja de pollo sobre cada hoja de endibia y esparce por encima 3 nueces troceadas. Aliña con la vinagreta de fresa. Repite el proceso con los otros 3 platos.

PATATAS ASADAS

INGREDIENTES **(4 p.)**

4 patatas
aceite de oliva virgen extra
1 cucharadita de tomillo molido
1 cucharadita de romero molido
perejil
1 cucharadita de pimentón
1 cucharadita de pimienta negra
sal

ELABORACIÓN

Mezcla en un bol una pizca de sal, la pimienta, el tomillo, el romero, el pimentón y un chorrito de aceite.

Vierte la mezcla en una fuente apta para el horno. Lava y corta las patatas por la mitad, hazles unos cortes superficiales en forma de rombo por la parte interior y colócalas apoyando esta parte sobre la fuente de las hierbas y especias. Rocíalas con un chorrito de aceite y hornéalas a 170 °C durante 45 minutos.

Sirve 1 patata por ración y adórnalas con unas hojitas de perejil.

BROCHETA DE FRUTA CON CHOCOLATE

INGREDIENTES **(4 p.)**

2 melocotones
2 rodajas de melón
4 fresas
100 g de chocolate negro de cobertura
30 g de azúcar
1 copa de licor de naranja

ELABORACIÓN

Pela los melocotones y el melón. Corta todas las frutas en trozos de bocado. Insértalas a tu gusto en 4 palitos de brocheta.

Cocínalas a la plancha, añadiendo un poco de azúcar para que caramelice (dales la vuelta varias veces). Añade el licor de naranja y flambea.

Trocea el chocolate y derrítelo al baño maría.

Sirve las brochetas y salpícalas con unos hilos de chocolate.

ENSALADA DE ZANAHORIA, PEPINO Y CACAHUETES

INGREDIENTES **(4 p.)**

2 zanahorias
2 pepinos
60 g de cacahuetes (pelados)
aceite de oliva virgen extra
zumo de limón
sal

ELABORACIÓN

Lava y pela el pepino. Córtalo en rodajitas finas y extiéndelas en una fuente.

Ralla las zanahorias y espárcelas sobre el pepino.

Salpica los cacahuetes por encima.

Adereza con aceite, limón y sal. Sirve.

SARDINAS AL PAPILLOTE CON MIGAS

INGREDIENTES **(4 p.)**

16 sardinas
½ barra de pan del día anterior
2 dientes de ajo
3 cebollas
12 tomates cherry
aceite de oliva virgen extra
1 cucharadita de pimentón
cebollino
perejil
sal

ELABORACIÓN

Corta el pan en rebanadas finas, colócalas en una bandeja de horno y hornéalas hasta que se doren bien por los dos lados. Déjalas templar y machácalas en un mortero hasta conseguir que queden reducidas a migas. Lamina los dientes de ajo y dóralos en una sartén con un chorrito de aceite. Cuando cojan color, añade las migas de pan, saltéalas y espolvoréalas con el pimentón. En el momento de servir, cocínalas a fuego suave durante 5 minutos para que se caliente bien el pan.

Corta las cebollas en juliana fina y ponlas a rehogar en un sartén con un chorrito de aceite. Sazónalas y cocínalas a fuego moderado hasta que se doren. Resérvalas.

Retira las escamas a las sardinas con un cuchillo. Quítales las cabezas y las tripas, ábrelas, retírales las espinas centrales y déjales las colas.

Extiende un trozo de papel de aluminio sobre una superficie lisa y unta el centro con un poco de aceite. Coloca encima dos sardinas (abiertas y sazonadas) dejando la parte de la piel hacia abajo y agrega un poco de cebolla pochada. Cubre cada sardina con otra sardina (abierta y sazonada) dejándoles la parte de la piel hacia arriba. Rocíalas con un chorrito de aceite y envuélvelas con el papel de aluminio. Sella bien los bordes, de manera que queden unos paquetes herméticamente cerrados. Repite el proceso hasta conseguir 4 paquetes.

Colócalos en una bandeja de horno y hornéalos a 200 °C durante 8-10 minutos (hasta que se inflen). En el último momento, corta las esquinas de los paquetes con unas tijeras, ábrelos y saca las sardinas.

Pon los tomates en una sartén con un poco de aceite, sazónalos y espolvoréalos con unas tiras de cebollino. Saltéalos.

Reparte las migas de pan en el fondo de los platos y coloca encima las sardinas. Añade también los tomates y decora los platos con unas hojas de perejil.

CREMA DE MELÓN CON CARAMELO AL OPORTO

INGREDIENTES **(4 p.)**

½ melón grande
1 yogur griego
1 limón
6 cucharadas de azúcar
75 ml de vino de Oporto
10 fresas

ELABORACIÓN

Retira las pepitas del melón, cuélalas y reserva el jugo. Extrae la carne del melón con una cuchara e introdúcela en un vaso batidor. Ralla la corteza del limón y agrégala junto con el yogur y 3 cucharadas de azúcar. Bate.

Cuela la crema sobre un bol. Añade el jugo de melón que habías reservado. Tapa con film transparente y deja enfriar en el frigorífico.

Para hacer el caramelo, vierte en una sartén el vino y 3 cucharadas de azúcar y deja que reduzca un poco. Reserva.

Trocea 6 fresas en láminas muy finas e introdúcelas en 4 vasitos. Haz un pequeño corte a las otras 4 fresas y coloca 1 en el borde de cada vasito. Sirve la crema de melón sobre las láminas de fresa y decora con el caramelo.

ENSALADA DE LECHUGA, PATATA Y PEPINILLO

INGREDIENTES **(4 p.)**

1 lechuga
1 patata
12 pepinillos
12 aceitunas negras (sin hueso)
aceite de oliva virgen extra
1 cucharada de zumo de limón
sal

ELABORACIÓN

Cuece la patata en una cazuela con agua durante 30 minutos aproximadamente. Pélala y córtala en daditos.

Lava la lechuga, sécala, trocéala y colócala en una fuente. Esparce por encima los dados de patata y sazona.

Pica los pepinillos y las aceitunas y añádelas.

Mezcla el zumo de limón con un poco de aceite y aliña la ensalada. Sirve.

CHICHARRO CON TORTILLITAS DE GAMBAS Y CEBOLLINO

INGREDIENTES **(4 p.)**

4 chicharros (de ración)
12 gambas
1 cucharada de harina de garbanzo
1 cucharada de harina de trigo
1 cucharada de cebollino
aceite de oliva virgen extra
perejil
azafrán
pimienta
sal

Para la mayonesa de ajo:
1 huevo
½ diente de ajo
150-200 ml de aceite de oliva virgen extra
vinagre
sal

ELABORACIÓN

Para la mayonesa de ajo, casca el huevo y ponlo en un vaso batidor. Agrega el diente de ajo laminado, un chorrito de vinagre, el aceite y una pizca de sal. Introduce la batidora hasta el fondo y empieza a batir sin mover el brazo de la batidora. Cuando la salsa empiece a emulsionar, mueve el brazo hacia arriba y hacia abajo hasta conseguir una mayonesa homogénea. Resérvala.

Mezcla en un bol las dos harinas (tamizadas previamente, es decir, pasadas por un colador) y añade unas hebras de azafrán, el cebollino picado y las gambas peladas y cortadas en daditos. Sazona y mezcla. Vierte encima un poco de agua y bate bien hasta obtener una crema más bien ligera.

Calienta una sartén con aceite y agrega, con una cuchara, 3 pequeñas porciones de masa (separadas). Fríelas por los dos lados y escúrrelas sobre un plato cubierto con papel absorbente. Repite el proceso hasta conseguir 12 tortillitas.

Limpia los chicharros, retirándoles las cabezas, las colas y las espinas centrales. Deja los lomos limpios y salpiméntalos.

Unta una bandeja de horno con un poco de aceite, coloca encima los lomos de pescado (dejando la parte de la piel en contacto con la bandeja de horno) y riégalos con otro poco de aceite. Hornéalos a 200 °C durante 3-4 minutos.

Pasado este tiempo, añade un poco de la mayonesa de ajo sobre cada lomo de pescado y gratínalos hasta que se doren. Retira y deja reposar.

Sirve un chicharro en cada plato y acompaña cada uno con 3 tres tortillitas de gambas y cebollino. Decora los platos con unas hojas de perejil.

HELADO DE QUESO

INGREDIENTES **(4 p.)**

1 terrina de queso fresco de untar (200 g)
2 yogures naturales
6 cucharadas de azúcar glas
1 cucharada de mermelada de frambuesa
barquillos o cucuruchos

ELABORACIÓN

Coloca los yogures en un bol y bátelos con una varilla manual. Agrega el azúcar y mezcla bien. Incorpora el queso y mezcla hasta que quede una crema homogénea.

Pasa la mezcla a otro recipiente, añade la mermelada y remueve con un tenedor.

Tapa el helado con film transparente (es importante que el film esté en contacto con el helado). Introduce en el congelador hasta que se endurezca (2 horas aproximadamente).

Para servir, acompaña con unos barquillos o cucuruchos.

ENSALADA DE COGOLLOS, NARANJA Y HUEVO

INGREDIENTES **(4 p.)**

6 cogollos
2 naranjas
2 huevos
15 g de semillas de sésamo
aceite de oliva virgen extra
zumo de ½ limón
sal

ELABORACIÓN

Cuece los huevos en un cazo con agua hirviendo durante 10 minutos. Refréscalos, pélalos y córtalos en rodajas. Resérvalos.

Suelta las hojas de los cogollos, lávalas, sécalas y córtalas en trozos. Colócalas en una fuente grande.

Pela las naranjas y saca los gajos en vivo. Espárcelos sobre los cogollos.

Agrega las rodajas de huevo cocido. Salpica todo con las semillas de sésamo y sazona.

Mezcla en un bol el zumo de limón con un buen chorro de aceite de oliva y adereza la ensalada. Sirve.

COSTILLA ASADA CON PATATAS Y CHIMICHURRI

INGREDIENTES **(4 p.)**

1.500 g de costilla de ternera
20 patatas pequeñas
1 chile pasilla (o pimiento seco)
3 dientes de ajo
½ vaso de vinagre de Pedro Ximénez
½ vaso de vino blanco
aceite de oliva virgen extra
perejil
pimienta negra
sal

Para la salsa chimichurri:

½ vaso de aceite de oliva virgen extra
1 cucharadita de comino
2 cucharadas de orégano
1 cucharadita de tomillo
1 cucharada de guindilla cayena
1 cucharada de perejil picado
1 cucharada de pimentón dulce
4 dientes de ajo
½ vaso de vinagre
sal

ELABORACIÓN

Para hacer la salsa chimichurri, calienta (brevemente) en una sartén un chorrito de aceite con el comino, el orégano, el tomillo y la guindilla cayena (triturada o muy picada). Deja que se temple e incorpora el perejil picado, el pimentón dulce, los dientes de ajo picados y el vinagre. Mezcla bien y pasa la salsa a un bol. Añade el resto del aceite, sazona, mezcla y reserva la salsa.

Salpimienta la costilla y ponla en una bandeja de horno. Riégala con un chorrito de aceite y el vinagre. Hornéala a 175 °C durante 1 hora y media o 2 horas. Durante el asado, puedes rociarla con el jugo de la bandeja del horno. Trocéala.

Cuando falten 10 minutos para que la carne esté a punto, pon las patatas con piel en una olla rápida y añade el chile pasilla troceado (si no tienes, puedes agregar 1 pimiento choricero o 2 ñoras). Maja en el mortero los dientes de ajo con 1 cucharada de perejil picado y una pizca de sal. Añade el vino blanco, remueve e incorpora el majado a la olla. Cubre con agua, sazona y cierra la olla. Cuece las patatas durante 3-4 minutos. Escúrrelas y resérvalas.

Sirve la costilla en un plato, acompáñala con las patatas y salsea todo con la salsa chimichurri. Decora los platos con unas hojas de perejil.

HELADO DE YOGUR

INGREDIENTES **(4 p.)**

4 yogures naturales
4 cucharadas de leche condensada
200 ml de nata montada
grosellas
hojas de menta

ELABORACIÓN

Pon los yogures en un bol y bátelos. Agrega la leche condensada y mezcla bien.

Incorpora esta mezcla a la nata y mezcla con movimientos suaves y envolventes.

Vierte todo en un molde de cristal, tapa con film transparente (es importante que el film esté en contacto con la crema) e introduce en el congelador hasta que se endurezca (2-3 horas).

Sirve y adorna con unas hojas de menta y unas grosellas.

BERENJENAS RELLENAS DE ESPINACAS Y ARROZ

INGREDIENTES **(4 p.)**

2 berenjenas
200 g de espinacas
100 g de arroz
2 dientes de ajo
8 chalotas
1 zanahoria
12 anchoas (en aceite)
4 lonchas de queso
aceite de oliva virgen extra
perejil
sal

ELABORACIÓN

Calienta una cazuela con agua. Cuando empiece a hervir, sazona y agrega el arroz. Cuécelo a fuego medio durante 15-18 minutos. Escúrrelo y resérvalo.

Corta las berenjenas por la mitad (a lo largo) y hazles unos cortes superficiales en diagonal sobre la carne, primero hacia un lado y luego hacia el contrario. Ponlas, dejando la parte de la pulpa hacia arriba, en una fuente apta para el horno, riégalas con un chorrito de aceite, sazónalas y hornéalas a 180 °C durante 15 minutos. Retíralas y deja que se templen. Saca la carne, pícala y resérvala. Reserva también la piel de las berenjenas.

Pica los dientes de ajo y ponlos a dorar en una sartén con un chorrito de aceite. Pela las chalotas y la zanahoria, córtalas en daditos y agrégalas a la sartén. Rehoga hasta que se doren un poco. Corta las espinacas en juliana fina y agrégalas. Rehoga todo durante 3-4 minutos. Agrega la carne de las berenjenas y el arroz y mezcla bien. Cocina el conjunto durante 3 minutos.

Rellena las berenjenas con la mezcla anterior y reparte por encima las anchoas. Cubre cada una con una loncha de queso y gratínalas en el horno hasta que se funda y dore el queso.

Sirve y decora los platos unas hojas de perejil.

ENSALADA DE SARDINAS Y RABANITOS

INGREDIENTES **(4 p.)**

8 sardinillas en escabeche
4 rabanitos
1 escarola
aceite de oliva virgen extra
vinagre
sal

ELABORACIÓN

Lava la escarola, sécala, trocéala y colócala en una fuente.

Pela los rabanitos, córtalos en rodajitas finas y añádelas.

Corta las sardinillas por la mitad y colócalas encima.

Aliña con aceite, vinagre y sal. Sirve.

FLAN DE MANGO

INGREDIENTES **(4 p.)**

2 mangos
1 vaso grande de leche
4 huevos
4 cucharadas de azúcar
caramelo para el molde
nata montada
frambuesas
hojas de menta

ELABORACIÓN

Echa en una jarra el mango, la leche, los huevos y el azúcar. Tritura todo con una batidora hasta tener una mezcla uniforme (si hiciera falta, cuela la mezcla).

Reparte la mezcla en moldes individuales previamente caramelizados y hornéalos al baño maría a 175 °C de 15 a 20 minutos, hasta que estén cuajados.

Decora los flanes con la nata, unas frambuesas y unas hojas de menta y sirve.

ENSALADA DE PEPINO, ZANAHORIA Y AVELLANAS

INGREDIENTES **(4 p.)**

1-2 pepinos (según tamaño)
1 zanahoria
50 g de avellanas
20 g de pasas
4 cucharadas de aceite de oliva virgen extra
1 cucharada de zumo de limón
1 cucharadita de jengibre en polvo
sal

ELABORACIÓN

Pela los pepinos, córtalos en rodajas finas y extiéndelos sobre una fuente.

Pela la zanahoria, córtala en rodajas finas y espárcelas sobre el pepino.

Aplasta las avellanas y salpica con ellas la ensalada.

Añade las pasas.

Mezcla el aceite, el zumo de limón, el jengibre y la sal (a tu gusto) en un recipiente con tapa. Tapa y bate la mezcla hasta que todos los ingredientes queden perfectamente integrados. Aliña la ensalada y sirve.

EMPANADA DE SARDINAS CON CEBOLLA Y PIMIENTO

INGREDIENTES **(6 p.)**

2 masas para empanada (500 g cada una)
20 sardinas
2 cebollas
3 pimientos verdes
4 dientes de ajo
huevo batido (para pintar)
aceite de oliva virgen extra
perejil
sal

ELABORACIÓN

Lamina los dientes de ajo y ponlos a dorar en una sartén con un chorrito de aceite.

Pela las cebollas, córtalas en juliana fina y agrégalas. Retira el tallo y las semillas de los pimientos, córtalos en juliana fina e incorpóralos. Sazona y cocina las verduras a fuego moderado hasta que se doren. Escúrrelas.

Para limpiar las sardinas, retírales las escamas, las cabezas y las tripas. Ábrelas, retírales la espina central y saca los dos filetes a cada sardina. Sazónalas.

Estira las masas para empanada. Reparte en una mitad de cada masa la fritada de verduras y cúbrelas con las sardinas fileteadas. Dobla sobre ellas la otra mitad de la masa, tapando el relleno, y séllalas haciendo un cerramiento (repulgue) en los bordes.

Coloca las empanadas en una o dos bandejas de horno cubiertas con papel de hornear. Píntalas con huevo batido (para que adquieran un color más dorado y un brillo más atractivo) y haz un corte (con cuchillo o tijeras) en el centro de cada empanada.

Hornéalas a 200 °C durante 20 minutos. Retíralas y córtalas en porciones. Decora los platos con unas hojas de perejil y sirve.

PLÁTANO HELADO CON BATIDO DE YOGUR Y FRESAS

INGREDIENTES **(4 p.)**

4 plátanos
1 yogur natural
150 g de fresas
125 ml de leche
1 cucharada de miel

ELABORACIÓN

Pela los plátanos, córtalos en rodajas gruesas e insértalas en 4 palitos de brocheta. Colócalos en un plato, cúbrelos con film transparente e introdúcelos en el congelador hasta que se congelen.

Pon el yogur en el vaso batidor y añade la leche, las fresas y la miel. Tritura.

Coloca en la base de los platos una porción del batido y pon, encima de cada uno, una brocheta de plátano helado.

POLLO CON TEMPURA DE MAÍZ

INGREDIENTES **(4 p.)**

2 pechugas de pollo
4 cucharadas de maíz frito
1 vaso de salsa de soja
2 cucharadas de azúcar
4 cucharadas de harina
150 ml de agua fría
aceite de oliva virgen extra
perejil
pimienta negra
sal

ELABORACIÓN

Pon a reducir la salsa de soja con el azúcar en una sartén durante 8-10 minutos, hasta que empiece a espesar.

Mezcla en un bol la harina con el agua fría y una pizca de sal.

Coloca el maíz en el mortero y májalo hasta que quede reducido a polvo. Agrégalo a la tempura y mezcla bien.

Corta las pechugas en tiras finas y salpiméntalas. Pásalas por la tempura y fríelas en una sartén con abundante aceite caliente. Escúrrelas sobre un plato cubierto con papel absorbente.

Sirve las tiras de pollo y aderézalas con la salsa de soja. Decora los platos con unas hojas de perejil.

ENSALADA DE TOMATE, HUEVO Y CEBOLLINO

INGREDIENTES **(4 p.)**

3 tomates
2 huevos
unas ramas de cebollino
aceite de oliva virgen extra
sal

ELABORACIÓN

Cuece los huevos en una cazuela durante 10 minutos (contados desde el momento en que el agua empiece a hervir). Refréscalos, pélalos y córtalos en daditos.

Pela los tomates, córtalos en gajos y ponlos en una fuente.

Agrega los huevos y el cebollino picado.

Sazona y adereza con un buen chorro de aceite. Sirve.

MACEDONIA DE FRUTAS CON SALSA DE NARANJA

INGREDIENTES **(4 p.)**

2 melones cantaloup
¼ de sandía
6 fresas
1 melocotón
1 plátano
zumo de 2 naranjas
100 ml de vodka
hojas de menta

ELABORACIÓN

Corta los melones por la mitad, retírales las pepitas y vacíalos con la cuchara parisién (sacabolas). Pon las bolitas en un bol. Reserva las cáscaras.

Saca bolitas del trozo de sandía y añádelas al bol. Lava las fresas y córtalas en 4. Pela el melocotón y córtalo en trozos de bocado. Pela el plátano y córtalo en rodajas. Incorpora toda la fruta al bol.

Calienta el vodka y flambéalo para eliminar el alcohol. Apaga el fuego y añade el zumo de naranja. Vierte todo en el bol de la fruta. Pica un manojito de hojas de menta finamente y añádelas. Mezcla todo.

Rellena las cáscaras de melón con la fruta, adorna con unas hojas de menta y sirve.

ENSALADA DE PASTA, PAVO Y TOMATE

INGREDIENTES **(4 p.)**

300 g de pasta de colores
150 g de pechuga de pavo cocida
2 tomates
1 diente de ajo
aceite de oliva virgen extra
vinagre
sal

ELABORACIÓN

Pon a calentar una cazuela con abundante agua y una pizca de sal. Cuando empiece a hervir, añade la pasta. Cuécela el tiempo que indique el paquete. Refréscala y resérvala.

Pela los tomates, córtalos en dados y ponlos en un bol. Pela el ajo, pícalo finamente e incorpóralo.

Corta el pavo en daditos y añádelos. Agrega también la pasta.

Adereza con aceite, vinagre y sal. Sirve.

HUEVOS GRATINADOS CON SALSA BRETONA

INGREDIENTES **(4 p.)**

8 huevos
1 cebolla
2 puerros
1 rama de apio
100 g de panceta
100 g de champiñones
2 cucharadas de harina
1 vaso de vino blanco
1 ½ vaso de caldo de carne
4 rebanadas de pan de molde
aceite de oliva virgen extra
perejil
pimienta negra
sal

ELABORACIÓN

Corta la cebolla, los puerros y la rama de apio en juliana fina y ponlos a rehogar en una tartera con un chorrito de aceite. Sazona. Cuando las verduras tomen color, retíralas a un plato.

Trocea la panceta y dórala en la misma tartera con un chorrito de aceite.

Limpia los champiñones y córtalos en cuartos. Incorpóralos a la tartera y saltéalos brevemente.

Agrega la harina y rehógala un poco hasta que coja un bonito color dorado. Vierte encima el vino blanco y mezcla bien. Cuando el vino se evapore, añade el caldo e incorpora las verduras pochadas. Mezcla y cocina todo a fuego suave durante 5 minutos (si queda muy espeso, añade un poco de caldo o agua).

Pasa la salsa con las verduras a una cazuela de barro. Casca los huevos sobre la salsa y gratínalos en el horno durante 3-4 minutos, hasta que cuaje la clara. Salpimienta.

Corta las rebanadas de pan por la mitad y, a su vez, cada mitad en diagonal, de forma que salgan 4 triángulos de cada rebanada de pan. Fríelos en una sartén con aceite bien caliente. Cuando estén dorados y crujientes por los dos lados, retíralos y escúrrelos sobre un plato cubierto con papel absorbente.

Sirve los huevos gratinados, acompáñalos con los triángulos de pan frito y decora los platos con unas hojas de perejil.

PUDIN FRÍO DE LIMÓN

INGREDIENTES **(6 p.)**

1 vaso de zumo de limón
1 vaso de agua
¾ sobre de gelatina de limón
2 cucharadas de azúcar
1 vaso de nata
12 sobaos
hojas de menta

Para el caramelo:

200 g de azúcar
1 chorrito de agua
unas gotas de zumo de limón

Para acompañar:

300 g de fresas
3 cucharadas de azúcar

ELABORACIÓN

Lava las fresas, retírales los rabitos, córtalas en rodajas, agrega el azúcar y deja reposar.

Para el caramelo, pon el azúcar en una sartén al fuego y agrega las gotas de zumo de limón y el chorrito de agua. Cocina hasta conseguir un caramelo de color tostado. Viértelo en un molde rectangular y extiéndelo.

Pon a calentar el zumo de limón y el agua en una cazuela. Cuando empiece a hervir, agrega la gelatina y mezcla bien hasta que desaparezcan los grumos. Apaga el fuego, añade las 2 cucharadas de azúcar e incorpora la nata poco a poco, sin dejar de batir.

Cubre el molde con 6 sobaos, empápalos con la mitad del líquido de la gelatina, coloca encima los otros 6 sobaos y cubre con el resto del líquido. Es importante que queden bien empapados. Deja templar e introduce en el frigorífico durante 2-3 horas. Desmóldalo, adórnalo con unas fresas y unas hojas de menta y sirve.

ENSALADA LAURGAIN

INGREDIENTES **(4 p.)**

200 g de pasta corta
1 manojo de cebollino
4 cucharadas de maíz cocido
16 anchoas en aceite
1 aguacate
60 g de canónigos
aceite de oliva virgen extra
sal

Para el aliño de aguacate:
1 aguacate
zumo de ½ limón
2 cucharadas de nata
sal

ELABORACIÓN

Pon abundante agua a calentar en una cazuela grande. Cuando el agua empiece a hervir, sazónala y agrega la pasta. Cuécela durante 8-10 minutos. Escúrrela, refréscala y resérvala.

Para el aliño, abre el aguacate, retírale el hueso, saca la pulpa (carne) y aplástala con un tenedor hasta conseguir un puré. Agrega el zumo de limón e incorpora la nata. Mezcla y sazona.

Pon en un bol la pasta, el cebollino picado, el maíz y la mitad de las anchoas picadas (reserva el resto para decorar). Incorpora el aliño de aguacate y mezcla con cuidado (si queda muy seco, puedes agregar un poco más de nata).

Retira el hueso del aguacate y saca la pulpa con una cuchara, teniendo cuidado de que no se rompa. Córtalo en 16 láminas finas.

Coloca un cortapastas redondo en el centro de un plato y rellénalo con la pasta aliñada. Decora con 4 láminas de aguacate y 2 anchoas y desmolda. Repite el proceso con el resto de la ensalada.

Aliña los canónigos con aceite y una pizca de sal y coloca una cuarta parte en cada plato. Sirve.

SETAS AL ROQUEFORT

INGREDIENTES **(4 p.)**

600 g de setas de cultivo
100 g de queso roquefort
200 ml de leche
aceite de oliva virgen extra
orégano
perejil
sal

ELABORACIÓN

Pon a calentar la leche y el queso en un cazo y cocínalos hasta que empiecen a espesar. Pon a punto de sal y reserva la salsa caliente.

Limpia las setas, córtalas por la mitad y añádelas a una sartén con aceite caliente. Sazónalas, espolvoréalas con el orégano y cocínalas brevemente.

Sirve las setas, salséalas y decora el plato con unas hojas de perejil

BIZCOCHO DE VERANO

INGREDIENTES **(6 p.)**

14 albaricoques
1 puñado de cerezas
2 huevos
2 cucharadas de azúcar
3 cucharadas de harina
mantequilla y harina para el molde
mermelada de albaricoque
hojas de menta

Para el puré:
6 albaricoques
1 puñado de cerezas
zumo de 1 limón
4 cucharadas de azúcar

ELABORACIÓN

Unta un molde de bizcocho con un poco de mantequilla y espolvoréalo con harina. Retira el exceso.

Lava los albaricoques, ábrelos por la mitad y retírales el hueso. Lava las cerezas y deshuésalas. Coloca los albaricoques en las paredes internas del molde. Agrega las cerezas y pon en el centro ½ albaricoque.

Pon los huevos en un bol, agrega el azúcar y móntalos con una batidora de varillas hasta que queden muy esponjosos. Incorpora la harina y mezcla realizando suaves movimientos envolventes. Vierte la mezcla en el molde.

Introduce el molde en el horno y hornea a 200 °C durante 35-45 minutos. Desmolda y deja templar.

Para el puré, lava los albaricoques y las cerezas, retírales el hueso, trocéalos y ponlos en un vaso batidor. Agrega el zumo de limón y el azúcar. Tritura con la batidora eléctrica y cuela el puré.

Desmolda el bizcocho sobre un plato y unta la superficie con un poco de mermelada de albaricoque. Decora con hojas de menta y acompáñalo con el puré. Sirve.

ENSALADA DE TOMATE Y ALCAPARRONES

INGREDIENTES **(4 p.)**

1 tomate grande
20 alcaparrones
1 lechuga
1 cebolleta en aros
40 g de maíz en conserva
aceite de oliva virgen extra
vinagre
sal

ELABORACIÓN

Lava la lechuga, sécala, trocéala y colócala en una fuente.

Pela el tomate, córtalo en trozos irregulares y agrégalos.

Retira la primera capa de la cebolleta y córtala en aros. Espárcelos sobre la ensalada.

Agrega el maíz y los alcaparrones.

Sazona y aliña con aceite y vinagre.

TOSTADA DE TORTILLA CON GERMINADOS

INGREDIENTES **(4 p.)**

4 rebanadas finas de pan de hogaza
8 huevos
75 g de germinados de puerro
8 lonchas de queso
4 lonchas de jamón cocido
1 diente de ajo
1 tomate
aceite de oliva virgen extra
perejil
sal

ELABORACIÓN

Coloca las rebanadas de pan en una bandeja de horno y hornéalas a 225 °C hasta que se doren por los dos lados. Retíralas y resérvalas.

Casca 2 huevos y bátelos en un bol con una pizca de sal y un poco de perejil picado. Haz una tortilla fina plana en una sartén con unas gotitas de aceite. Cuando cuaje, dale la vuelta. Retírala a una fuente y repite la operación hasta hacer 4 tortillas.

Pon sobre cada tortilla 2 lonchas de queso, 1 de jamón y ¼ parte de los germinados. Enrolla cada tortilla hasta hacer 4 rollitos.

En el momento de servir, unta las rebanadas de pan tostado con el diente de ajo y después con el tomate (cortado por la mitad). Riégalas con un chorrito de aceite.

Coloca 1 rebanada de pan en cada plato y acomoda encima 1 rollito de tortilla. Decora los platos con unas hojas de perejil y sirve.

MELOCOTÓN CON HELADO

INGREDIENTES **(4 p.)**

2 melocotones
50 g de galletas
50 g de mascarpone
1 nuez de mantequilla
4 bolas de helado de vainilla
crocanti de almendra
sirope de fresa
hojas de menta

ELABORACIÓN

Maja las galletas en el mortero hasta que queden reducidas a polvo. Colócalas en un bol, añade el queso y mezcla.

Corta los melocotones por la mitad, retírales el hueso y córtalos en daditos.

Pon la nuez de mantequilla en la sartén. Cuando se funda, agrega los melocotones y saltéalos brevemente.

Reparte la mezcla de galleta y queso en 4 copas de cristal. Pon encima los melocotones y el helado. Riégalos con el sirope de fresa y espolvoréalos con el crocanti de almendra. Adorna con unas hojas de menta y sirve.

CANGREJOS DE RÍO CON ARROZ CREMOSO

INGREDIENTES **(4 p.)**

24 cangrejos de río cocidos
200 g de arroz
1 cebolla
1 pimiento verde
850 g de tomate triturado
1 copa de *brandy*
1 cebolleta
1 l de caldo de verduras
2 cucharadas de nata
aceite de oliva virgen extra
10-15 hojas de albahaca
perejil
azúcar
sal

ELABORACIÓN

Para la salsa, corta la cebolla en dados y ponla a pochar en una cazuela con un chorrito de aceite. Corta el pimiento verde en dados y agrégalos. Rehoga todo durante 15 minutos. Añade el tomate triturado y condiméntalo con una pizca de sal y otra de azúcar. Cocina el tomate durante 25 minutos, trocea la albahaca e incorpórala. Tritura con la batidora eléctrica.

Calienta los cangrejos en una tartera, vierte encima el *brandy* y flambéalos. Añade la salsa de tomate y cocina todo junto durante 10 minutos.

Corta la cebolleta en daditos y ponla a pochar en una cazuela con un chorrito de aceite. Antes de que coja color, agrega el arroz, rehógalo un poco y añade el caldo de verduras poco a poco, sin dejar de remover. Sazona y cocina a fuego medio durante 15-18 minutos. Agrega la nata y mezcla.

Reparte el arroz y los cangrejos en 4 platos, colocando el arroz a un lado y los cangrejos al otro. Decora los platos con unas hojas de perejil y sirve.

ENSALADA DE AGUACATE Y MELOCOTÓN

INGREDIENTES **(4 p.)**

1 aguacate
1 melocotón
300 g de hojas de lechuga variadas
30 g de pipas de calabaza
aceite de oliva virgen extra
zumo de limón
sal

ELABORACIÓN

Lava las lechugas, sécalas, trocéalas y colócalas en una fuente grande.

Pela el melocotón, córtalo por la mitad, retírale el hueso y córtalo en láminas finas. Añádelas a la lechuga.

Corta el aguacate por la mitad, retírale el hueso, pélalo y córtalo en láminas finas. Agrégalas.

Tuesta las pipas de calabaza en una sartén sin aceite. Deja que se templen y espárcelas sobre la ensalada.

Sazona y adereza con un chorrito de zumo de limón y un buen chorro de aceite.

SOPA DE SANDÍA Y MELÓN

INGREDIENTES **(4 p.)**

½ sandía
½ melón piel de sapo
1 trozo de jengibre
100 g de harina
100 ml de agua fría
1 clara de huevo
16 hojas de menta
aceite de oliva virgen extra
sal

ELABORACIÓN

Pela el melón piel de sapo, retírale las pepitas y coloca los trozos en una jarra. Pela y ralla el jengibre en un bol. Escúrrelo con la mano y añade el líquido a la jarra. Tritura todo con la batidora eléctrica.

Pela la sandía, retírale las pepitas y coloca los trozos en otra jarra. Tritura con la batidora eléctrica.

Coloca la harina en un bol y añade un poco de sal. Incorpora el agua poco a poco y mezcla. Agrega la clara de huevo a punto de nieve y mezcla. Pasa las hojas de menta por la mezcla y fríelas en una sartén con aceite caliente.

Sirve en plato sopero las dos sopas a la vez para que no se mezclen los sabores ni los colores. Acompaña con las hojas de menta fritas.

ENSALADA DE MELÓN Y PIPAS

INGREDIENTES **(4 p.)**

2 rodajas de melón
25 g de pipas de girasol
1 lechuga hoja de roble
150 g de jamón cocido
aceite de oliva virgen extra
zumo de limón
sal

ELABORACIÓN

Lava la lechuga, sécala, trocéala y ponla en una fuente.

Pela las rodajas de melón, córtalas en dados y agrégalos.

Corta el jamón cocido de la misma manera y añádelo.

Tuesta las pipas de girasol en una sartén sin aceite y espárcelas sobre la ensalada.

Sazona y aliña con aceite y zumo de limón.

ALITAS A LA MOSTAZA CON PISTO

INGREDIENTES **(4 p.)**

16 alitas de pollo
2 dientes de ajo
2 cebollas
2 pimientos verdes
1 berenjena
2 tomates
1 cucharada de mostaza antigua
aceite de oliva virgen extra
1-2 cucharadas de vinagre
perejil
sal

ELABORACIÓN

Mezcla en un bol la mostaza con el vinagre, 5-6 cucharadas de aceite y una pizca de sal. Introduce las alitas de pollo en el bol y remuévelas bien, de manera que queden bien pringadas con la mezcla.

Coloca las alitas en una bandeja de horno y hornéalas a 220 °C durante 15 minutos. Retira la bandeja del horno, da la vuelta a las alitas, úntalas con un poco más de la mezcla de mostaza y hornéalas a la misma temperatura (220 °C) durante otros 10-12 minutos más.

Lamina los dientes de ajo y ponlos a dorar en una sartén con un chorrito de aceite. Cuando tomen color, añade las cebollas y los pimientos cortados en dados y rehógalos un poco (10 minutos). Lava la berenjena, córtala en dados e incorpóralos. Cocina todo durante unos 15 minutos más.

Pela los tomates, córtalos en dados y agrégalos. Sazona y cocina todo junto durante 10-15 minutos.

Sirve el pisto en el fondo del plato y coloca encima las alitas de pollo a la mostaza. Decora los platos con unas hojas de perejil.

GRANIZADO DE MARACUYÁ Y VODKA

INGREDIENTES **(4 p.)**

300 g de maracuyá
1 copa de vodka
600 ml de agua
400 g de azúcar
abundante hielo picado
granadina y azúcar (para las copas)
hojas de menta

Para acompañar:

1 cucharada de glucosa
1 cucharada de fondant
10 rodajas de naranjas deshidratadas
200 g de azúcar
1 chorrito de agua
200 g de almendra picada

ELABORACIÓN

Abre los maracuyás, sácales la pulpa con una cucharilla y colócala en un recipiente amplio. Pon a calentar 400 g de azúcar con 400 ml de agua. Cuando se disuelva el azúcar, vierte el jarabe sobre la pulpa. Añade el resto del agua y bate con una batidora eléctrica. Pasa el zumo por un chino y ponlo en el frigorífico hasta que esté bien frío.

Pon el fondant y la glucosa en una sartén al fuego sin que coja color. Mezcla bien y vierte sobre un tapete de silicona para hornear. Cubre con otro tapete y aplástalo con el rodillo. Deja que se enfríe y endurezca.

Trocea la placa de caramelo y pon sobre cada trozo 1 rodaja de naranja; tápalas con el tapete e introduce en el horno a 180 °C durante 3 minutos. Retíralas y deja enfriar de nuevo.

Pon 200 g de azúcar y un chorrito de agua en una sartén. Cuando se disuelva el azúcar, pero antes de que coja color, agrega las almendras picadas, sin dejar de revolver, y mantén al fuego hasta que se tuesten.

En el momento de servir, moja el borde de 4 copas con la granadina y pásalas por azúcar. Pica el hielo, pon un poco en cada copa, vierte encima un poco de vodka y rellena con el zumo de maracuyá. Decora cada copa con unas hojas de menta. Acompaña el granizado con las almendras garrapiñadas y las láminas de naranja.

CARPACCIO DE SANDÍA Y PEPINO

INGREDIENTES **(4 p.)**

4 rodajas de sandía
1 pepino
1 tomate
30 g de cacahuetes pelados
aceite de oliva virgen extra
hojas de menta
sal

ELABORACIÓN

Pela el pepino y córtalo en rodajas finas.

Pela las rodajas de sandía y córtalas en láminas finas.

Extiende las láminas de sandía y de pepino en una fuente grande. Sazónalas. Salpica los cacahuetes por encima.

Ralla el tomate en un bol. Agrega unas hojas de menta bien picaditas y un buen chorro de aceite. Mezcla bien y sirve.

SUFLÉ DE MELÓN SENCILLO

INGREDIENTES **(4 p.)**

1 melón
100 g de fresas
250 g de helado al gusto
1 copa de licor
2 claras montadas

ELABORACIÓN

Haz una base al melón cortando una de las puntas. Por la otra punta, haz un corte mayor con el fin de poder vaciar el melón. Con ayuda de una cuchara, vacía el melón con cuidado. Corta los trozos que hayas sacado del vaciado del melón y resérvalos.

Corta las fresas en cuartos y mézclalas con los trozos de melón. Agrega el helado y la copa de licor y remueve bien.

Rellena con cuidado el melón, cúbrelo con las claras montadas y gratínalo en el horno.

Deja que se temple y sirve.

POLLO CON LANGOSTINOS

INGREDIENTES **(4 p.)**

4 muslos de pollo
16 langostinos
1 diente de ajo
2 cebollas
3 tomates
zumo de 1 limón
1 vaso de leche de coco
aceite de oliva virgen extra
perejil
1 trozo de guindilla
ralladura de jengibre
pimienta negra
sal

ELABORACIÓN

Salpimienta los muslos de pollo y ponlos a dorar en una sartén con un chorrito de aceite. Cuando tomen color, retíralos y resérvalos.

Retira las cabezas de los langostinos y pélalos (dejándoles la punta de la cola sin pelar), sazónalos y ponlos a dorar en una olla rápida con un buen chorro de aceite. Cuando cojan un poco de color, retíralos y resérvalos.

Pela el diente de ajo y lamínalo. Pela las cebollas y córtalas en dados. Agrega el ajo y la cebolla a la olla donde has dorado los langostinos y rehógalos bien.

Añade los muslos de pollo, los tomates pelados y cortados en dados y el zumo de limón. Condimenta con la leche de coco, la guindilla y un poco de ralladura de jengibre. Mezcla bien y sazona. Cierra la olla y cocina todo junto durante 5 minutos.

Abre la olla, incorpora los langostinos y espolvorea todo con un poco de perejil picado. Cocina todo junto durante un par de minutos y sirve. Decora los platos con unas hojas de perejil.

ENSALADA DE BERROS, REMOLACHA Y RABANITOS

INGREDIENTES **(4 p.)**

300 g de berros
1 remolacha cocida
6 rabanitos
3 cucharadas de aceite de oliva virgen extra
1 cucharada de mostaza
sal

ELABORACIÓN

Lava los berros, sécalos y colócalos en una fuente grande.

Corta la remolacha en dados y añádelos.

Lava los rabanitos, lamínalos y agrégalos.

Mezcla la mostaza con el aceite en un bol.

Sazona la ensalada y alíñala con la mezcla de mostaza y aceite. Sirve.

CHICHARRO RELLENO CON *PIPERRADA*

INGREDIENTES **(4 p.)**

2 chicharros o jureles (grandes)
2 pimientos choriceros
2 cebolletas
2 pimientos verdes
1 pimiento rojo
2 tomates
2 lonchas de jamón serrano
aceite de oliva virgen extra
perejil
sal

ELABORACIÓN

Retira los tallos y las pepitas de los pimientos choriceros. Ponlos en un bol con agua caliente y espera a que se hidraten. Retírales la pulpa y resérvala.

Pela las cebolletas, córtalas en juliana y ponlas a rehogar en una sartén grande con un chorrito de aceite. Retira el tallo y las semillas de los pimientos verdes, córtalos de la misma manera y agrégalos. Pela el pimiento rojo, córtalo en juliana y añádelo. Sazona y rehoga todo bien.

Incorpora la pulpa de los pimientos choriceros y mezcla bien.

Corta los tomates por la mitad, rállalos, añádelos a la sartén de las verduras y cocínalo un poco. Pon a punto de sal y extiende la *piperrada* en el fondo de una bandeja de horno.

Corta las cabezas de los chicharros y saca los lomos. Córtalos por la mitad. Sazona y coloca 4 trozos en la bandeja de horno, dejando la parte de la piel en contacto con la *piperrada*. Pon encima de cada trozo ½ loncha de jamón y cúbrelas con los otros 4 trozos de pescado (dejando la parte de la piel hacia arriba). Introduce la bandeja en el horno y hornea a 215 °C durante 8-10 minutos.

Sirve en cada plato 1 ración de pescado y otra de *piperrada*. Adorna los platos con unas hojas de perejil.

GRATINADO DE MELOCOTÓN Y LICHIS

INGREDIENTES **(4 p.)**

8 mitades de melocotón en almíbar
20 lichis en conserva
4 cucharadas de leche condensada
300 ml de leche
150 ml de nata
2 yemas de huevo
125 ml de jugo del melocotón en almíbar
100 ml de jugo de los lichis en conserva
8 cucharadas soperas de coco rallado
3 cucharadas de harina de maíz refinada
hojas de menta

ELABORACIÓN

Escurre los melocotones de su almíbar (resérvalo) y córtalos en gajos finos. Escurre los lichis de su jugo de conserva (resérvalo). Reserva ambas frutas por separado.

Pon en un bol la leche condensada, la leche, la nata y las yemas de huevo. Mezcla bien y añade el jugo del melocotón y de los lichis y 4 cucharadas de coco rallado. Mezcla todo bien y ponlo en una cazuela. Bate con la varilla y añade la harina de maíz diluida en agua fría. Sigue batiendo hasta conseguir una crema no demasiado espesa. Pasa la crema a un bol, tápala con film transparente y deja que se temple.

Reparte la crema en 4 cuencos. Pon los lichis y los melocotones sobre la crema y espolvoréalos con el resto del coco. Gratina en el horno durante unos 5 minutos.

Decora con un poco de menta picada y sirve enseguida.

ENSALADA DE RÚCULA, CUSCÚS, MANZANA Y PASAS

INGREDIENTES **(4 p.)**

200 g de rúcula
100 g de cuscús
1 manzana
30 g de pasas
aceite de oliva virgen extra
vinagre
sal

ELABORACIÓN

Lava las hojas de rúcula, sécalas y colócalas en una fuente.

Pon el cuscús y las pasas en un bol.

Calienta 150 ml de agua en una cazuela y, cuando empiece a hervir, viértela sobre el cuscús con pasas. Tapa el bol con film transparente y espera a que el cuscús absorba el agua. Suelta el cuscús con pasas con un par de tenedores y agrégalo a la rúcula.

Pela la manzana, córtala en dados y añádela a la ensalada.

Sazona y aliña con aceite y vinagre.

ALUBIAS VERDINAS CON LANGOSTINOS Y ALMEJAS

INGREDIENTES **(4 p.)**

300 g de alubias verdinas
16 langostinos
16 almejas
1 zanahoria
2 dientes de ajo
1 patata (pequeña)
1 puerro
100 ml de *txakoli*
aceite de oliva virgen extra
hojas de estragón (fresco)
perejil
sal

ELABORACIÓN

Pon las alubias a remojo la víspera.

Pela los langostinos, reserva las colas y pon las cabezas y las cáscaras a rehogar en una cazuela con un chorrito de aceite. Vierte encima abundante agua y añade la parte verde del puerro (bien limpia) y unas ramas de perejil. Sazona y cuece todo durante 20-25 minutos. Cuela y reserva el caldo.

Pela la zanahoria, 1 diente de ajo y la patata y trocéalos. Limpia y trocea el puerro. Coloca todo en una red especial para cocer legumbres y ciérrala bien. Escurre las alubias y colócalas en una cazuela. Vierte encima el caldo de langostinos y añade el saquito con las verduras. Pon a punto de sal, coloca la tapa y cocina las alubias durante 1 hora y media.

Saca las hortalizas y ponlas en el vaso batidor. Añade un poco del caldo de las alubias y tritura con la batidora eléctrica. Vierte el puré de nuevo en la cazuela de las alubias.

Pela el otro diente de ajo y córtalo en daditos. Rehógalo brevemente en una sartén con aceite. Sazona los langostinos, agrégalos a la sartén y saltéalos brevemente. Espolvoréalos con un poco de perejil picado y añádelos a la cazuela.

Vierte el *txakoli* en una sartén y añade las almejas. Coloca la tapa y espera a que se abran. Incorpóralas (con el jugo que hayan soltado) a la cazuela y cocina todo conjuntamente durante 2 minutos.

Pica el estragón finamente y espolvorea la cazuela con él. Sirve.

HELADO DE VINAGRE CON SOPA DE SANDÍA

INGREDIENTES **(4 p.)**

1 rodaja de sandía
4 cucharadas de vinagre de Módena
3 huevos
7 cucharadas de azúcar
250 ml de nata montada
1 limón
1 pizca de raíz de jengibre rallada
1 pizca de pimienta 5 bayas
1 pizca de regaliz en polvo
1 pizca de sal
hojas de menta

ELABORACIÓN

Separa las claras de las yemas. Monta las claras con 3 cucharadas de azúcar con la batidora de varillas. Monta las yemas también con otras 3 cucharadas de azúcar y con la batidora de varillas. Añade 1 cucharada de vinagre y bate un poco más. Mezcla las yemas con la nata montada y añade la mezcla a las claras. Mezcla todo bien, pero suavemente. Vierte esta mezcla en 4 moldes individuales forrados con papel de hornear e introdúcelos en el congelador para que se congele.

Pela la sandía y trocéala. Colócala en un vaso y tritúrala con la batidora junto con la sal, el jengibre rallado, la pimienta 5 bayas machacada y el regaliz en polvo. Cuela y reserva.

Pon el resto de vinagre a reducir con 1 cucharada de azúcar hasta que espese ligeramente. Pela el limón y saca los gajos.

Sirve el helado con la sopa de sandía y acompaña con un poco de reducción de vinagre, unos gajos de limón y unas hojas de menta.

ENSALADA DE COGOLLOS, ANCHOAS Y TOMATES SECOS

INGREDIENTES **(4 p.)**

6 cogollos de Tudela
8 anchoas en salazón
8 tomates deshidratados en aceite
100 g de queso fresco
aceite de oliva virgen extra
vinagre
sal

ELABORACIÓN

Suelta las hojas de los cogollos, lávalas, sécalas y trocéalas a tu gusto. Colócalas en una fuente grande.

Corta los tomates en daditos y agrégalos a la fuente.

Corta las anchoas en dados y espárcelas sobre los cogollos.

Corta el queso en daditos y añádelos.

Sazona y adereza con aceite y vinagre. Sirve.

ARROZ CALDOSO CON MEJILLONES

INGREDIENTES **(4 p.)**

300 g de arroz
24 mejillones
3 dientes de ajo
1 cebolleta
1 pimiento verde
1 tomate
100 ml de *txakoli*
1 l de caldo para paella
1 limón
1 guindilla cayena
aceite de oliva virgen extra
perejil
sal

ELABORACIÓN

Elimina las adherencias de los mejillones raspándolos con un cuchillo o un estropajo. Quítales las barbas.

Pela los ajos y la cebolleta y córtalos en dados. Corta el pimiento de la misma manera. Pon la verdura a rehogar en una tartera grande con un chorrito de aceite. Sazónala y rehógala durante 5 minutos.

Corta el tomate por la mitad, rállalo y agrégalo. Añade también la cayena y cocina todo durante 5 minutos más.

Vierte encima el *txakoli* y dale un hervor. Incorpora los mejillones, tapa la tartera y espera a que se abran. Retíralos y elimínales las conchas. Reserva la carne.

Añade el arroz y el caldo a la tartera y cocínalo durante 18-20 minutos.

Reparte el arroz y los mejillones en 4 platos y decóralos con unas rodajas de limón y unas hojas de perejil.

GELATINA DE MELÓN CON SOPA DE SANDÍA

INGREDIENTES **(4 p.)**

½ melón
500 g de sandía
4 hojas de gelatina
1 vaso de agua
2 cucharadas de azúcar
unas hojas de menta

ELABORACIÓN

Limpia la sandía, trocéala y tritúrala en el vaso americano. Introdúcela en el frigorífico.

Pon las hojas de gelatina a remojar en un bol con agua fría.

Mezcla el vaso de agua con el azúcar y caliéntalo en el microondas hasta conseguir un jarabe ligero. Escurre las gelatinas e introdúcelas en el jarabe caliente. Mezcla hasta que se disuelvan.

Retira las pepitas del melón, trocéalo, colócalo en un vaso batidor y tritúralo. Añade el jarabe con gelatina al melón, mezcla y cuela. Reparte la mezcla en moldes individuales e introdúcelos en el frigorífico durante 2 horas.

Introduce brevemente los moldes en un recipiente con agua caliente para que se suelten mejor y desprende los bordes con un cuchillo. Sirve, en platos individuales, la gelatina de melón con un poco de sopa. Adorna con unas hojas de menta.

ENSALADA DE LECHUGA Y ESPÁRRAGOS

INGREDIENTES **(4 p.)**

1 lechuga
16 puntas de espárrago
1 cebolleta
16 frambuesas
aceite de oliva virgen extra
vinagre
sal

ELABORACIÓN

Lava la lechuga, sécala, trocéala y colócala en una fuente.

Pela la cebolleta, córtala en juliana gruesa y agrégala.

Añade también las puntas de espárrago y las frambuesas.

Sazona y aliña con aceite y vinagre. Sirve.

MORUNA DE SARDINA

INGREDIENTES **(4 p.)**

600 g de sardinas
2 cebollas
1 pimiento verde
6 tomates
50 ml de vino blanco
1 barra de pan
aceite de oliva virgen extra
orégano
pimienta
sal

ELABORACIÓN

Retira la cabeza y las tripas de las sardinas. Elimina también la espina central de manera que queden 2 lomos de cada una. Resérvalas limpias.

Pela las cebollas, pícalas en dados pequeños y ponlas a rehogar en una tartera con un chorrito de aceite. Retira el tallo y las semillas del pimiento verde, córtalo en daditos y agrégalos. Sazona y rehógalos durante 10-12 minutos.

Pela los tomates, pícalos en dados e incorpóralos. Salpimienta y cocina todo junto (15 minutos aprox.) hasta que se forme una especie de salsa.

Añade el vino. Sazona las sardinas y ponlas (con la piel hacia arriba) en el interior de la tartera colocándolas en forma circular. Espolvoréalas con el orégano, coloca la tapa y cocínalas durante 3 minutos. Acompáñalas con el pan.

MANGO ASADO CON GUIRLACHE

INGREDIENTES **(4 p.)**

3 mangos
200 ml de leche condensada
hojas de menta

Para el guirlache:

50 g de pipas de girasol peladas y tostadas
50 g de pistachos
3 cucharadas de azúcar
3 cucharadas de agua
1 cucharada de miel
1 chorrito de zumo de limón

ELABORACIÓN

Pela los mangos, córtalos en gajos grandes y extiéndelos en una fuente de horno. Hornéalos a 180 °C durante 10 minutos.

Retíralos y riégalos con la leche condensada. Gratínalos hasta que se doren.

Pon en un cazo el azúcar, el agua y la miel. Mezcla bien y añade el zumo de limón. Cocina todo a fuego suave. Cuando coja un poco de color, incorpora las pipas y los pistachos. Cocínalos sin dejar de remover hasta que los frutos secos absorban todo el caramelo, aproximadamente durante 10 minutos.

Corta un trozo de papel de hornear y colócalo sobre la placa. Esparce el guirlache encima y cúbrelo con otro trozo de papel. Extiende con el rodillo y deja enfriar. Cuando se enfríe, retira el papel y trocéalo. Sirve los mangos asados y acompáñalos con trocitos de guirlache. Adorna con unas hojas de menta.

ENSALADILLA DE PATATA, GAMBAS Y AGUACATE

INGREDIENTES **(4 p.)**

1 patata
12 gambas
½ aguacate
1 barra de pan
2 huevos
1 zanahoria
1 cebolleta (pequeña)
½ granada
aceite de oliva virgen extra
perejil
sal

Para la mayonesa:
1 huevo
200 ml de aceite de oliva virgen extra
vinagre
sal

ELABORACIÓN

Corta el pan en 12 rebanadas finas y tuéstalas en el horno. Retíralas y resérvalas.

Pon agua a calentar en una cazuela. Agrega las patatas, los huevos y la zanahoria (pelada). Retira los huevos a los 10 minutos, la zanahoria a los 15 minutos y las patatas a los 30 minutos. Pela los huevos y las patatas, córtalos en dados y ponlos en un bol. Corta la zanahoria de la misma manera y agrégala.

Corta la cebolleta en daditos y añádelos al bol.

Pela el aguacate, retírale el hueso y sácale la pulpa. Córtala en dados e incorpóralos al bol.

Pela las gambas (reserva las cabezas y las cáscaras), córtales las colas en trozos de 1 centímetro, sazónalas, saltéalas brevemente en una sartén con un chorrito de aceite y espolvoréalas con un poco de perejil picado. Retíralas, deja que se templen y agrégalas al bol donde están los otros ingredientes de la ensaladilla.

Agrega un poco más de aceite a la sartén (donde has salteado las gambas), añade las cabezas y saltéalas. Cuela las cabezas y pon el aceite resultante en un vaso batidor. Añade el huevo, los 200 ml de aceite, un chorrito de vinagre y una pizca de sal. Tritura los ingredientes hasta conseguir una buena mayonesa. Añádela al bol de la ensaladilla, pon a punto de sal y mezcla bien.

Sirve la ensaladilla, salpícala con unos granos de granada y adórnala con unas hojas de perejil. Acompáñala con las rebanadas de pan tostado.

CHAMPIÑONES CON HUEVOS DE CODORNIZ

INGREDIENTES **(4 p.)**

16 champiñones
16 huevos de codorniz
aceite de oliva virgen extra
sal
perejil

ELABORACIÓN

Retira la parte inferior del tallo de los champiñones. Retírales los tallos y resérvalos para cualquier otra preparación (tortilla, puré…).

Enjuaga las cabezas de champiñón y sécalas.

Pon a calentar un poco de aceite en una sartén, añade los champiñones, colocados boca abajo, y cocínalos durante 2 minutos. Dales la vuelta y cocínalos durante otros 2 minutos. Sazónalos y espolvoréalos con un poco de perejil.

Colócalos boca arriba en una bandeja de horno. Casca un huevo encima de cada uno y hornéalos a 200 °C durante 2 minutos. Sirve.

BATIDO DE MACEDONIA

INGREDIENTES **(4 p.)**

2 plátanos
2 kiwis
2 melocotones en almíbar
1 taza de frambuesas
1 taza de grosellas
1 vaso de agua
1 cucharada de miel
2-3 cubitos de hielo

ELABORACIÓN

Pela los plátanos y los kiwis y córtalos junto con los melocotones en trozos. Colócalos en un bol y añade las frambuesas y las grosellas (reserva alguna grosella y rodaja de kiwi para decorar). Tritúralo todo bien con ayuda de una batidora. Añade el agua, la miel y los cubitos de hielo y sigue batiendo.

Coloca el batido en unas copas o vasos y decóralos con unas rodajas de kiwi y alguna grosella. Sírvelo acompañado de una pajita.

ENSALADA DE RÚCULA Y MEJILLONES EN ESCABECHE

INGREDIENTES **(4 p.)**

200 g de rúcula
20 mejillones en escabeche
2 cogollos de lechuga
12 tomates cherry
aceite de oliva virgen extra
vinagre
sal

ELABORACIÓN

Lava las hojas de rúcula, sécalas, trocéalas y ponlas en una fuente.

Suelta las hojas de los cogollos, lávalas, sécalas, trocéalas y agrégalas. Sazona.

Lava los tomates, córtalos por la mitad y añádelos. Incorpora los mejillones.

Aliña la ensalada con aceite y vinagre. Sirve.

CREMA FRÍA DE MANGO Y CALABACÍN CON CANELÓN DE BONITO

INGREDIENTES **(4 p.)**

2 mangos
1 calabacín
4 láminas de canelón
75 g de bonito en aceite
1 patata
2 cebolletas
cebollino picado
aceite de oliva virgen extra
perejil
sal

Para la mayonesa:

1 huevo
150 ml de aceite de oliva virgen extra
vinagre
sal

ELABORACIÓN

Pon agua a calentar en un cazo, introduce la patata y cuécela durante 35 minutos. Pélala, trocéala y colócala en la jarra batidora.

Pon agua a calentar en otra cazuela. Cuando empiece a hervir, sazona y agrega las láminas de canelón. Cuécelas durante 12 minutos. Escúrrelas, refréscalas y resérvalas.

Pela 1 cebolleta, córtala en dados y ponla a rehogar en una sartén con un chorrito de aceite. Lava el calabacín, pícalo y agrégalo. Sazónalo y rehógalo brevemente. Pasa todo a la jarra batidora. Pela los mangos, trocéalos, incorpóralos y tritura todo bien.

Introduce la crema en el frigorífico hasta que esté bien fría.

Para la mayonesa, pon el huevo, el aceite, un chorrito de vinagre y una pizca de sal en un vaso batidor. Tritura los ingredientes con la batidora eléctrica hasta conseguir una mayonesa.

Pela y pica la otra cebolleta finamente y ponla en un bol. Agrega el bonito desmenuzado, el cebollino picadito y unas cucharadas de mayonesa. Mezcla bien y rellena los canelones.

Reparte la crema en 4 platos hondos y coloca 1 canelón en el centro de cada uno. Decora los platos con unas hojas de perejil. Sirve.

CREPES SUZETTE CON FRUTAS

INGREDIENTES **(4 p.)**

½ mango
5 fresas
50 g de mantequilla
35 g de azúcar
250 ml de zumo de naranja
50 ml de licor de naranja
hojas de menta

Para la masa de los crepes:

2 huevos
80 g de harina
200 ml de leche
1 cucharada de azúcar
50 g de mantequilla
ralladura de 1 naranja

ELABORACIÓN

Para hacer los crepes, coloca en un vaso batidor los huevos y añade la harina, la leche, el azúcar, 25 g de mantequilla y la ralladura de naranja. Tritura con la batidora hasta que quede una masa homogénea sin grumos.

Funde los otros 25 g de mantequilla en una sartén y unta toda la base de la sartén con la ayuda de papel de cocina. Vierte un cacillo de masa, extiéndela bien y, cuando se cuaje, dale la vuelta y cocínala durante unos 30 segundos. Repite el proceso con el resto de la masa. Reserva los crepes.

Corta la fruta en dados (reserva algunos para la salsa), rellena los crepes con la fruta y dóblalos en cuartos, de manera que queden en forma de triángulo.

Para la salsa, derrite en una sartén la mantequilla junto con el azúcar. Añade el zumo de naranja y deja que hierva 2 minutos para que espese un poco. Incorpora los dados de fruta reservados a la salsa. Coloca los crepes sobre la salsa y deja que tomen calor durante un minuto. Pasa los crepes al plato. Rocía la salsa con el licor y flambea.

Riega los crepes con la salsa flambeada y decora con unas hojitas de menta. Sirve.

ENSALADA DE TOMATE Y ESPÁRRAGOS VERDES

INGREDIENTES (4 p.)

2 tomates
16 espárragos verdes
2 huevos
aceite de oliva virgen extra
sal

ELABORACIÓN

Lava y pela los tomates, córtalos en rodajas finas y colócalas en una fuente. Sazónalos y riégalos con un buen chorro de aceite.

Pon agua a calentar en una cazuela, agrega los huevos y cuécelos durante 10 minutos. Retíralos, refréscalos, pélalos y córtalos en daditos. Resérvalos.

Elimina la parte inferior de los espárragos y córtalos en trozos de 2 centímetros. Pon a calentar un chorrito de aceite. Agrega los espárragos, sazónalos y saltéalos durante unos 5 minutos. Extiéndelos sobre los tomates.

Espolvorea la ensalada con los huevos cocidos y sirve.

POPIETAS DE GALLO CON TEMPURA DE ALGAS

INGREDIENTES **(4 p.)**

3-4 gallos (dependiendo del tamaño)
15 g de espaguetis de mar
6 chalotas
6 cucharadas de harina
125 ml de vino blanco
aceite de oliva virgen extra
unas hebras de azafrán
pimienta negra
perejil
sal

ELABORACIÓN

Pon las algas a remojo en un bol con agua.

Limpia los gallos, retírales las espinas y las cabezas y reserva los filetes. Pon las espinas y las cabezas de los gallos en una cazuela con 500 ml de agua y unas ramas de perejil. Sazona y cuece todo durante 10-15 minutos. Cuela y reserva el caldo.

Corta las chalotas en daditos y dóralas en una cazuela pequeña con un chorrito de aceite. Cuando empiecen a dorarse, agrega 1 cucharada de harina y rehógala bien. Vierte la mitad del vino y 300 ml del caldo. Sazona y añade las hebras de azafrán. Cocina la salsa a fuego moderado durante 10 minutos.

Para hacer las popietas, salpimienta los filetes de gallo y enróllalos (de manera que la parte de la piel quede hacia dentro). Coloca las popietas sobre una bandeja de horno, riégalas con un chorrito de aceite y el resto del vino. Hornéalas a 200-220 °C durante 8-10 minutos.

Pasa el jugo que hayan soltado los gallos a la salsa y deja que hierva durante 1 minuto.

Coloca en un cuenco 5 cucharadas de harina y agrega agua bien fría hasta obtener una crema ni muy espesa ni muy ligera. Introduce las algas en ella y fríelas en una sartén con abundante aceite caliente.

Sirve las popietas en 4 platos, nápalas con la salsa de azafrán y acompáñalas con las algas fritas. Decora los platos con unas hojas de perejil.

MUFFINS CON BATIDO DE AGUACATE

INGREDIENTES **(4 p.)**

Para el batido de aguacate:
1 aguacate
2 plátanos
400 ml de zumo de naranja

Para los muffins:
100 g de pasas de Corinto
1 huevo
30 g de azúcar
100 ml de leche
65 g de harina
3 cucharaditas de levadura
aceite de oliva virgen extra
sal

ELABORACIÓN

Pon a remojo las pasas durante 1 hora. Después, sécalas bien con papel absorbente.

Pon el huevo en un bol y añade un chorrito de aceite. Bate con la batidora de varillas mientras incorporas el azúcar y la leche. En otro bol, mezcla la harina con la levadura y una pizca de sal; agrega todo al otro bol. Añade las pasas e introduce la mezcla en una manga pastelera.

Coloca moldes para magdalenas en una bandeja de horno y rellénalos con la mezcla. Hornea a 180 °C durante 15-20 minutos.

Pela los plátanos, trocéalos y ponlos en un vaso batidor. Agrega la pulpa del aguacate. Añade el zumo de naranja y bate con la batidora de mano.

Sirve los *muffins* con el batido de aguacate.

CALAMAR AL *CURRY* CON CUSCÚS

INGREDIENTES **(4 p.)**

2 calamares (grandes)
150 g de cuscús
2 dientes de ajo
2 cebollas
1 pimiento verde
1 zanahoria
1 vaso de vino blanco
aceite de oliva virgen extra
1 cucharadita de *curry*
perejil
sal

ELABORACIÓN

Lamina los dientes de ajo y dóralos en una cazuela con un chorrito de aceite. Cuando empiecen a dorarse, agrega 2 vasos de agua, un buen manojo de perejil y una pizca de sal. Cuece todo durante 10 minutos. Reserva el caldo de perejil

Corta las cebollas, el pimiento y la zanahoria en dados. Pon todo a rehogar en una cazuela con un chorrito de aceite.

Limpia los calamares, retirándoles las cabezas con los tentáculos (reserva las bolsitas de tinta para otra ocasión). Separa las aletas de los tubos, quítales la piel y enjuágalos (dando la vuelta a los tubos) bien.

Corta los calamares en aros y deja los tentáculos y las aletas enteras. Añade los aros a las verduras pochadas. Sazona y agrega el *curry*, el vino y 1 vaso de agua. Tapa la cazuela y cocina los calamares durante 30-40 minutos.

Pon el cuscús en un bol, agrega 225 ml del caldo de perejil, tápalo con film transparente y espera a que absorba todo el caldo.

Sirve los calamares y acompáñalos con el cuscús. Decora los platos con unas hojas de perejil.

ENSALADA DE PIMIENTOS Y ACEITUNAS NEGRAS

INGREDIENTES **(4 p.)**

2-3 pimientos morrones
20 aceitunas negras
1 diente de ajo
aceite de oliva virgen extra
mostaza
sal

ELABORACIÓN

Lava los pimientos, colócalos en un recipiente apto para el horno, riégalos con un chorrito de aceite y sazónalos. Hornéalos a 190 °C durante 35-40 minutos. Retíralos, pélalos, córtalos en tiras y ponlas en una fuente.

Pica un diente de ajo finamente y agrégalo.

Añade la mostaza y mezcla todo bien.

Corta las aceitunas por la mitad e incorpóralas a la ensalada. Sirve.

POLOS DE PLÁTANO Y GALLETAS

INGREDIENTES **(4 p.)**

2 plátanos
7 galletas María
1 naranja
½ limón

ELABORACIÓN

Trocea las galletas y ponlas en el vaso de la batidora.

Exprime la naranja y el limón y vierte los zumos también en el vaso de la batidora.

Agrega los plátanos troceados y tritura todo.

Vierte la mezcla en moldes para hacer polos (puedes utilizar cualquier otro molde) y mételos en el congelador durante 6 horas.

ENSALADA DE JUDÍAS VERDES Y GARBANZOS

INGREDIENTES **(4 p.)**

500 g de judías verdes
150 g de garbanzos (cocidos)
30 g de maíz en conserva
aceite de oliva virgen extra
zumo de 1 naranja
mostaza
sal

ELABORACIÓN

Enjuaga las judías, retírales las puntas y córtalas en trozos de 3 centímetros. Pon agua a calentar en una cazuela, coloca encima el accesorio para cocer al vapor y pon encima las judías. Tapa la cazuela y cuécelas durante 12-15 minutos. Colócalas en una fuente y sazónalas.

Agrega los garbanzos y el maíz.

Mezcla en un bol el aceite con la mostaza y el zumo de naranja y aliña la ensalada. Sirve.

CHARLOTA DE CALABACÍN CON VERDURAS Y POLLO

INGREDIENTES **(4 p.)**

1 calabacín grande
2 pechugas de pollo
1 cebolla
1 zanahoria
1 puerro
2 alcachofas
1 pimiento verde
150 g de queso
1 vaso de salsa de tomate
aceite de oliva virgen extra
perejil
pimienta negra
sal

ELABORACIÓN

Corta el calabacín en tiras largas y finas (con una mandolina o con un pelador) y ponlas a cocer en una cazuela con abundante agua hirviendo y sal durante 3-4 minutos. Retíralas, escúrrelas sobre un plato cubierto con papel absorbente y sécalas bien.

Limpia el puerro y el pimiento y córtalos en dados. Pela la cebolla y la zanahoria y córtalas también en dados. Pon todo a rehogar en una sartén con un chorrito de aceite. Pela las alcachofas, retirándoles las hojas externas y la parte superior. Córtalas por la mitad y después en juliana. Agrégalas a la sartén. Sazona y cocina las verduras hasta que estén blandas (15 minutos aproximadamente).

Corta el pollo en daditos y condiméntalo con sal y pimienta.

Forra 4 moldes con las tiras de calabacín, de tal manera que cuelguen por los lados. Reparte las verduras y el pollo en los 4 moldes. Recoge las tiras de calabacín hacia el centro para que el relleno quede bien tapado con ellas. Desmolda las charlotas, colócalas en una bandeja de horno y hornéalas a 200 °C durante 15 minutos. Pasado este tiempo, pon unas lonchas de queso sobre cada una y gratínalas durante 3-4 minutos (hasta que se doren).

Pon un poco de salsa de tomate bien caliente en el fondo de cada plato y coloca encima la charlota. Decora los platos con unas hojas de perejil y sirve.

CREMA CUAJADA CON FRESAS

INGREDIENTES **(4 p.)**

300 ml de leche
200 ml de nata
35 g de harina de maíz refinada
40 g de azúcar
1 huevo
2 yemas
½ vaina de vainilla
100 g de fresas
1 onza de cobertura de chocolate negro
hojas de menta

ELABORACIÓN

Coloca la harina de maíz refinada en un bol y añade el azúcar y 100 ml de leche fría. Mezcla bien hasta que la harina quede totalmente disuelta en la leche. Añade el huevo y las yemas. Mezcla bien y reserva.

Pon a hervir la nata con el resto de la leche y la vainilla. Cuando hierva, incorpora la mezcla anterior y remueve hasta que vuelva a hervir. Retira la vaina de vainilla y reparte la crema en 4 copas.

Lava las fresas y córtalas en daditos muy pequeños. Repártelos en las copas.

Ralla encima de cada copa un poco de chocolate y adorna con unas hojas de menta.

ENSALADA DE TOMATE, AGUACATE Y BACALAO

INGREDIENTES **(4 p.)**

2-3 tomates
1 aguacate
100 g de bacalao ahumado
10 aceitunas negras
aceite de oliva virgen extra
vinagre
sal

ELABORACIÓN

Lava y pela los tomates. Córtalos en rodajas finas y extiéndelas sobre una fuente. Sazónalas.

Corta el aguacate por la mitad, retírale el hueso y sácale la pulpa. Córtala en láminas finas y colócalas encima del tomate. Sazónalas.

Corta el bacalao ahumado en daditos y espárcelos por encima.

Corta las aceitunas en rodajas y agrégalas.

Adereza con un chorrito de vinagre y un buen chorro de aceite de oliva.

CHULETA DE CERDO CON PURÉ DE REMOLACHA

INGREDIENTES **(4 p.)**

4 chuletas de cerdo
2 remolachas
200 g de nata
2 puerros
2 zanahorias
1 diente de ajo
50 g de germinados de cebolla
aceite de oliva virgen extra
vinagre
perejil
pimienta negra
sal

ELABORACIÓN

Para el puré de remolacha, pela las remolachas, córtalas en cuartos y cuécelas durante 20 minutos en una cazuela con abundante agua con una pizca de sal. Retira parte del caldo (resérvalo) y tritúralas. Pon a calentar el puré de remolacha en un cazo, añade la nata (si ves que necesita más líquido, puedes agregar un poco del caldo de cocción de las remolachas) y cuece los ingredientes durante 3 minutos.

Limpia los puerros y pela las zanahorias. Córtalos en juliana fina y ponlos a cocer en un cazo con agua. Sazónalos y cuécelos (a fuego suave) durante 10 minutos. Cuela y reserva las verduras bien escurridas.

Riega una fuente con un chorrito de aceite. Salpimiéntala y espolvoréala con un poco de perejil picado. Pica el diente de ajo y espárcelo sobre la fuente. Unta las chuletas en la fuente hasta que queden bien impregnadas con los ingredientes. Deja que maceren durante 15-20 minutos. Cocina las chuletas a la plancha durante 3-4 minutos por cada lado.

Aliña los germinados de cebolla con una pizca de sal, un chorrito de vinagre y un chorro de aceite.

Sirve las chuletas con el puré de remolacha, las verduras cocidas y los germinados de cebolla. Decora los platos con unas hojas de perejil.

GRANIZADO DE FRUTAS

INGREDIENTES **(4 p.)**

350 g de fresas
1 naranja
1 limón
4 zanahorias
1 rodaja de piña gruesa (de unos 10 cm)
4 g de hojas de gelatina
200 g de azúcar
150 ml de agua
50 g de chocolate de cobertura
200 ml de nata

ELABORACIÓN

Pon a remojo la gelatina.

Prepara un jarabe poniendo un cazo al fuego con el agua y el azúcar. Cuando el azúcar se haya disuelto, aparta el jarabe del fuego y diluye en él la gelatina.

Limpia 300 g de fresas retirando el tallo verde. Pela la naranja y el limón, retirando también la piel blanca, y trocéalos. Pela las zanahorias y retira la piel y el centro de la piña. Pasa toda la fruta y las zaharorias por la licuadora una a una. Mezcla los zumos con el jarabe y la gelatina. Introduce todo en una bolsa para congelar. Ciérrala bien y colócala en el congelador horizontalmente, de manera que quede una capa fina.

Limpia el resto de las fresas, retírales el tallo y pincha en su lugar unas hojas de menta y un palo de brocheta. Derrite el chocolate y unta las fresas en él. Coloca las fresas sobre un plato forrado con papel de hornear y deja que se enfríe el chocolate.

Monta la nata con la batidora de varillas.

Una vez congelado el granizado, trocéalo y repártelo en copas. Vierte sobre cada una 1 cucharada de nata montada y adorna con las fresas con chocolate. Sirve.

TATAKI DE ATÚN

INGREDIENTES **(4 p.)**

600 g de atún
1 tomate
1 aguacate
zumo de ½ lima
50 g de anacardos
aceite de oliva virgen extra
perejil
pimienta
sal

Para la salsa ponzu:
100 ml de vino *mirin*
60 ml de vinagre de arroz
30 ml de zumo de *yuzu*
25 ml de salsa de soja o *tamari*
2 cucharaditas de *katsuobushi* granulado

ELABORACIÓN

Pon los ingredientes de la salsa *ponzu* en un cazo pequeño y caliéntalos hasta que hiervan. Apaga el fuego, pasa la salsa a un bol y deja que se enfríe. Resérvala.

Corta el atún en 4 rectángulos, salpimiéntalos y séllalos (por todos los lados) en una sartén con un par de cucharadas de aceite. Retíralos y deja que se enfríen.

Corta el tomate, rállalo y ponlo en un bol. Aderézalo con aceite y sal y resérvalo.

Pela el aguacate, córtalo por la mitad, retírale la pulpa y aplástala con un tenedor. Sazona, añade el zumo de lima, mezcla y reserva.

Corta cada taco de atún en filetes de medio centímetro. Acompáñalos con el tomate rallado, la crema de aguacate, la salsa *ponzu* y los anacardos picados. Decora los platos con unas hojas de perejil. Sirve.

ENSALADA DE JUDÍAS, PATATA Y MAÍZ

INGREDIENTES **(4 p.)**

400 g de judías verdes
2 patatas
50 g de maíz en conserva
aceite de oliva virgen extra
vinagre
sal

ELABORACIÓN

Retira las puntas de las judías y córtalas en trozos de 2 centímetros. Cuécelas al vapor durante 15 minutos. Pásalas a un bol.

Lava las patatas, colócalas en un plato, cúbrelas con film transparente e introdúcelas en el microondas. Cocínalas durante unos 5 minutos por patata. Pélalas, córtalas en dados y agrégalas al bol.

Añade el maíz en conserva.

Sazona y aliña con aceite y vinagre. Sirve.

HELADO DE ALMENDRA

INGREDIENTES **(4 p.)**

300 g de almendras tostadas
100 ml de licor de almendra
250 g de leche condensada
250 ml de nata
hojas de menta

Para los barquillos:
50 g de harina
50 g de azúcar glas
50 g de mantequilla fundida

ELABORACIÓN

Tritura las almendras junto con el licor y la leche condensada en el vaso batidor. Pasa la mezcla a un bol, monta la nata e incorpórala. Mezcla bien, cubre con film transparente e introduce la mezcla en el congelador.

Para preparar los barquillos, mezcla los ingredientes en un bol hasta conseguir una masa homogénea.

Coloca pequeñas porciones de masa sobre una bandeja de horno forrada con papel de hornear y extiéndelas con una cuchara. Hornea a 200 °C durante unos 7 minutos. Repite el proceso hasta terminar la masa.

Retira la bandeja del horno y, en caliente, dales la forma que más te apetezca. Deja enfriar los barquillos y rellénalos con el helado. Decora con una hojita de menta y sirve.

GAZPACHO EN ENSALADA

INGREDIENTES **(4 p.)**

2 tomates
1 pepino pequeño
½ pimiento
1 diente de ajo
aceite de oliva virgen extra
vinagre
sal

ELABORACIÓN

Pela los tomates, córtalos en gajos y extiéndelos en una fuente.

Pela el pepino y córtalo en bastones. Añádelos.

Corta el pimiento y el diente de ajo en daditos y espárcelos por encima.

Sazona y aliña con aceite y vinagre. Sirve.

ALMEJAS A LA SANLUQUEÑA

INGREDIENTES **(4 p.)**

1 kg de almejas
3 dientes de ajo
100 g de jamón serrano
30 g de harina
200 ml de agua
125 ml de vino manzanilla
aceite de oliva virgen extra
½ cucharadita de pimentón dulce
perejil

ELABORACIÓN

Lava bien las almejas y colócalas a remojo en un bol con agua. Déjalas reposar unos 15 minutos para que suelten cualquier resto de arena que puedan tener.

Pela los dientes de ajo, córtalos en daditos pequeños y ponlos a rehogar en una tartera con un chorrito de aceite.

Corta el jamón en daditos, añádelos y rehógalos brevemente.

Incorpora la harina y rehógala un poco, vierte encima el agua y la manzanilla y cocina los ingredientes (sin dejar de remover) durante 5 minutos.

Incorpora el pimentón, las almejas escurridas y un poco de perejil picado. Coloca la tapa y espera a que se abran.

Sirve y decora con unas hojas de perejil.

TARTA HELADA ARCO IRIS

INGREDIENTES **(6 p.)**

8 yemas de huevo
250 g de azúcar avainillado
750 ml de nata montada
100 ml de café negro fuerte
3 cucharadas de avellanas tostadas
3 cucharadas de almendras tostadas
frambuesas
hojas de menta

Para el puré de frambuesas:
300 g de frambuesas
150 g de azúcar

Para el puré de pistachos:
60 g de pistachos
2 cucharadas de agua

ELABORACIÓN

Para el puré de frambuesas, pon a cocer las frambuesas con el azúcar durante 20 minutos a fuego lento. Déjalo templar y cuélalo con una muselina fina para retirar las pepitas.

Para el puré de pistachos, pela los pistachos, añádeles 2 cucharadas de agua hirviendo y tritúralos con un molinillo.

Mezcla las yemas con el azúcar avainillado en un bol y ponlo al baño maría, batiendo hasta que el azúcar se deshaga y adquiera la consistencia de una crema. Deja enfriar, bate y añade la nata montada.

Divide esta mezcla en 4 partes. Aromatiza una con el puré de frambuesas; otra, con el café; otra, con las avellanas y las almendras picadas, y la última, con el puré de pistachos.

Cubre un molde con papel de hornear (que tenga tres veces la altura del molde). Pon en una capa la preparación aromatizada con frambuesas y deja que se solidifique en el congelador. Repite el proceso con la mezcla de los frutos secos, con la aromatizada con café y después con la de los pistachos.

Para servir, introduce el molde en agua caliente unos segundos y desmolda. Decora con frambuesas y hojas de menta.

PINTXOS VARIADOS

INGREDIENTES **(4 p.)**

Para la gilda clásica:
16 guindillas en vinagre
16 filetes de anchoas en aceite
16 aceitunas manzanilla rellenas
aceite de oliva virgen extra

Para la gilda de bacalao:
16 guindillas en vinagre
1 lomo de bacalao (desalado)
16 aceitunas manzanilla rellenas
1 diente de ajo
aceite de oliva virgen extra
perejil picado

Para el pan frito con gamba:
8 gambas
1 trozo de pan
3 huevos
8 filetes de anchoa en aceite
aceite de oliva virgen extra
vinagre
perejil
sal

ELABORACIÓN

Para la gilda clásica:
Retira la punta y el tallo de cada guindilla.

Pincha, en cada palito de brocheta, 1 guindilla cortada por la mitad, 1 filete de anchoa enroscado, 1 aceituna, otra anchoa, otra guindilla cortada en dos y termina con otra aceituna.

Coloca las gildas en una fuente y riégalas con un chorrito de aceite. Sirve.

Para la gilda de bacalao:
Retira la punta y el tallo de cada guindilla.

Corta el lomo de bacalao en 8 tacos. Colócalos en un cazo con aceite. Confita el bacalao a fuego suave durante 1-2 minutos. Resérvalo.

Pincha, en cada palito de brocheta, 1 guindilla cortada por la mitad, 1 aceituna, 1 taco de bacalao, otra aceituna y termina con otra guindilla cortada en dos. Colócalas en una fuente.

Pela el diente de ajo y pícalo finamente. Ponlo en un bol, agrega un chorrito de aceite y un poco de perejil picado Mezcla bien, riégalas con el aliño y sirve.

Para el pan frito con gamba:
Pon agua a calentar y, cuando empiece a hervir, introduce 2 huevos. A los 10 minutos, retíralos, refréscalos y pélalos. Corta cada huevo en 8 rodajas. Resérvalas.

Pon agua a calentar en una cazuela, sazónala y, cuando empiece a hervir, agrega las gambas. Déjalas unos segundos y pásalas a un bol con agua y unos hielos. Pélalas y resérvalas.

Pon un chorrito de vinagre en un vaso batidor. Agrega 1 huevo y una pizca de sal. Añade 150-200 ml de aceite y tritura los ingredientes hasta que queden bien ligados.

Corta el pan en 8 rebanadas y fríelas en una sartén con aceite. Retíralas y escúrrelas sobre un plato cubierto con papel absorbente.

Coloca el pan en la base de la fuente y pon, encima de cada rebanada, 2 rodajas de huevo, 1 filete de anchoa, 1 gamba y un poco de mayonesa. Sírvelas en una fuente y decóralas con unas hojas de perejil.

ENSALADA DE LECHUGA, PEPINO Y REMOLACHA

INGREDIENTES **(4 p.)**

1 lechuga
1 pepino
1 remolacha cocida
aceite de oliva virgen extra
vinagre
sal

ELABORACIÓN

Lava la lechuga, sécala, trocéala y ponla en una fuente.

Pela el pepino, córtalo en trozos irregulares y agrégalos.

Corta la remolacha en dados y añádelos.

Sazona y adereza con aceite y vinagre. Sirve.

BATIDO DE VERANO

INGREDIENTES **(4 p.)**

4 yogures naturales
2 briñones
16 fresas
1 vaso de azúcar
1 vaso de agua
½ limón
granadina y azúcar (para las copas)

ELABORACIÓN

Para el almíbar, pon a calentar el agua en un cazo y agrega el azúcar y unas gotas de limón. Cocina durante 10 minutos, hasta que se disuelva bien el azúcar. Deja templar.

Limpia las fresas, retírales el rabo y ponlas en un vaso batidor. Pela los briñones, pícalos y añádelos. Vierte encima el almíbar, agrega los yogures y tritura.

Para adornar las copas, unta los bordes con un poco de granadina y después pásalas por azúcar. Vierte el batido y sirve.

ENSALADA DE LECHUGAS VARIADAS, MANZANA Y PIPAS

INGREDIENTES **(4 p.)**

300 g de lechugas variadas
1 manzana
30 g de pipas de girasol
aceite de oliva virgen extra
vinagre
sal

ELABORACIÓN

Lava las lechugas, sécalas, trocéalas y colócalas en una fuente.

Pela la manzana, córtala en lascas y agrégala.

Calienta una sartén, añade las pipas y tuéstalas.

Sazona y aliña con aceite y vinagre. Espolvorea la ensalada con las pipas de girasol. Sirve.

SOLOMILLO DE PAVO CON MONTADITOS DE BERENJENA Y QUESO

INGREDIENTES **(4 p.)**

4 solomillos de pavo (400 g)
1 berenjena
60 g de queso roquefort
1 cebolleta
25 g de azúcar
100 ml de vinagre de Jerez
50 g de tocino ibérico
8 aceitunas verdes
harina, huevo y pan rallado
aceite de oliva virgen extra
perejil
pimienta
sal

ELABORACIÓN

Para la salsa, corta la cebolleta en daditos y ponlos a rehogar durante 4-5 minutos en un cazo con un chorrito de aceite. Agrega el azúcar y, cuando se funda, vierte encima el vinagre. Sazona y deja que reduzca durante 10 minutos a fuego muy suave.

Corta la berenjena en 8 láminas (al bies), colócalas en una fuente y sazónalas. Deja que suden un poco y sécalas.

Unta 4 láminas de berenjena con un poco de queso y cúbrelas con las otras 4 láminas.

Bate el huevo con una pizca de sal. Pasa los montaditos de berenjena por un plato con harina, después introdúcelos en el huevo batido y finalmente pásalos por el pan rallado. Fríelos en una sartén con aceite y escúrrelos sobre un plato cubierto con papel absorbente.

Corta el tocino en 4 tiras, introduce 1 en el mechador y mecha un solomillo. Repite el proceso con los otros 3 solomillos. Corta cada aceituna en 4 (a lo largo) y, con mucho cuidado, introduce 2 aceitunas (8 cuartos) en el mechador. Mecha cada solomillo con 2 aceitunas. Salpimienta los solomillos y cocínalos en una sartén con un chorrito de aceite durante 3-4 minutos por cada lado.

Sirve en cada plato un solomillo de pavo y un montadito de berenjena. Adorna los platos con unas hojas de perejil.

MILHOJAS DE SANDÍA Y TORTITAS DE ARROZ

INGREDIENTES **(4 p.)**

¼ de sandía
12 tortitas de arroz
5 cucharadas de melaza de arroz
125 ml de leche de arroz
hojas de menta

ELABORACIÓN

Pon 3 cucharadas de melaza de arroz y la leche de arroz en un bol. Introduce las tortitas en el bol y deja que se empapen bien.

Coloca cada tortita entre dos trozos de papel de hornear y presiónalas (con cuidado para que no se rompan) con un rodillo para dejarlas más finas.

Tuesta las tortitas (sin quitarles los papeles) a fuego suave en una plancha caliente sin aceite.

Una vez tostadas, separa las tortitas del papel de hornear. Resérvalas.

Corta la sandía en rodajas finas, del mismo tamaño que las tortitas de arroz.

Para emplatar, coloca en la base de cada plato 1 tortita de arroz y pon, encima de cada una, 1 rodaja fina de sandía. Repite el proceso dos veces más.

Adereza los milhojas con el resto de la melaza de arroz, decora con unas hojas de menta y sirve.

ENSALADA DE TOMATE, SANDÍA Y BERBERECHOS

INGREDIENTES **(4 p.)**

2 tomates
1 rodaja de sandía
1 lata de berberechos
16 aceitunas negras (sin hueso)
aceite de oliva virgen extra
vinagre
sal

ELABORACIÓN

Lava y pela los tomates. Córtalos en trozos irregulares y colócalos en un bol grande. Haz lo mismo con la sandía e incorpórala al bol.

Corta las aceitunas negras en daditos y agrégalas.

Añade también los berberechos bien escurridos.

Adereza con aceite, vinagre y sal. Sirve.

ESPAGUETIS CON BERENJENAS

INGREDIENTES **(4 p.)**

400 g de espaguetis
1 berenjena
3 dientes de ajo
1 cebolleta
2 chalotas
2 tomates (grandes maduros)
1 cucharada de tomate concentrado
aceite de oliva virgen extra
1 cucharadita de tomillo
1 cucharadita de ajedrea
1 cucharadita de orégano
perejil
1 guindilla cayena
sal

ELABORACIÓN

Pela los ajos, la cebolleta y las chalotas y córtalos en daditos. Ponlos a rehogar en la olla rápida con un chorrito de aceite. Sazona.

Cuando las verduras estén doradas, corta la berenjena (con piel) en daditos y agrégala. Rehoga bien.

Corta los tomates por la mitad y rállalos encima de las verduras. Agrega el tomate concentrado, el tomillo, la ajedrea, el orégano y la guindilla. Pon a punto de sal. Coloca la tapa y cocina todos los ingredientes durante 5 minutos.

Pon agua a calentar en una cazuela. Cuando empiece a hervir, sazona y agrega los espaguetis. Cuécelos según las indicaciones del envase. Escúrrelos bien. Reparte los espaguetis y la salsa en 4 platos. Decóralos con unas hojas de perejil y sirve.

GAZPACHO DE KIWI Y MELÓN

INGREDIENTES **(4 p.)**

3 kiwis
600 g de melón
1 cucharada de azúcar
zumo de 1 lima
un poco de ralladura de lima
100 g de piña
4 fresas
1 bollo suizo
35 g de mantequilla
6-8 hielos
hojas de menta
sal

ELABORACIÓN

Pela el melón, córtalo en trozos y colócalos en la jarra batidora. Pela los kiwis, trocéalos y agrégalos. Añade el azúcar, una pizca de sal y el zumo de lima. Tritura. Vierte el batido en una jarra con hielos. Añade la ralladura de lima. Remueve el gazpacho e introdúcelo en el frigorífico hasta el momento de servir.

Pela la piña, córtala en taquitos pequeños y colócalos en un bol. Lava las fresas, retírales los tallos y córtalas en daditos. Colócalos en otro bol.

Corta el bollo suizo en taquitos. Calienta una sartén con la mantequilla y, cuando se derrita, agrega los taquitos de bollo. Saltéalos hasta que se doren y pásalos a un plato.

Reparte el gazpacho en 4 platos soperos y agrega, a cada uno, unos trocitos de bollo, de piña y de fresa. Decora los platos con unas hojas de menta y sirve.

ENSALADA DE TOMATE, AGUACATE Y GAMBAS

INGREDIENTES **(4 p.)**

12 tomates cherry
2 aguacates
24 gambas
2 cucharadas de aceite de oliva virgen extra
zumo de ½ limón
sal

ELABORACIÓN

Pela los aguacates, córtalos por la mitad y retírales la pulpa con una cuchara. Córtalos en láminas finas y extiéndelas sobre una fuente.

Lava los tomates, córtalos por la mitad y agrégalos.

Pon agua a calentar en un cazo. Sazona y, cuando empiece a hervir, agrega las gambas. Cuécelas durante 1 minuto. Escúrrelas y deja que se enfríen. Agrégalas a la ensalada.

Mezcla en un bol el aceite con el zumo de limón y una pizca de sal. Bate bien y aliña la ensalada. Sirve.

CODORNICES CON PLÁTANO Y SALSA DE COLA

INGREDIENTES **(4 p.)**

8 codornices
2 plátanos
1 vaso de refresco de cola
4 lonchas de panceta
aceite de oliva virgen extra
perejil
pimienta negra
sal

ELABORACIÓN

Unta las codornices con un poco de aceite, salpimiéntalas, ponlas en una fuente de horno y hornéalas a 220 °C durante 10 minutos. Pasado este tiempo, riégalas con el refresco de cola y hornéalas durante 10 minutos más a la misma temperatura. Reserva las codornices calientes (en el horno) y pon a reducir la salsa de cola en una sartén a fuego fuerte. Cocina hasta que espese y caramelice.

Pela los plátanos y corta cada uno en 4 trozos. Corta las lonchas de panceta por la mitad. Envuelve cada trozo de plátano con media loncha de panceta. Pínchalos con un palillo y fríe las brochetas en una sartén con aceite bien caliente. Resérvalas.

Sirve 2 codornices y 2 brochetas en cada plato y saltéalas con la salsa de cola. Decora los platos con unas hojas de perejil.

TARTA DE GALLETAS Y LIMÓN

INGREDIENTES **(4 p.)**

100 g de galletas
zumo de 2 limones
ralladura de 2 limones
60 g de mantequilla
25 g de harina de maíz refinada
100 g de azúcar
250 ml de leche y nata (mezcla a partes iguales)
3 huevos
azúcar moreno
grosellas
hojas de menta

ELABORACIÓN

Tritura las galletas y mézclalas con la mantequilla fundida. Cubre con la mezcla la base de 4 cortapastas redondos e introdúcelos en el frigorífico hasta que endurezcan.

Mezcla en un bol la harina de maíz y el azúcar. Añade un poco de la mezcla de leche y nata y remueve bien con una varilla. Agrega los huevos y mezcla bien. Incorpora el zumo de limón y sigue mezclando hasta conseguir una especie de papilla.

Pon a calentar el resto de la mezcla de leche y nata con la ralladura de limón. Vierte la papilla en la cazuela de la leche caliente y cocínala hasta que cuaje.

Rellena los moldes con la mezcla e introdúcelos en el frigorífico hasta que se enfríen. Desmolda, coloca un poco de azúcar moreno encima de cada tarta y quema el azúcar con un soplete. Decóralas con unas grosellas y unas hojitas de menta. Sirve.

OTOÑO

Tortillas
MOUSSAKA
Panellets
Castañas
quesos
bizcochos
Setas
Tartas
SOPAS
Canelones
Suquet

ENSALADA DE MANZANA Y REMOLACHA

INGREDIENTES **(4 p.)**

1 manzana
1 remolacha cocida
300 g de berros
20 g de pasas
20 g de pistachos (pelados)
aceite de oliva virgen extra
zumo de ½ limón
sal

ELABORACIÓN

Lava los berros y espárcelos en una fuente grande. Sazónalos.

Pela la manzana, córtala en medias lunas finas y repártelas por encima.

Corta la remolacha en dados y agrégalos.

Añade también las pasas y los pistachos.

Mezcla el zumo de limón con un chorrito de aceite y una pizca de sal. Aliña la ensalada y sirve.

GARBANZOS CON CHORIZO, ESPINACAS Y HUEVO

INGREDIENTES **(4 p.)**

300 g de garbanzos
500 g de espinacas
1 chorizo fresco (125 g)
4 huevos
1 cebolleta
2 dientes de ajo
harina
aceite de oliva virgen extra
perejil
sal

ELABORACIÓN

Pon los garbanzos a remojo la víspera.

Pela los ajos, lamínalos y ponlos a pochar en la olla rápida con un chorrito de aceite. Pela la cebolleta, córtala en daditos e incorpóralos. Rehoga bien. Corta el chorizo en rodajas y añádelas. Rehoga. Agrega los garbanzos escurridos y agua hirviendo hasta que queden bien cubiertos. Sazona. Coloca la tapa y cuécelos durante 15-20 minutos.

Calienta agua en una cazuela, sazona y agrega las espinacas. Escáldalas durante 2 minutos. Escúrrelas bien, deja que se enfríen y pícalas. Forma con ellas bolitas, pásalas por harina y fríelas en una sartén con aceite. Retíralas y escúrrelas sobre un plato cubierto con papel absorbente.

Pon agua a calentar en una cazuela; cuando empiece a hervir, casca en ella los huevos y escálfalos. Una vez escalfados, sácalos a un plato y sazónalos.

Sirve los garbanzos con chorizo, las bolitas de espinaca y los huevos escalfados. Adorna los platos con unas hojas de perejil.

CAPRICHO DE MASCARPONE Y FRUTOS SECOS

INGREDIENTES **(4 p.)**

300 g de queso mascarpone
250 g de chocolate blanco de cobertura
frutos secos variados garrapiñados
1 copa de licor de avellana
hojas de menta
flores de pensamiento

Para el bizcocho:

4 huevos
100 g de azúcar
100 g de harina

Para el baño de chocolate:

150 g de chocolate de cobertura
100 ml de nata líquida
40 g de mantequilla
1 cucharada de azúcar
1 cucharada de miel

ELABORACIÓN

Para preparar el bizcocho, monta los huevos con una batidora eléctrica de varillas, añade el azúcar y sigue montando. Agrega la harina tamizada y mezcla con movimientos envolventes. Coloca un papel de hornear sobre la placa, vierte encima la masa del bizcocho e introduce en el horno a 170 °C durante 7 minutos.

Funde el chocolate blanco y mézclalo con el mascarpone. Deja que se enfríe, introdúcelo en una manga pastelera y reserva.

Para preparar el baño de chocolate, calienta la nata con el azúcar, la mantequilla y la miel en una cazuela. Cuando se haya derretido la mantequilla y esté todo bien mezclado, aparta del fuego y agrega el chocolate. Mezcla bien hasta que se derrita el chocolate y quede una crema ligera.

Con un cortapastas, corta el bizcocho en 4 porciones, emborráchalas con el licor, cúbrelas con la crema de mascarpone y báñalas con el chocolate. Acompaña con los frutos secos garrapiñados y adorna con hojas de menta y flores de pensamiento.

ENSALADA DE RÚCULA Y AGUACATE

INGREDIENTES **(4 p.)**

250 g de rúcula
1 aguacate
32 frambuesas
aceite de oliva virgen extra
vinagre
sal

ELABORACIÓN

Lava la rúcula, sécala y ponla en una fuente.

Pela el aguacate, córtalo en lonchas finas y colócalas sobre la rúcula. Añade también las frambuesas.

Sazona y adereza con aceite y vinagre. Sirve.

SOLOMILLO DE CERDO CON CALABACÍN REBOZADO

INGREDIENTES **(4 p.)**

700 g de solomillo de cerdo
1 calabacín
3 lonchas de jamón serrano
2 cebolletas
2 dientes de ajo
100 ml de vino dulce
3 huevos
harina
pan rallado
aceite de oliva virgen extra
perejil
pimienta
sal

ELABORACIÓN

Coloca las lonchas de jamón sobre la placa de horno forrada con papel de hornear. Cúbrelas con otro trozo de papel y hornéalas a 190 °C durante 12-15 minutos. Deja que se enfríen, retírales la grasa, pica el jamón finamente y agrégalo al pan rallado. Reserva.

Pela los ajos, lamínalos y ponlos a rehogar en una sartén con un poco de aceite. Pela las cebolletas, córtalas en dados y añádelos. Sazona. Rehoga todo bien hasta que se dore. Vierte el vino y dale un hervor. Espolvorea con perejil picado.

Corta los solomillos por la mitad (a lo ancho), salpimiéntalos y dóralos en una sartén con un chorrito de aceite. Colócalos en una bandeja apta para horno, añade por encima la cebolleta pochada y hornea la carne a 190 °C durante 10 minutos.

Lava el calabacín, córtalo en rodajas y sazónalas. Pásalas por harina, huevo batido y el pan rallado mezclado con el polvo de jamón. Fríelas en una sartén con aceite. Escúrrelas sobre un plato cubierto con papel absorbente.

Sirve el solomillo con las rodajas de calabacín rebozado. Decora con unas hojitas de perejil.

CREMA *BRÛLÉE* CON FRUTOS ROJOS

INGREDIENTES **(4 p.)**

8 yemas de huevo
600 ml de nata líquida
8 cucharadas de azúcar
1 vaina de vainilla
fresas
frambuesas
grosellas
hojas de menta

ELABORACIÓN

Vierte la nata (reserva un poco) en una cazuela junto con la vaina de vainilla (abierta por la mitad a lo largo) y 2 cucharadas de azúcar y llévala a ebullición. Aparta del fuego, deja entibiar y retira la vaina.

Bate las yemas de huevo y 2 cucharadas de azúcar hasta montarlas ligeramente. Incorpora, poco a poco, la nata fría reservada al principio y mezcla. Después, añade la nata hervida. Mezcla bien y vierte de nuevo la mezcla en un cazo. A fuego lento, sin que llegue a hervir, remueve todo suavemente hasta que la crema espese.

Distribuye la crema en cuatro cuencos individuales, deja que se templen primero e introdúcelos en el frigorífico a continuación. Antes de servir, espolvorea una cucharada de azúcar en cada cuenco y quémalo con un quemador (o gratínalo en el *grill*).

Añade los frutos rojos limpios: las fresas fileteadas, las grosellas y las frambuesas. Adorna con hojas de menta y sirve.

ENSALADA DE PASTA, PAVO Y AVELLANAS

INGREDIENTES **(4 p.)**

200 g de conchas de pasta pequeñas
250 g de pechuga de pavo
12 avellanas
cebollino
aceite de oliva virgen extra
pimienta
sal

ELABORACIÓN

Pon agua a calentar en una cazuela. Cuando empiece a hervir, sazónala y agrega la pasta. Cuécela el tiempo que indique el paquete, escúrrela y refréscala.

Corta la pechuga en daditos, sazónalos y saltéalos brevemente en una sartén con aceite.

Pica las avellanas y el cebollino.

Mezcla, en un bol, la pasta con el pavo, el cebollino y las avellanas. Aliña con aceite y pimienta y sirve.

CREMA DE COLIFLOR Y NABO CON *BOLETUS* SALTEADOS

INGREDIENTES **(4 p.)**

½ coliflor
1 nabo
150 g de *boletus*
2 dientes de ajo
30 g de pan (del día anterior)
aceite de oliva virgen extra
perejil
sal

ELABORACIÓN

Pon agua a calentar en una cazuela. Lava la coliflor, suéltala en ramilletes y añádelos al agua. Pela el nabo, trocéalo e incorpóralo. Sazona y tapa la cazuela. Cuece todo durante 20 minutos. (Retira parte del caldo y resérvalo por si acaso hubiera que aligerar la crema.)

Pela y pica los dientes de ajo. Pon a calentar un chorrito de aceite en una sartén pequeña. Agrega los ajos y, antes de que se doren, añade un poco de perejil picado y vierte todo sobre la cazuela de la coliflor y el nabo. Tritura y reserva. Si la crema queda muy espesa, aligérala añadiendo un poco del caldo reservado anteriormente.

Corta el pan en medias lunas y fríelas en una sartén con aceite hasta que estén doradas. Escúrrelas sobre un plato cubierto con papel absorbente.

Limpia bien los *boletus* y lamínalos. Saltéalos brevemente en una sartén con aceite y sazónalos.

Sirve la crema, agrega a cada plato unos costrones de pan y unos *boletus* salteados. Decora con unas hojas de perejil.

BIZCOCHO DE CASTAÑAS

INGREDIENTES **(6 p.)**

200 g de puré de castañas
2 huevos
100 g de azúcar
25 g de mantequilla
125 g de harina
1 sobre de levadura
azúcar glas
hojas de menta

ELABORACIÓN

Unta el molde con un poco de mantequilla (5 g), espolvoréalo con un poco de harina (10 g) y espárcela bien. Retira el exceso.

Casca los huevos y ponlos en un bol. Móntalos con la batidora eléctrica y vete añadiendo el azúcar. Monta todo bien. Añade el resto de la mantequilla (20 g) y sigue batiendo la mezcla durante un par de minutos más.

Mezcla en otro bol la levadura con el resto de la harina (115 g) y el puré de castañas. Añádelo al bol de los huevos montados. Remueve suavemente hasta que quede todo bien integrado.

Vierte la mezcla en el molde y hornéala a 180 °C durante 40 minutos aproximadamente.

Deja que se enfríe, desmolda y espolvorea el bizcocho con un poco de azúcar glas. Adórnalo con unas hojas de menta. Sirve.

ENSALADA DE LECHUGAS VARIADAS Y QUINOA

INGREDIENTES **(4 p.)**

250 g de hojas de lechuga variadas
100 g de quinoa
4 rabanitos
aceite de oliva virgen extra
vinagre
sal

ELABORACIÓN

Lava las hojas de lechuga, sécalas, trocéalas y colócalas en una fuente.

Pon la quinoa en un colador y enjuágala bajo el grifo de agua fría. Cuécela en un cazo con el doble de agua y una pizca de sal hasta que absorba toda el agua. Espárcela para que se enfríe y añádela a la fuente.

Lava los rabanitos, córtalos en daditos y agrégalos.

Sazona y adereza con aceite y vinagre. Sirve.

PESCADILLA RELLENA

INGREDIENTES **(4 p.)**

1 pescadilla (1200 g)
16 gambas
2 huevos
3 dientes de ajo
1 cucharada de harina
100 ml de *txakoli*
aceite de oliva virgen extra
perejil
pimienta
sal

ELABORACIÓN

Pon los huevos en un cazo con agua y una pizca de sal. Cuécelos durante 10 minutos (contados desde el momento en que el agua empiece a hervir). Retíralos, refréscalos, pélalos y córtalos en rodajas.

Retira la cabeza y la espina central de la pescadilla y resérvalas. Reserva también los lomos.

Pela las gambas, sazónalas y resérvalas. Reserva también las cáscaras y las cabezas.

Para hacer el caldo de pescado: coloca la cabeza de la pescadilla, la espina central y las cabezas y cáscaras de las gambas en una cazuela con agua y sal. Añade una ramita de perejil y cuece todo durante 15 minutos. Cuela y reserva.

Salpimienta los lomos. Unta una placa de horno con aceite. Coloca sobre ella un lomo de pescadilla (dejando la parte de la piel en contacto con la placa) y reparte encima los huevos y las gambas. Cubre con el otro lomo (dejando la piel hacia arriba), rocía con otro chorrito de aceite y hornea a 200 °C durante 12-15 minutos.

Pela los dientes de ajo, pícalos finamente y ponlos a rehogar en una sartén. Antes de que se doren, añade la harina y rehógala. Vierte el vino, dale un hervor y agrega parte del caldo de pescado. Espolvorea con perejil picado. Sirve la pescadilla y salséala.

TARTA DE GALLETAS

INGREDIENTES **(4 p.)**

32 galletas rectangulares
150 ml de leche
150 g de mermelada de fresa
180 g de chocolate blanco para postres
75 g de chocolate negro
1 cucharada de aceite de oliva virgen extra
frutos rojos
hojas de menta

ELABORACIÓN

En un molde rectangular (tipo cortapastas), pon una capa de galletas en la base. Úntalas con la leche y después con la mermelada de fresa. Coloca otra capa de galletas encima y repite el proceso hasta seis veces. Termina con una capa de galletas.

Funde el chocolate blanco al baño maría. Añádele 1 cucharada de aceite y mezcla. Napa la tarta con el chocolate. Deja que se enfríe unas horas en el frigorífico. Después, desmolda.

Funde el chocolate negro y forma con él unos hilos sobre la superficie de la tarta. Adorna con hojas de menta y frutos rojos.

ENSALADA DE LECHUGAS VARIADAS E HIGOS

INGREDIENTES **(4 p.)**

300 g de lechugas variadas
6 higos
30 g de piñones (pelados)
aceite de oliva virgen extra
vinagre
sal

ELABORACIÓN

Lava las hojas de lechuga, trocéalas y colócalas en una fuente.

Corta los higos en daditos y añádelos.

Tuesta los piñones en una sartén y espárcelos sobre la ensalada.

Sazona y aliña con aceite y vinagre. Sirve.

BORRETA ALICANTINA

INGREDIENTES **(4 p.)**

400 g de bacalao desalado
4 huevos
3 patatas
500 g de espinacas
1 cabeza de ajos
1 l de agua
2 ñoras
1 cebolla
aceite de oliva virgen extra
sal

ELABORACIÓN

Pon 1 litro de agua a calentar en una cazuela grande. Pela las patatas, cáscalas y agrégalas. Pela los dientes de ajo y añádelos. Pela la cebolla, córtala por la mitad e incorpórala. Corta también el bacalao (sin piel) en trozos grandes y mételo en la cazuela. Retira los tallos y las pepitas a las ñoras y añádelas. Finalmente, limpia las espinacas, pícalas y agrégalas. Sazona.

Cuando empiece a hervir, vierte un chorrito de aceite y cocina todo a fuego medio (sin tapar) durante 30 minutos.

Casca los huevos, incorpóralos a la cazuela y sazónalos. Coloca la tapa y espera a que cuajen. Sirve.

BIZCOCHO DE ALMENDRAS

INGREDIENTES **(6 p.)**

200 g de almendras molidas
3 huevos
3 cucharadas de azúcar
100 g de mantequilla
½ copa de licor
ralladura de 1 limón
1 puñado de almendras tostadas
azúcar glas
mantequilla y harina para el molde

ELABORACIÓN

Separa las yemas de las claras. Monta las claras a punto de nieve y añade al final 1 cucharada de azúcar.

Monta también las yemas batiéndolas con 2 cucharadas de azúcar hasta que blanqueen.

Mezcla las claras con las yemas con cuidado para que quede esponjoso.

Deja la mantequilla a temperatura ambiente el tiempo suficiente para que se vuelva líquida y añádesela a la masa. Agrega también la ralladura y el licor. Por último, incorpora las almendras molidas y mezcla todos estos ingredientes con suavidad.

Unta el molde con un trozo de mantequilla y espolvoréalo con harina. Vierte sobre él la masa del bizcocho.

Hornea a 200 °C durante 10 minutos. A continuación, baja la temperatura a 175 °C y hornea otros 25 minutos.

Deja enfriar el bizcocho y desmóldalo.

Por último, decora con el azúcar glas y las almendras tostadas. Sirve.

ENSALADA DE HOJAS VARIADAS Y JAMÓN COCIDO

INGREDIENTES **(4 p.)**

300 g de hojas variadas (berros, lechuga, lollo)
150 g de jamón cocido
1 zanahoria
30 g de maíz cocido
aceite de oliva virgen extra
vinagre
sal

ELABORACIÓN

Lava las hojas, sécalas y colócalas en una fuente.

Pela la zanahoria, rállala y espárcela por encima.

Corta el jamón cocido en taquitos y añádelos.

Salpica todo con el maíz en conserva.

Sazona y aliña con aceite y vinagre. Sirve.

COL GUISADA CON VERDURAS Y SETAS

INGREDIENTES **(4 p.)**

1 col
2 zanahorias
1 puerro
12 ajos frescos
150 g de setas de cultivo
100 g de panceta
8 rebanadas de pan
1 diente de ajo
aceite de oliva virgen extra
perejil
sal

ELABORACIÓN

Pela las zanahorias, córtalas en cuartos de luna y ponlas a rehogar en una tartera grande con un chorrito de aceite. Limpia bien el puerro, pélalo, pícalo y añádelo. Pela los ajos frescos, córtalos en cilindros e incorpóralos. Sazona y rehoga todo bien. Corta la panceta en dados, agrégala y rehógala brevemente.

Limpia las setas, córtalas en tiras y añádelas a la tartera.

Retira el tallo de la col, córtala en juliana fina e incorpórala. Pon a punto de sal, tápala y guísala en su propio jugo durante 40 minutos.

Coloca las rebanadas de pan en la placa del horno hasta que se tuesten. Pela el diente de ajo, unta con él las rebanadas y córtalas por la mitad.

Sirve la col guisada y coloca en cada plato 4 trozos de pan. Decora los platos con unas hojas de perejil.

BUÑUELOS DE CACAO

INGREDIENTES **(4 p.)**

250 ml de agua
30 g de mantequilla
40 g de azúcar
1 cucharada de azúcar avainillado
125 g de harina
5 huevos
250 g de crema pastelera
2 cucharadas de cacao en polvo
ralladura de ½ limón
aceite de oliva virgen extra
sal
hojas de menta

ELABORACIÓN

Pon el agua en un cazo. Agrega la mantequilla, el azúcar y el azúcar avainillado, la ralladura de limón y una pizca de sal. Llévalo a ebullición y, cuando empiece a hervir, vierte la harina de una vez. Sin retirar del fuego, remueve con una cuchara de madera hasta que la masa se desprenda de las paredes del cazo. Deja que se temple.

Incorpora los huevos de uno en uno; hasta que el primero no se haya integrado en la masa, no incorpores el siguiente.

Calienta abundante aceite en un cazo o sartén. Echa pequeñas porciones de masa (dejando espacio entre ellas) y fríelas (a fuego suave-medio) por todos los lados hasta que se inflen y se doren. Retira los buñuelos y escúrrelos sobre un plato cubierto con papel absorbente.

Mezcla la crema pastelera con el cacao en polvo. Introduce la crema en una manga pastelera y rellena los buñuelos.

Sirve los buñuelos y decora con una hojita de menta.

ENSALADA DE ESPINACAS, TOMATE Y NUECES

INGREDIENTES (4 p.)

300 g de espinacas *baby*
1 tomate
12 nueces
aceite de oliva virgen extra
vinagre
sal

ELABORACIÓN

Lava las hojas de espinacas, sécalas y ponlas en una fuente.

Pela el tomate, córtalo en trozos irregulares y añádelos.

Casca las nueces, pélalas, pícalas un poco e incorpóralas.

Sazona y aliña con aceite y vinagre. Sirve.

SALMÓN AL CUADRADO

INGREDIENTES (4 p.)

600 g de salmón fresco (lomo limpio)
4 lonchas de salmón ahumado (100 g)
3 patatas
1 cebolleta
1 pimiento verde
100 g de queso de untar
3 aceitunas verdes
1 tomate deshidratado en aceite
aceite de oliva virgen extra
perejil
pimienta
sal

ELABORACIÓN

Pela las patatas, córtalas en medias lunas finas y ponlas a pochar en una sartén con abundante aceite. Corta la cebolleta y el pimiento en dados y añádelos. Sazona y fríe todo bien hasta que las patatas se doren un poco. Escurre el aceite y pasa las patatas con la cebolleta y el pimiento por el pasapurés. Reserva el puré.

Pon el queso en un bol. Pica finamente las aceitunas y el tomate deshidratado. Agrégalos al bol y mezcla bien. Unta cada loncha de salmón ahumado con la mezcla anterior y enróllalas formando 4 cilindros. Corta un trocito para que ese lado nos sirva de base. Ponlos de pie y ábrelos un poco de manera que queden como cuatro capullos de rosa.

Con ayuda de unas pinzas, retira las espinas centrales del lomo de salmón. Córtalo en 4 trozos, salpimiéntalos y cocínalos a la plancha durante 3 minutos por cada lado.

Sirve en cada plato una porción de salmón, una flor y 2 *quenelles* de puré de patata. Decora los platos con unas hojas de perejil.

CRUMBLE DE MANZANA Y FRAMBUESAS

INGREDIENTES (4 p.)

3 manzanas reineta
12 frambuesas
70 g de harina
60 g de azúcar moscabado
60 g de avellana picada
60 g de mantequilla
2 cucharadas de azúcar glas
1 cucharadita de esencia vainilla
1 cucharadita de canela en polvo
sal
hojas de menta

ELABORACIÓN

Pela las manzanas y córtalas en trocitos. Distribúyelas en 4 recipientes aptos para el horno. Hornéalas a 180 °C durante 10 minutos.

Lava las frambuesas, colócalas en un bol y espolvoréalas con el azúcar glas, la vainilla y la canela. Deja macerar durante 10 minutos.

Pon la harina en un bol y agrega el azúcar y una pizca de sal. Incorpora la avellana picada y la mantequilla (a punto de pomada). Mezcla a mano hasta obtener una masa granulosa. Resérvala.

Reparte las frambuesas en los recipientes donde están las manzanas. Añade por encima la masa, introduce los recipientes de nuevo en el horno y hornéalos a 180 °C durante 15-20 minutos. Sirve y decora con unas hojitas de menta.

ENSALADA DE ESPINACAS

INGREDIENTES **(4 p.)**

300 g de hojas de espinacas *baby*
12 tomates en aceite
100 g de arroz
aceite de oliva virgen extra
vinagre
sal

ELABORACIÓN

Lava las hojas de espinaca, sécalas y colócalas en una fuente.

Cuece el arroz en un cazo con agua y sal durante 18 minutos. Escúrrelo, refréscalo e incorpóralo a la fuente.

Pica los tomates en aceite y añádelos.

Sazona y aliña con aceite y vinagre. Sirve.

ARROZ INTEGRAL CON BONIATO Y MANZANA

INGREDIENTES **(4 p.)**

300 g de arroz integral
1 boniato
1 manzana
2 cebolletas
2 dientes de ajo
aceite de oliva virgen extra
perejil
pimienta
sal

ELABORACIÓN

Pon el arroz integral a remojo la víspera.

Pela las cebolletas y los dientes de ajo, córtalos en daditos y ponlos a rehogar en una cazuela con un chorrito de aceite. Cuando cojan un poco de color, agrega el arroz escurrido, rehógalo un poco y vierte el agua (el doble que de arroz). Sazona y cuécelo durante 25 minutos.

Pela el boniato, córtalo en daditos y saltéalo en una sartén con aceite. Pela la manzana, córtala en daditos y añádela a la sartén. Salpimienta y saltea todo conjuntamente.

Mezcla el arroz con los daditos de manzana y de boniato.

Sirve y decora los platos con unas hojas de perejil.

SOPA DE CHOCOLATE BLANCO CON TEJA DE NARANJA

INGREDIENTES **(4 p.)**

200 g de chocolate blanco
250 ml de leche
250 ml de nata
2 ramas de canela
8 frambuesas para decorar
hojas de menta

Para la teja de naranja:

2 cucharadas grandes de almendra fileteada
1 clara de huevo
1 cucharada sopera de azúcar
1 cucharada sopera de ralladura de naranja

ELABORACIÓN

Pon la leche, la nata y la canela en una cazuela. Calienta hasta que empiece a hervir. Apaga el fuego y deja atemperar.

Mezcla en un bol los ingredientes de la teja. Extiende la mezcla sobre una bandeja de horno cubierta con papel de hornear y hornéala a 180 °C durante 15 minutos. Déjala reposar fuera del horno.

Trocea el chocolate y colócalo en el vaso batidor. Cuela la leche y la nata (templadas) en el vaso batidor y deja reposar 10 minutos. Tritura y reparte la sopa en los cuencos.

Trocea la teja y pon unos trozos sobre cada cuenco. Adorna con las frambuesas y unas hojas de menta.

PALOMA ASADA CON PURÉ DE MANZANA

INGREDIENTES **(4 p.)**

4 palomas
4 manzanas
2 cebollas
4 dientes de ajo
150 ml de vino tinto
1 cucharadita de harina de maíz refinada
aceite de oliva virgen extra
1 rama de tomillo
1 rama de romero
perejil
pimienta (polvo y grano)
sal

ELABORACIÓN

Pon a calentar un poco de aceite en la olla rápida. Pela los ajos, lamínalos y añádelos a la olla. Rehógalos brevemente. Pela las cebollas, córtalas en dados y agrégalas. Corta las alas y los muslos de las palomas e incorpóralos a la olla. Cuando se doren, vierte el vino y dale un hervor. Vierte también 225 ml de agua, sazona y añade el romero, el tomillo y unos granos de pimienta negra. Cierra la olla y cocina todo durante 20 minutos.

Pasado este tiempo, abre la olla, cuela la salsa y colócala en un cacito al fuego. Diluye la harina de maíz refinada en agua fría y añádela a la salsa. Mezcla y liga la salsa.

Pela las manzanas, trocéalas y ponlas en una cazuelita con un poco de agua. Cocina las manzanas hasta que se deshagan. Aplástalas un poco y reserva el puré.

Coloca las pechugas de las palomas en un recipiente apto para el horno, riégalas con un chorrito de aceite, salpiméntalas y hornéalas a 250 °C durante 12 minutos.

Sirve en cada plato una pechuga de paloma deshuesada, un poco de salsa y una porción de puré de manzana. Decora los platos con unas hojas de perejil.

ENSALADA DE ESCAROLA, FRAMBUESAS Y PASAS

INGREDIENTES **(4 p.)**

1 escarola
25 g de frambuesas
25 g de pasas
aceite de oliva virgen extra
vinagre
sal

ELABORACIÓN

Lava la escarola, sécala, trocéala y ponla en un bol.

Agrega las frambuesas y las pasas.

Sazona y aliña con aceite y vinagre. Sirve.

MELOCOTONES AL VINO

INGREDIENTES **(4 p.)**

2 melocotones de Calanda
300 ml de *txakoli*
75 g de azúcar en grano
25 g de azúcar glas
200 g de nata
8 g de cacao en polvo
8 tejas
4 bolas de helado de nata
10 g de crocanti de almendras
hojas de menta

ELABORACIÓN

Calienta en una cazuela el *txakoli* con el azúcar en grano.

Pela los melocotones, córtalos por la mitad y quítales el hueso. Córtalos en gajos y colócalos en la cazuela del *txakoli* y el azúcar. Cuécelos durante 10 minutos. Retira los gajos de melocotón y deja que el caldo reduzca (15 minutos aproximadamente) hasta que se convierta en una especie de caramelo blando. Reserva la salsa.

Coloca en un bol la nata, el cacao y el azúcar glas. Móntala con la varilla eléctrica.

Sirve en cada plato una porción de la nata chocolateada, pon encima una teja y una bolita de helado, y distribuye alrededor los gajos de melocotón. Salsea, decora con otra teja y espolvorea con el crocanti. Adorna con unas hojas de menta.

ENSALADA DE HOJA DE ROBLE, AGUACATE Y PIÑONES

INGREDIENTES **(4 p.)**

1 lechuga hoja de roble
1 aguacate
30 g de piñones
aceite de oliva virgen extra
1 cucharadita de zumo de limón
sal

ELABORACIÓN

Suelta las hojas de roble, lávalas, sécalas y trocéalas. Ponlas en una fuente.

Corta el aguacate por la mitad, saca la pulpa, córtala en daditos y espárcelos sobre las hojas de roble.

Tuesta los piñones y salpica con ellos la ensalada.

Sazona y adereza con el zumo de limón y el aceite. Sirve.

REVUELTO DE *BOLETUS*

INGREDIENTES **(4 p.)**

600 g de *boletus*
9 huevos
1 hogaza de pan (pequeña)
1 cebolleta
3 dientes de ajo
2 cucharadas de leche
aceite de oliva virgen extra
perejil
sal

ELABORACIÓN

Corta la parte inferior de los tallos de los *boletus*. Repásalos con una brocha o papel absorbente humedecido para eliminar cualquier suciedad que puedan tener. Lamínalos y resérvalos.

Pela la cebolleta y los ajos, córtalos en daditos y ponlos a rehogar en una sartén con un chorrito de aceite. Sazona.

Incorpora los *boletus*, sazónalos y saltéalos durante unos 4-5 minutos.

Casca 8 huevos en un bol grande. Casca el otro huevo, agrega la clara al bol grande (reserva la yema en un bol pequeño) y bate un poco.

Añade la leche, una pizca de sal, un poco de perejil picado y los *boletus* al bol grande. Pon el bol al baño maría y cocina el revuelto (removiéndolo de vez en cuando) hasta que cuaje.

Agrega un poco de perejil picado y una pizca de sal a la yema reservada anteriormente.

Sirve el revuelto y vierte por encima la yema de huevo. Acompáñalo con el pan troceado y decora con una hoja de perejil.

TOSTADAS DE MELOCOTÓN Y QUESO MASCARPONE

INGREDIENTES **(4 p.)**

2 rebanadas gruesas de pan
2 melocotones de Calanda
80 g de queso mascarpone
3 huevos
2 anises estrellados
100 ml de anís
300 ml de agua
50 g de azúcar
40 g de mantequilla
aceite de oliva virgen extra
hojas de menta

ELABORACIÓN

Pela los melocotones y pon las cáscaras en una cazuela (reserva los melocotones). Añade el agua, el anís, los anises estrellados y el azúcar. Pon a calentar y cuece todo durante 5 minutos hasta conseguir un jarabe ligero. Deja que se enfríe.

Corta las rebanadas de pan por la mitad. Bate los huevos en un recipiente, introduce las rebanadas en el huevo, escúrrelas y fríelas por todos lados en una sartén con aceite. Escúrrelas sobre un plato cubierto con papel absorbente.

Cuela el jarabe sobre las rebanadas de pan y deja que se empapen bien.

Pon la mantequilla a calentar en una sartén y saltea los melocotones cortados en daditos. Espolvoréalos con menta picada.

Pon el mascarpone en un bol y remuévelo con una cuchara.

Sirve en cada plato una tostada, cúbrela con un poco de queso y unos trocitos de melocotón. Decora cada plato con unos trozos de melocotón y unas hojas de menta.

ENSALADA DE HOJAS VERDES, BONITO Y ESPÁRRAGOS

INGREDIENTES **(4 p.)**

300 g de hojas verdes (rúcula, lechuga, canónigos)
150 g de bonito
16 puntas de espárrago
30 g de alcaparras
aceite de oliva virgen extra
vinagre
sal

ELABORACIÓN

Lava las hojas verdes, sécalas y colócalas en una fuente grande. Esparce por encima el bonito desmigado, las alcaparras y las puntas de espárrago.

Sazona y adereza con aceite y vinagre. Sirve.

SOPA DE VERDURAS CON FIDEOS DE PATATA

INGREDIENTES **(4 p.)**

1 carcasa de pollo
1 puerro
2 zanahorias
1 cebolleta
12 espárragos verdes
1 calabacín
1 patata
2 dientes de ajo
aceite de oliva virgen extra
perejil
sal

ELABORACIÓN

Para hacer el caldo, pon a calentar agua en una cazuela. Agrega la carcasa de pollo, unas hojas de perejil, el puerro limpio y troceado y una zanahoria pelada y troceada. Sazona y deja hervir durante 35-40 minutos a fuego suave. Retira la espuma. Cuela y reserva el caldo.

Pela la cebolleta y córtala en juliana fina. Ponla a pochar en una cazuela grande con un chorrito de aceite. Pela la otra zanahoria, córtala en juliana fina e incorpórala. Retira la parte inferior de los espárragos y córtalos en juliana fina. Agrégalos a la cazuela. Lava el calabacín, córtalo (con piel) en juliana y añádelo. Rehoga las verduras durante 20 minutos a fuego suave.

Pela los ajos, trocéalos y *májalos*. Incorpóralos a la cazuela y mezcla brevemente. Vierte el caldo y cuece todo a fuego suave durante 20 minutos más.

Pela la patata, córtala en juliana fina y colócala en un bol con agua. Déjala a remojo durante 10 minutos. Escurre bien las patatas paja, sécalas y fríelas en una sartén con aceite. Escúrrelas sobre un plato cubierto con papel absorbente. Sazona.

Reparte la sopa en 4 platos y coloca en cada uno una porción de patatas paja.

BROWNIE DE NUECES CON SALSA DE FRAMBUESAS

INGREDIENTES **(4 p.)**

Para el brownie:
80 g de chocolate negro 70 %
120 g de mantequilla
120 g de azúcar
2 huevos
60 g de harina
50 g de nueces peladas

Para la salsa de frambuesa:
50 g de frambuesas
20 g de azúcar
unas gotas de vinagre de Módena

Para decorar:
azúcar glas
1 hoja de menta

ELABORACIÓN

Funde el chocolate con la mantequilla en un bol al baño maría. Mezcla los huevos con el azúcar en otro bol. Una vez fundido el chocolate, remueve bien y añádelo al bol de los huevos.

Mezcla las nueces con la harina y viértelo sobre la mezcla anterior, removiendo bien hasta que quede una masa homogénea.

Reparte la mezcla en los moldes y mete al horno a 200 °C durante unos 15 minutos.

Pon el vinagre de Módena con el azúcar en una cazuela al fuego para hacer un caramelo. Añade las frambuesas y deja que se cocinen un poco.

Sirve el *brownie* de chocolate, coloca encima una frambuesa y espolvorea con azúcar glas. Añade las frambuesas cocinadas con su salsa y decora con una hoja de menta.

ENSALADA DE ESCAROLA Y LENTEJAS

INGREDIENTES **(4 p.)**

1 escarola
100 g de lentejas cocidas
1 melocotón
25 g de almendras fileteadas
aceite de oliva virgen extra
vinagre de manzana
sal

ELABORACIÓN

Lava la escarola, sécala, trocéala y colócala en un bol.

Pela el melocotón, córtalo en daditos y añádelos.

Esparce por encima las lentejas.

Tuesta las almendras en una sartén sin aceite. Retíralas a un plato y deja que se enfríen. Agrégalas a la ensalada.

Sazona y aliña con aceite y vinagre. Sirve.

BACALAO ASADO CON SALSA DE *TXAKOLI*

INGREDIENTES **(4 p.)**

- 4 lomos de bacalao desalado (600 g)
- 6 g de algas hijiki
- 3 patatas
- 2 cebolletas
- 6 dientes de ajo
- 50 ml de *txakoli*
- 100 ml de salsa de tomate
- harina
- aceite de oliva virgen extra
- perejil
- sal

ELABORACIÓN

Pon las algas en un bol, cúbrelas con agua y deja que se hidraten como mínimo durante 30 minutos. Escúrrelas, sécalas bien con papel absorbente y fríelas en una sartén con aceite. Escúrrelas sobre un plato cubierto con papel absorbente y resérvalas.

Pon las patatas en una cazuela grande. Cúbrelas con agua y cuécelas durante 30-35 minutos. Pélalas y pásalas por el pasapurés.

Pela las cebolletas y córtalas en daditos. Ponlas a pochar en una sartén con un chorrito de aceite. Mezcla la cebolleta pochada con el puré de patata y sazona. Reserva.

Pela 2 dientes de ajo, córtalos finamente en daditos y rehógalos en una sartén con un chorrito de aceite. Agrega 1 cucharadita de harina, rehógala un poco (removiéndola con una varilla manual), vierte el *txakoli* y dale un breve hervor. Añade la salsa de tomate y un poco de agua. Deja que reduzca a fuego suave. Remuévela de vez en cuando.

Calienta un chorrito de aceite en una sartén. Enharina los lomos de bacalao y agrégalos a la sartén. Aplasta los otros 4 dientes de ajo (con piel) y añádelos. Fríe el bacalao por los 2 lados.

Sirve el puré de patata, el bacalao y la salsa, salpica con las algas y decora con unas hojas de perejil.

BOCADOS DE ARROZ Y CHOCOLATE BLANCO

INGREDIENTES **(4 p.)**

- 30 g de arroz inflado
- 150 g de chocolate blanco
- 175 g de galletas (tipo María)
- 80 g de mantequilla
- 1 plátano
- 3 cucharadas de mermelada de frutos rojos
- hojas de menta

ELABORACIÓN

Coloca las galletas en el mortero y májalas hasta que queden casi reducidas a polvo. Resérvalas en un bol.

Pela y aplasta el plátano. Resérvalo.

Coloca un bol al baño maría e introduce en él el chocolate y la mantequilla. Remuévelos hasta que se fundan.

Añade el arroz inflado al bol del chocolate e incorpora el plátano aplastado y el polvo de galleta. Mezcla todo bien y amasa la mezcla a mano.

Corta 2 trozos grandes de film transparente y reparte la mezcla entre ellos. Ciérralos dándoles forma de cilindro. Introdúcelos en el frigorífico durante unas 3-4 horas aproximadamente.

Retírales el film y córtalos en rodajas. Sirve y decora con la mermelada de frutos rojos y unas hojitas de menta.

ENSALADA DE QUINOA E HINOJO

INGREDIENTES **(4 p.)**

200 g de quinoa
½ bulbo de hinojo
100 g de hojas de lechuga variadas
8 nueces
aceite de oliva virgen extra
vinagre
sal

ELABORACIÓN

Rehoga la quinoa en una sartén con un chorrito de aceite. Cúbrela con agua (el doble), sazónala y cuécela durante 12 minutos. Escúrrela, refréscala y colócala en una fuente.

Corta el hinojo en daditos y añádelo a la fuente.

Esparce por encima un manojito de hojas variadas de lechuga.

Casca las nueces, pícalas y agrégalas.

Sazona y aliña con aceite y vinagre. Sirve.

SALTEADO DE BRÓCOLI Y LANGOSTINOS

INGREDIENTES **(4 p.)**

2 brócolis
24 langostinos
2 tomates
3 dientes de ajo
aceite de oliva virgen extra
sésamo tostado
sal

ELABORACIÓN

Suelta el brócoli en ramilletes. Colócalo en el accesorio para cocer al vapor, sazónalo, introdúcelo en una cazuela con un poco de agua y tápala. Cuece el brócoli durante 15 minutos. Retíralo y resérvalo.

Pela los ajos, aplástalos con el cuchillo y rehógalos un poco en una sartén con aceite.

Corta los tomates por la mitad y rállalos. Agrega a la sartén el tomate rallado y cocínalo durante 15 minutos.

Pela los langostinos, sazónalos y saltéalos en una sartén con un chorrito de aceite. Agrega el brócoli y saltéalo. Agrega el tomate con los ajos. Saltea y mezcla bien.

Sirve en una fuente y espolvorea todo con el sésamo.

BUÑUELOS DE CANELA

INGREDIENTES **(4 p.)**

125 g de harina
250 ml de agua
30 g de mantequilla
140 g de azúcar
1 cucharada de azúcar avainillado
5 huevos
ralladura de ½ limón
sal
250 g de crema pastelera
aceite de oliva virgen extra
canela en polvo
hojas de menta

ELABORACIÓN

Pon el agua en un cazo. Agrega la mantequilla, 40 gramos de azúcar, el azúcar avainillado, la ralladura de limón y una pizca de sal. Llévalo a ebullición y, cuando empiece a hervir, vierte la harina de una vez. Sin retirar del fuego, remueve con una cuchara de madera hasta que la masa se desprenda de las paredes del cazo. Retira y deja que se temple.

Incorpora los huevos de uno en uno; no incorpores el siguiente hasta que el primero no se haya integrado en la masa.

Calienta abundante aceite en un cazo o sartén. Echa pequeñas porciones de masa (dejando espacio entre ellas) y fríelas (a fuego suave-medio) por todos los lados hasta que se inflen y se doren. Retira los buñuelos y escúrrelos sobre un plato cubierto con papel absorbente.

Mezcla la crema pastelera con 1 cucharadita de canela en polvo. Introduce la crema en una manga pastelera y rellena los buñuelos.

Mezcla 100 gramos de azúcar con una cucharada de canela y reboza los buñuelos en la mezcla. Sirve los buñuelos y decora con una hojita de menta.

CONEJO CON CARACOLES A LA RIOJANA

INGREDIENTES **(4 p.)**

600 g de conejo
60 caracoles cocidos
4 dientes de ajo
2 alegrías riojanas
300 ml de salsa de tomate
100 g de jamón serrano
100 g de chorizo
sal
50 ml de vino tinto
aceite de oliva virgen extra
1 hoja de laurel
perejil
pimienta

ELABORACIÓN

Pela 2 dientes de ajo, lamínalos y dóralos un poco en una cazuela con un par de cucharadas de aceite. Pica las alegrías y agrégalas. Añade la salsa de tomate, sazona y cocina todo junto a fuego muy suave durante 20 minutos. Pasa la salsa por el pasapurés y resérvala.

Corta el conejo en trozos, salpiméntalos y dóralos en una tartera con un chorrito de aceite y los otros 2 dientes de ajo (enteros, sin pelar y aplastados). Corta el jamón y el chorizo en daditos, incorpóralos y rehógalos brevemente. Añade también la hoja de laurel. Agrega el vino y dale un hervor. Incorpora medio litro de agua, tapa y cocina el conejo durante 15 minutos. Puedes desgrasarlo retirando la grasa con un cacillo.

Añade los caracoles y la salsa de tomate. Pon a punto de sal y cocina todo junto durante 15 minutos.

Sirve el conejo, salsea y adorna los platos con unas hojas de perejil.

ENSALADA DE TOMATE, CEBOLLETA Y ACEITUNAS

INGREDIENTES **(4 p.)**

2 tomates grandes
1 cebolleta
20 aceitunas verdes
20 aceitunas negras
aceite de oliva virgen extra
vinagre
sal

ELABORACIÓN

Pela los tomates, córtalos en trozos irregulares y colócalos en una fuente.

Corta la cebolleta de la misma manera y añádela.

Agrega las aceitunas (verdes y negras). Sazona y adereza con aceite y vinagre. Sirve.

CREMA CATALANA CON GALLETA

INGREDIENTES **(4 p.)**

Para la crema catalana:
600 ml de leche
60 g de azúcar
25 g de harina de maíz refinada
2 yemas de huevo
1 rama de canela pequeña
1 tira de corteza de limón
1 tira de corteza de naranja
40 g de azúcar moreno

Para la base de galleta:
200 g de galletas
30 g de mantequilla
1 hoja de menta

ELABORACIÓN

Tritura las galletas y mézclalas en un bol con la mantequilla fundida. Cubre con la mezcla la base y las paredes de un molde de fondo desmontable.

Para preparar la crema catalana, pon en una cazuela al fuego la leche con las cortezas de naranja y limón y la canela. Pon en un bol el azúcar, la harina de maíz y los huevos y mezcla bien. Añade esta mezcla a la leche y deja que se cocine hasta que espese. Vierte la crema en el molde sobre la galleta y deja enfriar. Cuando esté fría, pon un poco de azúcar moreno en la superficie y caramelízala con un soplete.

Decora con la hoja de menta.

ENSALADA DE BERROS Y PALMITO

INGREDIENTES **(4 p.)**

300 g de berros
4 troncos de palmito
1 naranja
½ cebolleta
1 trozo de pimiento verde
1 trozo de pimiento rojo
aceite de oliva virgen extra
vinagre
sal

ELABORACIÓN

Lava los berros, sécalos y colócalos en una fuente.

Corta los palmitos en rodajas y agrégalas.

Lava la naranja, corta la mitad de la corteza en tiritas y añádelas a la ensalada.

Corta en daditos la cebolleta y los pimientos y ponlos en un bol. Añade aceite y vinagre a tu gusto y bate todo bien.

Sazona la ensalada y aderézala con la vinagreta. Sirve.

CANELONES DE VERDURAS Y JAMÓN COCIDO

INGREDIENTES **(4 p.)**

20 láminas de canelones
200 g de espinacas
1 cebolleta
2 zanahorias
2 dientes de ajo
400 ml de salsa de tomate
10 lonchas de jamón cocido
100 g de queso azul
400 ml de leche
40 g de harina
aceite de oliva virgen extra
perejil
nuez moscada
sal

ELABORACIÓN

Pela los ajos, la cebolleta y las zanahorias y pícalos finamente. Pon todo a pochar en una cazuela con un chorrito de aceite. Sazona. Corta las espinacas en juliana, agrégalas y rehógalas brevemente. Añade la harina y rehógala. Vierte la leche poco a poco, sin dejar de remover. Sazona y ralla encima un poco de nuez moscada. Cocina la bechamel durante 6-8 minutos sin dejar de remover. Resérvala.

Calienta agua en una cazuela grande. Sazona y, cuando empiece a hervir, añade las láminas de canelones. Cuécelas el tiempo que indique el paquete. Escúrrelas y colócalas sobre un trapo limpio de cocina.

Extiende los canelones sobre una superficie lisa, corta las lonchas de jamón cocido por la mitad y pon un trozo sobre cada lámina de canelón. Rellénalos con la farsa de verduras y enróllalos. Colócalos en una fuente apta para horno.

Cubre los canelones con la salsa de tomate, desmenuza el queso y espárcelo por encima. Introduce la fuente en el horno y caliéntalos. Retira y adorna la fuente con unas hojas de perejil.

PUDIN DE FRUTA

INGREDIENTES **(4 p.)**

2 huevos
25 g de azúcar
100 ml de nata
100 ml de leche
150 g de bollo suizo
30 g de mantequilla
1 plátano
75 g de frambuesas
mermelada de grosella
harina
hojas de menta

ELABORACIÓN

Pon los huevos en un bol y añade el azúcar. Bátelos con una varilla (de mano) e incorpora la nata y la leche. Sigue batiendo y agrega el bollo troceado. Deja que se empape bien.

Calienta una sartén y añade 20 g de mantequilla. Cuando se funda, agrega el plátano troceado y saltéalo. Añade las frambuesas y saltéalas brevemente. Incorpora las frutas al bol del bollo remojado.

Unta un molde rectangular con el resto de la mantequilla fundida y espolvoréalo con un poco de harina. Coloca, a lo largo del molde (dejando una pestaña a cada lado), una tira de papel de hornear. Rellénalo con la mezcla anterior y hornéalo a 160 °C durante 30-35 minutos.

Deja templar y desmolda. Corta porciones del pudin y acompáñalo con la mermelada. Adorna con unas hojas de menta y sirve.

ENSALADA DE LOMBARDA Y OREJONES DE ALBARICOQUE

INGREDIENTES **(4 p.)**

- ½ lombarda
- 100 g de berros
- 4 orejones de albaricoque
- 40 g de maíz en conserva
- 25 g de pipas de girasol
- aceite de oliva virgen extra
- vinagre
- sal

ELABORACIÓN

Corta la lombarda en juliana fina. Enjuágala, sécala y colócala en una fuente.

Lava los berros, sécalos y colócalos encima.

Corta los orejones en daditos y añádelos.

Agrega también el maíz.

Sazona y aliña con aceite y vinagre.

Tuesta las pipas en una sartén sin aceite y salpica con ellas la ensalada. Sirve.

CHULETA DE TERNERA CON PATATAS ASADAS Y VERDURAS SALTEADAS

INGREDIENTES **(4 p.)**

4 chuletas de ternera lechal (1 kg)
8 patatas (pequeñas)
1 calabacín
2 zanahorias
1 cebolleta
4 ajos
4 cucharadas de vino blanco
zumo de 1 limón
2 cucharadas de vinagre blanco
2 cucharadas de miel
1 cucharada de mostaza de Dijon
aceite de oliva virgen extra
perejil
sal

ELABORACIÓN

Lava las patatas, colócalas en un bol de cristal, cúbrelas con film transparente y pínchalo. Introduce las patatas en el microondas y cocínalas durante 8 minutos. Retíralas, córtalas por la mitad y colócalas sobre una fuente de horno untada con un chorrito de aceite. Rocíalas con otro chorrito de aceite, sazónalas y hornéalas a 200 °C durante 10 minutos.

Calienta una sartén con un chorrito de aceite. Pela las zanahorias, córtalas en rodajas finas (al bies) y agrégalas. Corta la cebolleta en juliana gruesa e incorpórala. Corta el calabacín en medias lunas y añádelas. Sazona y cocina las verduras durante unos 6-8 minutos.

Coloca un cacito al fuego con 6 cucharadas de aceite, el vinagre, el vino, el zumo de limón, la mostaza y la miel. Deja reducir a fuego suave. Pasa la mezcla a un vaso batidor y tritura con la batidora eléctrica hasta que emulsione. Reserva la salsa.

Pela los ajos, lamínalos y fríelos en una sartén con aceite. Retíralos y escúrrelos sobre un plato cubierto con papel absorbente.

Calienta la plancha, vierte un chorrito de aceite y coloca las chuletas. Cocínalas por los 2 lados. Sirve las chuletas, sazónalas y acompáñalas con las patatas, las verduras y los ajos. Salsea y adorna con unas hojas de perejil.

MOUSSE DE CANELA CON FRAMBUESAS

INGREDIENTES **(4 p.)**

350 g de leche
1 rama de canela
65 g de azúcar
3 yemas
15 g de harina
15 g de harina de maíz refinada
½ hoja de gelatina
100 ml de nata montada
2 bollos suizos
20 frambuesas
1 hoja de menta

Para el jarabe:
30 g de agua de azahar
30 g de azúcar
1 copita de zumo de naranja
1 copita de ron negro

ELABORACIÓN

Para preparar el jarabe, pon en una cazuela al fuego el agua de azahar, el azúcar, el zumo de naranja y el ron. Deja que hierva para que reduzca un poco.

Pon en otra cazuela al fuego la leche (reserva un poco) con la canela para que se infusione.

En un bol, mezcla bien la harina, la harina de maíz y el azúcar. Añade las yemas y la leche reservada y mezcla todo.

Pon la gelatina a hidratar en agua fría.

Añade la leche infusionada a la mezcla de las yemas, remueve y vuelve a verter en la cazuela. Deja que se cocine a fuego suave hasta que hierva, sin dejar de remover. Agrega la gelatina hidratada y espera hasta que se disuelva. Vierte la crema sobre una fuente amplia para que se enfríe más rápido.

Cuando la crema pastelera esté fría, mézclala con la nata montada, con cuidado para que no se baje, y métela en una manga pastelera.

Corta los bollos suizos con un molde redondo y, después, divide cada uno en dos láminas con un cuchillo.

Para montar el postre, pon el molde sobre un plato, cubre el fondo con dos láminas de bollo y emborráchalas con jarabe. Coloca encima un poco de *mousse* de canela, la mitad de las frambuesas y otras dos láminas de bollo emborrachadas. Añade otra capa de *mousse* y otra de frambuesas. Retira el molde y decora con jarabe y una hoja de menta. Sirve.

ENSALADA DE SALMÓN Y ANACARDOS

INGREDIENTES **(4 p.)**

100 g de salmón ahumado
12 anacardos
1 lechuga
1 zanahoria
aceite de oliva virgen extra
vinagre
sal

ELABORACIÓN

Lava la lechuga, sécala, trocéala y colócala en una fuente.

Corta el salmón en daditos y añádelo.

Pela la zanahoria, rállala y espárcela sobre la ensalada.

Aplasta los anacardos y salpica con ellos la ensalada.

Sazona y adereza con aceite y vinagre. Sirve.

COLIFLOR CON PATATAS AL PIMENTÓN

INGREDIENTES **(4 p.)**

1 coliflor
2 patatas
7 dientes de ajo
aceite de oliva virgen extra
1 cucharada de pimentón
perejil
sal

ELABORACIÓN

Pela 4 dientes de ajo, lamínalos y rehógalos en una cazuela grande con un chorrito de aceite. Separa la coliflor en ramilletes, agrégalos a la cazuela y rehógalos un poco.

Pela las patatas, cáscalas e incorpóralas. Rehoga todo brevemente.

Añade el pimentón, mezcla bien y vierte un poco de agua. Sazona, tapa la cazuela y cuece la coliflor durante 20 minutos. Coloca todo en una fuente.

Pela los otros 3 dientes de ajo, córtalos y dóralos en una sartén con 4 cucharadas de aceite. Añade un poco de perejil picado a la sartén. Vierte el refrito sobre la coliflor. Sirve.

BIZCOCHO VEGANO DE ALMENDRA

INGREDIENTES **(6 p.)**

1 yogur de almendra (1 medida)
leche de almendra (3 medidas del envase del yogur)
harina integral (2 medidas de yogur)
harina de almendra (1 medida de yogur)
azúcar panela (2 medidas de yogur)
aceite de oliva virgen extra (1 medida de yogur)
16 g de levadura en polvo
1 naranja
mermelada de naranja
azúcar glas
almendra fileteada y tostada
aceite y harina para los moldes
hojas de menta

ELABORACIÓN

Coloca en un bol la harina integral, la harina de almendra, el azúcar y la levadura. Lava la naranja, ralla la corteza y añádela. Mezcla con la varilla manual.

Pon en el vaso batidor la leche, el yogur y el aceite. Mezcla con la batidora eléctrica y viértelo en el bol de los productos secos (harinas, azúcar y levadura). Mezcla con la varilla manual.

Unta 6 moldes individuales con aceite y espolvoréalos con un poco de harina. Extiende bien la harina por todo el molde y retira el exceso. Rellena los moldes con la masa y hornéalos a 180 °C durante 20-25 minutos. Deja que se templen y desmóldalos.

Pon en el centro de cada uno una cucharadita de mermelada y unas almendras. Espolvoréalos con azúcar glas y adórnalos con unas hojas de menta. Sirve.

ENSALADA DE LECHUGA, CEBOLLETA Y PASAS

INGREDIENTES **(4 p.)**

1 lechuga
1 cebolleta
40 g de pasas
aceite de oliva virgen extra
vinagre
sal

ELABORACIÓN

Lava la lechuga, sécala, trocéala y colócala en una fuente.

Corta la cebolleta en juliana fina y agrégala.

Salpica la ensalada con las pasas.

Sazona y adereza con aceite y vinagre. Sirve.

PASTEL DE PUERROS

INGREDIENTES **(4 p.)**

4 puerros
4 espárragos verdes
5 huevos
200 ml de nata
100 g de champiñones
1 cebolleta
2 dientes de ajo
100 ml de vino blanco
harina
aceite de oliva virgen extra
perejil
pimienta
nuez moscada
sal

ELABORACIÓN

Unta un molde con un poco de aceite y coloca una tira de papel de hornear en el fondo de manera que sobresalga una pestaña por cada lado. Úntalo de nuevo con aceite, enharínalo (retira el exceso de harina) y resérvalo.

Corta la parte inferior y superior de los puerros, retírales la primera capa y límpialos. Córtalos por la mitad a lo largo y córtalos en trozos de 2 centímetros. Ponlos a rehogar en una sartén con un chorrito de aceite y una pizca de sal. Retira la parte inferior de los espárragos, córtalos en cilindros, añádelos a la sartén y rehógalos un poco. Cuando estén rehogados, escurre el aceite y pasa las verduras al vaso americano.

Añade los huevos y la nata, salpimienta y ralla encima un poco de nuez moscada. Tritura y vierte la mezcla en el molde. Hornea el pastel al baño maría a 180 °C durante 45 minutos. Deja que se temple antes de desmoldarlo.

Pela los ajos y la cebolleta, pícalos y ponlos a rehogar en una cazuela con un chorrito de aceite. Sazona. Limpia los champiñones, pícalos y agrégalos. Añade el vino, dale un hervor y cubre con un poco de agua. Cocina los ingredientes durante 15 minutos. Tritura todo con la batidora eléctrica.

Corta el pastel en 8 porciones. Sirve 2 en cada plato y salséalas. Adorna con unas hojas de perejil.

BIZCOCHO DE ARROZ CON FRUTAS MACERADAS

INGREDIENTES **(4 p.)**

125 g de harina de arroz
2 huevos
75 g de azúcar
75 g de aceite de oliva
10 g de levadura
1 cucharadita de aroma de vainilla
4 fresas
1 pera
6 frambuesas
6 moras
2 bolas de sorbete de mandarina

Para el caramelo:

50 g de vinagre de Módena
50 g de agua
50 g de azúcar

ELABORACIÓN

En un bol, mezcla la harina de arroz con la levadura.

Pon en otro bol los huevos, el azúcar, el aceite y la vainilla y mezcla todo. Cuando estén bien mezclados, incorpora la harina con la levadura y remueve hasta que quede una masa homogénea.

Unta un molde con aceite de oliva y espolvorea sobre él una pizca de harina de arroz. Vierte la mezcla en el molde.

Introduce el molde en el horno y hornea a 170 °C durante 15-20 minutos.

Para hacer el caramelo, pon a calentar el azúcar con el vinagre y el agua en una sartén. Cuando se funda el azúcar, remueve y cocina hasta que empiece a dorarse.

Trocea las frutas y ponlas en un bol. Cuando el caramelo esté hecho, viértelo caliente sobre las frutas. Deja reposar.

Corta el bizcocho en cuadrados y colócalos en un plato. Añade la fruta macerada y sirve una bola de sorbete de mandarina por encima.

CREMA DE ALUBIAS CON RULOS DE BERZA Y ZANAHORIA

INGREDIENTES **(4 p.)**

300 g de alubias negras
4 hojas de pasta *brick*
250 g de berza
2 zanahorias
1 calabacín
1 cebolleta
2 dientes de ajo
aceite de oliva virgen extra
perejil
sal

ELABORACIÓN

Pela los ajos y la cebolleta, pícalos y ponlos a rehogar en una olla rápida con un chorrito de aceite. Cuando se rehoguen un poco, pica el calabacín (con piel) e incorpóralo. Rehógalo durante unos 3-5 minutos.

Incorpora las alubias. Vierte una buena cantidad de agua, sazona y pon la tapa. Cuécelas durante 50 minutos. Tritura los ingredientes con la batidora eléctrica y mantén la crema caliente.

Corta la berza en juliana muy fina. Pela las zanahorias y rállalas. Pon a calentar una sartén con un chorrito de aceite. Agrega la berza y las zanahorias y cocínalas a fuego medio durante 20 minutos. Sazona. Retira y deja que se enfríen.

Extiende las hojas de pasta *brick* sobre la encimera, pon encima una pequeña capa de berza y zanahoria y forma unos rollitos (de manera que no se salga nada del relleno). Colócalas sobre una bandeja de horno cubierta con papel de hornear. Rocíalas con un chorrito de aceite y hornéalas a 200 °C durante 10-12 minutos.

Sirve la crema y acompáñala con los rulos de berza y zanahoria. Decora con una ramita de perejil.

CARPACCIO DE REMOLACHA Y PEPINO

INGREDIENTES **(4 p.)**

2 remolachas cocidas
1 pepino
25 g de sésamo
3 cucharadas de aceite de oliva virgen extra
1 cucharada de vinagre
½ cucharada de miel
sal

ELABORACIÓN

Corta las remolachas en lonchas finas.

Pela el pepino y córtalo de la misma manera que las remolachas. Alterna rodajas de pepino y remolacha.

Mezcla en un bol el aceite con el vinagre y la miel. Sazona. Bate bien y adereza el *carpaccio*.

Tuesta el sésamo en una sartén sin aceite y espolvorea con él el *carpaccio*. Sirve.

PANACOTA DE FRUTAS AL RON

INGREDIENTES **(4 p.)**

200 g de nata
200 g de leche
40 g de azúcar
1 rama de canela
4 g de gelatina
8 frambuesas
8 moras
16 grosellas
16 arándanos
10 g de jarabe (el mismo peso de agua y azúcar)
1 chupito de ron
hojas de menta

ELABORACIÓN

Pon a remojo la gelatina en un bol con agua fría para que se hidrate.

Pon a calentar en una cazuela la leche con la nata, el azúcar y la rama de canela. Incorpora la gelatina hidratada a la infusión caliente y remueve con una varilla hasta que se disuelva.

Cuela la infusión y repártela en los recipientes donde se va a servir el postre. Deja reposar la panacota en el frigorífico.

Para hacer el jarabe, calienta el agua y el azúcar en una sartén pequeña (el mismo peso de azúcar y de agua) hasta que se funda el azúcar.

Coloca los frutos rojos en un bol y añade 10 gramos del jarabe y el ron. Deja reposar a temperatura ambiente unos 15-20 minutos.

Reparte los frutos rojos macerados con el ron sobre las panacotas. Decora con una hoja de menta y sirve.

SALMONETES CON PATATAS

INGREDIENTES **(4 p.)**

12 salmonetes pequeños (limpios)
1 lechuga
1 cebolleta
3 patatas
3 dientes de ajo
harina
aceite de oliva virgen extra
vinagre
perejil
pimentón
sal

ELABORACIÓN

Suelta las hojas de lechuga y límpialas bien. Sécalas, trocéalas y colócalas en una fuente. En el momento de servir, corta la cebolleta en juliana fina y agrégala. Sazona y aliña con aceite y vinagre.

Cuece las patatas durante 25 minutos en una cazuela con agua y sal. Retíralas, déjalas templar, pélalas y córtalas en medias lunas. Fríelas en una sartén con bastante aceite.

Pela y trocea los ajos. Májalos en el mortero y agrega un poco de perejil picado. Mezcla bien y vierte el majado sobre las patatas. Cocínalas brevemente (1 minuto), hasta que queden bien impregnadas. Retíralas a una fuente y espolvoréalas con un poco de pimentón. Sazónalas y resérvalas.

Sazona los salmonetes, pásalos por harina y fríelos en una sartén con aceite.

Sirve los salmonetes con las patatas y decora los platos con unas hojas de perejil. Acompaña los platos con la ensalada.

ENSALADA DE LECHUGA, TOMATES SECOS Y PIÑONES

INGREDIENTES **(4 p.)**

1 lechuga
8 tomates deshidratados en aceite
25 g de piñones
aceite de oliva virgen extra
vinagre
sal

ELABORACIÓN

Lava la lechuga, sécala, trocéala y colócala en una fuente.

Corta los tomates en daditos y espárcelos sobre la ensalada.

Tuesta los piñones en una sartén (sin aceite) y agrégalos a la ensalada.

Sazona y aliña con aceite y vinagre. Sirve.

PASTAS RELLENAS

INGREDIENTES **(4 p.)**

250 g de harina
1 huevo
40 g de almendra en polvo
120 g de mantequilla
80 g de estevia
mermelada de naranja (sin azúcar)
crema de algarroba

ELABORACIÓN

Pon la mantequilla (a temperatura ambiente) en un bol. Agrega la estevia y mezcla. Cuando la mezcla sea uniforme, agrega el huevo y sigue mezclando con la varilla manual. Cuando el huevo esté bien incorporado, añade la almendra y 200 g de harina. Remueve con una espátula hasta que los ingredientes queden bien integrados. Redondea la masa, forma un cilindro, envuélvela con film transparente y deja que repose durante 1 hora en el frigorífico.

Espolvorea la encimera con un poco de harina y estira la masa con un rodillo. Con ayuda de un cortapastas redondo, córtala en porciones. A la mitad de las pastas hazles (con un cortapastas de menor tamaño) un agujero en el centro.

Cubre una bandeja de horno con un trozo de papel de hornear y dispón encima las pastas. Hornéalas a 180 °C durante 15 minutos. Retira las pastas y deja que se enfríen.

Coloca las pastas sin agujero sobre una fuente, cúbrelas con un poco de mermelada y cubre cada una con otra pasta con agujero.

Corta un triángulo de papel de hornear y forma un cucurucho. Calienta la crema de algarroba en el microondas y ponla en el cucurucho. Decora la mitad de las pastas con unos hilos de crema de algarroba.

ENSALADA DE ESCAROLA, MANZANA Y TOMATES CHERRY

INGREDIENTES **(4 p.)**

1 escarola
1 manzana
12 tomates cherry
30 g de maíz en conserva
aceite de oliva virgen extra
vinagre
sal

ELABORACIÓN

Lava la escarola, sécala y colócala en una fuente.

Pela la manzana, córtala en daditos y espárcelos sobre la escarola.

Lava los tomates, córtalos por la mitad y añádelos.

Agrega también el maíz.

Sazona y aliña con aceite y vinagre. Sirve.

ARROZ CON RABO Y PIMIENTOS

INGREDIENTES **(4 p.)**

300 g de arroz
4 trozos de rabo de ternera
4 pimientos morrones amarillos
6 dientes de ajo
2 cebolletas
200 ml de vino tinto
aceite de oliva virgen extra
tomillo
perejil
sal

ELABORACIÓN

Lava los pimientos y colócalos en un recipiente de cristal apto para el horno. Rocíalos con un chorrito de aceite y sazónalos. Hornéalos a 180 °C durante 30-35 minutos. Déjalos templar, pélalos y córtalos en tiras. En el momento de servir, sazónalos y rocíalos con un chorrito de aceite.

Pela 4 dientes de ajo y lamínalos. Pela las cebolletas y córtalas por la mitad. Pon todo (ajos y cebolletas con las partes verdes) a rehogar en la olla rápida con un chorrito de aceite. Cuando se doren un poco, sazona los trozos de rabo y añádelos. Dóralos un poco, agrega el vino, dale un hervor y vierte encima bastante agua (1 litro aproximadamente). Agrega el tomillo y unas hojas de perejil y pon a punto de sal. Cierra la olla y cocina el rabo durante 40 minutos.

Pasado este tiempo, abre la olla, cuela el caldo y resérvalo. Desmenuza el rabo y resérvalo.

Vierte un chorrito de aceite en una tartera y añade los otros 2 ajos (aplastados y con piel), agrega el arroz y rehógalo un poco. Vierte encima el caldo (el doble y un poco más que de arroz) y pon a punto de sal. Cocina el arroz a fuego medio durante 18 minutos.

Incorpora el rabo desmenuzado y las tiras de pimiento. Deja reposar un par de minutos, decora con una ramita de perejil y sirve.

REQUESÓN CON FRUTOS SECOS Y ARÁNDANOS

INGREDIENTES **(4 p.)**

3 l de leche entera
zumo de 1 limón
12 nueces (peladas)
12 avellanas (peladas)
12 almendras (peladas)
200 g de arándanos
30 g de azúcar
panes variados
hojas de menta

ELABORACIÓN

Pon la leche a hervir en una cazuela. Cuando empiece a hervir, añade el zumo de limón y déjalo a fuego suave durante un minuto. Aparta la cazuela del fuego y deja que repose durante 15 minutos.

Con ayuda de una estameña, cuela todo a otra cazuela para que suelte el suero. A medida que lo escurras, vete dándole forma redondeada. Resérvalo.

Corta el pan en rebanadas y tuéstalas en el horno.

Pon el azúcar en una sartén al fuego. Agrega los arándanos y cocínalos durante 3-4 minutos.

Sirve el requesón con el pan tostado, los frutos secos y la salsa de arándanos. Adorna con unas hojas de menta.

ENSALADA DE LECHUGA, QUESO Y ALMENDRAS

INGREDIENTES **(4 p.)**

200 g de lechugas variadas
120 g de queso manchego
30 g de almendras fileteadas
1 tomate
aceite de oliva virgen extra
vinagre
sal

ELABORACIÓN

Lava las lechugas, sécalas, trocéalas y ponlas en una fuente.

Pela el tomate, córtalo en dados y repártelos por encima.

Corta el queso en dados y añádelos.

Tuesta las almendras en una sartén sin aceite y agrégalas.

Sazona y adereza con un chorrito de aceite y unas gotas de vinagre. Sirve.

PERDICES ESTOFADAS A LA TOLEDANA

INGREDIENTES **(4 p.)**

4 perdices
1 cabeza de ajos
2 cebollas
2 zanahorias
100 ml de vinagre
200 ml de vino blanco
250 ml de aceite de oliva virgen extra
2 hojas de laurel
perejil
granos de pimienta negra
sal

ELABORACIÓN

Enjuaga el interior de las perdices bajo el grifo, sécalas y sazónalas. Brídalas, es decir, átalas juntando las patas con las alas y el cuerpo, de manera que queden cerradas y prietas.

Pon el aceite en una tartera. Añade las perdices y dóralas. Cuando las perdices estén doradas, pela los ajos, córtalos por la mitad a lo largo y añádelos. Pela las cebollas, córtalas en dados y agrégalas. Pela las zanahorias, córtalas en rodajas e incorpóralas. Sazona y rehoga todo.

Vierte por encima el vinagre y el vino, sube el fuego y dale un breve hervor. Añade las dos hojas de laurel, unos granos de pimienta y sazona. Tapa la cazuela y guisa las perdices durante 2 horas a fuego suave. Retira las cuerdas de las perdices, córtalas por la mitad, retirándoles los huesos del interior (esternón y costillas), y colócalas en otra tartera.

Pasa la salsa por el pasapurés y salséalas. Calienta conjuntamente, espolvorea con perejil picado y sirve.

PASTEL TIBIO LÍQUIDO DE CHOCOLATE

INGREDIENTES **(4 p.)**

110 g de chocolate de cobertura
80 g de harina
80 g de mantequilla
4 huevos
80 g de azúcar
helado de nata
azúcar glas
hojas de menta

ELABORACIÓN

Hornea la harina en una bandeja de horno forrada con papel de hornear a 200 °C durante unos 5 minutos.

Funde la mantequilla con el chocolate al baño maría.

Monta los huevos con el azúcar con la ayuda de una batidora de varillas. Agrega el chocolate con la mantequilla derretida y mezcla suavemente, con movimientos envolventes. Incorpora la harina horneada y sigue mezclando suavemente.

Forra el molde o cortapastas con papel de horno y vierte en él la masa, hasta llegar a la mitad del molde. Hornea a 200 °C durante 6-8 minutos.

Saca del horno, deja que repose un minuto, colócalo sobre el plato donde se servirá y retira el molde. Espolvorea con azúcar glas, acompaña de una bola de helado y decora con unas hojitas de menta.

ENSALADA DE COL Y ZANAHORIA

INGREDIENTES **(4 p.)**

½ col
4 zanahorias
4 cucharadas de mayonesa
2 cucharadas de zumo de limón
1 cucharadita de mostaza de Dijon
sal

ELABORACIÓN

Corta la col en juliana fina, enjuágala bajo el grifo y sécala bien. Ponla en un bol.

Pela las zanahorias, rállalas y agrégalas al bol. Sazona.

Mezcla en un bol la mayonesa con el zumo de limón y la mostaza. Adereza la ensalada y sirve.

PATATAS RELLENAS DE BACALAO Y MERMELADA DE CEBOLLA

INGREDIENTES **(4 p.)**

4 patatas (grandes)
250 g de bacalao desalado desmenuzado
12 ajos frescos
1 cebolleta
1 pimiento verde
50 ml de leche
aceite de oliva virgen extra
perejil
sal

Para la mermelada de cebolla:
3 cebollas dulces (blancas grandes)
30 ml de *brandy*
20 g de azúcar moreno
aceite de oliva virgen extra
sal

ELABORACIÓN

Para la mermelada, pela las cebollas, córtalas en dados y ponlas a pochar en una cazuelita con aceite. Sazona. Cuando cojan un poco de color, añade el *brandy* y el azúcar y cocínalas hasta que queden bien caramelizadas (unos 25 minutos más). Pásalas por el pasapurés y reserva la mermelada.

Lava las patatas y ponlas a cocer en una cazuela con agua y sal. A los 35 minutos, apaga el fuego, saca las patatas y deja que se templen. Córtalas por la mitad (en sentido horizontal) y vacíalas (dejando un poco de pulpa con la piel). Reserva las cáscaras y aplasta con un tenedor la pulpa de 2 patatas.

Pela la cebolleta y pícala finamente. Corta el pimiento en daditos y los ajos frescos en cilindros. Pon todo a pochar en una sartén con un chorrito de aceite. Sazona. Añade el bacalao y rehógalo brevemente. Mezcla la farsa con la pulpa de las patatas aplastadas y la leche. Agrega un poco de perejil picado y mezcla bien.

Rellena las patatas y colócalas en una fuente apta para el horno. Cúbrelas con una capa de la mermelada de cebolla y hornéalas a 180 °C durante 5-6 minutos hasta que se calienten bien. Sirve y adórnalas con unas hojas de perejil.

BRAZO DE GITANO CON CHOCOLATE Y NUECES CARAMELIZADAS

INGREDIENTES **(4 p.)**

4 huevos
100 g de azúcar
100 g de harina
75 g de chocolate de cobertura
6 cucharadas de mermelada de ciruela
4 bolas de helado de vainilla
hojas de menta

Para las nueces caramelizadas:
150 g de nueces peladas
75 g de azúcar
75 g de miel

ELABORACIÓN

Para el bizcocho, monta los huevos con el azúcar en un bol con la ayuda de una batidora de varillas. Añade la harina tamizada, espolvoreándola poco a poco y sin dejar de mezclar suavemente con una espátula. Vierte esta mezcla sobre una placa de horno, cubierta con una hoja de papel de hornear, y extiéndela con la espátula. Hornea a 200 °C durante 8-12 minutos aproximadamente. El bizcocho no debe quedar crudo, pero si está demasiado hecho, no se podrá enrollar.

Funde el chocolate en el microondas, a poca potencia y poco a poco para que no se queme.

Una vez frío el bizcocho, úntalo con la mermelada de ciruela y con un poco de chocolate y enróllalo.

Para las nueces caramelizadas, pon el azúcar y la miel en una sartén y, cuando se funda el azúcar, incorpora las nueces. Deja que se cocine durante unos 5 minutos aproximadamente sin parar de remover, hasta que empiece a humear y las nueces estén bien cubiertas de caramelo. Extiéndelas rápidamente sobre una superficie forrada con papel de hornear y sepáralas con ayuda de dos tenedores. Deja que se enfríen.

Sirve en cada plato un par de rodajas de brazo de gitano, acompáñalas con unas nueces y una bola de helado y decora con unos hilos de chocolate y hojas de menta.

MACARRONES CON CREMA DE CALABAZA Y QUESO

INGREDIENTES **(4 p.)**

300 g de macarrones
400 g de calabaza (potimarrón)
100 g de queso rallado
1 cebolla
1 puerro
100 ml de nata
100 ml de leche
aceite de oliva virgen extra
perejil
jengibre
pimienta
sal

ELABORACIÓN

Pela la cebolla y córtala en dados. Lava el puerro y córtalo en medias lunas. Pon las verduras a pochar en una cazuela con un chorrito de aceite. Sazona. Cuando se pochen un poco, corta la calabaza en dados (con piel) e incorpórala. Rehógala brevemente.

Añade 250 ml de agua, la nata y la leche. Salpimienta y agrega un poco de jengibre rallado. Tapa y cocina todo durante 12-15 minutos. Pasa los ingredientes al vaso americano y tritura. Reserva la crema.

Pon agua a calentar en una cazuela grande. Cuando empiece a hervir, sazona y agrega los macarrones. Cuécelos el tiempo que indique el paquete.

Retira los macarrones y ponlos en un bol. Agrega la crema de calabaza y mezcla bien. Pasa todo a un reciente apto para horno y añade el queso por encima. Gratínalos en el horno hasta que la superficie se dore un poco. Adorna con unas hojas de perejil.

ENSALADA DE LECHUGAS VARIADAS CON PEPINILLOS

INGREDIENTES **(4 p.)**

200 g de lechugas variadas
12 pepinillos en vinagre
12 tomates cherry
16 costrones de pan frito
aceite de oliva virgen
vinagre
sal

ELABORACIÓN

Lava las lechugas, sécalas, trocéalas y colócalas en una fuente.

Lava los tomates cherry, córtalos por la mitad y añádelos.

Corta los pepinillos en rodajitas y agrégalas.

Añade los costrones de pan.

Sazona y aliña con aceite y vinagre. Sirve.

SORBETE DE MANGO CON *COULIS* DE FRAMBUESAS

INGREDIENTES **(4 p.)**

500 g de mango
120 g de frambuesas
1 hoja de gelatina
160 ml de agua
120 g de azúcar
1 lima
2 claras de huevo
hojas de menta

ELABORACIÓN

Pon la gelatina en un bol. Cúbrela con agua fría y espera que se ablande.

Coloca las frambuesas en una sartén, añade 60 ml de agua y 60 g de azúcar. Cocínalas durante 5-6 minutos. Cuela la salsa en un bol y resérvala.

Para hacer el jarabe, calienta 100 ml de agua en un cazo con 60 g de azúcar. Añade la gelatina escurrida y dilúyela en el jarabe.

Coloca las claras en un bol y añade un poco de ralladura de lima. Móntalas con la batidora de varillas eléctrica. Resérvalas.

Pela los mangos, trocéalos y colócalos en el vaso batidor. Añade el jarabe y el zumo de la lima. Tritura con la batidora eléctrica y mezcla el resultado con las claras montadas.

Pasa todo a una fuente, tápalo con film transparente y congélalo hasta que tenga consistencia de aguanieve (semicongelada). Cada media hora, rasca y remuévelo con un tenedor.

Reparte el sorbete en 4 copas y saléalos con el *coulis* de frambuesas. Decora cada copa con unas hojitas de menta y sirve.

ENSALADA DE TOMATE, ANCHOAS Y QUESO

INGREDIENTES **(4 p.)**

3 tomates
8 anchoas en aceite
16 bolitas de queso *mozzarella*
aceite de oliva virgen extra
vinagre
hojas de albahaca
sal

ELABORACIÓN

Pela los tomates, córtalos en trozos irregulares y ponlos en una fuente. Sazona.

Agrega las bolitas de *mozzarella*.

Pica las anchoas finamente y ponlas en un bol. Agrega un chorrito de vinagre y un buen chorro de aceite de oliva.

Mezcla bien y aliña la ensalada. Pica las hojas de albahaca y salpica con ellas la ensalada. Sirve.

DORADA CON ARROZ VERDE

INGREDIENTES **(4 p.)**

2 doradas (800 g en limpio)
200 g de arroz
150 g de hojas de espinaca
2 zanahorias
2 dientes de ajo
aceite de oliva virgen extra
perejil
pimienta
sal

ELABORACIÓN

Pon medio litro de agua a calentar. Cuando empiece a hervir, agrega las hojas de espinaca. Escáldalas brevemente. Pasa todo a la jarra batidora y tritura. Cuela el contenido y reserva el jugo de espinaca.

Aplasta los ajos y rehógalos en una cazuela con aceite. Añade el arroz y rehógalo brevemente. Agrega el jugo de espinaca, sazona y cocina a fuego medio durante 18 minutos.

Pela las zanahorias, rállalas y fríelas brevemente en una sartén con abundante aceite caliente. Retíralas y escúrrelas sobre un plato cubierto con papel absorbente.

Corta las cabezas de las doradas y saca los lomos eliminando las espinas. Salpimienta los lomos, rocíalos con un chorrito de aceite y cocínalos (primero por la parte de la piel) en una plancha durante 3 minutos por cada lado.

Sirve en la base de los platos una cama de arroz, coloca encima el pescado y finalmente salpica los platos con la zanahoria frita. Decora los platos con unas hojitas de perejil.

LECHE FRITA CON CREMA DE MANGO Y MARACUYÁ

INGREDIENTES **(4 p.)**

500 ml de leche
80 g de azúcar
40 g de harina de trigo
20 g de harina de maíz refinada
1 mango
3 maracuyás
aceite de oliva virgen extra
corteza de limón
ralladura de lima
1 rama de canela
1 anís estrellado
panko y claras de huevo para rebozar
canela en polvo
hojas de menta

ELABORACIÓN

Para hacer la leche frita, pon a calentar la leche (reserva un poco) en un cazo y añade la rama de canela, el anís estrellado y un trozo de corteza de limón. Mientras, mezcla en un bol las harinas y el azúcar y vierte la leche reservada. Mezcla con unas varillas de modo que no queden grumos y quede una crema ligera. Cuando esté bien mezclado, incorpora la mezcla al cazo de la leche. Cocina a fuego lento, removiendo, durante 2-3 minutos, hasta conseguir una crema espesa. Coloca la crema en una fuente y deja que se enfríe.

Desmolda la crema fría, córtala en porciones y pásala por las claras y el *panko*. Fríe en una sartén con abundante aceite de oliva y escurre sobre papel absorbente.

Para hacer la crema, pela y trocea el mango y corta los maracuyás por la mitad para sacar toda su pulpa. Tritura el mango junto con la pulpa del maracuyá (reserva un poco) con la batidora. Pásalo por un colador, añade ralladura de lima y agrega la pulpa reservada.

Sirve la leche frita junto con la crema de mango y maracuyá y decora con canela en polvo y unas hojas de menta.

ENSALADA DE LECHUGA Y BONITO

INGREDIENTES **(4 p.)**

1 lechuga
150 g de bonito en aceite
4 tomates deshidratados en aceite
aceite de oliva virgen extra
vinagre
sal

ELABORACIÓN

Lava la lechuga, sécala, trocéala y colócala en una fuente.

Corta los tomates en daditos y añádelos.

Desmenuza el bonito y agrégalo.

Sazona y adereza con aceite y vinagre. Sirve.

QUINOA CON VERDURAS Y HUEVO FLOR

INGREDIENTES **(4 p.)**

250 g de quinoa
8 pimientos del piquillo
12 espárragos verdes
2 zanahorias
1 chirivía
1 nabo
1 diente de ajo
4 huevos
aceite de oliva virgen extra
perejil
sal

ELABORACIÓN

Pela el diente de ajo, lamínalo y ponlo a rehogar en una sartén. Agrega los pimientos del piquillo troceados. Cocínalos a fuego suave durante 10 minutos. Añade un poco de agua y deja reducir. Pásalos al vaso batidor y tritúralos. Reserva la salsa.

Corta los espárragos en cilindros de 2 centímetros. Pela las zanahorias y córtalas en rodajitas de 1 centímetro de grosor. Pela la chirivía y córtala en medias lunas. Pela el nabo y córtalo en dados. Pon todo a rehogar en una tartera con un chorrito de aceite. Sazona.

Coloca la quinoa en un colador y enjuágala bajo el grifo de agua fría. Agrégala a las verduras, añade agua (el doble) y cocínala a fuego suave durante unos 20 minutos.

Corta 4 trozos grandes de film transparente y extiéndelos sobre 4 recipientes hondos. Úntalos con un poco de aceite, casca un huevo encima de cada uno, sazónalos, ciérralos bien y átalos con cuerda de cocina. Pon abundante agua en una cazuela y, cuando empiece a hervir, introduce los huevos en ella. Cuécelos a fuego medio durante 3 minutos. Retíralos y quítales la cuerda y el film.

Sirve la quinoa con verduras, pon en el centro una cucharada de salsa de pimiento y coloca un huevo encima. Decora los platos con unas hojas de perejil.

FLOR DE MANZANA CON FRAMBUESAS

INGREDIENTES **(4 p.)**

1 placa de hojaldre
2 manzanas
6 frambuesas
2 cucharadas de azúcar glas
1 cucharada de azúcar
1 pizca de canela en polvo
harina
hojas de menta

Para el bizcocho:
55 g de mantequilla
75 g de azúcar
1 huevo
100 g de nata líquida
90 g de harina
¼ de sobre de levadura

ELABORACIÓN

Para preparar la masa del bizcocho, empieza batiendo la mantequilla (tiene que estar a temperatura ambiente) con la batidora de varillas. Agrega el azúcar poco a poco mientras sigues batiendo. Incorpora el huevo, vierte la nata poco a poco y, por último, la harina con la levadura. Mezcla todo bien e introdúcelo en una manga pastelera.

Trocea la manzana en láminas muy finas.

Estira la placa de hojaldre con un rodillo, espolvoreando un poco de harina, y corta dos rectángulos. En el centro de cada rectángulo, coloca una línea de masa de bizcocho (a lo largo), de forma que el rectángulo quede dividido en dos. En una mitad, coloca unas láminas de manzana, vuelve a poner un poco más de masa de bizcocho sobre la manzana y dobla la otra mitad cubriendo la masa y parte de las manzanas. Enrolla formando un rulo y repite la operación con el otro rectángulo de hojaldre. Coloca cada rulo en un cuenco apto para el horno forrado con unas tiras de papel de hornear. Hornea a 180 °C durante 30 minutos.

Limpia y pica las frambuesas, espolvoréalas con 1 cucharada de azúcar glas y deja que se maceren y suelten su jugo.

Sirve la flor, aromatízala con un poco de azúcar con canela en polvo y acompáñala con las frambuesas. Decora con azúcar glas espolvoreado, unas gotas de jugo de las frambuesas y una hojita de menta.

ENSALADA DE ENDIBIAS, ZANAHORIA Y ALCAPARRAS

INGREDIENTES **(4 p.)**

8 endibias
1 zanahoria
30 g de alcaparras
25 g de anacardos
aceite de oliva virgen extra
vinagre
sal

ELABORACIÓN

Suelta las hojas de las endibias, lávalas, sécalas y córtalas en juliana. Colócalas en una fuente.

Pela la zanahoria y rállala sobre las endibias.

Esparce las alcaparras por encima.

Aplasta los anacardos y espolvorea con ellos la ensalada.

Sazona y aliña con aceite y vinagre. Sirve.

ESPALDILLA EMPANADA CON *BRICKS* DE PISTO

INGREDIENTES **(4 p.)**

12 filetes de espaldilla de ternera
4 láminas de pasta *brick*
2 pimientos verdes
1 calabacín
1 cebolleta
1 tomate
4 dientes de ajo
1 boniato
pan rallado
aceite de oliva virgen extra
perejil
pimienta
sal

ELABORACIÓN

Para hacer el pisto, pela y lamina 2 ajos. Corta la cebolleta y los pimientos en dados. Rehógalos en una sartén con un buen chorro de aceite de oliva. Sazona. Corta el calabacín en dados (con piel) y añádelos. Rehoga las verduras durante 10 minutos. Pela el tomate, córtalo en dados y agrégalo. Pon a punto de sal y cocina las verduras a fuego fuerte hasta que pierdan toda el agua. Escúrrelas bien.

Pela el boniato, córtalo en tiritas finas y fríelas en una sartén con aceite. Escurre los chips de boniato sobre un plato cubierto con papel absorbente. Sazona.

Extiende las láminas de pasta *brick* sobre una superficie lisa y rellénalas con el pisto. Cierra las láminas formando un hatillo con cada una y átalos con cuerda de cocina. Colócalos sobre la bandeja de horno cubierta con un trozo de papel de hornear. Hornéalos a 200 ºC durante 8-10 minutos.

Para la provenzal, pela y pica los otros 2 dientes de ajo finamente y mézclalos con el pan rallado y un poco de perejil picado.

Da unos golpes con un cuchillo en la ternilla central de los filetes para que no se encojan al freír. Salpimiéntalos y empánalos con la provenzal. Fríe los filetes en una sartén con aceite.

Sirve los filetes y acompáñalos con los chips de boniato y los *bricks* de pisto. Adorna los platos con unas hojas de perejil.

CREMA CATALANA CON BIZCOCHO Y CRUJIENTE DE CARAMELO Y AVELLANA

INGREDIENTES **(4 p.)**

1 plancha de bizcocho

Para la crema:
500 ml de leche
20 g de harina de maíz refinada
75 g de azúcar
4 yemas de huevo
1 trozo de cáscara de limón
1 trozo de cáscara de naranja
hojas de menta

Para el crujiente de caramelo y avellana:
50 g de azúcar
30 g de avellanas tostadas troceadas
unas gotas de vinagre
agua
aceite de girasol

ELABORACIÓN

Para hacer la crema, pon la leche en un cazo con las cáscaras de limón y naranja (reserva un poco de leche) y caliéntala durante 5 minutos. Pon en un bol la harina de maíz refinada, el azúcar y la leche que habías reservado. Remueve un poco, incorpora las yemas de huevo y mezcla bien. Cuela la leche aromatizada y viértela en la mezcla anterior. Pon la mezcla de nuevo al fuego y cocina a fuego suave hasta que espese, sin dejar de remover.

Corta cuatro círculos de bizcocho y coloca cada disco en el fondo de los cuencos o copas donde vayas a servir el postre. Vierte encima la crema y deja que se atempere o enfríe.

Para hacer la teja de caramelo, pon a calentar el azúcar en una sartén con unas gotas de vinagre y un chorrito de agua hasta que se diluya. Unta dos trozos de papel de hornear con un poco de aceite. Cuando el azúcar empiece a coger un color dorado, retira del fuego y vierte el caramelo sobre el papel engrasado, cúbrelo con otro trozo de papel engrasado y pasa por encima un rodillo de manera que quede lo más fino posible. Rápidamente, espolvorea sobre el caramelo las avellanas picadas y deja que se enfríe.

Sirve la crema con unas tejas de caramelo y avellana y decora con unas hojas de menta.

ENSALADA DE NARANJA, PEPINO, HIGO Y ACEITUNAS

INGREDIENTES **(4 p.)**

2 naranjas
1 pepino
4 higos
16 aceitunas (negras y verdes)
aceite de oliva virgen extra
vinagre
sal

ELABORACIÓN

Pela las naranjas en vivo y córtalas en rodajas.

Pela el pepino y córtalo en rodajitas finas.

Lava los higos y córtalos en trocitos.

Distribuye en los platos unas rodajas de naranja, unas de pepino, unos trocitos de higo y las aceitunas.

Sazona y aliña con aceite y vinagre y sal. Sirve.

SOPAS PEROTAS

INGREDIENTES **(4 p.)**

200 g de pan de pueblo
2 patatas
1 cebolla
1 pimiento verde
6 espárragos verdes
1 tomate
agua
aceite de oliva virgen extra
perejil
sal

ELABORACIÓN

Calienta aceite en una tartera. Pela las patatas, córtalas en rodajas y fríelas en la tartera a fuego suave. Retíralas a un plato, sazónalas y resérvalas. Retira un poco del aceite de la tartera.

Corta la cebolla y el pimiento en dados y añádelos a la tartera. Retira la parte inferior de los espárragos, córtalos en trozos de unos 2 centímetros e incorpóralos. Sazona y pocha todo bien.

Pela el tomate, córtalo en dados y agrégalo. Cocina todo durante unos 5 minutos.

Añade las patatas (reserva 4 rodajas para decorar) y el agua (1 litro aproximadamente). Pon a punto de sal y calienta la mezcla hasta que esté a punto de hervir (es importante que no hierva, porque la consistencia de las verduras cambiaría).

Corta el pan en rebanadas y después trocéalo a mano. Pon los trozos de pan en el lebrillo (recipiente de barro especial). Vierte la sopa sobre el pan y deja que se empape bien. No tiene que quedar ni muy seca ni muy mojada. Decora con las patatas reservadas y un poco de perejil picado.

TARTA DE ALMENDRAS CON MERMELADA DE NARANJA

INGREDIENTES **(6 p.)**

5 huevos
250 g de azúcar
275 g de almendra molida
150 g de mermelada de naranja
1 cucharadita de canela
1 limón
aceite de oliva virgen extra
azúcar glas
hojas de menta

ELABORACIÓN

Mezcla en un bol los 250 g de azúcar, la canela y 250 g de almendra molida.

Unta un bol de cristal con aceite, fórralo con tiras de papel de hornear y espolvoréalo con el resto de la almendra.

Bate los huevos con la varilla en otro bol. Ralla el limón y añade la mezcla de azúcar, almendra y canela. Mezcla bien. Agrega 100 g de mermelada de naranja y mezcla toscamente. Vierte la masa en el molde y hornéala a 180 °C durante 40 minutos. Deja enfriar y desmolda.

Espolvorea la tarta con azúcar glas y adorna con el resto de la mermelada de naranja. Decora con una hojita de menta y sirve.

ENSALADA DE LECHUGA, PEPINO Y ALMENDRAS

INGREDIENTES **(4 p.)**

1 lechuga
1 pepino
25 g de almendras fileteadas
25 g de alcaparras
aceite de oliva virgen extra
vinagre
sal

ELABORACIÓN

Lava la lechuga, sécala, trocéala y ponla en una fuente.

Pela el pepino, córtalo en bastones y agrégalos.

Añade también las alcaparras.

Tuesta las almendras en una sartén sin aceite. Deja que se enfríen e incorpóralas a la ensalada.

Sazona y aliña con aceite y vinagre. Sirve.

POLLO GUISADO CON ARROZ BLANCO

INGREDIENTES **(4 p.)**

1 pollo (troceado)
200 g de arroz
2 cebollas
1 zanahoria
1 manzana
4 dientes de ajo
100 ml de vino blanco
2 huevos
harina
aceite de oliva virgen extra
1 hoja de laurel
perejil
pimienta
sal

ELABORACIÓN

Pon agua a calentar en una cazuelita. Agrega los huevos y cuécelos durante 10 minutos. Retíralos, refréscalos, pélalos y resérvalos.

Retira la piel del pollo y salpimiéntalo. Pásalo por harina y dóralo en una sartén con un chorrito de aceite. Retira los trozos y resérvalos.

Pela 3 dientes de ajo, las cebollas y la zanahoria, pícalos y ponlos a rehogar en la cazuela con aceite. Cuando se doren un poco, pela la manzana, trocéala y agrégala. Sazona y rehoga todo un poco. Incorpora el pollo, añade la hoja de laurel, vierte el vino y un vaso de agua, y tapa la cazuela. Guisa el pollo durante 20 minutos a fuego suave.

En el momento de servir, aplasta las yemas de los huevos con un tenedor y añádelas a la salsa del pollo. Pica las claras y échalas por encima.

Aplasta el otro diente de ajo (con piel) y colócalo en una cazuelita con aceite. Añade el arroz, vierte el agua (el doble que de arroz y un poco más) y sazona. Sirve en cada plato una porción de pollo y una de arroz.

BROWNIE DE NUECES

INGREDIENTES **(4 p.)**

240 g de chocolate (70 % de cacao)
200 g de mantequilla
4 huevos
80 g de azúcar
80 g de harina
80 g de nueces
40 g de cacao amargo

Para las nueces caramelizadas:
40 g de nueces
40 g de azúcar blanco
aceite de oliva
sal

ELABORACIÓN

Para las nueces caramelizadas, precalienta el horno a 180 °C. Introduce las nueces y deja que se deshidraten unos 5 minutos. Después tuéstalas en una sartén con un chorrito de aceite de oliva y una pizca de sal. Retíralas a un plato. Haz un caramelo con el azúcar y añade las nueces para que se impregnen de caramelo. Retíralas a un papel de hornear y sepáralas para que no se queden pegadas. Reserva para decorar.

Para el *brownie*, funde el chocolate junto con la mantequilla al baño maría. Bate los huevos y el azúcar con la batidora. Incorpora la crema de chocolate (reserva un poquito para decorar) y bate. Añade la harina y mezcla a mano. Pasa las nueces por el cacao amargo y agrégalas.

Embadurna el molde con mantequilla y espolvorea con cacao amargo. Vierte la masa en el molde. Hornea a 180 °C unos 20-25 minutos.

Saca el *brownie* y deja templar. Esparce una capa de chocolate por encima y decora con las nueces caramelizadas. Sirve.

ENSALADA DE RÚCULA, ZANAHORIA Y MAÍZ

INGREDIENTES **(4 p.)**

300 g de hojas de rúcula
2 zanahorias
30 g de maíz tostado
aceite de oliva virgen extra
vinagre
sal

ELABORACIÓN

Lava las hojas de rúcula, sécalas y colócalas en una fuente grande.

Pela las zanahorias y rállalas. Espárcelas por encima de la rúcula.

Aplasta el maíz tostado y salpica con él la ensalada.

Sazona y aliña con aceite y vinagre. Sirve.

LENTEJAS CON BORRAJA

INGREDIENTES **(4 p.)**

200 g de lentejas
500 g de borraja
1 puerro
1 zanahoria
2 patatas
3 dientes de ajo
aceite de oliva virgen extra
sal

ELABORACIÓN

Corta la parte inferior y superior del puerro. Retira la primera capa, hazle un corte en cruz por la parte superior y enjuágalo bien. Córtalo en cilindros y ponlo en una red de cocer legumbres. Pela la zanahoria, córtala de la misma manera, introdúcela en la red y ciérrala.

Coloca las lentejas en la olla rápida. Cúbrelas con abundante agua y sazona. Incorpora la red con las verduras. Tapa la olla y cuece las lentejas durante 15 minutos.

Coloca el puerro y la zanahoria cocidos en el vaso batidor. Agrega un poco del caldo de cocer las lentejas y tritúralos. Incorpora el puré a las lentejas y mezcla bien.

Pon a calentar agua en una cazuela con una pizca de sal. Retira las hojas de la borraja. Lava los tallos, córtalos en trozos de 2-3 centímetros y agrégalos a la cazuela.

Pela las patatas, córtalas en dados e incorpóralas. Cuece conjuntamente durante 15 minutos. Escurre.

Pela los dientes de ajo, lamínalos y ponlos a dorar en una sartén con aceite. Agrega la borraja con la patata y saltéalas durante 2-3 minutos.

Sirve las lentejas y acompáñalas con la borraja con patatas.

BIZCOCHO DE ZANAHORIA Y COCO

INGREDIENTES **(6 p.)**

200 g de zanahoria rallada
200 g de harina
100 g de azúcar moreno
15 g de levadura
1 cucharadita de especias en polvo (canela, nuez moscada, anís en polvo, jengibre)
2 huevos
180 ml de leche de coco
1 cucharada de vinagre
coco rallado
mermelada de naranja
aceite y harina (para el molde)
hojas de menta

ELABORACIÓN

Coloca la zanahoria rallada en un bol, añade la harina, el azúcar y la levadura. Mezcla bien. Agrega las especias y mezcla.

En otro bol, bate los huevos y añade la leche de coco y el vinagre. Mezcla bien. Incorpóralos al bol de la harina y mezcla bien.

Unta un molde con un poco de aceite. Espolvoréalo con un poco de harina, espárcela bien y retira el exceso. Vierte en él la masa y hornéala a 170 °C durante 30-35 minutos.

Deja que se temple (unos 10 minutos) y desmóldalo. Unta la superficie con mermelada y espolvoréalo con el coco rallado. Decora con unas hojas de menta.

ENSALADA DE LECHUGAS VARIADAS Y JAMÓN DE PATO

INGREDIENTES **(4 p.)**

200 g de lechugas variadas
100 g de jamón de pato
12 nueces
30 g de maíz frito
aceite de oliva virgen extra
vinagre de sidra
sal

ELABORACIÓN

Lava las hojas de las lechugas, trocéalas y sécalas un poco. Ponlas en una fuente.

Corta el jamón de pato en daditos y agrégalos.

Pela las nueces, cáscalas, trocéalas y añádelas.

Aplasta el maíz y espolvorea con él la ensalada.

Sazona y adereza con aceite y vinagre. Sirve.

PIZZA DE PERA, PANCETA Y SALCHICHA

INGREDIENTES **(4 p.)**

2 peras
8 lonchas finas de panceta
2 salchichas frescas
200 g de queso *mozzarella*
150 g de queso gorgonzola
aceite de oliva virgen extra
perejil

Para la masa:

450 g de harina
200 ml de agua
2 cucharadas de aceite de oliva virgen extra
sal

ELABORACIÓN

Pon 400 g de harina y una pizca de sal en un bol. Agrega el agua y 2 cucharadas de aceite de oliva. Bate al principio con la batidora de varillas y luego sigue amasando con las manos hasta obtener una masa homogénea y compacta que no se pegue a las manos. Cúbrela con un paño limpio y deja reposar durante unos 15 minutos.

Corta la masa en 4 porciones y redondéalas. Espolvorea una superficie lisa (encimera) con un poco de harina, pon encima una bola de masa, espolvoréala con otro poco de harina y estírala (dándole forma redondeada) con un rodillo. Repite el mismo proceso con el resto de las bolas. Pon cada masa sobre un trozo de papel de hornear y coloca 2 en cada bandeja de horno.

Pela las peras y córtalas en trocitos. Saltéalas en una sartén con un chorrito de aceite. Retíralas a un plato y resérvalas. Cocina las salchichas en la misma sartén. Córtalas en rodajas y resérvalas.

Corta las lonchas de panceta por la mitad y cocínalas vuelta y vuelta en otra sartén sin aceite. Retíralas a un plato y resérvalas.

Trocea los quesos (gorgonzola y *mozzarella*) y repártelos sobre las 4 bases de *pizza*. Agrega, a cada una, 4 trozos de panceta, unas rodajas de salchicha y unos trocitos de pera.

Hornea las *pizzas* a 200 °C durante 12-15 minutos aproximadamente.

Sirve las *pizzas* individuales y decóralas con unas hojas de perejil.

TATÍN DE MELOCOTÓN

INGREDIENTES **(4 p.)**

5 melocotones grandes
500 g de caramelos de mantequilla
100 g de galletas
50 g de mantequilla
helado de vainilla
hojas de menta

ELABORACIÓN

Introduce los caramelos en una picadora y tritúralos hasta que queden reducidos a polvo. Resérvalos.

Pon las galletas en un trapo, ciérralo y pasa el rodillo por encima hasta que las galletas queden machacadas toscamente (no tiene que ser polvo). Colócalas en un bol y agrega la mantequilla derretida. Amasa toscamente (sin que quede una masa uniforme). Reserva.

Pela los melocotones y corta cada uno por la mitad. Corta cada trozo en 4 o 5 gajos. Colócalos en un recipiente apto para el horno y espolvoréalos con el polvo de caramelo. Hornéalos a 180 °C durante 30-45 minutos, removiéndolos cada 10 minutos.

Escurre los melocotones, cuela el caldo y ponlo a reducir en una cazuela. Cuando espese, pásalo a un recipiente y deja que se enfríe.

Cubre una bandeja de horno con un trozo de papel de hornear. Coloca encima 4 moldes (tipo cortapastas), rellénalos con los melocotones escurridos y presiónalos con una cuchara. Cubre los melocotones con las galletas trituradas y vuelve a presionarlas. Introduce la bandeja en el horno y hornea las tartas tat*í*n a 200 °C durante 5 minutos.

Da la vuelta a los moldes y pon, encima de cada uno, una cucharada de la reducción. Retira los moldes y acompaña cada tarta con una bola de helado y unas hojitas de menta.

MUXARRA ESTILO GETARIA

INGREDIENTES **(4 p.)**

1 *muxarra* (1.200 g)
2 patatas
1 puerro
1 cebolleta
3 dientes de ajo
50 ml de *txakoli*
harina
aceite de oliva virgen extra
perejil
pimienta
sal

ELABORACIÓN

Lava las patatas y ponlas a cocer en una cazuela con abundante agua y una pizca de sal durante 35 minutos. Pélalas y córtalas en rodajas. Resérvalas.

Corta la cabeza del pescado y ponla en una cazuela con agua. Agrega unas ramas de perejil y el puerro (limpio y cortado en 3-4 trozos). Sazona y cuece todo durante 15 minutos. Cuela el caldo y resérvalo.

Pela la cebolleta y los ajos, pícalos finamente y ponlos en una tartera con aceite. Rehógalos a fuego suave sin que se doren. Agrega una cucharada de harina y rehógala un poco. Vierte el *txakoli* en la tartera y dale un hervor. Añade también el caldo. Incorpora las rodajas de patata.

Corta el pescado en rodajas, salpimiéntalas y agrégalas. Cocina el pescado durante 2 minutos por cada lado. Espolvorea con perejil picado. Remueve la cazuela, pon a punto de sal y sirve.

ENSALADA DE GAMBAS Y MANZANA

INGREDIENTES **(4 p.)**

1 escarola
16 gambas
1 manzana
30 g de pistachos
aceite de oliva virgen extra
2 limas
sal

ELABORACIÓN

Lava la escarola, trocéala, sécala, colócala en una fuente y sazónala.

Ralla un poco de cáscara de lima y resérvala.

Pela las gambas y córtalas por la mitad a lo largo.

Exprime 1 ½ lima en un bol, añade un chorrito de aceite e introduce las gambas en el bol. Sazónalas y déjalas macerando durante 15 minutos como mínimo. Escúrrelas y agrégalas a la escarola.

Pela la manzana, córtala en dados y añádelos a la ensalada.

Aplasta los pistachos y espárcelos por encima.

Mezcla en otro bol el zumo de la otra media lima con la cáscara rallada (reservada anteriormente) y un chorrito de aceite. Aliña la ensalada y sirve.

COMPOTA DE MORAS CON YOGUR

INGREDIENTES **(4 p.)**

250 g de moras
1 manzana
ralladura de limón
½ vaso de zumo de naranja
1 cucharada de azúcar moreno
5 g de gelatina
2 yogures
2 claras de huevo
hojas de menta

ELABORACIÓN

Pon las moras en una cazuela. Pela la manzana, córtala en tiras y añádelas. Agrega también un poco de ralladura de limón, el zumo de naranja y el azúcar. Tápalo y déjalo cocer a fuego lento durante 15 minutos, removiendo de vez en cuando, hasta que las frutas estén tiernas.

Remoja la gelatina en agua fría hasta que se ablande. Escúrrela bien y añádela al bol de frutas antes de que pierdan calor. De esta manera, la gelatina se disolverá. Reserva la compota.

Monta las claras a punto de nieve con la batidora de varillas. Reserva el merengue.

Pon los yogures en un bol y bátelos bien. Para montar el plato, coloca pequeñas porciones de yogur, compota y merengue.

Adorna con unas hojas de menta. Sirve.

ENSALADA DE SALMÓN Y PASAS

INGREDIENTES **(4 p.)**

300 g de rúcula
100 g de salmón ahumado
40 g de pasas
1 cebolleta
aceite de oliva virgen extra
vinagre
sal

ELABORACIÓN

Lava la rúcula y colócala en una fuente.
Corta el salmón en daditos y añádelos.
Incorpora también las pasas.
Corta la cebolleta en juliana fina y agrégala.
Sazona y aliña con aceite y vinagre. Sirve.

TARTA SALADA DE CALABAZA, CASTAÑAS Y QUESO DE CABRA

INGREDIENTES **(4 p.)**

400 g de calabaza
16 castañas
100 g de queso de cabra
1 cebolla (dulce)
200 g de harina
4 huevos
agua
aceite de oliva virgen extra
perejil
pimienta
sal

ELABORACIÓN

Pon la harina, 1 huevo, una pizca de sal, 80 ml de aceite y 50 ml de agua en un bol. Trabaja un poco la masa con la varilla eléctrica y después amásala un poco con las manos. Forma una bolita, envuélvela en film transparente y déjala reposar durante 15 minutos como mínimo. Retira el film.

Enharina la encimera, estira la masa con un rodillo y cubre con ella la base de un molde de fondo desmontable. Recorta los bordes sobrantes. Corta un trozo redondo de papel de hornear del tamaño de la base interior del molde y colócalo sobre la masa. Cubre el papel con un buen montón de garbanzos (para que la masa no suba). Hornea la masa a 180 °C durante 20 minutos. Retira los garbanzos y el papel de hornear, de manera que quede solo la tartaleta horneada en el molde. Resérvala.

Lava las castañas y hazles un corte de manera que atravieses las 2 pieles. Añádelas a una sartén y ponla a calentar a fuego medio. Tapa las castañas y cocínalas durante 15 minutos, removiéndolas de vez en cuando. Colócalas en un bol, tápalas con film transparente y deja que suden un poco. Pélalas y resérvalas.

Pela la cebolla, córtala en dados y ponlos a rehogar en una cazuela con un chorrito de aceite. Cuando se doren un poco, pela la calabaza, trocéala y agrégala. Sazona y cocina los ingredientes durante unos 15 minutos. Escurre bien.

Casca los otros 3 huevos y colócalos en la jarra batidora. Añade la calabaza con la cebolla (bien escurridas) y tritura. Agrega un poco de pimienta. Vierte la mezcla sobre la tartaleta y distribuye por encima las castañas y el queso de cabra cortado en rodajas.

Introdúcela de nuevo en el horno y horneála a 190 °C durante 20 minutos. Deja atemperar, córtala en porciones y sirve. Adorna con unas hojas de perejil.

TARTA DE CASTAÑAS

INGREDIENTES **(6 p.)**

Para el bizcocho:
3 huevos
3 cucharadas de azúcar
3 cucharadas de harina
mantequilla y harina para el molde

Para el relleno:
500 g de castañas
1 cucharada de azúcar
1 copita de *brandy*
50 g de mantequilla
½ vaso de nata líquida
cacao en polvo
hojas de menta
frambuesas
moras

ELABORACIÓN

Haz un corte en la corteza de las castañas con un cuchillo y cuécelas con agua durante 20-30 minutos.

Bate los huevos y el azúcar con una batidora eléctrica de varillas hasta que estén montados. Añade la harina (reserva un poco) tamizada y mezcla todo suavemente con las manos.

Unta con mantequilla el molde, espolvoréalo con harina y vierte la masa. Mete en el horno a 180 °C durante 18 minutos.

Para el relleno, pela las castañas cocidas (reserva 5 para la decoración) y tritúralas con una batidora. Añade el azúcar, el *brandy*, la mantequilla fundida y la nata poco a poco sin dejar de batir.

Abre el bizcocho por la mitad y rellénalo con la crema de castañas. Espolvorea con un colador el cacao en polvo hasta que cubra la tarta. Decora con las castañas reservadas, hojas de menta, frambuesas y moras.

HUEVOS RELLENOS CON BECHAMEL DE QUESO

INGREDIENTES **(4 p.)**

4 huevos
2 lonchas de panceta (finas)
150 g de escarola
60 g de mantequilla
60 g de harina
500 ml de leche
2 quesitos
harina
huevo batido
pan rallado
aceite de oliva virgen extra
vinagre
sal

ELABORACIÓN

Pon a calentar abundante agua en una cazuela. Cuando empiece a hervir, agrega los huevos con cuidado y déjalos cocer durante 10 minutos. Retíralos, refréscalos y pélalos. Córtalos por la mitad, pon las yemas en un bol y aplástalas. Reserva las claras.

Corta la panceta en daditos muy pequeños y rehógalos en una sartén con unas gotas de aceite. Retíralos y agrégalos al bol de las yemas. Mezcla bien y rellena las claras con la mezcla.

Unta una bandeja de horno con un poco de mantequilla y resérvala. Pon a fundir el resto de la mantequilla (50 g) en una cazuela. Cuando se funda, añade los 60 g de harina y cocínala un poco. Vierte la leche poco a poco, sin dejar de remover. Agrega también los quesitos y cocina la bechamel durante 10-12 minutos. Pon a punto de sal.

Distribuye sobre la bandeja de horno (untada con mantequilla) 8 cucharadas soperas de bechamel, procurando que no se junten. Coloca, encima de cada una, medio huevo relleno, dejando la parte redondeada hacia arriba. Nápalos con el resto de la bechamel. Deja que se enfríen como mínimo durante 1 hora.

Pasa (con cuidado) los huevos rellenos por harina, huevo batido y pan rallado. Fríelos en una sartén con abundante aceite. Escúrrelos sobre una fuente cubierta con papel absorbente.

Limpia las hojas de escarola, sécalas, trocéalas y ponlas en la una fuente. Alíñalas con aceite, vinagre y sal. Sirve en cada plato 2 medios huevos y un poco de escarola.

ENSALADA DE ENDIBIAS, BERROS Y PIPAS

INGREDIENTES **(4 p.)**

4 endibias
150 g de berros
30 g de pipas de girasol
8 cebollitas en vinagre
16 aceitunas (8 verdes y 8 negras)
aceite de oliva virgen extra
vinagre
sal

ELABORACIÓN

Lava los berros y las endibias y sécalos. Coloca los berros en una fuente. Pica las endibias y agrégalas.

Añade las cebollitas y las aceitunas.

Tuesta las pipas de girasol en una sartén sin aceite. Agrégalas a la ensalada.

Sazona y adereza con aceite y vinagre. Sirve.

CANUTILLOS DE PERA, QUESO Y NUECES

INGREDIENTES **(4 p.)**

2 láminas de pasta *brick*
3 peras
100 g de queso mascarpone
25 g de nueces
100 g de frambuesas
25 g de azúcar
20 g de mantequilla
aceite de oliva virgen extra
hojas de menta

ELABORACIÓN

Pela las peras, pícalas y rehógalas durante 10 minutos en una sartén con la mantequilla. Agrega el queso y las nueces picadas y mezcla bien.

Corta las láminas de pasta *brick* de manera que te queden 4 rectángulos y unta con aceite. Rellénalos con un poco de la mezcla anterior y enróllalos. Unta la bandeja del horno con un poco de aceite, coloca encima los canutillos y hornéalos a 200 °C durante 5-8 minutos.

Pon a calentar una sartén y añade las frambuesas y la cucharada de azúcar. Cocínalas un poco hasta que se disuelvan.

Sirve los canutillos y acompáñalos con la salsa de frambuesas. Decora con unas hojas de menta.

ARROZ CON VERDURAS Y CONEJO AL AZAFRÁN

INGREDIENTES **(4 p.)**

300 g de arroz
2 muslos de conejo
4 dientes de ajo
1 cebolleta
16 espárragos verdes
4 alcachofas
aceite de oliva virgen extra
perejil
hebras de azafrán
pimienta
sal

ELABORACIÓN

Maja el azafrán en el mortero y añádelo a una cazuela con agua (750 ml). Ponla a calentar y deja que el azafrán desprenda su aroma y color.

Pela 2 dientes de ajo y la cebolleta. Pícalos y ponlos a rehogar en una tartera con un chorrito de aceite. Retira la parte inferior de los espárragos, enjuágalos y córtalos en cilindros. Añádelos a la tartera. Pela las alcachofas (retirándoles las hojas exteriores y las puntas) y córtalas en láminas finas. Incorpóralas y rehoga todo durante unos minutos. Añade el arroz, rehógalo brevemente y vierte el agua de azafrán. Sazona. Cocina el arroz durante 18-20 minutos.

Deshuesa los muslos de conejo y corta la carne en dados. Salpiméntalos y saltéalos a fuego fuerte en una sartén con aceite. Cuando casi estén hechos, pela 2 dientes de ajo, májalos en el mortero y agrégalos. Saltea brevemente, espolvorea con un poco de perejil picado e incorpora los muslos al arroz. Sirve.

ENSALADA DE RÚCULA Y CANÓNIGOS

INGREDIENTES **(4 p.)**

150 g de rúcula
150 g de canónigos
75 g de queso
40 g de frutos rojos (frambuesas, moras)
aceite de oliva virgen extra
vinagre
sal

ELABORACIÓN

Lava las hojas de rúcula y las de canónigo. Sécalas y colócalas en una fuente grande.

Corta el queso en taquitos y agrégalos.

Añade también los frutos rojos.

Sazona y adereza con aceite y vinagre. Sirve.

UVAS, HIGOS Y MELOCOTONES AL VINO TINTO

INGREDIENTES **(4 p.)**

500 g de uvas
12 higos frescos
4 melocotones
½ vaso de vino tinto
500 ml de agua
edulcorante equivalente a 3 cucharadas de azúcar
1 rama de canela
1 cáscara de naranja
1 cáscara de limón
250 g de yogur desnatado
hojas de menta

ELABORACIÓN

Pon el vino tinto con el agua en una cazuela al fuego, añade la canela y el edulcorante.

Pela los melocotones, córtalos por la mitad y deshuésalos.

Añade las cáscaras de limón y de naranja, los melocotones, los higos frescos y las uvas a la cazuela del vino. Cuece a fuego lento durante 20-35 minutos.

Sirve en cuencos individuales poniendo, en cada uno, un poco de compota, y adornando con un poco de yogur y unas hojas de menta.

ENSALADA DE LECHUGA, PEPINO Y NARANJA

INGREDIENTES **(4 p.)**

200 g de lechuga
1 pepino (pequeño)
1 naranja
40 g de cacahuetes
aceite de oliva virgen extra
vinagre
sal

ELABORACIÓN

Lava la lechuga, sécala, trocéala y colócala en una fuente. Sazona.

Pela el pepino, córtalo en daditos y añádelos.

Pela la naranja, saca los gajos en vivo y córtalos en trocitos. Agrégalos a la ensalada.

Añade los cacahuetes. Sazona y adereza con aceite y vinagre. Sirve.

JABALÍ ESTOFADO CON POLENTA

INGREDIENTES **(4 p.)**

600 g de jabalí
125 g de polenta
8 dientes de ajo
2 cebollas
1 puerro
2 zanahorias
1 pimiento verde
400 ml de vino tinto
2 onzas de chocolate negro
60 g de nueces (peladas)
harina
aceite de oliva virgen extra
2 hojas de laurel
1 rama de romero
perejil
pimienta
sal

ELABORACIÓN

Salpimienta la carne troceada y ponla en un bol. Añade 4 dientes de ajo machacados y con piel, las hojas de laurel, la rama de romero y el vino. Déjala macerando desde la víspera.

Retira la carne del bol y escúrrela bien (reserva el caldo). Seca la carne y pásala por harina. Fríela brevemente en una sartén con aceite. Retírala (no hay que ponerla sobre papel absorbente, porque absorbería el jugo de la carne) y resérvala.

Pela los otros 4 dientes de ajo, las cebollas, el puerro y las zanahorias y pícalos. Pica también el pimiento. Pon todo a pochar en una cazuela con un chorrito de aceite y sazona. Añade también la rama de romero y las hojas de laurel del macerado. Rehoga bien.

Cuando las verduras estén bien rehogadas, agrega la carne, el caldo del macerado y la misma cantidad de agua. Coloca la tapa y cocina todo a fuego medio durante 1 hora y media. Retira la carne y pasa la salsa por el pasapurés a otra cazuela. Añade las onzas de chocolate y mezcla bien. Introduce la carne y caliéntala.

Tuesta las nueces en una sartén sin aceite. Retíralas y resérvalas. Calienta 600 ml de agua en una cazuela, agrega la polenta, esparciéndola sobre la cazuela, y cocínala brevemente (el tiempo que indique el paquete) sin dejar de remover con una varilla. Pon a punto de sal, añade las nueces y mezcla bien. Vierte la polenta sobre una fuente dándole un centímetro de grosor y deja que se enfríe. Córtala en dados y fríelos en una sartén con abundante aceite. Escúrrelos sobre papel absorbente.

Sirve el jabalí y acompáñalo con los dados de polenta. Espolvorea con un poco de perejil picado.

QUESADA DE YOGUR Y DÁTILES

INGREDIENTES **(4 p.)**

1 yogur natural
75 g de queso de untar
3 huevos
100 g de azúcar
260 ml de leche
80 g de harina
30 g de mantequilla
ralladura de ½ lima
6 dátiles
125 g de frambuesas
20 g de azúcar glas
hojas de menta

ELABORACIÓN

Coloca en una jarra los huevos, el azúcar, la leche, el queso, la ralladura de lima, el yogur y la harina. Bate bien con una batidora eléctrica. Agrega la mantequilla fundida.

Pica los dátiles y colócalos en la base de los moldes. Reparte la mezcla en los moldes y hornea a 200 °C durante 15-20 minutos. Deja templar.

Pon las frambuesas a calentar en un cacillo. Agrega el azúcar glas y cocínalas a fuego suave durante 5 minutos. Sirve las quesadas con las frambuesas. Adorna con unas hojas de menta.

ENSALADA DE LOLLO, RÚCULA, ATÚN Y TOMATES CHERRY

INGREDIENTES **(4 p.)**

200 g de lollo
100 g de rúcula
150 g de atún
12 tomates cherry
aceite de oliva virgen extra
vinagre
sal

ELABORACIÓN

Lava las hojas de lollo, sécalas, trocéalas y colócalas en una fuente grande. Lava también las hojas de rúcula y agrégalas.

Lava los tomates cherry, córtalos por la mitad y añádelos.

Desmenuza el atún e incorpóralo a la ensalada.

Sazona y adereza con aceite y vinagre. Sirve.

TALLARINES DE SETAS CON CALABACÍN Y QUESO

INGREDIENTES **(4 p.)**

450 g de harina
10 g de polvo de setas
3 huevos
12 ajos frescos
1 cebolleta
1 calabacín
200 ml de nata
200 ml de leche
60 g de queso parmesano en polvo
aceite de oliva virgen extra
albahaca
sal

ELABORACIÓN

Pon 400 gramos de harina en un bol (reserva el resto para estirar), agrega el polvo de setas, los huevos, una pizca de sal y 2-3 cucharadas de aceite de oliva. Mezcla bien, primero con una varilla, y después, amasando con las manos hasta conseguir una bola compacta. Cubre el bol con un trapo limpio y deja que la masa repose durante 30 minutos.

Espolvorea con harina una superficie lisa (encimera) y estira la masa (con la máquina o con un rodillo) hasta que esté bien fina. Córtala (con máquina o cuchillo) y deja que se seque.

Pica los ajos frescos y la cebolleta finamente. Pon todo a pochar en una tartera con un poco de aceite. Lava el calabacín, córtalo en juliana e incorpóralo. Rehógalo un poco y sazona. Añade la nata y la leche y mezcla bien. Cocina todo junto durante 5 minutos y reserva caliente.

Pon abundante agua a calentar en una cazuela grande y, cuando empiece a hervir, sazona e incorpora la pasta. Cuécela durante 2-3 minutos. Escúrrela, retírala a una fuente y vierte la salsa por encima. Espolvoréala con el queso y con las hojas de albahaca picaditas.

PANELLETS DE CAFÉ

INGREDIENTES **(4 p.)**

1 patata de 125 g
175 g de almendra molida
145 g de azúcar
ralladura de ½ limón
10-15 g de café soluble

ELABORACIÓN

Cocina la patata en el microondas. Pélala en caliente y aplástala hasta que quede reducida a puré.

Añade la almendra molida, el azúcar y la ralladura de limón. Mezcla bien. Agrega el café soluble y mezcla hasta que el café quede bien integrado. Envuelve en film transparente y deja enfriar en el frigorífico durante 2 horas.

Forra la bandeja del horno con papel de hornear. Divide la masa en porciones (con forma de croqueta), colócalas en la bandeja y hazles unos cortes. Hornea los *panellets* a 160 °C durante 7-8 minutos. Sirve.

RAPE EN PAN FRITO

INGREDIENTES **(4 p.)**

700 g de rape (limpio)
3 rodajas de pan del día anterior
2 ñoras
3 dientes de ajo
1 cebolla
100 ml de vino amontillado
aceite de oliva virgen extra
perejil
pimienta
sal

ELABORACIÓN

Elimina el tallo y las pepitas de las ñoras y ponlas a remojo en un bol con agua caliente durante media hora como mínimo. Escúrrelas y sécalas con papel absorbente. Resérvalas.

Pela los ajos y lamínalos. Ponlos a rehogar en una sartén con aceite (6 cucharadas). Pela y pica la cebolla y agrégala. Sazona e incorpora las ñoras picaditas. Añade también unas ramas de perejil. Rehoga todo bien y pásalo al vaso de la batidora.

Fríe las rebanadas de pan en la sartén. Trocéalas y añádelas al vaso de la batidora. Vierte el vino en el vaso y tritura bien. Pasa la salsa a una tartera, aligérala agregándole un poco de agua y cocínala durante 4-5 minutos.

Corta el rape en rodajas gruesas, salpimiéntalas e incorpóralas a la salsa. Cocina el rape durante 2 minutos por cada lado. Sirve y decora con unas ramitas de perejil.

ENSALADA DE COGOLLOS Y BERROS

INGREDIENTES **(4 p.)**

4 cogollos
100 g de berros
1 zanahoria
8 pepinillos en vinagre
8 tomates cherry
aceite de oliva virgen extra
vinagre
sal

ELABORACIÓN

Suelta las hojas de los cogollos, lávalas, sécalas y córtalas en trozos grandes. Colócalas en una fuente.

Lava los berros, sécalos y agrégalos a la fuente.

Pela la zanahoria, rállala y espárcela por encima.

Corta los pepinillos en cilindros y agrégalos.

Lava los tomates cherry, córtalos por la mitad e incorpóralos a la ensalada.

Sazona y adereza con unas gotas de vinagre y un buen chorro de aceite de oliva. Sirve.

BIZCOCHITOS DE MANZANA Y PISTACHOS

INGREDIENTES **(4 p.)**

2 huevos
40 g de azúcar
1 yogur natural
1 manzana
25 g de pistachos
100 g de harina
10 g de levadura en polvo
100 g de melocotón en almíbar
aceite de oliva virgen extra
mermelada de melocotón
hojas de menta

ELABORACIÓN

Monta los huevos y añade el azúcar. Agrega 1 cucharada de aceite y el yogur y sigue montando. Añade la manzana pelada y troceada. Incorpora los pistachos pelados y troceados y mezcla bien. Agrega la harina y la levadura tamizadas y remueve.

Cubre el fondo y los bordes de 4 moldes con papel de hornear y vierte en ellos la masa (sin rellenar del todo).

Hornea a 200 °C durante 10-15 minutos. Deja templar.

Coloca en el vaso de la batidora el almíbar con el melocotón y bate con la batidora eléctrica.

Adorna los bizcochitos con la mermelada y la mezcla de melocotón y almíbar, píntalos con mermelada para darles brillo y sirve. Decora con unas hojas de menta.

ENSALADA DE ESCAROLA, TOMATES CHERRY Y AVELLANAS

INGREDIENTES **(4 p.)**

300 g de escarola
12 tomates cherry
30 g de avellanas
½ bulbo de hinojo
aceite de oliva virgen extra
vinagre
sal

ELABORACIÓN

Lava la escarola, sécala, trocéala y colócala en una fuente.

Pela el hinojo, córtalo en juliana fina y agrégalo.

Lava los tomates cherry, córtalos por la mitad y añádelos.

Aplasta las avellanas con un cuchillo y espolvorea con ellas la ensalada.

Sazona y aliña con aceite y vinagre. Sirve.

ALUBIAS BLANCAS CON COL Y MORCILLA

INGREDIENTES **(4 p.)**

300 g de alubias blancas
½ col
1 morcilla de arroz
1 patata
250 g de calabaza
1 cucharadita de pimentón dulce
aceite de oliva virgen extra
perejil
sal

ELABORACIÓN

Pon las alubias blancas (remojadas desde la víspera) en la olla rápida, cúbrelas con agua, sazónalas y tápalas. Cuécelas durante unos 10 minutos.

Pasado este tiempo, abre la olla, corta la col en juliana fina y agrégala. Pela la patata, córtala en dados e incorpórala. Pela la calabaza, córtala de la misma manera y añádela. Pon a punto de sal, agrega el pimentón, tapa y cierra de nuevo la olla. Cocina todo junto durante 4-5 minutos más.

Pela la morcilla, córtala en rodajas y cocínalas a la plancha en una sartén con un poco de aceite. Escúrrelas sobre un plato cubierto con papel absorbente.

Sirve las alubias, acompáñalas con la morcilla y decora con unas hojitas de perejil.

BRICKS DE CREMA PASTELERA Y FRUTOS SECOS

INGREDIENTES **(4 p.)**

4 láminas de pasta *brick*
500 ml de leche
1 vaina de vainilla
2 trozos de cáscara de mandarina
50 g de azúcar
35 g de harina de maíz refinada
3 yemas de huevo
40 g de mantequilla
100 g de frutos secos (almendras tostadas, pasas, dátiles y nueces)
semillas de amapola
canela
hojas de menta

ELABORACIÓN

Pon 400 ml de leche a calentar con la vaina de vainilla y las cáscaras de mandarina.

Coloca en un bol el azúcar y la harina de maíz y mezcla con unas varillas. Añade el resto de la leche y las yemas sin dejar de remover. Incorpora la mezcla a la leche caliente y remueve hasta que espese.

Extiende una lámina de pasta *brick* sobre una superficie lisa y dóblala tres veces, hasta que forme un triángulo. Con un cuchillo, realiza 5 cortes, de unos 5 centímetros, por el borde. Despliega (te quedará como una lámina con flecos). Repite la operación con el resto de las láminas.

Unta cada lámina con un poco de mantequilla fundida. Espolvorea con canela y semillas de amapola.

Coloca cada lámina sobre un recipiente de cerámica. Reparte sobre ellas la crema pastelera y los frutos secos. Haz 4 paquetitos y espolvorea con semillas de amapola.

Hornea los *bricks* a 180 °C durante 5-7 minutos. Decora con hojas de menta y sirve.

ENSALADA DE LECHUGA, AGUACATE Y ZANAHORIA

INGREDIENTES **(4 p.)**

200 g de lechuga
1 aguacate (200 g)
1 zanahoria
1 cebolleta
aceite de oliva virgen extra
vinagre
sal

ELABORACIÓN

Lava la lechuga, sécala y colócala en una fuente.

Pela la zanahoria y rállala encima.

Pela el aguacate, córtalo en trozos y agrégalos.

Corta la cebolleta en juliana fina y añádela.

Sazona y aliña con aceite y vinagre. Sirve.

JARRETES DE CORDERO

INGREDIENTES **(4 p.)**

4 jarretes de cordero
4 dientes de ajo
2 cebollas
1 pimiento verde
1 zanahoria
50 ml de *brandy*
200 ml de vino tinto
2 patatas
150 g de guisantes en conserva
aceite de oliva virgen extra
1 hoja de laurel
perejil
pimienta
sal

ELABORACIÓN

Pela los ajos, córtalos por la mitad y ponlos a dorar en una tartera con un buen chorro de aceite. Salpimienta los jarretes y agrégalos. Dóralos a fuego fuerte. Retira los jarretes y los ajos a un plato y resérvalos.

Pela las cebollas y la zanahoria y córtalas en dados. Corta también en dados el pimiento. Agrega las verduras a la tartera donde se han dorado los jarretes, sazónalas y rehógalas hasta que se doren un poco.

Añade el *brandy*, caliéntalo y flambéalo. Incorpora los jarretes, vierte el vino y dale un hervor. Agrega la hoja de laurel y 1 vaso de agua y pon a punto de sal. Coloca la tapa y guisa a fuego medio durante 35-40 minutos.

Pela las patatas, córtalas en dados grandes y fríelos en una sartén con aceite. Escúrrelos sobre un plato cubierto con papel absorbente. Sazona las patatas y espolvoréalas con un poco de perejil picado.

Incorpora las patatas y los guisantes al guiso.

Sirve y decora los platos con unas hojas de perejil.

GALLETAS DE CHOCOLATE Y ARÁNDANOS

INGREDIENTES **(4 p.)**

140 g de chocolate con leche
60 g de arándanos secos
100 g de azúcar
75 g de mantequilla
1 huevo
170 g de harina
5 g de levadura
hojas de menta

ELABORACIÓN

Coloca el azúcar y la mantequilla (a temperatura ambiente) en un bol y bate con la varilla eléctrica. Cuando empiece a blanquear, agrega el huevo y sigue batiendo hasta que quede integrado. Añade los arándanos y mezcla bien.

Funde el chocolate (en el microondas o al baño maría) y agrégalo a la mezcla anterior. Tamiza la harina y la levadura e incorpóralas. Mezcla con movimientos suaves y envolventes.

Forra 2 bandejas de horno con papel de hornear. Coge pequeñas porciones de masa y extiéndelas sobre las bandejas de horno. Hornea las galletas a 180 °C durante 20 minutos. Sácalas del horno, deja que se enfríen y colócalas en una fuente. Adórnalas con unas hojas de menta. Sirve.

ENSALADA DE ENDIBIAS

INGREDIENTES **(4 p.)**

300 g de endibias
2 huevos
8 espárragos
100 g de queso fresco
aceite de oliva virgen extra
vinagre
sal

ELABORACIÓN

Cuece los huevos en una cazuela con agua hirviendo. A los 10 minutos, retíralos, refréscalos, pélalos y córtalos en daditos.

Suelta las hojas de las endibias, córtalas en juliana fina y colócalas en una fuente.

Corta los espárragos en trozos de 3 centímetros y agrégalos.

Corta el queso en daditos y añádelos.

Agrega también el huevo picado.

Sazona y aliña con aceite y vinagre. Sirve.

PASTEL DE ARROZ Y CARNE PICADA

INGREDIENTES **(4 p.)**

500 g de carne picada (ternera, cerdo y pollo)
200 g de arroz
4 dientes de ajo
2 zanahorias
2 puerros
1 cebolla
100 g de queso
aceite de oliva virgen extra
1 hoja de laurel
perejil
pimienta
sal

ELABORACIÓN

Pela 2 dientes de ajo, córtalos en daditos y ponlos a rehogar en una cazuela con un chorrito de aceite. Pela 1 zanahoria y 1 puerro y córtalos de la misma manera. Agrégalos a la cazuela, sazona y rehoga bien. Incorpora el arroz, rehógalo brevemente y añade el agua (el doble y un poco más) y la hoja de laurel. Cocínalo durante 18-20 minutos. Resérvalo.

Pela la cebolla, el otro puerro, la otra zanahoria y los otros 2 dientes de ajo y córtalos en daditos. Pon todo a rehogar en una sartén grande con un chorrito de aceite hasta que se doren un poco.

Salpimienta las carnes y añádelas. A medida que las vayas cocinando, desmenúzalas con un tenedor para que queden bien sueltas. Mezcla bien.

Extiende la mitad del arroz en la base de un molde apto para el horno. Espolvoréalo con la mitad del queso. Extiende encima la carne y cúbrela con el resto del arroz. Espolvorea toda la superficie con el resto del queso, introduce el molde en el horno y gratínalo durante 8-10 minutos.

Corta 4 porciones, sirve y espolvoréalas con un poco de perejil picado.

MACEDONIA DE FRUTAS CON HELADO

INGREDIENTES **(4 p.)**

1 pera
1 manzana
1 rodaja de piña
1 plátano
1 kiwi
30 g de azúcar
1 cucharada de vinagre de Módena
4 bolas de helado
hojas de menta

ELABORACIÓN

Pela las frutas y córtalas en trozos de bocado. Colócalas en un bol, espolvoréalas con el azúcar y añade el vinagre. Deja que maceren durante 1 hora.

Reparte las frutas en 4 copas, agrega una bola de helado y adorna con unas hojas de menta. Sirve.

ENSALADA DE COGOLLOS, PEPINO Y CEBOLLETA

INGREDIENTES **(4 p.)**

4 cogollos
1 pepino
2 cebolletas
16 aceitunas verdes aliñadas
aceite de oliva virgen extra
vinagre
sal

ELABORACIÓN

Suelta las hojas de los cogollos, lávalas, córtalas en trozos grandes y ponlas en un bol grande.

Corta las cebolletas en trozos grandes y agrégalos.

Pela el pepino, córtalo en trozos irregulares y añádelos.

Añade también las aceitunas.

Sazona y aliña con aceite y vinagre. Sirve.

BACALAO A LA RIOJANA

INGREDIENTES **(4 p.)**

4 lomos de bacalao desalado (700 g)
3 pimientos morrones
4 dientes de ajo
2 cebollas
800 ml de tomate triturado
aceite de oliva virgen extra
1 cucharadita de azúcar
perejil
sal

ELABORACIÓN

Lava los pimientos y colócalos en una bandeja de horno. Riégalos con un chorrito de aceite y sazónalos. Hornéalos a 190 °C durante 35-40 minutos. Deja que se templen, pélalos y córtalos en tiras. Resérvalos y reserva también el jugo que han soltado en la bandeja.

Pela los ajos y 1 cebolla. Lamina los dientes de ajo y corta la cebolla en dados. Rehógalos en una cazuela con un chorrito de aceite. Añade el tomate triturado y mezcla bien. Agrega el azúcar y media cucharadita de sal y cocínalo durante 30 minutos. Pásalo por el pasapurés y resérvalo.

Pela la otra cebolla y córtala en daditos. Rehógala en una tartera con un chorrito de aceite hasta que quede blanda. Añade la salsa de tomate y mezcla bien.

Introduce los lomos de bacalao en la salsa (primero dejando la parte de la piel hacia arriba) y cocínalos a fuego suave durante 5-6 minutos por cada lado. Agrega los pimientos y el jugo (reservados anteriormente) y cocina todo conjuntamente durante un par de minutos más.

Sirve y adorna con unas hojas de perejil.

NATILLAS CON MERENGUE DE LIMA

INGREDIENTES **(4 p.)**

6 yemas
500 ml de leche
75 g de azúcar
1 vaina de vainilla
1 anís estrellado
1 semilla de cardamomo

Para el merengue de lima:

2 claras
ralladura de ½ lima
75 g de azúcar

Para el crumble de avellana:

40 g de azúcar
50 g de mantequilla
75 g de avellanas
75 g de harina

ELABORACIÓN

Para las natillas, pon las yemas en un bol grande y bátelas con un poco de leche.

Pon el resto de la leche en una cazuela. Agrega la vaina de vainilla, la semilla de cardamomo y el anís estrellado. Agrega el azúcar y caliéntala a fuego suave.

Vierte la leche caliente sobre el bol de las yemas y mezcla bien. Pasa todo nuevamente a la cazuela y cocina las natillas a fuego suave, sin dejar de remover, hasta que coja cuerpo (esto se nota cuando al mover la cazuela las natillas se mueven en bloque y cuando la espuma de los bordes desaparece). Hay que tener mucho cuidado de que no hiervan, ya que la leche se cortaría y se estropearían las natillas. Deja que se enfríen y cuélalas.

Para el *crumble* de avellana, mezcla en un bol el azúcar con la mantequilla. Aplasta las avellanas con la hoja del cuchillo y añádelas. Mezcla bien e incorpora la harina. Sigue mezclando hasta conseguir una masa parecida a las migas.

Extiende la masa sobre la placa del horno forrada con papel de hornear y hornéala a 180 °C durante 10-15 minutos aproximadamente.

Para hacer el merengue de lima, pon las claras en un bol limpio y seco. Agrega la ralladura de lima y bate con la batidora de varillas eléctrica. Cuando empiece a blanquear, añade el azúcar poco a poco y sigue batiendo hasta que las claras queden bien montadas.

En el último momento, sirve las natillas con el *crumble* de avellana y el merengue de lima.

ENSALADA DE LECHUGA, PATATAS Y TRUCHA

INGREDIENTES **(4 p.)**

1 lechuga
1 patata
100 g de trucha ahumada
50 g de maíz en conserva
aceite de oliva virgen extra
vinagre
sal

ELABORACIÓN

Lava la lechuga, sécala, trocéala y ponla en un bol.

Cuece la patata en una cazuela con agua durante 35 minutos. Pélala, córtala en daditos y añádela.

Corta la trucha en daditos y agrégalos.

Incorpora el maíz.

Sazona y aliña con aceite y vinagre. Sirve.

CARILLAS CON CARRILLERAS DE CERDO

INGREDIENTES **(4 p.)**

300 g de alubias carillas
4 carrilleras de cerdo
1 cebolleta
1 zanahoria
1 tomate
4 dientes de ajo
3 pimientos verdes
aceite de oliva virgen extra
1 hoja de laurel
sal

ELABORACIÓN

Pon las carillas a remojo la víspera.

Limpia las carrilleras y, con ayuda de un cuchillo bien afilado, retírales las telillas blancas. Colócalas en la olla rápida. Cúbrelas con agua, sazona, cierra la olla y cocínalas durante 5 minutos. Abre la olla.

Pela y corta la cebolleta en 4 y ponla en una red de cocer legumbres. Pela la zanahoria y córtala en 4; lava el tomate y córtalo por la mitad; colócalos en la red junto con la hoja de laurel. Cierra la red y añádela a la olla rápida con las carrilleras. Incorpora las carillas escurridas, cierra la olla y cuece todo conjuntamente durante 15 minutos más.

Pasado este tiempo, retira las verduras, colócalas en un vaso batidor (sin la hoja de laurel) con un poco del caldo resultante de cocer las carillas y tritúralas. Vierte el puré sobre las alubias y remueve la cazuela.

Pela y lamina los ajos y ponlos a dorar en una sartén con un chorrito de aceite. Corta los pimientos en tiras y añádelos. Fríelos a fuego suave y sazónalos.

Sirve, en cada plato, una porción de alubias (con caldo), una carrillera, unas tiras de pimiento y unas láminas de ajo.

QUESADA DE PARAGUAYO

INGREDIENTES **(4 p.)**

4 paraguayos
3 huevos
200 g de azúcar
250 g de queso mascarpone
75 g de harina
1 cucharadita de aroma de coco
canela molida
harina y mantequilla para el molde
hojas de menta

ELABORACIÓN

Pela los paraguayos, trocéalos y colócalos en el vaso batidor. Tritúralos hasta que queden reducidos a puré. Reserva.

Coloca los huevos en un bol, añade el azúcar y móntalos con la varilla eléctrica. Agrega el queso mascarpone y sigue montando. Incorpora el puré de paraguayos, el aroma de coco y la harina tamizada. Mezcla bien con movimientos suaves y envolventes.

Unta el molde con un poco de mantequilla y espolvoréalo con un poco de harina. Vierte la mezcla dentro y hornéala a 180 °C durante 30 minutos aproximadamente. Retírala del horno, deja que se temple y espolvoréala con un poco de canela molida. Adorna con unas hojas de menta. Sirve.

JUDÍAS VERDES CON PATATAS Y MUSLOS DE CODORNIZ

INGREDIENTES **(4 p.)**

800 g de judías verdes
2 patatas
16 muslos de codorniz
1 huevo
50 ml de salsa de soja
2 cucharadas de miel
aceite de oliva virgen extra
pimienta
sal

ELABORACIÓN

Retira los hilos y las puntas de las judías y córtalas en trozos de 4 centímetros. Pela las patatas y córtalas de la misma manera. Cuece las judías y las patatas al vapor con una pizca de sal durante 12-15 minutos. Resérvalas.

Pon el huevo en una cazuelita y cúbrelo con agua. Cuécelo durante 10 minutos (contados desde el momento en que empiece a hervir el agua). Refréscalo, pélalo y pícalo finamente. Resérvalo.

Salpimienta los muslitos, colócalos en un bol y riégalos con 30 ml de salsa de soja. Agrega 1 cucharada de miel y mezcla bien. Deja que maceren unos 15-20 minutos. Colócalos sobre una bandeja de horno y riégalos con el líquido de la maceración. Hornéalos a 200 °C durante 12-15 minutos.

Para aliñar la ensalada, pon un chorrito de aceite en un cazo, añade el resto de la salsa de soja y de la miel y dale un hervor. Mezcla bien.

Reparte las judías y las patatas en 4 platos. Aderézalas con la salsa de soja y miel y coloca 4 muslitos encima de cada uno. Añade un poco de huevo picado y sirve.

ENSALADA DE ESCAROLA, NARANJA Y AJO

INGREDIENTES **(4 p.)**

300 g de escarola
2 naranjas
1 diente de ajo
aceite de oliva virgen extra
vinagre
sal

ELABORACIÓN

Lava la escarola, trocéala y sécala. Colócala en una fuente.

Pela las naranjas en vivo, saca los gajos y córtalos por la mitad. Añádelos a la ensalada.

Pela el diente de ajo y córtalo en daditos. Agrégalo a la fuente.

Sazona y adereza con aceite y vinagre. Sirve.

TIRAMISÚ

INGREDIENTES **(4 p.)**

150 g de crema de queso
100 g de azúcar
150 ml de nata montada
2 claras de huevo
18 bizcochos de soletilla
4 tazas de café
2-3 cucharadas de licor de almendra
cacao amargo en polvo

ELABORACIÓN

Bate en un bol la crema de queso con el azúcar y añade el licor. Agrega la nata montada y las claras a punto de nieve y mezcla con una varilla.

Dispón una capa de bizcochos en el fondo de un molde (de unos 20 centímetros) y úntalos con el café con una brocha. Pon sobre ellos una capa de crema de queso y espolvorea con cacao en polvo. Repite esta operación hasta rellenar el molde, terminando con una capa de crema de queso espolvoreada con cacao.

Introduce en el frigorífico alrededor de 2 horas y sirve.

ENSALADA DE RÚCULA Y LOLLO CON MORAS Y PIÑONES

INGREDIENTES **(4 p.)**

200 g de rúcula
1 lechuga lollo
16 moras
20 g de piñones
aceite de oliva virgen extra
zumo de limón
sal

ELABORACIÓN

Lava la rúcula, sécala y ponla en una fuente.

Lava la lechuga lollo, sécala, trocéala y agrégala a la fuente. Sazona.

Añade también las moras.

Tuesta los piñones en una sartén sin aceite. Deja que se enfríen e incorpóralos.

Mezcla, en un bol, un chorrito de zumo de limón, una pizca de sal y un buen chorro de aceite. Aliña la ensalada y sirve.

CANELONES DE PERLÓN CON *VELOUTÉ* DE CALABAZA

INGREDIENTES **(4 p.)**

20 láminas de canelones
1 perlón (400 g limpio)
12 ajos frescos
2 cebolletas
40 g de harina
400 ml de leche
aceite de oliva virgen extra
pimienta blanca
sal

Para la salsa velouté:
200 g de calabaza
50 g de harina
700 ml de agua
aceite de oliva virgen extra
perejil
pimienta blanca
sal

ELABORACIÓN

Pon abundante agua a calentar en una cazuela grande. Sazona y, cuando empiece a hervir, añade las láminas de canelón. Cuécelas el tiempo que indique el paquete (12 minutos). Retíralas y extiéndelas sobre un trapo limpio de cocina. Resérvalas tapadas con film transparente.

Corta los ajos frescos en cilindros y ponlos a rehogar en una cazuela con un chorrito de aceite. Pela las cebolletas, pícalas en daditos y añádelos. Sazona y rehoga un poco.

Retira la cabeza y las espinas del perlón. Retira las pieles y corta la carne en trocitos. Salpimiéntalos, agrégalos a la cazuela y cocínalos un poco.

Añade la harina (40 g) y rehógala. Agrega la leche y cocina la bechamel a fuego suave sin dejar de remover. Pasa la mezcla a un recipiente y deja que se enfríe. Rellena las láminas de canelón con la farsa y colócalas en una fuente apta para horno.

Para la *velouté*, pon el agua a calentar. Cuando empiece a hervir, agrega la calabaza y cuécela durante 10 minutos. Tritura todo. Pon un poco de aceite en una cazuela, añade la harina y rehógala bien. Incorpora la crema de calabaza, salpimienta y cocina la *velouté* hasta que espese. Espolvoréala con un poco de perejil picado y napa con ella los canelones. Gratínalos en el horno y sirve.

COPA DE CREMA DE MELOCOTÓN

INGREDIENTES **(4 p.)**

3 melocotones
400 ml de leche
370 g de leche condensada
35 g de harina de maíz refinada
2 anises estrellados
20 g de almendras fileteadas
aceite de oliva virgen extra
grosellas
hojas de menta

ELABORACIÓN

Pela los melocotones y deshuésalos. Pon las almendras en una sartén pequeña y tuéstalas.

Trocea 2 melocotones en dados (reserva el otro melocotón) y colócalos en el vaso de la batidora. Tritura bien.

Mezcla la harina con la leche y coloca todo en una cazuela al fuego. Incorpora los anises y la leche condensada (reserva un poquito). Mezcla bien y agrega los melocotones triturados. Cocina sin dejar de remover hasta que espese. Retira los anises estrellados. Reparte la crema en 4 copas.

Corta el melocotón reservado en daditos. Saltéalos en una sartén con un chorrito de aceite. Agrega a cada copa unos dados de melocotón, unas grosellas y unas láminas de almendra tostadas. Decora con un chorrito de leche condensada y unas hojas de menta. Sirve.

ENSALADA DE TOMATE, SALMÓN Y GRANADA

INGREDIENTES **(4 p.)**

2 tomates
150 g de salmón fresco
1 granada
10 g de semillas de sésamo tostadas
aceite de oliva virgen extra
vinagre
sal

ELABORACIÓN

Pela los tomates, córtalos en dados y colócalos en una fuente.

Corta la granada por la mitad y golpéala (con una cuchara) por la parte de la cáscara hasta que caigan todos los granos. Agrégalos al tomate.

Corta el salmón en daditos y saltéalos en una sartén con un poco de aceite. Deja que se templen y añádelos a la ensalada.

Sazona y aliña con aceite y vinagre. Salpica la ensalada con las semillas de sésamo tostado. Sirve.

O

CALABACINES RELLENOS DE MANITAS DE CERDO

INGREDIENTES **(4 p.)**

2 calabacines
2 manitas de cerdo
5 dientes de ajo
1 puerro
16 ajos frescos
2 cebolletas
50 ml de vino Pedro Ximénez
aceite de oliva virgen extra
perejil
sal

ELABORACIÓN

Pon agua a calentar en la olla rápida y agrega las manitas, 3 dientes de ajo con piel y el puerro troceado. Sazona, coloca la tapa y cuécelas durante 1 hora y media. Abre la olla, retira las manitas, deja que se templen y córtalas en daditos.

Lava los calabacines, córtalos por la mitad y vacíalos con ayuda de una cucharilla o un sacabolas. Reserva la pulpa.

Calienta agua con una pizca de sal en una cazuela amplia y, cuando empiece a hervir, agrega los calabacines vacíos. Cuécelos durante un par de minutos. Retíralos y escúrrelos sobre un plato cubierto con papel absorbente.

Pela y pica los otros 2 dientes de ajo y rehógalos en una sartén con aceite. Añade el interior de los calabacines y saltéalos durante 5-6 minutos. Sazona, tritura y reserva la salsa.

Pela los ajos frescos y córtalos en cilindros. Corta las cebolletas en daditos. Pon a calentar un poco de aceite en una sartén, agrega los ajos frescos y las cebolletas y rehógalos hasta que cojan un poco de color. Agrega las manitas picadas y el vino. Pon a punto de sal y cocina conjuntamente durante 5 minutos.

Rellena los calabacines, colócalos en la bandeja de horno y nápalos con la salsa (pasa la que sobre a una salsera). Hornéalos hasta que se calienten.

Sirve medio calabacín en cada plato y adórnalos con unas hojas de perejil.

BIZCOCHO DE ALBARICOQUE

INGREDIENTES **(4 p.)**

150 g de mantequilla
150 g de azúcar
1 huevo
2 cucharadas de miel
160 ml de leche
225 g de harina
9,5 g de levadura
1 cucharadita de jengibre en polvo
1 cucharadita de vainilla en polvo azucarada
6 albaricoques
4 orejones de albaricoque
50 g de pasas de Corinto
hojas de menta
azúcar glas
mantequilla y harina para el molde

ELABORACIÓN

Pon en un bol la mantequilla a punto de pomada y empieza a montar con una varilla eléctrica. Añade el azúcar, el huevo y la miel. Sigue montando. Vierte la leche poco a poco sin dejar de batir. Reserva.

En otro bol coloca la harina, el jengibre, la vainilla en polvo y la levadura. Mezcla bien. Añade las pasas, los albaricoques troceados y los orejones picados. Incorpora a la mezcla anterior.

Unta el molde con un poco de mantequilla y espolvoréalo con un poco de harina. Vierte la masa en el molde.

Hornea el bizcocho a 180 °C durante 45 minutos aproximadamente. Retíralo y deja que se temple. Corta el bizcocho en porciones y sirve. Espolvorea con azúcar glas y adorna con unas hojas de menta.

TORTILLA DE VERDURAS CON PATATAS ESPECIADAS

INGREDIENTES **(4 p.)**

8 huevos
4 patatas
3 chalotas
1 cebolleta
1 zanahoria
1 calabacín
12 champiñones
200 g de borraja
nuez moscada
½ cucharadita de pimentón
½ cucharadita de ajo en polvo
½ cucharadita de cebolla en polvo
½ cucharadita de orégano
½ cucharadita de tomillo
perejil
aceite de oliva virgen extra
sal

ELABORACIÓN

Lava las patatas, córtalas en 8 gajos y colócalos en un bol. Agrega el pimentón, el orégano, el tomillo, el ajo en polvo, la cebolla en polvo y una pizca de sal. Riégalas con un buen chorro de aceite y mezcla bien. Deja macerar durante unos 5 minutos. Colócalas en una bandeja apta para horno y hornéalas a 200 ºC durante 35-40 minutos.

Pela las chalotas y la cebolleta y córtalas en dados. Ponlos a rehogar en una sartén con un chorrito de aceite. Pela la zanahoria, córtala en cuartos de luna y agrégalas a la sartén. Corta el calabacín de la misma manera y añádelo. Retira la parte inferior de los champiñones, enjuágalos y córtalos en trocitos. Incorpóralos a la sartén. Finalmente, corta los tallos de borraja en trozos de 2 centímetros y añádelos. Sazona y rehoga todo bien.

Casca 4 huevos en un bol, bátelos bien, sazona y ralla encima un poco de nuez moscada. Agrega la mitad de las verduras y cuaja la tortilla. Realiza otra tortilla de la misma manera. Sirve las tortillas y acompáñalas con las patatas especiadas. Adorna con unas hojas de perejil.

ENSALADA DE CANÓNIGOS Y ALMENDRAS

INGREDIENTES **(4 p.)**

200 g de canónigos
2 endibias
1 pera
20 g de almendras laminadas
aceite de oliva virgen extra
vinagre
sal

ELABORACIÓN

Lava los canónigos, sécalos y colócalos en una fuente.

Lava las endibias, córtalas en juliana fina y agrégalas.

Pela la pera, córtala en dados y añádela.

Tuesta las almendras en una sartén sin aceite y espárcelas sobre la ensalada.

Sazona y aliña con aceite y vinagre. Sirve.

PLÁTANOS ASADOS CON CHOCOLATE Y MERENGUE

INGREDIENTES **(4 p.)**

6 plátanos
200 g de chocolate de cobertura
3 claras de huevo
4 cucharadas de azúcar
30 g de mantequilla
1 lima
hojas de menta

ELABORACIÓN

Trocea el chocolate y colócalo en un bol. Introdúcelo en el microondas durante 30 segundos. Dale unas vueltas y mezcla hasta que se funda. Si no se ha deshecho del todo, introdúcelo de nuevo en el microondas durante 30 segundos más. Remuévelo. Extiéndelo sobre una placa de horno forrada con papel de hornear, cúbrelo con otro trozo de papel y pasa el rodillo por encima hasta que quede una lámina fina. Deja que se enfríe.

Retira el papel superior del chocolate, calienta un cortapastas redondo y marca 4 círculos sobre el chocolate. Sepáralos del papel y coloca uno sobre cada plato.

Pela los plátanos, córtalos en trozos de 3 centímetros y cocínalos en una sartén con un trocito de mantequilla. Deja que se enfríen y ponlos encima de las láminas finas de chocolate formando una flor.

Monta las claras con el azúcar. Agrega la ralladura de la lima y mezcla bien. Pon el merengue sobre los plátanos y sirve. Adorna con unas hojas de menta.

ENSALADA DE TOMATE, SARDINA AHUMADA Y HUEVO RALLADO

INGREDIENTES **(4 p.)**

3 tomates
4 lomos de sardina ahumada
2 huevos
aceite de oliva virgen extra
perejil
sal

ELABORACIÓN

Pela los tomates, córtalos en rodajas y extiéndelas en una fuente. Sazónalas.

Corta la sardina en trocitos y espárcelos sobre el tomate. Rocía todo con un chorrito de aceite de oliva.

Cuece los huevos en una cazuela con agua durante 10 minutos (contados desde el momento en que empiece a hervir el agua). Refréscalos, pélalos y rállalos encima de la ensalada.

Sirve y decora con una hojita de perejil.

BORRAJA CON ALMEJAS

INGREDIENTES **(4 p.)**

600 g de borraja
300 g de almejas
150 g de guisantes (desgranados)
2 zanahorias
harina
2 huevos
1 diente de ajo
50 ml de *txakoli*
aceite de oliva virgen extra
perejil
sal

ELABORACIÓN

Corta las hojas de la borraja y reserva 16 (pequeñas). Lava los tallos, córtalos en trozos de 3 centímetros y ponlos a cocer en una cazuela con agua hirviendo. Agrega los guisantes, sazona y cuece todo durante 10 minutos. Escurre y reserva. Reserva un poco del caldo resultante de la cocción.

Pela las zanahorias, córtalas en unos 4-5 trozos y tornéalas. Pon a calentar agua en un cazo y, cuando empiece a hervir, añade las zanahorias. Cuécelas durante 12 minutos. Escúrrelas, córtalas por la mitad y resérvalas.

Extiende la harina en un plato y bate los huevos en un bol con una pizca de sal. Pasa las hojas de borraja (reservadas anteriormente) por la harina e introdúcelas en el huevo batido. Fríelas por los dos lados en una sartén con aceite. Escúrrelas sobre un plato cubierto con papel absorbente.

Pela el diente de ajo y córtalo finamente (daditos). Rehógalo en una tartera con un chorrito de aceite. Antes de que coja color, incorpora las almejas y 1 cucharada de harina. Agrega el *txakoli* y dale un hervor. Añade 100-150 ml del caldo resultante de cocer la borraja y espolvorea con un poco de perejil picado. Coloca la tapa y espera a que las almejas se abran. Agrega las verduras y mezcla bien.

Sirve las verduras con las almejas y decora los platos con las hojas de borraja rebozadas.

CREMA DE LECHE CONDENSADA Y ALMENDRAS

INGREDIENTES **(4 p.)**

500 ml de leche de almendra
370 ml de leche condensada
30 g de harina de maíz refinada
2 yemas de huevo
2 trozos de cáscara de naranja
15 g de almendras fileteadas
1 rama de canela
frutos rojos (grosellas, fresas, frambuesas)

ELABORACIÓN

Mezcla en una cazuela la leche de almendra (reserva 150 ml) con la leche condensada. Añade la rama de canela y la cáscara de naranja y ponla a calentar hasta que hierva.

Mezcla en un bol la harina de maíz con la leche de almendra reservada. Añade las yemas y mezcla bien. Cuela el contenido de la cazuela en el bol. Mezcla bien y pasa todo de nuevo a la cazuela.

Cocínala (sin dejar de remover) hasta que espese. Pasa la crema a un recipiente amplio para que se temple. Reparte la crema en 4 recipientes.

Tuesta las almendras en una sartén sin aceite. Retíralas y deja que se enfríen. Espolvoréalas sobre las cremas. Adorna las cremas con los frutos rojos y sirve.

ENSALADA DE LECHUGA, UVAS Y QUESO

INGREDIENTES **(4 p.)**

1 lechuga
20 uvas
100 g de queso fresco
30 g de avellanas
aceite de oliva virgen extra
vinagre
sal

ELABORACIÓN

Lava la lechuga, sécala, trocéala y colócala en una fuente grande.

Escalda las uvas, pélalas, córtalas por la mitad y añádelas.

Aplasta un poco las avellanas y salpica con ellas la ensalada.

Corta el queso en daditos y agrégalos.

Sazona y aliña con aceite y vinagre. Sirve.

ARROZ EN CALDERO

INGREDIENTES **(4 p.)**

300 g de arroz
2 kg de morralla (peces pequeños de roca para hacer caldo + 1 perlón)
4 langostinos
4 ñoras
6 dientes de ajo
2 tomates
aceite de oliva virgen extra
perejil
azafrán
sal

Para la salsa alioli:
2 dientes de ajo
1 huevo
150 ml de aceite de oliva
unas gotas de zumo de limón
sal

ELABORACIÓN

Pon a calentar un caldero (cazuela) con unos 100 ml de aceite. Retira el tallo y las pepitas de las ñoras y fríelas. Cuando estén bien fritas, retíralas y májalas con 4 dientes de ajo pelados y picados. Reserva el majado.

Corta los tomates en daditos y añádelos a la misma cazuela. Cocínalos durante 5 minutos. Incorpora los pescados limpios y la cabeza del perlón. Sazona. Rehoga bien el pescado. Agrega 3 litros de agua y el majado de ñoras y ajos. Cocina todo durante 20-30 minutos. Cuela el caldo en una cazuela grande y reserva 200 ml en una jarra.

Pon a calentar 2 litros del caldo en una cazuela grande. Corta el perlón en rodajas, sazónalo, añádelo y cuécelo durante 5 minutos a fuego suave. Pasado este tiempo, retira el perlón y deja atemperar. Retírale las espinas y colócalo en una fuente.

Incorpora el arroz y el azafrán a la cazuela del caldo y cocínalo durante 16-18 minutos. Añade los langostinos y cuece todo junto durante 3 minutos más.

Para hacer el alioli, pela y pica 2 dientes de ajo y colócalos en un vaso batidor. Agrega el huevo, el aceite, el zumo de limón y una pizca de sal. Tritura todo bien hasta que espese y quede con la consistencia de una mayonesa.

Calienta la jarra con 200 ml de caldo en el microondas.

Pela, pica y maja los otros dos dientes de ajo. Añade el majado a la jarra del caldo (reservado) y mezcla bien. Riega con él el pescado.

Reparte el arroz en 4 platos y acompáñalo con el pescado, los langostinos y el alioli. Decóralos con unas hojas de perejil.

MARQUESITAS DE CALABAZA

INGREDIENTES **(4 p.)**

350 g de calabaza
100 g de azúcar
80 g de harina
11 g de levadura
250 g de almendras molidas
ralladura de 1 limón
1 pizca de sal
mantequilla y harina para el molde
azúcar glas
frutos rojos
hojas de menta

ELABORACIÓN

Pela la calabaza, córtala en trozos y ponlos sobre la bandeja del horno. Hornea a 180 °C durante 15-20 minutos hasta que se ablanden. Pásalos a un vaso batidor y tritura con la batidora hasta que queden reducidos a un puré.

Coloca en un bol el azúcar y la ralladura de limón. Mezcla bien. Tamiza la harina y la levadura e incorpórala con movimientos suaves y envolventes. Añade la pizca de sal y las almendras molidas. Agrega la calabaza triturada y mezcla suavemente.

Unta un molde con mantequilla y espolvoréalo con un poco de harina. Vierte dentro la masa y hornéala a 180 °C durante 20-25 minutos aproximadamente.

Retira el recipiente del horno y deja que se enfríe. Desmolda, corta en porciones y espolvorea las marquesitas con un poco de azúcar glas. Adorna con unas hojas de menta y frutos rojos.

ENSALADA DE PATATA Y HUEVO

INGREDIENTES **(4 p.)**

1 lechuga, berros y canónigos
1 tomate
1 patata
2 huevos
aceite de oliva virgen extra
vinagre
sal

ELABORACIÓN

Lava las hojas de lechuga, los berros y los canónigos. Sécalos, trocéalos y colócalos en una fuente.

Pela el tomate, córtalo en dados y añádelos.

Lava la patata, ponla en un plato y tápalo con film transparente. Pincha el film e introduce el plato en el microondas. Cocínala durante 6 minutos. Pélala, córtala en dados y agrégalos a la ensalada.

Cuece los huevos en una cazuela con agua hirviendo durante 10 minutos. Refréscalos, pélalos, córtalos en trozos y añádelos.

Sazona y aliña con aceite y vinagre. Sirve.

RAVIOLIS DE QUESO Y CALABAZA

INGREDIENTES **(4 p.)**

12 láminas de pasta wontón
90 g de queso de oveja
300 g de calabaza
25 g de pasas
30 g de piñones
1 cebolleta
50 g de mantequilla
harina
aceite de oliva virgen extra
perejil
pimienta blanca
sal

ELABORACIÓN

Coloca las pasas en un bol, cúbrelas con agua y déjalas a remojo hasta que se hidraten bien. Retíralas y sécalas.

Pon a calentar una sartén sin aceite, agrega los piñones y tuéstalos. Retíralos a un plato y deja que se enfríen.

Pela y pica la cebolleta y ponla a rehogar en una sartén con un chorrito de aceite. Sazona. Cuando empiece a dorarse, retira la piel a la calabaza, pícala y agrégala. Cocínala hasta que se haga bien. Pasa todo a un vaso batidor, tritura y pasa el puré a un bol, ralla encima el queso y mezcla bien. Incorpora los piñones y mezcla.

Extiende la mitad de las láminas de pasta wontón sobre una superficie lisa espolvoreada con un poco de harina. Pon una pequeña porción de relleno en el centro de cada una, unta los bordes con un poco de agua y cúbrelas con el resto de las láminas de pasta. Presiona los bordes para que se cierren bien.

Calienta abundante agua con una pizca de sal en una tartera grande. Agrega los raviolis de 6 en 6 (sin que el agua hierva a borbotones) y cuécelos durante 3 minutos. Retíralos y resérvalos.

Para la salsa, pon a calentar a fuego suave una sartén con 4 cucharadas de aceite, la mantequilla y las pasas. Mezcla bien.

Sirve 3 raviolis en cada plato y muele encima un poco de pimienta. Salséalos y adorna los platos con unas hojas de perejil.

BIZCOCHO DE CHOCOLATE

INGREDIENTES **(6 p.)**

100 g de chocolate blanco
3 huevos
1 yogur de chocolate (1 medida)
azúcar (1 medida del envase del yogur)
cacao en polvo (1 medida de yogur)
harina (1 medida de yogur)
aceite de oliva (½ medida de yogur)
1 sobre de levadura
azúcar glas
hojas de menta

ELABORACIÓN

Coloca los huevos en un bol, agrega el yogur, el azúcar, el cacao en polvo y el aceite. Bate todo bien con una batidora de varillas. Reserva.

Mezcla la harina y la levadura en un bol e incorpóralas a la crema anterior realizando movimientos suaves y envolventes. Agrega el chocolate blanco troceado y vierte en un molde forrado con papel de hornear.

Introduce el bizcocho en el horno y hornea a 175 °C durante 25-30 minutos. Deja enfriar.

Desmolda el bizcocho, espolvorea azúcar glas por encima y decora con hojas de menta. Sirve.

ENSALADA DE LECHUGA, NARANJA Y PIPAS

INGREDIENTES **(4 p.)**

1 lechuga
1 naranja
1 cebolleta
30 g de pipas de calabaza
aceite de oliva virgen extra
vinagre
sal

ELABORACIÓN

Lava la lechuga, sécala, trocéala y ponla en una fuente.

Pela la naranja en vivo y sácale los gajos. Córtalos por la mitad y agrégalos.

Corta la cebolleta en juliana fina y añádela.

Tuesta las pipas en una sartén sin aceite. Retíralas y agrégalas a la ensalada.

Sazona y aliña con aceite y vinagre. Sirve.

TORTITAS CON NATA MONTADA

INGREDIENTES **(4 p.)**

125 g de harina
4 g de levadura
85 g de azúcar
2 huevos
15 ml de agua
15 ml de aceite de girasol
150 g de nata montada
aceite de oliva virgen extra
cacao en polvo
hojas de menta

ELABORACIÓN

Mezcla en un bol la harina, la levadura y el azúcar.

Bate los huevos en otro bol y añade el agua y el aceite de girasol. Mezcla bien y agrégalo al bol de la harina.

Echa media cucharada de aceite en una sartén o plancha y añade pequeñas porciones de masa. Cocínalas a fuego suave. Dales vuelta cuando empiecen a salir burbujitas. Retíralas a un plato.

Adorna las tortitas con la nata montada y espolvoréalas con el cacao. Decora con una hojita de menta y sirve.

LENTEJAS CON ALBONDIGUITAS DE POLLO

INGREDIENTES **(4 p.)**

250 g de lentejas
250 g de carne picada de pollo
1 zanahoria
1 pimiento verde
1 puerro
1 cebolleta
1 l de caldo de pollo
10 g de miga de pan
1 diente de ajo pequeño
harina
aceite de oliva virgen extra
perejil
pimienta
sal

ELABORACIÓN

Pela la zanahoria y trocéala. Enjuaga el pimiento, retírale el tallo y las pepitas y córtalo en 4 trozos. Retira la parte inferior y superior del puerro, lávalo bien y córtalo en rodajas. Retira el tallo de la cebolleta y córtala en cuatro. Introduce las verduras en la red de cocer legumbres y colócala en la olla rápida. Añade las lentejas, cubre con el caldo de pollo (reserva 50 ml), sazona y cierra la olla. Cuece las lentejas durante 15 minutos.

Retira las verduras, tritúralas y vierte el puré sobre las lentejas. Mantenlas calientes hasta el momento de servir.

Pon la miga troceada en un bol, vierte en él el caldo de pollo reservado y deja que se empape bien. Pon la carne en otro bol, escurre la miga e incorpórala. Pela y pica el diente de ajo finamente y añádelo. Salpimienta, agrega un poco de perejil picado y mezcla bien.

Coge pequeñas porciones de masa y redondéalas. Enharínalas y fríelas en una sartén con aceite. Escúrrelas sobre un plato cubierto con papel absorbente.

Sirve las lentejas y coloca en cada plato 3-5 albondiguillas de pollo. Adórnalos con unas hojas de perejil.

ENSALADA VARIADA CON PASAS, QUESO Y PISTACHOS

INGREDIENTES **(4 p.)**

100 g de lechuga
100 g de lechuga hoja de roble
1 endibia
30 g de pasas
100 g de queso de Idiazábal
30 g de pistachos
aceite de oliva virgen extra
vinagre
sal

ELABORACIÓN

Lava las lechugas, trocéalas y colócalas en una fuente.

Corta la endibia en juliana fina y agrégala.

Corta el queso en dados y añádelos a la ensalada.

Incorpora también las pasas y los pistachos picados.

Sazona y adereza con aceite y vinagre. Sirve.

POLLO CON TOMATE Y PATATAS FRITAS

INGREDIENTES **(4 p.)**

1 pollo (troceado)
800 g de tomate triturado
2 patatas
4 dientes de ajo
2 cebolletas
1 pimiento verde
aceite de oliva virgen extra
1 rama de romero
perejil
pimienta
sal

ELABORACIÓN

Pela los ajos y las cebolletas. Córtalos en dados y ponlos a rehogar en una tartera grande con un poco de aceite. Retira los tallos y las pepitas del pimiento. Córtalo de la misma manera y añádelo. Sazona y rehoga todo bien. Agrega la rama de romero.

Salpimienta el pollo (sin piel), incorpóralo a la tartera y dóralo bien.

Añade el tomate triturado, tapa la tartera y guisa el pollo durante 25 minutos.

Pela las patatas, córtalas con la mandolina (en forma de rejilla) y colócalas en un bol con agua. Sécalas bien y fríelas en una sartén con abundante aceite. Escúrrelas sobre una fuente cubierta con papel absorbente. Sazónalas.

Sirve el pollo, salséalo y acompáñalo con las patatas rejilla. Adorna con unas hojas de perejil.

HIGOS RELLENOS

INGREDIENTES **(4 p.)**

16 higos frescos
1 fruta de la pasión (maracuyá)
1 tarrina de queso de untar
aceite de oliva virgen extra
azúcar
hojas de menta

ELABORACIÓN

Corta la fruta de la pasión por la mitad, vacíala y colócala en un bol (deja algunas pepitas). Agrega un chorrito de aceite y mezcla.

Pela 4 higos, pícalos finamente y mézclalos con el queso de untar y una cucharada de azúcar. Reserva la mezcla.

Haz un corte en cruz por la parte superior al resto de los higos, de manera que queden cuatro cuartos sin separar del todo. Ábrelos como si fueran los pétalos de una flor. Pon en la parte central de cada uno una porción de queso con higos.

Espolvorea la superficie con azúcar y quémalos con un soplete. Sirve un poco de salsa de fruta de la pasión y coloca encima los higos rellenos. Decora con una hojita de menta.

ENSALADA DE LECHUGA, PEPINILLOS Y ZANAHORIA

INGREDIENTES **(4 p.)**

1 lechuga
8 pepinillos
2 zanahorias
1 cebolleta
aceite de oliva virgen extra
vinagre
sal

ELABORACIÓN

Lava la lechuga, sécala, trocéala y ponla en una fuente.

Pela las zanahorias y rállalas. Espárcelas sobre la lechuga.

Corta los pepinillos en cilindros y agrégalos.

Corta la cebolleta en juliana e incorpórala.

Sazona y aliña con aceite y vinagre. Sirve.

OREJA DE CERDO CON PATATAS AL PIMENTÓN

INGREDIENTES **(4 p.)**

2 orejas de cerdo
3 patatas
1 puerro
1 cebolla
aceite de oliva virgen extra
1 hoja de laurel
perejil
pimentón picante
sal

ELABORACIÓN

Lava las patatas y hazles un corte superficial en todo el contorno (para que sea más fácil pelarlas). Cuece las patatas durante 35 minutos en una cazuela con agua hirviendo y una pizca de sal. Retíralas, deja que se templen y pélalas.

Pon a calentar abundante agua en la olla. Lava el puerro, córtalo en 4-5 trozos y colócalo en una red de cocer legumbres. Pela la cebolla, córtala en cuartos y ponla en la red junto con la hoja de laurel y unas ramas de perejil. Cierra la red e introdúcela en la olla. Sazona y añade las orejas.

Cierra la olla y cuécelas durante 30 minutos. Abre la olla, retira las orejas y escúrrelas. Córtalas en trozos y colócalas en una bandeja apta para horno. Hornéalas a 225 °C durante 8-10 minutos.

En el momento de servir, corta las patatas en rodajas, colócalas en la base de una fuente grande y sazónalas. Pon encima las orejas troceadas y horneadas. Riega todo con un buen chorro de aceite de oliva y espolvorea por encima un poco de pimentón. Adorna con unas hojas de perejil y sirve.

PONCHE DE LECHE AL RON

INGREDIENTES **(4 p.)**

500 ml de leche
100 ml de agua
75 ml de ron
75 ml de *brandy*

ELABORACIÓN

En una cazuela pon a hervir el agua con el ron y el *brandy*.

Después, añade la leche. Mezcla bien todos los ingredientes.

Reparte el ponche en copas y sirve.

Si lo deseas, puedes decorar las copas espolvoreando un poco de canela por encima.

CONEJO AL *CURRY* CON ARROZ

INGREDIENTES **(4 p.)**

4 muslos de conejo
200 g de arroz basmati
25 g de jengibre
4 dientes de ajo
3 cebollas
300 g de tomate triturado
50 g de pasas
50 g de piñones tostados
1 cucharada de *curry* en polvo
aceite de oliva virgen extra
perejil
pimienta
sal

ELABORACIÓN

Pela el jengibre y 2 dientes de ajo y rállalos.

Pela las cebollas y córtalas en dados.

Calienta a fuego suave una cazuela con un chorrito de aceite, agrega el ajo y el jengibre y cocínalos brevemente (30 segundos). Incorpora las cebollas y cocínalas hasta que se ablanden (sin que lleguen a dorarse). Agrega el *curry*, el tomate triturado y la misma cantidad de agua que de tomate. Cocínalo durante 20 minutos a fuego suave. Tritura la salsa con la batidora eléctrica.

Rehoga el arroz (sin que se dore) en una cazuela con un chorrito de aceite. Sazona, agrega las pasas y 300 ml de agua. Cocínalo a fuego suave durante unos 15 minutos. Sirve y espolvorea los piñones por encima.

Deshuesa el conejo, córtalo en trozos de bocado y salpimiéntalos.

Calienta una sartén con un poco de aceite. Golpea un par de dientes de ajo, pélalos y añádelos a la sartén. Incorpora los trozos de conejo y saltéalos hasta que se doren. Espolvoréalos con un poco de perejil picado.

Sirve el arroz a un lado del plato y la salsa y los trozos de conejo al otro. Adorna los platos con unas hojas de perejil.

ENSALADA DE ESCAROLA, CEBOLLA Y CACAHUETES

INGREDIENTES **(4 p.)**

300 g de escarola
1 cebolla roja
40 g de cacahuetes (pelados)
12 aceitunas negras (con hueso)
aceite de oliva virgen extra
vinagre
sal

ELABORACIÓN

Lava la escarola, sécala, trocéala y ponla en una fuente.

Pela la cebolla, córtala en juliana fina y agrégala.

Añade las aceitunas y los cacahuetes.

Sazona y adereza con aceite y vinagre. Sirve.

CREPES RELLENOS DE DULCE DE LECHE

INGREDIENTES **(4 p.)**

1 bote pequeño de dulce de leche
azúcar glas
hojas de menta

Para los crepes:
3 huevos
300 ml de leche
150 g de harina
2 cucharadas de mantequilla

ELABORACIÓN

Para hacer la masa de los crepes, casca los huevos en un vaso batidor. Añade la leche, la harina y 1 cucharada de mantequilla y tritura con la batidora eléctrica hasta que quede una masa homogénea sin grumos.

Unta un poco de mantequilla en una sartén pequeña, vierte un par de cucharadas de la masa, extiéndela bien y, cuando se cuaje, dale la vuelta. Cocínala brevemente y retírala a un plato. Repite el proceso hasta terminar toda la masa.

Rellena los crepes con la crema de dulce de leche y ciérralos como si fueran pañuelos

Espolvoréalos con un poco de azúcar glas y adórnalos con unas hojas de menta.

ENSALADA DE COGOLLOS, MANGO Y ANCHOA

INGREDIENTES **(4 p.)**

200 g de cogollos
100 g de rúcula
1 mango
12 anchoas en aceite
aceite de oliva virgen extra
vinagre de Módena
sal

ELABORACIÓN

Separa las hojas de los cogollos. Lava las hojas de los cogollos y las de rúcula, sécalas, trocéalas y colócalas en una fuente.

Pela el mango, córtalo a tu gusto y agrégalo.

Pica las anchoas y añádelas.

Sazona y adereza con aceite y vinagre. Sirve.

CREMA DE GALLINA CON CHIPS DE ZANAHORIA

INGREDIENTES **(4 p.)**

2 muslos de gallina
1 calabacín
2 puerros
2 zanahorias
2 huevos
aceite de oliva virgen extra
perejil
sal

ELABORACIÓN

Pon los huevos en un cazo, cúbrelos con agua y cuécelos durante 10 minutos (contados desde el momento en que el agua empiece a hervir). Refréscalos, pélalos y pícalos (las claras y las yemas por separado). Reserva.

Pon 1 ½ litros de agua a calentar en la olla rápida.

Retira la piel y las grasas visibles de los muslos de gallina y añádelos a la olla.

Lava el calabacín, trocéalo (sin pelar) y agrégalo. Limpia los puerros, pícalos e incorpóralos a la olla. Pela una zanahoria, trocéala y agrégala. Sazona. Tapa la olla y cocina todo durante 1 hora.

Saca los muslos y desmenuza la carne. Incorpórala a la olla y tritura con la batidora eléctrica hasta conseguir una crema homogénea.

Pela la otra zanahoria y, con ayuda de un pelador, saca tiras finas. Fríelas en una sartén con aceite (es importante que el aceite no esté demasiado caliente, porque, como tienen mucho azúcar, se pueden quemar con facilidad) hasta que queden crujientes. Retíralas y escúrrelas sobre un plato cubierto con papel absorbente.

Reparte la crema en los platos, coloca la yema picada a un lado y la clara al otro. Pon en el centro unos chips de zanahoria, adorna con unas hojas de perejil y sirve.

REBOZADITOS DE PLÁTANO CON SALSA DE CHOCOLATE

INGREDIENTES **(4 p.)**

4 plátanos
200 g de chocolate negro especial para postres
100 g de mantequilla
150 g de harina
1 cucharada de azúcar glas
150 ml de vino blanco
2 huevos
aceite de oliva virgen extra
hojas de menta

ELABORACIÓN

Coloca la harina en un bol y añade el azúcar. Mezcla bien y agrega el vino poco a poco (sin dejar de remover) hasta que quede una crema homogénea. Incorpora las yemas de huevo (reserva las claras) y deja que repose durante unos 15 minutos.

Mientras tanto, bate las claras hasta que queden bien esponjosas. Agrégalas al bol y mezcla suavemente con movimientos envolventes.

Corta los plátanos en rodajas oblicuas de 1 centímetro de grosor. Introduce los trozos en la masa y fríelos por los dos lados en una sartén con abundante aceite de oliva. Retíralos con una espumadera y escúrrelos sobre un plato forrado con papel absorbente.

Trocea la tableta de chocolate, colócala en un bol, añade la mantequilla y funde todo al baño maría. Mezcla bien.

Sirve los plátanos y salséalos con el chocolate fundido. Pon el resto del chocolate en una salsera. Decora con unas hojas de menta.

ENSALADA DE LECHUGA Y TOMATE

INGREDIENTES **(4 p.)**

1 lechuga
1 tomate
1 cebolleta
½ pimiento verde
12 aceitunas negras (sin hueso)
aceite de oliva virgen extra
vinagre
sal

ELABORACIÓN

Lava la lechuga, sécala, trocéala y colócala en una fuente.

Pela el tomate, córtalo en gajos gruesos y agrégalos.

Corta la cebolleta en juliana y añádela.

Corta el pimiento verde en daditos e incorpóralos a la ensalada.

Añade también las aceitunas negras.

Sazona y aliña con aceite y vinagre. Sirve.

LIEBRE CON CARACOLES

INGREDIENTES **(4 p.)**

½ liebre
500 g de caracoles (limpios y cocidos)
50 g de almendras tostadas
3 dientes de ajo
1 cebolla
1 l de cerveza
50 g de mantequilla
aceite de oliva virgen extra
perejil
pimienta
sal

ELABORACIÓN

Maja las almendras en el mortero. Resérvalas.

Pela los ajos, lamínalos y ponlos a rehogar a fuego suave en la olla rápida con un chorrito de aceite. Pela la cebolla, córtala en dados y agrégalos. Rehógala un poco.

Trocea la liebre, salpimiéntala y agrégala. Rehógala durante 5-6 minutos. Cúbrela con cerveza y sazona de nuevo. Coloca la tapa y cocínala a fuego medio durante 20-25 minutos. Abre la olla y desgrasa la salsa (con un cucharón).

Derrite la mantequilla en una tartera grande y añade los caracoles. Rehógalos bien e incorpora las almendras majadas. Revuelve hasta que los caracoles y las almendras empiecen a agarrarse a la cazuela.

Agrega la liebre (con su salsa) a la tartera, coloca la tapa y añade un poco de perejil picado. Cocina todo conjuntamente durante 6-8 minutos a fuego no muy fuerte. Espolvorea con un poco más de perejil picado. Sirve.

BUÑUELOS DE PIÑA

INGREDIENTES **(4 p.)**

2 rodajas de piña
aceite de oliva virgen extra
azúcar glas

Para la pasta:
90 g de harina
1 cucharada de azúcar
100 ml de cava
30 g de mantequilla derretida
1 huevo
sal

Para la franchipán:
250 ml de leche
1 vaina de vainilla
40 g de harina
1 cucharada de azúcar
1 yema
1 huevo
2 almendrados

ELABORACIÓN

Para la pasta de freír, mezcla en un bol la harina, una pizca de sal y el azúcar. Incorpora el cava poco a poco. Agrega la mantequilla y la yema de huevo (reserva la clara). Mezcla y deja reposar.

Corta las rodajas de piña en cuartos, separa la corteza y el corazón y trocéalas. Reserva.

Para la crema franchipán, pon la leche (reserva un poco) con la vainilla al fuego. Mezcla la harina con el azúcar en un bol, añade la leche reservada y bate todo. Agrega la yema y el huevo. Cuando la leche esté caliente, añade un poco al bol, mezcla bien y vuelca todo en la cazuela de la leche. Incorpora los almendrados desmigados y remueve hasta que espese.

Vierte la mitad de la crema sobre una placa de horno forrada con papel de hornear y extiéndela bien. Coloca encima los trozos de piña y cúbrelos con el resto de la crema. Deja que se temple y corta los trozos de piña a través de la franchipán.

Monta la clara reservada y mézclala con la pasta para freír. Reboza los trozos de piña con franchipán en la pasta y fríelos por ambos lados en una sartén con aceite. Escúrrelos y sírvelos en una fuente espolvoreados con azúcar glas.

ENSALADA DE ESCAROLA Y GAMBAS

INGREDIENTES **(4 p.)**

1 escarola
24 gambas
25 g de alcaparras
25 g de huevas rojas (trucha o salmón)
aceite de oliva virgen extra
sal

ELABORACIÓN

Lava la escarola, sécala, trocéala y ponla en una fuente.

Cuece las gambas brevemente en una cazuela con agua una pizca de sal. Pélalas y agrégalas a la ensalada.

Salpica la ensalada con las alcaparras y las huevas.

Sazona y adereza con aceite. Sirve.

ARROZ CREMOSO DE *BOLETUS* Y CALABAZA

INGREDIENTES **(4 p.)**

400 g de arroz
400 g de *boletus*
300 g de calabaza
1 puerro
3 dientes de ajo
1 cebolleta
100 g de queso parmesano
aceite de oliva virgen extra
perejil
sal

ELABORACIÓN

Para hacer el caldo, limpia el puerro y córtalo en tres trozos. Agrega 3 dientes de ajo (con piel) aplastados, los tallos de los *boletus* (troceados) y el tallo de la cebolleta. Cubre con abundante agua (2 l) y sazona. Cuece todo durante 15-20 minutos.

Pela la cebolleta, córtala en daditos y ponlos a rehogar en una cazuela con aceite. Pela y pica la calabaza y añádela. Pica los sombreritos de las setas y agrégalos a la cazuela. Sazona y rehoga un poco.

Incorpora el arroz y rehógalo un poco. Vierte encima la mitad del caldo de verduras y cocina el arroz sin dejar de remover hasta que lo absorba todo. Agrega poco a poco el resto del caldo y sigue removiéndolo hasta conseguir el punto deseado (18-20 minutos aproximadamente).

Ralla encima el queso, mezcla bien y espolvorea con perejil picado. Sirve y decora con una hojita de perejil.

COPA TENTACIÓN DE NATILLAS Y CREMA DE TRUFA

INGREDIENTES **(4 p.)**

Para las natillas:
500 ml de leche (¾ partes de leche y ¼ parte de nata)
75 g de azúcar
6 yemas de huevo
1 rama de canela

Para las trufas:
200 ml de nata
150 g de chocolate de cobertura
1 cucharada de mantequilla
1 chorrito de licor
cacao en polvo
hojas de menta

ELABORACIÓN

Para las natillas, mezcla la leche con el azúcar en una cazuela y ponla al fuego. Añade la rama de canela. Pon las yemas en un bol y agrégales un poco de la leche caliente. Mezcla bien y añádelas a la cazuela. Cuece todo hasta que espese. Apaga el fuego, remueve y deja enfriar.

Para las trufas, pon la nata a calentar en una cazuela. Cuando vaya a hervir, apaga el fuego y añade el trozo de chocolate. Vete removiendo para que se deshaga. Cuando el chocolate esté deshecho, incorpora la mantequilla y el licor frío. Pasa la mitad a un plato y deja enfriar hasta que coja cuerpo. Moldea unas cuantas trufas con la ayuda de dos cucharas. Rebózalas con el cacao en polvo. Deja el resto de la crema de trufas un poco al calor para que quede líquida y tibia.

En una copa alta, pon un par de cucharadas de la crema de trufas líquida. Sobre ella, añade las natillas muy poco a poco, aprovechando para decorar al gusto. Coloca, finalmente, un par de trufas moldeadas sobre las natillas y decora con una hoja de menta.

ENSALADA DE LECHUGAS VARIADAS Y ENCURTIDOS

INGREDIENTES **(4 p.)**

300 g de lechugas variadas
20 cebolletas en vinagre
8 pepinillos en vinagre
8 ajos en vinagre
8 guindillas en vinagre
aceite de oliva virgen extra
sal

ELABORACIÓN

Lava, seca y pica las hojas de lechuga. Colócalas en una fuente.

Pica los encurtidos a tu gusto y agrégalos.

Sazona y adereza con un poco de aceite de oliva. Sirve.

ROSQUILLAS DE MANZANA

INGREDIENTES **(4 p.)**

3 manzanas
200 g de harina
1 cucharada de levadura en polvo
200 ml de nata líquida
2 huevos
3 cucharadas de azúcar
1 cucharada de canela
aceite de oliva virgen extra
sal

ELABORACIÓN

Mezcla el azúcar con la canela y reserva.

Pon en un bol la harina y la levadura y mezcla bien. Añade la nata y 4 cucharadas de aceite. Mezcla bien. Incorpora los huevos y mezcla hasta que quede una masa homogénea. Sazona y reserva.

Pela las manzanas, retírales el corazón y córtalas en aros (como si fueran rosquillas). Introdúcelas en la masa y fríelas en una sartén con aceite bien caliente a fuego suave. Escúrrelas sobre un plato cubierto con papel absorbente.

Pásalas a una fuente y espolvoréalas con la mezcla de azúcar y canela. Sirve.

GUISO DE RAPE, MEJILLONES Y LANGOSTINOS

INGREDIENTES **(4 p.)**

1 rape (de 1 kg)
8 mejillones
8 langostinos
2 cebolletas
1 puerro
100 ml de *txakoli*
2 dientes de ajo
2 patatas
200 ml de salsa de tomate
aceite de oliva virgen extra
1 hoja de laurel
perejil
sal

ELABORACIÓN

Limpia el rape y retira la cabeza y los huesos. Resérvalos y reserva también los lomos. Pon la cabeza y los huesos de rape en una cazuela y cúbrelos con agua. Sazona. Agrega 1 cebolleta cortada en 4, la parte verde del puerro y unas ramas de perejil. Añade las cabezas y las cáscaras de los langostinos (reserva la carne). Pon a punto de sal y cuece todo durante 20-25 minutos. Retira la espuma del caldo, cuélalo y resérvalo.

Pon a calentar el *txakoli* en una sartén. Limpia los mejillones, retirándoles las barbas, y añádelos. Tapa y espera a que se abran. Retíralos del fuego y separa las conchas de la carne. Reserva la carne y el caldo (colado) por separado.

Pela y lamina los dientes de ajo y ponlos a pochar en una cazuela grande con un chorrito de aceite. Pela y pica la otra cebolleta y añádela. Limpia el puerro, córtalo en daditos y agrégalos. Rehoga un poco.

Pela las patatas, córtalas en rodajas de 1 centímetro e incorpóralas. Agrega la salsa de tomate, la hoja de laurel y el caldo (de los mejillones y del rape). Cocina el conjunto durante 20-25 minutos.

Añade los langostinos, los mejillones y el rape y mezcla. Espolvorea con perejil picado y cocina todo junto durante un par de minutos. Sirve.

ENSALADA DE LOLLO, MAÍZ Y GAMBAS

INGREDIENTES **(4 p.)**

1 lechuga lollo
30 g de maíz en conserva
24 gambas
20 g de pipas de girasol (peladas)
aceite de oliva virgen extra
vinagre
sal

ELABORACIÓN

Lava la lechuga, sécala, trocéala y colócala en un bol.

Cuece las gambas, pélalas y agrégalas.

Coloca las pipas en una sartén sin aceite y tuéstalas un poco. Espárcelas sobre la lechuga.

Añade también el maíz.

Sazona y adereza con aceite y vinagre. Sirve.

ACELGAS *ESPARRAGÁS*

INGREDIENTES **(4 p.)**

600 g de acelgas
100 g de alubias blancas
3 dientes de ajo
20 g de miga de pan del día anterior
6 almendras crudas (peladas)
70 g de chorizo para guisar
1 tomate
1 ñora
1 cucharadita de pimentón
15 cominos
aceite de oliva virgen extra
sal

ELABORACIÓN

Pon las alubias (remojadas desde la víspera) en la olla rápida, cúbrelas con agua y sazónalas. Cuécelas durante 15 minutos. Resérvalas en la olla.

Vierte un poco de aceite en una sartén (fuera del fuego). Pela los ajos, lamínalos y añádelos a la sartén. Corta el pan en rebanadas finas y después en trozos y añádelos a la sartén junto con las almendras. Pon la sartén a calentar a fuego suave y fríe todo hasta que las almendras cojan un bonito color dorado. Escurre y pasa todo al mortero. Agrega los cominos y maja todo bien. Reserva el majado.

Corta el chorizo en rodajas y fríelas en una sartén con una cucharada de aceite. Cuando coja color, lava el tomate, córtalo por la mitad, rállalo e incorpóralo. Agrega el pimentón y cocina todo durante 10 minutos.

Añade la ñora, el majado y el sofrito de chorizo y tomate a la olla de las alubias.

Lava las acelgas. Separa las pencas de las hojas. Corta las pencas en trozos de 2 centímetros y las hojas en juliana. Añádelas a la olla. Sazona, coloca la tapa y cocina todo junto durante unos 5-8 minutos más. Pon a punto de sal y sirve.

TARTA DE NARANJA Y KIWI

INGREDIENTES **(6 p.)**

1 naranja
2 kiwis
900 ml de agua
600 g de azúcar
250 ml de nata montada
2 placas de bizcocho
150 ml de almíbar de las naranjas
mantequilla y azúcar glas para el molde

Para la crema pastelera:

500 ml de leche
75 g de azúcar
40 g de harina
3 yemas
1 huevo entero
1 vaina de vainilla

ELABORACIÓN

Hierve el agua con el azúcar. Corta la naranja (sin pelar) en rodajas finas y cuécelas a fuego lento durante 2 horas. Reserva.

Para la crema pastelera, calienta la leche (reserva un poco) con la vaina de vainilla. En un bol, pon el azúcar y la harina, vierte encima la leche reservada anteriormente y mezcla. Incorpora las yemas y el huevo y bate bien. Vierte la mezcla sobre la leche caliente y cocina brevemente hasta que espese.

Pela los kiwis y córtalos en rodajas finas. Unta un molde con mantequilla, espolvoréalo con azúcar glas, coloca una rodaja de naranja en el centro, rodéala con rodajas de kiwi y estas con rodajas de naranja (reserva 2 rodajas), hasta cubrir toda la base del molde.

Mezcla la nata y la crema pastelera con 2 rodajas de naranja picadas. Rellena el molde hasta la mitad, pon encima una capa de bizcocho emborrachado con el almíbar de naranjas, pon otra capa de crema y cúbrela con la otra placa de bizcocho emborrachado con almíbar.

Tapa con film transparente y cubre con un plato. Introduce en el frigorífico durante 2 horas. Desmolda con cuidado y sirve.

ENSALADA DE BERROS, RÚCULA, MANZANA Y CHAMPIÑONES

INGREDIENTES **(4 p.)**

150 g de berros
150 g de rúcula
1 manzana
150 g de champiñones
150 g de jamón de pavo
aceite de oliva virgen extra
vinagre
sal

ELABORACIÓN

Lava los berros y las hojas de rúcula. Coloca todo en una fuente grande y sazona.

Incorpora el jamón de pavo cortado en daditos.

Corta los champiñones en daditos y saltéalos en una sartén con un chorrito de aceite. Agrega los champiñones a la fuente.

Pela la manzana, córtala en dados y añádelos.

Sazona y aliña con aceite y vinagre. Sirve.

PUERROS CON BECHAMEL DE PATÉ

INGREDIENTES **(4 p.)**

26 puerros
750 ml de leche
50 g de harina
100 g de paté de ave
60 g de queso rallado
aceite de oliva virgen extra
perejil
pimienta
sal

ELABORACIÓN

Retira la parte inferior y superior de los puerros. Enjuágalos bien y retírales la primera capa (reserva 2 puerros) y cuécelos en una cazuela con agua y una pizca de sal durante 12-20 minutos (dependiendo del grosor). Escúrrelos y repártelos en 4 platos aptos para el horno. Reserva.

Pon a calentar un poco de aceite en una cazuela. Agrega la harina y rehógala bien. Vierte encima la leche poco a poco y cocina la bechamel a fuego suave durante 6-8 minutos sin dejar de remover. Salpimienta la bechamel y añádele el paté de ave. Mezcla bien hasta que quede una masa homogénea. Pon a punto de sal. Napa los puerros, espolvoréalos con el queso rallado y gratínalos en el horno.

Corta los 2 puerros reservados en juliana fina y fríelos a fuego medio en una sartén con una buena cantidad de aceite. Escúrrelos sobre un plato cubierto con papel absorbente. Sazona.

Sirve y adorna los platos con el crujiente de puerro y unas hojas de perejil.

ESPUMA DE PACHARÁN

INGREDIENTES **(4 p.)**

250 ml de nata
250 ml de pacharán
500 ml de helado de café
100 g de mermelada de arándanos
hojas de menta

ELABORACIÓN

En un bol, monta la nata con la varilla eléctrica.

En otro, mezcla bien el helado con la mermelada y el pacharán.

Cuando la nata esté montada, mezcla todos los ingredientes suavemente.

Sirve en copas individuales y adorna con unas hojas de menta.

PATATAS CON BACALAO

INGREDIENTES **(4 p.)**

1 kg de patatas
400 g de bacalao sin piel (desalado)
4 puntas de colas de bacalao (desalado)
1 puerro
1 cebolla
1 cebolleta
2 dientes de ajo
1 pimiento verde
2 tomates pera
aceite de oliva virgen extra
perejil
sal

ELABORACIÓN

Pon una cazuela al fuego con agua y unas hojas de perejil. Agrega las puntas de cola de bacalao. Limpia el puerro, trocéalo y añádelo. Incorpora también la cebolla (pelada) cortada en 4 trozos. Cuece todo durante 20 minutos. Cuela el caldo y resérvalo.

Pela la cebolleta y los ajos, córtalos en daditos y ponlos a rehogar en una cazuela con un chorrito de aceite. Corta el pimiento de la misma manera e incorpóralo. Sazona y rehoga las verduras durante unos 8-10 minutos. Ralla los tomates encima y rehoga todo brevemente.

Pela las patatas, cáscalas y añádelas a la cazuela. Vierte encima el caldo, pon a punto de sal y cuece las patatas durante 18-20 minutos.

Trocea (o desmenuza) el bacalao y añádelo. Cuece todo durante un par de minutos, espolvorea con perejil picado y sirve.

ENSALADA DE LECHUGA, SETAS Y MAÍZ

INGREDIENTES **(4 p.)**

1 lechuga
12 tomates cherry
200 g de setas
80 g de maíz en conserva
aceite de oliva virgen extra
vinagre
sal

ELABORACIÓN

Lava la lechuga, sécala, trocéala y colócala en una fuente.

Lava los tomates, córtalos por la mitad y agrégalos.

Corta las setas en tiras y saltéalas en una sartén con un chorrito de aceite. Escúrrelas y añádelas a la ensalada.

Salpica la ensalada con los granos de maíz. Sazona y aliña con aceite y vinagre. Sirve.

TRUFAS DE CHOCOLATE

INGREDIENTES **(4 p.)**

375 g de chocolate de cobertura
250 ml de nata líquida
2 cucharadas de mantequilla
3 cucharadas de leche condensada
3 cucharadas de *brandy*
150 g de cacao en polvo

ELABORACIÓN

Pon la nata y la mantequilla a cocer en una cazuelita. Agrega la leche condensada, mezcla bien y, cuando empiece a hervir, retira la cazuela del fuego.

Pon el chocolate de cobertura en un bol y fúndelo en el microondas durante 1 minuto. Retíralo y mezcla bien. Repite la operación hasta que quede líquido. Incorpora el chocolate a la mezcla anterior.

Añade el *brandy* y mezcla hasta que quede una crema homogénea. Pásala a una fuente amplia y baja y deja enfriar a temperatura ambiente.

Con dos cucharillas de postre, moldea el chocolate formando una especie de rocas y colócalas sobre el plato con cacao en polvo. Rebózalas y sirve.

ENSALADA DE RABANITOS Y SALMÓN

INGREDIENTES **(4 p.)**

1 lechuga
4 rabanitos
100 g de salmón ahumado
16 aceitunas negras
aceite de oliva virgen extra
mostaza
sal

ELABORACIÓN

Lava la lechuga, sécala, trocéala y ponla en una fuente grande. Sazona.

Lava los rabanitos, córtalos en lonchas finas y agrégalas a la fuente.

Corta el salmón en daditos y añádelos.

Incorpora también las aceitunas negras.

Bate en un bol el aceite y la mostaza y aliña la ensalada. Sirve.

PASTEL DE ESPINACAS CON PROVENZAL DE QUESO

INGREDIENTES **(4 p.)**

1500 g de espinacas
20 ajos frescos
3 zanahorias
30 g de pan *sopako* (especial para sopa)
1 diente de ajo
60 g de queso parmesano en polvo
30 g de harina
500 ml de leche
aceite de oliva virgen extra
pimienta
sal

ELABORACIÓN

Pon agua a calentar y, cuando empiece a hervir, añade las espinacas. Sazónalas y cuécelas brevemente con la tapa puesta. Retíralas, escúrrelas y pícalas finamente. Resérvalas en un bol.

Corta los ajos frescos en cilindros y ponlos a rehogar en una sartén con un chorrito de aceite. Pela las zanahorias, córtalas en cuartos de luna y agrégalas. Sazona. Cuando las verduras estén bien rehogadas (10 minutos), añádelas al bol de las espinacas y mezcla. Reserva.

Calienta una cazuela con 3 cucharadas de aceite. Agrega la harina y rehógala un poco. Vierte la leche poco a poco (removiendo continuamente), salpimienta y cocina la salsa bechamel durante 6-8 minutos, sin dejar de remover. Añádela al bol de las verduras y mezcla bien. Pasa todo a un molde apto para el horno.

Ralla el *sopako* y ponlo en un bol. Pela el diente de ajo, córtalo en daditos y agrégalo al bol. Añade también el queso. Mezcla hasta que los ingredientes queden perfectamente integrados. Espolvorea la superficie del pastel con la provenzal de queso. Introduce el molde en el horno y gratina hasta que se calienten las espinacas y se dore la provenzal. Corta el pastel en 4 porciones y sirve.

CREMA FRÍA DE *WHISKY*

INGREDIENTES **(4 p.)**

250 ml de *whisky*
250 ml de nata líquida
370 ml de leche condensada
2 cucharadas de sirope de chocolate
1 cucharadita de café instantáneo
1 cucharadita de extracto de vainilla líquida
hojas de menta
barquillos

Para el hielo de café:
1 vaso de café
2 hojas de gelatina

ELABORACIÓN

Para el hielo de café, pon en remojo las hojas de gelatina en agua fría hasta que se ablanden. Calienta el café, añade las hojas de gelatina y mezcla bien hasta que se disuelvan. Pasa la mezcla a una fuente e introduce en el congelador hasta que se endurezca. Reserva.

Pon a calentar el *whisky*, flambéalo y deja que se evapore parte del alcohol. Coloca todos los ingredientes en el vaso batidor y tritura la mezcla durante 45 segundos aproximadamente. Cuela la mezcla, pásala a una jarra y resérvala en el frigorífico.

Sirve, y, para decorar, rasca el hielo de café con un tenedor. Decora también con los barquillos y una hojita de menta.

BOCADO DE LA REINA CON SALSA DE OPORTO Y PLÁTANO FRITO

INGREDIENTES **(4 p.)**

4 bocados de la reina (ternera)
1 vaso de vino de Oporto
1 vaso de caldo de carne
200 g de nata fresca
1 diente de ajo
1 plátano macho
aceite de oliva virgen extra
perejil
pimienta negra
sal

ELABORACIÓN

Para la salsa de Oporto, mezcla en un cazo el vino, el caldo y la nata. Cocina durante 10-15 minutos hasta que reduzca y ligue. Sazona.

Limpia los bocados de la reina, salpimiéntalos y ponlos en un bol con el diente de ajo picado. Añade un chorrito de aceite y unta la carne. Deja marinar durante 10-15 minutos. Dora los bocados de la reina en una sartén con un chorrito de aceite, retíralos y colócalos en una bandeja de horno. Hornéalos a 200-220 °C durante 8 minutos.

Pela el plátano, córtalo con la mandolina en chips (rodajas finas) y fríelas en una sartén con aceite. Escúrrelas sobre un plato cubierto con papel absorbente. Sazónalas.

Sirve los bocados de la reina, salséalos con la salsa de oporto (pon lo que sobre en una salsera) y acompáñalos con los chips de plátano frito. Decora los platos con unas hojas de perejil.

ENSALADA DE LECHUGA, AVELLANAS Y PASAS

INGREDIENTES **(4 p.)**

1 lechuga
12 avellanas
25 g de pasas
aceite de oliva virgen extra
vinagre
sal

ELABORACIÓN

Lava la lechuga, sécala, trocéala y colócala en un bol.

Agrega las pasas.

Aplasta las avellanas y salpica con ellas la ensalada.

Sazona y aliña con aceite y vinagre. Sirve.

CAPRICHO DE OTOÑO

INGREDIENTES **(4 p.)**

200 g de pan alemán
450 ml de leche condensada
1-2 plátanos
1-2 kiwis
4 cucharaditas de azúcar
1 cucharadita de canela molida
almendras tostadas picadas
frambuesas
hojas de menta
pétalos de flores (opcional)

ELABORACIÓN

Desmiga el pan y colócalo en un bol. Añade la canela y 400 ml de leche condensada (reserva el resto para decorar). Mezcla bien y deja reposar unos 30 minutos para que el pan se empape bien.

Rellena con la mezcla 4 moldes de aro hasta la mitad. Aplasta y desmolda.

Pela los plátanos y los kiwis, córtalos en láminas y cubre con ellas los caprichos. Reparte el azúcar por encima de la fruta y carameliza con el soplete.

Espolvorea con la almendra picada y decora con unas frambuesas, unos hilos de leche condensada y unas hojas de menta (puedes decorar también con pétalos de flores). Sirve.

ENSALADA DE RÚCULA, HINOJO Y ACEITUNAS

INGREDIENTES **(4 p.)**

300 g de rúcula
1 hinojo
16 aceitunas negras (sin hueso)
16 tomates en aceite
aceite de oliva virgen extra
vinagre
sal

ELABORACIÓN

Lava las hojas de rúcula, sécalas y colócalas en una fuente.

Elimina la capa exterior del hinojo y córtalo en juliana fina. Espárcelo sobre las hojas de rúcula.

Corta los tomates en daditos y añádelos.

Agrega las aceitunas negras cortadas por la mitad.

Sazona y aliña con aceite y vinagre. Sirve.

MOUSSAKA

INGREDIENTES **(4 p.)**

2 berenjenas
500 g de carne picada (cordero y ternera)
75 g de queso parmesano
2 dientes de ajo
1 cebolla grande
1 puerro
2 zanahorias
200 ml de vino tinto
500 ml de salsa de tomate
aceite de oliva virgen extra
perejil
pimienta
sal

Para la bechamel:

500 ml de leche
40 g de harina
aceite de oliva virgen extra
nuez moscada
perejil
sal

ELABORACIÓN

Lava las berenjenas, córtalas en láminas a lo largo (puedes ayudarte de una mandolina) y extiéndelas en una fuente grande. Sazónalas, inclina la fuente y deja que suden. Sécalas. Pon un chorrito de aceite en una sartén y cocina las berenjenas durante 2-3 minutos por cada lado. Resérvalas.

Pela los ajos, lamínalos y ponlos a dorar en una cazuela con un chorrito de aceite. Pela la cebolla y el puerro, córtalos en daditos y agrégalos. Pela las zanahorias, córtalas en cuartos de luna e incorpóralas. Sazona y rehoga todo bien.

Salpimienta la carne y añádela. Cocínala sin dejar de remover continuamente hasta que quede muy suelta. Incorpora el vino y dale un hervor a fuego fuerte hasta que se evapore el alcohol. Agrega la salsa de tomate y cocina todo durante 10-15 minutos.

Para la bechamel, pon un poco de aceite a calentar en una cazuela, añade la harina y rehógala un poco. Vierte la leche poco a poco y trabájala durante 8-10 minutos. Sazona y ralla encima un poco de nuez moscada. Espolvoréala con perejil picado.

Cubre una bandeja apta para horno con una capa de láminas de berenjena y cubre con otra capa de carne picada. Repite el proceso hasta terminar todos los ingredientes. Napa con la bechamel y ralla el queso por encima. Gratina en el horno durante 3-4 minutos. Sirve y decora con una ramita de perejil.

CAPRICHO DE PLÁTANO

INGREDIENTES **(4 p.)**

4 plátanos
1 cucharada de mantequilla
1 cucharada de azúcar moscabado
1 naranja
½ limón
1 chupito de licor de naranja
4 bolas de helado de vainilla
6 galletas
frutas rojas desecadas
hojas de menta

ELABORACIÓN

Pon la mantequilla a fundir en una sartén.

Pela los plátanos y añádelos. Agrega también el azúcar. Ralla la naranja y el limón y exprímelos. Cuando los plátanos cojan color, añade los zumos de la naranja y el limón y las ralladuras de las dos frutas. Tapa la sartén y cocina los plátanos durante 5 minutos.

Pasado este tiempo, agrega el licor y flambea.

Sirve los plátanos y acompáñalos con el helado. Decora con las frutas rojas desecadas, las galletas finamente picadas y hojas de menta.

ENSALADA DE CANÓNIGOS, MANZANA Y NUECES

INGREDIENTES **(4 p.)**

300 g de canónigos
1 manzana
8 nueces
aceite de oliva virgen extra
vinagre
sal

ELABORACIÓN

Lava los canónigos, sécalos y ponlos en una fuente.

Casca las nueces, trocéalas y agrégalas.

En el último momento, pela la manzana, córtala en dados y añádelos.

Sazona y aliña con aceite y vinagre. Sirve.

ENDIBIAS CON SALSA Y CRUJIENTE DE QUESO

INGREDIENTES **(4 p.)**

8 endibias
200 g de queso
8 lonchas de panceta ahumada
1 cucharada de harina
1 vaso de leche
1 cucharada de sésamo
aceite de oliva virgen extra
orégano
perejil
sal

ELABORACIÓN

Para el crujiente de queso, ralla la mitad del queso (reserva el resto) con un rallador. Cubre una placa de horno con un trozo de papel de hornear plegado en dos. Despliega el papel y reparte, sobre la mitad inferior, el queso en 4 montoncitos. Cúbrelos con la otra mitad del papel y aplástalos bien. Retira de nuevo la mitad del papel y espolvoréalos con sésamo. Cubre de nuevo y hornéalos a 180 °C durante 15-18 minutos. Retira y deja que se enfríen.

Para la salsa, pon un chorrito de aceite en un cazo, añade la harina y rehógala bien. Vierte encima la leche y agrega el resto del queso cortado en dados. Cocina los ingredientes a fuego suave durante 3-4 minutos (hasta que se funda el queso) y condimenta con sal y un poco de orégano.

Pon a cocer las endibias en una olla rápida con abundante agua y una pizca de sal. Cierra la olla y cuécelas durante 2 minutos. Retíralas y escúrrelas sobre un plato cubierto con papel absorbente.

Envuelve cada endibia con una loncha de panceta y colócalas en una bandeja de horno. Úntalas con un poco de aceite y gratínalas hasta que la panceta se dore.

Extiende la salsa en el plato, coloca encima las endibias y acompáñalas con el crujiente de queso. Decora los platos con unas hojas de perejil y sirve

CREMA DE MANDARINA CON CHISPITAS DE CHOCOLATE

INGREDIENTES **(4 p.)**

8 mandarinas
4 huevos
1 cucharada rasa de harina de maíz
1 chorrito de licor de mandarina
1 cucharada de azúcar
chispitas de chocolate
hojas de menta

ELABORACIÓN

Separa las claras de las yemas en dos recipientes. Reserva todo. Haz un zumo con las mandarinas y ponlo a reducir en un cazo (reserva un poco de zumo).

En un bol, pon la harina de maíz y dilúyela con el zumo reservado. Añade las 4 yemas y bate con la varilla manual. Agrega un poco de ralladura de mandarina. Incorpora parte del zumo caliente, mezcla y vierte todo en la cazuela del zumo. Añade el licor de mandarina. Mezcla hasta que adquiera una consistencia cremosa. Pásalo todo a un bol y deja atemperar. Reserva.

Pon dos de las claras reservadas en un bol, añade una cucharada de azúcar y monta con la batidora de varillas hasta conseguir un merengue.

Agrega la crema de mandarina al merengue y mezcla con cuidado con movimientos envolventes.

Sirve en vasitos de cristal y decora con unas chispitas de chocolate y una hojita de menta.

ENSALADA VERDE CON ZANAHORIA, QUESO Y PISTACHOS

INGREDIENTES **(4 p.)**

200 g de espinacas *baby*
2 zanahorias
100 g de queso manchego
25 g de pistachos (pelados)
aceite de oliva virgen extra
zumo de limón
sal

ELABORACIÓN

Lava las hojas de espinaca y sécalas. Ponlas en una fuente grande. Sazónalas.

Pela las zanahorias, rállalas y espárcelas por encima de las espinacas. Sazona.

Corta el queso en daditos y distribúyelos sobre la ensalada.

Pela los pistachos y salpica con ellos la ensalada.

Pon en un bol el aceite y el zumo de limón. Mezcla y aliña la ensalada.

Sirve.

HUEVOS TERESITA

INGREDIENTES **(4 p.)**

8 huevos
100 g de jamón serrano
100 g de guisantes
2 dientes de ajo
4 rebanadas de pan de molde
1 cucharada de harina
500 ml de caldo de ave
aceite de oliva virgen extra
perejil
1 cucharadita de pimentón dulce
sal

ELABORACIÓN

Pon a cocer los huevos en un cazo con agua hirviendo y un poco de sal durante 10 minutos. Pélalos, córtalos por la mitad y separa con un tenedor las yemas de las claras. Reserva.

Para el relleno, pica los ajos, ponlos en el mortero y májalos bien. Añade un puñado de perejil picado y las yemas de los huevos cocidos. Sigue majando y pon a punto de sal.

Rellena las claras de huevo con este majado y ponlas a dorar boca abajo en una sartén con un chorrito de aceite caliente (no los tuestes demasiado, porque la clara puede quemarse). Cuando estén sellados, retíralos y resérvalos.

Corta el jamón en daditos y ponlo a dorar en una tartera con un chorrito de aceite. Cuando tome un poco de color, añade la harina y rehógala. Agrega el pimentón, el caldo y los guisantes. Cocina todo hasta que espese la salsa. Pon a punto de sal.

Incorpora los huevos (ponlos de nuevo boca abajo) y guísalos durante 6-7 minutos. Prueba el punto de sal.

Con ayuda de un cortapastas redondo, corta 4 círculos de cada rebanada de pan. Fríe las rebanadas de pan y los círculos que has sacado en una sartén con aceite caliente. Escúrrelos sobre una fuente cubierta con papel absorbente.

Pon las rebanadas de pan en el plato y coloca los huevos en los huecos. Salséalos y decora los platos con los círculos de pan y unas hojas de perejil.

TARTA CUAJADA DE LECHE Y QUESO

INGREDIENTES **(6 p.)**

350 g de queso cremoso de untar
1 l de nata
250 ml de leche
150 g de azúcar
2 sobres de cuajada
150 g de galletas doradas
100 g de mantequilla

Para el sirope:

125 g de grosellas
125 g de frambuesas
100 g de azúcar

ELABORACIÓN

Machaca las galletas y mezcla con la mantequilla. Pon la masa en la base de un molde y reserva.

Pon a hervir la nata con la leche en un cazo. Cuando hierva, retírala del fuego y añade el queso. Mezcla e incorpora la cuajada y el azúcar y vuelve a hervir. Vuelca sobre la base de galleta. Reserva.

Pon a reducir a fuego lento las grosellas y las frambuesas (reserva algunas) junto con el azúcar. Cuela.

Sirve la tarta cuajada con el sirope de frutos rojos y decora con algunas grosellas y frambuesas.

PESCADILLA CON SALSA DE BÍGAROS

INGREDIENTES **(4 p.)**

1 pescadilla (de 1 kg)
500 g de bígaros o caracolillos de mar
2 dientes de ajo
harina
100 ml de vino blanco
huevo batido
aceite de oliva virgen extra
cebollino
perejil
sal

ELABORACIÓN

Retira la cabeza, la cola y las espinas a la pescadilla y saca los lomos (resérvalos). Pon los despojos del pescado en un cazo con agua, sal y un manojo de perejil para hacer un caldo y deja que hierva durante 8-10 minutos. Vete retirando la espuma que queda en la superficie. Cuela y reserva el caldo.

Pon a calentar 1 vaso de agua con una pizca de sal en una cazuela. Cuando empiece a hervir, agrega los bígaros y cuécelos durante 1 minuto (contado desde el momento en que el agua empiece a hervir de nuevo). Retira la carne de las conchas, resérvala y tira las conchas.

Lamina los dientes de ajo y ponlos a dorar en una sartén con un chorrito de aceite. Cuando tomen color, añade 1 cucharada de harina, rehógala un poco y agrega el vino. Deja que hierva un poco e incorpora un par de cazos del caldo de pescado. Pon a punto de sal y cocina la salsa durante 4-5 minutos. Condimenta con un poco de cebollino picado y añade los bígaros. Cocina todo durante 2 minutos más.

Corta en dos cada lomo de la pescadilla, sazónalos y pásalos por harina y huevo batido. Escúrrelos y fríelos brevemente (1 minuto por cada lado) en una sartén con abundante aceite. Retíralos y escúrrelos sobre un plato cubierto con papel absorbente.

Sirve la pescadilla rebozada en 4 platos y salséala. Espolvorea con unas tiras de cebollino.

ENSALADA DE ESPINACAS Y MEMBRILLO

INGREDIENTES **(4 p.)**

300 g de espinacas *baby*
100 g de dulce de membrillo
1 pera
aceite de oliva virgen extra
vinagre de Jerez
sal

ELABORACIÓN

Lava las espinacas, sécalas y colócalas en una fuente.

Pela la pera, córtala en daditos y espárcelos sobre las hojas de espinaca. Sazona.

Mezcla el membrillo con vinagre y aceite y aliña la ensalada. Sirve.

CARACOLAS RELLENAS DE CREMA DE CACAO Y AVELLANAS

INGREDIENTES **(4 p.)**

4 rebanadas de pan de molde (alargado)
100 g de crema de cacao y avellanas
100 g de mermelada de fresa
cacao en polvo
azúcar glas
hojas de menta

ELABORACIÓN

Extiende las rebanadas de pan de molde sobre una superficie lisa (encimera) y pásales por encima el rodillo hasta que queden bien finas.

Úntalas primero con la crema de cacao y avellanas y después con la mermelada.

Enróllalas como si fueras a hacer una caracola larga. Enfríalas en el frigorífico durante 1 hora para que queden más compactas.

Retírales las esquinas y corta cada rollito en cuatro trozos. Mezcla en un bol una cucharada de azúcar glas con una cucharada de cacao y espolvorea con la mezcla las caracolas.

Adorna con unas hojas de menta y sirve.

ENSALADA DE LECHUGA HOJA DE ROBLE, PASAS Y REQUESÓN

INGREDIENTES **(4 p.)**

1 lechuga hoja de roble
30 g de pasas de Corinto
100 g de requesón
30 g de bayas de goji
aceite de oliva virgen extra
vinagre de frambuesa
sal

ELABORACIÓN

Lava la lechuga, sécala, trocéala y colócala en una fuente.

Salpica la lechuga con las pasas y las bayas de goji.

Desmenuza el requesón y espárcelo por encima.

Sazona y aliña con aceite y vinagre. Sirve.

ESPINACAS CON CREMA DE GARBANZO

INGREDIENTES **(4 p.)**

800 g de espinacas
200 g de garbanzos
4 huevos
1 cebolla
1 zanahoria
4 dientes de ajo
aceite de oliva virgen extra
½ cucharada de pimentón dulce
sal

ELABORACIÓN

Pon los garbanzos a remojo la víspera. Escúrrelos.

Cuece los huevos en un cazo con agua hirviendo y sal durante 10 minutos. Deja que se templen, pélalos y córtalos en cuartos.

Pon agua a calentar en la olla. Cuando empiece a hervir, añade los garbanzos.

Pela la cebolla y la zanahoria y córtalas en daditos. Agrégalos a la olla y sazona. Remueve la olla, tapa y cuece todo durante 15 minutos.

Destapa, retira un poco del caldo y resérvalo por si hubiera que aligerar la crema. Tritura los ingredientes de la olla con la batidora eléctrica y cuela. Reserva la crema bien caliente.

Corta los dientes de ajo en láminas y ponlos a dorar en una sartén con un chorrito de aceite. Cuando empiecen a coger color, añade las espinacas y sazónalas. Saltéalas durante 2 minutos y escúrrelas.

Mezcla en un cuenco pequeño el pimentón con 4 cucharadas de aceite.

Sirve la crema de garbanzos en un plato sopero y pon, en el centro de cada uno, una porción de espinacas. Coloca alrededor del plato el huevo cocido y salsea con el aceite de pimentón.

CREMOSO DE CHOCOLATE CON MERENGUE DE NARANJA

INGREDIENTES **(4 p.)**

200 g de chocolate negro
250 ml de nata líquida
250 ml de leche
40 g de harina de maíz refinada
25 g de azúcar
2 naranjas
hojas de menta

Para el merengue de naranja:

3 claras
2 cucharadas de azúcar glas
ralladura de 1 naranja

ELABORACIÓN

Calienta la nata y la leche (reserva 1 vasito) en una cazuela. Agrega el chocolate troceado y mezcla bien hasta que el chocolate se disuelva.

Mezcla la harina de maíz y el azúcar en un bol. Añade la leche reservada anteriormente y diluye bien. Pasa la mezcla a la cazuela y cocínala a fuego suave (durante unos 4-5 minutos) hasta que espese.

Pela las 2 naranjas y saca los gajos en vivo. Coloca 3 gajos en cada uno de los 4 recipientes. Reparte la mezcla de chocolate en los recipientes y deja templar.

Monta las claras con una batidora de varillas eléctrica. Cuando casi estén montadas, añade el azúcar glas y la ralladura de naranja y sigue montando. Introduce el merengue en una manga pastelera y adorna los recipientes con él. Decora cada recipiente con un gajo de naranja y unas hojas de menta y sirve.

ENSALADA DE LECHUGA HOJA DE ROBLE, CANÓNIGOS Y FRAMBUESAS

INGREDIENTES **(4 p.)**

1 lechuga hoja de roble
100 g de canónigos
48 frambuesas
aceite de oliva virgen extra
vinagre
sal

ELABORACIÓN

Lava la lechuga y las hojas de canónigo. Sécalas, trocéalas y colócalas en una fuente.

Agrega las frambuesas.

Sazona y aliña con aceite y vinagre. Sirve.

PATATAS A LA RIOJANA

INGREDIENTES **(4 p.)**

4 patatas
1 chorizo fresco (125 g)
1 cebolla
1 pimiento verde
1 cabeza de ajos
2 pimientos choriceros
aceite de oliva virgen extra
1 guindilla
2 hojas de laurel
perejil
sal

ELABORACIÓN

Corta la cebolla y el pimiento verde en dados y ponlos a rehogar en una olla rápida con un chorrito de aceite. Añade la cabeza de ajos (entera), las hojas de laurel y la guindilla (sin pepitas).

A los 8 minutos aproximadamente, corta el chorizo en rodajas y agrégalas. Rehoga brevemente.

Pela las patatas, cáscalas (cháscalas) y añádelas. Cúbrelas con agua, sazona y cierra la olla. Cocina las patatas durante 5 minutos.

Retira las semillas a los pimientos choriceros y ponlos a remojo en un bol con agua templada. Cuando se ablanden, retira la pulpa (carne) con un cuchillo y pícala bien.

Destapa la olla y retira la cabeza de ajos y la guindilla. Puedes desgrasarla retirándole con un cucharón parte de la grasa que se concentra en la superficie.

Añade la pulpa de los choriceros, mezcla bien y cocina todo junto durante 3-4 minutos. Pon a punto de sal.

Sirve las patatas a la riojana y decora los platos con unas hojas de perejil.

ARROZ CON LECHE VEGETAL

INGREDIENTES **(4 p.)**

100 g de arroz semiintegral
1 l de leche de arroz
cáscara de ½ limón
2 cucharadas de *amasake* de arroz
1 chorrito de nata de soja
1 cucharada de almendra garrapiñada picada
1 rama de canela
canela en polvo
hojas de menta

ELABORACIÓN

Pon la leche de arroz en un cazo junto con la rama de canela, el arroz y un par de trocitos de cáscara de limón. Pon a fuego fuerte hasta que empiece a hervir. Después, baja el fuego, tapa y deja cocinar unos 40 minutos. Añade el *amasake* y la nata de soja. Cocina unos 10 minutos más.

Deja enfriar el arroz con leche.

Sírvelo en copas y espolvorea con la canela en polvo y la almendra garrapiñada. Decora con hojas de menta.

TARTALETAS DE MORCILLA Y MORRONES

INGREDIENTES **(4 p.)**

4 obleas para tartaletas
2 morcillas de verdura
2 pimientos morrones
1 cebolleta
aceite de oliva virgen extra
perejil
sal

ELABORACIÓN

Pon los pimientos en una fuente apta para el horno, sazónalos y riégalos con un chorrito de aceite. Hornéalos a 200 °C durante 25-30 minutos. Pélalos, escúrrelos y córtalos en tiras. Resérvalos.

Pincha las morcillas y ponlas en una fuente apta para el horno. Riégalas con unas gotas de aceite y hornéalas a 200 °C durante 15 minutos. Retírales la piel y desmenúzalas. Resérvalas.

Forra cuatro moldes con las obleas y cubre cada uno con otro molde para que la masa no suba durante el horneado. Hornéalas a 200 °C durante 10 minutos, hasta que las tartaletas queden bien crujientes. Retira los moldes en caliente y deja que se templen.

Corta la cebolleta en dados y ponla a pochar en una sartén con un chorrito de aceite. Sazona. Cuando esté bien dorada, agrega la morcilla y los pimientos y mezcla bien.

Rellena las tartaletas con el salteado de morcilla y pimiento y decóralas con unas hojas de perejil. Sirve.

ENSALADA DE ESCAROLA, BONIATO Y MAÍZ

INGREDIENTES **(4 p.)**

1 escarola
1 boniato
40 g de maíz frito
1 zanahoria rallada
aceite de oliva virgen extra
vinagre
sal

ELABORACIÓN

Cuece el boniato en una cazuela con agua durante 25-30 minutos. Deja templar, pélalo y córtalo en dados.

Lava la escarola, trocéala, sécala y colócala en una fuente.

Pela la zanahoria, rállala y espárcela sobre la escarola. Añade los dados de boniato.

Aplasta el maíz y salpica con él la ensalada.

Sazona y adereza con aceite y vinagre. Sirve.

BONIATO AL HORNO

INGREDIENTES **(4 p.)**

2-4 boniatos (según tamaño)
200 ml de leche condensada
1 huevo
azúcar
helado de vainilla
hojas de menta

ELABORACIÓN

Pela los boniatos, córtalos en cuartos y extiéndelos en un recipiente apto para el horno.

Espolvoréalos con el azúcar. Ásalos a 180 °C durante 25 minutos aproximadamente.

Casca el huevo y separa la clara de la yema. Coloca la yema en un bol y bátela con una varilla manual. Vete incorporando la leche condensada poco a poco sin dejar de batir.

Coloca los boniatos en 4 platos, riégalos con la mezcla anterior y gratínalos en el horno durante 2 minutos. Sirve los boniatos y acompáñalos con el helado. Adorna con unas hojas de menta.

ENSALADA DE ENDIBIAS, QUESO Y MANZANA

INGREDIENTES **(4 p.)**

6 endibias
150 g de queso azul
2 manzanas
150 ml de leche
40 g de pipas de girasol (peladas)
aceite de oliva virgen extra
sal

ELABORACIÓN

Limpia las hojas de endibias, extiéndelas en una fuente y sazónalas.

Pela las manzanas, córtalas en daditos y repártelos sobre las hojas de endibia.

Mezcla el queso azul (si hiciera falta, caliéntalo) con la leche y un chorrito de aceite. Riega con la mezcla las hojas de endibia.

Calienta una sartén, agrega las pipas y tuéstalas brevemente. Espolvorea con ellas las endibias. Sirve.

NÉCORAS EN SALSA CON ARROZ FRITO

INGREDIENTES **(4 p.)**

8 nécoras
4 puñados de arroz salvaje
2 dientes de ajo
1 cebolleta
1 pimiento verde
1 vaso de vino blanco
2 vasos de salsa de tomate
aceite de oliva virgen extra
estragón fresco
perejil
sal

ELABORACIÓN

Para la salsa, pela y corta los dientes de ajo en láminas y ponlos a dorar en una cazuela con un chorrito de aceite. Corta la cebolleta y el pimiento en dados y agrégalos. Sazona y rehoga.

Añade el vino y dale un hervor. Agrega unas hojas de estragón (troceadas) y la salsa de tomate. Mezcla bien y cocina durante 20 minutos a fuego suave. Tritura con la batidora eléctrica y cuela la salsa en una tartera.

Parte las nécoras por la mitad y, cuando la salsa empiece a hervir, colócalas en la tartera. Cocínalas a fuego moderado durante 5-6 minutos.

Calienta una sartén con abundante aceite. Añade un puñado de arroz (50 g) y fríelo. Cuando se infle, retíralo y escúrrelo sobre un plato cubierto con papel absorbente. Repite el proceso (en tandas) con el resto del arroz.

Sirve las nécoras con su salsa y acompáñalas con el arroz frito. Decora los platos con unas hojas de perejil.

BRICKS DE PERAS Y PASAS

INGREDIENTES **(4 p.)**

3 peras conferencia
4 láminas de pasta *brick*
60 g de pasas
20 g de mantequilla
azúcar glas
frutos rojos
hojas de menta
sal

ELABORACIÓN

Pela las peras, trocéalas y ponlas a cocer en una cazuela sin nada de agua. Agrega las pasas y una pizca de sal. Cuécelas a fuego suave hasta que las pasas queden melosas (aproximadamente, 15-20 minutos).

Añade la mantequilla y remueve con una cuchara. Deja que se enfríen.

Extiende las láminas de pasta *brick* y rellénalas colocando una porción de peras y pasas en la parte central de cada una. Ciérralas como si fueran unos saquitos y átalos con cuerda de cocina.

Coloca los saquitos sobre una placa de horno forrada con papel de hornear. Hornéalos a 190 °C durante 8 minutos. Espolvoréalos con el azúcar glas y adorna el plato con unos frutos rojos y unas hojas de menta. Sirve.

ENSALADA DE ESCAROLA, LENTEJAS Y PALMITO

INGREDIENTES **(4 p.)**

1 escarola
200 g de lentejas cocidas
4 tallos de palmito
aceite de oliva virgen extra
mostaza
vinagre
sal

ELABORACIÓN

Lava la escarola, sécala, trocéala y colócala en una fuente.
Corta los tallos de palmito en rodajas y añádelos.
Esparce las lentejas por encima y sazona.
Mezcla el aceite con el vinagre y la mostaza y aliña la ensalada.

NAVAJAS CON CREMA DE LECHUGA

INGREDIENTES **(4 p.)**

16 navajas
2 lechugas
1 cebolla
2 patatas
2 esqueletos de pollo
½ vaso de leche
4 rebanadas de pan
aceite de oliva virgen extra
perejil
sal

ELABORACIÓN

Para hacer el caldo, pon los esqueletos de pollo y un buen manojo de perejil en una cazuela con abundante agua con una pizca de sal. Tapa y deja que hierva durante 15-20 minutos. Cuela y reserva el caldo.

Pica la cebolla y ponla a pochar en una olla rápida con un chorrito de aceite. Rehógala durante 10 minutos.

Mientras tanto, lava las lechugas, córtalas en juliana e incorpóralas a la olla. Pela las patatas, cáscalas y agrégalas.

Cubre con el caldo, sazona, cierra la olla y cuece todo durante 5 minutos.

Abre la olla (si ves que tiene demasiado líquido, retira un poco) y tritura los ingredientes con la batidora eléctrica hasta conseguir una crema. Incorpora la leche y mezcla bien.

Calienta una sartén con un chorrito de aceite. Agrega las navajas, tapa y cocínalas hasta que se abran. Retira las conchas y reserva la carne.

Corta el pan en dados y fríelos en una sartén con un chorrito de aceite. Retíralos y escúrrelos sobre un plato cubierto con papel absorbente.

Reparte la crema en 4 platos hondos y coloca encima unos costrones de pan y unas navajas. Decora los platos con unas hojas de perejil y sirve.

PERAS AL HORNO

INGREDIENTES **(4 p.)**

4 peras blanquilla
1 huevo
200 ml de leche condensada
azúcar
jengibre en polvo
helado de chocolate
hojas de menta

ELABORACIÓN

Pela las peras, córtalas en cuartos a lo largo y retírales el corazón. Extiéndelas en un recipiente apto para el horno. Espolvoréalas con una pizca de azúcar y una pizca de jengibre. Ásalas a 180 ºC durante 25 minutos aproximadamente (el tiempo del horno variará en función del punto de madurez de las peras).

Casca el huevo y separa la clara de la yema. Coloca la yema en un bol y bátela con una varilla manual. Vete incorporando la leche condensada poco a poco sin dejar de batir.

Coloca las peras en 4 recipientes aptos para el horno con el jugo que han soltado de asarlas. Riega las peras con la mezcla de leche condensada y yema y gratínalas en el horno durante 2 minutos.

Sirve las peras y acompáñalas con el helado de chocolate. Adorna con unas hojas de menta.

PASTEL DE CARNE CON PASAS Y PURÉ DE PATATA

INGREDIENTES **(4 p.)**

800 g de carne picada de cerdo
2 cucharadas de uvas pasas
3 patatas
1 cebolla
1 pimiento verde
1 zanahoria
2 huevos
aceite de oliva virgen extra
perejil
pimienta negra
sal

ELABORACIÓN

Pela las patatas, cáscalas y cuécelas durante 15 minutos en una cazuela con agua con una pizca de sal. Escúrrelas y pásalas por el pasapurés. Salpimienta y espolvorea el puré con un poco de perejil picado. Introduce el puré en una manga y resérvalo.

Pon a remojo las uvas pasas en un recipiente con agua hasta que se hidraten.

Pica la cebolla, el pimiento y la zanahoria y ponlos a pochar en una sartén con un chorrito de aceite. Sazona. Cuando las verduras cojan color, añade las uvas pasas escurridas y la carne. Rehoga la carne y resérvala.

Casca los huevos en un bol y bátelos. Sazona y agrega el salteado de carne y verduras. Mezcla bien. Coloca 4 moldes o aros en una bandeja de horno forrada con papel de hornear y rellénalos con la carne (prensándola bien). Cúbrelos con el puré de patata y hornea los pasteles a 200 °C durante 15 minutos. Desmolda.

Sirve y decora los platos con unas hojas de perejil.

ENSALADA DE CANÓNIGOS, REMOLACHA Y ALCAPARRAS

INGREDIENTES **(4 p.)**

300 g de canónigos
1 remolacha
20 g de alcaparras
aceite de oliva virgen extra
vinagre
sal

ELABORACIÓN

Lava las hojas de canónigos, sécalas y colócalas en una fuente.

Pela la remolacha y rállala encima.

Agrega las alcaparras.

Sazona la ensalada y riégala con un chorrito de aceite de oliva y unas gotas de vinagre. Sirve.

COMPOTA DE PERAS AL HORNO

INGREDIENTES **(4 p.)**

4 peras
6 cucharadas de azúcar
2 ramas de canela
750 ml de agua
1 cucharada de harina de maíz refinada
50 g de frambuesas
bizcochos de soletilla
hojas de menta

ELABORACIÓN

Pela las peras y colócalas en una fuente apta para el horno. Añade las ramas de canela, el azúcar y el agua. Introduce en el horno durante 20 minutos a 170 °C.

Retira las peras del horno y deja enfriar dentro del caldo. Saca las peras y córtalas por la mitad, retira el corazón y córtalas en láminas dándoles forma de abanico.

Pasa el jarabe resultante de asar las peras a una cazuela y ponlo al fuego, añádele unas frambuesas y espesa con un poco de harina de maíz. Dale un hervor.

Pon en una copa amplia o en una fuente los abanicos de pera con unos bizcochos de soletilla y rocía con el jarabe. Decora con hojas de menta.

ENSALADA DE CANÓNIGOS, QUESO Y NUECES

INGREDIENTES **(4 p.)**

300 g de canónigos
100 g de queso
8 nueces
12 tomates cherry
aceite de oliva virgen extra
vinagre
sal

ELABORACIÓN

Lava los canónigos, sécalos y colócalos en una fuente grande.

Lava los tomates y córtalos por la mitad. Agrégalos a la fuente.

Corta el queso en taquitos y espárcelos por encima.

Casca las nueces, pélalas, trocéalas y añádelas.

Sazona y aliña con aceite y vinagre. Sirve.

SUQUET DE MEJILLONES

INGREDIENTES **(4 p.)**

1 kg de mejillones
1 copa de vermut blanco
1 cebolla
1 pimiento verde
1 tomate
2 patatas
3 dientes de ajo
40 g de almendras tostadas
aceite de oliva virgen extra
perejil
azafrán
sal

ELABORACIÓN

Limpia los mejillones, retirándoles cualquier adherencia que puedan tener pegada a las cáscaras y las barbas.

Pon abundante agua a calentar en una cazuela. Vierte el vermut y, cuando empiece a hervir, añade los mejillones.

Cuando se abran los mejillones, retíralos a un plato y quítales las conchas a todos menos a 12. Resérvalos.

Cuela el caldo y resérvalo.

Para el *suquet*, corta la cebolla y el pimiento verde en dados y ponlos a rehogar en una cazuela con un chorrito de aceite. Sazona.

Cuando empiecen a dorarse, agrega el tomate rallado y cocina todo bien.

Pela las patatas, cháscalas y añádelas. Vierte encima el caldo, sazona y cocina todo durante 20 minutos a fuego medio.

Lamina los dientes de ajo y ponlos en un mortero. Añade las almendras tostadas y unas hebras de azafrán y májalo todo bien hasta conseguir una pasta.

Incorpora el majado al *suquet* y agrega la carne de los mejillones. Espolvorea con un poco de perejil picado y cocina todo junto durante 3 minutos. Apaga el fuego y deja que repose durante 5 minutos.

Reparte el *suquet* en 4 platos hondos y coloca 2 mejillones con concha en cada uno. Decora los platos con unas hojas de perejil.

PERAS AL JENGIBRE CON CREMA DE CAFÉ

INGREDIENTES **(4 p.)**

2 peras
6 cucharadas de uvas pasas
2 cucharadas de miel de arroz
1 naranja
1 cucharada de café de cereales
2 cucharadas de crema de cacahuete
1 cucharada de *kuzu*
1 punta de jengibre fresco
hojas de menta
sal

ELABORACIÓN

Pela las peras y cuécelas en agua junto con 2 cucharadas de uvas pasas, 1 cucharada de miel de arroz, 2 rodajas finas de naranja, una pizca de jengibre rallado y sal. Cocínalo todo a fuego suave durante unos 10 minutos y deja enfriar.

Por otro lado, prepara la crema de café. En un cazo, pon el resto de las pasas (4 cucharadas), la crema de cacahuete, 1 taza de agua, 1 cucharada de miel de arroz, la cáscara de la naranja rallada, el café de cereales y una pizca de sal. Cocina esta salsa durante 15 minutos, removiendo de vez en cuando. Añade el *kuzu* diluido en agua, remueve y cocina unos pocos minutos más hasta que espese.

Sirve las peras enteras o fileteadas con la salsa de café y acompaña de las rodajas de naranja y las uvas pasas cocinadas junto con las peras. Adorna con unas hojas de menta.

PATO ASADO CON FRAMBUESAS

INGREDIENTES **(4 p.)**

2 patos de 1 kg
200 g de frambuesas
100 g de canónigos limpios
1 cucharada de azúcar
aceite de oliva virgen extra
vinagre
perejil
sal
pimienta negra

ELABORACIÓN

Corta los patos por la mitad, salpimiéntalos y rocíalos con un poco de aceite. Ponlos en una bandeja de horno y hornéalos a 200-210 °C durante 20 minutos. Transcurrido este tiempo, desgrásalos, riégalos con un chorrito de vinagre e introdúcelos de nuevo en el horno durante 10 minutos más.

Pon las frambuesas y el azúcar en una cazuela. Cocínalas a fuego suave durante 5 minutos.

Aliña los canónigos con sal, aceite y vinagre.

Sirve en cada plato medio pato, unas frambuesas y unos canónigos. Decóralos con unas hojas de perejil.

ENSALADA DE LECHUGA, MANZANA, PATATA Y PASAS

INGREDIENTES **(4 p.)**

1 lechuga hoja de roble
1 manzana
1 patata
20 g de pasas
aceite de oliva virgen extra
vinagre
sal

ELABORACIÓN

Pon la patata a cocer en una cazuela con agua. A los 30 minutos, retírala, refréscala, pélala y córtala en dados.

Lava la lechuga, sécala, trocéala y ponla en una fuente. Agrega los dados de patata.

Pela la manzana, córtala en dados y añádelos.

Salpica la ensalada con las pasas.

Sazona y adereza con aceite y vinagre. Sirve.

GELATINA DE PERAS SOBRE CAMA DE HOJALDRE

INGREDIENTES **(4 p.)**

3 peras limoneras
1 lámina de pasta de hojaldre
1 naranja (el zumo y la corteza)
2 cucharadas de azúcar moreno
½ cucharadita de agar-agar
25 g de mantequilla
2 plátanos
1 cucharada de azúcar en grano
1 pizca de cacao amargo en polvo
1 pizca de hojas de menta picadas

ELABORACIÓN

Pela dos peras, descorazónalas, trocéalas y ponlas en un cazo al fuego junto con el zumo de naranja. Añade 1 cucharada sopera de azúcar moreno y el agar-agar y cocina durante 5-6 minutos. Introduce todo en el vaso de la batidora y tritura hasta hacer un puré. Cuélalo, extiéndelo en una fuente y déjalo enfriar para que se solidifique. Corta el puré de gelatina en cuadrados. Reserva.

Funde la mantequilla en una sartén con 1 cucharada de azúcar moreno. Haz una juliana fina con la cáscara de naranja y añádela. Descorazona la otra pera, pélala, trocéala a lo largo y agrégala. Pela los plátanos, trocéalos e incorpóralos. Cocina y reserva.

Estira la lámina de hojaldre y espolvorea por encima el azúcar en grano. Aplasta con un rodillo y corta el hojaldre en 4.

Cubre una bandeja de horno con papel de hornear, coloca encima los trozos de hojaldre, tápalos con otro papel y cubre con una bandeja de horno. Hornea a 180 °C durante 15-20 minutos.

Sirve en cada plato un trozo de hojaldre, unas frutas y unos cuadraditos de gelatina de pera.

Espolvorea con menta picada y cacao en polvo.

ENSALADA DE LECHUGA Y SETAS

INGREDIENTES **(4 p.)**

1 lechuga
250 g de setas
8 tomates cherry
1 diente de ajo
aceite de oliva virgen extra
vinagre
sal

ELABORACIÓN

Lava la lechuga, sécala, trocéala y ponla en una fuente. Sazónala.

Lava los tomates, córtalos en 4 y agrégalos.

Limpia las setas y córtalas en tiritas. Pela y pica el diente de ajo finamente y dóralo en una sartén con un chorrito de aceite. Agrega las setas, sazónalas y saltéalas. Colócalas sobre la lechuga.

Aliña con aceite y vinagre. Sirve.

CALABACÍN RELLENO CON CREMA DE TORTILLA

INGREDIENTES **(4 p.)**

2 calabacines
2 dientes de ajo
3 cebolletas
1 pimiento verde
5 patatas
8 huevos
1 cucharada de arroz
6-8 setas de cardo
aceite de oliva virgen extra
perejil
sal

ELABORACIÓN

Pon agua a calentar en una cazuela grande. Cuando empiece a hervir, sazona y agrega los calabacines. Baja el fuego y cuécelos a fuego suave durante 4 minutos.

Escúrrelos, córtalos por la mitad (a lo largo) y, con una cuchara parisién (sacabolas), vacíales el interior procurando no romper la piel. Reserva por separado la piel (4 barcas), la carne de los calabacines y dos vasos del agua de la cocción.

Para la crema de tortilla, lamina los dientes de ajo, corta las cebolletas y el pimiento verde en dados y ponlos a rehogar en una sartén con abundante aceite. Cuando empiecen a coger color, añade las patatas cortadas en cuartos de luna (como para hacer una tortilla de patatas), sazónalas y cocínalas hasta que queden tiernas.

Casca los huevos en un bol, sazónalos y bátelos con la varilla. Agrega las patatas con las verduras (escurridas) al bol de los huevos y mezcla bien. Pon la mezcla en una sartén con un poco de aceite y cuájala un poco, hasta conseguir la textura de un revuelto jugoso. Pasa de nuevo el revuelto al bol y tritúralo con la batidora eléctrica hasta lograr un puré cremoso. Deja que temple e introdúcelo en una manga pastelera. Rellena los calabacines con la crema de tortilla, colócalos sobre una bandeja de horno y hornéalos a 220 °C durante 5-8 minutos.

Para la crema de setas, pon a calentar en un cazo el agua de la cocción de los calabacines y añade el arroz. Incorpora las setas cortadas en dados, sazona y cocina todo a fuego moderado durante 18-20 minutos. Agrega la carne de los calabacines y cocínala durante unos 4 minutos. Tritura los ingredientes con la batidora eléctrica, cuela y reserva.

Cubre el fondo de los platos con la crema de setas y coloca, encima de cada uno, medio calabacín relleno. Decóralos con unas hojas de perejil.

PERAS A LA NARANJA

INGREDIENTES **(4 p.)**

4 peras
2 naranjas
2 cucharadas soperas de azúcar
zumo de 1 limón
2 cucharadas de agar-agar
300 ml de nata líquida
hojas de menta

ELABORACIÓN

Exprime las naranjas y reserva el zumo. Corta la corteza de una naranja en juliana (retira las pieles blancas). Pela las peras e introdúcelas en una cazuela junto con el zumo de naranja y el de limón. Añade la corteza de naranja picada y agrega un poco de agua y 1 cucharada sopera de azúcar. Tapa la cazuela y cuece a fuego lento durante 15-20 minutos.

Cuela y reserva las peras junto con la juliana de naranja en un plato. Pon a hervir el jugo de la cocción en un cazo. Agrega el agar-agar y remueve con una varilla durante un minuto. Viértelo en un recipiente y deja que cuaje.

Para hacer la salsa de menta, vierte la nata en un cazo y añade 1 cucharada de azúcar. Pica unas 8-10 hojas de menta, introdúcelas en el cazo y remueve. Deja reducir durante 10-12 minutos y cuela.

Vierte la salsa de menta en cuatro recipientes, coloca encima las peras y la juliana de naranja. Salsea con la gelatina del zumo de frutas, decora con unas hojas de menta y sirve.

ENSALADA DE LOLLO Y ESPÁRRAGOS

INGREDIENTES **(4 p.)**

1 lechuga lollo
12 puntas de espárragos blancos (en conserva)
30 g de germinados de cebolla
aceite de oliva virgen extra
vinagre
sal

ELABORACIÓN

Lava la lechuga lollo, sécala, trocéala y colócala en una fuente. Sazónala.

Agrega las puntas de espárragos.

Añade los germinados de cebolla.

Aliña con aceite y vinagre. Sirve.

MERLUZA CON *VILLEROY* DE QUESO

INGREDIENTES **(4 p.)**

4 lomos de merluza (175 g cada uno)
100 g de queso
4 cucharadas de harina
500 ml de leche
200 g de judías verdes
2 dientes de ajo
harina, huevo batido y pan rallado (para rebozar)
aceite de oliva virgen extra
perejil
sal

ELABORACIÓN

Pon a calentar una cazuela con un chorrito de aceite. Agrega la harina y rehógala. Vierte la leche poco a poco sin dejar de remover. Cocina la salsa bechamel a fuego suave-medio durante 6-8 minutos. Incorpora el queso rallado y cocínala a fuego suave hasta que se funda el queso. Resérvala en un bol.

Sazona los lomos de merluza e introdúcelos en la bechamel de manera que queden bien cubiertos. Colócalos en una bandeja de horno untada con un poco de aceite.

Cuando la bechamel esté bien reposada, pasa el pescado por harina, huevo batido y pan rallado y fríe los lomos en una sartén con abundante aceite durante 3 minutos por cada lado. Retíralos y escúrrelos sobre un plato cubierto con papel absorbente.

Corta las judías en juliana (fina y larga) y cuécelas en una cazuela con abundante agua hirviendo con una pizca de sal. A los 5-6 minutos, retíralas.

Pica los dientes de ajo y dóralos en una sartén con un chorrito de aceite. Cuando empiecen a dorarse, agrega la judías y saltéalas.

Sirve el pescado en 4 platos y acompáñalos con las judías salteadas. Decora los platos con unas hojas de perejil.

FLAN DE PERAS Y SALSA DE VINO TINTO

INGREDIENTES **(4 p.)**

3 peras conferencia
4 huevos
5 cucharadas de azúcar
400 ml de leche
1 vaso de vino tinto
vinagre
1 rama de canela
hojas de menta

ELABORACIÓN

Pela 2 peras, pártelas por la mitad, descorazónalas y ponlas a cocer en un cazo con agua y 1 cucharada de azúcar durante 10 minutos. Escúrrelas y córtalas en dados.

Casca los huevos y mézclalos en un bol con 1 cucharada de azúcar y la leche. Bate con la varilla.

Para hacer el caramelo, pon a reducir en una sartén 1 cucharada de azúcar con unas gotas de vinagre y un poco de agua. Cocina hasta que adquiera un tono rubio (para que no se quede pegado al molde). Reparte el caramelo por la flanera, añade las peras cocidas y vierte por encima la mezcla anterior. Coloca la flanera en una fuente apta para el horno cubierta con agua y hornea al baño maría a 180 °C durante 25 minutos. Desmolda.

Para la salsa, pela la otra pera, descorazónala y córtala en dados. Cuécela con el vino tinto y añade 2 cucharadas de azúcar y la rama de canela. Cocina durante 15 minutos.

Sirve el flan de pera con la salsa de vino tinto y decora con unas hojas de menta.

SOLOMILLO DE CERDO A LA CREMA CON BONIATO

INGREDIENTES **(4 p.)**

2 solomillos de cerdo ibérico (400 g cada uno)
2 boniatos
500 ml de leche
200 ml de nata
5 dientes de ajo
4 ajos frescos
aceite de oliva virgen extra
perejil
pimienta negra
sal

ELABORACIÓN

Corta cada solomillo por la mitad, salpimiéntalos y dóralos en una tartera con un chorrito de aceite. Cuando estén dorados, retíralos a un plato y retira también la mayor parte del aceite. Agrega la leche, la nata y los dientes de ajo con piel. Deja que reduzca todo a fuego vivo.

Incorpora los trozos de solomillo a la crema y cocínalos durante 5-6 minutos (para que se termine de hacer bien la carne). Retira los dientes de ajo, pélalos, aplástalos con un tenedor y añádelos de nuevo a la crema. Saca la carne, córtala en rodajas y resérvala. Mantén la crema templada.

Pica los ajos frescos y dóralos en una sartén con un chorrito de aceite. Cuando empiecen a dorarse, agrégalos a la crema y mezcla bien.

Pela el boniato y córtalo (con ayuda de la mandolina) en chips con forma de rejilla. Fríelos en una sartén con aceite caliente y escúrrelos sobre un plato cubierto con papel absorbente. Sazónalos.

Coloca la crema en el fondo de los platos y pon encima las lonchas de solomillo. Sirve al lado el boniato frito y decora los platos con unas hojas de perejil.

ENSALADA DE LECHUGA Y ACEITUNAS

INGREDIENTES **(4 p.)**

1 lechuga
16 aceitunas rellenas
1 patata
aceite de oliva virgen extra
vinagre
sal

ELABORACIÓN

Cuece la patata en una cazuela con agua y sal durante 35 minutos. Pélala y córtala en daditos.

Lava la lechuga, sécala, trocéala y ponla en una fuente. Añade los dados de patata.

Corta las aceitunas por la mitad y agrégalas. Alíñala con aceite, vinagre y sal. Sirve.

PERAS RELLENAS

INGREDIENTES **(4 p.)**

4 peras
100 g de azúcar
2 cucharadas de zumo de limón
50 g de nueces molidas
1 vaina de vainilla
1 cucharada de nata
100 g de chocolate
2 yogures de frutas del bosque
8 nueces para decorar

ELABORACIÓN

Pon abundante agua en una cazuela y 1 cucharada de azúcar. Parte las peras por la mitad y descorazónalas. Introdúcelas en la cazuela y agrega el zumo de limón.

Para hacer el relleno de las peras, pon en un bol la nuez molida, el resto del azúcar y una pizca de vaina de vainilla. Mezcla bien y añade la nata. Rellena las peras con la mezcla y reserva.

Ralla el chocolate con la ayuda de un rallador y reserva en un plato para decorar con él el postre.

Para emplatar, decora la base del plato con yogur y coloca las peras encima y las nueces para acompañar. Decora con unas hojas de menta y espolvorea el chocolate por encima. Sirve.

ENSALADA DE BULGUR

INGREDIENTES (4 p.)

200 g de bulgur
200 g de rúcula
100 g de queso feta
1 remolacha cruda
aceite de oliva virgen extra
zumo de limón
sal

ELABORACIÓN

Coloca el bulgur en un bol. Calienta el agua (el doble que de bulgur) y, cuando hierva, sazónala y viértela sobre el bulgur. Tapa y espera a que el bulgur absorba el agua.

Extiende el bulgur en una fuente. Agrega las hojas de rúcula.

Corta el queso en dados y añádelos.

Pela la remolacha y rállala sobre la ensalada.

Sazona y aliña con aceite y zumo de limón. Sirve.

CARCAMUSAS

INGREDIENTES **(4 p.)**

1 kg de carne magra de cerdo
150 g de guisantes (desgranados)
3 dientes de ajo
1 cebolla
150 g de chorizo
150 g de jamón serrano
200 ml de vino blanco
800 ml de tomate triturado
1 guindilla
1 barra de pan
aceite de oliva virgen extra
orégano
perejil
pimienta
sal

ELABORACIÓN

Corta la carne en trozos de bocado, salpimiéntalos y dóralos en una cazuela con un chorrito de aceite. Retíralos a un plato y resérvalos.

Por otro lado, pon agua a calentar en una cazuela, añade los guisantes y cuécelos durante 15 minutos. Escúrrelos y resérvalos.

Pela los dientes de ajo y la cebolla, córtalos en daditos y ponlos a pochar en la misma cazuela donde has dorado la carne. Corta el chorizo en rodajas y el jamón en tacos, agrégalos a la cazuela y rehógalos brevemente. Añade el vino y dale un hervor. Incorpora un trozo de guindilla, el tomate triturado y la carne. Coloca la tapa y cocina todo conjuntamente durante 40 minutos. Espolvorea con orégano y añade los guisantes.

Sirve las carcamusas y acompáñalas con pan. Adorna con unas hojas de perejil.

COMPOTA DE MANZANA CON HELADO DE FRESA Y NUECES DE CHOCOLATE

INGREDIENTES **(4 p.)**

8 nueces
200 g de cobertura de chocolate
helado de fresa

Para la compota:

4 manzanas reineta
4 orejones de melocotón (remojados)
4 orejones de albaricoque (remojados)
8 ciruelas sin hueso
50 g de pasas de Corinto (remojadas)
250 ml de vino tinto
250 ml de agua
4 cucharadas de azúcar moreno
½ cucharadita de nuez moscada
½ cucharadita de canela en polvo

ELABORACIÓN

Pon el chocolate en un bol e introduce este en una cazuela con agua hirviendo. Deja fundir al baño maría. Cuando se quede líquido, baña las nueces con el chocolate, retíralas a un plato y deja que se enfríen. Reserva.

Para la compota, pela y trocea las manzanas (quítales el corazón) y resérvalas. Pon el vino y el agua en una cazuela y, cuando esté a punto de ebullición, incorpora la fruta, el azúcar, la nuez moscada y la canela. Cocina a fuego medio hasta que se ablanden.

Sirve la compota de frutas con las nueces chocolateadas y acompaña con una bola de helado.

ENSALADA DE LECHUGA HOJA DE ROBLE, AGUACATE Y ZANAHORIA

INGREDIENTES **(4 p.)**

1 lechuga hoja de roble
1 aguacate
1 zanahoria
semillas de sésamo tostado
aceite de oliva virgen extra
zumo de limón
sal

ELABORACIÓN

Limpia la lechuga, sécala y trocéala. Ponla en una fuente.

Pela el aguacate, córtalo en láminas y añádelo a la fuente.

Pela la zanahoria y rállala por encima.

Sazona y aliña con aceite y zumo de limón. Espolvorea la ensalada con el sésamo tostado.

TORTILLA DE SETAS Y CALABACÍN CON PAN DE AJO

INGREDIENTES **(4 p.)**

250 g de setas
2 calabacines
2 dientes de ajo
1 barra de pan
4 lonchas de panceta
8 huevos
1 puerro
aceite de oliva virgen extra
perejil
sal

ELABORACIÓN

Maja los dientes de ajo y ponlos en un bol. Añade un poco de perejil picado y un buen chorro de aceite de oliva virgen extra. Mezcla bien. Haz unos cortes en la parte superior del pan sin llegar hasta abajo. Impregna el pan, sobre todo en los cortes, con la mezcla de aceite y ajo, envuélvelo con papel de hornear y hornéalo a 180 °C durante 10-12 minutos.

Corta la panceta en dados y saltéalos en una sartén con un chorrito de aceite. Retíralos a un plato.

Pica el calabacín y las setas. Añádelos a la sartén, sazónalos y cocínalos durante unos 6-8 minutos. Incorpora los dados de panceta.

Bate 4 huevos, agrégales la mitad de la farsa de calabacín, setas y panceta y mezcla bien. Pon a punto de sal y cuaja la tortilla. Repite el proceso con el resto de los huevos y de la farsa.

Limpia el puerro, córtalo en tiras finas y fríelas en una sartén con aceite a temperatura media. Retíralas y escúrrelas sobre un plato cubierto con papel absorbente. Sazona.

Sirve las tortillas, pon encima de cada una unas tiras de puerro frito y acompáñalas con el pan.

COMPOTA CON COPOS DE QUINOA

INGREDIENTES **(4 p.)**

4 manzanas reineta
8 ciruelas rojas
4 cucharadas de copos de quinoa
1 cucharada de azúcar
2 vasos de vino dulce
4 bolas de helado
8 canutillos
1 rama de canela
3 clavos
hojas de menta

ELABORACIÓN

Pela las manzanas, descorazónalas y córtalas en medias lunas. Abre las ciruelas y retírales el hueso. Pon las frutas en un cazo con los clavos, la rama de canela, el azúcar y el vino. Tapa y cocina a fuego suave durante 10 minutos. Añade los copos de quinoa y deja que se ablanden durante 1 minuto. Retira los clavos y reserva la rama de canela para decorar.

Sirve la compota alrededor del plato y en el centro coloca un cuenco con el helado. Acompaña con unos canutillos y decora con hojas de menta y la rama de canela partida por la mitad y a lo largo.

ENSALADA DE MANZANA Y PEPINILLOS

INGREDIENTES **(4 p.)**

1 lechuga
1 manzana
4 pepinillos
aceite de oliva virgen extra
sal

ELABORACIÓN

Lava la lechuga, sécala y trocéala. Ponla en un bol.
Pica los pepinillos y añádelos.
Pela la manzana, córtala en trocitos irregulares y agrégalos.
Adereza con aceite y sal. Sirve.

SUKALKI

INGREDIENTES **(4 p.)**

800 g de zancarrón
3 pimientos choriceros
2 dientes de ajo
2 chalotas
1 zanahoria
2 cebollas rojas
1 puerro
1 tomate
½ l de vino tinto
12 patatas (pequeñas)
harina
aceite de oliva virgen extra
perejil
pimienta
sal

Para el caldo:

2 huesos de rodilla
1 cebolla blanca
1 zanahoria
100 g de garbanzos remojados
sal

ELABORACIÓN

Para el caldo, pela la cebolla blanca y la zanahoria, trocéalas y ponlas en la olla rápida. Agrega los garbanzos (remojados) y los huesos de rodilla. Cubre con agua, sazona y cuece todo durante 25-30 minutos. Cuela y reserva el caldo.

Retira los tallos y las pepitas de los pimientos choriceros. Ponlos en un bol, cúbrelos con agua caliente y déjalos a remojo hasta que se hidraten.

Pela y pica finamente los ajos, las chalotas, la zanahoria, las cebollas rojas y el puerro. Pon todo a rehogar en otra olla rápida con un chorrito de aceite. Sazónalas y, cuando estén doradas, pela el tomate, pícalo y añádelo. Con un cuchillo, saca la pulpa de los pimientos choriceros e incorpórala. Vierte encima el caldo y el vino y dale un hervor.

Corta el zancarrón en trozos, salpiméntalos y enharínalos. Dóralos por los dos lados en una sartén con un chorrito de aceite. Escurre el exceso de grasa y agrégalos a la olla de las verduras. Coloca la tapa y cocina la carne y las verduras durante 40 minutos.

Abre la olla y coloca la carne en una cazuela grande. Pasa las verduras por el pasapurés y viértelas sobre la carne. Pela las patatas y añádelas. Espolvorea con perejil picado y cocina todo junto hasta que las patatas estén a punto (15 minutos aproximadamente). Decora con una hojita de perejil y sirve.

LECHE FRITA CON BROCHETA DE FRUTAS SECAS

INGREDIENTES **(4 p.)**

500 ml de leche
40 g de harina de trigo
20 g de harina de maíz refinada
80 g de azúcar
2 tiras de corteza de limón
1 rama de canela
harina y huevo para rebozar
aceite de oliva virgen extra
canela en polvo
grosellas
hojas de menta

Para las brochetas:

8 ciruelas pasas
8 orejones de albaricoque
8 orejones de melocotón
1 vaso grande de té
1 copa de *brandy*
azúcar

ELABORACIÓN

Ensarta las frutas secas (orejones y ciruelas) en palos de brocheta y ponlas a remojo en un recipiente amplio. Vierte encima el té y el *brandy* y déjalas macerando durante 24 horas. En el momento de servir, colócalas en una fuente amplia, espolvoréalas con un poco de azúcar y gratínalas en el horno.

Mezcla en un bol las harinas (trigo y maíz) y el azúcar. Añade un poco de leche fría y bate bien hasta que quede una masa homogénea.

Pon el resto de la leche a calentar en una cazuela con la corteza de limón y la rama de canela. Cuando esté caliente, cuélala sobre la mezcla anterior. Pasa nuevamente a la cazuela y cocina a fuego medio (sin dejar de remover) hasta que espese. Pasa a una fuente amplia, extiéndela y deja que se enfríe.

Corta la masa en cuadrados, pásalos por harina y huevo y fríelos en una sartén con abundante aceite.

Coloca en el plato la brocheta bien caliente y la leche frita con un poco de azúcar y canela en polvo. Decora con unas grosellas y unas hojas de menta y sirve.

ENSALADA DE CANÓNIGOS, ESCAROLA Y ALMENDRAS

INGREDIENTES **(4 p.)**

150 g de canónigos
150 g de escarola
30 g de almendras laminadas
20 g de arándanos secos
aceite de oliva virgen extra
vinagre
sal

ELABORACIÓN

Lava las hojas de canónigo y las hojas de escarola. Sécalas, trocéalas y colócalas en un bol.

Tuesta las almendras laminadas en una sartén sin aceite. Deja que se enfríen y salpica con ellas la ensalada.

Pica los arándanos un poco y agrégalos.

Adereza con aceite, vinagre y sal. Sirve.

MENESTRA DE LENTEJAS CON CHORIZO

INGREDIENTES **(4 p.)**

250 g de lentejas
100 g de chorizo de sarta
1 puerro
1 zanahoria
4 espárragos blancos
4 alcachofas
2 dientes de ajo
huevos y harina (para rebozar)
aceite de oliva virgen extra
perejil
sal

ELABORACIÓN

Pon las lentejas en la olla rápida con abundante agua. Limpia el puerro, trocéalo y colócalo en la red especial de legumbres. Pela la zanahoria, córtala en dos, añádela a la red e introdúcela en la olla. Sazona, tapa y cuece las lentejas durante 15 minutos. Retira la red y corta la zanahoria en rodajas. Resérvalas. Reserva también las lentejas.

Calienta en otra cazuela agua con una pizca de sal. Retira la parte inferior de los espárragos y pélalos. Introdúcelos en la cazuela y cuécelos durante 12-15 minutos. Escúrrelos, córtalos por la mitad y resérvalos.

Pon agua a calentar en una cazuela grande con una pizca de sal, pela las alcachofas y cuécelas durante 15-20 minutos. Retíralas y escúrrelas bien. Retírales las puntas y córtalas en cuartos.

Pasa las alcachofas por harina y huevo batido con una pizca de sal. Fríelas en una sartén con aceite. Retíralas y escúrrelas sobre un plato cubierto con papel absorbente.

Pela y lamina los dientes de ajo y rehógalos en una tartera con un chorrito de aceite. Corta el chorizo en rodajas y agrégalas. Rehógalas un poco y añade las lentejas. Remueve la tartera suavemente y añade las alcachofas, los espárragos y la zanahoria. Guisa todo junto durante 3-4 minutos más.

Sirve y adorna con unas hojas de perejil.

MANZANAS ASADAS CON ALMENDRAS

INGREDIENTES **(4 p.)**

4 manzanas golden
60 g de almendras picadas
30 g de uvas pasas
2 cucharadas de ron
2 yemas de huevo
30 g de mantequilla
5 cucharadas de azúcar
1 limón
hojas de menta

ELABORACIÓN

Tuesta las almendras en el horno a 140 °C.

Calienta el ron en una cazuela durante unos segundos y añádeselo a las pasas para que se hidraten.

Mezcla en un bol las yemas, la mantequilla y el azúcar. Bate bien y añade las almendras tostadas y las pasas con el ron. Vuelve a mezclar.

Descorazona las manzanas y pela dos de ellas. Frota con medio limón para que no se oxiden. Coloca las manzanas en una fuente de horno y rellénalas con la crema. Hornea a 180 °C durante 30 minutos.

Vierte en la sartén el caldo que han soltado las manzanas asadas y añade el zumo de medio limón. Cocina hasta que ligue la salsa. Espolvorea las manzanas asadas con la menta picada en juliana y baña con la salsa de limón.

ENSALADA DE LECHUGA, PALMITO Y NUECES

INGREDIENTES **(4 p.)**

1 lechuga
4 palmitos
8 nueces peladas
12 tomates cherry
30 g de maíz en conserva
aceite de oliva virgen extra
vinagre
sal

ELABORACIÓN

Lava la lechuga, sécala, trocéala y colócala en una fuente.

Corta los tomates por la mitad y añádelos.

Corta los palmitos en rodajas y agrégalas.

Agrega también el maíz y las nueces troceadas.

Aliña con aceite, vinagre y sal.

HUEVO ESCALFADO CON ESPÁRRAGOS VERDES Y TOCINO IBÉRICO

INGREDIENTES **(4 p.)**

4 huevos
20 espárragos verdes
20 lonchas finas de tocino ibérico
1 hogaza de pan de pueblo
1 diente de ajo
perejil
sal

ELABORACIÓN

Corta la parte inferior de los espárragos (un trozo bastante grande) y envuelve cada uno con una loncha de tocino. Calienta una plancha (sin nada de aceite), agrega los espárragos verdes y cocínalos a fuego suave hasta que el tocino se vaya fundiendo.

Pon agua a calentar en una tartera con una pizca de sal. Cuando empiece a hervir, baja el fuego, casca los huevos y añádelos a la tartera. Escálfalos durante 3-4 minutos.

Con ayuda de un cuchillo de sierra, corta 4 rebanadas de la parte central del pan y tuéstalas en el horno. Retíralas y úntalas con el diente de ajo (pelado).

Coloca las rebanadas de pan en una fuente grande y pon, encima de cada una, 5 espárragos y un huevo escalfado. Sazona los huevos y adorna la fuente con unas hojas de perejil. Sirve.

BIZCOCHO DE MANZANA Y FRUTOS SECOS

INGREDIENTES **(6 p.)**

2 manzanas granny smith
100 g de uvas pasas
100 g de nueces picadas
100 g de avellanas picadas
2 vasos de harina integral
1 cucharadita de levadura
3 huevos
250 g de azúcar
200 ml de aceite de oliva
250 ml de leche
1 vaina de vainilla
ralladura de limón
mantequilla y harina (para untar el molde)
grosellas y arándanos
1 ramita de menta

ELABORACIÓN

Mezcla en un bol la harina integral con la levadura. Añade las uvas pasas, las nueces y las avellanas. Remueve. Pela 1 manzana, córtala en dados y añádela. Mezcla y reserva.

Pon en otro bol la ralladura de limón. Abre la vainilla por la mitad y a lo largo y añade las semillas. Agrega los huevos y el azúcar y monta con la batidora de varillas. Incorpora el aceite poco a poco sin dejar de batir. Cuando esté montado, vierte la leche y sigue batiendo hasta que queden todos los ingredientes bien integrados. Incorpora esta crema a la mezcla anterior.

Unta un molde con mantequilla y harina (para que el bizcocho no se pegue al hornear) e introduce en él la mezcla de manzanas y frutos secos. Pela la otra manzana, córtala en medias lunas, colócalas sobre la mezcla y hornea a 170 °C durante 45 minutos. Desmolda.

Sirve el bizcocho y decóralo con grosellas, arándanos y una ramita de menta.

TORTILLA DE SETAS Y MANITAS

INGREDIENTES **(4 p.)**

500 g de setas
4 manitas de cordero
8 huevos
1 cebolla
2 dientes de ajo
2 cebolletas
3 rebanadas de pan de molde
aceite de oliva virgen extra
1 hoja de laurel
perejil
sal

ELABORACIÓN

Pon las manitas en la olla rápida. Pela la cebolla, córtala por la mitad y añádela. Agrega también la hoja de laurel y una pizca de sal. Coloca la tapa y cuécelas durante 30 minutos. Retira las manitas y deshuésalas. Resérvalas.

Corta 4 triángulos de cada rebanada de pan y fríelos en una sartén con aceite. Escúrrelos sobre un plato cubierto con papel absorbente. Introduce una punta de los triángulos en un bol con un poco de perejil picado. Reserva los triángulos de pan.

Pela los ajos y las cebolletas y córtalos en dados. Ponlos a rehogar en una sartén con aceite hasta que se doren. Corta las setas en juliana y añádelas. Sazónalas y saltéalas durante 5 minutos. Añade las manitas desmenuzadas y un poco de perejil picado. Saltea brevemente.

Bate 2 huevos y sazónalos. Agrega una cuarta parte del relleno y cuaja la tortilla. Repite el proceso con el resto de los ingredientes. Sirve las tortillas y acompáñalas con los triángulos de pan frito. Adorna con unas hojas de perejil.

ENSALADA DE ESCAROLA, MANZANA Y ALMENDRAS

INGREDIENTES **(4 p.)**

1 escarola
1 manzana
25 g de almendras laminadas
aceite de oliva virgen extra
vinagre
sal

ELABORACIÓN

Lava la escarola, sécala y trocéala. Ponla en una fuente y sazónala.

Pela la manzana, córtala en trocitos y añádelos.

Tuesta las almendras en una sartén sin aceite y agrégalas a la ensalada.

Adereza con aceite, vinagre y sal. Sirve.

TEJAS DE ALMENDRA CON PLÁTANO

INGREDIENTES **(4 p.)**

50 g de almendras fileteadas
40 g de azúcar
5 g de harina
1 clara de huevo
2 plátanos
2 ciruelas rojas
30 g de mantequilla
1 cucharada de azúcar moreno
ron
hojas de menta

ELABORACIÓN

Para hacer las tejas, mezcla en un bol el azúcar, la harina, las almendras y la clara de huevo. Divide la masa en 4 montoncitos y colócalos en una bandeja de horno cubierta con papel de hornear. Hornea a 180 °C durante 10 minutos. Retira y coloca cada teja sobre un rodillo o botella para que tomen forma.

Pela los plátanos y las ciruelas. Corta los plátanos en rodajas. Deshuesa las ciruelas y córtalas en trocitos. Calienta una sartén con la mantequilla y el azúcar. Agrega la fruta y carameliza durante 3 minutos. Riega con un chorrito de ron y deja reducir a fuego vivo.

Sirve las tejas de almendra con la fruta y vierte por encima su jugo. Decora con hojas de menta.

ENSALADA DE CALABACÍN, PIMIENTO Y CEBOLLETA

INGREDIENTES **(4 p.)**

½ calabacín
½ pimiento rojo
1 cebolleta
1 lechuga
aceite de oliva virgen extra
vinagre
sal

ELABORACIÓN

Lava las hojas de lechuga, sécalas, trocéalas y colócalas en una fuente.

Lava el calabacín, saca unas tiras con un pelador de verduras y agrégalas.

Pela el pimiento, córtalo en dados y añádelos.

Pela la cebolleta, córtala en dados e incorpórala.

Sazona y adereza con aceite y vinagre. Sirve.

HUEVO ESCALFADO CON PATATAS, *BOLETUS* Y FIDEOS FRITOS

INGREDIENTES **(4 p.)**

4 huevos
3 patatas
250 g de *boletus*
80 g de pasta *kataifi*
1 cebolleta
2 dientes de ajo
100 ml de vino blanco
aceite de oliva virgen extra
1 rama de romero
perejil
pimienta
sal

ELABORACIÓN

Pela las patatas, cáscalas y ponlas a cocer en una cazuela con agua y una pizca de sal durante 15 minutos. Escúrrelas y pásalas por el pasapurés. Reserva.

Pela y pica la cebolleta y los dientes de ajo. Ponlos a pochar en una sartén con un poco de aceite y sazona. Limpia los *boletus*, pícalos y agrégalos. Sazona y añade la rama de romero troceada. Vierte encima el vino y dale un hervor. Cocina todo durante 4-5 minutos. Mezcla los *boletus* con el puré de patatas.

Coge unas hebras de pasta *kataifi*, arrúgalas un poco, como formando unos nidos, y fríelos brevemente en una sartén con abundante aceite caliente. Retíralos a una fuente cubierta con papel absorbente.

Pon agua a calentar en una tartera. Cuando empiece a hervir, casca los huevos y agrégalos. Escálfalos durante 3 minutos. Retíralos a un plato.

Sirve en el fondo de los platos el puré de patata con los hongos, coloca un huevo en cada uno y salpiméntalos. Coloca la pasta *kataifi* sobre los huevos. Adorna con unas hojas de perejil.

TARTA TUTIFRUTI

INGREDIENTES **(4 p.)**

1 lámina de hojaldre
100 g de pasas de Corinto
16 ciruelas pasas
12 orejones de melocotón
300 ml de *brandy*
500 g de natillas
hojas de menta

ELABORACIÓN

Pon las pasas, las ciruelas y los orejones en 3 boles diferentes. Riégalos con *brandy* y deja que se hidraten.

Extiende la lámina de hojaldre, corta 4 círculos con un cortapastas y ponlos en una placa de horno cubierta con papel de hornear. Cubre cada hojaldre con un trozo de papel de hornear y coloca encima un plato (de tamaño más pequeño que el hojaldre, para que suba por los lados y no por el centro). Hornea a 180 °C durante 10-15 minutos.

Unta los hojaldres con las natillas y coloca las frutas encima. Gratina un par de minutos, decora con hojas de menta y sirve.

ENSALADA DE BERROS, REQUESÓN Y ACEITUNAS NEGRAS

INGREDIENTES **(4 p.)**

150 g de hojas de berros
150 g de hojas de lechuga
100 g de requesón
12 aceitunas negras
aceite de oliva virgen extra
vinagre
sal

ELABORACIÓN

Lava las hojas de berros y lechuga, sécalas y colócalas en una fuente. Sazona.

Desmenuza el requesón y repártelo sobre las hojas de lechuga y berros.

Corta las aceitunas por la mitad y añádelas.

Aliña con aceite y vinagre. Sirve.

OREJONES RELLENOS CON PURÉ DE MANZANA

INGREDIENTES **(4 p.)**

12 orejones
7 manzanas reineta
2 melocotón
6 cucharadas de azúcar
10 galletas
3 nueces de mantequilla
1 rama de canela
1 corteza de limón
1 pizca de jengibre
4 bolas de helado
hojas de menta

ELABORACIÓN

Pon a remojo los orejones la víspera.

Pela y trocea las manzanas y el melocotón y cocínalos en un cazo con 300 ml de agua, la canela, el limón y el azúcar. Cuando la fruta esté cocida, cuélala con un colador. Reserva.

Coloca en la picadora las galletas troceadas, la mantequilla y una pizca de jengibre rallado. Tritura. Añade más mantequilla si es necesario para conseguir una textura suave pero compacta.

Rellena los orejones con la pasta de galletas. Insértalos en palos de brocheta y ásalos en la plancha vuelta y vuelta con una pizca de azúcar por encima.

Coloca el puré de frutas en el fondo del plato y encima las brochetas de orejones. Acompaña con helado y decora con hojas de menta. Sirve.

CANELONES DE MORCILLA

INGREDIENTES **(4 p.)**

20 láminas de canelón
2 morcillas de verduras
¼ de berza (col)
60 g de harina
700 ml de leche
aceite de oliva virgen extra
perejil
sal

ELABORACIÓN

Pica la berza y lávala bien. Pon agua a calentar en una cazuela y, cuando empiece a hervir, agrega la berza y una pizca de sal. Cuécela durante 10-15 minutos. Escúrrela, colócala en el vaso batidor y tritúrala con la batidora eléctrica. Resérvala.

Pon agua en una cazuela grande. Agrega las morcillas y cuécelas a fuego suave durante 30-35 minutos. Deja que se templen, retírales la piel y reserva el relleno en un bol.

Calienta agua en una cazuela amplia y baja. Cuando empiece a hervir, sazónala y agrega las láminas de canelón. Cuécelas durante 12 minutos. Retíralas y escúrrelas sobre un trapo de cocina limpio.

Rehoga la harina en una cazuela con un poco de aceite. Agrega la leche poco a poco sin dejar de remover. Sazona y cocina la bechamel durante 6-8 minutos sin dejar de remover. Añade un poco de perejil picado.

Agrega unas 5-6 cucharadas de bechamel (reserva el resto) al bol de la morcilla y mezcla bien. Rellena las láminas de canelón con la farsa y colócalos en una fuente apta para el horno.

Mezcla el resto de la bechamel con el puré de berza y viértelo sobre los canelones. Gratínalos en el horno hasta que se doren un poco. Sirve y adórnalos con unas hojas de perejil.

ENSALADA DE GAMBAS, AGUACATE Y NARANJA

INGREDIENTES **(4 p.)**

16 gambas
1 aguacate
1 naranja
1 lechuga
12 avellanas
aceite de oliva virgen extra
vinagre
sal

ELABORACIÓN

Lava las hojas de lechuga, sécalas y córtalas en juliana fina. Colócalas en una fuente.

Pela la naranja, saca los gajos en vivo, córtalos por la mitad y agrégalos.

Pela el aguacate, córtalo en dados y añádelos.

Cuece las gambas brevemente en una cazuela con agua y sal. Pélalas e incorpóralas.

Pica las avellanas y espolvorea con ellas la ensalada.

Aliña con aceite, vinagre y sal. Sirve.

EMPANADILLAS DE CARNE

INGREDIENTES **(4 p.)**

16 obleas para empanadilla
250 g de carne picada
2 huevos
4 dientes de ajo
3 cebolletas
1 pimiento verde
750 g de tomate triturado
50 g de aceitunas (sin hueso)
aceite de oliva virgen extra
perejil
pimienta
pimentón
comino
sal

ELABORACIÓN

Pon agua a calentar en un cazo, añade 1 huevo y cuécelo durante 10 minutos. Pasado este tiempo, refréscalo, pélalo y resérvalo.

Para hacer la salsa de tomate, pela y pica 2 dientes de ajo y 2 cebolletas. Ponlos a pochar en una cazuela con un chorrito de aceite. Pica el pimiento y agrégalo. Sazona y rehoga todo bien. Añade el tomate triturado y cocínalo a fuego medio durante 25-30 minutos. Pon a punto de sal. Pasa todo por el pasapurés y resérvalo caliente.

Pela y pica los otros 2 dientes de ajo y la otra cebolleta finamente (daditos) y ponlos a pochar en una sartén con un chorrito de aceite. Cuando las verduras estén rehogadas, agrega la carne y cocínala un poco. Salpimienta y añade el comino y el pimentón. Pica las aceitunas y el huevo cocido e incorpóralos. Mezcla todo bien. Extiende el relleno en una bandeja para que se enfríe.

Pon una porción de relleno en el centro de cada empanadilla, dóblalas por la mitad y cierra los bordes presionándolos con un tenedor. Extiende las empanadillas sobre una bandeja de horno cubierta con un trozo de papel de hornear. Píntalas con huevo batido y hornéalas a 200 °C durante 6-8 minutos.

Sirve las empanadillas y acompáñalas con la salsa de tomate. Decora con una hojita de perejil.

PASTEL VASCO CON MERMELADA DE CEREZAS

INGREDIENTES **(6 p.)**

170 g de mantequilla
235 g de azúcar
2 huevos
2 yemas de huevo
285 g de harina
1 sobre de levadura en polvo
mermelada de cerezas o arándanos
harina para amasar
azúcar glas
hojas de menta

ELABORACIÓN

Para la masa, mezcla la mantequilla ablandada con el azúcar. Mezcla bien, añade 1 huevo entero junto con las 2 yemas y bate todo bien. Mezcla la harina con la levadura y añádelas a la mezcla anterior. Amasa con la mano hasta conseguir una masa homogénea. Tapa la masa con film transparente y deja que repose unos 30-60 minutos.

Sobre una superficie lisa, estira la masa con un rodillo (espolvoreando un poco de harina para que no se pegue) y déjala con 1 cm de grosor. Puedes presentar el pastel en moldes redondos de diferentes tamaños. Forra los moldes con la masa, rellénalos de mermelada y ciérralos con un círculo de masa del mismo tamaño del molde. Para poder pegar la masa de la base y la parte de arriba, puedes untar con un poco de agua y ayudarte con un tenedor o cuchillo para unir las dos partes. Unta los pasteles con 1 huevo batido y hornea a 180 ºC durante 15-20 minutos.

Para adornar, puedes preparar una glasa mezclando 2 cucharadas de azúcar glas con unas gotas de agua caliente.

Sirve el pastel adornado con unas gotitas de glasa o espolvoreando un poco de azúcar glas. Adorna con unas hojas de menta.

ENSALADA DE LECHUGA, MANGO Y COCO

INGREDIENTES **(4 p.)**

1 lechuga
1 mango
20 g de coco rallado
aceite de oliva virgen extra
vinagre
½ cucharadita de jengibre en polvo
sal

ELABORACIÓN

Lava la lechuga, sécala y córtala en juliana fina. Sazónala.

Pela el mango, córtalo en daditos y añádelos.

Espolvorea todo con el coco rallado.

Mezcla en un bol el aceite con el vinagre y el jengibre en polvo. Aliña la ensalada y sirve.

PASTEL DE CARNE PICADA

INGREDIENTES **(4 p.)**

500 g de carne picada
1 cebolleta
4 dientes de ajo
500 ml de tomate triturado
20 tomates deshidratados en aceite
1 huevo
2 cucharadas de pan rallado
100 g de queso
50 g de espinacas
aceite de oliva virgen extra
½ cucharadita de orégano
perejil
pimienta
sal

ELABORACIÓN

Pela y pica la cebolleta y 2 dientes de ajo y rehógalos en una cazuela con un chorrito de aceite. Sazona. Añade el tomate triturado, el orégano y 8 tomates deshidratados picados. Cocina el tomate a fuego suave durante 30-35 minutos. Pásalo por el pasapurés y mantenlo caliente.

Coloca la carne picada en un bol. Agrega los otros 2 dientes de ajo pelados y bien picaditos, un poco de perejil picado, el huevo, el pan rallado, una pizca de sal y otra de pimienta. Mezcla bien.

Unta con un poco de aceite un trozo de papel de hornear del tamaño de la placa del horno. Coloca la carne encima y, con ayuda de una espátula (puedes mojarla con agua para que la carne no se quede pegada), extiéndela. Pica el resto de los tomates deshidratados y colócalos sobre la carne. Ralla el queso encima y reparte las espinacas. Envuelve la carne dándole forma redondeada (como si fuera un brazo de gitano) y cierra los extremos del papel como si fuera un caramelo. Coloca el rollo de carne sobre un recipiente apto para el horno y hornéalo a 190 °C durante 30 minutos. Deja templar, retira el papel y córtalo en rodajas.

Sirve la salsa de tomate en el fondo de los platos y coloca un par de trozos de pastel en cada uno. Decora con unas hojas de perejil.

BIZCOCHO DE PIÑA COLADA

INGREDIENTES **(4 p.)**

2 rodajas de piña
2 huevos
1 cucharada de miel
2 cucharadas de harina integral
150 g de mantequilla
½ taza de azúcar integral
½ taza de ron
8 cerezas
hojas de menta

Para la crema:

200 ml de leche de vaca
100 ml de leche de coco

ELABORACIÓN

Para hacer la masa del bizcocho, casca los huevos en un bol, añade 2 cucharadas de azúcar integral y la miel y monta todos los ingredientes bien con la batidora de varillas. Agrega la harina y mezcla suavemente. Forra cuatro moldes cuadrados huecos con papel de hornear e introduce la mezcla en ellos. Hornea a 180 °C durante 15 minutos.

Introduce la leche de coco y la leche de vaca en una cazuela y mezcla bien con una varilla.

Pon la mantequilla en una sartén. Corta la piña en taquitos y agrégala a la sartén. Añade una pizca de azúcar integral y el ron.

Para emplatar, desmolda los bizcochos. Quita la parte superior de los bizcochitos y resérvalos. Vacía los bizcochitos por el centro, colócalos en los platos y rellena el hueco con la piña. Vierte por encima la mezcla de leches de manera decorativa. Coloca la parte superior que has reservado y espolvorea con azúcar. Decora con dos cerezas y unas hojas de menta. Sirve.

ENSALADA DE REMOLACHA, REQUESÓN Y PISTACHOS

INGREDIENTES **(4 p.)**

350 g de lechugas variadas
1 remolacha (cocida)
100 g de requesón
30 g de pistachos (pelados)
aceite de oliva virgen extra
vinagre
sal

ELABORACIÓN

Lava las lechugas, sécalas, trocéalas y colócalas en una fuente.

Corta la remolacha en medias lunas y ponlas encima.

Desmenuza el requesón y espárcelo sobre las lechugas y la remolacha.

Agrega los pistachos picaditos.

Aliña con aceite, vinagre y sal. Sirve.

ROAST BEEF CON PATATAS ASADAS

INGREDIENTES **(6 p.)**

1.500 g de chuleta de ternera deshuesada
6 patatas
5 dientes de ajo
2 cucharadas de mostaza antigua
2 cucharadas de mostaza de Dijon
1 pimiento verde
¼ de pimiento rojo
1 cebolleta
½ guindilla
aceite de oliva virgen extra
vinagre
1 cucharadita de orégano
1 cucharadita de tomillo
perejil
1 cucharadita de pimienta negra molida
sal

ELABORACIÓN

Rocía con aceite una bandeja apta para el horno y espolvoréala con el tomillo, la pimienta, el orégano y una pizca de sal.

Lava y corta las patatas por la mitad, hazles unos cortes superficiales en forma de cruz por la parte interior y colócalas en la bandeja dejando la parte de la piel hacia arriba. Hornéalas a 190 °C durante 40 minutos.

Pela 3 dientes de ajo, trocéalos y májalos en el mortero. Añade las mostazas, un poco de perejil picado y un buen chorro de aceite. Sazona y mezcla.

Coloca la carne en otra bandeja apta para el horno y úntala bien por todos los lados con la mezcla anterior. Hornéala a 190 °C durante 40 minutos.

Para hacer la salsa, pela el pimiento rojo, los otros 2 dientes de ajo y la cebolleta y córtalos en daditos. Pica también el pimiento verde. Pon todo en una cazuelita, agrega la media guindilla y cubre con agua. Sazona y cuece todo durante 10 minutos.

Cuando la verdura esté cocida, echa un buen chorro de vinagre y otro de aceite. Mezcla bien y pasa la salsa a una salsera.

En el momento de servir, corta la carne en filetes finos y acompáñalos con las patatas y la salsa. Decora con unas hojas de perejil.

BIZCOCHO DE COCO Y PERA

INGREDIENTES **(4 p.)**

120 g de coco rallado
2 peras
4 huevos
2 cucharadas de azúcar
2 cucharadas de miel
4 cucharadas de harina integral
2 cucharadas de levadura en polvo
mantequilla y harina para los moldes
hojas de menta

Para la compota:

2 peras
100 g de queso fresco
1 cucharada de miel

ELABORACIÓN

Unta dos moldes con un poco de mantequilla y espolvoréalos con harina. Retira el exceso.

Para el bizcocho, casca los huevos en un bol. Añade el azúcar y móntalos con la batidora de varillas. Agrega la miel y mezcla.

Pela las peras, descorazónalas, trocéalas y pásalas a un bol. Agrega el coco, la harina y la levadura. Mezcla bien e incorpora al bol con los huevos. Mezcla bien todos los ingredientes sin llegar a batir (para que los huevos no se bajen) y vierte sobre los moldes.

Introduce los moldes en el horno y hornea a 180 °C durante 15-20 minutos. Deja templar.

Para la compota, corta el queso en dados y ponlos en un bol. Añade la miel. Pela las peras, descorazónalas y corta 1 pera en dados. Agrégalos. Haz un zumo con la otra y viértelo en el bol.

Desmolda los bizcochos y reparte por encima la compota. Decora con hojas de menta y sirve.

ENSALADA DE LECHUGA HOJA DE ROBLE, RABANITOS Y HUEVO COCIDO

INGREDIENTES **(4 p.)**

- 1 lechuga hoja de roble
- 4 rabanitos
- 2 huevos
- 20 g de almendras laminadas
- aceite de oliva virgen extra
- vinagre
- sal

ELABORACIÓN

Cuece los huevos en una cazuela con agua durante 10 minutos. Refréscalos, pélalos y córtalos en daditos.

Lava las hojas de lechuga, sécalas, trocéalas y colócalas en una fuente.

Lava los rabanitos, córtalos en láminas finas y agrégalas.

Espolvorea la ensalada con las almendras fileteadas y los huevos cocidos.

Adereza con aceite, vinagre y sal. Sirve.

CORDERO ASADO CON YUCA FRITA Y PAN DE AJO

INGREDIENTES **(4 p.)**

- 1 costillar de cordero con su falda
- 1 yuca
- 1 barra de pan
- 4 dientes de ajo
- 12 lonchas de panceta
- aceite de oliva virgen extra
- tomillo
- perejil
- pimienta
- sal

ELABORACIÓN

Calienta una sartén con unas gotas de aceite, agrega las lonchas de panceta y cocínalas brevemente (vuelta y vuelta). Extiende la carne sobre la tabla, distribuye las lonchas de panceta sobre la falda y enróllala hacia los huesos. Átala con cuerda de cocina y colócala en una bandeja de horno.

Pela y trocea 2 dientes de ajo. Colócalos en el mortero, agrega el tomillo y májalos. Añade perejil picado, una pizca de sal, una pizca de pimienta molida y un buen chorro de aceite. Mezcla y unta la carne con la mezcla.

Introduce la carne en el horno y ásala a 200 °C durante 40 minutos.

Pon a calentar una sartén con abundante aceite. Pela la yuca y, con ayuda de un pelador de verduras, córtala en láminas finas y fríelas hasta que queden crujientes. Escúrrelas sobre una fuente cubierta con papel absorbente y sazónalas.

Pela y trocea los otros 2 dientes de ajo, colócalos en el mortero y májalos. Añade un poco de aceite y mezcla bien. Haz unos cortes al pan y unta los cortes con la mezcla. Envuelve el pan con papel de hornear y colócalo en una bandeja de horno. Hornéalo a 200 °C durante 10 minutos. Retira el papel de horno con cuidado.

Corta la carne por las costillas y salséalas con el jugo que han soltado. Acompáñalas con la yuca frita y el pan de ajo. Decora con una hojita de perejil y sirve.

BIZCOCHO DE CHOCOLATE Y FRAMBUESAS

INGREDIENTES **(6 p.)**

- 250 g de cobertura de chocolate (55 % de cacao)
- 24 frambuesas
- 100 g de mantequilla
- 4 huevos
- 2 cucharadas de azúcar
- 40 g de harina
- harina y mantequilla para el molde
- hojas de menta

ELABORACIÓN

Para preparar la masa, funde al baño maría o en el microondas la cobertura de chocolate junto con la mantequilla. Separa las claras de la yemas y añade las yemas a la mezcla de chocolate y mantequilla.

Monta las claras, agrégales el azúcar y sigue montando hasta conseguir el punto de nieve. Una vez montadas las claras, las añadimos a la mezcla anterior de chocolate, mantequilla y yema de huevo. Agrega las claras en dos veces y mézclalas con el resto de la masa intentando no trabajarlas en exceso. Incorpora la harina tamizada y mezcla suavemente para que no pierda esponjosidad.

Vierte la masa en un molde untado con mantequilla y espolvoreado con harina. Agrega las frambuesas.

Realiza la cocción en un horno ventilado a 170 °C durante 8-10 minutos.

Deja templar, adorna con unas hojas de menta y sirve.

ENSALADA DE RÚCULA, MANZANA Y BEICON

INGREDIENTES **(4 p.)**

300 g de rúcula
1 manzana
4 lonchas de beicon
aceite de oliva virgen extra
vinagre de Módena
sal

ELABORACIÓN

Lava las hojas de rúcula, sécalas y colócalas en una fuente.

Pela la manzana, córtala en daditos y añádelos a la fuente.

Corta las lonchas de beicon en dados y fríelos en una sartén con unas gotas de aceite hasta que queden crujientes. Escúrrelos y agrégalos a la ensalada.

Adereza con aceite, vinagre y sal. Sirve.

SOLOMILLO ASADO CON CIRUELAS

INGREDIENTES **(4 p.)**

2 solomillos de cerdo
8 ciruelas pasas
1 vaso de vino de Oporto
2 manzanas
1 nuez de mantequilla
4 cucharadas de mermelada de grosella o frambuesa
aceite de oliva virgen extra
perejil
pimienta negra
sal

ELABORACIÓN

Corta cada solomillo por la mitad, abre cada uno de ellos como un libro y salpimiéntalos (por dentro y por fuera). Pica las ciruelas y rellena con ellas los solomillos. Ciérralos y átalos con lid (cuerda) de cocina y salpimiéntalos por fuera. Dora los rollitos en una sartén con un chorrito de aceite y pásalos a una bandeja apta para el horno. Retira la grasa de la sartén, vierte en ella el vino y dale un hervor (desglasa). Moja la carne con este jugo y hornéala a 200 °C durante 10 minutos.

Lava las manzanas, córtales la parte superior y la inferior y corta cada manzana en 2 rodajas gruesas. Con un descorazonador, elimínales el corazón (la parte central de las semillas). Calienta una sartén con un poco de mantequilla, añade las rodajas de manzana y cocínalas a fuego suave hasta que se doren.

Una vez asada la carne, retírala a un plato y corta la cuerda. Vierte el jugo en una sartén y redúcelo a fuego fuerte.

Calienta la mermelada en un cazo.

Sirve en cada plato un trozo de solomillo relleno y salséalo. Acompáñalo con una rodaja de manzana y un poco de mermelada. Decora los platos con unas hojas de perejil.

BIZCOCHO INTEGRAL CON FRUTOS SECOS

INGREDIENTES **(6 p.)**

220 g de harina integral
16 g de levadura (1 sobre)
ralladura de 1 limón
3 cucharadas de pasas remojadas
5 dátiles picados
50 g de pistachos pelados
6 nueces picadas
4 huevos
2 tazas de azúcar moreno
4 cucharadas de aceite de oliva virgen extra
100 ml de leche
aceite de oliva virgen extra y harina para untar el molde

ELABORACIÓN

En un bol, coloca la harina, la levadura y la ralladura de limón. Mezcla y agrega las pasas escurridas, los dátiles, los pistachos y las nueces. Mezcla bien.

Aparte, en otro bol, con ayuda de una batidora eléctrica de varillas, bate el azúcar con los huevos hasta que estos dupliquen su volumen. Añade el aceite y mezcla bien. Agrega la leche y sigue batiendo.

Mezcla las 2 masas con una cuchara de madera hasta que quede una masa bien integrada. Unta el molde con aceite, espolvoréalo con un poco de harina y vierte dentro la masa.

Hornea el bizcocho a 180 °C durante 30-40 minutos.

Deja templar, presiona con una espátula en los bordes y desmóldalo. Sirve.

ÍNDICES

ÍNDICE

ÍNDICE ALFABÉTICO